# 政协奋进新征程

## 各地政协贯彻落实党的二十大精神典型经验报道集

上 册

人民政协报社◎编著

中国文史出版社

**图书在版编目（CIP）数据**

政协奋进新征程：各地政协贯彻落实党的二十大精神典型经验报道集 / 人民政协报社编著 . -- 北京：中国文史出版社，2024.6

ISBN 978-7-5205-4704-8

Ⅰ. ①政… Ⅱ. ①人… Ⅲ. ①中共二十大（2022）－学习参考资料 Ⅳ. ① D229

中国国家版本馆 CIP 数据核字（2024）第 103236 号

责任编辑：王文运

---

出版发行：中国文史出版社

社　　址：北京市海淀区西八里庄路 69 号　　邮编 :100142

电　　话：010-81136606　81136602　81136603（发行部）

传　　真：010-81136655

印　　装：北京瑞和祥云印刷技术服务有限公司

经　　销：全国新华书店

开　　本：787mm×1092mm　1/16

字　　数：680 千字

印　　张：47.25

版　　次：2024 年 7 月北京第 1 版

印　　次：2024 年 7 月第 1 次印刷

定　　价：198.00 元（上、下册）

---

**主　编**

张立伟　王相伟

**副主编**

石秀燕　杨统连　刘劲松　刘　珊

**执行主编**

梁春武

**统　筹**

李丛杉　罗公染

**编　辑**

刘志国　杨伟伟　牛忠磊　李　恒　罗　韦　吕婉莹

赵　彤　王　琰　孙　权　朱润楠

# 前　言

习近平总书记强调：“党的二十大在政治上、理论上、实践上取得了一系列重大成果，就新时代新征程党和国家事业发展制定了大政方针和战略部署，是我们党团结带领人民全面建设社会主义现代化国家、全面推进中华民族伟大复兴的政治宣言和行动纲领。全党要在全面学习、全面把握、全面落实上下功夫，坚定不移把党的二十大提出的目标任务落到实处，奋力夺取全面建设社会主义现代化国家新胜利。”

为全面反映全国各级政协组织深入学习贯彻党的二十大精神和中央政协工作会议精神，推动新时代人民政协工作取得的新进展，2023 年 6 月至 2024 年 1 月，《人民政协报》推出“在习近平新时代中国特色社会主义思想指引下——贯彻落实党的二十大精神·政协奋进新征程”专栏，共刊发系列报道稿件 278 篇，涵盖全国 31 个省、自治区、直辖市，15 个副省级市，232 个市、区、县政协。

该系列报道围绕各地政协如何深入学习宣传贯彻习近平新时代中国特色社会主义思想和党的二十大精神，坚持中国共产党的全面领导，深刻领悟“两个确立”的决定性意义，增强“四个意识”、坚定“四个自信”、做到“两个维护”这一主线，深入发掘各地在加强中国共产党对人民政协工作的全面领导；准确把握人民政协性质定位、发挥好人民政协专门协商机构作用、加强思想政治引领广泛凝聚共识；聚焦党和国家中心任务履职尽责；以改革创新精神推进履职能力建设、强化委员责任担当；加强制度化、规范化、程序化等功能建设，提高深度协商互动、意见充分表达、广泛凝聚共识水平、完善人民政协民主监督和委员联系界别群众制度机制等方面的好事例、好做法、好经验，生动展现出十四届全国政协以来人民政协的新风貌、新作为和工作取得的新成效。

专栏和报道得到全国政协领导同志和各地方政协主席的充分肯定，也得到各级政协委员及机关干部的高度认可。报道通过报纸和网站、微信公众号等多途径传播，让人民群众感受到政协就在身边、政协委员就在身边，取得了良好的社会效果。

为便于读者对奋进新征程上的政协新作为有全面了解，有效推动地方政协工作经验交流，现将相关报道结集出版，以期为各级政协围绕推进中国式现代化履职尽责提供借鉴参考。

编　者

# 目　录

## 上　册

# 下 册

## | 北京市政协 |

# 坚持以首善标准推动<br>习近平新时代中国特色社会主义思想<br>在京华大地落地生根形成更多生动实践

文 / 包松娅

蓝图已绘就，奋进正当时。今年是全面贯彻落实党的二十大精神的开局之年，党的二十大报告擘画了新时代中国特色社会主义的宏伟蓝图，发出了全面建设社会主义现代化国家、全面推进中华民族伟大复兴的动员令。新时代赋予人民政协新使命，新征程召唤政协组织要有新作为。

站在新的起点，十四届北京市政协坚持以习近平新时代中国特色社会主义思想为指导，深入学习贯彻党的二十大精神和中央政协工作会议精神，坚持党的领导、统一战线、协商民主有机结合，坚持围绕中心、服务大局，聚焦助推新时代首都发展，认真履行各项职能，以首善标准推动习近平新时代中国特色社会主义思想在京华大地落地生根、开花结果，形成更多生动实践，为奋力谱写中国式现代化的北京篇章贡献力量。

### 立足新起点　坚持不懈用习近平新时代中国特色社会主义思想凝心铸魂

思想引领方向，方向决定道路。

连日来，线上线下学习相结合强化思想理论武装、领导班子领题聚焦发展难题进行专项调研、聚焦高频民生问题创新开展“各界委员齐参与每月一题聚共识”民主监督……北京市政协紧紧锚定“学思想、强党性、重实践、建新功”总目标，一体推进机关主题教育与委员学习，努力在以学铸魂、以学增智、以学正风、以学促干上见成效。

理论上清醒，政治上才能坚定，行动上才能自觉。十四届北京市政协始终把深入学习贯彻党的二十大精神作为首要政治任务，牢记“看北京首先要从政治上看”，研究制定了《北京市政协2023年学习工作计划》，坚持用习近平新时代中国特色社会主义思想武装头脑，围绕“新使命新担当”，举办三期新任委员培训班，在履职之初就从思想上为委员系好履职的第一粒纽扣，引导各界委员深刻领悟“两个确立”的决定性意义，进一步增强“四个意识”、坚定“四个自信”、做到“两个维护”，不断夯实团结奋斗共同思想政治根基。

以“团结在光辉的旗帜下”为主题，深入推进学习宣传贯彻习近平新时代中国特色社会主义思想。北京市政协以习近平新时代中国特色社会主义思想学习座谈会制度为抓手，每季度围绕一个主题组织全体委员学习，以京华书院为载体开展委员专题读书活动，通过“政协报告厅”“委员沙龙”等各种报告会，深入推进理论学习走深走实。

值得一提的是，以“团结在光辉的旗帜下——矢志不渝跟党走 同心奋进新征程”为主题，今年将有60余名委员结合学习习近平新时代中国特色社会主义思想感悟和履职体会，走进北京广播电视台录制音视频节目，面向社会进行宣讲。“我是政协委员”委员宣讲团多次深入各区政协宣讲党的二十大精神。“今雨书院”“委员讲堂”文化讲座，借助网络面向社会宣讲中华优秀传统文化，助力全民阅读和“书香社会”建设，成为北京市政协颇具特色、富有成效的读书品牌，产生了良好的社会效应。

政协报告厅，学习座谈会，委员读书，在中央新影、香山革命纪念地等开展学习性视察“现场教学”等，这都是北京市政协深化委员对党的创新理论的理解，增加委员对新时代首都各项工作取得伟大成就的体验和感悟，全方位推进委员学习入脑入心进行的具体实践。

如今，政协学习的外溢效应还在不断扩大。北京市政协通过“习近平总书记关于加强和改进人民政协工作的重要思想北京研究基地”开展经常性学习研究和宣传阐释，在中央“三报一刊”发表多篇文章。在《北京日报》等开辟专栏刊登委员学习心得体会，积极宣传党的创新理论，在推动委员自我教育自我提高的同时，也让人民群众更加了解中国共产党领导的多党合作和政治协商制度。

## 实现新作为　将学习成果转化为关乎“国之大者”履职实践

京畿重地，国之大者。

在首都发展这样的“历史命题”面前，更需牢记国之大者，勇担责之重者。政协要有新作为，必须坚持在大局下思考、在大局下行动。

习近平新时代中国特色社会主义思想为做好各方面工作提供了根本遵循，要在“怎么干”上坚持知行合一，就是要坚持用习近平总书记关于加强和改进人民政协工作的重要思想指导履职实践，认真贯彻落实习近平总书记对北京一系列重要讲话和指示精神，把学习成果切实转化为推动首都高质量发展的工作实效。

去年年底，北京市委常委会会议研究通过了《北京市政协 2023 年协商工作计划》，确定了今年市政协 10 个重点协商议题。据介绍，这 10 个重点协商议题是在各方面提出的 136 个议题建议基础上协商产生的。“这些问题紧紧围绕全市中心工作，统筹各方面重点任务和人民群众普遍关心的热点难点问题，同时充分考虑各方面在政协协商的愿望，做到与党政决策同频共振，还要坚持从小切口入手，以小见大，努力把议题议深议透，为市委市政府决策提供有益参考。”北京市政协相关负责人介绍。

5 月 23 日，北京市政协和市委统战部围绕加强三个文化带保护与发展联合召开议政会，各民主党派市委、市工商联、无党派人士代表和委员、专家学者就首都千年历史文脉的传承创新发展问题与有关方面进行了面对面协商建言，北京市委书记尹力对大家发言给予肯定，认为内容丰富、务实管用，要求北京市有关部门认真吸纳。

助力“三条文化带”建设正是今年的 10 个重点协商议题之一，包括加快构建具有首都特点的现代化产业体系、打造引领全球数字经济发展高地、推进老旧小区改造和核心区平房申请式退租等在内的重点议题协商工作也都在紧锣密鼓的部署筹备之中。

议政会高度浓缩的2个小时，背后是围绕重点协商议题，制定实施方案、组建调研团队，结合理论学习和调查研究统筹推进等大量基础性工作。力求把问题找准、把意见提实，这一工作原则为开好专题议政性常委会会议、议政会、专题协商会、协商座谈会打下坚实基础。

行之力则知愈进，知之深则行愈达。以习近平新时代中国特色社会主义思想为指导，以强化理论学习提升工作本领，以深化调查研究推动解决发展难题，北京市政协党组成员扑下身子、沉到一线，带头走访企业、深入基层单位、看望联系委员、到界别群众之中开展调查研究，带动各界委员和机关干部大兴调查研究之风。截至目前，围绕党政中心工作，北京市政协今年开展各种调研视察130余次，以高质量履职助力首都高质量发展。

胸怀“国之大者”，聚焦新时代“首都发展”，北京市政协进一步提高深度协商互动、意见充分表达、广泛凝聚共识水平，“市民对话一把手·提案办理面对面”等协商平台深入人心，切实把政协制度优势更好转化为首都治理效能。

与此同时，怎么贯彻落实党的二十大提出的完善人民政协民主监督制度机制要求？此前，北京市政协在政协民主监督方面有过很好的实践探索，新一届政协工作如何在习近平新时代中国特色社会主义思想引领下找到创新的思路举措？

“大家对北京‘接诉即办’这一党建引领基层治理的改革举措非常熟悉，市政协过去也参与了相关条例的立法协商工作。今年在市政协党组的领导下，我们创新开展了‘各界委员齐参与　每月一题聚共识’民主监督活动，就是从小切口入手，为各界委员深入参与全市中心工作搭建平台，在民生领域发出更多政协好声音。”针对这项工作创新，“每月一题”民主监督工作专班办公室负责人陈冬进一步解读道，在“每月一题”监督活动中，我们与政府相关部门建立联合工作专班，根据议题组建若干民主监督小组，发动全体市政协委员参与，促进相关政策优化和问题解决，实现政协工作与党政工作同频共振，助推人民群众急难愁盼问题得到有效解决。

据悉，北京市政协已经成立“各界委员齐参与 每月一题聚共识”民主监督工作专班，并以“一议题一小组”思路组建10个议题监督小组。截至目前，332名北京市政协委员报名参加，实现了市政协所有界别全覆盖。10个民主监督重点议题按照“每月一题”有条不紊地推进。

## 展现新面貌　在履职为民中彰显新时代首都政协委员责任担当

与中心工作“同频”，与人民需求“共振”。人民政协为人民，就是要将“为民”二字贯穿在各项履职工作中，持续助力提升人民群众幸福感、获得感、安全感。

医药卫生领域委员深入乡村开展基层义诊活动；“三农”领域委员把履职服务送到田间地头；在大型居住社区“回天”地区、在平均海拔1045米的门头沟区清水镇黄安坨村，在亦庄经济开发区……320余个北京市、区两级政协委员工作室（站）建立以来，委员们深入一线，深入基层，举办的各具特色的活动，打通了委员联系群众、履职为民的“最后一公里”。

推进委员工作室建设，全面提升委员联系服务界别群众能力，是北京市政协深入贯彻中共二十大“完善委员联系界别群众机制”精神的有效举措，也是认真落实主题教育“学思想、强党性、重实践、建新功”总要求的具体体现。

实践中，各界别委员针对界别群众特点充分发挥主体作用，展现责任担当。比如少数民族界委员工作室积极宣传党的民族政策，与群众结对子、交朋友、做好事；共青团、青联界别委员工作室连续开展走进青年活动和“政协委员与社区青年面对面”活动，助力青年人成长成才。委员工作室提交的提案、调研报告还有力推动了地铁13号线车站预留、青年网络作家权益保护、企业解难纾困等问题解决，深受群众认可。

而成立市政协香港委员工作室、澳门委员工作室，则把发挥港澳委员“双重积极作用”定位在港澳一线，通过持续开展“走进人民政协，认识协商民主”

活动，创办“港澳青少年国情教育空中课堂”，把北京丰富的爱国主义教育资源和历史文化资源用港澳青少年喜闻乐见的形式送到他们身边。

在互联网虚拟空间，面对数量不容小觑的“网友”群体，北京市政协成立了网上委员工作室，并连续4年举办网上委员讲堂活动，就“民法典”“教育”“健康”“北京历史文化”等主题进行网上宣讲120余次，观看点击量近3亿次，架起了联系群众的网上“连心桥”。

当前，正值全党深入开展学习贯彻习近平新时代中国特色社会主义思想主题教育，这也是党的二十大作出的重大部署。北京市政协坚持边实践边总结，把“当下改”与“长久立”相结合，注重把解决问题和建章立制统一起来，及时梳理总结主题教育中的好做法好经验，不断健全加强政协常委会自身建设、协商工作、专委会工作等制度机制，推动学习贯彻习近平新时代中国特色社会主义思想持续往深里走往实里走。

踏上新征程。作为“首善之区”，北京市政协将在中共北京市委的坚强领导下，坚持不懈用习近平新时代中国特色社会主义思想武装头脑、指导实践、推动工作，始终以首善标准，把党的创新理论切实运用到贯彻落实党的二十大提出的重大战略部署中，不断推动首都人民政协事业创新发展。

（本文原载于《人民政协报》2023年6月2日第1版）

## ◎ 东城区政协

# 突出界别特色　广泛凝聚共识

文 / 包松娅

各界别每年要至少召开一次界别会议、组织一次特色活动，分别提交一份高质量的界别提案、大会发言和社情民意信息——这是被委员们津津乐道的东城区政协“五个一”界别活动，在提高界别履职质量的同时，还推动了政协统战和协商民主有机融合。

界别是人民政协产生、存在和发展的基础，也是人民政协发挥作用的优势所在。换届以来，东城区政协不断强化界别意识，引导各界别积极开展各具特色的主题活动，打造界别履职品牌，推动各界别成为密切联系界别群众、广泛凝聚共识的桥梁纽带。

依托亲民小屋“文沁阁”、社区活动站点“美后肆时”和文化文物古迹“角楼图书馆”，东城区政协建立三个“聚识书屋”，每月由各界别轮流承办“月聚·悦读”学习活动，不断强化对界别委员的思想引领。换届后，第一时间对委员和界别进行深入调研分析，制定《关于加强界别工作的实施意见》，明晰了“1（专委会）+1（界别）+X（民主监督小组、委员工作室、政协委员街道活动小组等）”委员履职路径。

完善责任落实机制，东城区政协建立界别召集人制度、区政协委室联系界别制度，66 名委员召集人、政协 5 个专委会工作室以及 26 个界别组织依托单位成为落实界别工作要求的骨干团队。同时完善“三联系”工作机制，构建 9 名政协主席会议成员联系 58 名政协常委、58 名政协常委联系 341 名界别委员、341 名委员联系所在界别群众的工作体系。保障激励机制同样不可或缺，制定《委员履职评价办法》，增加界别活动比重，将委员参加界别活动情况纳入年度履职记录，作为参选“年度优秀政协委员”的重要参考，激励委员踊跃参加界别活动。

创新驱动，才能激发工作活力。

东城区政协组织各界别通过嵌入等方式搭建平台，发挥民主党派、社会团体、商会、文联等组织和平台优势，通过推行“委员工作室建在界别上”，依托界别优势和委员资源，建立15个界别委员工作室，努力将委员工作室建设成为政协委员联系服务界别群众和基层群众的平台，有效组织社会各方面资源服务群众的政协品牌。

为了探索实施“协商于民”行动计划，东城区政协建立5个政协委员街道活动小组，开展助力簋街经济发展、花市未来建设等特色活动，积极参与“协商于民行动计划”，探索政协协商服务基层治理的有效路径，以群众满意的履职实效生动诠释人民政协的“人民性”。同时，在系列“界别活动创新奖”的鼓励之下，各界别积极创新、打造品牌、树立典型，努力为助推首都核心区高质量发展凝聚共识、汇聚力量。

（本文原载于《人民政协报》2023年6月2日第2版）

◎ 海淀区政协

# 架起联系群众的“连心桥”

文 / 包松娅

“3 月份种植的花生长势很好，枝繁叶茂！”大屏幕上，西部某农场职工李云成正躬下身，连根拔起一株花生。屏幕这一边，北京市海淀区政协委员、中国农业科学院生物技术研究所研究员张雨专注地盯着画面。在北京市海淀区石油共生大院政协委员工作站，张雨通过这场实时连线，为大家讲述了工作站的助农故事。

近年来，海淀区政协认真学习贯彻党的二十大和中央政协工作会议精神，立足专门协商机构性质定位，按照“不建机构建机制”的思路，把委员工作站建设作为建立和完善委员联系群众工作机制的实际举措和主要抓手，切实打通政协联系服务群众的“最后一公里”，为新时代政协履职为民作出了积极探索。

依托 29 个地区政协委员活动小组建立“片区型”“区域型”和“社区型”工作站，在重点园区和产业楼宇打造“园区型”“楼宇型”工作站，依托委员个人及领域特色建立“专业型”工作站，立足界别属性建立“界别型”工作站，与市政协委员联合组建“联动型”工作站……紧扣工作站“新”的特点和委员“专”的优势，海淀区政协提出了“稳妥推进、分类实施、资源整合、务求实效”的十六字工作方针。“在建站过程中，我们不搞‘撒网式’布局和‘清一色’标准，做到先试点、再拓展、后铺开，成熟一个、建立一个，确保工作站持续运转、取得实效。”据海淀区政协有关方面负责人介绍，截至目前，海淀区政协共建立各类型委员工作站 35 个。

委员工作站建成了，如何高效运转？海淀区政协牢牢把握委员工作站的职责特点，确立了“政协党组联系指导＋业务委室协调推进＋街镇党（工）委组织保障＋站长、联络员执行落实”的“四位一体”工作格局，配套出台工作站管理办法和基本工作制度。结合8种基础建站模式，对建立的35家委员工作站，逐一制定实施细则，形成制度汇编，推动委员工作站建设规范化、制度化。

正如张雨在工作站发生的助农故事，各工作站结合自身定位，都开展了丰富多彩、各具特色的活动。比如设立“小讲堂”宣讲“大政策”。把委员专长与群众需求结合起来，为区域内的企业群众开展公益宣讲活动。针对企业关注度较高的普惠性政策，邀请职能部门领导现场答疑解惑。聚焦群众关心的中考招生、基础教育改革、“双减”政策等问题，组织教育界委员深入解读。贴近群众生活需求，邀请经济界的委员为辖区群众解读金融政策，有效防范金融风险。

带动“微协商”赋能“精治理”。以委员工作站为平台，扎实推进政协协商与基层协商有效衔接，形成“群众出题、政协选题、委员解题”的协商模式。聚焦群众“急难愁盼”，组织委员参与接诉即办、垃圾分类、物业管理、养老综合服务、集中充电设施建设、共享单车管理、破解城市更新难题、街道城市发展规划等基层协商，把专门协商机构的制度优势转化为城市治理效能。

积极顺应信息化的趋势，通过设立委员邮箱、召开视频会议，依托政协移动互联平台（掌上政协APP）、全国政协“假如我是委员”小程序等信息化手段，搭建“云平台”拓宽“新渠道”，推动委员与群众开展网络沟通和线上交流，使委员工作站成为社情民意信息的重要来源。

与此同时，以委员工作站建立为契机，海淀区政协还依托街镇举办政情通报会，引导地区委员知情明政，增强委员联系群众的工作能力，努力让群众更为经常、更加真实地听到政协“声音”，看到政协“身影”，感受政协“作为”。

（本文原载于《人民政协报》2023年6月2日第2版）

◎ 门头沟区政协

# 扎实提高委员深度协商能力

文 / 包松娅

党的二十大提出“提高深度协商互动、意见充分表达、广泛凝聚共识水平”，门头沟区政协在扎实提高委员深度协商能力上进行了探索实践。“作为扎根北京生态涵养区的基层政协，面对从煤炭经济到绿色经济的深刻转型，面对两山转化、生态课题的系统性专业性复杂性，面对转型期间思想多元、诉求多样、矛盾多发的民生实际，我们深切体会到唯有深度协商、充分互动，才能商出良策、议出共识，也唯有把功夫下在‘会外’、下到委员身上，深度协商才能生动、见效且后劲澎湃。”

深入知情明政是深入协商的基础。门头沟区政协一方面引领委员进入“决策层”。以“书香政协”建设为载体，开办“班长讲座”，邀请区委书记出席政协年初第一次常委会会议讲形势、区长出席全体委员读书班讲区情，引领委员知大局、明大势；开办“局长讲堂”，邀请政府职能部门“一把手”上台开讲，讲部门情况、讲行业政策、讲落实二十大精神的具体举措，引领委员紧跟决策、把握政策；开展“每周悦读”，组建“全体委员微信悦读分享群”，采取委员接力的方式，每周由一名委员担当轮值委员，围绕当周重要会议及社会热点自拟主题并领学、促学、督学，引领委员共学新知、深入交流。

另一方面，引领委员进入“基层”。深化委员联系群众工作，在民众集中、民情集中、民诉集中之处，陆续揭牌设立政协委员“田间工作站”“民宿工作站”“科创工作站”“村居工作站”“法律工作站”“非遗工作站”“京西古道工作站”等15个委员联系群众工作站（室），组织委员依托站点开展政策宣讲、反映群众诉求、提供专业服务；在建好、用好“固定”站点的同时，以界别为单位组织委员开展“连心桥”联系群众主题教育，要求每名委员至少联系10名群众，不固定场所、不固定时间、不局限方式开展联系，让每一名委员都成为“联系群众移动工作站”。

做实“双线协商”，以深入实践促深度协商是门头沟区政协的另一个具体举措。

在做实“长线协商”上，着眼政协五年届期，紧扣市委提出的京西地区转型发展和区委确立的“生态立区、文化兴区、科技强区”战略，每年选择那些小切口问题持续关注、年年协商。比如“优化提升营商环境”“提升生物多样性保护水平”“推动城市更新行动计划落地”等议题，每一项都很宏观复杂，但都关涉地区长远发展。区委把这些工作确立为“长线协商”议题，要求政协围绕同一个事每年从不同角度提出真知灼见，倒逼委员要不断提高调查研究、建言资政、深度协商能力。

在做实“全线协商”上，立足破解提案办理协商中存在的提办双方见面不够、互动不足、效果不充分等问题，变“节点协商”为“全线协商”，加大委员同承办单位的互动频次，在“跟办提案”中磨炼协商能力。“办前”，进行组团对接。由政协组织提案人与承办单位集中对接，让提办双方开一次会就能解决一揽子情况通报、对接联系等事务性问题。“办中”，增加协商互动。引导承办单位多同委员沟通见面、听取意见，实现全过程办理公开；引导委员走进承办单位、走进政府，多了解政府决策运行机制，找准帮忙助力的着力点、切入点，以提出更好提案。“办后”，进行双向评价，把提案“提得怎样、办得怎样”都摆在台面上进行定量互评，激励委员把提案提好、承办单位把提案办好。

提高深度协商实效离不开协商能力建设。门头沟区政协针对初任委员（特别是45岁以下的青年委员），探索开展“点对点”培养模式，由政协主席班子、各委室主任及老委员同新委员建立“一对一”结对联系（目前已建立22对），深入开展传帮带，即在业务上传、在思想教育中帮、在共事处事中带，提升政协组织整体协商能力水平，同时在“年度优秀政协委员”评选工作中，引领委员在政协各项履职中提高标准、追求卓越。

（本文原载于《人民政协报》2023 年 6 月 2 日第 2 版）

◎ 通州区政协

# 以党建引领政协工作高质量发展

文 / 包松娅

坚持重点工作向区委请示报告，重要改革事项等争取区委支持，重点调研、协商、监督议题计划报区委审定，党派团体界别提案、大会发言、联组讨论建议等提请区委主要领导阅签，重要协商议政活动邀请区委相关领导参加……这是通州区政协重引领、强功能、促融合，以高质量党的建设引领政协工作高质量发展的有力举措。

通州区政协充分发挥党组在政协工作中的领导作用，坚持对履职选题、建言成果、队伍建设进行专题研究、全程把关。加强制度建设，修订党组工作规则等 12 项党建制度和 37 项党支部工作规定。制定同部署、同检查、同落实、同考核的《年度履职任务清单》和《全面从严治党责任清单》，定期对主体责任落实情况监督检查，及时发现问题、立行立改。

强化示范引领，发挥党员委员履职尽责“排头兵”作用。在疫情防控中，党员委员主动亮出身份，带动广大委员深入一线调研，反映社情民意，踊跃捐款捐物。在重大项目拆迁现场，党员委员带领委员深入界别群众中，配合党委政府做好被拆迁人思想工作，为保障工程顺利推进贡献了政协智慧和力量。

以“两个全覆盖”确保全面加强党的领导有效落实。通州区政协健全组织体系，构建“政协党组 + 机关党组 + 委室联合分党组 + 机关党总支、机关党支部”党建“四合一”扁平化运行机制，由机关党组成员兼任联合分党组书记、党总支委员、党支部书记，按“一方隶属、双边活动”原则，

122 名党员委员全部编入联合分党组下设的 13 个党员小组，实现党的组织和党的工作全覆盖。

完善联系制度。在政协党组成员联系党员委员、党员委员联系党外委员等制度基础上，建立了党组成员联系走访企业家委员制度，深入企业一线，带去党的声音，解决委员诉求，汇聚起纾困解难、凝聚共识的正能量。

创新运行机制。把工作站建设作为委员联系服务界别群众的重要载体，覆盖各街镇、各界别的 26 个委员工作站，全部进驻属地党群活动中心，形成以街镇党委成员为站长，界别召集人为副站长，全体委员入站的组织框架，同时建立党支部，明确在工作站开展活动助力地区发展的同时，支部书记要及时向党委汇报，主动接受属地党委领导，保证了党的领导贯穿政协工作全过程和各个环节。

强化思想引领。运用党组理论中心组学习、常委集中学习、专委会学习和习近平新时代中国特色社会主义思想学习座谈会制度等多种形式，引导全体委员笃学深悟习近平新时代中国特色社会主义思想。开展“通力同心”委员读书活动。去年以来，围绕习近平新时代中国特色社会主义思想、党的二十大精神等，开展了一系列线上委员读书活动，委员参与互动交流 4000 余次，发表读书体会 10 余万字。同时，利用 13 家“悦读书屋”，举办 41 场次线下活动，千余人次参与。

聚焦副中心高质量发展，通州区政协坚持与党委政府站在一起、想在一起、干在一起，就产业高质量发展、特色小镇建设、运河文化建设、接诉即办等党委政府中心工作开展协商议政、建言献策。2022 年各类建议得到市委和区委、区政府主要领导批示 53 次，其中，不少建议纳入政府文件和工作方案中。

（本文原载于《人民政协报》2023 年 6 月 2 日第 2 版）

◎ 大兴区政协

# 把握新职能新定位　推动提案工作创新发展

文 / 包松娅

“区政协通过提案这一形式，为区委区政府开展工作起到了如虎添翼的作用，希望能够在新的方面踊跃提出提案，为区委、区政府做好相关工作提供助力”这是2022年大兴区政协提案委与区委办、区政府办座谈交流会上的一番话。

也是大兴区政协积极立足新职责，促进提案工作整体跃升的一个缩影。在提案工作中，大兴区政协利用提案中出现的高频词语，按照归口原则，对提案进行细致划分，由提案委主任总协调，副主任和政协常委任组长的委员督办小组，分别领取一类提案，充分发挥自身提案办理的丰富经验，全程参与提案办理工作。

值得一提的是，大兴区政协打造的“委员走基层”平台，通过与一线群众现场沟通交流，为提案办理起到积极促进作用，将平等深入协商、增进理解认同、共促问题解决融入协商办理全过程。

围绕提案中涉及的老旧楼宇电梯改造、垃圾分类入户等基层治理新动向，联合政协“协商议事团”，广泛邀请政协委员、专家学者、党派成员深入社区，以“拉家常”形式开展协商座谈12次，为老旧楼宇电梯改造、垃圾分类入户这两个事关全体居民的新情况破题提供政策、法律、服务等多方面的支持，为提案效果真正落到实处提供助力。

加强重点提案转化落地，同样是做好提案工作的重点。

2022年，以“委员走基层　纾困在行动”为主题，委员们深入机关、镇街和企业，针对复工复产、助企纾困等积极调研，落实区委区政府惠企纾困政策，了解企业生产基本情况、服务需求，转化委员提案16件，及时报送区主要领导，得到区委区政府领导批示，助力企业化解难题、提振信心、稳定预期，实现了重点提案的转化落地。

此外，为了确保提案工作能够做到有的放矢，大兴区政协修订完善《提案工作条例》等7项提案工作制度规定，覆盖提案各项工作，形成制度闭环。将委员提案数量、提案获奖情况等纳入委员履职量化考核。同时，制定《大兴区政协提案工作指南》2.0版本，内容涵盖提案的定义、撰写、提交与审查、办理等方面，便于委员了解掌握提案工作。

面对疫情影响，大兴区政协还拓展了智慧政协系统提案功能，率先试点开展网上办理协商，联合相关部门就提案办理“双公开”机制进行协商议政。通过信息系统将委员提案和办理报告向社会公布，着力实现提案办理“双公开”。

继续做好提案“双评议”工作也是确保提案办理成效的重要一环。区政协通过座谈交流、共同调研、发放征询意见表等方式针对全部提案人和承办单位开展意见征求，从而使提案委能够掌握“提”“办”真实情况。大兴区政协有关方面负责人表示，当前正和相关部门探索将提案办理效果纳入巡视机制，将各部门提案办理情况和办理效果纳入各单位巡视反馈意见，为提案办理保驾护航。

（本文原载于《人民政协报》2023年6月2日第2版）

## |天津市政协|

# 思想引领　实干为要<br>把工作做到群众心坎上

文／张　原

蓝图已绘就，扬帆正当时。今年是全面贯彻落实党的二十大精神的开局之年。党的二十大报告擘画了新时代中国特色社会主义的宏伟蓝图，发出了全面建设社会主义现代化国家、全面推进中华民族伟大复兴的动员令。新时代赋予人民政协新使命，新征程召唤政协组织要有新作为。

立足新时代新征程新使命，十五届天津市政协坚持以习近平新时代中国特色社会主义思想为指导，深入学习贯彻党的二十大精神和中央政协工作会议精神，坚持党的领导，着力提高政治能力，确保履职正确方向，聚焦天津全面建设社会主义现代化大都市目标，深化问题研究，提升议政建言质量，以学正风、以学促干，干字当头，实字托底，加强思想政治引领，以改革创新精神推进政协履职能力提升，以更多履职实践成果推动习近平新时代中国特色社会主义思想在津沽大地落地生根、开花结果。

### 凝心铸魂　强基固本　学深悟透习近平新时代中国特色社会主义思想

今年是全面学习贯彻习近平新时代中国特色社会主义思想和党的二十大精神的重要一年，也是十五届天津市政协履职的起步之年。新征程上，人民政协使命光荣、责任重大，必须首先凝心铸魂，筑牢根本。

市政协把学深悟透习近平新时代中国特色社会主义思想作为正确履行

职能、充分发挥作用的前提和基础。召开党组会议、主席会议、常委会会议传达学习全国“两会”精神，研究部署政协围绕中心、服务大局工作，要求全市各级政协组织、政协委员、机关干部把思想和行动统一到习近平总书记重要讲话精神和党中央决策部署上来。4月17日，市政协召开学习贯彻习近平新时代中国特色社会主义思想主题教育动员部署会，对市政协开展主题教育作部署，为政协事业创新发展提供强有力的政治引领和政治保障。会议强调，要全面落实主题教育根本任务和工作部署，认真抓好理论学习、调查研究、推动发展、检视整改、建章立制等各项工作，做到解决真问题、真解决问题。把开展主题教育同贯彻落实党中央决策部署和天津市委“十项行动”结合起来，做到两手抓、两促进。会后，市政协机关举办学习贯彻习近平新时代中国特色社会主义思想主题教育读书班。

市政协党组细化主题教育《实施方案》，要求全面学习领会习近平新时代中国特色社会主义思想，系统掌握基本观点、科学体系，坚持好、运用好贯穿其中的立场观点方法，切实用以武装头脑、指导实践、推动工作。要胸怀“国之大者”，紧扣党和政府中心任务，勤勉履职尽责、务实担当作为，更好彰显专门协商机构的独特优势，聚众智、齐众心、汇众力，以政协一域之为服务天津全市发展大局。

“必须准确把握人民政协性质定位；聚焦中心工作持续提高协商效能；不断强化政协委员责任担当，为推动天津高质量发展作出政协贡献。”理论上清醒，政治上才能坚定，行动上才能自觉。市政协党组研究制定委员学习培训计划，坚持用习近平新时代中国特色社会主义思想武装政协委员头脑。4月13日至14日，市政协委员集中学习培训开班，帮助委员从思想上政治上扣好履职的第一粒扣子，在理论上业务上打下坚实基础，引导全体委员深刻领悟“两个确立”的决定性意义，增强“四个意识”、坚定“四个自信”、做到“两个维护”，不断夯实团结奋斗共同思想政治根基，推动学习贯彻习近平新时代中国特色社会主义思想走深走实。

一段时间以来，天津市政协、16区政协线上线下开展学习，春秋讲堂学习报告会、主题知情通报会与常委会会议、专题协商座谈会筹备相结合，聚焦国之大者与民生小事，将推进主题教育与委员学习、履职尽责相结合，努力在以学铸魂、以学增智、以学正风、以学促干上见成效。

市政协常委会议厅、委员活动中心、委员书屋、文史馆、各专门委员会委员活动室时时留下委员学习交流的身影。学习 + 调研 + 专题协商，各专门委员会组织委员学习思考建言永远在路上。市政协还创新委员活动日形式，组织住津全国政协委员和市政协委员开展情景沉浸式学习视察座谈，增强委员对党的创新理论的理解和对天津高质量发展取得成就的感悟，凝聚思想共识。

值得一提的是，市政协举办读书班开展深入研讨，交流运用党的创新理论解决实际问题的具体案例和体会，提出改进工作的思路举措，真正把学习研讨成果转化为解决问题、推动工作的思路办法和实际举措，并深入基层开展宣讲，当好党的理论“宣传员”，让各界委员增强主体意识，彰显委员责任担当，努力把学习成果转化为服务党政中心任务的实际成效。

### 干字当头　实字托底　在京津冀文旅融合协同发展中展现政协作为

大道至简，实干为要。天津把党的二十大作出的重大决策部署付诸行动、见诸成效，组织实施“十项行动”。紧扣市委中心工作，市政协充分发挥政协优势，把各方面智慧和力量凝聚起来，积极主动服务助推“十项行动”落地见效，为天津全面建设社会主义现代化大都市开好局起好步贡献政协力量。

破难题、促发展。习近平新时代中国特色社会主义思想为做好各方面工作提供了根本遵循，市政协坚持用习近平总书记关于加强和改进人民政协工作的重要思想指导履职实践，认真贯彻落实习近平总书记对天津工作“三个着力”重要要求，把学习成果切实转化为推动高质量发展的工作实效。充分发挥专门协商机构作用，坚持从全局谋划政协一域，以政协一域服务全局，认真落实市委批准的年度协商计划，精心筹备召开 2 次专题议政性常委会会议和 8 次专题协商会，办好政协经济运行分析座谈会，更好服务科学民主决策、促进决策贯彻实施。

坚持没有调研就没有发言权，市政协确定13个助力“十项行动”课题，各位党组和主席会议成员带队，组织政协委员和机关干部深入基层一线，开展蹲点调研、“解剖麻雀”式调研，充分了解实情，力争把问题找准、把建议提实，确保调研成果有针对性、可操作性。各调研组找准推动工作的切入点、解决问题的着力点，通过深入协商，努力提出有效管用的意见建议，为党政决策提供民意基础和智力支持。

围绕“十项行动”之首——推动京津冀协同发展走深走实，今年天津市政协承办的京津冀政协主席联席会议第九次会议主题确定为“打造区域文旅精品线路，构建京津冀文旅融合协同发展新格局”。几个月来，市政协主要领导带队，以京津冀协同发展中天津文旅高质量发展为视野，以天津市文旅发展的亮点、难点和重点为研究框架，以深入调研论证基础上形成高质量对策建议报告为目标任务，先后赴滨海新区、和平区、津南区、天津旅游集团等开展调研，同市委宣传部、文旅局、市场主体、专家学者等进行座谈交流，梳理存在问题，提出促进工作的思路办法“策论”，努力推动天津文旅产业更好融入和服务京津冀协同发展。

看亮点，委员们激动振奋，天津文旅产业市场化全域化不足难点也令调研组陷入深深思考中。大家提出，必须改变全域旅游发展统筹协调机制作用发挥不明显、尚未形成“条块结合”推动全域旅游发展的工作格局，对中长期全域旅游建设整体谋划布局。经过深入调研论证，市政协建议，天津文旅发展要以瞄准助力国际消费中心城市建设、打造国内文化旅游重要目的地为目标，以近代中国文化的挖掘和塑造为根本，以打造特色文旅场景、精品旅游线路、培育龙头企业为重点，以建立市场机制、塑造文旅品牌、实现京津冀协同发展为保障，逐渐形成具有天津区域特色的都市文化休闲游，成为国际一流都市休闲目的地和全国知名文旅名城。

政协调研报告在天津旅游定位上下功夫，明确重点发展方向；在打造天津旅游精品线路上下功夫，建言找准突破口，做出特色，做出精品；在提升服务品质上下功夫，制定针对性措施，扬优势、补短板、强弱项。政协建议从小切口入手，以小见大，实实在在助力讲好天津旅游故事。

## 办好实事　真解民忧　在推动高质量发展中体现政协担当

围绕中心，服务大局，履职为民。市政协把开展主题教育同贯彻落实党中央决策部署和市委工作要求结合起来，同切实履行政协职能、服务助力“十项行动”结合起来，做到两手抓、两促进，防止“两张皮”。值得一提的是，市政协更注重细化方案、推动落实、务求实效，反对形式主义、官僚主义，避免形式化、套路化、表面化。牢固树立以人民为中心的发展思想，坚持民心所向、政协所往，进一步推动政协工作与老百姓安危冷暖相结合，用心用情推动解决群众牵肠挂肚的难题，让群众感到政协就在身边。

建设智慧天津是市委、市政府在“十四五”时期推进的重点工作。“打造数字天津，加快推动新型智慧城市建设”是今年第一次专题协商会议题。委员们就全面科学统筹数字天津建设、强化智慧城市建设项目管理、智慧停车、智慧养老、社区基层数字化治理、数字政务、企业数字转型等方面提出意见建议。

建设天开高教科创园是市委、市政府全面贯彻党的二十大精神、贯彻新发展理念、推动高质量发展的一项战略举措。如何更好把天津科教和产业的巨大潜力和强大动能充分释放出来，要完善科技成果转化机制，走出一条创新链、产业链、人才链、政策链、资金链深度融合的路子。专题协商会上，政协委员发挥专业优势提供的“智力支持”得到与会市领导的高度评价。

……

真正了解症结，使政协建言更具厚实的调研基础是本届天津市政协履职工作的一大亮点。

大兴调查研究之风，市政协党组要求工作中细化方案，推动调研成果转化，促进真正解决问题。调研责任领导、责任部门、工作要求、时间节点跃然纸上，今年10月底前各项调研协商成果将被评估，进一步优化完善后，上报市委、市政府供决策参考。

市政协通过2023年界别工作安排意见，强调突出委员主体作用，切实提高联系界别群众本领，通过“一中心两站”，让政协协商更好向基层延伸，深入界别群众，做好雪中送炭、扶贫济困工作，春风化雨、解疑释惑工作，理顺情绪、化解矛盾工作。

日前，市政协组织医药卫生界别、体育界别部分政协委员赴静海区市政协帮扶村开展“为群众办实事”活动，拉开了今年市政协“为群众办实事”序幕。活动中，政协委员和专家为村民开展义诊、健康咨询、心肺复苏培训，普及群众性体育与健康常识等，免费发放常用药品。专业的指导、贴心的服务让村民真切地感到委员就在身边。市政协相关负责人告诉记者，市政协各界别开展的“为群众办实事”活动中，把主题教育与为民办实事有效结合起来，把为民履职与解决人民群众难题结合起来，委员们主动宣传党和国家方针政策，推动学习贯彻习近平新时代中国特色社会主义思想持续往深里走往实里走。

市政协主席会议成员带头深入调研服务基层企业群众，各专委会积极行动。突出问题导向和目标导向，既胸怀“国之大者”，又关注民生，聚焦助力天津“十项行动”实施和群众关心关注的问题，从大处着眼、小处着手，科学精准选好题目，精心制定具体方案，深入一线调查研究，切实提出真知灼见，以小切口解决大问题，做到解决一个问题、总结一类规律、治理一个领域，真正把工作做到群众心坎上。

市政协认真学习贯彻党的二十大精神和中央政协工作会议精神，制定具体措施狠抓落实工作，切实把履职重点放在市委、市政府的重大事项对策研究上，放在改革发展稳定深层次问题破解上，放在群众关心关注的热点难点问题解决上，以扎实的履职成效推动政协事业高质量发展。

（本文原载于《人民政协报》2023 年 7 月 1 日第 1 版）

◎ 滨海新区政协

# 强化“六个工作机制” 展示新气象新作为

文／张　原

滨海新区政协坚持以党的二十大精神为统领，以助推实施滨海新区高质量发展支撑引领行动为主线，以提升协商效能为主旨，坚持发扬民主和增进团结相互贯通、建言资政和凝聚共识双向发力，强化“六个工作机制”——

强化党建引领机制，以政治自觉催生新干劲。发挥政协党组把方向、管大局、保落实作用，加强党对政协工作的全面领导，把党的领导贯穿履职全过程。推进专委会履职党支部建设，实现政协党建“两个全覆盖”。

强化学习提升机制，以思想淬炼焕发新气象。构建学习制度体系，以党组理论学习中心组学习为引领，主席会议、常委会会议集体学习为重点，严格落实“第一议题”“第一课程”制度；拓宽委员知情渠道，提升委员理论政策水平；健全委员培训机制，提高委员政治把握、调查研究、联系群众、合作共事能力。

强化调研协商机制，以履职质效体现新作为。完善“1+2+4+N”协商工作格局，紧扣高质量发展议政建言，推进富有新区特色的政协履职工作；建立调研协商“全链条”工作机制，规范程序、改进方式、提高质量，聚焦港口、区位、产业、人才、政策优势，服务新区“八大工程”，形成高质量建言成果；增强提案工作实效，出台《区政协提案办理提质增效的实施办法》，完善提案工作“提、立、办、督、评”流程。

强化凝聚共识机制，以创建载体汇聚新合力。筑牢政协参加单位凝聚共识机制，支持各党派团体参与政协履职活动，提高在政协发表意见、提出建议的比重；筑牢委员与界别群众凝聚共识机制，开展“政协委员街镇行”活动，宣传政策、团结鼓劲、凝聚人心；筑牢区域协同发展凝聚共识机制，互补联动、共促发展。

强化服务民生机制，以为民情怀彰显新担当。践行“人民政协为人民”理念，助推解决百姓急难愁盼问题。创新搭建履职平台，分设4个类型19个委员活动站，以创新平台载体提升履职效能；助力民生工程落实，围绕乡村振兴等开展视察监督、提案促办；办好为民服务实事，联合党派团体做好义诊咨询、助学助残等服务基层工作。

强化自身建设机制，以过硬作风展示新面貌。落实《关于加强和改进新时代市县政协工作的意见》，加强自身建设。专委会工作突出“活”，完善专委会工作机制，尝试跨专委会开展联合视察调研，探索提高委员的履职参与率；委员履职服务强调“暖”，完善履职评价机制，使委员真正感受到政协是温馨和谐的“委员之家”。

（本文原载于《人民政协报》2023年7月1日第4版）

◎ 和平区政协

# 突出“三个紧扣” 广泛凝聚共识

文/张　原

和平区政协坚持把加强思想政治引领、广泛凝聚共识作为履职工作中心环节，积极探索基层政协践行全过程人民民主的新途径新方法，为服务和平区经济社会高质量发展凝心聚力。

紧扣政治引领，在团结统战中凝聚共识。区政协注重理论学习，构建多层次常态化学习制度体系，通过委员培训班、形势报告会、专题情况通报会等形式，广泛传播共识，夯实团结奋斗的共同思想政治基础；注重示范引领，发挥好基层政协党组织的战斗堡垒作用和中共党员委员的先锋模范作用，坚持党组成员联系界别制度、中共党员委员联系党外委员制度，推动思想政治引领工作走深走实走心；注重沟通联谊，坚持走访政协委员制度，加强同社会各界人士联系沟通，为区域经济社会高质量发展凝聚共识和力量。

紧扣双向发力，在建言资政中凝聚共识。区政协坚持把增进共识贯穿履职始终，将凝聚共识工作融入会议、调研、座谈、提案等履职活动中。深化政治协商，充分发挥专门协商机构作用，围绕“积极应对人口老龄化，加快为老服务体系建设”“关于数字赋能，推进新型智慧城区建设的建议”两项议政性常委会课题，从小切口入手，精选 22 个子课题开展调研。发挥专委会优势，组织开展好对口协商会和界别协商，在协商中深化共识、增进认同、共促发展；柔性民主监督，坚持问题导向，围绕区 20 项民心工程及全区重点目标任务等开展监督性视察，提出意见建议，促进相关工作落地见效。精准参政议政，积极反映社情民意信息，不断优化提案办理协商，使各族各界人士呼声和愿望在政协平台上得到充分反映。

紧扣民生福祉，在践行初心中凝聚共识。坚持“人民政协为人民”，区政协搭建为民服务平台，在全区 64 个社区建立 20 个政协社区联络站，打通政协联系服务群众的“最后一公里”；拓宽联系群众渠道，每年组织委员开展“进界别、进社区，知区情、知民情”活动，通过组织座谈、入户走访、现场调研等形式，问政于民、问需于民、问计于民。积极探索政协协商与基层协商有效衔接，开办“请你来商量”专题协商栏目，将“商量”元素凝聚、贯穿到委员履职、群众呼声、社会愿景、部门发力的主题上来；打造奉献爱心阵地，每年开展助困、助学、助残、助老、助孤等“心系百姓、爱助行动”为民服务品牌活动、“我为群众办实事”实践活动，使群众在感受党的温暖中坚定不移跟党走，让“同心圆”的半径不断扩大。

（本文原载于《人民政协报》2023 年 7 月 1 日第 4 版）

◎ 南开区政协

# 扎实开展实践　强化民主监督

文／张　原

南开区政协聚焦党和国家重大战略目标和任务在天津、在南开的贯彻实施履职尽责，积极推动政协民主监督工作在新征程上实现新发展。

完善民主监督工作制度机制。制度立起来、机制建起来，监督什么、谁去监督、怎么监督才有章可循、有据可依。实践中，区政协协助区委出台加强和改进政协民主监督工作文件。坚持区委会同区政府、区政协“三家”协商制定政协年度监督工作计划，科学设置重点监督议题，逐年增加比例，准确把握监督节奏和力度。不断健全民主监督运行机制，对民主监督的知情、沟通、反馈等环节作出明确界定和程序设计，加强与区委、区政府相关工作的衔接配合。今年 3 月，围绕贯彻落实党的二十大关于加强政协民主监督的部署要求，制定《区政协开展民主监督工作的若干措施》，不仅明确了会议监督、提案监督、视察监督等现有监督形式的具体程序，还将区政协近年来探索开展专项监督、委员问政、网络议政等成功经验用制度固定下来，推进民主监督工作制度化、规范化、程序化建设。

创新民主监督工作方式方法。拉长监督链条，补齐监督短板，切实做好协商式监督“必答题”。实践中，区政协坚持发挥政协会议作为民主监督的主要平台作用，针对重大监督性议题，主动邀请党委政府领导及部门负责人通报情况，听取意见，参与讨论，答复交流。坚持协商式监督与专题调研、专项视察相结合，在广泛调研协商基础上提出改进意见，助推中央和市委、区委决策部署落实以及民计民生改善。坚持协商式监督与提案、社情民意相结合，聚焦基层治理难题，深入街道社区和界别群众察民情、听民意，开展“微监督”，提出“微建议”。此外还探索开展问询式、协同式监督，利用“互联网 +”开展跨时空监督，丰富了民主监督工作的方式和内涵。

增强民主监督工作实际成效。瞄着问题去，追着问题走，在发展大局中找题、在深入群众中析题、在民主监督中解题。实践中，区政协聚焦推动高质量发展协商监督，围绕“十四五”规划制定落实情况开展调研视察，设立博士创业园等意见建议被采纳实施。聚焦推动高效能治理协商监督，调研成果被区委主要领导誉为治理“宝典”，相关建议被纳入南开区市域治理方案。聚焦推动高品质生活协商监督，依托政协委员社区联络站开展“政协走进基层、委员贴近群众”主题实践活动，推动解决人民群众烦心事、操心事、揪心事。

（本文原载于《人民政协报》2023 年 7 月 1 日第 4 版）

◎ 武清区政协

# 搭建多元平台　拓展履职空间

文／张　原

武清区政协紧扣区委中心工作，找准履职尽责切入点，搭平台，建真言、谋良策，创新搭建多元履职平台，丰富了委员履职载体，拓展了政协履职空间。

搭建政协协商向基层延伸平台。为推动委员走进基层、走进群众工作深入开展，区政协在全区29个镇街和开发区建立了30个政协联络站，任命了“站长”，同时由镇街园区党委有关负责人兼任“指导员”。全体政协委员就近划分进站，政协主席会议成员分片包联，进一步推动政协工作触角向基层延伸。各联络站经常性组织委员聚焦群众关心关注问题和党委重点工作确定协商议题，深入一线察实情、听民声、广泛开展视察调研，并依托政协联络站与镇街及时进行协商议事，推动协商成果转化为党委政府决策、民生实事项目及改进基层治理的措施，大量问题在基层得以推动解决。联络站的建立不仅为各界别委员深入基层、加强与群众沟通联络提供了坚实阵地，同时也打破了政协活动的界别局限性，为基层委员横向交流增加了平台。

搭建政协面向社会传播共识的平台。结合工作实际，区政协搭建政协面向社会传播共识的平台——建立14个界别协商工作室，并将其打造为界别委员开展学习交流、提升政治能力、凝聚广泛共识的重要载体。依托界别协商工作室，区政协组织开展学习宣传、座谈交流、委员讲堂等活动20余场；积极宣传区委、区政府贯彻落实中央、市委部署，推动全区高质量发展的政策措施和积极成效，引导各界别委员群众坚定发展信心。界别协商工作室的建立不仅增进了界别委员之间的感情，也为他们交流合作提供了便利。同时，区政协将工作室打造成为密切联系界别群众、有效服务界别群众的“我为群众办实事”联系服务点，积极开展“送医下基层”“送文化进农村”“送法律进社区”等便民服务20余次，协调帮助解决群众实际问题10余件，委员为公益事业捐款捐物数十万元。

搭建政协委员履职平台。为充分发挥委员主体作用，区政协紧跟信息化建设步伐，将搭建委员履职平台列入年度重点工作加以推进。区政协委员通过手机端，即可实现获取学习资料、了解政协工作动态、提交社情民意和调研报告等功能，委员专题议政、建言献策更加便捷。换届以来，区政协开展各类协商活动22次，形成协商成果40余份，提交调研成果200余篇。

（本文原载于《人民政协报》2023年7月1日第4版）

◎ 宝坻区政协

# 抓实“五个一” 委员在行动

文／张　原

政协的活力在委员，实力也在委员。宝坻区政协大力加强委员队伍建设，深入实施履职“五个一”行动，即年度内至少撰写一份学习心得、参与一次协商、开展一次调研、提交一件提案、助推办好一件民生实事，委员们在政协工作中履职尽责、在本职岗位上建功立业、在界别群众中示范引领。

撰写一篇心得，让凝聚思想共识更有抓手。“理论上的清醒是政治上坚定的前提。”在区政协举办的首次读书研讨会上，区政协委员围绕学习《论中国共产党党史》畅谈体会。目前，区政协已建立6个读书群组，委员提交读书心得400余篇，读好书、善读书的氛围愈发浓厚。

参与一次协商，让协商民主更加广泛深入。“制约我区智慧交通的关键性问题是什么，协商时需要我们从哪些方面入手？”“关键问题还是我区路网建设不够完善，希望委员们多从这个角度提出真知灼见。”问得直白，答得恳切。这是委员与职能部门开展会前协商的一个场景，目的就是将协商民主贯穿工作全过程。与之相应的，开展专题培训、知情明政通报会，邀请区委、区政府和职能部门领导参加协商，已成为区政协开展专题协商的标配。完善的协商机制点燃了委员的履职热情，今年已开展各类协商活动11场次，“有事好商量”的协商民主氛围在宝坻越来越浓。

开展一次调研，让建言资政质量更有保证。根据委员专业特长，区政协开展分组式、课题式精细化调研，让调研更有针对性，有效提升调研的“含金量”。今年以来，聚焦区委“十项工程”实施，区政协已先后围绕创新驱动发展等方面开展各类调研30余次，多项调研成果得到区委、区政府重视和采纳。

提交一件提案，为科学民主决策提供更多政协方案。区政协引导委员从“多提”向“多参与”转变，让每一件提案凝结更多委员的智慧结晶。为此，区政协充分利用各专委会、委员活动站、界别联络站等工作载体，加强提案交流与思想碰撞，着力提高联组提案、界别提案、平时提案的比重。

助推办好一件民生实事，让民生福祉蕴含更多政协真情。建议为老旧小区加装电动自行车充电桩、建议为中小学生配备专职心理教师……在每季度例行的委员走访活动中，反映社情民意是重头戏。区政协在“大走访 + 专门平台”双重加持下，及时反馈基层声音和群众意见，政协直通车、连心桥作用更加明显，人民政协为人民的履职宗旨更加彰显。

（本文原载于《人民政协报》2023年7月1日第4版）

◎ 蓟州区政协

# 打造“同州共蓟”品牌　提升协商议政质效

文／张　原

蓟州区政协以强化身份意识、提升履职能力为主题，以扎实推进“同州共蓟”品牌建设为总载体，促进政协工作全面提质增效，切实为蓟州区全面建设生态优先绿色发展典范城市贡献政协智慧和力量。

聚焦主体作用建强队伍，实现凝聚共识新突破。树立品牌亮形象，区政协坚持党建引领，与区委“初心印蓟”活动同向，制定下发《蓟州区二届政协关于开展“同州共蓟”活动的方案》；切实强化政治建设，举办委员学习培训班，丰富培训内容，切实提升委员政治把握、调查研究、联系群众、合作共事能力；发挥党组织引领带动作用，以8个专委会为单位，建强8个履职临时党支部。强化宣传，健全制度，推进组织规范化、品牌活动经常化、履职作用实效化，确保委员主体作用发挥最大化。

聚焦协商议政质效创新机制，实现“围绕中心同频共振”新突破。区政协注重协商民主经常化，落实主席会议成员常态化集体调研制度，扎实开展专题“调研月”，发挥专委会和界别活动组职能，以专委会活动小组为主体，围绕区委百项重点工作开展协商履职活动，提高了专委会工作质效。形成的《深挖乡村振兴新功能 培育旅游产业新业态》等8篇调研报告得到区政府充分肯定。

在调研协商精准化方面，区政协围绕“积极推进文旅融合发展”开展专题调研；围绕乡村振兴等百项重点工作，制定年度协商计划，落细落实各项协商重点；围绕文旅产业、推动经济社会发展两个议题开好专题议政性常委会会议；围绕实体经济等5个议题开展视察协商；围绕区委“百项工程”和“十项重点”协商议题落实情况，通过调研视察、提案办理、选派特邀监督员等开展民主监督，实现了协商议政质效精准化。制定《关于开展提案质量双向评价工作的实施办法（试行）》《关于加强集体提案 提高建言咨政水平的指导意见》，推进提案“谋、提、办、督”系统化。

聚焦“双向发力”拓展履职路径，实现“服务民生”新突破。建制度抓运行，区政协健全联系委员制度，完善委员履职档案，深化委员履职量化考评，推动委员年度履职述职，抓好年度优秀委员评选表彰，密切机关委室服务对口专委会活动组联系，形成专委会与机关委室互动互促互联机制。广联谊聚合力，区政协抓好结对帮扶和镇乡、网格包保，扎实开展专题志愿服务活动服务民生。发挥委员活动站履职阵地优势，实现政协履职为民工作新延伸。

（本文原载于《人民政协报》2023年7月1日第4版）

## |河北省政协|

# 找准“原点”启新程<br>锚定“目标”开新局

文 / 高新国

强国建设、民族复兴，党的二十大开启新时代新征程。

发展全过程人民民主，是中国式现代化的本质要求。如何充分发挥人民政协专门协商机构作用，彰显协商民主优势，是新时代新征程上各级政协组织的必答题。

答好必答题，交出优异答卷！

十三届河北省政协深入贯彻落实党的二十大和中央政协工作会议精神，找准履职“原点”，锚定加快建设经济强省、美丽河北履职“目标”，在谱写中国式现代化建设河北篇章中凝心聚力。

### 强化理论武装，以思想清醒坚定，举好旗、走好路

党的二十大确定了新时代新征程中国共产党的使命任务。习近平总书记关于加强和改进人民政协工作的重要思想，为政协组织凝心聚力助力中国式现代化建设，指明前进方向，提供根本遵循。

“今年是全面贯彻落实党的二十大精神的开局之年，河北各项事业发展站在新的起点上。”在省政协十三届一次会议上，河北省委书记倪岳峰强调，要准确把握人民政协性质定位，为加快建设经济强省、美丽河北汇聚智慧和力量。

如何体现政协之能、政协之为，将党的二十大精神落到实处？在十三

届河北省政协第一次党组扩大会议上，省政协党组书记、主席廉毅敏发出“应该以什么样的政治站位、以什么样的思想原点重整行装再出发”的新一届省政协之问。答案就在会议第一项内容，廉毅敏带领大家重温习近平总书记在中央政协工作会议暨庆祝中国人民政治协商会议成立70周年大会上的重要讲话，进一步把握解“题”思路、掌握解“题”方法。领导班子成员逐一发言，谈新认识、新体会。

学习贯彻习近平新时代中国特色社会主义思想主题教育，是贯彻落实党的二十大精神的重大举措。同时，也是进一步推动深入贯彻落实中央政协工作会议精神，加强和改进人民政协工作的重要契机。省政协领导班子成员带头读原著、学原文、悟原理，机关党组和各专委会分党组成员、党支部书记示范带动，机关全体党员、干部潜心研读领悟。除了自学，省政协开设集中研读课，省政协党员副主席冉万祥、高志立、张古江、常丽虹变身“讲师”，认真准备，分别围绕学习贯彻习近平总书记关于加强和改进人民政协工作的重要思想、“三农”工作、党的建设、中国式现代化等方面的重要论述进行精彩导读，与机关全体党员、干部分享学习收获、思想感悟。

在主题教育中，省政协领导示范，以“理论学习＋研讨”“理论学习＋党建”“理论学习＋培训”“理论学习＋宣讲”的形式，促进以党内教育引导和带动党外干部、政协委员、界别群众学习。省政协将主题教育向政协委员覆盖，分4期对委员全员培训。习近平新时代中国特色社会主义思想和党的二十大精神解读是开班第一课，习近平总书记关于加强和改进人民政协工作的重要思想辅导、党的二十大对政协工作新部署新要求等课程，引导委员当好人民政协制度的参与者、实践者、推动者。

5月10日至12日，习近平总书记到河北雄安新区、沧州市、石家庄市考察调研，省政协党组第一时间传达学习习近平总书记重要讲话精神。6月29日，省政协召开常委会会议专门传达学习习近平总书记重要讲话精神。与会同志结合实际，谈感想、谈思路、谈打算，统一思想认识，进一步深刻领悟“两个确立”的决定性意义，坚决做到“两个维护”。会议围绕助力建设陆海联动、产城融合的临港产业强省协商议政，委员们就持续推进港口转型升级和资源整合，优化港口功能布局，积极建言献策，成为贯彻落实习近平总书记重要讲话精神的具体体现。省政协确定将助力建设临港产业强省作为长期议题，连续5年议沿海发展，助向海图强，以高质量履职推动习近平总书记重要讲话精神落地落实，彰显政协责任担当。

## 坚持守正创新，以务实有效举措，抓特色、创品牌

“以改革创新精神推进履职能力建设。”党的十八大以来，中共中央对人民政协提出一系列要求。党的二十大对发展全过程人民民主作出新部署、提出新要求。如何进一步发挥好人民政协专门协商机构作用，充分展现协商民主优势？守正创新，是这一问题的最好注解。

“十三届河北省政协把高质量发展放在重中之重的位置，扎实推动工作创新。”省政协秘书长陈书增说，各专委会、各部门结合实际，将抓特色、创品牌、促创新、求实效，作为推动工作创新开展的重要目标和着力点。

5月26日，枣强县政协组织委员法律宣讲团成员深入田间地头，宣传与群众生产生活息息相关的法律法规，针对村民关心的农民工讨薪、婚姻家庭、邻里纠纷等问题，“零距离”答疑解惑。像这样“每月一主题”的委员法律宣讲团宣讲服务，已在全省各级政协成为常态。这是省政协社会和法制委员会突出界别特色的创新之举。宣讲团通过“法律九进”宣传，推动全社会树立法治意识、强化法治观念，促进凝聚法治共识、提升社会治理效能。

创新已在河北省政协蔚然成风。4月6日，省政协召开专委会主任会议和学习研讨班，专题安排部署专委会工作，更好发挥专委会在政协履职中的基础性作用。各专委会主任在介绍年度计划、重点工作时，突出亮点特色、创新举措。各分管副主席进行点评，提出完善要求。

省政协提案委员会改变过去主要在政协机关听取提案办理情况介绍的惯例，建立定期现场走访重点承办单位工作机制，会同省委、省政府督查室，对17个承办10件以上提案的单位实现上门走访全覆盖。特别是针对群众关心关注的热点难点问题，联合有关单位开门办案促落实、促解决。

在建立“年度重点工作选题库”，延伸政协工作到党派团体、到委员个人、到群众一线的同时，省政协人口资源环境委员会提高协商实效，结合职能定位建立三个领域的专家咨询委员会，打造特色智库，共同研究选题、参与调研、协商议政、跟踪问效。

“今年开展两期议事堂活动，跟进促转化、见实效。”省政协财政经济委员会创办“政银企”委员议事堂品牌，以政府、银行、企业委员和委员联系单位为主体，聚焦委员企业发展中遇到的难点、堵点、卡点问题和经济领域的社情民意，精准选题，搭建三方协商交流平台。

理论指导实践，推动工作机制创新。省政协研究室加强理论研究，创新推出“基地＋工作站”理论研究模式，通过建立省政协理论研究基地和在省属重点高校建立政协理论研究工作站，汇聚理论研究工作力量，开展省政协理论研究，促进政协工作高质量开展。

其他专委会和办公厅各部门也都针对履职新情况，亮出创新思路、创新举措，更好担负起把党中央决策部署和对人民政协工作要求落实下去、把海内外中华儿女智慧和力量凝聚起来的政治责任。

## 做到双向发力，以党的决策部署，定计划、明重点

“人民政协要通过有效工作，努力成为坚持和加强党对各项工作领导的重要阵地、用党的创新理论团结教育引导各族各界代表人士的重要平台、在共同思想政治基础上化解矛盾和凝聚共识的重要渠道。”落实好中央政协工作会议要求，做到双向发力是不二之选。

对标对表党中央决策部署和省委工作安排，河北省政协推出“两要点、四计划”。这份包括省政协党组工作要点和省政协工作要点及协商、监督、视察、调研工作计划的“任务表”，是省政协全年履职总纲。在加强理论武装和党的建设基础上，紧扣党的中心工作，找准政协工作的结合点、着力点，加强前瞻性思考、全局性谋划、整体性推进，确保政协工作与全省大局同频共振。

“统筹推进灌区骨干工程和高标准农田建设，夯实粮食安全基础和保障”

是省政协年度专题协商议题，农业和农村委员会组成调研组，到省水利厅听取相关情况汇报，就灌区节水改造、运行管护等进行交流；到省农业农村厅调研了解高标准农田建设、节水灌溉工作等情况；到邯郸市磁县、临漳县调研，考察灌区工程和高标准农田建设实际情况。为学习先进经验，调研组还赴相关省份开展调研。

深入了解情况，摸透实际情况，像农业和农村委员会一样，扎扎实实开展调研成为各专委会履职基本要求。同时，把加强思想政治引领、广泛凝聚共识，作为履职中心环节。

6月5日至7日，十三届省政协港澳委员培训班在珠海市举办，针对港澳委员实际，设立河北省情和乡村振兴情况介绍等特色课程，并邀请港区常委周文港围绕“发挥新时代港澳委员双重积极作用”作主题宣讲，同时召开港澳委员助力河北高质量发展专题座谈会，进一步激发港澳委员讲好中国故事、服务河北发展的热情。

“历史是最好的教科书，中国革命历史是最好的营养剂。”结合主题教育，省政协组织中共、九三、特邀、民进、少数民族和宗教、民建、无党派人士、总工会、妇联、环境资源界别委员赴西柏坡纪念馆参观学习，省政协委员、西柏坡纪念馆馆长卢润彩向大家进行宣讲。委员们畅谈心得体会，表示要牢记习近平总书记嘱托，把学习热情转化为工作实践，努力走好新时代赶考路。

在习近平新时代中国特色社会主义思想指引下，波澜壮阔的新征程雄健起步。河北省政协深入贯彻落实党的二十大精神和中央政协工作会议精神，助力加快建设经济强省、美丽河北，在奋力谱写中国式现代化建设河北篇章中，彰显政协之智、政协之能、政协之为，力争交出展现新时代政协新样子的优异答卷。

（本文原载于《人民政协报》2023年7月6日第1版）

◎ 唐山市政协

# 完善委员联系界别群众机制　加强市县政协联动

文 / 高新国

完善委员联系界别群众制度机制，是新时代人民政协工作亟须实践创新的重要环节。今年以来，唐山市政协积极推动委员深入基层、走向一线，实现委员联系群众常态化、规范化、实效化，有效畅通了党委政府与群众的联系渠道。

嵌入基础网格，在实现政协委员联系群众“由浅到深”中，加强市县政协联动。唐山市政协探索委员进网格模式，引导委员深入群众，把政协的制度优势转化为治理效能，让市县政协联动起来。依托唐山市网格化服务管理平台，将3641名四级政协委员全部嵌入15490个基础网格及317个专属网格，助力基层社会治理。专门出台实施方案，引领委员当好党的政策的“宣传员”、社情民意的“联络员”、助力发展的“战斗员”、民主协商的“监督员”、为民履职的“勤务员”。建立委员进网格基本信息台账和开展工作情况台账，建立月反馈、季服务、半年分析、年度评价制度，根据全年网格化管理平台数据，按照优秀、良好、一般确定考核等级，将考核结果纳入委员履职考评，作为评先表彰重要条件。

建好委员之家，在实现政协委员联系群众“由散到聚”中，加强市县政协联动。唐山市政协以委员之家建设为抓手，搭建起政协委员学习交流、联系群众、沟通联谊的“集中发力”新平台，让市县政协一起干起来。推进全员入委，将所有市政协委员以界别为单位划入办公室和7个专委会，建立主席会议成员联系常委、常委联系委员、委员联系群众“三联”工作制度。加强委员之家规范管理，要求结合界别优势定期开展特色活动，使“一月一主题、天天有事干”成为委员履职新常态，有效解决“年委员、季常委”、专委会活动委员参与面窄等问题。支持指导县级政协在社区设立联系界别群众、联系社区居民，服务民生改善、服务社区发展的“双联双服”委员工作站，搭建“就近就地联系群众、问题在一线发现、难题在一线解决”的委员履职平台。

激发履职活力，在实现政协委员联系群众“由虚到实”中，加强市县政协联动。唐山市政协在全市政协委员和机关干部中开展反映一条社情民意信息、提交一件优秀提案、参加一次履职活动、深入一个基层单位、助力一项实事工程、撰写一篇履职报告“六个一”活动，实现政协履职“虚功实做”，县级政协学习借鉴，形成联动互促良好局面。今年市政协安排市政府市政协联席会议协商1次、常委会会议协商2次、专委会对口协商7次和界别协商、市县联动协商、专家协商16次，以及视察调研28次。目前，200余名委员已主动参与履职活动278次。引导委员深入基层单位136个、助力实事工程55项，中共界别、民进界别、工商联界别、社科界别等开展特色活动，在界别群众中产生积极影响。对上开设“直通车”、对下建好“服务站”、对中架起“连心桥”，四级政协委员积极性不断激发，今年上报的社情民意信息已远超去年同期水平。

（本文原载于《人民政协报》2023年7月6日第4版）

◎ 廊坊市政协

# 强化“四大保障” 推进专门协商机构建设

文 / 高新国

廊坊市政协把坚持党的领导贯穿工作各方面全过程，着力健全党领导下的协商机制，不断完善协商平台、优化协商程序，推动建言资政和凝聚共识双向发力。

聚焦党政所需，科学制定计划，为“双向发力”提供方向保障。年初，向委员征集协商议题形成计划草案，经政协党组会议研究后，提请市委常委会会议研究确定，并进一步修改完善。就协商计划中相关议题，提交市政协常委会会议和全体会议讨论，结合委员提案情况，对提案办理协商议题进一步补充完善。政协年度协商计划由市委办、市政府办、市政协办联合印发实施。以此为依据，制定政协年度工作要点和计划，明确牵头领导、负责专委会和时间进度。计划实施中，结合市委重大工作新安排、新部署，优化调整协商议题，报请市委同意后实施。

争取党政支持，搭建多层平台，为“双向发力”提供基础保障。强化市级平台“资政”功能。建立“1+2+6+4”协商体系，即每年召开 1 次全体会议、2 次议政性常委会会议，举行 6 次双月协商活动，开展 4 次协商式监督，并邀请党政负责同志与委员面对面协商。用好上级平台“建言”功能。今年全国“两会”前，向住廊全国政协委员介绍廊坊推进京津冀协同发展情况，为提案建议提供支持。拓展基层平台“聚识”功能。深入开展小微协商，将政协与基层链接起来，使之成为拓展基层群众参与渠道、有效服务基层治理、广泛凝聚共识的重要平台。两年来，在全市 121 个乡镇（街道），建设委员联络站72个，设立委员之家44个，市县两级共开展小微协商59次，参与委员300余人次，群众代表500余人次。

强化党政参与，优化协商程序，为“双向发力”提供质量保障。目前，廊坊市政协已形成闭环运行协商模式。协商前知情明政。探索委员读书学习与工作履职相结合，开展集考察、学习、互动交流“三合一”委员讲堂活动，邀请专家学者围绕议题提前进行专题辅导。协商中充分建言。把委员邀请作为关键，每次调研都发动县级政协、各民主党派市委会共同参与，了解全市情况和各党派意见建议，并邀请相关部门、相关界别委员、群众代表召开专题座谈会。协商后跟踪问效。按照党政领导批示意见，对协商调研报告落实情况，加强后续视察督导，促进成果转化，并将落实情况反馈给委员。

加强党的领导，完善工作举措，为“双向发力”提供组织保障。廊坊市政协依托专委会建立8个履职党支部，成立16个党小组，把147名党委委员全部纳入，建立了党组成员联系界别、党员委员联系党外委员等制度，把党的领导贯穿履职全过程。成立廊坊市人民政协理论研究会，建立研究会临时党支部，把理论实践研究作为主攻方向，为协商工作开展提供重要支撑。建成“智慧政协”履职系统，用好网络阵地，强化舆论引导，围绕重点项目开工复工、高标准农田建设、特色小镇发展等协商课题，开展“云协商”，组织“云视察”，利用互联网技术打破时间、空间限制，扩展协商参与度。

（本文原载于《人民政协报》2023年7月6日第4版）

◎ 保定市政协

# 破解“两个薄弱” 强化功能建设

文 / 高新国

围绕破解“两个薄弱”问题，强化制度化、规范化、程序化等功能建设，保定市政协探索构建“全员入委”服务管理体系、6 级党组织架构体系和“1126+N”协商平台体系，开创了新时代保定政协工作新局面。

针对专委会、界别、委员之间缺乏有效衔接，出现“年委员、季常委”问题，保定市政协探索实施“全员入委”，把28个界别597名委员以界别、县(市、区)为单位，划分到 9 个专委会服务管理，每个专委会再分 3 至 5 个委员活动小组，形成党员委员和党外委员混合编组。现在，每个专委会每年召开两次“全委会议”，年初议定计划，年终报告工作；20 名左右的“专委”每季度召开一次“专委会议”，就本委协商议政、调研视察等重点工作进行专题研究；50 名左右的“普委”按专长、意愿分组，每月分批参加一次调研协商活动，从制度上实现了委员“月月有调研、季度有成果、全年有亮点”。

为进一步提升履职质量，保定市政协注重加强党的建设。在 9 个专委会设立功能型党支部，接受市政协党组领导和机关党组指导，支部下设若干党员委员活动小组，形成自上而下的政协党组、机关党组、机关党委、专委会功能型党支部、党员委员活动小组、临时党组织的 6 级政协党组织架构体系。同时，配套建立市政协党组成员、机关党组成员、专委会功能型党支部成员联系带动党员委员，党员委员联系带动党外委员，委员联系带动界别群众的“三联三带”工作机制。党员委员活动小组在专委会功能型党支部领导下开展活动，专委会功能型党支部每半年向政协党组汇报工作，实现了把委员和更多界别群众聚集在党旗下。

为促进协商活动制度化开展，落实好以市“三办”名义联合印发的年度协商计划，保定市政协探索构建了“1126+N”协商体系：每年初召开1次政协全会对党政全面工作进行集中协商；每年召开1次政府政协联席会议对政府重大工作进行联动协商；每年召开2次专题议政性常委会会议，对重点工作、重要节点、关键环节进行议政协商；每年开展6次主席双月专题协商会，对党政阶段性工作进行专题协商；围绕市委关注的热点、难点、堵点事项，以界别为依托，以专委会为基础，开展N次市县联动协商、对口协商、界别协商、“云”协商、基层一线“微协商”。县级政协对应建立“1124+N”协商体系。这一协商体系运行以来，全市政协累计开展协商1300余次，提交专项报告1200余件，累计获得党政主要领导批示600件次，1000余条建议被各级部门吸收采纳，解决民生问题700余项。

按照“理论—实践—制度”工作规律，保定市政协对标全国政协、省政协已有制度，在推动中央、省委相关文件落地时，突出保定特色和创新性内容，把“全员入委”、6级党组织架构、“1126+N”协商体系等，实化细化到以市委名义出台的6个文件中。同时，以市政协名义制定了《“全员入委”工作实施办法》等可操作量化的规章制度60余项，有力促进了制度化、规范化、程序化等功能建设水平提升。

（本文原载于《人民政协报》2023年7月6日第4版）

◎ 衡水市政协

# 深度协商精准建言　助力高质量发展

文／高新国

七届衡水市政协履职以来，将围绕中心服务大局，为党政中心工作开展和增进民生福祉多建睿智之言、多献务实之策，让党委政府充分感受到政协的作用，让人民群众时刻感受到政协的温度，作为基本原则和总体要求。

把选准调研议题作为重要前提。衡水市政协采取党政点题、委员荐题、社会征题等方式，广泛征询年度协商议题。先后围绕优化营商环境、雄安衡水协作区建设、县域科技创新能力提升等事关全市发展的重大问题，确定调研协商议题55项，经市委常委会会议研究通过后执行。主城区排水系统综合整治是市委、市政府确定的民生实事，为广泛听取社会各界意见，市政协组织委员与政府有关部门负责人面对面交流。委员们从做好安全防范、加强设计和施工等方面提出意见建议26条。会后形成的协商专报，得到市委主要领导批示，并在全市重点工作推进落实会上给予高度赞扬。市政府有关部门将委员的真知灼见转化为推进工作的政策措施。

精心组织调研，建言对策求实。衡水市政协研究制定调查研究工作实施方案，认真谋划每一次调研，精心组织每一批次的调研队伍，采取“大团队+分课题调研组+委员自主调研”三结合调研模式，扎实开展调研。优化营商环境是市委、市政府和社会各界一直关注的重要问题，市政协调研组先后深入安平、深州、故城、枣强4个县市区20多家企业进行专题调研，召开座谈会10次，并通过网络调研，学习江苏连云港、山东日照等5个先进地市经验。在充分分析论证的基础上，调研报告提出4个方面24条意见建议，得到市委主要领导批示。市政府组织相关部门认真研究，在进一步优化全市营商环境具体举措中充分吸纳。

高标准规划建设雄安衡水协作区，是衡水市委、市政府作出的决策部署。市政协党组将此列为常委会会议协商议题。有关专委会吸收市发改委等部门领导和部分市政协委员及市委党校专家教授，联合饶阳、安平、深州三县市政协成立专题调研组，组织召开 11 次专题调研座谈会，听取协作区 5 个片区所在县市、市直相关部门、政协委员、企业负责人和专家学者的意见建议。调研组先后深入三县市考察调研，并采用线上方式向浙江湖州、广东清远、江苏吴江等先进地区学习调研。调研报告提出建立统筹协调支撑机制、打造与雄安相衔接的规划体系等 5 个方面 29 条建议。党政领导批示要求有关部门认真吸收采纳。

把加强思想引领、广泛凝聚共识贯穿协商全过程。衡水市政协研究制定《关于加强和促进人民政协凝聚共识工作的意见》。优化各类调研协商活动的议题设置、程序安排、成果体现，推动建言资政和凝聚共识一体设计、一体推进、一体落实。联合党外委员、各阶层人士开展调研视察 96 次，安排座谈发言 200 多人次，在体验中增信心、在交流中鼓干劲、在感悟中聚共识，统一思想意志，为奋力谱写中国式现代化建设衡水篇章凝聚广泛共识和奋进力量。

（本文原载于《人民政协报》2023 年 7 月 6 日第 4 版）

◎ 邯郸市政协

# 协商向基层延伸 政协工作接足地气

文 / 高新国

邯郸市峰峰矿区政协组织农业农村界别和卫生界别的委员深入超市调研食品安全监管落实工作。

邯郸市政协把牢人民政协性质定位，把握专门协商机构特点规律，锚定协商向基层延伸的方向，将委员个体的“点”和社会的“面”贯通起来，与服务群众、走访委员、建章立制等有机结合，让政协工作接足地气、充满活力。

政协委员如何让群众聚到身边讲真话、提意见？邯郸市政协在推进协商向基层延伸工作中明确提出，委员要立足界别特点和自身特长，用实实在在的服务取信于民。

曲周县政协委员骆书勇了解到该县河南疃镇推进企业进园区工作进展不顺利，掌握了具体政策、摸清了具体难点，骆书勇决定去试试。在他的协商沟通下，明确反对的、犹豫不决的都很快完成搬迁，比原计划整整提前了一个月。曲周县政协主席曹素芝说，这种界别委员与界别群众的良好互动，是推动协商向基层延伸的抓手。

走到委员身边，听听他们的心里话，重视来自一线的声音，才能更好摸透实情。

2022 年，市政协在走访企业时，市政协委员、万合集团总经理李献民说，邯郸网络货运相对落后，不利于商贸物流中心建设。市政协副主席汪涛专门叮嘱安排李献民在市政协常委会会议上发言。市政府领导高度重视，委托市政协牵头组成调研组，深入产业园区和物流企业找短板弱项。在市政协十三届三次会议期间，再次安排李献民进行大会发言，市委、市政府主要领导作出批示。市政协调研组考察 5 家全国网络货运头部企业，起草的研究专报得到市委、市政府主要领导和有关领导充分肯定和批示。目前，市发改委等部门正根据报告意见研究制定具体落实措施。

推进协商向基层延伸，就要倾听委员原汁原味的声音，进一步引导他们加强与界别群众联系。邯郸市政协在推动协商向基层延伸中坚持制度创新、工作创新双轮驱动，更好了解和听取各界群众对党委、政府和政协工作的意见建议。

不断优化双月专题协商议政座谈会程序设计。在推进城乡义务教育均衡发展专题协商时，首先播放前期随机采访群众的专题片，倾听界别群众的看法和意见，接着参会人员与相关职能部门面对面交流，部门领导当面回应、现场拍板或协调推进相关工作。这种形式的协商扩展了群众的参与度，使协商过程真正成为发扬民主、集思广益的过程，成为统一思想、凝聚共识的过程。

搭建群众参与基层协商的议事平台。武安市政协、永年区政协、峰峰矿区政协等以各界委员为主体，在乡镇（街道）、重点区域创建委员联络站、社情民意征集站，把协商触角向社区、村街、学校等基层延伸。复兴区政协以界别委员为活动主体，在 15 个界别组建立委员工作室，以公共服务窗口为活动载体，在乡镇、街道及部分农村、社区群众服务窗口建立委员接待岗。

“推动政协工作重心下移、委员资源力量下沉，才能更好担负起‘落实下去、凝聚起来’的政治责任。”市政协主席韩俊兰说，把协商向基层延伸和联系服务界别群众统筹考虑，会把政协的职能作用体现到实处，使社会感受到政协工作的实效。

（本文原载于《人民政协报》2023 年 7 月 6 日第 4 版）

# | 山西省政协 |
# 凝心聚力促转型　团结奋进谱新篇

文／燕启龙　宋沁飞

“我们要以党的创新理论武装头脑，为山西加快转型发展画好同心圆、汇聚正能量……”7月6日，山西省政协习近平新时代中国特色社会主义思想学习座谈小组第5组第二季度学习座谈中，省政协委员们动情讲述习近平总书记关心关怀山西的故事，重温教导、浮现画面、体会情怀，将会场气氛引向高潮。

在中共山西省委坚强领导下，十三届山西省政协坚持以习近平新时代中国特色社会主义思想为指导，深入学习贯彻中共二十大精神、中央政协工作会议精神，坚持党对政协工作的全面领导，把学习贯彻习近平总书记关于加强和改进人民政协工作的重要思想、考察调研山西重要讲话重要指示精神作为重中之重，在服务大局中找准定位，在推动发展中主动作为，各项工作实现良好开局。

## 把准“定盘星”　在提高政治站位中坚定“政协使命”

学是行之始。以学铸魂、以学增智、以学正风、以学促干，起点都在于一个“学”字。山西省政协坚持不懈用习近平新时代中国特色社会主义思想武装头脑、指导实践、推动工作，使党的创新理论成为政治上的“定盘星”、思想上的“定心丸”、行动上的“定位器”。

牢记领袖殷殷嘱托，汲取团结奋进力量。7月3日，山西省政协党组赴长治市武乡县八路军总部王家峪旧址、八路军太行纪念馆开展主题党日活动。面对鲜艳的中国共产党党旗，省政协党组书记、主席吴存荣领誓，党员同志一起重温入党誓词，昭示矢志不渝为党和人民事业不懈奋斗的信念决心。

5月8日至13日，十三届省政协举办委员履职能力提升专题学习培训班，集中学习习近平新时代中国特色社会主义思想、中共二十大精神、新修订的政协章程等，吴存荣讲授开班“第一课”。他表示，“广大委员要深刻领悟‘两个确立’的决定性意义，增强‘四个意识’、坚定‘四个自信’、做到‘两个维护’，坚持人民政协性质定位，聚焦山西高质量发展的目标任务，在结合上深思考，在落实上下功夫，做到为国履职、为民尽责”。委员们纷纷表示要坚持不懈用党的创新理论凝心铸魂，不断提高政治把握能力、调查研究能力、联系群众能力、合作共事能力，自觉做到懂政协、会协商、善议政，守纪律、讲规矩、重品行。

知之愈深，则信之愈笃、行之愈实。山西省政协党组扎实开展主题教育，先后组织7次理论学习中心组学习会、研讨交流会。建立习近平新时代中国特色社会主义思想学习座谈小组，按季度开展学习座谈。以厅级干部为重点组织全覆盖学习培训，先后举办2期厅级干部读书班，4次政协委员和机关干部专题培训，培训710余人次。

值得一提的是，山西省政协“委员讲坛”和“政协学堂”已经成为响亮的学习品牌。“委员讲坛”每两月举办一次，邀请省政协委员、省内外专家学者分享先进经验、介绍前沿信息、传播优秀历史文化。“政协学堂”每月末举办一次，省政协主席会议成员、专委会主任登台主讲，参会人数累计达3000余人，覆盖全省11个地市，受到各级政协委员、机关干部的普遍欢迎。

## 架起“连心桥” 在服务大局中扛起“政协担当”

与中心工作“同频”，与人民需求“共振”——锚定以中国式现代化全面推进中华民族伟大复兴的中心任务，围绕省委确定的“两个基本实现”目标，聚焦“三区三地”建设，紧扣推动制造业振兴助力产业转型升级、弘扬优秀历史文化等重点议题，积极建言献智、广泛凝聚共识、主动担当作为，这正是山西省政协服务大局的真实写照。

“山西是中华文明的重要发祥地。我们要搭平台、汇资源、树品牌、扩影响、促服务、兴产业，在加强文化遗产保护上‘尽推动之责’，在传承、创新和发展上‘出竭诚之力’，助力实现新时代新的文化使命。”7 月 18 日，在十三届省政协首次召开的省市政协主席座谈会上，11 位地市政协主席围绕助力山西优秀历史文化保护传承和创新发展等谈体会、谈打算、谈建议。省政协在深入调研、广泛听取意见建议的基础上，提出筹建“晋文化保护传承创新促进会”、建好文史馆、办好《文史月刊》等一揽子工作措施，积极助力文化强省建设。

开局关系全局，起步决定后势。今年以来，省政协围绕年度协商计划和履职重点，大兴调查研究、深入协商议政，在调研履职中加深对党的创新理论的领悟，密切同政协委员、界别群众的联系，推动各项工作部署的落实落地，展现出社会主义协商民主的勃勃生机：围绕“推动山西深度融入京津冀协同发展”，组成 12 个调研小组，先后召开 4 次专题调研座谈会，形成调研报告，供省委、省政府决策参考；围绕“加强科技创新赋能产业转型”，召开专题协商会议政建言、凝聚共识；围绕提升文旅品质、科技创新赋能产业转型、服务港澳台侨企业、壮大市场主体、少数民族聚居村乡村振兴、模范机关建设等课题，党组和主席会议成员领题调研、提出工作建议……

在十三届省政协召开的首场专题议政性常委会会议上，省政协形成了《推动制造业振兴，助力产业转型升级调研报告》，提出 5 个方面 15 条具体建议。省委书记蓝佛安作出批示，肯定建言成果，要求有关方面充分吸纳工作建议，抓好转化落实。

省政协既围绕“国之大者”建言，又紧扣“省之大计”献策，还聚焦“民之关切”出招：主题教育期间，省政协党组、主席会议成员带头访民情、听民意、解民忧，制定 10 项民生实事清单，帮助所联系的脱贫县——忻州市静乐县，协调解决 G337 国道改线资金、土地建设指标等“老大难”问题，基层干部群众拍手叫好。

与此同时，省政协扎实做好经常性工作，当好党委政府与人民群众之间的“连心桥”：规范提案工作程序、绘制流程图、建立全员办提案制度等，持续提高提案办理工作质效。今年以来，省政协立案提案 869 件，其中省领导领办督办 48 件。积极反映社情民意信息，今年累计收集社情民意信息 8336 篇，报全国政协 581 篇，省领导对《政协社情民意》作出 19 次批示，此项工作位列全国地方政协第一方阵。

## 提振“精气神” 在自身建设中展现“政协新貌”

抓党建、建机制、促履职……今年以来，山西省政协新风扑面，清风劲吹。委员们普遍感到，政协履职比以前节奏更快了，作风更实了，质量更高了。

如何运用制度保障专门协商机构高质量运行？山西省政协制定出台《主席会议成员依托专门委员会联系界别委员的办法》《党组成员与党外委员谈心谈话办法》《省政协委员履职服务与管理办法》等 10 多项制度性文件，确定港区、澳区及并外委员活动召集人和联络员，健全完善重要会议、重要活动考勤等制度，不断强化委员履职保障和服务考评，专门协商机构的效能持续释放，委员的使命感、荣誉感、责任感日益增强。

“‘智慧政协’集学习、履职、服务、管理于一体，不仅能网上议政，还能学习交流，用起来真方便！”现在，政协委员和机关干部对“智慧政协”平台“爱不释手”。目前，各市政协均已接入省级平台，接下来将积极推动省市县三级互联互通，最大限度发挥“智慧政协”作用，让委员思想在线、智慧连线、联系不断线。

“走进省政协办公楼，看着一幅幅书画作品，一边享受文化艺术熏陶，一边接受党性滋养，在潜移默化中得到了思想上、心灵上的洗礼。”政协委员们惊喜地说。这正是十三届省政协加强党的建设的生动缩影。省政协坚持把党的政治建设摆在首位，不折不扣落实“第一议题”制度，严格执行请示报告等制度，做到政协的一切重要工作在党的领导下开展，一切重要活动围绕党的中心任务进行，一切重要安排在报省委审批后实施。加强专门委员会分党组建设，推行政协委员全员参加专委会，依托专委会建立党员委员小组，实现了两个“全覆盖”。持续深化“讲政治、守纪律、负责任、有效率”模范机关建设，坚持以严的基调强化正风肃纪，锲而不舍落实中央八项规定精神，机关上下用心干事、担当作为、拼搏进取的氛围愈发浓厚，党建的凝聚引领作用愈发凸显……

新时代新征程，山西省政协将更加紧密地团结在以习近平同志为核心的党中央周围，积极投身山西高质量发展和现代化建设生动实践，齐众心、汇众力、聚众智，为强国建设、民族复兴伟业添砖加瓦、增光添彩。

（本文原载于《人民政协报》2023 年 8 月 11 日第 1 版）

◎ 大同市政协

# 党建引领履职力　品牌赋能增活力

文／王　泳　边文斌

2022年以来，大同市政协以党建工作为引领，实施“十大履职品牌”创建工程，把党建成效转化为履职实效，以品牌建设推动政协工作高质量发展。

加强政协党的建设是新时代党的建设新的伟大工程的重要组成部分，是发挥人民政协专门协商机构作用的根本保障。

大同市政协以打造“同心向党·履职先锋”党建品牌为抓手，结合实际构建党建与履职深度融合的党组织运行机制，建立“政协党组+机关党组+专委会功能型党支部+机关党总支+机关党支部”组织体系，形成“五合一”扁平化运行机制。每年的市政协党组工作要点、政协年度协商计划提交市委常委会审议通过后，制定具体的任务分工、责任清单，下发至每一级党组织和工作机构，保证政协党组工作部署“一竿子杵到底”，落实执行不变形、不走样。市政协将全市343名政协委员全员划分到6个专委会，以专委会功能型党支部为单位，组织中共党员委员开展主题党日活动，每名中共党员委员联系1至2名党外委员共同学习、共同履职。

自去年换届以来，大同市政协共组织开展各类学习培训等86次，主题党日活动19次，政协组织中党员先锋模范作用得到有效发挥，党员委员示范带动党外委员，形成党建与履职相辅相成的良好局面。

党建品牌的成功打造，为政协履职工作品牌化建设开了一个好头。市政协在总结以往工作经验的基础上，立足自身优势，又打造了协商、信息、服务三大品牌。

市政协在打造“沟通面对面·有事共协商”协商品牌的过程中，实现协商工作制度化、规范化、程序化，形成了1次全委会协商为龙头，3次常委会协商为重点，6次月度协商会为常态，其他协商形式为补充的“136+N”协商体系。去年以来，市政协开展各类协商活动50次，调研活动28次，市县两级开展基层协商、微协商512次，市委、市政府主要领导先后35次就市政协建议案、调研报告作出批示。

大同市政协是全国政协办公厅设立的24个信息联系点之一，也是山西省唯一的信息联系点。为了将这项独特优势转化为工作成效，打造了“社情联系点·民意直通车”信息品牌，通过高质量反映社情民意信息，把委员“金点子”转化为推动发展“金钥匙”。

人民政协是最广泛的统一战线组织，政协机关应成为温馨的“委员之家”。市政协将政协委员作为服务主体，打造了“委员之家·活力机关”服务品牌，设立主席接待日，建立机关会客室、委员书屋，增强委员归属感。坚持严管和厚爱结合，激励和鞭策并重，机关干部年龄结构进一步优化，活力显著增强。

专委会工作是政协工作的重要组成部分，是政协工作的重要基础。市政协深化“一委一品”建设，打造了“提案追踪·委员访谈”“访百企·优环境”“助‘三农’·促振兴”“倾心教育·致力健康”“法制大讲堂·普法零距离”“书香政协·文润古城”六大工作品牌。

去年以来，市政协各专委会组织开展委员访谈68人次，委员读书活动352人次、公益活动235人次，办理惠民实事189件；主席会议成员累计走访企业139家，现场解决问题42个，梳理建议120余条。一件件掷地有声的民生实事，一条条真知灼见的对策建议，生动诠释了市政协和全体委员围绕中心、服务大局、履职为民的使命担当。

（本文原载于《人民政协报》2023年8月11日第4版）

◎ 吕梁市政协

# 向美而行

文／王　泳　雒晓利

党的十八大以来，习近平总书记四次来到山西，深入吕梁山区等地，对推进脱贫攻坚、乡村振兴等工作作出重要指示。吕梁市政协深入学习贯彻习近平总书记考察调研山西重要讲话重要指示精神，围绕助力乡村振兴战略，广泛调查研究、积极建言献智。

今年以来，市政协主席班子成员在每人领题调研一项特色农业产业并形成行动方案的基础上，马不停蹄地筹划包联中阳、石楼、方山三县进行乡村振兴统辖督导工作。

事实上，吕梁市政协已连续多年把乡村建设作为协商建言的重中之重，多次列为常委会会议议题，持续开展专题协商，并在提案撰写办理、社情民意信息采写征集中倾斜发力。

与此同时，市政协也通过“朋友圈”助力吕梁乡村振兴事业，比如通过与福建三明、贵州遵义的交流互动，探寻其乡村振兴高质量建设的“密码”，将“他山之石”转化为工作启发、奋进动力，助力吕梁乡村事业的高质量发展。市政协用心调研，精准建言，倾情发声，政协声音在吕梁乡村建设性崛起的征程中紧步跟进、一路相随，赢得了吕梁市委的充分肯定，赢得了广大民众的高度信赖。

乡村振兴战略实施以来，市政协主席班子成员率先示范引领，每人直接包联一个乡村振兴示范点，既指导解决产业发展、乡村建设方面的具体问题，又动员界别委员积极开展支教助学、义务就诊、爱心援助等活动，打造了孝义东庄、离石康家岭等 8 个示范点，以点带面助推宜居宜业和美乡村建设。在委员中开展“我为高质量发展做贡献”主题活动，涌现出多个助推乡村振兴的委员典型。

植根巍巍吕梁山，滋根滔滔黄河水，吕梁政协人厚植为民情怀，坚定扛起建好家乡的光荣使命，为吕梁乡村美丽幸福助力加油，在吕梁乡村振兴的伟大事业中孜孜不倦、竭忠尽智。

（本文原载于《人民政协报》2023 年 8 月 11 日第 4 版）

◎ 长治市政协

# 建强机制入基层　联系群众心连心

文／景　萍　何小平

2022 年 12 月，制定实施方案，建立完善政协委员进基层联系群众工作机制；2023 年 2 月，统一制作联系卡，科学设置流程，细化委员职责，优化工作机制，开展委员联系服务村（社区）对接工作；2023 年 4 月，全面启动“委员进基层联系群众活动日”活动，引导委员多形式、常态化加强与基层群众的联系；2023 年 6 月，全力构建“三融三联”凝聚共识工作新格局，拓展委员联系群众渠道……

这是长治市政协深入贯彻落实中共二十大关于“完善委员联系界别群众制度机制”的部署要求，就加强委员进基层联系群众工作作出的一系列安排部署。今年以来，长治市政协在 2295 名市县政协委员与全市 198 个镇街 2606 个村（社区）之间，构建起了定点或多点联系的工作格局，组织委员充分利用“有事来商量平台”协商议事室、社情民意联系点，开展宣传宣讲、参与协商议事、深入调查研究、办理民生实事等联系群众活动，实现了联系对接全覆盖、履职服务全覆盖、协商议事全覆盖。

一张红色进基层联系卡，方寸之间写下了联系群众的责任担当。

在长治市潞州区，政协采用“五方六步”工作法，组织委员进基层联系群众，参与协商议事，已成为常态：各乡镇（街道）政协联络组利用社区“有事来商量”平台，定期组织包联街道的市、区两级政协委员与小区党支部代表、物业公司代表、小区民警代表、党员群众代表等五方面人员，通过收集民意、确定议题、议前调研、协商议事、公示公开、跟踪落实等六步骤，有力推动了群众关心的急难愁盼问题的解决，在实现政协协商和基层协商有效衔接上进行了成功探索。

聚焦委员下得去、履职实起来、活动见成效的目标，利用基层政协联络组，在村（社区）常态化、规范化、长效化开展了“委员进基层联系群众活动日”活动。

在协商议事室、在社情民意联系点、在经济民生项目建设一线，一场场政策宣讲凝聚共识，一次次协商议事破解难题，一件件社情民意了然于胸，一次次志愿服务温暖民心……

沁源县沁河镇闫寨村党群服务中心，市政协委员关平结合中共二十大精神作专题宣讲，市政协组建政协委员宣讲团，进田间地头、入企业农户，深入宣传宣讲党的创新理论和国家大政方针，面对面解疑释惑、增进共识。

紧紧抓住人民最关心最直接最现实的利益问题，坚持尽力而为、量力而行，深入群众、深入基层，采取更多惠民生、暖民心举措，着力解决好人民群众急难愁盼问题。这就是政协委员进基层联系群众的方向。

在屯留区西流寨村，市政协委员任义靖将辣椒种植户受损情况记入民情日记，并协调相关部门为种植户争取合理赔偿 4.3 万元；在五一路社区回汉混居社区，市政协委员程旭生、潞州区政协委员倪健积极宣传党和国家民族宗教政策，引导群众铸牢中华民族共同体意识。

委员深入联系点服务群众，在长治市县两级政协委员中比比皆是。而“委员进基层联系群众活动日”活动，通过市县政协委员联动，邀请全国政协委员、省政协委员参与其中，在实现纵向体系贯通、横向联系广泛中，将联系群众工作持续推向深入。

潞城区潞华街道政协联络组在活动日组织委员就南关社区“特色小吃一条街”调研，为提升城市烟火气积极建言；市政协各专委会组织界别委员送健康、送技术、送文化……

一句句暖心关怀，一件件民生实事，一次次解急救困，让更多群众感受到：政协离我们很近，委员就在身边。山西省政协主席吴存荣对长治市政协深入开展委员进基层联系群众的工作经验、做法予以充分肯定。

长治市政协委员进基层联系群众活动开展以来，全市各级政协组织和广大委员收集民生诉求3850余次，帮助解决群众急难愁盼问题1200余个，在充分发挥专门协商机构作用、助推基层社会治理上，扛起了政协担当、彰显了委员作为。

长治市政协主席李敏表示："委员进基层联系群众，是深入贯彻落实中共二十大精神的重要实践，是全面发展协商民主的必然要求，是加强和改进新时代市县政协工作的现实需要，必须抓紧抓实、抓出成效，并以此为载体积极打造履职特色品牌，努力干出新时代人民政协新样子。"

（本文原载于《人民政协报》2023年8月11日第4版）

◎ 晋城市政协

# 书香溢满城

文／张　丹

最是书香能致远，醉在人间读书时。

近年来，晋城市政协深入贯彻落实习近平总书记重要指示精神，深入开展委员读书活动，积极推动“书香政协”建设，通过夯实阵地、丰富读书学习活动内容等方式，切实提升政协“两支队伍”的思想理论水平和综合能力素养，形成了聚共识与促履职齐头并进、润政协与激活力互促共赢的良好局面。

自2022年10月晋城政协书院揭牌后，市政协不断创新读书沙龙、政协讲堂活动模式，成功举办98场读书分享、18次周末沙龙。晋城政协书院通过开展读书组合式活动，提升读书成效，构建起了常态化读书学习工作格局。

“书香政协”建设不仅硬件要“硬”，作为软件的活动也要“活”。晋城政协把900多平方米的晋城政协书院分为图书陈列区、阅读区、活动区、政协讲堂等不同功能区，集藏书、阅读、讲座等多功能于一体，同时采取集中学习、交流研讨、专家讲座等形式，积极开展读书、荐书、讲书、评书等活动，有效激发委员读书的主动性。

建设“书香政协”，并不局限于书院，市政协发起的线上读书群活动时间延展到周末、假期，读书分享地点也扩展到田间地头，委员们读书成果聚焦多个领域。“读书＋履职”在活动中得以深度融合，委员在读书过程中凝聚共识，在学习中知情明政。

以政治之书涵养品性，以人文之书孕育思维，以业务之书滋养才干。2022年以来，晋城政协注重“书香政协”建设与政协履职的有机结合，在民生、经济、城市治理等重点课题调研、民主监督之前，建立相应专题读书群学习研讨，为后续调研、监督、协商铺路奠基，把“书香”话语变成建言献策的“金句子”、化为创新发展的“金点子”。

“委员们瞄准矛盾问题，盯紧群众关切，开展新时代新情况的前瞻性调研、典型案例的解剖式调研，有针对性地开展专题协商议事活动，以协商议事方式倾听民声，以建议提案方式反映民意，真正把群众的需求收集起来、反映上去，为服务高质量发展和现代化建设献计出力。”晋城市政协主席孟贵芳说。

在晋城，书香已然成为市政协的新文化符号。书院服务管理井然有序，读书活动形式多样、内容丰富，为深化“书香政协”建设贡献了书院力量——

发挥政协书院文化地标的示范作用。政协书院作为率先打造的文化地标，力求通过“上下联动、左右互通、资源共享、合力推进”的方式，达到读书全面覆盖的效果。一些社区、街道、企业等纷纷仿效政协书院模式，建起书吧书屋，为居民、学生等提供便利阅读场所，示范作用发挥明显。

放大政协委员读书活动的外溢效应。利用部分政协委员的单位负责人身份，把读书活动向机关、医院、学校、企业等逐步拓展；鼓励读书活动向家庭拓展，让书香沁润门庭、善化心灵和砥砺人格。

加大“书香政协”建设成果的宣传力度。积极创作微视频，广泛宣传；通过新媒体推出书院院藏经典书籍介绍，登载委员读书体会文章；每年评选委员读书标兵，广泛宣传报道。

（本文原载于《人民政协报》2023年8月11日第4版）

◎ 太原市迎泽区政协

# 践行协商民主　助力首善迎泽

文 / 王　泳　武晓芳

“党的二十大报告对全面发展协商民主作出重要部署，我们按照省市政协‘有事来商量’工作要求，立足迎泽实际，积极构建‘欢迎来协商’工作机制，搭平台，真协商，切实走出了一条践行新时代基层协商民主的迎泽之路。”日前，太原市迎泽区政协主席赵树文在桥东街道政协联络组举行的专题议事会上深有感触地说。

2021年3月迎泽区启动“欢迎来协商”机制建设，并加强制度化、规范化、程序化等功能建设，建立健全《政协委员履职考核办法》《“33216”委员履职工作法》《委员反映社情民意信息考评办法》等制度，每年年初制定政协年度协商计划并按程序报批后实施。

与此同时，区政协还在各街道（镇）成立政协工作联系组，按照委员所在辖区分别把247名委员下沉社区参加基层协商活动，将协商民主贯穿于政协委员履行职能全过程，有效扩大政协委员参与协商的覆盖面，努力打造迎泽首善之区“政协窗口”。

迎泽区政协秉持不调研不协商、调研不充分不协商的原则，在开展协商之前，组织政协委员围绕协商议题，深入基层调研，多渠道倾听各方意见，掌握第一手资料，形成建言思路。

在此基础上，区政协组织政协委员、专家学者、群众代表、职能部门共同走进协商现场，大家畅所欲言、各抒己见，在协商中理顺情绪、化解矛盾、凝聚共识。

两年来，迎泽区政协紧紧围绕经济发展、优化营商环境、老旧小区治理、助力乡村振兴等热点难点问题进行协商，一批涉及群众“急难愁盼”的民生问题提上了解决日程，达成了协商共识。

经过民主协商，涉及经济社会发展的一批有价值的协商意见建议形成办理结果，推动出台了相关制度性文件，推动了经济社会发展。涉及群众关切和社会治理的热点难点问题，相关部门完善整治方案，解决了一批群众关心关切的水电、道路、环境卫生、安全、绿化、停车等社会治理难题，政协委员在社会实践中践行了人民政协为人民的履职理念，提升了社会治理效能，增强了人民群众在基层民主协商中的获得感和幸福感。

自启动“欢迎来协商”机制建设以来，迎泽区已建立1个区级协商总平台，7个街道（镇）分平台，71个社区（村、委员工作室等）微平台，形成了覆盖全区的“1+7+X”三级协商平台体系。

区政协聚焦党政工作的重点、群众关心的热点和社会治理的难点，共制定51个重点协商议题和188个微课题展开协商，截至目前累计完成协商活动149场，参与人数达2000余人，在全区形成了深度协商互动、意见充分表达、广泛凝聚共识的生动局面。

迎泽区政协正在全力建设新时代协商民主实践中心，集中开展委员进中心报到、界别活动月、联络组活动周、委员学堂等系列主题实践活动，将实践中心建设成为迎泽区政协贯彻落实二十大精神、加强社会主义协商民主建设的重要阵地和全区广大政协委员履职尽责的崭新平台，为谱写全面建设社会主义现代化国家迎泽篇章贡献更多智慧和力量。

（本文原载于《人民政协报》2023年8月11日第4版）

# | 内蒙古自治区政协 |

# 笃行不怠　创新实践启新程

文 / 菅海霞

6 月 5 日至 8 日，习近平总书记亲临内蒙古自治区考察，历时四天，两地调研，发表重要讲话、听取工作汇报、作出重要指示。

“坚持围绕中心、服务大局，履职尽责，扎实推动习近平总书记考察内蒙古时的重要指示和重要讲话精神在自治区政协不折不扣落实到位，贯穿到政协履职工作各方面全过程。”自治区政协党组书记、主席张延昆在为自治区政协委员、机关干部讲授专题党课时表示。

牢记习近平总书记嘱托，第十三届内蒙古自治区政协以新时代党的使命任务引领政协工作，在书写中国式现代化内蒙古新篇章的征程上笃行不怠、创新实践。

## 扎实开展主题教育树新风

主题教育开展以来，自治区政协加强理论学习，先后举办三期读书班，第一时间学习习近平总书记考察内蒙古时的重要指示和重要讲话精神，主席会议成员、各级党组、党支部书记纷纷讲授专题党课。创新举办“扎实开展主题教育　建功自治区两件大事——2023 年内蒙古自治区政协书画作品展”；参观学习宣传贯彻党的二十大精神展览、重温入党誓词；举办“两优一先”表彰会议暨“扎实开展主题教育　着力激发履职活力——庆祝中国共产党成立 102 周年文艺演出”……在一次次生动的学习中凝聚起团结向上、奋发有为的精气神。

4 月 18 日，张延昆带领调研组赶赴呼伦贝尔市，就深化京蒙务实合作课题开展调研。

紧扣党中央明确的12个方面内容，围绕建设我国北方重要生态屏障、祖国北疆安全稳定屏障、国家重要能源和战略资源基地、国家重要农畜产品生产基地、国家向北开放重要桥头堡等“五大任务”和全方位建设“模范自治区”两件大事，聚焦群众关心的急难愁盼问题，自治区政协确立了35项主题教育调研课题，主席会议成员带头，直奔基层一线调研，跟踪落实，解决产业发展、教育、医疗、农畜产品销售等一批群众关心关注的问题。

### 党建领航履职新征程

固本培元方能构筑坚强堡垒。自治区政协今年以来进一步加强党对政协工作的领导，及时向自治区党委报告各类重大事项，制定各级党组织年度工作要点，强化时间节点逐项落实；指导自治区政协机关党委顺利换届，选举产生第八届委员会委员和纪律检查委员会委员，明确工作职责；召开党建和党风廉政建设工作会议，出台自治区政协党组首个《关于支持驻政协机关纪检监察组工作的办法》……一项项务实的举措锤炼坚强党性，高高飘扬的党旗引领履职工作沿着正确方向一路前行。

新春刚过，自治区十三届政协委员和机关干部第一期专题培训班开课，8位自治区政协副主席主讲，学习贯彻中共二十大精神和习近平总书记关于加强和改进人民政协工作的重要思想，内蒙古自治区全国政协委员和全区三级政协委员、机关干部参训。截至目前，今年自治区政协已举办两期委员专题培训班，组织自治区政协党组理论学习中心组集体学习、习近平新时代中国特色社会主义思想座谈会等各类学习35次。

“学出忠诚信仰、学出深厚感情、学出使命担当、学出本领素养、学出奋进动力，夯实坚定拥护‘两个确立’、坚决做到‘两个维护’的思想根基。”这是内蒙古政协人的共同感受。

### 展现双向发力新作为

党委政府的中心工作在哪里，政协履职就在哪里。围绕自治区“两件大事”，自治区政协今年确立了“推进乡村振兴，加快农村牧区现代化”“促进储能产业健康发展”等10项协商议题、5项视察考察、30余项界别活动、47件重点督办提案，还将增开一次贯彻落实习近平总书记考察内蒙古时的重要指示和重要讲话精神专题议政性常委会会议。

抱着什么样的态度，就能听到什么样的意见。自治区政协主席会议成员带头融入群众，一批批基层意见、群众关心、切实建议反映上来，一项项协商调研成果转化为推动高质量发展的工作思路和切实举措，已报送4900多期社情民意信息，30多期得到自治区党委政府领导批示。

“营商环境”是自治区持续重点关注的大事。自治区政协今年以“依法保护民营企业产权和企业家权益，优化民营企业发展环境”作为专题监督性协商议题，各民主党派和工商联参加，全区12个盟市，103个旗县区联动开展专题监督性调研协商。开展民主党派参与、三级政协联动监督性协商是自治区政协发挥民主监督作用的有效探索，为延伸民主监督效能，自治区政协首次制定了关于加强和改进人民政协民主监督工作的措施，以推动民主监督与党内监督相贯通相协调，发挥民主监督独特优势和作用。

今年，自治区政协确立了“深刻领悟‘两个确立’的决定性意义”“铸牢中华民族共同体意识”“以高质量发展推动中国式现代化建设”等10个凝聚共识重点，融入各项履职活动，一题一团队、一题一方案专项推进。

## 助力京蒙协作新行动

6月12日，北京市国资委带领北京市9家企业负责人来到内蒙古自治区。在政协机关，北京市国资委与自治区国资委围绕助力内蒙古乡村振兴进行座谈，签署战略合作框架协议。

6月19日至21日，张延昆带队赴京围绕“科技创新倍增计划”与中国科学院、北京经济技术开发区、北京市海淀区密集对接，为推进自治区和盟市与北京市多部门在科技领域的合作牵线搭桥。

7月2日，北京市卫健委负责人带领北京市8家医院负责人，在自治区政协机关与自治区7家对口协作医院负责人就“医疗倍增计划”进行座谈，并签署战略合作框架协议，上线“京蒙协作 政协助力”医疗倍增计划小程序。

7月11日至14日，北京市政协主席魏小东带领调研组，就“京蒙协作 政协助力”情况与自治区政协签订了落实“京蒙协作 政协助力”工作机制协议，建立京蒙政协工作联席会议机制，委员专题视察考察机制，专门委员会对口交流机制，联合调研、远程协商工作机制……

为深入贯彻落实习近平总书记关于深化东西部协作的重大决策部署和加强京津冀联通发展重大举措，年初，张延昆带队赴北京启动“京蒙协作 政协助力”行动，与北京市政协签订框架协议，提出教育、医疗、农畜产品销售、旅游、产业合作、科技创新六个“倍增计划”，纳入了自治区党委、政府工作重点，自治区党委十一届六次全会提出，用好京蒙协作平台，以大合作推进大发展取得新成效。

教育方面，初步确定了内蒙古中小学骨干教师“培训＋跟岗＋实践”、首都教育远程互助工程等6个重点协作项目；医疗方面，确定建设2个标志性医疗合作项目和6个重点专科协作项目；农畜产品销售方面，将在首农集团、新发地公司开辟内蒙古农畜产品销售专区，在朝阳农贸市场开辟4000平方米内蒙古厅，联手打造消费帮扶“五进”平台……短短5个月间，自治区政协搭台，推动北京、内蒙古两地党委、政府及有关部门互访20余次，助力两地18个合作项目取得实质性进展，政协力量助推京蒙协作迈入高速进程。

## 功能建设塑造新质效

加强政协制度化、规范化、程序化等功能建设，是党的二十大对人民政协工作提出的一项要求。

今年，自治区政协首个“五年工作规划”出台，同时配套制定了各专委会和文史、凝聚共识、提案、社情民意信息工作等专项规划，形成了一个总规划、N个专项规划的“1+N”政协五年工作规划体系。

谋长远，也要立足当下。自治区政协对标中央和自治区党委政协工作会议精神和全国政协新部署，制定加强和改进调研工作实施办法等5项制度，修订《全体会议工作规则》等80余项制度文件，推动政协制度“四梁八柱”成熟完善，编印《政协机关工作手册》等4项工作规范，形成政协机关政务、事务、会务等模块化、标准化工作流程。同步提升工作质量，创建成为自治区模范机关。

人民政协为人民。6月14日，全国省级政协中首个“民商事纠纷多元化解机制”在自治区政协机关启动，聘任政协委员担任特邀调解员，参与法院民商事调解工作，推动“有事好商量、众人的事由众人商量”的“连续剧”时时上演，越演越好。这也是自治区政协联合自治区高级人民法院，贯彻落实党的二十大提出的“健全共建共治共享的社会治理制度，提升社会治理效能”的部署要求、学习落实“浦江经验”“千万工程”好做法、在社会治理体系和治理能力现代化进程中发挥政协作用、展现委员作为的一项具体举措。

“坚持在大局中谋划政协工作，深度融入国家重大战略，融入自治区发展大局，精心选题、精准发力，始终与自治区党委、政府想在一起、谋在一起、干在一起。”张延昆多次表示。

在奋进新时代的征程上，内蒙古政协将牢记嘱托、感恩奋进，真抓实干、奋勇争先，为自治区闯新路、进中游，奋力书写中国式现代化内蒙古新篇章贡献更多政协力量。

（本文原载于《人民政协报》2023年8月17日第1版）

◎ 包头市政协

# 打好联合履职“组合拳” 奏响助力发展新乐章

文 / 刘美英

提案工作是人民政协一项特色鲜明、影响广泛的全局性工作。包头市政协坚持在党的领导下高位引领统筹推进，建立党政督查与提案问效“双向发力”、办理协商与基层协商“融合推进”、民主监督与舆论监督“双管齐下”的提案工作格局，打好联合履职“组合拳”，干出新时代提案工作新样子。

今年上半年，包头市各部门承办的382件提案已解决并办理答复363件，占承办提案95%。“面对面倾听、实打实回应、一对一落实，市政府各位副市长亲自组织座谈会听取委员意见建议，让我们深受鼓舞。”包头市政协委员武喜乐参加市政府“开门办案”座谈会后说。包头市政协提案工作创新开展，与包头市委、市政府的重视支持分不开。包头市委将提案纳入党政绩效考核系统，强责任、建机制、立规矩，定期督查通报。包头市政府建立办理落实提案“六机制、两行动、一标准”，着力推动提案办理落到实处。

包头市政协以市领导领衔督办重点提案为统领，引领带动同类提案办理落实，达到“办好一件、解决一片”的良好效果。《关于支持包头市建设全国重要的新型稀土材料产业基地的提案》在全国政协十三届五次会议立案，自治区党委书记重点督办，有力推动包头市稀土产业发展，瞄准国际先进水平建设“世界稀土之都”，忠诚践行习近平总书记对包头作出的“一个创新、三个实现”重要指示。《关于加快推进包医国际医院“半拉子”工程项目，建设高质量区域医疗中心的提案》，与责任部门、承建单位、医务人员、医疗机构等多层次、多角度协商，推动市政府成立专项处置工作组，包医国际医院项目于今年 6 月 1 日复工建设。

包头市政协推动把提案办理协商会前移，开在群众家门口，“有温度”的提案，成为回应群众期盼、造福百姓生活的重要平台。

“今天我终于拿到产权证了，谢谢政府！”包头市昆区友谊社区一位居民激动地说。包头市政协就《关于继续加快推进房屋产权登记集中治理的提案》，多次组织基层社区、群众代表、政府部门专题协商，促进包头市分批逐步解决全市的住宅类产权遗留问题，经过集中治理，全市 31.7 万户产权遗留问题基本解决。《关于构建包头市青少年心理健康支持系统的提案》，经过市教育局、团市委、市妇联、文明办等多部门通力协作，全市共有 225 所中小学开设了心理健康课，覆盖率 94.94%。

此外，包头市政协注重将民主监督与新闻舆论监督融合互动。《加强疫情期间外卖食品行业安全监管》提案办理协商过程在包头广播电视台《热线追踪》全程播出，并亮相内蒙古新闻综合广播《纵横 118》节目，“舌尖上的安全”引起了更多关注。促进充分就业的提案办理协商携手《行风热线》，相继播出两期《就业用工领域那些难题如何破解》节目，推动包头市及时制定出台《人力资源服务业高质量发展行动方案》和支持人力资源服务业发展十项措施，汇集起解难题、稳就业、促发展的强大合力。提案承办部门负责人在直播间现场连线群众、现场回应委员、现场承诺办理目标，提案办理更加阳光透明。

包头市政协坚持在实践中探索、在继承中创新，挺膺担当、善谋实干、助力发展。

（本文原载于《人民政协报》2023 年 8 月 17 日第 4 版）

◎ 兴安盟政协

# 巧用“微协商” 赋能“精治理” 释放“大效能”

文／杨　刚

小区的树木郁郁葱葱，道路干净整洁，健身设施翻修一新……走进兴安盟乌兰浩特市胜利小区，这个以前没有物业管理的老旧小区换了样。

“今年楼顶做了防水处理，墙体也做了美化，还规划了停车位，整个小区绿化优美、环境整洁，大家都很满意，多亏了市政协委员帮忙协商沟通。”胜利小区居民李大爷高兴地说道。

“我们小区真是越来越好了。”兴安盟科右前旗兴科家园的居民张阿姨一边拍打着被子一边感慨道：“以前小区里路灯太少了，有的路灯还不亮。上个月，都林街道政协委员工作室组织政协委员、街道、物业负责人和群众进行协商，现在小区里损坏的路灯都换了新的，还新装了30个路灯，实实在在解决了照明问题。”

近年来，兴安盟政协按照“不建机构建机制”的思路，把“政协委员工作室”建设作为建立和完善委员联系群众工作机制的重要抓手，组织盟市、旗县政协委员，围绕党政关注的焦点、群众关心的热点、基层治理的难点，坚持“小切口、大民生”，采取委员荐题、群众出题、媒体征集等多种方式收集议题，扎实开展“心安微协商”基层协商活动，切实解决了一批群众的操心事、烦心事、揪心事。

## 点对点搭建“微协商”平台——

兴安盟政协把搭好平台作为重要基础性工作，通过“微协商＋政协委员工作室”融合，立足“政协委员工作室”服务群众便捷、履职方式灵活多样等特点，针对群众需求，采取一线协商、上门协商、远程协商等形式，丰富“微协商”内涵，推动政协协商与基层协商有效衔接。以平台下沉带动工作下沉、委员下沉、协商活动下沉。2022 年以来，坚持盟旗联动、覆盖基层、以点带面，集中力量打造“政协委员工作室”235 处，覆盖全盟 6 个旗县市，95 个乡镇、街道，23 个园区、学校、企业等基层单位，形成了沉在一线、点多面广的基层协商平台体系。

线对线建立“微协商”机制——

把协商民主的方法贯穿“微协商”全过程、各方面，做到“协商议题要商量，组织方式要商量，意见建议要商量，转化运用要商量”。构建以政协协商规范流程为蓝本，符合基层实际、利于基层实践的协商衔接操作机制。立足政协协商机制与基层工作融合的现实条件，结合实践制定“微协商”活动开展流程图和《“心安微协商”品牌建设实施方案》配套制定活动记录清单、建议清单、反馈清单等，并下发至各旗县市政协具体落实。实现“微协商”全程有据可依、操作简便清晰，为各项工作提供了制度支撑。

面对面落实“微协商”实践——

“我们小区的供暖问题通过‘微协商’解决了，这多亏了政协委员与社区、物业还有供暖公司协商沟通。”“刚才政协委员为我们宣讲了党的民族理论政策，使大家进一步树牢了民族团结思想。”

这是兴安盟政协持续推进“心安微协商”工作的生动实践。2022 年以来，兴安盟政协巧用“微协商”模式，组织政协委员参与垃圾分类、物业管理、养老综合服务、共享单车管理等基层协商活动 210 余次，推动解决民生问题 149 件，让问题在协商中解决、矛盾在协商中化解、困难在协商中排除。

“小到一盏路灯，大到一方经济，凡是涉及群众切身利益的问题，就是政协应该重视的民生实事。下一步，我们将继续推动‘心安微协商’品牌建设，切实把政协职能优势转化为协商于民、协商为民的生动实践。”兴安盟政协党组书记、主席刘树成说。

（本文原载于《人民政协报》2023 年 8 月 17 日第 4 版）

◎ 赤峰市政协

# 让书香盈满履职路

文 / 王振邦

“掩书细思，你就会感动于初心的伟大，也会激励我们守住责任，面向未来……”这是一位内蒙古自治区赤峰市政协委员，正在通过视频连线的方式与大家分享读《火种：寻找中国复兴之路》心得体会。

4月23日世界读书日当天，赤峰市政协联合12个旗县区政协，通过“线上+线下”的方式，组织自治区、市、旗县区三级政协委员、市政协应用型专家智库成员、理论研究会会员等800余人，举办“书香政协·赤诚悦读”委员主题读书活动。通过专业讲师对《火种》一书的解读，大家仿佛又回到了那段艰苦岁月，懂得了探索道路之难，革命征程之苦，理想信念之重；通过推荐书籍、分享体会，大家进一步明晰了读书的方向和目标。

在市政协“书香政协·赤诚悦读‘1+7’”特色微信读书群里，聚集了很多勤学善思的读书爱好者，大家在线上收听收看活动实况的同时，还互相荐书、分享体会，实现了思想上共同进步、能力上共同提升。

贯彻落实党的二十大精神，赤峰市政协着眼新时代人民政协的新使命，紧扣塑造书香委员、建设书香机关、浓厚书香文化的目标，把委员读书抓在经常、融入日常，推动广大委员在多读书、读好书、善读书中明方向、聚共识、强本领、显担当，读书已逐步成为赤峰市政协委员履职工作的“新常态”、跨界交流的“新渠道”。

一花独放不是春，万紫千红春满园。在赤峰市政协的带动下，赤峰市政协各专委会、旗县区政协结合实际开展了形式多样、内容新颖的读书活动。市政协文史委与市文联签署合作协议和图书捐赠协议；市政协教科卫体委员会联合相关部门，组织部分外国留学生、高中师生和家长代表，在教育界委员工作室开展“书香赤峰——共沐书香　阅见美好”中外学生读书交流会；敖汉旗政协举办“书香政协·赤诚悦读”暨促进“民族团结进步”读书分享会；巴林左旗政协组织政协委员与中小学生进行演讲、诗朗诵、舞蹈表演……

为加强书香政协、书香机关建设，推动委员读书活动规范化、制度化、程序化，赤峰市政协制定了《“书香政协·赤诚悦读”2023年度活动计划》，印发了《关于加强和改进市政协委员学习工作的意见》，创新推出了双向荐读、委员讲坛、新春读书会、读书沙龙等9种读书形式，依托玉龙书屋、政协书房、委员工作室等平台，组织委员在读好“圣贤书”、干好本职工作的同时，更知“窗外事”，以读书积累知识、指导实践、促进履职。同时，为了给委员创造更加便利的读书条件，增加读书需求供给能力，市政协联合市图书馆以委员点单和“图书漂流”的形式，为政协书房补充添置各类书籍600余册，供政协委员和机关干部读书学习和工作交流。

“通过读书履职这项创新活动，实现了委员自我教育、建言资政、凝聚共识和引领界别群众的相互促进。”赤峰市政协党组书记、主席苏雅勒其其格表示，要把党的二十大精神落实到履职全过程、各环节，引导委员将书香之气转化为做人的正气、建言的才气、创业的底气、克难的勇气，以常态化畅读“有字之书”，赋能履职议政这本“无字之书”，让书香盈满履职之路。

（本文原载于《人民政协报》2023年8月17日第4版）

◎ 乌兰察布市政协

# 谋真招定实策　为基层政协工作注入源源动力

文 / 乌云夫　刘志宇

树立新时代人民政协新样子，必须着力破解基层政协长期以来存在的“基础工作薄弱、人员力量薄弱”问题。近两年来，乌兰察布市政协把破解“两个薄弱”作为推进政协工作提质增效的突破口，以改革思维、创新理念、务实举措进行探索实践，谋真招定实策，整体工作呈现出蓬勃生机和活力。

乌兰察布市委从推进地方治理体系和治理能力现代化的战略高度，研究部署全市政协工作，召开市委政协工作会，把解决“两个薄弱”问题作为重要内容，出台了《关于新时代加强和改进人民政协工作的实施意见》，把解决“两个薄弱”问题纳入全面深化改革课题和重大决策问题研究课题，统筹推动解决政协机构设置、人员编制、委员管理等问题，形成了市委重视、政府支持、政协努力、各方配合的良好工作格局。

积极探索“党建+”模式，将市政协各级党组织与机关党员、党员委员高效并联在一起，党员委员与党外委员有效串联在一起，深化市政协主席会议成员联系常委、常委联系委员、委员联系界别群众生动实践，推动形成“专委会+界别委员+活动组+界别群众”履职机制，着力破解“两个薄弱”问题。同时，还成立了市政协委员学习和联络工作委员会、市政协宣教中心、委员服务中心，积极推动各旗县市区机构设置由“一办四委”增加到“一办六委”，促进基层政协工作与时俱进、不断发展。

乌兰察布市政协重视机关干部队伍建设。根据现有干部专长特长，立足工作需要科学调配安排，同时，两年来引进硕士研究生学历高层次人才

10 名，交流调入处级、科级干部 7 人，进一步优化了机关干部队伍年龄、学历等，人员力量更强，队伍活力更足，发展后劲更大。

政协联系群众，优势在委员，潜力在委员。乌兰察布市政协通过建立参政议政人才库，吸收和储备一批懂政协、会协商、善议政的各界代表人士，强化动态管理，为政协履职、委员换届推荐提供人才支撑。在全国政协十四届一次会议上，来自乌兰察布的全国政协委员石磊向大会提交了题为《关于优化营商环境从细节抓起》的提案，从营造稳定公平透明的营商环境、缓解民营企业发展难题等角度提出建议。

为更好引导广大政协委员经常深入基层、倾听民声、反映民意，两年来，乌兰察布市政协积极探索创设委员履职平台和载体，在苏木乡镇、街道、社区设立了“委员工作室”“委员之家”“委员议事厅”等政协工作联络站（点）。由乡镇、苏木（街道）党委副书记担任站（点）负责人，延伸基层政协履职触角，让委员和群众联系有渠道、协商有平台，推进政协协商与基层协商有效衔接，切实发挥政协委员的桥梁纽带作用，更好地解决基层群众的“急难愁盼”。目前，已建起各类协商平台 130 多个，专委会界别活动阵地 10 多个。

“问渠那得清如许？为有源头活水来。”乌兰察布市政协一系列务实举措带来的源头活水，为提高履职效能带来了源源不断的内生动力。

（本文原载于《人民政协报》2023 年 8 月 17 日第 4 版）

◎ 鄂尔多斯市政协

# 集成创新赋能政协履职提质增效

文／周　斌

创新是推动政协事业高质量发展的不竭动力。近年来，鄂尔多斯市政协聚焦解答好新时代市县政协“是什么”“干什么”“怎么干”的问题，探索推行“五联五促”工作制度机制，搭建起“政协党组成员、主席会议成员 + 市政协办公室、专委会 + 界别活动组”的履职架构体系。

## 联党员促党建，筑牢坚强有力的战斗堡垒——

“政协组织是党领导的政治组织，必须始终把对党忠诚可靠作为最重要的政治准则来坚守，发挥好党建在政协工作中的引领作用。”鄂尔多斯市政协党组书记、主席苏忠胜在年初的党建和党风廉政会议上强调。

鄂尔多斯市政协将 22 个界别优化整合为 12 个界别活动组，分别设立功能型党小组，不断把党的建设引向深入。建立完善习近平新时代中国特色社会主义思想学习座谈制度、政协委员分界别组学习交流制度、政协委员和机关干部学习培训制度，坚持由党内而党外、由机关到委员，融合开展学习活动，不断夯实团结奋斗共同思想政治基础。

## 联委员促履职，精耕双向发力的责任田——

市政协探索建立发挥委员主体作用的制度办法，制定“主席会议成员和办公室、专委会联系界别活动组，主席会议成员联系所在界别活动组常委，常委联系委员”的多层次联系服务委员制度，为委员履行职责、服务发展、沟通交流创造良好条件。为进一步发挥专委会在政协工作中的基础性地位和作用，出台《加强和改进专门委员会工作意见》，以专委会杠杆撬动界别委员发挥优势展现担当，带动政协整体工作活起来实起来强起来。

联群众促和谐，画好团结奋斗最大同心圆——

市政协把搭建协商平台作为推进政协协商向基层延伸的重要举措，在原有的党群服务中心等场所，增设协商议事室、委员之家、委员工作室等功能，常态化开展学习交流、了解民意、协商议事、团结联谊等活动。

截至目前，全市建成“政协委员之家”“协商议事室”“委员工作室”等协商议事平台500多个，实现苏木乡镇（街道）和政协界别全覆盖。2022年以来，开展协商议事活动2000余场次，推动解决矛盾问题1600多个，政协基层协商议事平台已成为地方党委政府听民意、解民忧、聚民心的重要途径。

联部门促民主，凝聚推动发展的强大合力——

市政协搭建常态化联系机制，制定《市政协专门委员会与党政部门（单位）开展对口联系协商工作试行办法》，打通党政部门与界别委员、民主党派、智库专家间的互动渠道；制定《加强和改进民主监督工作办法》，建立知情明政、协调落实、办理反馈等机制，将民主监督置于日常履职活动中。经过长期实践探索，逐渐形成“调查研究问题—提出意见建议—反馈办理情况”工作闭环，同心同向同力推动协商成果落实。

联旗区促提升，干出担当共进的新样子——

市政协坚持“一盘棋”思想，建立主席会议成员联系指导旗区政协工作制度和各专委会与旗区专委会对口联系制度，建立协同调研、联动协商、联合监督工作机制，建立两级政协联合培训机制，最大限度共享培训资源、促进能力提升。

同心共下“一盘棋”，合作答好“一张卷”。市政协正在深化两级政协交流学习、联动协商、协同履职、协调服务平台的建设，加快建立宏观指导、上下联动、整体协调、成果共享相融合的联动履职机制，不断提升政协工作整体效能，努力干出新时代人民政协新样子。

（本文原载于《人民政协报》2023年8月17日第4版）

# ｜辽宁省政协｜

# 聚拢一条心　携手大道行

文／蒋　健　王金晶

加强和改进新时代市县政协工作推进会、省政协领导班子调研成果交流会、“加快推进废弃矿山综合治理”专家协商会、省政协十三届十七次党组扩大会议……8月7日到11日，时值暑期，辽宁省政协一周重点工作安排一如既往地密集。

党的二十大以来，辽宁省政协深入学习贯彻习近平新时代中国特色社会主义思想和党的二十大精神，贯彻落实习近平总书记关于做好新时代党的统一战线工作的重要思想、习近平总书记关于加强和改进人民政协工作的重要思想，深化专门协商机构建设，认真履行各项职能，着力在新时代辽宁振兴上展现更大担当和作为，为凝心聚力谱写全面建设社会主义现代化国家的辽宁篇章、实现党的二十大确定的目标任务作出积极贡献。

## 讲政治　强化“主心骨”

“新时代新征程对人民政协提出新要求。要旗帜鲜明讲政治，深刻领悟‘两个确立’的决定性意义，不断增强‘四个意识’、坚定‘四个自信’、做到‘两个维护’，把党的领导落实到政协全部工作之中，坚持在吃透中共中央精神前提下开展工作。”1月15日，新当选的辽宁省政协主席周波在省政协十三届一次会议闭幕会上如是说。

省政协党组严格执行请示报告制度，在省委常委会会议上向省委作关于2022年工作情况和2023年工作安排的汇报，将省政协年度协商计划提交省委常委会会议审议，并扎实组织实施。今年以来各项协商活动，均邀请省委、省政府有关负责同志及与议题有关的部门负责同志出席，把坚持党的领导贯穿协商全过程各方面。

特别值得一提的是，省政协坚持在省委统一领导下筹备召开省政协十三届一次会议。省政协党组多次就会议筹备情况和常务委员会工作报告等向省委常委会会议汇报，设立会议筹备工作领导小组，将省纪委监委机关，省委组织部、宣传部、统战部各一位负责同志作为成员，加强党对会议筹备工作的领导。

会议开幕前，先召开省“两会”党员负责同志会议和省政协十三届一次会议中共党员大会，统一思想、强化责任、明确任务，为会议召开提供坚强政治保证。同时，设立会议临时党委，成立各讨论组临时党支部，以党的组织作用的充分发挥确保会议正确政治方向。会议选举的新一届省政协领导班子成员和常务委员，均满票当选。

在十三届省政协常务委员会第一次会议上，周波表示，十三届省政协常务委员会要在中共辽宁省委的坚强领导下，团结省政协各参加单位和广大政协委员，加强自身建设，认真履行职责。“要充分发挥省政协常委的表率作用，做到带头‘讲政治’，始终与中共辽宁省委同心同德、同向同行；带头‘抓学习’，把学习习近平新时代中国特色社会主义思想和中共二十大精神作为重中之重，不断提高履职能力和水平。”

## 学理论　保持思想先进

辽宁省政协坚定不移以科学理论为指导，把学习贯彻习近平新时代中国特色社会主义思想作为首要任务，不断夯实凝心聚力、团结奋斗的共同思想政治基础。

省政协落实党组会议“第一议题”制度，及时传达学习习近平总书记最新重要讲话和重要指示精神，深刻领会精神实质，结合政协实际研究贯彻落实举措。把党的二十大精神、全国“两会”精神与习近平总书记关于东北、辽宁振兴发展的重要讲话和重要指示批示精神作为重点，纳入党组理论学习中心组集体学习，深入开展交流研讨，深化认识理解。

今年以来，共开展省政协党组（扩大）会议学习13次、党组理论学习中心组集体学习10次。把开展学习贯彻习近平新时代中国特色社会主义思想主题教育作为深化理论武装的重要契机，省政协领导班子成员参加省委主题教育读书班，逐字逐句研读《习近平著作选读》《习近平新时代中国特色社会主义思想学习纲要（2023年版）》等指定书目，交流学习体会，既谈认识又提建议。

“‘一年之计在于春，百事之基在于学’，要整体把握习近平新时代中国特色社会主义思想的科学体系，深刻领会精髓要义，真正体悟精神特质。必须坚持原原本本学，联系实际学，及时跟进学，全面深入学。”省政协机关党组、专委会分党组及部分机关党员干部统一组织4期读书班，分别围绕中国式现代化、全面从严治党、宣传思想文化工作、高质量发展等主题开展学习研讨，着力在以学铸魂、以学增智、以学正风、以学促干方面下功夫求实效。

## 重实干　服务中心工作

实施全面振兴新突破三年行动，是辽宁贯彻党的二十大精神、谱写中国式现代化辽宁新篇章的实际行动，是全省上下一项极其重要的政治任务。省政协坚持围绕中心、服务大局，紧紧围绕全面振兴新突破三年行动目标任务和人民群众急难愁盼问题广集众智、广求良策。

今年年初，按照省委部署要求，省政协研究制定《政协辽宁省委员会助推全面振兴新突破三年行动实施方案（2023—2025年）》，明确了82项协商议政重点任务、5个方面凝聚共识重要活动和3项省委要求落实的工作任务，坚持清单化、项目化、工程化推进。

省委批准的年度协商计划正在逐一落实，至今，已召开“促进县域经济高质量发展”专题议政性常委会会议、“整合我省文化资源，推动文旅融合取得突破性进展”“加快辽宁机器人产业发展”2次专题协商会，以及3次月度协商座谈会和1次远程协商会。

省政协认真贯彻落实党中央关于大兴调查研究的决策部署，研究制定《省政协领导班子开展调查研究工作的具体方案》，领导班子成员每人围绕1个重点课题和1个专项课题深入调研，省政协主席周波和其他两位副主席分别牵头推进精细化工、先进有色金属材料、电力装备等3个产业集群建设，协助省委、省政府做好结构调整“三篇大文章”。

同时，省政协发挥政协统一战线组织优势作用，组织开展在助推三年行动中讲好“辽宁故事”、展示良好发展预期界别组活动，为全面振兴新突破广泛凝聚正能量。

## 创平台　践行全过程人民民主

“通过协商平台的搭建和运用，委员下到了基层、工作干到了基层、制度落到了基层，增强了政协履职的开放度、融合度、活跃度，提升了政协委员和界别群众的获得感、认同感、参与感。”“一个个工作室成为政协工作服务基层的‘毛细血管’，四通八达、联网成片，在参与基层治理、服务各界群众中展示出勃勃生机，政协协商民主在基层社会治理中的作用得到进一步显现。”基于实践，委员们对政协协商与基层协商融合见效颇有感触。

辽宁省政协把建好用好“辽事好商量，聊事为人民”协商平台作为践行以人民为中心的发展思想、发挥市县政协专门协商机构作用的重要举措，召开推进“辽事好商量，聊事为人民”协商平台建设，助力辽宁全面振兴新突破三年行动工作座谈会，推动市县政协依托“两代表一委员”工作室广泛开展基层政协协商，鼓励利用数字化手段搭建线上线下衔接联动的协商平台，让政协委员与群众面对面、政协协商与民意零距离，为广大群众有序政治参与、表达利益诉求拓宽渠道。

省政协坚持党的领导、统一战线、协商民主有机结合，发挥好人民政协作为社会主义协商民主重要渠道和专门协商机构作用，牢牢把握团结奋斗的时代要求，积极探索政协协商同社会治理相结合等新形式，拓展政协协商参与面，扩大界别群众工作覆盖面。

## 勤履职　彰显责任担当

辽宁省政协以强化政协委员责任担当为抓手，进一步发挥委员在政协工作中的主体作用。

4月18日—20日，第十三届省政协新任委员培训班在沈阳开班。“作为新一届省政协委员，深感责任重大、使命光荣。通过三天的集中学习，加深了我对政协委员职责的认识和理解，也为我做好履职作业指明了方向、教授了方法。”“这次培训学习是未来履职工作的新起点，将把学习成果运用到政协委员履职的实际工作当中，增强为国履职、为民尽责的思想自觉、政治自觉、行动自觉，力争展现更大的担当和作为。”省政协十分重视对政协委员特别是新任委员的培训，教育引导委员掌握政协知识，把握工作规律，增强履职本领，坚持做到懂政协、会协商、善议政，守纪律、讲规矩、重品行。

党的二十大以来，省政协认真落实习近平总书记关于委员读书活动的重要指示精神，持续深化委员读书活动，先后围绕“学习贯彻中共二十大关于坚持全面依法治国的战略部署”“以党的二十大精神为指引，建言献策谋发展，凝心聚力促振兴，为我省经济发展贡献智慧和力量”“深入学习贯彻中共二十大精神，铸牢中华民族共同体意识，坚持我国宗教中国化方向”等主题举办3期委员读书活动，组织委员围绕荐读书目进行学习研讨交流，分享读书体会。

“为全面振兴新突破三年行动建真言、出点子、作贡献”活动广泛发动委员通过提交调研报告、提案、信息、大会发言等形式提出好建议、好思路、好办法，为全面振兴新突破出谋划策、献计出力。省政协先后召开动员部署会、推进会，周波要求广大政协委员有效发挥主体作用，深入基层搞调研，贴近群众察实情，做好政策宣传、思想引领、理顺情绪、化解矛盾工作，最大限度调动一切积极因素，汇聚起推动辽宁实现全面振兴新突破的强大合力。

（本文原载于《人民政协报》2023年8月10日第1版）

◎ 沈阳市政协

# 在吃透党中央精神的前提下开展工作

文 / 王金晶

“要深入学习贯彻习近平新时代中国特色社会主义思想，深刻领悟‘两个确立’的决定性意义，牢记‘国之大者’，增强‘四个意识’、坚定‘四个自信’、做到‘两个维护’，在思想上政治上行动上同以习近平同志为核心的党中央保持高度一致，不断提高政治判断力、政治领悟力、政治执行力，以奋发有为的精神状态贯彻落实党的二十大作出的重大决策部署。”1 月 17 日，沈阳市政协党组召开扩大会议，市政协党组书记、主席于学利主持会议并提出工作要求。

今年以来，沈阳市政协坚持用习近平新时代中国特色社会主义思想凝心铸魂，深入开展学习贯彻习近平新时代中国特色社会主义思想主题教育，深入学习习近平总书记关于加强和改进人民政协工作的重要思想，跟进学习习近平总书记重要讲话和重要指示批示精神，自觉养成在吃透党中央精神前提下开展工作的习惯，把党的领导贯穿到政协全部工作之中。

据了解，截至目前，沈阳市政协共组织 4 次市政协主题教育读书班、10 次党组理论学习中心组学习会议，共召开 26 次党组（扩大）会议，把习近平总书记重要讲话和重要指示批示精神作为第一议题，第一时间组织传达学习。党组成员以上率下，通过集中培训学、个人自学、交流研讨、宣讲阐释、案例教学、线上学习等多种方式的学习，推动主题教育往深里走、往实里走、往心里走。

建言建在需要时，议政议在关键处。沈阳市政协以学促干，由班子成员带头，围绕房地产停缓建项目、城市供热等18个重点课题和专项课题，采取实地调研、考察学习、召开座谈会等方式，深入基层、深入一线、深入群众开展调查研究，边调研边发现问题边助推解决问题；围绕促进农民收入增长调查研究，《拓宽增收渠道 促进农民收入持续增长》在全国政协常委会上作交流；围绕城市供热调查研究，形成《关于着力保障改善民生 提升冬季城市集中供热质量专题调研协商报告》，得到市委、市政府主要领导批示，推动了城市供暖“冬病春治”“冬病夏治”……

沈阳市政协紧紧依靠市委的坚强领导，充分发挥党组把方向、管大局、保落实的重要作用。严格执行重大问题请示报告制度，市政协年度协商计划经市委常委会会议审议通过后实施，每月向市委汇报政协重点工作，遇有重要情况及时报告。围绕中心、服务大局，落实市委包保重大项目工作要求，创建“政协协商＋工作专班”模式，身在其中、干在其中、知在其中、议在其中，成果体现在其中，围绕浑南区建设具有全国影响力的科技创新中心调查研究，形成5篇专题调研报告，推动各类问题的解决，得到市委的充分肯定。

在工作中，牢牢把握意识形态工作领导权。沈阳市政协落实意识形态工作责任制，强化市政协党组宣传思想文化工作和意识形态工作领导小组的作用，完善意识形态工作“正面清单”和“负面清单”，严格实行“六审六校”，加强市政协微信公众号、政协网站、《沈阳政协》刊物、文史馆、书画院等日常管理。着力讲好沈阳故事，持续开展委员读书活动，“两支队伍”学习氛围日益浓厚，政协机关建设全面加强。

（本文原载于《人民政协报》2023年8月10日第4版）

◎ 大连市政协

# 闭环提案办理 提高协商效能

文 / 王金晶

3月27日，一场专题会议在大连市召开，会议的主题是部署今年市政协“一号提案”——《关于聚焦新能源产业新赛道，推动我市绿色高质量发展的提案》办理工作，大连市委副书记、市长陈绍旺主持了这次会议。陈绍旺要求各地区、各部门牢固树立全市“一盘棋”的思想，紧盯提案办理工作“重点推进、难点解决、时限要求”三个关键环节，严格落实“定单位、定领导、定人员、定责任、定时间、定效果”工作制度，全面落实责任，强化交账意识，确保高质高效完成各节点任务。

而在此之前，市政协专门召开了“一号提案”调研工作部署会，介绍“一号提案”的选题背景和前期筹备工作情况以及13个调研备选方向，各民主党派市委会、市工商联和市政协各专委会相关负责同志作了交流发言。

坚持在市委主导下制定年度协商计划，以“一号提案”办理为切入点，探索建立“预研、协商、监督”三年闭环机制，并向区市县政协推广，完善“事前、事中、事后”协商链条，推动协商成果更好转化为党政工作选项。这是大连市政协“突出质量导向，切实增强专门协商机构效能”的具体做法。

大连市政协副主席曾波谈起这套办法如数家珍——第一年，开展选题预研协商。依托新型智库，研究形成2—3个“一号提案”备选件。第二年，开展提案办理协商。围绕提案交办中落实责任的协商和提案办理中解决问题的协商，形成市长领办、市政协主席督办的高层运作机制，对承办单位办理和建议落实情况进行民主测评。第三年，开展落实情况监督。对上年

“一号提案”进行跨年度督办，召开提案者、专家及承办单位参加的座谈会，根据形势任务变化深化意见建议。组织委员实地了解提案办理和政策执行情况，研判问题和困难，协商解决之策。

大连市政协今年的“一号提案”正是在去年深入调研、论证的基础上提出的，目前正在办理之中；与此同时，市政协党组又将2022年“一号提案”——《关于加快提升水资源承载力 支撑和保障城市高质量发展的提案》列入年度重点监督计划，对后续办理落实情况开展监督性视察。

实际上，大连市政协不仅对于“一号提案”用心颇多，对于其他提案的办理也是一丝不苟。就在不久前，大连市政协提案委组织委员以协商座谈的形式对《关于规范行政处罚裁量权，加快推进商事处罚事项网上办理的提案》进行督办。该提案所提建议得到大连市市场监督管理局、市司法局、市营商环境建设局的高度重视和高效办理。

从3家部门的反馈得知，《关于印发〈推行大连市包容审慎监管执法“四张清单”制度〉的通知》《市场主体实施轻微违法行为依法不予处罚清单》等政策陆续出台，大连政务服务网推出40项沿海六市“区域通办”、300项“全市通办”以及207项“一件事一次办”事项……“3家单位提案办理用心用力、扎实有效，将制度政策落实到‘神经末梢’，彰显出‘温情政府’的为民情怀。”委员对提案办理的结果表示满意。

曾波表示，大连市政协全面贯彻习近平新时代中国特色社会主义思想，以党的二十大精神为指引，聚焦市委决策部署，坚持守正创新，推动提案工作立足新起点、实现新发展，更好释放服务大连高质量发展的独特作用。

（本文原载于《人民政协报》2023年8月10日第4版）

◎ 抚顺市政协

# 为生态文明样板区建设汇智聚力

文 / 王金晶

"推进美丽辽宁建设，在绿色低碳发展上实现新突破"，是辽宁省委、省政府贯彻落实党的二十大精神确定的一项重要目标任务。抚顺是沈阳现代化都市圈与辽东绿色经济区的衔接地，抚顺市政协将助力打造"圈""区"融合生态文明样板区作为政协"围绕中心、服务大局"的履职重点之一。

在今年1月举行的辽宁省政协十三届一次会议上，抚顺市政协提交了题为《关于打造"圈""区"融合生态文明样板区的建议》的书面发言，提出：协同守护"辽宁水塔"，夯实"圈""区"融合生态基础；协同推动绿色转型，构建"圈""区"融合生态产业体系；协同补短板建机制，提供"圈""区"融合有力保障等建议。

4月23日至5月16日，抚顺市政协围绕"统筹协调 高水平建设全省最重要的水源生态涵养基地"课题开展调研。调研组一行先后深入东洲区、抚顺县、清原满族自治县、新宾满族自治县和市发展改革委、农业农村局、自然资源局、生态环境局、大伙房水库管理局有限责任公司等相关县区和部门，实地察看了水源保护、污染防治、产业绿色发展等情况，深入了解大伙房水源生态涵养基地建设发展的思路举措和存在的困难问题，并召开座谈会，认真听取相关意见建议。

7月26日，抚顺市政协召开十四届七次常委会会议，为统筹协调、高水平建设全省最重要的水源生态涵养基地建言献策。会上，市政协专题调研组作了《关于统筹协调、高水平建设全省最重要的水源生态涵养基地的调研报告》，6 位同志交流了调研成果。抚顺市委副书记、市长高键对市政协调研组撰写的调研报告给予了充分肯定。抚顺市政协主席于万军表示，高水平建设全省最重要的水源生态涵养基地，是政协履职聚焦的重点。“市县（区）政协要切实把思想和行动统一到党委、政府的部署要求上来，形成广泛共识和强大合力。发挥政协优势，深入调研、精心论证，多献务实之言、管用之策。积极用好社情民意信息和政协提案，为助力水源生态涵养基地建设贡献政协智慧、政协力量。”

为跟进和深化去年“助力辽东绿色经济区建设”的议题、服务抚顺全面振兴新突破，6 月 28 日，抚顺市政协还召开了双月协商会议，围绕“强化森林固碳增汇 助力生态产品价值实现”议题进行协商。会前，市政协组成专题调研组，开展了历时 3 个多月的调查研究，形成了 1 篇主报告和 4 篇分报告；会后，市政协又充分吸纳各方面意见和建议，形成政协专报报送市委，助力森林固碳增汇工作扎实、稳妥、有效开展。

于万军表示，抚顺市政协在加强协商工作上，由市委常委会审议年度协商计划，市委办公室、市政府办公室联合发文。对重要协商议题，坚持先学习统一认识再组织调研、边调研边协商边运用成果、项目化清单化提出意见建议。持续提高协商质效，锚定全面振兴新突破三年行动目标任务，紧扣采煤影响区综合整治、水源涵养基地建设等中心工作，深入调查研究，久久为功，持续用力，建真言、出点子、作贡献。

（本文原载于《人民政协报》2023 年 8 月 10 日第 4 版）

◎ 丹东市政协

# 平台建身边　服务不“掉线”

文 / 王金晶

“高校要发挥自身优势，服务地方经济社会发展，将特色学科做深做透，不断在学院学科建设、科学研究和人才培养上下功夫，推动更多的高素质应用型人才留在辽宁、留在丹东。”在丹东市政协“委员会客厅”，市政协主席宋立跃的一番话，让辽东学院党委书记周景雷一行倍感亲切。这次“委员会客厅”还邀请了丹东百特仪器有限公司相关负责人员一同参加交流，校企对接，就建立毕业生“就业基地”达成了意向。

“委员会客厅”是丹东市政协为深入贯彻落实党的二十大精神，在助推丹东全面振兴新突破中，发挥政协优势、展现委员担当，而创建的履职平台之一。除此之外，丹东市政协还创建了委员工作室、界别活动站、委员履职岗。“四个平台”建设，给委员做好“履职作业”创造有利条件。

政协搭平台，委员有舞台。据介绍，丹东全域市县政协先后创建 356 个委员工作室、56 个界别活动站、90 余个委员会客厅、1600 余个委员履职岗，形成横向到边纵向到底全覆盖平台网络，推动政协工作重心下移、委员工作力量下沉。

丹东市政协将“四个平台”建设与委员履职、衔接基层协商、助推全面振兴新突破等重点任务相结合，开展“民生议事堂”“资政促振兴”等主题协商和履职活动，构建多层次广覆盖的工作格局。线下平台还通过数字赋能，实现了效能倍增。仅今年以来，市政协利用履职平台开展重要履职活动 200 余次，开展基层协商 150 余场，形成提案、建议和社情民意信息 300 余件。

不仅如此，丹东市政协还将机制建设作为撬动市县政协工作的有效杠杆。“政协＋新媒体”工作机制和“联动履职机制”，有效实现了政协组织联系政协委员、政协委员联系界别群众，从而将履职为民落到实处。

“政协主导、委室承办、媒体联动、全员参与”，市政协将政协微信公众号等新媒体与政协履职紧密结合，围绕加强思想政治引领，精心开设“理论宣传志愿军”“委员云讲堂”等理论学习专栏；围绕协商工作开展“提案在线”“政协直通车”等专栏；围绕服务企业群众，开设“供求点对点”专栏，免费发布企业用工、毕业生求职等信息，为社会提供就业岗位信息上万个……目前，共开设各类履职栏目 40 余个，年发布信息 2000 余条，阅读点击量 180 余万人次。

丹东市政协把党委政府重点任务落实、省政协重点工作部署和市县政协重点履职事项作为联动聚焦点，采取政情信息、资源优势、智库智力、协商成果“四共享”工作模式。近两年，市县两级政协联动开展协商视察活动 30 余项，配合省政协开展重点课题调研 20 余项。“今年上半年，我们与县（市、区）政协和各民主党派、工商联联动，召开以‘改善民生’为议题的专题议政性常委会会议，形成高质量协商建议 30 余件，既得到市委、市政府的充分认可，也受到各参加单位的欢迎。”宋立跃说。

（本文原载于《人民政协报》2023 年 8 月 10 日第 4 版）

## ◎ 锦州市政协

# 委员“十走进” 履职展新颜

文 / 王金晶

“我们要切实发挥好政协委员的优势，在积极协助党委和政府解决问题、改进工作、增进团结、凝心聚力上‘讲政策、靠智慧、多奉献、做贡献’。”

“我们会进一步深入开展调查研究，广泛收集群众意见建议，认真做好归纳分析，针对解决存在的问题，提出较为合理化的建议，尽快形成社情民意信息，上报有关部门作为最佳政策选项。”

“我们将持续跟踪居家养老服务项目的运营情况，充分发挥自身优势，汇聚共促社区居家养老产业发展合力，助力项目做稳、做实、做大，不仅提供助医、助餐、助洁、助行等顺畅服务，也要提供更多情感关怀，不断增强老年人的获得感和幸福感。”

……

从今年 4 月开始，作为贯彻落实党的二十大精神的重要举措，锦州市政协发起“政协委员‘十走进’、履职工作‘五促进’、界别群众‘五满意’”活动，大兴调查研究之风，助推锦州振兴发展“走得更快”。

据介绍，该活动围绕《锦州市全面振兴新突破三年行动方案》中明确的 11 个方面 52 项重点任务和招商引资、项目建设、优化营商环境建设、“万人进万企”专项行动等重点工作和人民群众普遍关心的问题，组织委员“进机关、进医院、进学校，进园区、进企业、进项目，进社区、进村屯、进市场、进家庭”，加强与界别群众沟通交流，协助党委和政府做好协调关系、理顺情绪、促进发展、化解矛盾、增进团结的工作，促进讲好辽宁故事、撰写优质提案、反映社情民意、开展协商议事活动和完成政协重点工作等五方面履职工作能力提升，实现界别群众对政策宣讲满意、对委员履职满意、对协商议事办理满意、对政协重点工作有序推进满意和对本次活动成效满意的“五满意”。锦州市政协主席韩彤在部署该活动时提出，要加强领导，组织委员真正走进基层，切实提高委员履职能力，引导委员服务振兴发展，确保活动取得实效。

在古塔区保安街道平安社区，委员们向社区居民代表宣讲了党的二十大精神、相关政策要点，与干部和群众代表通过面对面真诚交流，梳理社区存在的困难和问题，商量解决办法；在市中心血站，委员们细致了解全市用血情况，为解决“用血难问题”出谋划策，促进无偿献血工作与实施基本公共卫生服务相结合；在“石榴家园”，委员们走到最美“新疆汉族妈妈”芦志红身边，与在锦州新疆妇女儿童共度“开斋节”……

委员们走进凌海九华山风景区，切实发挥政协委员润滑剂作用，协助解决了停车困难、治安压力大等突出问题，营造安全有序的道路交通环境，以打造文明景区助力文明城市创建。委员们走进双宜电力电子有限公司、旭辉智能电力有限公司，为企业破解专业人才不足的发展瓶颈。参加活动的辽宁工业大学创新创业教育中心主任于常武表示，锦州市政协主动引导企业与高校院所“联姻”，充分体现了锦州市政协在党的二十大精神指引下，全面贯彻落实省委、市委全面振兴新突破三年行动实施方案的责任与担当。

韩彤表示，锦州市政协将充分发挥委员主体作用，运用社情民意信息解决个别群众反映的没有政策障碍的“小问题”、涉及群众生产生活难点和社会治理焦点等有政策障碍的“共性问题”、涉及基层群众普遍存在的有政策瓶颈的“大问题”。

（本文原载于《人民政协报》2023 年 8 月 10 日第 4 版）

# | 吉林省政协 |

# 深学笃行砺初心　奋楫扬帆启新程

文／郭　宁　高　峰

党的二十大擘画了全面建成社会主义现代化强国、以中国式现代化全面推进中华民族伟大复兴的宏伟蓝图，吹响了奋进新征程的时代号角。

新征程赋予新使命，新时代呼唤新作为。吉林省政协把学习宣传贯彻党的二十大精神作为首要政治任务，组织全省政协干部和广大政协委员原原本本学、融会贯通学、联系实际学、真抓实干学，切实把思想和行动统一到党的二十大精神上来，推动党的二十大精神在全省各级政协组织落地生根，把学习成果转化为推动新时代政协工作高质量发展的实际成效、转化为助力全面建设社会主义现代化新吉林的强大动力。

## 加强党的创新理论武装　扎实有效做好学习宣传贯彻

深入开展学习贯彻习近平新时代中国特色社会主义思想主题教育，是贯彻落实党的二十大精神的重大举措。在吉林省政协学习贯彻习近平新时代中国特色社会主义思想主题教育领导小组会议上，省政协党组书记、主席朱国贤强调，要把握“学”的内容，丰富“学”的形式，严格“学”的标准，认真解决对蕴含在习近平新时代中国特色社会主义思想中的马克思主义立场观点方法掌握不够、理解不透，持续跟进学习不及时等问题，真正做到学思用贯通、知信行统一。

“中国式现代化是我们党团结带领全国各族人民长期探索与实践的结晶，是强国建设、民族复兴唯一正确道路，既体现社会主义建设规律、人类社会发展规律，又符合中国国情、具有中国特色。”6 月 29 日，朱国贤以“深入学习领会中国式现代化的科学内涵 在助力吉林高质量发展中彰显政协担当”为题讲主题教育专题党课，指出要牢牢把握团结奋斗的时代要求，立足新发展阶段、贯彻新发展理念、构建新发展格局、推动高质量发展。要充分发挥专门协商机构作用，加强思想政治引领，广泛凝聚共识，为推进中国式现代化贡献政协力量、发挥政协作用、体现政协担当。

自觉用习近平新时代中国特色社会主义思想凝心铸魂。吉林省政协以主题教育为契机，推动学习贯彻习近平新时代中国特色社会主义思想走深走实，加强党的创新理论武装，学出对党忠诚、学出政治坚定、学出使命担当。从思想上正本清源、固本培元，不断提高政治判断力、政治领悟力、政治执行力，深刻领悟“两个确立”的决定性意义，增强“四个意识”、坚定“四个自信”、做到“两个维护”，始终在思想上政治上行动上同以习近平同志为核心的党中央保持高度一致。结合政协工作实际，及时跟进学习习近平总书记最新重要讲话和文章，认真学习中国式现代化理论，围绕统筹推进“五位一体”总体布局和协调推进“四个全面”战略布局，突出对贯彻新发展理念、构建新发展格局、推动高质量发展的理解把握。

主题教育开展以来，吉林省政协牢牢把握“学思想、强党性、重实践、建新功”这个总要求，依托党组理论学习中心组集体（扩大）学习会，连续开展主题教育专题学习专题辅导，带动机关党员干部和政协委员深化理论学习。全面系统学习领会习近平总书记关于加强和改进人民政协工作的重要思想，深刻认识坚持党的领导是人民政协事业发展进步的根本保证，夯实做好人民政协工作的思想基础。组织机关党员干部和政协委员参观东北抗战史展览，通过历史教育进一步激发党员干部爱党爱国热情。依托吉林“三地三摇篮”特色红色资源和党性教育基地，举办“弘扬红色精神、增强党性修养”培训班，通过理论学习、案例分析、现场教学、交流研讨，引导党员干部学习、传承、弘扬东北抗联精神，不断锤炼品格、强化忠诚。组织机关党员干部和部分政协委员赴省廉政教育基地参观“全面从严治党永远在路上”廉政教育展览，通过廉政法规学习和反腐败案例警示，教育党员廉洁奉公、树立新风，做到以学正风。

## 围绕推动高质量发展　序时有度开展协商议政活动

党的二十大报告指出，未来五年是全面建设社会主义现代化国家开局起步的关键时期，高质量发展是全面建设社会主义现代化国家的首要任务。

吉林省政协坚持把实现党的二十大确定的目标任务作为履职着力重点，紧扣在社会主义现代化进程中推动吉林全面振兴取得新突破的总体要求和主要任务，围绕深入实施“一主六双”高质量发展战略、发展“六新产业”、建设“四新设施”等制定年度协商计划。按照吉林省委部署要求，省政协聚焦“推进全省汽车产业集群高质量发展”问题深入开展专题调研，并于6月29日召开“推动汽车产业高质量发展”专题议政性常委会会议，与会委员建议要进一步增强紧迫感，把握机遇，为推动吉林省汽车产业高质量发展凝聚共识、汇聚力量。充分发挥汽车产业示范带动作用，更好推动高水平科技自立自强、构建新发展格局、深化重点领域改革，为吉林高质量发展夯实根基、积聚动能、营造环境。

吉林作为全国梅花鹿养殖发源地和主产区，历史悠久底蕴深厚，产业发展基础好，特色优势明显。主题教育期间，省政协聚焦助力打造千亿级梅花鹿产业集群，成立工作专班，集中力量研究制约梅花鹿产业发展的深层次问题，深入调研协商，组织省畜牧业管理局及相关厅局、部分科研院所和企业代表召开座谈会，围绕议题进行深入交流、建言献策。与会人员达成共识，要按照省委、省政府的规划部署，加强梅花鹿良种体系建设，加快推进鹿产品开发应用和品牌建设，加大科研投入力度，提高产业发展水平；健全完善行业标准，破解体制机制障碍，推动梅花鹿产业实现更好更快发展。

落实党中央和省委关于大兴调查研究部署要求，朱国贤以“四不两直”方式赴长春市双阳区、辽源市东丰县、延边州敦化市和吉林农业大学，围绕“促进吉林省人工养殖梅花鹿产业高质量发展，打造新千亿支柱产业”开展专题调研。他提出，要深入贯彻落实习近平总书记重要讲话重要指示精神，立足吉林资源优势发展特色农业，着力打造千亿级梅花鹿产业集群，推动乡村产业全链条升级，增强市场竞争力和可持续发展能力，实现农民持续稳定增收，促进现代农业高质量发展。

“千亿斤粮食”产能建设工程、“秸秆变肉”暨千万头肉牛建设工程是吉林省着眼全方位夯实粮食安全根基、打造吉林农业新优势而采取的务实举措。吉林省政协还将围绕“推进‘双千’工程,促进吉林省农业农村现代化”进行专题议政，充分发挥人民政协智力密集优势，为吉林省农业农村现代化进程贡献政协智慧力量。此外，还分别围绕“促进房地产行业平稳健康发展”“加快发展特色现代职业教育”“高标准农田建设和盐碱地治理情况”“政协信息化建设”等重要议题进行深入调研，开展协商议政活动，为推动相关工作开展提出有价值的意见建议。

## 重视两个“田间地头”建设　推动新时代政协工作提质增效

习近平总书记强调，“要加快建设网络强国、数字中国”，指出“加快数字中国建设，就是要适应我国发展新的历史方位，完整、准确、全面贯彻新发展理念，以信息化培育新动能，用新动能推动新发展，以新发展创造新辉煌”。

5 月 4 日，吉林省委以视频形式召开“数字吉林”建设推进大会，深入贯彻习近平总书记关于网络强国的重要思想和数字中国建设的重要论述，对“数字吉林”建设作出全面部署。省政协积极响应、快速行动，在全省各级政协组织率先加强数字化建设，省市县三级政协联动，成立信息化工作专班，打造“数字政协”履职平台，把数字政协作为主题教育的重点工作来抓，坚持领导带头、常委带头、委员带头，做数字政协的参与者、实践者、推动者。加强数字政协建设，就是要聚焦党的中心任务搭平台，充分发挥数字化平台打破时空局限、交互即时通畅的特点，把建言资政和凝聚共识双向发力有机结合起来，把网上协商议政、民主监督、团结联谊等多种履职形式综合实践起来，把工作触角延伸到线下履职难以跨越、难以覆盖的地方和群体，充分调动委员积极性，架起宽领域、广覆盖的组织化桥梁纽带，从而更加广泛汇聚起奋进新征程、建功新时代的强大正能量。

吉林省政协高度重视两个“田间地头”的建设，主席会议成员带头深入“田间地头”开展调查研究。一个是遍布吉林大地的“田间地头”，深入基层调查研究，访农家、察民情，脚沾泥土，听到基层真实声音，通过基层的真实情况反映谋良策、建真言、出实招；另一个是电脑屏、手机屏，从网上“田间地头”了解群众所思所想、急难愁盼，及时反映社情民意，积极建言献策。省政协报送的《关于推进吉林省冰雪经济高质量发展的调研报告》以及《关于“千万头肉牛工程”建设有力推进高质量快速发展仍需破难前行的建议》《关于加强吉林省帝王蟹产业布局的建议》等8份社情民意，获吉林省委书记景俊海批示肯定。

政协委员来自社会各界，在营商环境建设中发挥着重要作用。吉林省政协坚持把营商环境建设作为头等大事，积极投身营造人人重视营商环境、人人都是营商环境、时时处处都讲营商环境的良好生态。在调研中发现，正泰松原新能源智能电气产业园项目建设，从开工到产出产品只有99天，创造了正泰历史上的最快纪录，成为吉林省良好营商环境的最好证明。省政协连续多年将“政协委员营商环境体验式评价”列为重点工作，政协委员自定时间、自选方式进行实地调研，以具体案例和亲身体会为依据，背靠背作出评价。省政协对评价结果统一汇总，确保评价结果充分体现委员意见建议，并通过统计分析提高科学评价水平。评价结果被纳入省委省政府对有关部门绩效考核，促进有关部门改进工作，不断优化吉林营商环境。

“奋斗有我，就在吉林。”朱国贤表示，要持续推进学习贯彻党的二十大精神走深走实，进一步深化对新时代政协工作的规律性认识，扎实深入开展主题教育，全面加强数字政协建设、基层基础建设、委员队伍建设，不断推动履职工作迈上新台阶，为在中国式现代化进程中推动吉林全面振兴取得新突破贡献政协智慧和力量。

（本文原载于《人民政协报》2023年7月13日第1版）

◎ 吉林市政协

# 让委员履职进入“云时代”

文／高　峰　刘利颖

为深入贯彻党的二十大精神，积极践行全过程人民民主，全面发展协商民主，让协商参与更广泛、协商实践更便捷、协商过程更透明，按照省、市纵深推进数字改革部署要求，吉林市政协立足政协职能定位，加强顶层设计，强化系统集成，聚焦多元应用，注重数字赋能，迭代升级建成“数字政协”委员履职平台，形成掌上智慧履职新模式，努力打造网上“田间地头”，以数字化建设赋能政协工作高质量发展。

加强“数字政协”建设，是赋能政协工作提质增效的重要途径。吉林市政协顺应大数据时代发展新特征，顺应社会主义协商民主发展新要求，把“数字政协”建设作为时代必答考题，运用“移动互联网＋大数据＋云计算”技术，在原有一网（门户网站）、一号（微信公众号）、一端（掌上履职APP）、一系统（综合办公系统）基础上，创新开发建设了“数字政协”委员履职平台，重点打造提案办理、社情民意、协商议政、基层协商、委员考评、民主评议、网络议政、新闻宣传、文史资料和在线学习等场景应用，融提案工作、信息反映、履职活动、学习教育、服务管理、团结联谊“六位一体”，充分展现吉林市政协特色的多跨场景应用，实现履职流程的全方位覆盖、履职链条的全环节管理、履职主体的全天候参与，推动委员履职进入全新的“云时代”。

吉林市“数字政协”委员履职平台基于大数据和信息技术开发成果，通过全面及时的资讯推送、内容丰富的宣传展示、灵活多样的互动参与，将文字数据化、数据图形化，为委员履职提供更加精准的数据支撑，为市委、市政府提供科学的决策参考。

委员是政协工作的主体。吉林市“数字政协”委员履职平台让委员乘“云”履职、携“网”议政——

委员可以在任何时间和地点提交微提案、反映微信息、提出微建言、进行微协商、实施微监督，打破了时间、空间和层级的限制，让委员终端在手，随时随地都可以方便地学习、便捷地履职，推动委员在政协工作中站前排、当主力、显作用。

“‘数字政协’委员履职平台实现委员随时随地履职，方便快捷，特别实用。”市政协委员刘芸妃体验了“数字政协”新功能后说。

吉林市“数字政协”委员履职平台，面向市县政协组织、各党派团体、全地区政协委员和界别群众，建立党委政府、政协委员和社会公众之间纵向到底、横向到边的上下联动和多方互动的履职云格局，为全市各级政协组织提供了新的履职载体，为委员发挥主体作用提供了新途径，也为社会各界有序政治参与提供了新渠道，让社会和群众能够真切感受到政协离得很近、委员就在身边。

建设“数字政协”是做好新时代人民政协工作，更好履行人民政协职能的重要形式。吉林市政协将继续深入贯彻习近平总书记关于加强和改进人民政协工作的重要思想，充分发挥政协重要阵地、重要平台、重要渠道作用，推动形成协同联动、横向融合、纵向贯通的信息化工作体系，将吉林市“数字政协”委员履职平台打造成为政协工作提质增效的新引擎、凝聚共识的新载体、建言资政的新渠道，以信息化促进政协履职能力现代化，为加快实现吉林市全面振兴取得新突破贡献政协智慧和力量。

（本文原载于《人民政协报》2023 年 7 月 13 日第 4 版）

◎ 四平市政协

# 精准建言　精准助力

文／高　峰　周　鹏

实现“百亿斤粮”目标，是四平市深入贯彻落实习近平总书记关于保障粮食安全的系列重要讲话重要指示精神的重要政治任务，也是全市上下落实吉林省“千亿斤粮”工程，扛起农业大市应有担当的共同责任。

为深入贯彻落实党的二十大精神，紧紧围绕党委政府扛稳保障国家粮食安全大旗的政治任务，进一步找准践行全过程人民民主的切入点、推进协商民主广泛多层制度化发展落脚点、围绕中心服务大局的契合点，6 月 28 日，四平市政协召开九届九次常委会会议，围绕“深挖中低产田增产潜能，更好实现百亿斤粮食目标”进行协商议政。

会议强调，要深刻认识四平市加快实现“百亿斤粮”目标的重大意义，保护好黑土地这一“耕地中的大熊猫”，进一步增强心怀“国之大者”、守好黑土粮仓的责任担当，用心用情用功把履职作业书写在黑土大地上，彰显有为政协风采。

“建言质量决定协商质量，是充分发挥专门协商机构作用的核心关键。”九届四平市政协创新实施“精准建言、精准助力”工程，并把今年作为建言质量提升年，提出要把深入调查研究作为“看家本领”，大兴调查研究，以高质量调研实现高质量建言，服务高质量发展。

四平市政协以打造“请你来协商”品牌为统领，多元化拓展协商平台，持续围绕玉米产业高质量发展、推进玉米产业向更高层级挺进、加快黑土地生态价值实现等专题，采取省市县三级政协联动、网络议政远程协商、特邀国内业界专家“外脑”献策、发布专题推介片凝心聚力等方式进行协商议政，得到市委“协商搭台高站位、履职队伍高素质、工作体系高标准”的充分肯定。特别是精准把脉四平玉米产业发展现状，围绕做足黑土地优势、做大做强玉米产业，所提出的实施“十项工程”的系列建议，得到市委、市政府全盘采纳，有力促进四平玉米品牌在全国大放异彩，实现以高质量建言服务高质量发展。

四平市政协还开展“喜迎二十大·委员看变化”“同心促发展”等主题履职实践，创新丰富委员体验式协商、问计问需调研视察协商、“精品提案”全链条办理协商等履职方式，团结一切可以团结的力量，同心同德、同向同行、同频共振，推进党的二十大精神在黑土地落地生根、开花结果，切实把政协制度优势更好转化为治理效能，奋力开创打造“同心政协、有为政协、聚力政协、效能政协、品牌政协”的新篇章。

“夯实粮食安全根基需要一以贯之地一贯到底，加快实现‘百亿斤粮’目标更需要众智众力拧成一股绳推动。”市政协主席侯川表示，市政协将坚持商以求同、协以成事，紧盯如何更好实施“藏粮于地、藏粮于技”战略、统筹高标准农田建设资源向培肥地力倾斜、释放中低产田潜能增产增效等重点领域，持续跟踪建言，提出有高度、有准度、有深度的破题方案，共同唱好粮食安全“主旋律”和挖潜增产“协奏曲”，为四平粮食持续稳产高产作出积极贡献。

（本文原载于《人民政协报》2023 年 7 月 13 日第 4 版）

◎ 通化市政协

# 创新协商格局　提升协商实效

文／高　峰　宁　萌

2023年是全面贯彻落实党的二十大精神的开局之年，是加快建设繁荣、富裕、和谐、文明、美丽现代化新通化的关键之年。通化市政协坚持以习近平新时代中国特色社会主义思想为指导，把学习宣传贯彻党的二十大精神贯穿全年工作，充分发挥专门协商机构作用，深刻认识新时代人民政协工作的新方位新使命，不断创新协商格局，提升协商实效。

在3月28日召开的通化市政协九届六次常委会会议期间，市政协主席经希军表示，要全面深入贯彻习近平总书记关于加强和改进人民政协工作的重要思想，全面落实中央及省委政协工作会议精神，坚定不移走中国特色社会主义政治发展道路。要大兴调查研究，有效服务中心大局，聚焦省委“一主六双”高质量发展战略，紧扣市委“一四五”发展定位，紧贴人民群众美好生活期待和现实关切，坚持问题导向，扎实调查研究，深度协商议政。

党的二十大对发展全过程人民民主作出新部署，对人民政协工作提出新要求。通化政协从创新协商模式、平台和机制入手，着力加强协商工作。首倡协商议政新模式，首次召开并常态化组织专题议政性常委会会议，广大委员围绕事关全市发展的战略性课题与市政府及有关部门负责人面对面协商议政，实现了议政建言与凝聚共识一体推进、一体落实；首建网络协商新平台，“智慧政协”及远程协商系统投入使用，使政协协商跨入“云时代”，实现了从“面对面”向“键对键”“端对端”的网络议政延展，从程序性会议协商向共享时空的履职平台拓展；首推基层协商新机制，主城区委员联络站布点实现全覆盖，实行协商议事、社情民意信息和提案联系点“三位一体”新机制，深入践行全过程人民民主。

长白山下、鸭绿江畔，通化市冰雪资源得天独厚，市政协紧紧围绕事关冰雪产业高质量发展的滑雪场数量与能级、冰雪品牌知名度、冰雪产业链、冰雪人才队伍建设等核心要素深度调研、集思广益，提出了支持万峰滑雪度假区扩大项目规模、构建冰雪特色产业体系、加强冰雪专业人才选拔培养、建设高水平冰雪运动设施集群等务实管用的对策建议，积极为打造吉林省“冰雪新地标”、冰雪产业第三级贡献政协智慧力量。

通化是全国首个“中国医药城”，是享誉全国的“中国人参之乡”和“中国葡萄酒城”。推动“三大产业”高质量发展，通化市政协聚焦医药产业品质提升，提出申报国家中医特色重点医院、加强中医药文化研究传播、建设中医药街区及名医名堂等创新性建议，有力促进医药产业借势借力加快发展；围绕“人参产业高质量发展”开展专题议政，提出确立人参产业战略性支柱产业地位、加强传统优势种源和种植模式保护、设立中国人参价格指数发布中心等前瞻性建议，得到市委、市政府的重视与采纳；围绕“葡萄酒产业的最终形态是文化属性”“好葡萄酒是种出来的”“小葡萄串起大产业”等协商共识，提出以工匠精神坚持不懈推动产业发展，打造“葡萄酒 +”全产业链、规划建设东北葡萄酒产区代表性精品街区等建设性建议，助力擦亮城市名片，以高质量履职书写出了“不负青山”的生动实践。

（本文原载于《人民政协报》2023 年 7 月 13 日第 4 版）

◎ 延边朝鲜族自治州政协

# “五联五促”机制　凝聚发展合力

文／高　峰　徐艳秋

“五联五促”工作机制是延边朝鲜族自治州政协强化协同联动，凝聚履职合力的重要举措。自2022年8月制定实施以来，州与县（市）政协密切沟通，联动频繁，成效显著，有效提升了县市政协履职能力和水平，有力促进了州及县市政协工作不断创新发展，形成了上下联动、互联互促、凝聚合力的良好格局。

加强思想政治引领、广泛凝聚共识是新时代人民政协工作的中心环节。州政协坚持“五联五促”工作机制，通过召开常委会会议及其他会议等形式，深入学习贯彻党的二十大精神和中央政协工作会议精神，定期听取县市政协工作汇报，指导县（市）政协以党的政治建设为统领，加强对习近平总书记重要讲话重要指示精神、重要会议精神和人民政协理论的学习。利用全国政协干部培训班及省政协“政协讲堂”等平台，组织县市政协积极参加学习，提升政治理论水平。通过举办政协“大讲堂”、“同心圆”文化课堂及“书香政协”读书交流会，联动县市政协委员和机关干部共同参与，不断增强自身素质、提升文化自信，树立良好形象。

自工作机制实施以来，州政协主要领导带队深入全州各县市，聚焦矿泉水产业、职业教育、非遗文化、食药用菌、人参产业发展等议题，两级政协互促联动开展了多次调研视察活动，真正发挥了承上启下、优势互补和成果共享，有效提高了调查研究的科学化、规范化水平。州政协各专委会加强与各县（市）政协对口专委会的联系指导，召开对口专委会工作会议，开展工作研讨，加强工作交流。同时，坚持政协主席、副主席领衔督办重点提案，对涉及州及县（市）工作的重要提案开展两级政协联合督办，不断提升了政协建言资政的专业性和“含金量”。

为推动“五联五促”联系指导工作取得实效，州政协先后组织召开了全州政协秘书长联席会暨落实“五联五促”联系指导工作机制推进会、全州政协主席联席会议。通过交流经验做法，探讨思路举措，畅通了各级政协主席间、各级政协秘书长间、各专委会间和委员间的沟通联络，在“五联五促”工作中形成工作合力，达到了统一步调、联动履职，共同推动全州政协工作迈上新台阶。

州委、州政府组织开展“绿美延吉”行动，是践行习近平生态文明思想的具体实践，是一项惠及百姓、泽被后世的民生工程、民心工程。今年以来，延边州政协紧紧围绕州委、州政府关于开展“绿美延吉”行动重点工作和目标任务，持续强化上下联动，与延吉市政协联合开展了“绿美延吉 政协助力”主题活动，动员和带领广大政协委员和政协机关干部以实际行动为“绿美延吉”建设作出政协贡献，充分展现了新时代人民政协新使命新作为新形象。

延边州政协有关负责人表示，将以党的二十大精神为引领，坚持人民政协性质定位，发挥专门协商机构作用，把省委、州委确定的目标任务，体现到谋划工作、推进落实的全过程。结合全州政协工作实际，坚持“五联五促”工作机制，切实加强州及县市政协互促联动，整合履职资源，统筹协商力量，把理论学习成果转化为干事创业的思路举措，转化为推动政协工作提质增效的生动实践，推动全州政协事业不断取得新发展，实现新跨越。

（本文原载于《人民政协报》2023 年 7 月 13 日第 4 版）

◎ 长春市朝阳区政协

# “谏议朝阳” 凝聚共识

文／高　峰　孙晓明

群之所为事无不成，众之所举业无不胜。坚持以习近平新时代中国特色社会主义思想为指导，深入学习贯彻党的二十大精神和习近平总书记视察吉林重要讲话重要指示精神，全面深入贯彻习近平总书记关于加强和改进人民政协工作的重要思想，持续打造“谏议朝阳”协商平台，充分发挥政协专门协商机构作用，进一步推动政协协商向基层延伸。

“谏议朝阳”作为特色履职品牌，朝阳区政协始终高度重视，努力做到高起点谋划、高标准推进。为进一步建好用好政协委员工作站，持续叫响“谏议朝阳”协商品牌，3 月 10 日，朝阳区政协组成专题调研组到重庆街道调研指导政协委员工作站建设情况，并要求各委员工作站要围绕党委政府工作重点、群众关心关注难点、社会治理焦点，深入协商议政、积极建言资政，将委员工作站真正建成党委政府的“好帮手”、人民群众的“连心桥”、委员履职的“新平台”。

在打造“谏议朝阳”协商平台的过程中，区政协进一步提高了协商工作制度化、规范化、程序化水平。在协商议题方面，聚焦党政关注的要事、民生改善的实事、社会治理的难事，注重选择切口小、与群众切身利益密切相关的议题开展协商议事，真正让协商摸得着、看得见、落得实。在协商主体上，在充分吸纳区内政协委员、党政相关部门和群众的基础上，发挥政协委员的引导作用，让基层群众更多参与协商。在协商流程方面，坚持“不调研不协商”，组织委员及相关人员深入一线察实情、深入群众听民声、深入研讨出真知。在协商过程方面，坚持“有事好商量、众人的事情由众人商量”的原则，促进不同思想观点的充分表达和深入交流。在成果转化上，将协商成果通过提案、社情民意信息、专题协商报告等形式报送区委、区政府及有关部门，并及时跟踪了解，助推成果采纳、转化、反馈。

朝阳区各委员工作站充分发挥广大政协委员主体作用，通过“谏议朝阳”协商平台开展多种形式的协商活动，让委员工作站成为协商议政的平台、凝聚共识的阵地、社情民意的窗口和联系群众的纽带，协助党委政府做好协调关系、理顺情绪、化解矛盾的工作，达到了凝聚人心、传播共识的目的。

桂林街道西康路东社区委员工作站以桂林胡同美食街改造为契机，确定了将桂林胡同美食街改造相关问题作为协商议题，并协调相关职能部门与商家、居民代表召开协商座谈会，就居民和商家反映的相关问题进行协商。经过多方协商后，各方一致同意提出了压缩施工周期、供电线路入地、改造下水管线、提升牌匾美观度等四条意见，经区政府研判后被区政府桂林胡同改造指挥部采纳，并修改完善了改造方案。桂林胡同改造完成后，取得了较好的社会效益和经济效益，也成了区政协“谏议朝阳”中的典型协商案例。

区政协主席邴晓君表示，将继续深入学习宣传贯彻党的二十大精神，着力在提升履职实效上下功夫，用政协委员履职之能服务朝阳社会经济发展之为，努力当好民主监督的参与者、推动者、实践者，以更有力的举措和扎实的行动为推进朝阳高质量发展，为加快建设充满时代魅力的现代化长春首善之区贡献政协智慧和力量。

（本文原载于《人民政协报》2023 年 7 月 13 日第 4 版）

# |黑龙江省政协|
# 在新时代新征程中交出亮丽“政协答卷”

文 / 付欣博　孙金诚

今年是全面贯彻落实党的二十大精神的开局之年，也是十三届黑龙江省政协履职的起步之年。在习近平新时代中国特色社会主义思想指引下，十三届黑龙江省政协自觉肩负国家治理体系重要组成部分的职责使命，以蓄势待发的状态开局、只争朝夕的劲头起步，团结带领全省各级政协组织和广大政协委员，胸怀“国之大者”，牢记“省之要事”，心系“民之关切”，以助推产业振兴为重点，持续加强思想政治引领、深入协商议政、广泛凝聚共识，努力以政协之能、政协之长、政协之为，助推党的二十大确定的目标任务落地见效，为龙江振兴发展贡献智慧和力量。

## 高频次开展理论学习　多途径广泛凝聚共识

今年以来，黑龙江省政协把学深悟透习近平新时代中国特色社会主义思想作为正确履行职能、充分发挥作用的前提和基础，高频次开展理论学习培训，帮助政协委员和机关干部从思想上正本清源、固本培元。

4 月 12 日，召开深入学习贯彻习近平新时代中国特色社会主义思想主题教育动员部署会议，要求切实把思想和行动统一到习近平总书记重要讲话精神、党中央决策部署和省委工作要求上来。4 月 21 日，邀请省委党校专家为全体机关干部就“深入学习贯彻习近平新时代中国特色社会主义思想”进行专题辅导。4 月 24 日，省政协主席蓝绍敏为全体机关干部作党课辅导。5 月以来，分三期举办新任委员培训班，将党的二十大精神专题辅导作为重要内容。学习培训后，政协委员和机关干部普遍表示，进一步认识和感受到了习近平新时代中国特色社会主义思想的思想伟力、实践伟力、真理伟力，更加深刻地领悟了“两个确立”的决定性意义，将更加自觉地增强“四个意识”、坚定“四个自信”、做到“两个维护”，在思想上政治上行动上同中共中央保持高度一致。

思想之旗是我们党的灵魂所在。习近平总书记指出：“要把大家团结起来，思想引领、凝聚共识就必不可少。”对于人民政协而言，凝聚共识是体现性质定位的一项长期性全局性基础性工作。

黑龙江省政协坚持把引导全省各级政协组织全面解决好“为什么要凝聚共识、凝聚什么样的共识、怎么样凝聚共识”的问题，作为聚力助推发展的基础工作扭住不放，结合主题教育、专题党课辅导、调查研究，以及传达学习全国“两会”精神等工作，反复宣讲阐释，推动全省各级政协组织、广大政协委员和政协机关干部凝聚共识的意识和能力普遍提高。4 月 1 日，蓝绍敏到齐齐哈尔市，专门向市县（区）两级政协宣讲新修订的政协章程；5 月 10 日，又在新任政协委员培训班上，就新修订的政协章程进行了宣讲阐释。

## 完善联系界别群众制度　打造特色“商量”品牌

人民政协由界别构成。联系界别群众，是政协委员的政治担当、社会责任和履职要求。完善委员联系界别群众制度机制，是新时代人民政协工作实践创新的重要环节。

黑龙江省政协深入贯彻落实“完善人民政协委员联系界别群众制度机制”重要要求，制定了《政协黑龙江省委员会委员联系界别群众暂行办法》，提出“1158”联系法，为更广泛反映群众诉求创造便利条件，让群众感到人民政协离自己很近、政协委员就在身边。

同时，省政协还要求每名委员充分发挥在本职工作中的带头作用、政协工作中的主体作用、界别群众中的代表作用，搭好党委政府与群众之间的“连心桥”，团结引领群众坚定不移听党话、跟党走。

人民政协是社会主义协商民主的重要渠道和专门协商机构。十三届黑龙江省政协高度重视履职工作方式创新，运用学习贯彻习近平新时代中国特色社会主义思想主题教育成果，全面贯彻落实党的二十大提出的对人民政协新要求，以优化营商环境建言资政沙龙为活动形式，以“一库一网一平台”建设为平台载体，以省市县三级政协联动为组织依托，打造具有龙江政协特色的“商量”品牌，探索增强政协委员界别代表性，完善委员联系界别群众制度机制，充分发挥专门协商机构作用，加大深度协商互动。

2月10日，黑龙江省政协举办第一期企业家委员优化营商环境建言资政沙龙，来自不同领域的13位企业家委员结合企业实际和亲身感受，举案例、列数据、摆问题、提建议，现场气氛自由、平等、宽松、热烈。

政协发挥专门协商机构作用，企业家委员积极履职建言，政府相关部门及时回应，跟踪督办。第一期协商议政取得的成效，给所有参与者以极大鼓舞。

6月3日，第二期沙龙如约而至。活动现场，14位企业家委员围绕“优化中小微企业融资环境”主题，直言问题，坦陈困惑，提出意见建议，凝聚发展共识。

在这次沙龙上，黑龙江省三级政协“一库一网一平台”正式亮相。一库即省市县三级政协企业家委员数据库；“一网和一平台”分别是营商环境监测网络和企业呼声反映平台，依托省政协委员履职APP搭建，实现“政治引领、征求意见、诉求反映、服务保障、社情民意、监测评估”六大功能，三级政协企业家委员共享使用。

“一库一网一平台”在凝聚共识上聚焦以“两个确立”为核心的政治共识、以“龙江振兴”为主体的发展共识、以“聚同化异”为导向的团结共识。在建言资政上，重点围绕优化营商环境，发挥企业家委员切身感受直接、界别联系广泛的特点，拓宽反映困难问题和提出意见建议的渠道。同时，也为政府部门进一步摸实情况、完善政策提供了便利条件。

6月13日，省政协办公厅运用“一库一网一平台”，组织1011名三级政协民营企业家委员，仅用13天时间，就完成了《中共黑龙江省委黑龙江省人民政府关于振兴发展民营经济的若干意见》落实情况的测评调查。

此外，为不断提升委员履职能力水平，推动政协工作更接地气、更有活力，十三届黑龙江省政协还推出“委员讲堂”活动。这是省政协面向省政协委员搭建的广泛联系界别群众、面向社会正面发声、传播和凝聚共识的平台，以学习贯彻习近平新时代中国特色社会主义思想为主题，与主题教育、学习贯彻中共中央重大决策部署、省委工作要求以及省政协履职重点相结合，坚持以委员为主体，通过线上直播、线下交流等多种形式，为全体委员讲座授课，交流心得、分享感悟，是提升省政协机关干部、委员综合素质和履职能力，展现委员新时代新担当新作为的重要窗口。

## 真细实做好调查研究　大力度助推产业振兴

党的十八大以来，习近平总书记两次深入龙江大地考察调研、在 2016 年全国“两会”期间参加黑龙江代表团审议，强调“老工业基地要抢抓机遇、奋发有为”“闯出一条新形势下老工业基地振兴发展新路”。黑龙江省政协“身在最北方、心向党中央”，紧紧围绕省委战略部署谋篇布局，充分发挥专门协商机构优势作用，加快助力龙江经济高质量发展。

站在新的历史起点，破解难题的金钥匙是什么？毫无疑问，经济高质量发展。为此，坚持以服务经济建设为中心，以助力形成“抢机遇争过山海关，成大事投资黑龙江”的新共识为目标，成为省政协今年谋划经济领域协商议题的主要原则和主题教育推动发展的主攻方向。

结合黑龙江地域资源优势，省政协精心设置了 7 项产业发展重点议题。不仅如此，2023 年度的两场专题议政性常委会会议协商议题，也都是经济类“命题”。

调查研究是做好各项工作的基本功，是人民政协一项经常性、全局性、基础性工作。省政协从加强调查研究工作入手，研究制定了“5364”调研法，即注重“五个环节”、防止“三个倾向”、把握“六个方面”、坚持“四条标准”。省政协主席会议成员带头大兴调查研究之风。年初以来，蓝绍敏先后 35 次开展调研，走遍了全省 13 个市（地）和省直重要部门，深入了解省情，助推振兴发展。

改善民生，先听民声。为切实解民忧、聚民心、惠民生，进一步凝心聚力推动社会高质量发展，省政协于5月初启动“大下基层察实情，积极建言促振兴”微调研活动，号召机关党员干部结合旅游观光、探亲访友，认真了解龙江振兴发展现状、认真倾听人民群众心声、认真感悟加强党的领导的重大意义，以切实担负起把中央和省委的决策部署及对政协工作的要求落实下去、把全省各方面智慧和力量凝聚起来的政治责任为着力点，把积极有为做好广泛凝聚共识工作贯穿调查研究全过程。

起笔于“国之大者、省之要事”，落笔于“民之所忧、民之所念、民之所盼”，大家对标对表中央决策部署和省委工作要求，聚力聚焦党委政府中心工作，将调研内容与年度对口协商、界别协商议题结合起来，问需于民、问计于民、问政于民，累计形成了80余篇“微调研”报告，为谱写现代化强省建设新篇章努力贡献智慧力量。

党的二十大开启了新征程，新时代承载新使命，新伟业召唤新作为。在习近平新时代中国特色社会主义思想指引下，十三届黑龙江省政协将更加有力推动党中央决策部署和省委工作要求落实落地，更好发挥专门协商机构作用，齐众心、汇众力、聚众智，在助力龙江高质量发展中彰显政协之智、政协之能、政协之为，不断开创新时代新征程人民政协事业发展新局面。

（本文原载于《人民政协报》2023年8月12日第1版）

◎ 牡丹江市政协

# 搭建四条联系纽带　聚力服务界别群众

文／崔红丹

“开展警调联动践行了协商于民、协商为民的工作要求，能够把基层群众许多矛盾纠纷化解在诉前，有效提高政协委员为民履职的工作能力。”参与警调联动工作的牡丹江市政协委员李炳波深有感触地说。

7月起，牡丹江市政协通过采取“政协委员＋兼职人民调解员”定期值班的形式，组织58名委员下沉到派出所参与警调联动工作。

沉下去，面对面，讲政策，解难题——按照党的二十大报告中“完善委员联系界别群众制度机制”的相关要求，自2022年年底以来，牡丹江市政协通过建机制、搭平台、通渠道、创载体，搭建起委员联系界别群众的四条纽带，有效发挥了政协组织联系、凝聚、服务界别群众的作用。

以制度机制建设为抓手，实现委员联系界别群众经常化。牡丹江市政协重新修订了委员联系制度，明确了委员联系界别群众的人数、频次和工作内容，并将工作开展情况纳入委员履职考核体系，通过主席会议成员联系常委、常委联系委员的示范带动，层层延伸，在300多名委员与千余名界别群众之间搭建起联系桥梁。“委员联系制度推动委员走进界别群众中间，不仅增加了委员与界别群众的黏合度，而且让自己撰写提案和社情民意的渠道更加宽泛了。”市政协委员唐庆波是联系界别群众的“先锋”，对此颇有感触。

为解决委员联系界别群众中存在的联系面窄、形式不多、深度不够等问题，市政协还研究制定委员联系界别群众相关制度机制，并加大组织指导和督导考核力度，进一步激发委员履职尽责的内生动力，实现委员联系界别群众的精准发力。

以基层协商议事会为平台，组织委员参与基层社会治理。在中共牡丹江市委的主导下，市政协积极探索政协协商与基层协商有效衔接的模式，稳步推进基层协商民主建设工作，充分发挥政协组织和政协委员在基层社会治理中的作用，近两年来，全市各级协商议事会已开展协商议事活动 2000 余次，解决了一批基层群众的现实困难和问题，赢得群众广泛好评。今年以来，柴市社区通过“同心圆协商议事厅”“小板凳协商议事会”化解各类矛盾 21 件、破解基层治理问题 17 件。按照三年工作计划，今年年底，牡丹江市将实现乡镇（街道）村（社区）基层协商民主建设全覆盖。

以委员工作站（室）为依托，推动委员下沉为界别群众办实事。自 2022 年年底以来，市政协指导建立 17 个委员工作站（室），这些委员工作站（室）充分利用其贴近实际、贴近生活、贴近群众的优势，在反映社情民意、开展协商议事、广泛凝聚共识、开展公益服务等方面充分发挥作用，让群众切实感受到“政协离我很近，委员就在身边”。下一步，市政协将在制度建设、打造特色、委员参与、开展活动、发挥作用上下功夫，本着“条件具备一个，规范建设一个”的原则，适时启动第二批委员工作站（室）建设。并出台工作站（室）评优办法，对优秀站（室）进行表彰。

以参与人民调解工作为载体，引导委员帮助界别群众解难题。2022 年，市政协依托委员在公信力、专业度和群众基础方面得天独厚的优势，在人民调解中心设立矛盾调处委员工作站，推荐 58 名委员担任调解咨询专家和兼职人民调解员，开展相关调解工作。至今已成功调解各类纠纷 78 件，有效发挥了市政协组织和政协委员在维护全市社会和谐稳定中的作用，此项工作被评为黑龙江省 2022 年度“政协工作创新奖”一等奖。

目前，市政协委员正努力在参与“扩面”和诉前调解“提质”两个方面加强组织引导和跟踪问效，并继续推动政协委员参与警调联动工作，进一步发挥委员在维护社会和谐稳定中的理顺情绪、化解矛盾、凝聚共识等方面作用。

（本文原载于《人民政协报》2023 年 8 月 12 日第 4 版）

◎ 佳木斯市政协

# 打造委员履职大平台　促进经济社会高质量发展

文／籍小川

“以前我们觉得政协委员高高在上，离我们很遥远，都不知道上哪里找政协委员，现在有了委员工作站，政协委员就在我们身边。”谈到委员工作站，社区居民王淑梅连连称赞。前不久，佳木斯市东风区政协晓云街道委员工作站的委员们帮她协调解决了所住小区的夏季旱厕改造难题。

无独有偶，由佳木斯市向阳区退役军人委员组成的“老班长”委员工作室，自成立以来，积极反映社情民意，协调解决群众急难愁盼问题，让委员真正“聚”在基层、“商”出合力，成为推进政协工作向基层拓展延伸的“前哨阵地”，让越来越多的人从中感受到了“有事好商量”带来的好处。

习近平总书记在党的二十大报告中强调“完善人民政协民主监督和委员联系界别群众制度机制”。佳木斯市政协不断完善委员联系界别群众工作制度机制，高质量做好群众工作，推动政协制度优势转化为服务中心大局的实际效能。

2022年以来，佳木斯市政协采取委员自建、申请单建、场所共建、委办帮建、政企联建等“五建模式”，大力开展委员工作站（室）建设，积极打造委员基层履职服务平台，创新推出一系列工作制度和运行机制，国家、省、市、县四级政协委员全部进站报到。开展“七联系”“五微五心”“委员入站履职周”等系列实践活动，59个委员工作站（室）将政协工作触角切实延伸到城乡基层。

截至目前，全市委员工作站（室）累计开展学习交流、调研视察、宣传宣讲、协商议事、咨询服务等各类活动2300余次，征集社情民意信息

573 条，形成提案 161 件，解决问题 275 个，真正让委员履职“实”起来、联系群众“密”起来、民声民意“聚”起来、基层协商“顺”起来。

“强化委员服务界别群众平台阵地建设，助力委员唱好‘主角戏’。”市政协主席高志军表示，“商量”进基层，履职有实效。建立委员工作站是佳木斯市政协深入贯彻落实党的二十大、中央和省委政协工作会议精神，加强联系群众工作的一个创新举措。委员工作站形成了具有不同界别特色、专业特色的委员履职平台，既为委员提供了学习交流、团结联谊的一个新平台，也是服务基层的一个新起点。

在抓好委员工作站的基础上，佳木斯市政协不断探索委员履职新方式、新路径，搭建“智慧政协”数字平台，连通服务“最后一公里”。

5 月 15 日，“智慧政协”数字平台正式开通上线运行，在全省率先实现“三级联网”，实现了会务工作数字化、机关办公自动化、回应社情民意便捷化、服务委员履职智能化，为政协履职插上“智慧翅膀”，提升高质高效服务经济社会发展水平。

为助推城市文化繁荣，充分发挥书画院团结联谊、凝聚共识的平台作用，市政协着眼长远发展，启动书画院建设。努力将其打造成集书画、创作、展示、交流等多种功能于一体的专业艺术展馆，成为黑龙江省东部地区建设标准最高、展示功能最全、最具影响力的专业文化艺术“新地标”。

为充分发挥政协文史资料“存史、资政、团结、育人”的重要作用，市政协组织专班梳理多年来的文史资料，并启动史料和文物征集工作，力争将市政协文史馆建设成为佳木斯对外展示政协文化的窗口、研究创作的高地、学术交流的殿堂。

同时，创办政协青年学院，为政协机关青年干部打造理论学习的平台、交流提升的展台、比武练兵的擂台和实践锻炼的舞台。精心为学员制定三年培养计划，安排“一对一”“一对 N”结对指导老师，实行学员积分管理考核，今年以来先后举办 5 期青年讲堂及案例教学、集中培训、业务知识测试、“走基层访民情”主题调研等一系列活动，夯实了政协事业长远发展人才基础。

（本文原载于《人民政协报》2023 年 8 月 12 日第 4 版）

◎ 鸡西市政协

# 助力委员写好“精品作业”

文 / 杨忠林

党的二十大以来，鸡西市政协深入贯彻落实党的二十大精神，以能力作风建设为抓手，以制度机制创新引领政协工作高质量发展，助力委员提升调研质效、写好委员“精品作业”，有效提高了委员深度协商互动、意见充分表达、广泛凝聚共识的能力。

为服务鸡西市改革发展大局，2022 年，全市政协委员共向市委、市政府提交重点调研报告 32 份，涉及重要部署、重大项目、民生实事有效落实的意见建议 100 余件。其中，关于黑龙江省农业产品加工业发展、关于加强大豆优良品种选育和推广的两份调研报告，分别获得黑龙江省政协 2022 年度优秀调研成果一等奖和二等奖。围绕“鸡西市中药材产业发展”“加强紧密型县域医共体建设”两项议题形成的专题议政性常委会会议协商报告，为鸡西市经济社会发展贡献了智慧和力量。

“人民政协作为专门协商机构，调查研究是委员履职尽责的基本功，也是提高政协能力建设的重要抓手。”今年初，鸡西市政协主席郑野岩就加强调查研究工作再次作出部署，要求市政协按照中央和省委、市委重点工作，科学选择调研课题，大兴调查研究之风，并组织带领全体委员沉一线，听实话、察实情、求实效，集中打造协商议政精品、写好委员“精品作业”。

近年来，随着人民生活水平不断提高，购买私家车的人越来越多，小区特别是老旧小区“停车难”问题已经成为群众的一块“心病”。为此，鸡西市政协委员丁延鹏多次深入基层社区、小区，了解居民对停车难的诉求，撰写了《关于解决小区停车难的几点建议》，得到了市城市管理综合执法局的回复，并纳入重点工作全力推进。2022年，鸡西市新增停车泊位2471个，有效缓解了小区“停车难”的问题。

不仅如此，鸡西市政协通过建立机制、活化载体、搭建平台、强化考核，激发委员履职动力，提高履职效能，确保履职尽责。

建立委员信息库，将309名委员信息全部入库，定期对委员开展专题调研、提案、反映社情民意信息等情况进行评价；将“至少提交一件高质量的提案”“至少反映一条社情民意信息”“至少参加一次视察或调研活动”“至少为群众办一件实事”“至少读一本好书”作为提高委员履职效能的年度考核指标；建立委员履职述职报告制度，通过界别座谈会或以组为单位，委员每年至少向专委会作一次履职述职报告。

2022年底，市政协还制定了委员履职考评办法，坚持平时考核与年度考评相结合，每年进行一次优秀政协委员评选，提高了委员履职的积极性、主动性，激发了委员履职的荣誉感、责任感和成就感。

此外，鸡西市政协还在创新履职方式上下功夫。今年4月，成立了委员联络服务中心，利用互联网、“鸡西政协”微信公众号等及时发布政策信息，协调委员所在单位为其履职提供保障，全力支持委员履好职。特别是开发了委员移动履职APP，方便委员随时随地通过手机等移动终端议政建言，实现了委员思想永远在线、智慧时刻连线、联系永不断线的履职新格局。

（本文原载于《人民政协报》2023年8月12日第4版）

◎ 杜尔伯特蒙古族自治县政协

# 搭平台抓提升建载体　打造过硬委员队伍

文 / 韩晓旭

6 月 15 日，对于杜尔伯特蒙古族自治县湖滨社区的政协委员来说是一个值得高兴的日子，这一天，湖滨社区委员工作站正式挂牌成立，委员们终于有了属于自己学习交流、信息联络、畅通诉求、履职活动的平台。这也标志着杜尔伯特蒙古族自治县政协履职服务网络实现了全覆盖。

“这些委员工作站和个人工作室的建成，不仅推进了我县政协工作向基层乡镇、社区延伸，畅通了群众诉求和政协委员知情参政渠道，同时在解疑释惑、化解矛盾、增进团结、凝聚人心等方面发挥了重要作用。”杜尔伯特蒙古族自治县政协委员联络服务中心负责人郭少春的体会深刻。

2022 年以来，杜尔伯特蒙古族自治县政协积极在服务发展大局和基层民生上创新机制、寻求突破，延伸履职为民工作触角，构筑政协履职服务网络，全力推进委员工作站和个人工作室建设，取得实实在在的效果。目前，24 个委员工作站全部达到有人员配备、有固定场所、有统一标识、有工作制度、有履职档案、有考核评价的“六有”标准。

练就过硬本领，方能堪当大任。近年来，杜尔伯特蒙古族自治县政协每年都坚持邀请上级政协业务专家为全体委员讲解政协的历史沿革、政协理论等方面的知识及如何撰写提案、社情民意信息等相关业务知识。

“倾听了专家的讲解，我对政协有了更深认识，作为一名新委员，我将不断加强学习，提升素质，更好发挥政协委员作用。”“专家们讲得太好了，回到工作岗位后，我将把学到的知识运用到实际工作中，认真履职尽责，不辜负政协委员这个身份。”培训会上，县政协新任委员何向东和老委员徐长河相互交流学习体会。

不仅如此，杜尔伯特蒙古族自治县政协还通过“委员课堂”、微信公众号等形式，适时推送学习资料，引领委员认真学习贯彻习近平新时代中国特色社会主义思想、习近平总书记关于加强和改进人民政协工作的重要思想，深入学习领悟党的二十大精神，积极引导委员主动“充电蓄能”。通过培训和业务学习，委员们的政治素养、理论水平、业务能力显著提升。

“三亮一争”活动是杜尔伯特蒙古族自治县政协在委员队伍建设中的工作载体。“三亮”即亮身份，采取岗前设标、胸前戴徽等多种形式亮明委员身份；亮承诺，各界别党支部、委员活动组和全体政协委员每半年都要公开承诺拟办的实事，党员委员要带头公开承诺，通过承诺践诺，进一步增强政协委员责任意识；亮业绩，每个界别党支部、委员活动组要设立“政协委员业绩公示栏”，建立工作台账，公示每名政协委员的履职业绩，接受群众监督，激发政协委员动力。“一争”即争模范，结合政协委员岗位职责，引导全县政协委员争做履职模范，树立工作标杆。

通过“三亮一争”活动，县政协每年评选出20多名优秀委员。此举不但使政协委员在履职中的主体作用得到发挥，同时也激发了广大委员争模范、创佳绩、促发展的使命担当意识，实现了从“跟着走”到“抢着干”、从“要我履职”到“我要履好职”的实质性转变。

（本文原载于《人民政协报》2023年8月12日第4版）

◎ 铁力市政协

# 党建品牌化　事业新发展

文 / 史冬梅

铁力市政协深入学习贯彻习近平新时代中国特色社会主义思想，认真落实中央和省委关于加强和改进人民政协工作的各项工作部署，紧扣“党政所需、群众所求、政协所能”，充分发挥人民政协专门协商机构作用，扭住中心环节，以聚魂强政治，以聚力强资政，以聚识强团结，积极探索政协党建和委员履职融合发展新路径，创建富有铁力特色的各级政协组织“三聚”党建工作品牌。

开展“聚魂”行动，以学习贯彻习近平新时代中国特色社会主义思想主题教育为契机，加强党章党规党纪教育，全面抓好党的二十大精神学习贯彻。聚共识、固团结、铸合力，在以学增智、以学正风、以学促干方面取得实实在在的成效。通过政协党组领学、各（界别）党小组促学、全体委员共学等形式开展学习。

通过学习，委员们深刻领会习近平总书记关于加强和改进人民政协工作的重要思想，加强了党章、党规、党纪教育，争当坚定捍卫“两个确立”、坚决做到“两个维护”的表率。

市政协还创新设立委员“微讲堂”，通过互联网进行线上学习，已制作播放 65 期，45 名委员进行了宣讲，在委员中引发热烈反响，其他委员都争先恐后地要求参与“微讲堂”录制。

开展“聚力”行动，引导全体委员通过协商式监督、提案、反映社情民意信息等形式，围绕中央和省委重大决策部署、重要民生实事，聚焦群众关心的教育就业、医疗卫生、社会保障等问题，组织协调协商活动，推动党委、政府决策部署落地落实。

依吉密河是铁力市行政区域内最大水系，水系的生态环境与铁力百姓息息相关。铁力市政协党员委员到基层调研时发现，依吉密河在雨水充足的季节容易形成洪涝灾害，河岸边的生态环境也不同程度地受到了破坏，农田灌溉也受到影响。委员们了解实际情况后，撰写了“实施依吉密河治理”的提案，得到市政府高度重视，相关建议得到采纳。今年初，依吉密河治理工程已经开工，共投资1.4亿元，年底将全部完工。

今年，市政协认真贯彻落实党中央关于全党大兴调查研究的决策部署，组织党员委员带头深入基层倾听群众呼声，广泛收集群众意见建议。市政协党组成员每人至少牵头1个课题进行深度调研，形成了11篇调研报告，54条建议全部被采纳。

开展“聚识”行动，强化凝聚共识职能责任，持续做好线上线下聚识平台，创新探索“协骊”联合体工作机制，推进协商议事，由联合体党支部定期组织开展协商活动，大部分协商成果得到了有效转化。创新建立委员联系界别群众“四个一”（一乡一平台、一月一轮值、一季一协商、一年一考评）工作机制，建立“双带、双促”工作机制（“双带”即党员委员思想上带领、履职上带头；“双促”即党员委员和党外委员相互促进）。通过定期联络、交流与沟通，促进党员引领作用得到有效发挥。

人心是最大的政治，团结是永恒的主题。今后的工作中，市政协将继续在中共铁力市委的坚强领导下，始终坚持旗帜鲜明讲政治，把习近平新时代中国特色社会主义思想作为统揽政协工作的总纲，全面学习、全面把握、全面落实好中共二十大精神，广泛汇聚全市政协委员和政协各参加单位的强大合力。不断加强自身建设，拓展协商议政新格局、丰富凝心聚力新载体、完善制度建设新体系，完善委员联系界别群众制度机制，持续推进转作风提质效专项行动，深耕特色、擦亮品牌，更好发挥专门协商机构制度优势。

（本文原载于《人民政协报》2023年8月12日第4版）

# | 上海市政协 |
# 发挥专门协商机构作用　服务实现宏伟蓝图

文 / 顾意亮

党的二十大擘画了全面建成社会主义现代化强国、以中国式现代化全面推进中华民族伟大复兴的宏伟蓝图。上海市政协坚持以习近平新时代中国特色社会主义思想为指导，深入学习贯彻党的二十大精神和中央政协工作会议精神，把服务实现党的二十大擘画的宏伟蓝图作为鲜明主题，把推动落实上海市第十二次党代会确定的目标任务作为突出主线，把深入践行全过程人民民主作为着力重点，坚持党的领导、统一战线、协商民主有机结合，始终固守圆心、自觉围绕中心、广泛凝聚人心，为上海加快建设具有世界影响力的社会主义现代化国际大都市，当好改革开放排头兵、创新发展先行者作出了积极贡献。

着眼夯实“思想之基”，加强思想政治引领，始终筑牢人民政协政治共同体的坚强圆心。深刻把握人民政协是党领导的政治组织和民主形式，人民政协工作是党的工作的重要组成部分，充分发挥坚持和加强党对各项工作领导的重要阵地作用，更好担起“落实下去”“凝聚起来”的政治责任。迅速兴起学习宣传贯彻党的二十大精神热潮，第一时间召开传达学习党的二十大精神会议，就上海市政协学习宣传贯彻工作作出全面部署；围绕迎接党的二十大、学习宣传贯彻党的二十大精神主题，在“国是书院”开设“携手奋进新征程”主题读书群，开展历时 36 天的读书学习活动，各界委员发言逾 5.5 万条，达到了统一思想认识、汇聚奋进力量的目的。深入开展学习贯彻习近平新时代中国特色社会主义思想主题教育，及时成立领导小组，制定工作方案和关于大兴调查研究的具体方案，创建“中心组+联组”双促共学、“读书班+读书日”精读述学、“专题研讨+专题培训”深研细学、“集体学习+个人自学”促学常学学习体系；围绕强化全链条创新理念、推进农业农村现代化建设、提升基层医疗中心能力等，明确由主席会议成员分别牵头开展的调研课题；聚焦践行全过程人民民主、委员履职效能、干部队伍建设等检视存在问题、制定整改措施，边学习边对照、边调研边建言、边检视边整改，推动党员干部和政协委员进一步夯实忠诚拥护“两个确立”、坚决做到“两个维护”的思想政治根基。

着眼广献“务实之策”，围绕中心精准建言，助力上海以高质量发展加快推进现代化建设。紧扣党的二十大作出的重大部署，着眼事关上海现代化建设全局的重点领域协商建言，助力上海创造新奇迹、展现新气象。围绕“充分释放内需潜力，巩固和放大经济向稳向好态势”召开专题议政性常委会会议，从促进消费升级、扩大有效投资、提升核心功能等方面提出意见建议。围绕“坚持锚定战略必争领域、面向全球市场，打造世界一流企业”召开专题协商会，就强化一流企业培育的顶层设计、抓好一流企业梯队建设等提出意见建议。围绕“全面提升城市软实力政策举措落实情况”举办专题监督性常委会会议，助力全面提升城市能级和核心竞争力。围绕“高水平推进城市更新情况”召开专题监督会，就推进智慧城市优化升级等提出意见建议。着眼强化上海科技创新策源功能，发起创设“浦江科学大师讲坛”，已成功举办两期，在海内外产生广泛影响。市政协领导牵头，围绕传承红色基因、弘扬工业文明、构筑人才战略优势等重点提案专题加强督办。围绕沿江沿海区域联动发展、推进“海洋强市”战略等重大问题，组织专家学者深入调研建言。围绕长三角地区自贸试验区合作发展、推进基本公共服务均等化等开展联合调研、联动民主监督，助力长三角更高质量一体化发展。

着眼激发“奋进之力”，广泛凝聚各界共识，为上海当好排头兵先行者强信心、聚人心、筑同心。牢牢把握团结奋斗的时代要求，努力寻求最大公约数、画出最大同心圆，汇聚谱写上海社会主义现代化建设新篇章的磅礴力量。邀请市领导到市政协围绕深化市民修身行动、推进教育“双减”政策落地等重点工作通报情况，帮助委员知情明政、增进共识。组织委员围绕增强科技创新供给能力、织密城市安全防控体系等开展调研视察考察，促进委员在履职实践中感受新成就、感悟新思想。举办第四届“初心论坛”，组织党史重要节点城市的专家学者，围绕伟大建党精神的深刻内涵、中国式现代化的精神内核等主题深入研讨。持续强化“政协头条”建设，生动讲述人民政协故事、统一战线故事、多党合作故事和协商民主故事，日均发稿 100 余篇，日均全网点击量超过 100 万人次。与市委组织部、市委统战部联合制定出台《关于加强和改进上海市各民主党派、无党派人士和人民团体在人民政协履职工作的意见》，以创新性举措提高党派团体在政协履职的质量水平。市政协主席率团访问香港、澳门，与港澳各界人士、市政协港澳委员深入沟通交流，着力推动沪港、沪澳合作高质量发展，推动港澳委员更好发挥“双重积极作用”。召开沪港合作与发展研讨会、台胞联络组成员专题座谈会、华侨华人经理人座谈会、中国企业走出去研讨会、外籍人士情况通报会、“江上会客厅”中外朋友恳谈会等，积极开展对外友好交往，着力汇聚更多同行者。

着眼担好“为民之责”，加强改进服务管理，引导广大委员积极投身“四个第一线”的具体实践。全面落实“懂政协、会协商、善议政，守纪律、讲规矩、重品行”的要求，突出政治标准、强化履职责任、加强服务管理，引导政协委员切实当好人民政协制度的参与者、实践者、推动者。着眼强化委员主体作用，按照优化结构、有利履职、尊重意愿、协商统筹的原则，将新一届市政协委员全部编入 12 个专委会，组织委员依托专委会开展经常性履职工作，有效增强了委员的组织归属感和履职责任感。举办市政协新任委员培训班，围绕提案、反映社情民意等工作开展实务培训，推动新一届市政协委员及时掌握政协知识、全面提高履职能力，更好担起新时代政协委员的使命责任。举办两期市区政协委员学习研讨班，6000余名委员参加，深入学习领会习近平新时代中国特色社会主义思想和党的二十大精神，特别是习近平总书记关于加强和改进人民政协工作的重要思想，并围绕践行全过程人民民主、在新时代新征程上更好履职尽责等主题开展集中学习讨论，推动全市政协委员提高政治站位、明确职责任务、增强履职本领，推动上海政协提高联动履职的整体效能。

着眼彰显“协商之效”，持续优化机制平台，合力推动上海打造全过程人民民主最佳实践地。准确把握人民政协在发展全过程人民民主中的独特优势和重要作用，加强制度化、规范化、程序化等功能建设，不断推动专门协商机构建设向纵深发展，更好展现社会主义民主政治的生机活力。组织专家学者围绕更好发挥人民政协在发展全过程人民民主中的重要作用等开展理论研究，为深化专门协商机构建设提供理论支撑。深化拓展“协商于民”政协委员工作站功能，组织委员沉到基层深入开展协商议事、政策宣讲、读书学习、服务界别群众等活动，有效打通委员联系服务各界群众的“最后一公里”，有力提升政协协商服务基层社会治理的效能。不断提高《协商第一线》电视专栏质量，生动展示市政协重要协商活动和“协商于民”政协委员工作站协商议事的典型案例。持续加强界别委员工作室建设，推动界别委员围绕经济社会发展、人民城市建设等重大问题开展交流互动、深入协商议事、广纳社情民意。全面落实中办《关于加强和改进新时代市县政协工作的意见》和上海市委办公厅《关于加强和改进新时代区政协工作的实施意见》，推动各区配齐配强政协工作力量，着力解决区政协基础工作薄弱、人员力量薄弱问题。加快“数字政协”建设，将政协头条、上海政协通、国是书院融为一体，推动政协工作数字化转型、智能化提升、系统化改进。

（本文原载于《人民政协报》2023 年 6 月 21 日第 1 版）

◎ 浦东新区政协

# 打造全过程人民民主最佳实践地示范点

文／顾意亮

如何践行“人民政协是我国政治生活中发扬社会主义民主、实践全过程人民民主的重要形式”？上海市浦东新区政协提交了一份答卷：完善政协委员联系界别群众制度机制，打造全过程人民民主最佳实践地示范点。

“基层政协工作必须坚持协商于民、协商为民，健全政协协商与基层协商有效衔接的制度机制，就是为了支持政协委员有序参与基层协商，从而促进政协协商有效服务基层治理。”浦东新区政协主席姬兆亮说。

新区政协在“一级政协”的平台上，建立健全“两级政协联动、三级委员参与、多元平台融合”的工作机制，持续打造1中心+2基地+38“协商于民”政协委员工作站+N个政协委员工作室、“家门口协商”政协委员联系点的工作体系，即浦东新区政协委员协商活动中心、市政协协商于民研究实践基地、浦东青少年协商民主教育实践基地建设；在街镇（区域）层面不断深化“协商于民”政协委员工作站建设，提升36个街镇工作站以及陆家嘴金融城工作站、张江科学城工作站；在界别层面做实建强委员工作室，更好发挥政协界别优势；在居村层面持续健全“家门口协商”政协委员联系点，打通委员联系服务界别群众“最后一公里”。按照“界别对应、专业对口、个人志愿、统筹协调”的原则，新区政协落实了委员落组进站工作。每位委员都有对应的工作站，每个工作站都有对应的委员。

其中，工作站是链接政协协商与基层协商的纽带。新区政协出台《“家门口协商”政协委员活动站工作规程》，建立了“党的领导、政协主导、街镇主持、群众主体、委员参与、协同联动”的运行模式，并建立了相应的5项工作机制的“浦东模式”。其中，群众主体明确了协商的主体是群众，本质是体现和实现群众当家作主，每一次的协商活动要邀请界别群众代表参加，坚持协商于民、协商为民，着力提升群众的获得感。2022年以来，各工作站围绕老旧小区加装电梯等议题开展74场协商活动，形成38个有特色、有亮点、有成效的基层协商案例。

同时，新区政协坚持“扩容、提质、增效、做优”，结合产业链、价值链、创新链有关领域，探索建立具有浦东韵味，体现界别特色、专业特点、委员特长的13个政协委员工作室。2022年以来，新区政协已经成立了体现界别特色的浦东港澳人士政协委员工作室、浦东侨界政协委员工作室、浦东家佳和政协委员工作室，体现专业特点的浦东青少年政协委员工作室、浦东五丰政协委员工作室、浦东张江科学城政协委员工作室、浦东陆家嘴金融城政协委员工作室、浦东律动律政协委员工作室、浦东航运全球通政协委员工作室、浦东外高桥全球汇政协委员工作室、浦东东乡源世界风政协委员工作室，体现委员特长的浦东晓明提案政协委员工作室、浦东钟天使政协委员工作室。

一年多来，政协委员工作室根据工作规则，围绕凝聚思想共识、联系服务群众、开展议事建言、培育协商文化、组织学习交流等5项工作职责，开展活动30余场，联系服务群众超过1000人次。

多年的基层实践，新区政协总结认为，做好新时代人民政协工作，关键要把握党委政府的中心大局，充分发挥专门协商机构的独特作用。在打造全过程人民民主最佳实践地示范点过程中，新区政协提出了6项工作原则，其中一条就是“坚持服务中心大局，建言资政、凝聚共识”。“浦东的中心大局，概括起来就是一句话：打造社会主义现代化建设引领区。”姬兆亮说。

（本文原载于《人民政协报》2023年6月21日第3版）

◎ 黄浦区政协

# 在青少年心中播撒“全过程人民民主”的种子

文／顾意亮

“‘两会’期间政协委员的工作和平时的工作有什么不一样？”“如果我们有建议，怎样才能通过‘两会’让更多人听见？”2023年全国“两会”期间，一场生动的视频连线在上海市卢湾高级中学举行，大屏幕前黄浦区蓬莱路第二小学和卢湾高级中学的同学们竞相提问。屏幕的另一端，正在北京参会的住沪全国政协委员，上海科技馆馆长倪闽景隔空上线，跟同学们一一互动交流，让更多的青少年了解“两会”、走近“两会”。

近年来，黄浦区政协始终坚持把践行全过程人民民主当作贯穿履职工作的重要抓手，面向黄浦青少年从小建立对全过程人民民主重大理念的感知，为他们搭建参与其中的平台和渠道，探索“全过程人民民主从娃娃抓起”的做法取得成效。

2022年，黄浦区政协启动了“委员领我进社区，‘协’手‘童’创幸福圈——黄浦区红领巾与政协委员小手牵大手参与社区治理”活动，依托“协商于民”政协委员工作站，建立健全吸纳青少年参与协商民主的机制。政协委员以校外辅导员的身份，带领少先队员们以“寻榜样”“集智慧”“展才干”为主题，围绕社区治理开展各类实践活动，让少先队员们体悟协商文化，激励他们以社区主人翁积极参与公共事务管理。

黄浦区政协努力丰富在全过程人民民主各环节、各领域吸纳青少年参与的渠道和载体，启动了“政协委员进校园，引领雏鹰伴成长——‘委员伴飞计划’”，邀请更多的政协委员担任校外辅导员，深入区内学校，推广“协手童调研”“协手童视察”“协手童提案”等既符合青少年特色、又突出政协特点的协商活动，这是“委员领我进社区 ‘协’手‘童’创幸福圈”黄浦区红领巾与政协委员小手牵大手参与社区治理活动的 2.0 升级版。

今年全国“两会”召开后，黄浦区政协“趁热打铁”，开展“童眼看‘两会’共话新未来”——全国政协委员与黄浦青少年视频连线，通过“云端”让同学们更加直观地了解政协委员的履职情况，感受“协商民主”的含义，也将自己的“童声”，传递到“两会”现场，让更多的青少年关注和了解全过程人民民主。

黄浦区政协还注重建立面向青少年开展全过程人民民主教育的系统化体系，为青少年创造更多旁听会议、观摩协商、参与交流的实践机会，引导青少年在亲身体验、亲身参与中感悟全过程人民民主。引导更多的青少年跟随政协委员深入社区，化身“小议事员”，跟随政协委员们深入社区和居民家中，围绕“协商于民”政协委员工作站议题，调研走访了解社情民意，在实践中发现问题，畅想社区发展愿景，汇集“金点子”；化身“小委员”，将调研走访情况整理成自己的走访记录和思考，通过线上线下与政协委员沟通互动，提出意见建议，起到为社区治理建言献策、贡献智慧的作用，最终把“金点子”变成“金果子”。

下一步，黄浦区政协将继续深入理论研究、丰富实践成果，继续发挥好专门协商机构作用，有力深化青少年的政治协商意识，让青少年们更加直观地了解政协委员的履职情况，感受“协商民主”的含义，也将自己的“童声”，传递到“两会”现场。在青少年心中播撒“全过程人民民主”的种子，让它逐渐生根、发芽、茁壮成长……

（本文原载于《人民政协报》2023 年 6 月 21 日第 3 版）

◎ 静安区政协

# 强化归并办理　力求协商实效

文 / 顾意亮

“职业教育规划和职校学生的职业发展要放到教育体系更加重要的位置”“要针对老年人口的数字化鸿沟，加强培训和服务”……日前，在静安区业余大学会议室里，一场“提升教育品质”专题政协提案归并办理协商会格外热闹。提案人就如何提升静安教育品质各抒己见，提案主办单位静安教育局负责人频频点头：“提案归并办理协商降低了沟通成本，提高了办理效率，委员们为解决问题又提出了很多好点子。”

近年来，居民百姓对高品质生活有了更高的期待，静安区政协委员的关注点也在向民生领域聚焦，教育、卫生、居住和生活环境等提案占较大比重。为提高提案办理效率，区政协创新提案办理形式，与区政府督查室联合，探索部门提案归并办理，连续举行“提升教育品质”“城市建设和管理”“医疗服务能力提升”3场专题办理活动，分别对区教育局承办的20件提案、区建管委承办的20件提案、区卫健委承办的26件提案进行了归并办理，助推提案办理取得实效。

提案归并办理协商促进了委员知情和协商相融合。每场归并办理协商会，承办部门都安排内容丰富的实地考察，职能部门“一把手”专题通报提案办理情况和部门工作情况，近距离座谈交流，帮助委员们更加知情明政。

提案归并办理协商促进了办理效率和质量的双提升。通过实行同类提案归并办理，由分散个别沟通变集中交流协商，由“文来文往”变为“人来人往”，密切了“提”“办”双方的沟通，提高了提案办理效率，促进了提案的落实。

提案归并办理协商促进了建言资政和凝聚共识双向发力。“归并办理协商是叠加效应，既是参政议政的举措，更是凝聚共识的过程，是实现全过程人民民主的体现。”静安区政协副主席、提案委员会主任宋大杰如是说。从提案归并办理协商会的实际效果看，协商氛围非常浓厚，职能部门和委员们一起，为民生福祉出主意、想办法，达成了思想共识。3 场归并办理协商会，委员们不约而同地建议政府部门，要加大宣传力度，边干边说，特别是加大政策的宣讲，以此获得社会的理解、认同、支持。

提案归并办理协商作为静安区政协实践全过程人民民主的创新举措，得到了区政府部门和委员的赞成和支持。为进一步提高办理工作的质量和效率，区政府还要求“三访”（办前询访、办中走访、办后回访）到位率100%、代表委员沟通率 100%、按时答复办结率 100%、办理态度满意率100%。在提案办理前，区政协提案委员会、区政府督查室、承办部门事前多次协商沟通，认真分析提案，精选议题和归并办理部门，认真督查落实“三访”要求，形成办理共识，为归并办理协商夯实基础。

（本文原载于《人民政协报》2023 年 6 月 21 日第 3 版）

◎ 松江区政协

# 九城政协联动履职服务长三角一体化

文 / 顾意亮

松江区政协立足新时代政协工作新方位新使命，牢牢把握长三角一体化发展国家战略的历史机遇，始终与党委政府同心同向、同频共振，聚焦助力打造长三角 G60 科创走廊国家战略重要平台，联合嘉兴、杭州、金华、苏州、湖州、宣城、芜湖、合肥等 8 城市政协签署共建协议，开展联动履职。5 年来，各项工作机制日益完善、合作活动更加深入、履职成效不断显现，充分彰显了服务长三角一体化发展国家战略的责任担当。

2018 年 8 月，由松江区政协牵头发起，九城市政协共商 G60 科创走廊更高质量发展首次活动（简称“共商活动”）在松江举办。迄今为止，在三省一市政协的有力指导和九城市党委政府的坚强领导下，九城市政协已经先后围绕不同主题举办了 12 场高规格、高质量的共商活动，通过建立活动轮值、联系会晤、调研分析、建言献策等一系列共商机制，主席和委员们共同议政建言、共商良策，为持续助力长三角 G60 科创走廊高质量发展积极贡献政协智慧和力量。

为助力九城市产业链、创新链深度合作，2020 年 10 月，在松江组建长三角 G60 科创走廊九城市政协委员企业联盟，联盟下设 9 个产业小组，正副秘书长分别由九城市政协企业家委员担任，走出了以政协为纽带、企业为主体，跨区域协作、九城市联动、助力长三角 G60 科创走廊一体化高质量发展的新路径。成立以来，各产业小组相继开展丰富精彩的活动，今年 3 月，由松江区政协委员企业牵头的新能源产业小组活动暨绿色数字交通创新论坛在松江揭幕，进一步深化了九城市政协企业家委员之间的交流合作、共建共享。

2019年以来，九城市政协围绕“进一步优化长三角G60科创走廊营商环境”“长三角G60科创走廊产业融合发展研究”等重点调研课题持续开展联合调研。通过组织委员深入一线，广泛听取各方意见，形成一批高质量调研成果。松江区政协每年将九城市政协调研报告认真梳理汇总，形成综合报告，并汇编“1+9”联合调研成果，呈报九城市党委、政府领导及相关部门，形成九城市政协分工合作、密切配合、联合履职的整体合力。

建立九城市政协秘书长联席会议制度，定期开展座谈、走访交流；成立九城市政协常设秘书处，做好各项工作的协调联系、服务保障工作；建立信息报送制度和信息员队伍，及时汇报九城市政协在助力G60科创走廊一体化、高质量发展中的工作动态……下一步，九城市政协将紧紧围绕长三角一体化发展国家战略，聚焦《长三角G60科创走廊建设方案》，继续打响九城政协联动共建品牌，进一步聚智聚力、共建共享，为助力长三角G60科创走廊建设更高质量发展，更好服务长三角一体化国家战略和构建新发展格局贡献更大的智慧和力量。

（本文原载于《人民政协报》2023年6月21日第3版）

◎ 奉贤区政协

# 搭建“三站一室”委员履职有效载体

文／顾意亮

“要看得见委员身影、听得到委员声音，让界别群众切身感受到政协就在身边。”奉贤区政协主席陈勇章说。搭建由“协商于民”政协委员工作站、界别政协委员活动站、“智汇贤城”政协委员工作站、政协委员工作室组成的“三站一室”委员履职有效载体，就是要进一步完善委员联系界别群众平台机制，协商于民、协商为民，让政协的“好声音”越唱越响、委员的“金点子”越来越多、群众的“热情值”越聚越高，助力上海政协打造践行全过程人民民主实践地的奉贤示范点。

区政协建立覆盖全区的各街镇“协商于民”政协委员工作站，组织270多名全国、市、区三级政协委员落组进站入点，让政协协商服务基层治理有土壤、见实效。工作站形成“协商议事厅”“委员讲堂”“委员工作室”“社情民意信息征集点”四位一体的“全场景”履职平台；探索开展协商主体和内容各有侧重的联动协商、专题协商、微协商、定点联系协商“四类协商”活动，构建“全方位”协商联动机制；完善凝聚共识新载体、政策宣讲新平台、为民服务新阵地、建言献策新通道“四项”功能，促进委员“全链条”履职。

目前，全区已建立12家协商议事厅、13家委员讲堂、40家委员工作室、400多个社情民意征集点。聚焦主责主业，坚持“议在党委所想之处、助在政府所行之时、呼在百姓所需之际”，有效串起“两级政协、三级委员”的履职链、责任链和力量链。

区政协以推进界别政协委员活动站建设为抓手，全覆盖打造25家界别政协委员活动站，给界别建一个总部、给委员安一个家园，让界别工作活起来、实起来、强起来。制定实施《加强和改进界别工作办法》《界别政协委员活动站工作制度》等，强化顶层设计，规范制度执行，让界别工作管事有章、谋事有力。组建界别召集人（副召集人）、工作联络员、社情民意信息员、群众代表等 4 支队伍，让界别工作件件有人管、项项有人抓、事事有人干。

如何充分发挥政协人才荟萃、智力密集、联系广泛的优势，积极助力助推服务发展“主战场”，区政协集众智、谋长远，积极筹建“东方美谷”“新城建设”“乡村振兴”等 3 家“智汇贤城”政协委员工作站。工作站聚焦重点区域、重要产业、重大工程，依托专业委员、专业部门、专业人才，是具有奉贤政协特色的应用型智库和专业化履职平台，充分发挥人民政协“决策咨询第一线”的优势，携力赋能区域高质量发展。

奉贤区政协还试点建立了“江敏超法律服务委员工作室”，以工作室的形式将下沉委员的专业特长、岗位资源与界别群众的需求结合起来，得到了社区群众的热烈反响。由此，积极探索打造各具专业特色的“委员工作室”，至今已在农村、社区成立 40 家，覆盖了全部街镇。

实践方向明确，探索永不止步。奉贤区政协将继续在贯彻全过程人民民主要求的实践探索中，走出一条符合地区特色、具有政协特点的新路子。

（本文原载于《人民政协报》2023 年 6 月 21 日第 3 版）

# | 江苏省政协 |

# 锚定总目标　谱写新篇章

文／江　迪

今年是全面贯彻落实党的二十大精神的开局之年。今年全国“两会”期间，习近平总书记发表系列重要讲话，为新征程上更好推动高质量发展指明了前进方向、提供了根本遵循。

江苏全省上下锚定“推动高质量发展走在前列”总目标，真抓实干、埋头苦干，更好扛起“争当表率、争做示范、走在前列”光荣使命，谱写“强富美高”新江苏现代化建设新篇章。

## 党委高度重视

在党的二十大报告中，习近平总书记站在全面建设社会主义现代化国家的战略高度，对发展全过程人民民主、保障人民当家作主作出全面部署，强调要全面发展协商民主，并首次提出“坚持党的领导、统一战线、协商民主有机结合”的重大论断。

江苏坚决扛起“全面从严治党”首先提出地的重大政治责任，坚持不懈用习近平新时代中国特色社会主义思想武装头脑，深入学习贯彻党的二十大精神和习近平总书记重要讲话精神，深刻把握坚持党的领导、统一战线、协商民主有机结合的政治内涵、理论内涵和实践内涵。

长期以来，江苏省委主要负责同志通过到政协全会开幕会发表讲话、批示政协工作方案、交办研究课题、参加协商活动等措施，把党对人民政协工作的全面领导落到实处。

今年初，省委书记信长星同志到任伊始就到省政协走访调研，和大家交流学习习近平新时代中国特色社会主义思想的心得体会，指出要深入学习贯彻习近平总书记关于加强和改进人民政协工作的重要思想，坚持有事多商量、遇事多商量、做事多商量，并表示“非常愿意和大家一起商量”。

1月14日，信长星看望参加江苏省政协十三届一次会议的港澳政协委员、特邀代表人士，与大家共商江苏发展大计。信长星现场答应江苏省政协特邀代表人士孙德聪的邀约，并于2月2日履约调研台资企业。

不到一个月，从表态愿意协商，到在政协协商，再到落实协商成果，形成了一个协商“闭环”。这为全省各级干部深入学习贯彻习近平新时代中国特色社会主义思想和习近平总书记关于加强和改进人民政协工作的重要思想起到了带头示范作用。

领导率先垂范，制度保障紧跟。近年来，江苏省委出台多个关于政协工作的文件，有的文件在全国是率先出台。2022年，江苏省委认真学习贯彻中共中央办公厅《关于加强和改进新时代市县政协工作的意见》，在深入调查研究、广泛听取意见建议的基础上，出台《关于加强和改进新时代市县政协工作实施意见》，从“两支队伍”建设、委员履职保障等方面提出了20条务实管用、操作性强的政策举措。当前，各项举措逐步落实，全省广大政协委员和政协工作者感受到了实实在在的变化。

江苏省委注重发挥考核指挥棒作用。近年来，江苏省委开展对设区市党建考核，坚持将政协工作纳入考核项目，明确省政协党组为考核责任单位。省委考核从把牢政治方向、积极发挥政协优势作用，全面加强政协党的建设等方面设置了具体指标，明确了计分规则，并根据中央要求、全省政协工作实际情况每年对指标进行动态调整。在省级机关党建考核中，也将提案办理情况列为考核项目。

近年来，每逢全国政协召开重要会议、举行重大活动，江苏省政协党组都在第一时间将相关精神和江苏贯彻落实的建议以重大事项向省委请示报告。江苏省委都在第一时间安排省委常委会会议，传达相关精神，研究部署相关工作。

提案工作历来受到党和政府的重视和支持。今年，在省委、省政府主要领导连续多年督办重点提案的基础上，江苏进一步加大工作力度，省委、省政府领导同志都结合分管工作圈选了重点提案进行督办。

## 政协切实努力

2月7日晚，看完《新闻联播》，省政协党组书记、主席张义珍拨通了省政协党组成员、秘书长诸纪录的电话："习近平总书记今天在学习贯彻党的二十大精神研讨班开班式上发表重要讲话强调，正确理解和大力推进中国式现代化。这个讲话非常重要。明天正好省政协党组要召开扩大会议，应该把学习这一重要讲话精神加进会议议程。"

第二天上午，在省政协党组扩大会议上，张义珍带领大家研读了新闻稿，并表示："这只是初步的学习。"

2月17日，省政协党组理论学习中心组召开学习会，深入学习贯彻习近平总书记在学习贯彻党的二十大精神研讨班开班式上的重要讲话精神和在中央政治局第二次集体学习时的重要讲话精神。省政协党组理论学习中心组成员和有关领导同志逐一交流学习体会。

如今，每次省政协党组会议前，与会者都会得到一本摘自近期新闻报道的习近平总书记重要讲话重要文章汇编。省政协严格执行理论学习"第一议题"制度，已经构建起党组理论学习中心组引领学、季度学习座谈交流学、委员课堂辅导学的常态化学习制度体系，教育引导广大委员深刻领悟"两个确立"的决定性意义，增强"四个意识"、坚定"四个自信"、做到"两个维护"。

捍卫"两个确立"、做到"两个维护"，不是抽象的、空洞的，必须时时处处同习近平总书记重要讲话指示精神对标、同中央决策部署对表，体现在忠诚履职、竭诚为民上，落实到实际工作中。

今年江苏省"两会"期间，习近平总书记在江苏参选并全票当选第十四届全国人大代表。在现场感受这一历史性时刻的张义珍当即意识到：今年贯彻习近平总书记在全国"两会"期间重要讲话精神和全国"两会"

精神对江苏意义非同寻常，必须拿出更高质量的举措。

3月5、6日晚，江苏省政协连续组织住苏全国政协委员集中学习习近平总书记在参加江苏代表团审议时的重要讲话和在看望参加政协会议的民建、工商联界委员时的重要讲话精神。从那时起，省政协就开始谋划在全省政协开展“助力民营经济健康发展、高质量发展”深度走访调研活动。

3月下旬，江苏省政协认真研究、细化方案，在全省政协启动深度走访调研活动。省政协强调，严格执行中央八项规定及其实施细则精神和省委具体办法，轻车简从，厉行节约，不搞层层陪同，力戒形式主义、官僚主义。加强调研统筹，避免扎堆调研、多头调研、重复调研，原则上不与去年调研企业重复，省市县政协调研企业不重复安排，与党委政府调研企业要错开，不影响企业正常生产经营活动，不增加基层和企业负担。每个调研组不超过6人。

活动中，省政协主席会议成员每人聚焦一个领域深度走访调研，省市县三级政协751位主席会议成员分别牵头调研，调研了6448家民营企业，累计发放有关政策汇编14730册，共收到提案1317件，社情民意信息2349条。活动达到了“宣传政策、了解情况、听取意见、增强信心”的效果。

“这次调研座谈会不要我们事先交发言稿。”“会后还能扫码匿名留下意见。”“只有我和主席两个人面对面，促膝交谈一个多小时。”很多与会者对调研的“实”感受颇深。

“实”换得企业家的真心。大家凝聚起了“对发展前景有信心，对逆势破局有斗志，对创新发展有干劲，对服务社会有担当”的共识。

企业家们也反映出了部分行业企业预期不稳、人才资金等要素制约更加突出、政策执行方式需要优化完善等问题。深度走访中，大家共商建议。省政协梳理总结后向省委、省政府报送了建议，并将根据省政协主席会议成员和各设区市政协调研形成的综合报告以及梳理的主要问题清单和建议清单作为附件报送。

这样的深度走访调研在江苏全省政协并非首次。2022年，认真贯彻落实习近平总书记“疫情要防住、经济要稳住、发展要安全”重大要求，江苏全省政协组织开展为期一个月的“政协主席深入走访委员聚共识助发展”专题活动，取得了宣传政策、了解情况、听取建议、凝聚共识、促进发展的积极成效。

连续两年，江苏省委、省政府主要负责同志都对省政协深度走访调研的成果批示肯定，要求有关部门积极采纳，认真办理。

聚焦习近平总书记对江苏工作的重要讲话指示精神深入履职尽责，充分发挥专门协商机构作用。江苏全省政协真正提高了深度协商互动、意见充分表达、广泛凝聚共识水平。

### 委员携手奋进

党的二十大强调要完善委员联系界别群众制度机制。江苏省政协党组在研究如何贯彻党的二十大精神时，梳理出了60项具体措施，其中之一就是密切省政协主席会议成员与委员之间的联系、推动委员联系界别群众。

5月15日，江苏省政协开展首场“双周联系委员日”活动。这是贯彻二十大精神的创新之举，也是省政协推进主题教育的重要安排。

高邮市菱塘回族乡是江苏全省唯一的少数民族乡。省政协委员，菱塘回族乡党委副书记、乡长李克云会前深入调研，带来了基层的声音。

到了会场，发现主席请大家不要念稿子，而要敞开说。“乡镇卫生院人员普遍不足，亟待加强顶层设计。”“农村老百姓富裕以后，村集体经济收入却没有壮大。”“乡村振兴缺乏‘新鲜血液’，建议加大‘新农人’培育力度。”李克云提交了发言稿之后，又一口气反映了基层面临的多个问题，并提出了对策建议。省政协领导与他多次互动交流。

活动后，李克云第一时间召集村（社区）、相关办局负责人以及在菱塘的政协委员传达学习会议精神，共商发展举措。目前，该乡今年确定的18件重点民生实事项目正稳步推进，重点经济指标增幅位居高邮市前列，民族团结的“石榴花”正在美丽绽放。

“之前，我与熟悉的政协委员交流过，大家都反映，这些年，政协组织与政协委员的联系越来越密切，要想在活动中表达真知灼见，日常真得多多倾听各界群众的呼声。政协对中共党员政协委员更是从严从实要求，党员委员履职评价等制度机制，更是督促党员委员当好示范引领。”李克云说。

正如李克云所感受到的，江苏省政协着力推动政协党的组织和工作实现“两个全覆盖”。成立委员履职小组临时党支部，推动基层党组织全面进步、全面过硬。健全落实党组成员看望委员、谈心谈话、党员委员联系党外委员等机制，与政治学习、政策宣传、协商调研、反映民意有机结合起来，进一步形成从党内到党外、从常委到委员、从委员到界别群众的工作格局。

“助力民营经济健康发展、高质量发展”深度走访调研活动中，4323名全国和省市县四级政协委员结合联系界别群众，开展自主调研。省政协委员、致公党南京艺术学院支部主委严宝平等6位党外委员到游戏动漫企业开展自主调研。

“由于工作原因，我平常和游戏动漫行业交流较多。我注意到他们在文化传播方面也有不错的担当，只是大众对他们的理解有待增强，而他们的发声渠道也较少。”严宝平说。

调研之前，严宝平和其他委员学习了相关政策。调研中，针对企业反映的问题，严宝平等委员和企业负责人沟通，宣讲相关政策。他们告诉企业负责人：其实决策层也有相关的政策布局，只是上下沟通有待增强。

沟通得到了企业的理解。委员和企业共同努力，商量出了细化招商条件，加强政企交流，共担产业使命等方面的建议。

“通过深度调研反映企业心声，锻炼委员能力。我们也深感，凝聚共识的工作对我们只是刚刚破题，后面还要持续加强。今后考虑要发挥好行业协会的作用，和企业及界别群众多多交流。为建言资政和凝聚共识双向发力夯实基础。”严宝平说。

“击鼓催征，奋楫扬帆。我们要始终坚持以习近平新时代中国特色社会主义思想为指导，以学习宣传贯彻党的二十大精神为强大动力，持续深入学习贯彻习近平总书记关于加强和改进人民政协工作的重要思想，撸起袖子加油干，把学习成果转化为坚定正确的政治方向、担当有为的实干实效，以自信自强、守正创新、踔厉奋发、勇毅前行的精神状态履职尽责、干事创业，在奋进新征程、建功新时代中不断彰显政协作为，为更好扛起新使命、谱写新篇章，全面推进中国式现代化江苏新实践，贡献更多政协力量。”张义珍表示。

（本文原载于《人民政协报》2023 年 6 月 8 日第 1 版）

◎ 南通市政协

# 履行民主监督职能　共绘绿水青山画卷

文／黄　欢

作为江苏省唯一的滨江临海城市，南通是万里长江入海的“最后一站”。漫步五山滨江片区，满目葱茏，江鸥回旋，消失已久的江豚也常常逐浪嬉戏。

绿水青山就是金山银山，江海大地的美丽蝶变，也凝聚着政协的智慧力量和时代担当。2017 年 10 月，南通市率先在江苏成立污染防治攻坚指挥部和督察组，市委书记和市长担任总指挥长，市政协主席担任总督察长。市委、市政府充分发挥政协民主监督作用，由市政协牵头打造一支“会监督”队伍。建立以政协委员为主体，吸收党代表、人大代表、市民代表参加的“一委员三代表”，适当吸纳市政协参政议政人才库成员和应用型智库专家参与。“市政协协商议政有方、民主监督有力、凝心聚力有效，是生态文明建设不可或缺的重要力量。”南通市委书记吴新明说。

120 名成员组成 6 个督察小组，坚持不发通知、不打招呼、不听汇报、不用陪同、直奔基层、直插现场的“四不两直”方式，深入车间田头、码头堆场、河道沿岸尤其是排污口、土壤修复地块、拆迁施工现场等地随机暗访，了解真实情况。优化“善监督”机制，建立问题发现、意见反馈机制，做到既“挑刺”又“出招”；落实沟通协调、督考联动机制，力求说得对、能管用。监督和考评结果向市委常委会汇报，在全市污染防治考评会上通报。5 年来，市级层面累计开展 490 批次 1900 多个点位督察，提出意见建议 1500 多条，直接推动 85% 以上的问题得到有效解决。

“我们要聚焦党委政府重大决策部署的落实同向发力、精准发力。”南通市政协主席黄巍东说，“既要面向全局宏观献策，又要深入一线务实助推。”彰显协商式监督优势，打好“组合拳”，构建“常监督”格局，集良策、聚合力、求实效。

问题在水里，根子在岸上。针对民主监督中发现的共性问题，市政协将“加强环保基础设施建设”“推动农村水环境改善”作为重点协商议题开展调研，协商议政成果报送市委、市政府后，市委常委会专门听取汇报、专题研究采纳，其中部分建议被吸收到《南通市环境基础设施三年建设计划》等文件中。从调研、协商、建言到监督，形成了环环相扣的“履职链条”。

系统思维、集成推进、有机融合是南通政协人的“高频词”，也是民主监督工作走深走实的有效举措。用好“百姓家门口”的有事好商量协商议事平台，围绕与群众切身利益相关的“急难愁盼”和苗头性、倾向性问题，开展“自己的河道自己管护”等协商议事活动，既把党委政府的决策部署落实下去，又把社会各界的智慧力量凝聚起来，形成全社会共同参与污染防治的“绿色合力”。

组织四级政协委员、党派团体和群众代表，围绕长江大保护、沿江沿海生态景观带建设、五山生态环境修复等社会关注的热点集中视察，让他们及时了解全市重点工作进展和成效，让社会各界理解支持生态文明建设。285 公里的生态景观带，成为贯通南通沿江沿海的“江海之链”。站在宽阔的滨江廊道上，市民们张张笑脸洋溢着满足感和幸福感。2022 年，南通生态文明建设公众总体满意度 91.4%。

（本文原载于《人民政协报》2023 年 6 月 8 日第 2 版）

◎ 淮安市政协

# 插上智慧“云翅膀” 搭建提案“直通车”

文 / 王成虎

2022年，经审查立案416件，提案人对提案办理态度和实际效果满意率为98.8%和98.1%，第三方绩效评议提案质量平均得分84.6分，提案办理质量平均得分89.5分，均创历史最好成绩……这一串串数字背后，彰显出江苏省淮安市政协“慧提案”系统的优越功能。

“我们广泛应用语义识别、OCR、智能语音机器人等新技术，大力推进‘慧’提案智能系统建设，着力搭建提案工作‘直通车’，努力实现提案选题、提交、评议、办理、存档等全链条管理，并在江苏省政协提案工作会议上作了功能介绍。”淮安市政协主席戚寿余介绍道。

“‘慧提案’不仅帮助检验提案内容是否完整、格式是否正确，还提出修改建议，让我从提案工作的‘门外汉’迅速成为‘熟练工’，今年我的提案还被选为市领导重点督办提案。”淮安市政协新任委员李丹青兴奋地说。

如何让新任委员能够提出高质量的提案？淮安市政协注重在提案选题上“慧”融合，打通了与“淮水安澜”论坛、“淮安发布”等各方的数据壁垒，广泛征集社会各界和各地各部门提案线索；在提案参考目录上实现“慧”推送，将收集整理的年度提案撰写参考目录，通过“慧提案”系统告知委员；在提案提交上实现“慧”预审，系统预先设立优秀提案示范样本，自动解析提案结构、篇幅等关键要素，向提案人反馈修改建议，促进提案质量提升。

“两年来，市政协通过‘慧提案’系统累计推送提案参考选题1260余条，超过70%的选题被吸纳采用。去年参评的416件立案提案总体良好，有效杜绝了70分以下低分提案，提案质量明显提升。”淮安市政协提案委主任郭明文介绍道。

“用了政协‘慧提案’系统后，不仅提案质量大幅度提升，而且提案分类更加科学，大大提升了提案审核交办效率。”连续多年参加提案审核工作的淮安市事业单位登记管理局副局长王程远深有感触地说。

提案工作承办单位多，有的提案需要多部门联合办理。为让提案分类科学准确，淮安市政协在“慧提案”系统预先设立经济科技、城乡建设、教文卫体等六类提案模块，系统自动根据承办单位“三定”职能和提案内容，进行提案关联语义分析，自动推荐承办单位，确保提案交办更精准、更有效；依托“慧提案”系统采取三轮筛选法，对重点提案进行“慧”选，网上签批，标识重点，提出办理建议。

“以往我们在审核提案时，约有30%的提案需要审查人重新分类、调整承办单位，今年审查立案411件提案，仅有26件提案做部分调整，大幅提升了提案审核交办效率。”淮安市政府办公室提案复审相关负责人介绍说。

为了让提案办理单位有刚性“约束”，淮安市政协在“慧提案”系统内设置“慧”提醒功能，将每件提案都标识办理责任人，明确办理时限，若超出期限，系统会自动渐进式提醒各承办单位；充分彰显提案“慧”协商，设立办理单位与提案人沟通协商情况线上记录功能模块，将协商文化融入提案办理全过程；突出“慧”督办，在系统设置提案答复审核功能，通过自动提取并智能比对提案答复内容，促进提案答复规范化；开展“慧”评议，将提案办理第三方绩效“双向评议”评议工作延伸至“慧提案”系统，有效减少委员“被满意”现象。

“‘慧提案’对我们提案办理单位有了制度化、规范化、程序化要求，让办理提案过程变成与委员沟通协商过程，使提案办理时间和效率大幅提升。”淮安市生态环境局土壤生态环境处处长朱维国深有感慨地说。

（本文原载于《人民政协报》2023年6月8日第2版）

◎ 泰州市政协

# 联系一界　服务一方

文/赵　晶　巴　亮

"1500公里，拉近的是物理距离，更是心与心的距离。"望着窗外壮丽的湾区美景，全国、江苏省和泰州市三级政协委员，香港江苏社团总会会长姚茂龙心情激动。时间定格在今年4月18日，坐标深圳，泰州市政协港澳委员协商议事室揭牌仪式暨"助力泰州大健康产业高质量发展"协商议事会举行。

阔别三年，港区泰州市政协委员线下相聚，大家履职热情高涨，现场争相"抢话筒"。"我们一定尽己所能发挥'双重积极作用'，团结凝聚更多港区代表人士，为实现香港繁荣稳定、服务家乡发展汇智聚力。"姚茂龙作为这一"特别"协商议事室的召集人，说出了大家的心声。

近年来，泰州市政协聚力做好"界别"大文章，从构建"专委会联系界别、界别联系委员、委员联系知名人士"总体工作格局，到分界别建立"百千万"重点知名人士数据库；从开展"知名人士同心圆"系列活动，到持续创新"圆桌协商会""界别联系点""委员工作室"等界别聚识新载体，包括将协商履职平台建到港澳委员身边，该市政协完善委员联系界别群众制度机制的"金点子"层出不穷。

泰州市姜堰区实验小学"高金凤委员工作室"门口，一只红色的意见征集箱格外醒目。全国政协委员，泰州市姜堰区实验小学教育集团校长高金凤每周固定半天到"工作室"接待界别群众，翻开随身携带的笔记本，一条条细致而真切的信息分门别类记录在册。

像这样的各级政协委员工作室，在泰州有上千家，遍布园区、企业、镇街和重点界别。“自从成为全国政协委员，我的手机就成了热线电话，微信好友更是遍布大江南北各行各业。不光是教育界同人喜欢跟我说说心里话，更多的群众找到我反映情况，我现在就是行走的‘意见箱’。”

通民心，道民意，解民忧。委员是界别群众“贴心人”，党委政府“连心桥”，更搭建起助力解难的“直通车”。近年来，泰州市政协把各级政协委员和界别群众中的代表性人士作为重点工作对象，创新设立“知名人士诉求直通车”机制，以畅达民意、助力解难的实际成效，更加有效地做好增进共识、凝聚人心的工作。

“网约车司机工作空间狭小，身心健康问题需要关注。同时，他们整天在路上跑，遇到突发情况的概率高，建议加强急救技能培训。”今年以来，泰州市海陵区政协工会界别开展“政协委员一日体验网约车司机”活动，不少委员多了一位“司机朋友”。区政协委员仲卫东，本职是急救中心的一名医生，有了沉浸式体验，他的建言瞄准的都是“痛点”。在政协积极推动下，目前，海陵区已建立 20 多家户外劳动者驿站，路过的网约车司机等新业态新就业群体都可以进来喝水、充电、歇歇脚，成为城市文明的一道亮丽风景。

泰州市政协坚持在党委统一领导下，构建相关方共同参与的制度体系，完善诉求收集、处理、反馈和凝聚思想共识工作闭环，把“诉求直通车”机制融入履职全过程。去年以来，通过界别协商议事月、提案督办、信息专报、“委员帮帮队”等“直通车”渠道，开展专场活动 351 场次，汇集 7 大类 450 余条“诉求清单”，推动 270 余条得到实质性解决，成为该市政协完善委员联系界别群众制度机制的又一项品牌工作。

（本文原载于《人民政协报》2023 年 6 月 8 日第 2 版）

◎ 宿迁市政协

# “三联三促”画出最大最美同心圆

文／许田静

“学习没有捷径可走。毛主席说书不可以一日不读，《共产党宣言》一书就读了不下百遍。他学生时代坚持的‘五段学习法’就是把从早到晚的时间都利用起来。”5 月 9 日，江苏省宿迁市政协副秘书长、机关党委书记马东应所联系的党外委员高书香之邀，再次到市洋河新区初级中学，为学生们带来“毛泽东读书故事”专题讲座，讲述一代伟人青少年时代的读书志向、读书态度和读书方法，邀请孩子们即席朗诵经典诗篇，感悟峥嵘岁月，赓续奋斗精神。

高书香是市洋河新区初级中学工会负责人、民进宿迁洋河新区总支主委，也是马东的“三联三促”联系对象。去年 5 月，马东委员凭借“唱响国歌 守护国旗 致敬国徽”的党史公开课，成为孩子们仰慕的大朋友和校外辅导员。从联系一人到影响一片，通过以文化人、以史育人的点滴实践，在孩子们心中播下红色的种子、人文的种子，马东和高书香都很欣慰。

宿迁市政协根据 370 余名委员的地域分布及专业特长，分类确定联系对象，建立了以“联系基层群众、促进民生改善，联系非公企业、促进经济发展，联系党外人士、促进团结和谐”为主要内容的“三联三促”机制，切实让委员和群众紧密“联起来”、常态“动起来”。

要让制度不落空，建立精准化联系是关键。在认真摸排和充分征求意见的基础上，市政协安排 120 余名熟悉农业农村、热心群众工作以及群众急需的农技文化法律专业的委员联系 96 个乡镇街道和 30 余个重点村居；

120 名懂经济、懂市场以及涉企职能部门的委员联系非公企业；120 余名中共党员委员，联系党外知识分子、少数民族和宗教界人士，形成了每类委员各占 1/3 的“三三制”格局。

要让联系不走过场，就要合理确定联系内容和频次。委员们结合 5 月“界别活动月”、9 月“协商议事月”和 11 月“政协提案月”三个月度活动，每年至少 2 次赴联系点（对象）处，参与基层议事、进行调查研究、开展谈心谈话、收集社情民意，参加“百场六进”阅读推广、“五送”下乡集中服务等。

5 月 10 日，市政协主席冯岩到联系点江苏海明斯新材料科技有限公司走访调研。作为中国功能皂土行业的龙头企业，他们自主研发的高纯度锂皂石产品，打破了欧美几十年来的全球垄断，推动了我国锂皂石类产品走向国际顶尖水平。

“我们科技型企业，最稀缺的还是人才，最担忧的还是知识产权被侵犯。近期，公司一名技术骨干差点被‘挖墙脚’。”该企业负责人张天志说，产权的受损可能毁掉一个投资巨大的科创项目，建议加快建设中国（宿迁）知识产权保护中心、国家级知识产权快速维权中心，为企业提供高质量科创和维权服务。

针对人才难题，冯岩当即支招可用好政策异地建设研发中心，“走出去”灵活引才用才，并鼓励张天志以上市为目标，稳扎稳打、以稳求进。同时，交办市政协委员企业家协会，围绕提升企业自我保护意识和能力进行专题辅导，组织民营企业家与市场监管局、科技局等就深化多元解纷、推动知识产权行政和司法保护衔接共谋共商。

去年以来，委员们先后指导基层协商议事 860 余场次，走访企业 487 家，反映社情民意 1269 条，推动解决民生问题 2300 余个，协调解决物流、招工、税费减免等涉企问题 295 个，开展读书“六进”活动 250 余场次。

（本文原载于《人民政协报》2023 年 6 月 8 日第 2 版）

◎ 常州市钟楼区政协

# 让秋白音乐“声”入人心

文／钱奕舟　童华岗

“赤潮澎湃，晓霞飞动，惊醒了五千余年的沉梦……”位于江苏省常州市瞿秋白纪念馆的马凌委员工作室中常常传来钢琴弹唱的《赤潮曲》，这是常州市政协委员、钟楼区政协委员马凌在演绎瞿秋白红色音乐党课，激扬的旋律让在场的观众无不热血澎湃。

钟楼区政协在全国第一次系统性地抢救挖掘了瞿秋白创作的红色音乐作品，还完整地将瞿秋白红色音乐搬上舞台，让秋白红色音乐“声”入人心。这不仅是政协工作的一次大力创新，更是深入学习宣传贯彻党的二十大精神、常态化长效化开展党史学习教育的具体举措。

2022年，党史学习教育中央第五指导组组长孙永春在现场聆听“乐之秋白”音乐党课后，对钟楼区政协抢救、挖掘文史资料，丰富党史研究，推动党的创新理论“飞入寻常百姓家”给予了高度评价。

早在2019年，钟楼区政协有效整合政协委员资源和红色文化资源，专题化、系列化开展瞿秋白文史资料的挖掘、整理工作。钟楼区政协成立由文史委牵头，研究室配合，高校、党校、区档案馆以及瞿秋白纪念馆等单位的政协委员、专家学者组成的“瞿秋白红色音乐研究与应用工作小组”，扎实开展工作。区政协主要领导亲自抓，一月一例会、一季一研讨，抓进度、重质量、促成效。同时，工作小组远赴瑞金、长汀等地深化史料征集，深入调研感悟。经过努力，钟楼区在全国第一次系统性地挖掘整理了30多首瞿秋白创作的红色音乐作品，工作小组通过潜心研究，将这些红色音乐一一搬上舞台。2019 年，在全国首次公演了“初心使命·赤潮涌动——瞿秋白原创作品音乐会”；2021 年，庆祝中国共产党成立 100 周年，开展“百年·百场”瞿秋白音乐党课，引起社会各界高度关注；2022 年，“我是江南第一燕——瞿秋白红色音乐分享会”拉开帷幕，瞿秋白音乐史料成为钟楼政协“红色悦读”委员讲堂的经典课程。

“信仰有声音吗？我觉得是有的。瞿秋白音乐就是他内心深处革命信念的表达，他以跳动的音符真实记录了中共早期革命历史，让我们聆听到了革命家心灵深处的声音。”掌握丰富的瞿秋白红色音乐史料后，马凌和瞿秋白红色音乐研究与应用工作小组一直想着如何能将这极富感染力的音乐让更多人欣赏到。

思考许久后，马凌想到以浸润式音乐党课来丰富党史学习教育的演绎形式。通过有讲、有唱、有吟诵的多元方式，让听众在艺术的沉浸中触摸信仰的力量，对党史有更具体的了解体会。

钟楼区政协关注到委员的思考，和委员共商，提出走“共驻共建、共享共赢”之路，采用“人民政协主导、专业团队主创、政协委员主体”的办法，在举办大型瞿秋白作品音乐会的同时，创新了短小精悍的“乐之秋白”音乐党课。“乐之秋白”音乐党课线上、线下同时推进，大型音乐课和小型微党课同步推出，覆盖广、受众多。

如今，在常州，“乐之秋白”音乐党课走进高校、机关、工厂、社区，以声情并茂、喜闻乐见的形式，成为高校“思政课堂”最受欢迎的课程之一、社区“道德讲堂”反响最热烈的讲座之一。迄今为止，“乐之秋白”音乐党课共举办现场讲座 160 场，“线上 + 线下”的音乐课堂受众高达 20 万人次。

同时，钟楼区政协创新应用方式，由马凌担任团长，孵化志愿者“乐之秋白”音乐党课讲师团，让更多政协委员、音乐教师等骨干担任讲师，同时在街道、社区培育红色音乐宣讲员 80 名。“乐之秋白”音乐党课也已成为常州市委党校处级干部主体班的主干课程。

（本文原载于《人民政协报》2023 年 6 月 8 日第 2 版）

# |浙江省政协|

# 学思践悟强担当　凝心聚力促发展

文／李　宏　鲍蔓华　张樱樱

今年是浙江实施“八八战略”20周年，也是“千万工程”实施20周年和“浦江经验”20周年。二十年来，浙江坚持一张蓝图绘到底，造就万千美丽乡村，造福万千人民群众。

“‘八八战略’是习近平新时代中国特色社会主义思想在浙江萌发与实践的集中体现和重要标志，‘千万工程’和‘浦江经验’是实施‘八八战略’的重大创举，要在循迹溯源中深刻把握‘八八战略’的重大意义、准确把握习近平总书记关于‘千万工程’和‘浦江经验’重要批示的精髓要义，在深化‘八八战略’新实践续写‘八八战略’新篇章中展现担当作为，让‘八八战略’在新时代更加熠熠生辉。”5月26日，浙江省政协党组理论学习中心组举行主题教育专题学习会，省政协主席黄莉新对学习贯彻习近平总书记重要批示精神作出部署。

在学深悟透中感悟真理伟力，在牢记嘱托中凝聚奋进动力。浙江省政协深入学习贯彻习近平新时代中国特色社会主义思想和习近平总书记重要批示指示精神，全面贯彻党的二十大精神，坚决维护核心、紧紧围绕中心、践行为民初心、广泛凝聚人心，高站位打造政协党建新高地、高起点完善协商议政新格局、高水平搭建凝心聚力新矩阵、高质量架设联系群众新渠道、高标准构建制度机制新体系，深入开展系列协商议政、系列民主监督、系列民生履职工作，不断推动人民政协工作创新发展、走在前列，奋力当好新时代加强和改进人民政协工作排头兵，为忠实践行“八八战略”、以“两个先行”

打造“重要窗口”、奋力谱写中国式现代化浙江篇章贡献政协智慧和力量。

## 凝心铸魂，推动党的创新理论走深走实

深入开展学习贯彻习近平新时代中国特色社会主义思想主题教育，是贯彻落实党的二十大精神的重大举措。浙江是习近平新时代中国特色社会主义思想重要萌发地，省政协党组以强烈的使命担当，推动党的创新理论走深走实。

4 月 11 日，省政协召开学习贯彻习近平新时代中国特色社会主义思想主题教育动员会，明确要牢牢把握主题教育总要求，锚定目标任务，强化政治自觉，勇于担当作为，提出“五个强化、五个走在前”的具体要求：强化理论武装，在凝心铸魂筑牢根本、彰显政协更强定力上走在前；强化党性修养，在锤炼品格强化忠诚、展现政协更高站位上走在前；强化争先创优，在实干担当促进发展、交出政协更优答卷上走在前；强化初心使命，在践行宗旨为民造福、体现政协更深情怀上走在前；强化纪律规矩，在廉洁奉公树立新风、展示政协更好形象上走在前，高标准高质量开展主题教育。

这是一场理论大学习。省政协健全完善以党组理论学习中心组学习为引领，季度座谈会交流学、常委会会议集体学、崇学讲坛专题学、读书活动深入学、网络平台线上学、委员培训研讨学等相配套的“七学”制度体系，委员培训实现十三届省政协委员全覆盖，在学深悟透习近平新时代中国特色社会主义思想中汲取真理力量。

“专家的讲课主题鲜明、内涵丰富、旁征博引、深入浅出，为我们深入学习领会习近平新时代中国特色社会主义思想和‘八八战略’提供有益帮助，听了很受启发。”省政协委员颜瑶卿，每次都来聆听崇学讲坛的专题报告。

书卷常开，灯火不熄。浙江数字政协“学习在线”成为委员们学习交流的“精神家园”，分期围绕学习贯彻党的二十大精神、习近平总书记重要著作、重要讲话精神等主题开展网上讨论交流。省政协主席黄莉新每次带头作宣讲领读，省政协主席会议成员、各专委会主任和各设区市政协主席

作重点发言，政协委员纷纷跟进交流，学出坚定信念、为民情怀、使命担当。

这是一场思想大武装。省政协充分发挥浙江作为习近平新时代中国特色社会主义思想重要萌发地的资源优势，抓深做实“循迹溯源学思想促践行”活动，深入开展习近平总书记关于加强和改进人民政协工作的重要思想在浙江的探索与实践的研究，编纂相关学习资料，推动政协委员和机关干部溯源研讨学习。

宁波奉化区滕头村、台州椒江区大陈岛……省政协党组成员循着习近平总书记在浙江工作时走过的足迹、擘画的印迹、牵挂的心迹，开展“牢记嘱托、感恩奋进”现场学习，追溯新思想的“源头活水”，重温习近平总书记的殷殷嘱托，不断增添建新功的信心力量。

这是一次党建大加强。省政协深化打造以“五同五心、五大行动”为主要内容的“同心向党”党建工作品牌，坚持政治同心、维护核心，思想同进、理论走心，组织同建、履职尽心，作风同抓、践行初心，纪律同强、常守清心，深入开展红色领航、凝心铸魂、融合双促、先锋示范、崇德尚廉行动。精心组织“同心跟党走、奋进新征程、建功新时代”系列活动，加强思想政治引领、广泛凝聚共识，以高质量党建引领高水平履职。

## 聚焦大局，助力书写“两个先行”更优答卷

5月24日，省政协“深化‘千万工程’、建设美丽乡村”三级政协专项集体民主监督启动，市县政协同步开展民主监督。这是浙江贯彻落实习近平总书记两个重要批示精神系列活动的一项重要内容。

省政协组成11个监督小组，采取“四不两直”监督调研方式，重点围绕乡村产业兴旺度、基础设施完备度、公共服务便利度、人居环境舒适度、乡村文化兴盛度、农民生活富裕度、乡村社会和谐度开展民主监督，助推“千万工程”再深化再提升。

党委有号召，政协见行动。浙江省政协认真贯彻落实党的二十大精神，按照省委部署要求，紧扣忠实践行“八八战略”、努力打造“重要窗口”主题主线，以高质量履职服务共同富裕先行、省域现代化先行，努力在谱

写中国式现代化浙江篇章上交出更优答卷。

创新深化、改革攻坚、开放提升，是新时代新征程浙江深入实施“八八战略”的关键之举。省政协专门出台《关于深入实施“八八战略”服务助推创新深化改革攻坚开放提升的实施意见》，细化方案，完善机制，精准助力党委政府中心工作。

“浙江的民营企业发展环境一直走在全国前列，建议鼓励支持民企参与重大项目建设，发挥好国企规模大、信誉等级高等优势的‘压舱石’作用和民企机制活、创新力强等优势的‘鲶鱼’作用，营造稳定透明可预期的市场环境。”在省政协首场政企协商会上，围绕“优化民营企业发展环境、推动民营经济高质量发展”主题,正泰集团股份有限公司董事长南存辉开门见山，亮出观点。

为助力创新深化、改革攻坚、开放提升，省政协运用多种方式广集众智良策，深入开展“强化创新驱动、大力推进数字经济创新提质‘一号发展工程’”“推动高水平对外开放、实施‘地瓜经济’提能升级‘一号开放工程’”专题调研，围绕“营商环境优化提升‘一号改革工程’实施情况”开展专项集体民主监督，助力党委政府重大决策落地见效。

坚持先调研后协商、不调研不协商的工作理念，省政协出台《关于大兴调查研究进一步推进调查研究工作规范化制度化的实施方案》，为高质量履职提供制度支撑，推动“大走访大调研大服务大解题”走深走实。

在港口码头考察物流枢纽建设、在重大项目现场了解临港产业发展、在企业车间询问生产运营情况……黄莉新率“助力提升沿海产业发展竞争力”课题组先后赴温州、舟山、宁波、台州4市6县（市、区）开展7天调研，深入30余个调研点，为推动沿海产业高质量发展建真言谋良策。

主题教育期间，省政协党组成员和主席会议成员围绕13方面课题，每人至少领衔1个课题，深入基层调研，切实在“深、实、细、准、效”上下功夫，用党的创新理论研究新情况、解决新问题。

在大兴调查研究中提高资政含金量，在协商议政中增强建言精准度，在落实决策部署中强化监督助推力，“政协答卷”更加亮丽。

## 双向发力，画出团结奋斗最大同心圆

“这场宣讲既有理论高度，又密切联系实际，让港澳委员和港澳人士都听得懂、听得进、听得明白。”浙江省政协常委、澳门侨光集团有限公司董事长王世民在聆听“同心汇”宣讲后，有感而发：“学习好、贯彻好习近平新时代中国特色社会主义思想和中共二十大精神是政协委员义不容辞的责任，让我们更加坚定中国式现代化的历史自觉和道路自信。”

5月8日至10日，黄莉新率省政协代表团先后赴澳门、香港开展“同心汇”宣讲，围绕全面学习贯彻习近平新时代中国特色社会主义思想和中共二十大精神，紧扣“以中国式现代化全面推进中华民族伟大复兴”主题，与港区、澳区浙江三级政协委员、旅港澳浙籍乡贤等进行交流，两场宣讲听众400多人，引起热烈反响。

为广泛凝聚人心和力量，省政协创新搭建加强团结的线上线下平台载体，创设“同心汇”宣讲平台，构建全媒体“同心传播矩阵”，建成委员会客厅138家，实现市县全覆盖，1300余家委员工作室活跃在街道、社区、学校和乡村。

湖州市吴兴区织里平安大姐委员工作室在织里镇矛盾调解服务中心开设窗口，为“新织里人”提供政策咨询、纠纷化解等服务；绍兴市政协工商联界别服务民营经济委员工作室，积极为求职者和企业搭桥铺路，开展多场促就业活动……

省政协传承弘扬践行“浦江经验”，深入基层开展下访接访。发挥专门协商机构优势作用，实践全过程人民民主，积极打造“民生议事堂”这一政协协商向基层延伸的创新品牌，建立1389个民生议事堂，实现乡镇（街道）民生议事堂与委员工作室、社情民意信息联系点“三位一体”建设全覆盖，部署开展民生议事堂“助解急难愁盼、增进民生福祉”专题协商议事活动。探索推进委员走进基层、走进企业、走进乡村和联系群众的“三走进一联系”活动，精心组织送文化、卫生、科技、教育、法律、体育“六送下乡”活动，在服务群众中增团结、汇合力。

“以前认为很难办的事情，现在大家聚到民生议事堂一起讨论，许多问题得到妥善解决了，党委政府对民生议事堂倍加重视，群众获得感满满，各方关系也更融洽了。”如今在浙江许多镇街，常能见到接地气的一幕一幕：大树下、果园里、老街上，政协委员与政府部门、基层群众代表围坐共商民生事。

嘉兴秀洲区高照街道民生议事堂推动建造了蓝领公寓，托起企业职工“安居梦”，青田县章村乡民生议事堂助推当地举办首届油茶文化节活动……有事好商量、众人的事情由众人商量，在商量中凝聚共识、破解难题、促进发展，正成为浙江百姓生活的新常态。

凝心聚力奋进新征程，勠力同心铸就新华章。浙江省政协努力以一流标准一流作风一流业绩，不断开创政协工作新局面，在奋力谱写中国式现代化浙江篇章的大场景中焕发新风采、展现新作为。

（本文原载于《人民政协报》2023 年 6 月 6 日第 1 版）

◎ 湖州市政协

# 心系群众　履职有为

文/李　宏　鲍蔓华

在湖州市安吉县天荒坪镇余村刚刚开张的安吉白茶旗舰店里，几位茶农正在向旗舰店总负责人认真“取经”，如何开好一家旗舰店、怎样做好安吉白茶的品牌保护……这些在别处很难听得到的“商业机密”，被毫无保留地和盘托出，如此实用的一节实操课源于湖州市政协委员、余村联村干部施永晨的牵线搭桥。

“群众信任我，我感觉和群众的心越来越近了，这让我更有成就感。”作为农业界别委员，施永晨表示，除了为余村宣传推介之外，他以政协委员的身份通过界别活动、“农情议事会”等活动载体协商助农，助力茶农共同富裕。

心之所向是群众，责之所履为群众。近年来，湖州政协鼓励以界别为单位，开展协商主题具有界别特色的协商议政活动，形成了“专委会联系界别、委员联系界别群众”的履职格局。如市政协农业界别创新打造“农情议事会”协商工作品牌，以聚焦全面建成小康社会和乡村振兴中遇到的难点堵点问题，推动农业界别委员下沉。这样的协商活动往往是哪里群众多、哪里群众方便，就在哪里开，由此出现了田头议、工地商、庭院议、车间商等多种形式，有效打通了政协委员联系服务群众的“最后一公里”。

把委员联系服务界别群众工作同发挥专门协商机构作用、服务社会治理结合起来，在倾听民声、汇聚民智、阐释政策、传播共识中发挥委员最大效应，市政协常委、湖州法律服务政协委员会客厅牵头委员周桂珠正以硬核出招。日前，湖州首个专项法律服务中心——企业合规法律服务站揭牌成立，来自33个城市的律所负责人以及企业家、商会代表等齐聚会客厅，共同探讨如何为湖州营商环境优化提升提供法律保障。而这，也意味着进一步集聚会客厅所有资源、统筹多方力量，为企业在“企业合规、刑事合规、数据合规”方面提供更加精准有效的“大合规”法律服务。

“建好用好‘三位一体’平台，在谈心交流和换位思考中汲取协商方法，进一步拉近了委员与群众的距离。”市政协提案委主任庞娟英表示，市政协大力推进“三位一体”建设，把委员工作室、社情民意信息联系点融入“民生议事堂”建设，实现“民生议事堂”72个乡镇街道全覆盖。目前，已开展协商活动336场，提出建议1301条，被党委政府采纳1053条，助推问题“就地”解决，实现以协商赋能基层社会治理。

“走到哪里，我的民情日记本就带到哪里，哪怕是单位开会也带着！”市政协委员、湖州物资化建民爆董事长陈忠打趣说，2022年以来，市政协有效发挥委员主体作用，完善委员联系界别群众机制，充分发挥“一根头发带动一把头发”作用，向政协委员发放“民情日记本”，通过“十个一”途径，主动向群众宣传党的路线方针政策、重要法律法规，听取群众呼声愿望、利益诉求、意见建议。

构建全链条式委员联系界别群众工作机制，是湖州市政协践行全过程人民民主理念、推动委员深入基层服务群众的一次探索。为进一步拓宽委员联系界别群众的广度和深度，换届以来，湖州政协努力构建“四融三联两走进”凝聚共识新机制，明确了“党内联党外、专委会联界别、委员联界别群众”的工作体系，真正做到协商在一线、委员在身边。“我们将进一步加强委员队伍建设、建立健全制度机制、优化路径方法以及营造良好氛围，推动政协协商赋能基层治理取得新成效。”湖州市政协主席李上葵说道。

（本文原载于《人民政协报》2023年6月6日第2版）

◎ 嘉兴市政协

# “四敢争先”展红船旁政协风采

文 / 李　宏

初夏的南湖，绿树成荫，鸟语花香，一派欣欣向荣。南湖畔、红船旁的政协人正满腔热情全身心投入“四敢争先”实践活动中。

“‘四敢’，是习近平总书记在中央政治局会议上提出的重大要求。嘉兴是中国革命红船启航地，敢为天下先，是流淌在城市血脉里的精神基因，对标市委‘四敢争先’的部署要求，我们要始终保持奋斗的姿态、一线的状态，充分发挥政协组织和政协委员的作用和优势，勇担当、作表率、展风采……”这是质朴的承诺，也是铿锵的誓言。

行胜于言。嘉兴市政协在3月底召开“四敢争先”实践活动部署会后，全市各级政协组织和广大政协委员迅速行动起来，全力以赴把“让干部敢为”体现在履职尽责中，把“让地方敢闯”融入服务大局中，把“让企业敢干”结合到助企服务中，把“让群众敢首创”贯穿于凝聚共识中，以实际行动推动“四敢争先”蔚然成风。

“最近订单情况怎么样？”“企业发展过程中有什么困难？”“对嘉兴的发展有什么意见建议？”开年以来，市政协主席陈利众和其他主席会议成员分别带队，政协委员和机关干部全员参与，赴各县（市、区）和委员企业等基层一线开展调查研究。

人是企业发展的关键。经开区一家制造业企业反映在员工宿舍建设上遇到困难，经过市政协和有关部门沟通协调，该公司员工宿舍建设现已完成初步方案设计，这样的精准服务也为企业发展壮大增强了信心。

这是市政协助力“企业敢干”的生动缩影。今年以来，各调研组开展走访、调研和服务活动 47 次，走访企业 70 多家，提出意见建议 90 多条，解决问题 20 多个，不少意见建议转化为提案和社情民意信息，为党政决策提供参考。

炎炎夏日将至，会不会拉闸限电，成为许多企业关心的问题。于是，一场关于“双碳”背景下如何绿色低碳发展的“请你来协商”应运而生。政协委员来了，企业家来了，界别群众代表来了。“高质量发展和绿色低碳发展目标相联、内涵相通。当前各地都在千方百计拼经济、谋发展，越是这个时候，我们越是要防止‘捡到篮子里就是菜’的项目冲动，要完整、准确、全面贯彻新发展理念，积极探索‘双碳’背景下嘉兴绿色低碳发展路径，确保始终在正确的轨道上推动高质量发展……”问题在协商中解决，矛盾在协商中化解，人心在协商中凝聚。

如何充分调动人民群众的积极性、主动性、创造性？市政协牢固树立协商于民、协商为民的理念，将协商民主的重心下移，把议政建言延伸到基层、深入到群众，作为政协助力“群众敢首创”的首要环节。南湖街道南湖社区，是离嘉兴南湖最近的一个社区。这里老旧小区相对集中，老年人口占比达 32.37%。对于很多子女不在身边的老年人来说，“看病难”成为一大问题。近日，南湖社区新湖绿都小区的居民们迎来了嘉兴市第一医院等市级公立医院 10 位专家的集体出诊。

“年纪大了，坐公交车赶到医院看病不方便，我就在政协委员调研时反映了，是政协的一场商量帮助解决了难题，把专家送到我们家门口……”社区居民徐师傅表达了居民们的喜悦。嘉兴市是“民生议事堂”的发源地，2022 年起，市政协进一步整合市、乡镇、村（社区）的力量和资源，探索建立“协商驿站”微协商，广场、社区、市场，哪里有人，哪里有矛盾，哪里就能协商议事。

“秀水泱泱，红船依旧。时代变迁，精神永恒。”习近平总书记的殷殷嘱托犹在耳畔。嘉兴市政协将牢记总书记嘱托，以伟大建党精神和红船精神为引领，全面贯彻党的二十大精神，全力打造“争当新时代加强和改进人民政协工作排头兵”的实践高地，在新时代新征程上奋力彰显红船旁政协的担当和风采。

（本文原载于《人民政协报》2023 年 6 月 6 日第 2 版）

◎ 绍兴市政协

# “枫桥式”界别工作法助力全过程人民民主

文/鲍蔓华　徐翱翔

今年是毛泽东同志批示学习推广“枫桥经验”60周年暨习近平总书记指示坚持和发展“枫桥经验”20周年。在“枫桥经验”发源地，绍兴市政协坚持委员从界别中来，到界别中去，发动委员尽可能多地走访群众、倾听呼声，实践出“枫桥式”界别工作法，在助力全过程人民民主上探索出了一条新的路径。就在半个月前，市政协围绕“在社会基层坚持和发展新时代‘枫桥经验’”主题举行专题界别协商会，市委书记温暖带领党委、政府有关部门负责人，认真倾听、记录，充分肯定了16位委员的高质量发言。为了这场协商会，委员们深入调研了半年多时间，他们把从群众那里找到的问题短板、对策建议，向党委、政府反映并成为影响决策制定、实施和完善的重要因素。

坚持党建引领是“枫桥式”界别工作法的前提。绍兴市政协开展多种形式学习培训，组织委员深入学习贯彻习近平新时代中国特色社会主义思想，通过履职把党的主张转化为各界群众的广泛共识，在省内率先实现党的组织对党员委员的全覆盖和党员联系党外委员全覆盖。“党员委员对群众路线认识更深刻、方法掌握更到位。”市政协民革界别活动组召集人刘国铭委员说，“联系我的党员委员是马彩君，她对我们的界别工作提出了很多宝贵意见”。

广泛联系群众是“枫桥式”界别工作法的基础。“肯花时间、肯花心血，联系群众越多、越广、越深，界别工作的质量自然就更高。”这是市政协农业农村界召集人褚剑锋委员的感悟，也是市政协一直提倡的导向。

4 月，委员们深入田间开展春耕备耕调研，从几十位种粮大户那里收集到的意见建议，已形成一篇高质量的社情民意信息。同时，市政协经济委组织委员分成 6 个组，就如何推动制造业上市公司引领力提升，对绍兴 74 家上市企业逐一走访。“不同领域的委员看问题、想问题的角度一定很新颖”，一位部门负责人闻讯来电，希望能参加此后的课题协商。

发挥委员所长是“枫桥式”界别工作法的关键。市政协每年同市委、市政府制定协商工作计划，开展系列协商议政和民主监督，会同区、县（市）政协建好委员会客厅、委员工作室、民生议事堂等平台，每家都有年度协商重点。“任务清单，让委员有了更多选择”，任燕委员今年履职得分第一，她的秘诀在于紧扣党委、政府中心工作开展调研，拿到了许多材料批示加分。市政协创设“爱心社”，为委员联系和服务界别群众提供新平台。委员们通过扶贫帮困、支教助学、抗击疫情和“六送下乡”等，切实履行社会责任。

加强考核激励是“枫桥式”界别工作法的保障。市政协今年出台的《政协绍兴市委员会政协委员联系界别群众办法（试行）》，对委员联系群众提出明确要求。“委员要从凝聚社会共识、建言中心大局、服务界别群众、反映基层诉求 4 方面任务发力，要从日常联系走访、参与界别活动、助力基层治理、参加平台活动、开展网上服务 5 种具体方式入手”，市政协分管负责人表示，委员联系界别群众情况将作为优秀委员推荐和“最美政协人”评选的重要内容，反映基层诉求和联系界别群众不积极的将被一票否决。

界别工作归根结底是群众工作。绍兴市政协主席魏伟表示，将继续发动广大政协委员深入界别群众，大兴调查研究，听取意见建议，积极建言资政，助推民生福祉，推动全过程人民民主在绍兴的生动实践，更好把人民政协制度优势转化为治理效能。

（本文原载于《人民政协报》2023 年 6 月 6 日第 2 版）

◎ 衢州市政协

# “协商衢道” 不负众望

文／鲍蔓华　许艳霞　胡夏菡

“没想到我们的两项建议都被采纳了，特别自豪，希望工程能够早日落地。”近日，守在电视机前认真观看《协商衢道·众望》的衢州市鹿鸣小学师生欢呼雀跃。

《协商衢道·众望》是衢州市政协与当地新闻传媒中心联合打造的一档全新电视专题节目，通过邀请政协委员、民主党派、界别群众现场监督、协商办理，推动党委政府决策部署有力落实、群众关注的热点难点问题及时解决、委员提出的意见建议有效转化。第一期节目将镜头对准了城市的“微空间”改造，针对去年8月市政协专题议政性常委会会议收集到的124条城市“金角银边”改造建议及市领导批示落实推进情况进行回头看。

创新民主监督＋新闻媒体监督形式，将协商成果转化为老百姓可知、可感、可看的民生实惠，是衢州市政协近年来构建“协商衢道”政协协商民主体系的积极探索之一。聚焦党委政府中心大局和群众“急难愁盼”，构建全过程、高质量、闭环式履职链，是“协商衢道”履职品牌的价值追求。“一委一品”是“协商衢道”上的传奇。为贯彻落实浙江省委营商环境优化提升“一号改革工程”，衢州市政协经济委着力打造“企盼商衢汇”履职品牌，积极搭建委员与企业双向交流“直通车”。通过实地调研、线上征集、点对点联系等方式，首场“企盼商衢汇·助推一号改革工程”专题协商会精准聚焦企业发展遇到的3类共性问题、5个具体问题。12名政协委员、17家部门负责人、10位企业家代表共商排忧解难之计。与以往协商活动不同的是，

“企盼商衢汇”专题协商会还特别邀请党政“一把手”和纪委、组织部等现场督促，确保组织为干部担当、干部为事业担当得到充分体现，让企业敢说、部门敢为、基层敢首创。

以“同心向党·商衢先锋”党建品牌为引领，以“一委一品”创新提质、“比晾晒”创新争先等“七大机制”为保障，市政协各专委会不断焕发生机活力，“青年委员说”“商衢惠民”等协商平台风生水起，“协商衢道”深入全市经济社会发展各个领域。

眼下，衢州市常山县新昌乡郭塘村的月季种植基地里每天都是繁忙景象。村民们为盛开的月季套袋、采摘、分拣、剔叶、包装，准备销往江西省上饶市广丰区。村党支部书记张荣脸上藏不住丰收的喜悦，月季的销路曾是让他犯愁的大难题，“村里这几年大力发展月季产业，每到 4、5 月份鲜花争相竞放，大量游客前来打卡。可是月季盛开季比较短，单靠赏花很难盈利。”

发现问题后，一场由政协委员、村民代表、供销社和住建局负责人参加的协商活动在郭塘村“协商驿站”里火热开展。“为什么不把月季作为市政花卉打开销路？”在委员们的建议和帮助下，郭塘村月季渐渐开满了常山县城大街小巷，如今更是跨省现身广丰。目前，郭塘村月季种植规模达 300 余亩，年产值 53.6 万元。

把“协商衢道”延伸到群众家门口，遍布全市 103 个乡镇（街道）1000 多个村的“民生议事堂”“协商驿站”先后开展协商活动 854 场次，为群众解决了 400 多个问题。市政协主席方健忠表示，探索协同高效的政协协商民主体系要坚持党建统领、系统重塑、平台再造，不断串起履职链、工作链、成果链，在推进政协工作高质量发展上实打实、硬碰硬，勇当排头兵。

（本文原载于《人民政协报》2023 年 6 月 6 日第 2 版）

◎ 台州市政协

# 汇识汇智汇力 “绘”出界别新气象

文／李　宏　鲍蔓华

4 月 24 日，在台州市政协科技、科协界别的一场界别调研座谈会上，委员企业家和台州市博士联谊会的专家学者深入交流探讨、碰撞思维火花。台州市政协委员、浙江金浪动力有限公司董事长吴华聪说：“建立在相似专业背景下的沟通非常顺畅。我们和台州学院航空工程学院在科研合作、人才培养等方面达成多项合作共识。”

这样的高质量界别活动，正是台州市政协今年启动“界别工作加强年”以来，精心策划的界别“五个一”活动之一。每季度一次高质量的界别学习，每年一次高质量的界别调研、一次高质量的界别协商、一次高质量的界别监督和一次高质量的界别服务，以“五个一”具体活动牵引界别工作新提升，以活动实际成效衡量界别工作新质效。

如何提升委员联系界别群众规范化水平，是当前人民政协工作重大课题。台州市政协及时出台《关于促进委员联系界别群众的意见》，探索“三个四”模式，即委员常态化固定联系 4 名左右政治素质高、代表性强、社会影响力大的界别群众，通过走访交流联系、数字手段联系、依托平台联系、参与服务联系等方式，做好宣传政策、了解民意、促进履职、办好实事等联系服务工作。

目前，委员联系和服务界别群众的各项活动紧锣密鼓地开展。3 月 21 日，市政协农业界别的委员和界别联系的专家团队在三门县浦坝港镇开展的科技助农活动受到了当地群众的热烈欢迎。5 月 20 日，市政协教育界别委员工作室的3位领衔人高美娇、林彩珍、李金国为来自全市各地的100余名家长和老师代表，作了一场名为“为爱放下手机——高质量的亲子陪伴”主题讲座。

如何更好发挥委员主体作用，更好体现政协界别特色，更好提升界别工作显示度和辨识度？市政协积极挖掘台州作为和合文化重要发祥地的文化优势，着力将和合文化融入“五个一”“三个四”等政协界别工作，倾力打造“和合界别汇”品牌，创新界别工作模式，推动界别活动、委员联系界别群众、界别阵地建设等起到汇识汇智汇力作用。

台州是和合文化全球论坛永久举办地。“和合”理念全方位体现、深度融合，市政协协商中心功能定位不断优化，面向界别委员和群众，建成“和合”系列履职阵地。近日，深度解读民法典的“和合委员讲堂”开讲。“加强城市精细化管理”重点课题学习座谈会在“和合委员书房”召开。8家界别型“和合委员工作室”，主动面向界别群众，开展学习交流、专题宣讲、公益服务，进一步提高市政协界别工作创新发展水平。

界别工作实际成效更体现在开展高质量的界别协商、提出高质量的界别意见建议，助力地方经济社会全面发展上。台州市经济界别和工商联界别以及界别联系的群众，主要是来自各行各业的企业家。4月27日，由市政协牵线搭台，一场政府和企业家代表面对面的政企协商会，产生了很好的效果。有关部门负责人针对企业家提出的意见建议，有会上直接答复落实解决的，也有会后主动联系提供相应服务的，让企业家们信心倍增。

与此同时，市政协着力完善主席会议成员联系界别机制，选好界别召集人和联络员，鼓励跨界别和界别活动组联合活动，形成既有分类又有整合的条块结合模式，以界别工作的实际成效推动委员更好在政协工作中唱主角、在本职岗位上作表率、在界别群众中当示范。

（本文原载于《人民政协报》2023年6月6日第2版）

# ｜安徽省政协｜

# 持续聚焦创新发展资政建言

文／胡方玉

党的二十大指出：深入实施科教兴国战略、人才强国战略、创新驱动发展战略，开辟发展新领域新赛道，不断塑造发展新动能新优势。

对于创新型省份建设中的安徽而言，这是“国之大者”，事关夯实现代化美好安徽建设基础性战略性支撑的大局。

对于安徽政协而言，这更是“皖之要事”，是人民政协服务全省高质量发展的使命所在……

## 共鸣与共识

“要坚持教育优先发展，深入实施产教融合，以教育之强夯实现代化美好安徽建设之基。”

“要坚持科技自立自强，深入实施科产融合、科教融合，以创新之强激活现代化美好安徽动力之源。”

“要坚持人才引领驱动，加快建设人才强省，以人才之强支撑现代化美好安徽上升之势。”

……

6月7日至8日，安徽省政协召开议政性常委会会议，围绕“坚持人才引领驱动，深化与教育、科技协同”主题建言资政。省委书记韩俊与委员、专家们齐聚一堂，共商如何夯实现代化美好安徽建设基础性战略性支撑。

这是一场名为“资政会”的议政性常委会会议，在安徽省政协的协商格局中举足轻重。协商的主题向来是全省上下最为关切的大事要事。

作为开局之年的开篇之作，十三届安徽省政协首场资政会，主题就聚焦在教育、科技和人才之上。

诚然，在全面建设社会主义现代化国家的进程中，教育、科技、人才的基础性战略性地位不言而喻。

5 月 29 日，中央政治局第五次集体学习时强调，建设教育强国、科技强国、人才强国具有内在一致性和相互支撑性，要把三者有机结合起来、一体统筹推进，形成推动高质量发展的倍增效应。

近年来，安徽大力实施人才强省战略、科教兴皖战略，实现人才工作提质增效、教育事业健康发展、科技创新成果丰硕、产业发展动能强劲，为现代化美好安徽建设提供了有力支撑。但在高质量发展的要求之下，三者统筹推进仍需进一步深化研究。

“人才管理机制需进一步完善，人才评价制度针对性要增强；人才队伍结构需要进一步优化；企业在引才机制、创新能力等方面的主导作用要进一步发挥；科教融合、产教融合、产才融合需进一步深入，人才链、教育链、创新链、产业链、资金链系统集成的效能有待进一步提升……”在会上播放的反映全省协同水平的专题片中，相关问题引起了与会者共鸣。

共鸣之外，还有共识。

委员们认为，当前，安徽正处于厚积薄发、动能强劲、大有可为的上升期、关键期，要坚持人才引领驱动，深化与教育、科技协同发展，不断夯实现代化美好安徽建设的基础性、战略性支撑，为全面建设社会主义现代化国家、全面推进中华民族伟大复兴贡献安徽力量。

这些共识，激发着政协组织和委员们的履职自觉。

## 全链条精耕细作

3 月 30 日，合肥市中安创谷科技园迎来一批来访的客人。

该园区是围绕人工智能、大健康等新兴产业领域，构建“资本、政策、技术、人才、创新、产业”融合发展的大科创生态平台——“科大硅谷”核心区的主要组成部分。当天上午，省政协主席唐良智率调研组来到这里，了解培育支持创新型企业情况，实地察看入驻企业。

这是围绕今年省政协资政会主题——“坚持人才引领驱动，深化与教育、科技协同，夯实现代化美好安徽建设基础性战略性支撑”开展的首场调研。此后近两个月内，省政协先后赴广东、陕西两省，省内4市考察调研，并赴高校召开专题座谈会。

在此过程中，省政协组织科协界、教育界委员分别围绕资政会子课题“推进科技创新策源地与新兴产业聚集地融合发展”和“促进产教融合发展”开展省内调研，并向有关省市开展了书面调研。

1月12日，在省政协全会首场联组会议上，委员们即围绕“加强教育科技人才协同支持”进行深入讨论。2月上旬，省政协副主席李和平率队走访省委组织部、省科技厅、省教育厅、省人社厅等相关部门，筹备工作全面展开。

值得一提的是，这场年度协商大戏，也激发着省各民主党派、工商联以及市县政协的联动履职热情。

记者发现，在会议的材料汇编中，收录了94篇发言和调研报告。其中超过60篇来自省各民主党派、工商联以及市县政协的履职成果。

由此，从开题到开会时间跨度超过4个月，资政会筹备模式也清晰呈现：

“依托资政会这样的重要履职平台，我们打造了一个履职全链条。”负责资政会筹备工作的省政协教科委相关负责人介绍，在全会上，省政协以联组会形式为资政会预热、开题；在会议筹备中，省政协主动加强与省各民主党派及省直部门的“左右互动”,引导和完善与市县政协的“上下联动”,在时间和空间上为资政会高质量召开精耕细作。

功夫不负有心人！

“主题选得非常好，时机选择非常好，会议组织得非常好。”在2天的会议中，会议成果得到与会者的一致好评。韩俊也给予高度评价，指出在省委人才工作会议之前召开资政会，建言建在需要时，真正体现了政协的担当作为。

## 履职没有休止

一个值得注意的细节是，自十二届安徽省政协以来，每年以绣花功夫精雕细琢的资政会，主题一直没有改变——始终聚焦全省的创新发展。

创新，向来是推动人类社会向前发展的重要力量。对安徽而言，创新，也是江淮大地的时代使命。

2016 年 4 月和 2020 年 8 月，习近平总书记两次考察安徽，勉励安徽坚定不移下好创新“先手棋”，奋力打造在全国具有重要影响力的科技创新策源地、新兴产业聚集地。

时至今日，牢记嘱托的安徽，科技创新已实现重大突破——合肥综合性国家科学中心启动建设，已建在建拟建大科学装置 12 个。量子通信、量子计算、核聚变等领域原创成果世界领先，区域创新能力从全国第 10 位跃升至第 7 位。

在全省蓬勃发展的创新大潮中，人民政协的履职情怀也最大限度地倾注于创新发展之上。

近年来，安徽省政协先后围绕“深入推进四个一创新主平台建设”“推进长三角更高质量一体化发展”“下好先手棋，打造科技创新策源地”“加快科技创新攻坚力量体系建设”“加快科技创新成果转化应用体系建设”等主题，聚焦建设创新主平台、打造攻坚力量体系、加快成果转化应用等重大议题，连续以资政会为平台，一以贯之、环环相扣、精耕细作，形成系列高质量建议案，助力塑造发展新动能新优势。

“通过多年一贯聚焦创新，省政协在全省治理体系之中充分发挥专门协商机构作用，为全省加快发挥创新优势、加速释放创新潜能提供了重要助力平台，展示了新时代政协形象。”在资政会的分组讨论中，与会委员们这样评价。

6 月 8 日下午，历时 2 天的资政会闭幕，但安徽省政协围绕创新发展的履职并没有停止。

“全省各级政协组织和广大政协委员要深入贯彻落实中央决策部署及省

委工作要求，深化学习研究，持续资政建言，以高水平履职助推教育、科技、人才‘三位一体’协同发展，为现代化美好安徽建设贡献更多智慧和力量。”在资政会闭幕会上，唐良智表示。

（本文原载于《人民政协报》2023 年 7 月 27 日第 1 版）

◎ 宿州市政协

# 以协商式监督助力优化营商环境

文 / 张苗苗

“没想到用电问题这么快就解决了，新建了供电线路，今年夏天再也不怕临时停电了。”日前，宿州市政协经济界别开展以助力优化营商环境为主题的“走进企业”活动，活动现场，企业负责人唐向阳提出的开发区供电电压低、临时停电过多等问题，及时得到了有效解决。

“优化营商环境”早已成为政协人耳熟能详的“高频词”。从 2018 年开始，宿州市政协始终围绕“优化营商环境”主题持续开展民主评议监督，并列入每年的重点民主协商计划。5 年来，先后组织市政协常委、委员 220 人次参与评议，报送意见建议 137 条，得到市委、市政府的充分肯定和大力支持。

党的二十大报告提出了“完善人民政协民主监督和委员联系界别群众制度机制”的要求，对加强人民政协民主监督作出了新部署。面对新形势新任务，宿州市政协依托“5+N”协商式监督平台，坚持发挥委员主体作用，服务中心大局，是宿州市政协近年来构建协商式监督体系的积极探索之一。今年，以“走进企业、走进社区、走进乡村，联系界别群众”为主要内容的“三走进一联系”活动作为委员密切联系界别群众的重要途径，与推进民主监督走深走实结合起来，一起部署，整体推进。

精准选题，监督议题与党政工作重点同向合拍。良好的营商环境是发展经济的先手棋。宿州市政协紧扣市委、市政府优化营商环境决策部署，连续 5 年聚焦“优化营商环境”主题，先后围绕“行政审批服务改革与优化政务服务”“助推优化营商环境提升年行动”“对标沪苏浙，创优营商环境”

等不同重点开展民主评议监督，已成为民主监督工作的重要抓手和特色品牌。今年，宿州市政协以“打造优质金融服务环境”为主题开展民主评议监督，并列入《2023 年度政协重点民主协商计划》。

联动监督，两级委员合力拓宽监督路径。把委员联系服务界别群众工作同发挥协商式民主监督作用结合起来，扩大委员参与路径，在倾听民声、汇聚合力中发挥委员最大效应。宿州市政协在总结以往经验的基础上，创新采取市县（区）政协联动方式开展民主监督。一场场走访座谈、一次次问卷调查……市县（区）各调研组深入基层一线、生产车间，坚持线上线下齐发力，详细了解惠企政策落实情况，广泛听取市场主体和产业工人的意见建议。委员们表示，在深入了解全市现状的同时，进一步加强与园区企业、基层单位互动交流，实现了献良策与出实招双结合、双发力。

注重实效，着力推动监督成果转化落实。只有做精做专，才能增强民主监督实效。每年活动前，宿州市政协认真组织制定民主评议工作实施方案，将评议活动分为组织动员、深入调研、集中评议、反馈整改四个阶段进行，打造“专题报告、受理交办、联合督办、落实反馈”的闭环履职模式。其中，深入调研阶段，通过市县（区）政协网站、工商联企业家微信群及书面问卷等方式，面向经济界别、工商联界别委员、广大企业家，开展问卷调查，综合了解全市营商环境整体情况。集中评议阶段，通过召开市政协常委会会议，组织常委对全市优化营商环境工作进行集中测评，充分吸纳常委的意见建议。在开展评议监督活动的同时，就调研中发现的企业急难愁盼问题，及时撰写社情民意信息报送市委、市政府，促进问题解决。

人民政协民主监督作为我国独有的监督方式，如何从制度机制上增强操作性、突出实效性，各级政协组织都在积极探索。宿州市政协主席许广斌表示，“对于市级政协来说，要及时适应新形势新任务，始终围绕中心服务大局，发挥政协委员联系界别群众的桥梁纽带作用，做优做实民主评议监督品牌，助力民生福祉，全方位彰显人民政协民主监督独特优势。”

（本文原载于《人民政协报》2023 年 7 月 27 日第 4 版）

## ◎ 淮南市政协

# 在服务与管理结合中建设政协委员队伍

文／王　玉

“去年的履职量化考核不太好，我感到很惭愧，今后我将积极参加市政协的各项活动，努力履职尽责、写好委员作业。”

“成绩只代表过去，今年我还将继续努力，结合履职工作多读书、读好书，争取再获佳绩。”

5月26日，淮南市政协先后召开了2022年度网上“淮南政协书院”委员读书活动积极分子表彰会和2022年度市政协委员履职量化考核结果约谈会。这两场会议正是淮南市政协持续加强委员队伍建设，坚持“抓两头、树典型、促后进”工作导向的重要举措。

政协工作活力在委员，主体在委员。近年来，淮南市政协高度重视委员队伍建设，在不断提升委员履职能力、持续优化委员日常服务上更加用心用情用力，进一步增强委员履行职责的使命感、责任感，激发委员参政议政的积极性、主动性。

“2022年度参加量化考核的市政协委员最高分达到237分，平均分为107.93分，委员履职得分以及‘提案立案、大会发言和调研报告、社情民意’等方面的得分占比逐年稳步提升。”这是十六届淮南市政协开局之年委员们交出的优异答卷！

换届以来，淮南市政协认真制定新一届政协委员培训规划，成功举办十六届市政协新任委员培训班，完成对204名新任委员的培训任务；举办市政协委员履职能力提升培训班，对市政协专委会主任、界别召集人、县区政协主席等60名关键少数进行专题培训；组织委员们认真学习习近平新时代中国特色社会主义思想和党的二十大精神，深入学习习近平总书记关于加强和改进人民政协工作的重要思想，将人民政协史、政协章程、委员履职工作实务和先进地区经验介绍等作为重要培训内容，帮助委员更加准确把握政协性质定位，更加全面掌握政协履职要求，更加有效地发挥委员主体作用。

与此同时，还先后制定并完善了《政协淮南市委员会委员履职管理办法（试行）》《政协淮南市委员会委员履职量化考核细则（试行）》。每年由联络室牵头，以政协委员履职服务平台中履职情况为基础，从委员参加政协全会、其他会议培训、委员工作室等活动，提交提案立案、微建议、大会发言和调研报告、社情民意和信息文宣，受到表彰奖励和宣传典型等方面对委员年度履职情况进行分类统计。

此外，淮南市政协连续4年共遴选51名省、市、县区三级优秀政协委员围绕中心、服务大局，资政建言、凝聚共识的先进事迹，在“两会”期间的《淮南日报》上集体刊登，充分展现政协委员新时代为国履职、为民尽责的新风采、新作为，充分发挥示范引领作用，不断激发广大政协委员的履职热情。

网上“淮南政协书院”读书活动开展以来，广大委员积极响应、踊跃参与。今年，市政协对10名读书积极分子给予表扬并发放奖励书籍，引导广大委员积极参与读书活动，多读书、读好书、善读书，为建设书香政协、带动和影响各界别群众开展读书活动作出更大贡献。

“加强委员表彰激励，让政协委员在本职岗位上积极创先争优，在政协履职中深入一线，自觉写好委员作业，不断加快委员履职由‘约束型’向‘激励型’转变。”市政协主席蔡宜骅这样说。

他同时表示，淮南市政协将继续坚持服务与管理结合、激励与约束并重，健全完善委员学习教育、服务管理、考核评价等机制，强化委员责任担当、激发委员履职热情、锤炼严实作风，持续加强政协委员队伍建设，为加快建设现代化美好淮南贡献政协智慧和政协力量。

（本文原载于《人民政协报》2023年7月27日第4版）

## ◎ 宣城市政协

# 激活委员履职一池春水

文／许　婷

“我要始终牢记从荣誉委员向责任委员转变的要求，更好地履行政协常委的职责。”“我深知在履职过程中，必须懂政协、会协商、善议政，守纪律、讲规矩、重品行。”“对照资深政协常委，我还是一名新兵，深知自己理论学习还不够深入，开拓创新、提案力度、联系群众等方面还存在许多不足之处。”在今年宣城市政协五届十一次常委会会议上，开展了常委述职及点评，8 名同志在口头述职中总结履职成果，畅谈履职感悟。

政协是“舞台”，委员是“主角”。政协履职是否出成效，关键在于委员主体作用的发挥。“广大委员要立足本职岗位，各尽所能，各展所长，积极主动地参加活动、履行职能、发挥作用，提交高质量的提案，反映有价值的社情民意，不做荣誉委员，争做责任委员。”市政协主席吴爱国在会上给委员们提出了殷切希望。

为进一步搭建服务和联系委员的平台，宣城市政协制定了《市政协关于加强界别工作的意见》和“委员走访日”工作制度。

“作为企业家委员，一定要准确把握当前的发展形势、有力的政策措施和越来越好的发展环境，始终与党中央和省委、市委的决策部署保持高度一致、同频共振，发挥在经济发展中的示范带头作用，共同为宣城高质量发展增光添彩。”5 月 18 日，吴爱国赴宣城经开区开展“委员走访日”活动，在某科技股份有限公司，深入生产车间，与市政协常委、企业负责人丁中建探讨下一步发展规划。

3月份以来，市政协主席、副主席纷纷带头走访各自联系的市政协委员，及时了解掌握委员们的学习工作生活情况，帮助他们解决一些实际困难，让委员们真正感受到政协大家庭的温暖。

政协工作优势在委员、实力在委员、活力在委员，潜力也在委员。今年以来，市政协采取“请进来、走出去”等多种方式开展活动。4月，举办全市政协宣传信息工作培训班；5月，在井冈山大学举办第一期委员履职能力提升培训班；开展“追赶江浙、争先江淮”委员读书活动，积极组织委员进行线上读书交流，开展线下读书分享；6月，举办“政协讲堂”，分别邀请省政协提案委负责同志作专题讲座。

“每一次调研，每一次培训，每一次发言，让我们在参加政协各类会议、调研、协商等活动中，不断提升履职能力水平。”委员们表示，将努力展现政协委员的责任担当，在推进中国式现代化新征程中展现政协作为，交出高质量的“委员作业”，书写新时代的“政协答卷”。

（本文原载于《人民政协报》2023年7月27日第4版）

◎ 蚌埠市蚌山区政协

# “共商烦心事”走出基层社会治理新路子

文 / 刘清鸿

习近平总书记指出，人民群众是社会主义协商民主的重点。涉及人民群众利益的大量的决策和工作主要发生在基层，要按照协商于民、协商为民的要求，大力发展基层协商民主，重点在基层群众中开展协商。

蚌埠市蚌山区政协认为，作为基层政协，离群众最近，应该将履职触角和协商重点向下延伸，让基层治理“活”起来，助力调节社会关系，减少社会矛盾，扩大社会共识。

“搭台不唱戏”，政协不是协商主体，而是协商平台。在蚌山区政协看来，协商民主的基层实践必须聚焦群众身边的操心事烦心事揪心事，积极搭建联结政府供给和百姓需求的协商平台，让政府部门、群众、社会各界人士等多元主体参与进来。

从2020年开始，蚌山区政协按照“不建机构建机制”的原则，开展“共商烦心事”基层协商活动。以政协各乡（街）学习联络委员会为依托，组织委员走近百姓身边，聆听最真实的声音，通过实地走访、发放调查问卷、座谈交流等形式深入调研，协商建言。

不设主席台，没有参与门槛，几十个小板凳……蚌山区时常有政协委员、政府部门负责人走近百姓身边，围坐一堂，坦诚交流，共同推动解决群众急难愁盼问题。

“私家车都停在小区，消防车进不来，安全隐患太大了”“建议取消小区停车位，把消防通道让出来”……时间回到3年前，蚌山区政协首场名为“共商烦心事——打通小区消防通道”基层协商会在青年街道南山社区召开，在群众代表的参与下，应急、交通、消防、社区、物业等部门就居民反映的消防通道“肠梗阻”问题各抒己见、踊跃发言，开展了近2个小时紧张的“思维碰撞”。

在蚌山区燕山乡仲集村新时代文明实践广场，包括市区相关部门负责人、村两委干部、政协委员、企业和村民代表在内的百余人大红板凳围坐一圈，围绕“农村土地流转”议题，现场聊了个通透明白，加深了企业和群众对政策的理解，让双方切实尝到基层协商的甜头。

一次次协商，一件件建议案，背后蕴含着委员辛勤的汗水与智慧的果实，也承载着百姓对生活的美好向往与热切期待。

随着实践的逐渐深入和共识的不断凝聚，蚌山区政协进一步丰富了“有事好商量”的制度化实践。为筑牢基层协商的四梁八柱，推动政协协商与基层协商有效衔接，蚌山区政协以“两级协商计划”和“四级协商体系”为抓手，探索构建“12345”协商议政格局，聚焦党政关心、社会关注、群众关切的基层社会治理难题，优选“共商烦心事”议题，并全部纳入区委、区政府、区政协工作“总盘子”。

2021年8月，蚌山区委出台“共商烦心事”工作机制，进一步推动了基层协商制度化规范化程序化发展。

“我们通过‘委员调查、百姓问政、部门回应、政协建议’的协商形式，营造了畅所欲言、各抒己见，理性有度、合法依章的良好协商氛围，也推动形成了‘多元参与、平等对话、解疑释惑、化解矛盾、凝聚共识、促进和谐’的协商文化，不断丰富人民政协参与、推动基层社会治理实践。”蚌山区政协主席石艳这样说。

商以求同，协以成事。协商正以静水流深的形式润泽蚌山、沁入人心，成为群众表达利益诉求、有序政治参与的重要途径和行为自觉。

截至目前，蚌山区政协先后组织委员进社区、进农村、进企业、进校园、进工地，开展“共商烦心事”基层协商23场，形成意见建议60余条，促成一大批涉及群众切身利益的民生难题得到解决……

（本文原载于《人民政协报》2023年7月27日第4版）

## ◎ 无为市政协

# 协商就要“商”到“心窝里”

文 / 乐　轶

近年来，无为市政协切实发挥基层政协专门协商机构的独特作用，不断加强制度化、规范化、程序化等功能建设，构建起 21 个住镇委员履职小组、9 个城内“有事好商量”工作室、24 个委员工作室等三类协商平台共同发力的“三位一体”民主协商格局，帮助解决了一批急难愁盼问题。

自 2017 年起，无为市政协每年安排一项年度重点民主协商或重点民主监督议题，一年接着一年议，不断促进全市营商环境持续优化。今年 2 月 17 日，无为市政协专门成立“优化营商环境”委员工作室，通过“委员问事、协商议事、联动办事、跟踪督事”工作举措，把协商活动从“会场”搬到“现场”，立足影响营商环境具体事项的“小切口”，开展“优化营商·问题帮办”主题协商活动。

哪里有群众的烦心事，哪里就是协商的“主阵地”。2022 年 10 月，无为市政协联合无城镇双桥社区在万厦城市经典小区试点建设“有事好商量，政协‘码’上帮”在线平台，群众在家门口就能扫码反映相关问题或建议，值班政协委员和社区工作人员微信上即可收到通知，第一时间归类处理，受到小区群众广泛好评，现已推广到双桥社区辖区内的 11 个小区。

自平台上线以来，共收集居民扫码反馈的问题和建议 308 条，分为物业管理、公共安全、环境卫生等五大类，大部分均得到有效办理。

5 月底，赶在汛期来临前，广受当地村民关注的蜀山镇关河新村新小圩改建工程终于顺利竣工。今年 3 月中旬，住蜀山镇政协委员在开展“协商在村居”走访活动时，就关河村新小圩改建事项组织镇相关部门、村两委成员、群众代表多次赴现场协商，最终形成了各方认可的协商意见。4月中旬，新小圩改建工程正式动工。

像这样的协商活动在无为城乡已经成为常态。在推进政协工作向基层延伸过程中，无为市政协持续积极探索，努力让协商“商”到百姓的心窝里。

围绕“谁来协商”。明确以“委员+”的模式，邀请利益相关群众代表、有关党政部门、企事业单位、社会组织、乡贤人士等参加，形成多方参与、深度议事的协商格局，最大限度调动各方参与基层协商的积极性，让协商结果更专业、群众更认可。

围绕“协商什么”。聚焦征地拆迁、乡村振兴、人居环境整治、住宅小区物业整治等事关群众切身利益的问题，以小切口服务大民生。

围绕“怎么协商”。建立健全“确定协商议题—制定协商计划—深入调查研究—开展协商活动—落实协商成果—加强跟踪反馈”六个步骤的闭环协商链条。同时还制定《无为市政协关于进一步加强协商能力建设的实施意见》《无为市政协关于加强委员联系界别群众的实施意见（试行）》等工作制度，引导委员在一线协商，在一线发力。

“只有围绕市委、市政府重大决策、重要部署、重点任务，找准政协工作的切入点，切实释放人民政协专门协商机构效能，才能充分发挥政协职能作用，扩大政协的社会影响。”无为市政协主席徐启发表示，下一步将整合全会协商、常委会会议协商、对口协商、界别协商以及“协商在村居”工作，体系化打造无为政协“协商无忧”品牌，使接地气、能管用、促发展、惠百姓成为“协商无忧”的显著标识。

（本文原载于《人民政协报》2023年7月27日第4版）

# | 福建省政协 |

# 承“红色初心” 立“头等大事”

文 / 王惠兵

帆起东南，潮涌八闽。

今年是全面贯彻落实党的二十大精神的开局之年，亦是全方位推进高质量发展的关键之年。

这一年，福建省政协的“头等大事”是什么？这一年，以什么样的状态开局、以什么样的劲头起跑？

“我们要以习近平新时代中国特色社会主义思想为指导，把深入学习宣传贯彻党的二十大精神作为头等大事，拉满弓、加满油，强化使命感、跑出新速度，以更加奋发有为的精气神，谋新招、开新路，创造新业绩。”福建省政协主席滕佳材多次表示。

字重千钧，击鼓催征。承“红色初心”，立“头等大事”。今年以来，福建省政协坚定不移地把党对人民政协工作的全面领导落到实处，充分发挥福建作为习近平新时代中国特色社会主义思想的重要孕育地和实践地优势，深入实施省委“深学争优、敢为争先、实干争效”行动，围绕“强五力、优服务、提质效、走前列”加强机关建设，以“砥砺之姿”，启“开局之势”，成“关键之为”。

## 强五力：深化“党建 +”履职模式

“根据主题教育总体实施方案和理论学习、调查研究计划等‘1+N’系列文件，明确学习、调研、问题整改、专项整治以及为民办实事项目‘五张清单’。”

“创新建立‘五学联动’机制，深入开展‘一周双学习’‘双周一研讨’大学习、大交流活动，并发放主题教育相关教材1000余册。”

……

6月2日，福建省政协党组理论学习中心组学习会议听取省政协开展学习贯彻习近平新时代中国特色社会主义思想主题教育工作汇报。而这点上“开花”、面上“出彩”的主题教育生动局面，亦是省政协学习宣传贯彻党的二十大精神的最新成果。

百事之基在于学。今年初，省政协主席务虚会上，滕佳材提出了“强五力”的内涵，“要始终把学习贯彻党的二十大精神作为首要政治任务，深化学习添动力，紧盯目标加压力，提升素质强能力，团结协作聚合力，实干创新激活力。”

锤炼“五力”，“学深”的同时，“悟透”的效应很快体现。省政协组织机关干部、省政协委员分12批700余人次参观“3820”战略工程实施30周年成就展，组织深入宁德市“把心贴近人民·四下基层发源地”主题展示馆、省委党校党风廉政警示教育馆等地开展主题党日、现场教育20余场，组织开展“每周精读”、迎“五四”“践行新思想 争做新青年”与“砚边行”书画展览等各式各样的主题教育活动30多次……在一轮又一轮追随领袖足迹热潮中，全体省政协人以“研讨式”“感悟式”“体验式”学习，一级带一级、层层重学习，真正深刻感悟思想伟力、激发奋进动力，努力学得更深、悟得更透、做得更实。

“鞠躬盛世，鼓昂扬之气，这是属于我们的时与势；万里路遥，扬奋进之势，这是属于我们的责与任。”与此同时，在省政协以学习宣传贯彻党的二十大精神为主线，组织深入基层开展的250余场专题宣讲会上，委员们发出共同心声：在孜孜履职的道路上，功成不必在我，功成必定有我。

时至今日，循足迹，悟思想，铸忠魂，担使命，高质量党建引领政协工作高质量发展。省政协进一步提升打响了“党建+履职”“党建+聚识”等特色品牌，58个省市县三级联动党建联系点、26个中共党员委员工作室，构建起上下贯通、执行有力的政协党的组织体系，创新"党支部+调研组""双联四进"等一系列特色做法，全面以党建"一条线"织就了履职"一张网"。

## 优服务：推动政协事业高质量发展

党的二十大报告强调，高质量发展是全面建设社会主义现代化国家的首要任务。而服务高质量发展则是新时代政协工作的鲜明特色。

"促进民营经济发展壮大""支持中小微企业发展"……5月31日至6月2日，福建省政协"实施新时代民营经济强省战略，推进民营企业创新转型"专题调研组自平潭综合实验区、宁德市回来后便又"闭门不出"，再次对标党的二十大精神，完善该课题报告。

这一课题，是十三届省政协起步之年履职重头戏，作为助推福建民营经济高质量发展的"一号发展工程"的实际行动，列入年度专题议政性常委会会议协商。近3个月来，像这样"日夜兼程、加班加点"，逐字"围读"修改课题报告已20余次。

"从'坐会场'到'走现场'，从白天'一对多'听不够，到晚上继续'一对一'访谈，在一次次做足'案头功夫'后，我们听到了越来越多基层民企群众'掏心窝的话'，掌握了更多不易看到、意想不到的真实情况。"省政协调研组成员欣喜介绍，该系列调研活动由省内到省外，已收集委员建议、基层民意上千条。

同一时刻，雾霭氤氲的清晨，龙岩市上杭县，第一缕阳光从"主席山"岩顶透出，穿过古田会议会址背后的彩眉岭，照耀在古田镇上。滕佳材带着省政协"破解市县政协'两个薄弱'"调研组，从龙岩、漳州到福州等地，对标对表党的二十大对政协工作提出的新部署、新要求，倾力服务推动"两个薄弱"等问题解决，助力推动新时代人民政协事业高质量发展。

今年以来，省政协还继续联合全国政协港澳台侨委办好第六届两岸基层治理论坛，持续扩大港澳台大学生走朱子之路文化研习营、两岸青年乡村振兴研修营、"台湾青年说"等活动品牌影响力的基础上，不断探索拓展政协台港澳侨工作的新渠道、新载体，更好地发挥好福建政协作用，为服务祖国统一和民族复兴汇聚人心和力量。

“我们围绕决策落实抓服务，围绕日常事务抓服务，围绕统筹协调抓服务，围绕机关运转抓服务，真正做到省政协工作推进到哪里，服务就跟进到哪里。”省政协秘书长、机关党组书记陆开锦感慨道。

## 提质效：双向发力助发展

5 月 23 日，绿荫满城的福州，福建省政协 2023 年第一场专题协商会，围绕“深化闽台高等教育领域融合，助力第一家园建设”进行协商议政。上百名政协委员、专家学者、台胞代表与有关部门负责人在激烈的协商会后，仍是意犹未尽。

今年以来，为全面贯彻落实党的二十大精神，省政协组织调研组深入数十个台胞聚集地，广邀政协委员、智库专家和有关部门负责人，边学习、边调研、边总结，先后召开各类座谈会 20 多场，征集调研材料 180 多篇，许多意见建议被有关部门当场采纳，形成了委员“议”、专家“评”、群众“问”、政府“应”的开放式协商新格局。

当前，锚定建言资政与凝聚共识双向发力这一主线，省政协围绕年度 37 项重点协商活动，把主题教育专题调研与协商议政重点课题、重点提案办理等紧密衔接，研究制定 13 个方面调研内容，各级党组班子成员领题调研 50 个课题，通过座谈走访、蹲点调查、统计分析等方式，已深入全省 10 个设区市、60 余个县（市、区）开展调研 70 次，形成调研和视察报告 10 篇。同时，开展实施为民办实事项目 50 余项，报送推进长者食堂建设、加强建设工程领域农民工欠薪链条综合治理等社情民意信息 83 条。

稳进提质，双向发力，可以说，省政协“37+13”调研协商显现的正是福建政协速度。

“当昨天的‘质’已成为今天的‘量’，如何继续推动‘质’的有效提升、‘量’的合理增长，我们还需要在思维逻辑上‘跳一跳’。”不少省政协机关干部如是认为。

开门就是群众，出门就是基层。如今，省政协持续在全省创新试点开展“点题协商”，以“小切口”实现“大突破”，通过委员点题、对口协商、凝聚共识、促进发展，把委员“点题”转化为部门“答题”，助力解决了部分老旧小区燃气改造、加装电梯、充电桩安装以及养老设施配备等群众关切的急难愁盼问题，其相关经验做法被中央改革办采用刊发。

“我们还在全国率先开展协商议政质量第三方评价，从自我评价到政协委员、专家智库、党政部门多方共评，从主观评价到定性定量相结合，把提质增效摆在更加突出位置。”省政协办公厅主任黄树清说。

## 走前列：分解七大类 125 项任务

翻开党的二十大报告，有一个词不时跃入眼帘——人民。

江山就是人民，人民就是江山。中国共产党领导人民打江山、守江山，守的是人民的心。

——组织广大政协委员和政协机关干部参观“人民政协为人民”展览；

——大力发展人民养老事业和养老产业；

——在全过程人民民主中发挥政协专门协商机构作用研究……

翻开省政协《2023 年福建省政协主要工作任务分工方案》，“人民”二字亦重于千钧。

今年初，以党的二十大精神为指引，对标全国政协最新部署，紧扣省委、省政府中心工作，省政协以分量十足的《2023 年福建省政协主要工作任务分工方案》推出创新举措，走在前列。从学习、党建，到重点调研协商、举办论坛品牌活动，方方面面的工作归纳细分成七大类 125 项任务。

“我们对方案中明确的各项重点协商计划任务，进一步实施项目式细化管理、清单化全面推进。”“我们坚持全过程跟踪指导和常态化督办考核，一对一配套制定督办任务清单。”……与此同时，七大类 125 项任务整体联动的履职格局中，各专委会再分解再细化，层层压实责任。

此外，省政协充分发挥特殊区位优势，先行先试、主动融合，与人民政协报社共创全国政协组织首家“海峡号”融媒体中心，创设 21 个省政协港澳台侨交流基地，打造具有政协特色的对台传播共识新渠道，为推进两岸交流互鉴、对话包容，建设两岸同胞心灵契合、情感融洽的“第一家园”贡献智慧力量。

争创一流，走在前列。滕佳材强调，在全省上下深入学习贯彻习近平新时代中国特色社会主义思想和党的二十大精神之际，省政协要牢牢把握中国式现代化的真理力量，把思想和行动统一到以习近平同志为核心的党中央对中国式现代化重大部署上来，坚持党的全面领导，将之贯穿到政协工作的全过程各方面，结合落实省委“深学争优、敢为争先、实干争效”行动，广泛凝聚谱写中国式现代化福建篇章的人心与力量。

深学、敢为、实干，这是 2023 年福建省政协履职工作的题中之义，也是八闽大地在这一年里应有的题中之义。

（本文原载于《人民政协报》2023 年 6 月 14 日第 1 版）

◎ 福州市政协

# “专”出特色 “专”出水平 “专”出质量

文 / 王惠兵

2018 年，福州市政协在福建全省率先探索建立应用型智库。历时 4 年，2022 年，十四届福州市政协在开局之年，在传承基础上，持续创新，同步推进应用型智库和参政议政人才库建设，出台《关于市政协应用型智库和参政议政人才库建设管理的意见》（以下简称《意见》）。

2022 年 4 月 15 日，十四届市政协应用型智库和参政议政人才库成立暨聘任大会举行。聘用的智库成员由专家学者和行业领军人物组成，分为两类：一是组建以本届市政协委员为主、非委员的实务部门业务骨干为辅的应用型智库，共 105 人；二是组建非本届市政协委员、在榕专家学者组成的参政议政人才库，共 86 人，为专家协商打下良好人才基础。

“连续多年的智库体验和合作中，我深深体会到市政协智库是发挥人才资源优势、实现合作共赢的重要平台。”市政协农业和农村委在福建农林大学设立研究基地，与省农科院农经所签订了智力咨询合作协议，并建立“福州市政协农业农村工作研究基地”，常态化组织智库专家成员赴乡村一线参加“聚焦三农办实事”活动。作为省农科院研究员，市政协委员周琼经常参与其中，感受颇为深刻。

市政协以《意见》为引领，明确智库成员在政协工作中主要发挥重点课题研究、调研咨询、协商议政、理论研究等履职“智囊”作用，研究出台智库课题研究管理办法，为智库成员参加政协协商实践提供多方保障。

与此同时，市政协组织开展的专题议政性常委会会议、专题协商会、对口（界别）协商会、提案办理协商会、网络议政座谈会等，也积极邀请智库成员帮助筛选议题、参加调研、发表意见，助力政协工作提质增效。

此外，市政协在全市社区、街道、界别建立16个政协委员联系点，常态化组织委员与智库成员下沉一线开展微协商、宣讲政策和义诊慰问等活动，充分发挥政协智库在服务基层协商、促进社会治理中的作用，用心解民忧、用情暖民心。

要真正发挥专家在政协工作中的作用，多样化提高智库专家建言落实转化率是关键——

引导专家围绕中心建言献策。市政协围绕服务强省会、加快建设现代化国际城市中的重点任务，邀请市委、市政府主要领导确定重点协商议题，邀请智库专家参与协商建言，进一步助力党政重点任务推进，提高了建言资政实效。

通过专家广泛凝聚力量共识。市政协围绕坚持“3820”战略工程思想精髓，加快建设现代化国际城市等主题，组织政协委员、智库队伍参加专题学习、调研座谈、专项视察、委员讲堂、重点关切问题通报会等活动，并在开放互联网平台开展网络议政、远程协商，宣传党委政府方针政策，全面扩大凝聚共识“朋友圈”。

激励专家强化责任担当。市政协发挥人才荟萃、智力密集、联系广泛的优势，彰显政协“专”的作用。2022年，智库成员参与政协学习、调研、协商、监督等具体履职实践共200余人次，“专”出特色、“专”出水平、“专”出质量。

“我们将打造高端、有特色的应用型智库，引导更多专家学者发挥专长，聚焦福州各项重难点工作，提出具有前瞻性、切实可行的对策和建议，并不断丰富政协智库成果转化渠道，为福州现代化国际城市建设贡献政协力量。”市政协主席刘卓群说。

（本文原载于《人民政协报》2023年6月14日第2版）

## ◎ 漳州市政协

# 串起破解“两个薄弱”的工作链

文 / 王惠兵

2022 年初，十四届漳州市政协调研组分组深入全市各县区开展落实中央政协工作会议精神“回头看”调研活动，掌握辖区内基层政协履职实践面临的共性问题、历史性问题、重难点问题，并发扬“解剖麻雀”精神，召开全市县区政协主席座谈会、调研座谈会 17 场，聚焦破解“两个薄弱”问题寻找突破口、明确发力点。

一番“望闻问切”过后，市政协主席吴文团向市县（区）政协发出号召：“要坚持有为才有位，树牢一线意识，加强队伍建设，促进履职尽责，努力干出新时代人民政协的新样子”。接下来，以破解市县政协“两个薄弱”问题为抓手，市政协勾画出的一张张“设计图”“施工图”在漳州大地上徐徐展开。

换届之后，市县两级政协立即着手组织委员履职培训，做到全覆盖、不遗漏。“作为一名新任政协委员，通过这次为期一周的学习培训，我对今后的履职心里有了底。”刚从培训结业式走出来的委员们说。紧接着，市政协在 9 个专委会设立功能型党支部，把党员委员全部纳入支部进行教育管理，并建立党组成员联系党员委员、党员委员联系党外委员工作制度，逐步实现政协党建工作“两个全覆盖”；建立委员联系界别群众制度，推动设立首批 20 个市政协委员联系点、127 个基层政协工作联络组，以及一批“委员议事点”微协商平台，创新“抱团”履职和群众开单、委员接单、政协交单的“三单工作法”；制定委员履职工作规则，健全履职考核办法，完善正向激励项目，制定负面行为清单，应用云平台进行积分考核……这一系列的制度举措，切切实实让委员心里有了“数”、协商有了“家”、履职有了“力”，有效解开了“薄”与“弱”的“栓门锁”。据统计，去年以来，委员反映的社情民意信息被全国政协及福建省委、省政协办公厅采用250件，省、市领导批示37件，多项建言成果得到重视和采纳。

市政协党组突出示范引领作用，要求班子成员在政治上向党政看齐、党组成员在履职上多挑担子，把抓好政协履职与挂钩全市重点片区、重点企业、重点项目等重点工作相结合，切实发挥建良策、聚共识、促落实的作用。同时，聚焦全市中心任务落实情况，开展常委会专题视察活动，加强民主监督，逐年递进发力；健全政协协商工作规则，规范协商议政程序，完善成果采纳落实反馈机制，维护政协协商的严肃性、规范性。去年，首次邀请市政府主要领导出席议政性常委会会议，安排部门现场回应委员建言，采纳协商成果。以创建全国文明单位为契机，改进干部作风、提升机关形象，推动机关干部以“有心、有数、有责、有方”的工作状态认真履职。

市政协党组始终坚持党的领导，主动向市委汇报，争取破解人员力量薄弱的问题。在市委重视支持下，市政协党组探索并指导县（区）以“行政短板事业补”的形式，在市县两级政协全部设立了委员履职服务中心，均增加了数量不等的事业编制，最多的县增设7个事业编制。同时，通过职级晋升推动政协干部转任到党政部门或基层，腾挪出来的编制职数用于调整充实机关工作力量。有为有位，一路探索，一路坚持，基础工作不断夯实、人员力量得到加强……串起了漳州市政协破解“两个薄弱”问题的工作链、成果链。

（本文原载于《人民政协报》2023年6月14日第2版）

◎ 三明市政协

# 以“点”带“面”拓展履职空间

文 / 王惠兵

搭建委员工作站、界别议事厅、乡镇联络组等一线履职新平台……三明市政协紧紧把握新时代人民政协的新方位、新使命，着力解决基层政协“两个薄弱”问题，按照“不建机构建机制”的思路，探索创新履职触角向基层延伸路径，持续推动政协制度优势转化为基层治理效能，让基层政协工作不断焕发新活力。

去年 8 月，三明市政协积极探索政协一线协商、民主监督和委员联系界别群众机制，搭建“12345 热线中心政协委员工作站”，结合 12345 热线中心的大数据分析，确定议题、开展调研、组织协商、跟踪办理，以“点”带“面”拓展履职新空间。

而自“12345 热线中心政协委员工作站”成立以来，先后开展实地调研、一线协商 10 余次，督办解决了金澜湾幼儿园十字路口红绿灯、贵溪洋片区手机信号覆盖、共享单车管理使用等一批市民群众关心关注问题。今年初，还获得了省机关效能建设领导小组的肯定。

如今，市县两级政协在有关单位、乡镇、街道、村居和委员企业，先后创建政协委员工作站 49 个，组织开展履职活动 150 多场，帮助基层和群众解决实际问题 200 多件，初步构建起“横向到边、纵向到底”的履职平台体系，成为政协委员建言资政和凝聚共识的坚实平台。

4 月 6 日，由 20 多名三明、永安两级政协委员以及数位参政议政骨干民盟成员组成的永安市政协民盟界别议政厅揭牌成立。这亦是全省首个民主党派界别议政厅。

为充分体现界别特色、发挥界别委员优势与特长，更好地关注民生、服务发展，三明市政协创设界别议政厅，引导各界别积极开展各具特色的主题活动，打造界别履职品牌。

常设于三明市卫健委的医药卫生界别议政厅，以医药卫生界别政协委员为主体，聚焦持续深化医改、提升医疗质量等议题建言资政，深入群众、服务群众开展专家义诊咨询等文明实践服务，为推进全市医药卫生事业发展贡献委员智慧。

围绕协商互动汇青智、充分表达听青音、凝聚共识筑青心等核心内容，共青团和青联界别的政协委员以共青团和青联界别议政厅为平台，团结凝聚青年人才，打造青年议政品牌，为建设革命老区高质量发展示范区贡献青春力量。

据悉，去年以来，市县政协共组建界别议政厅 17 个，组织开展界别协商活动 40 多场次，创新了委员联系界别群众的工作机制，拓宽了民意表达渠道，打通了联系服务群众的“最后一公里”。

早在 1987 年初，三明市尤溪县政协就率先在全县 15 个乡镇中探索组建了政协乡镇联络组，推动了政协履职触角向基层一线延伸，拓展了委员履职空间。

如今，全市 141 个乡镇联络组连点成线，织就了一张联系政协委员和辖区基层群众的网络，构筑起服务基层社会经济高质量发展的积极力量。

“我们将充分发挥政协专门协商机构作用，以改革思维、创新理念、务实举措持续探索实践，以‘点’带‘面’拓展政协履职新平台，打造建言资政新品牌，推进协商民主广泛多层制度化发展，破解更多群众烦心事。”市政协主席宋志强表示。

（本文原载于《人民政协报》2023 年 6 月 14 日第 2 版）

◎ 南平市政协

# 领航　领跑　领先

文 / 王惠兵

在立夏悄然而至之际，南平市第一季度“深学争优、敢为争先、实干争效”行动考评结果通报出来，南平市政协机关取得了第四序列第一名的好成绩。

南平市政协聚焦中心、建言资政、凝聚共识、助推发展，以砥砺“敢为”之心、躬身“赶路”之姿、锤炼“实干”之力，踏出了“党建领航、‘双创’领跑、履职领先”的铿锵足音。

## 深学争优，党建领航

2022年以来，南平市政协持续强化理论武装，组织开展“我学二十大”“我看这十年”“我走新征程”系列主题活动，让党的思想理论滋养初心、引领使命。

“‘深学’就是要聚焦学习贯彻习近平新时代中国特色社会主义思想和党的二十大精神，深入学习习近平总书记关于加强和改进人民政协工作的重要思想，突出党建领航，增强学习能力，提高理论素养，增强建言资政水平，争当理论武装的‘优等生’。”南平市政协主席林斌说。

当前，市政协还在创建类别丰富、灵活多样、体现政协特色的学习形式上下功夫，创新“厅级＋处级＋科级”三级联学机制，邀请社科名家围绕“两个结合”重要论述开展“云端”互学，打造“政协青年谈”学习品牌，让深学在全市政协蔚然成风。

## 敢为争先，“双创”领跑

路虽远行则将至，事虽难做则必成。南平市政协机关干部锚定创建模范机关先进单位、创建全国文明单位工作目标奋勇争先，争当敢拼会赢的“先行者”。

——按照省直机关党工委“六个聚焦”的工作要求，高标准推进98项工作任务；

——围绕考评指标体系，高质量落实创建全国文明单位160项工作任务；

——任务图上墙，一周一推进，一月一汇报，一季一评比……

市政协党组还注重激励委员担当作为，推动委员培训制度化、常态化，持续提升政协委员“五个一”履职能力。同时，用好政协“云平台”，加强委员履职服务管理和评价考核；以“与文明同行”“来读书吧”“政协青年谈”等为载体，引导委员广泛参与金秋助学等活动，激励委员见贤思齐、逐浪比高、出新出彩。

## 实干争效，履职领先

提升责任心，争当务求实效的“实干家”。南平市政协人是这么说的，也是这么干的。

今年，市政协大兴调查研究，将坚持12年的走访委员“春天行动”作为“争优争先争效”的具体实践，搭建“政策宣传、招商引资、解忧帮困、法律援助”四个平台，做好惠企纾困、项目跟踪、科技助力等服务，助力市委大抓项目、大抓产业、大抓招商“三大攻坚行动”。

据了解，3月以来，市政协领导分成10组，深入企业车间、工地现场、镇村社区，走访了59名政协委员。对12个比较明晰的问题，现场帮助联系对接有关部门；对37个较为复杂的问题，市政协主席会议梳理汇总，形成专题报告，报送市委、市政府，并跟踪督办。

“马上就办、真抓实干”的作风得到委员们的肯定，委员“娘家人”真切让委员感受到了家的温暖。

一项项履职成绩单，无不体现着南平政协当好履职“优等生”的努力。

（本文原载于《人民政协报》2023 年 6 月 14 日第 2 版）

◎ 石狮市政协

# 构建“室、点、岗”一体化履职新格局

文 / 王惠兵

“钱已经收到了，感谢你们为我们这个案件的辛苦付出！”日前，石狮市某吊装公司相关人员将一面写有“依法为民解难事 真情温暖感人心”的锦旗，送至石狮市政协委员“海岸枫桥”式调解工作室，对政协委员帮其化解纠纷追回工程款表示感谢。

原来，去年 11 月中旬，该吊装公司因向某环保公司催讨工程款未果，遂前往石狮法院祥芝法庭咨询相关起诉事宜。经初步了解情况，该纠纷转由石狮市政协委员“海岸枫桥”式调解工作室先行介入调解。

“收到相关材料后，我们发现双方并未进行对账，吊装公司提供的相关票据上仅有现场工人的签字，没有环保公司的确认，我们当即建议吊装公司将相关费用整理清楚，同时也第一时间向环保公司了解情况，最终双方核对并确认所欠金额为 3 万余元。”该调解室政协委员调解员介绍，经多次沟通，环保公司最终一次性支付所欠款项，便有了开头这一幕。

政协委员如何更好履职、提升履职质效，是石狮市政协关注的一个重点问题。“党政所需、群众所盼、政协所能，落脚点还是要沉到基层一线、贴近群众身边。这样才能更好地倾听民声、发现问题，进而发挥委员作用、协助化解疑难，有针对性地形成提案建议、社情民意信息，推动问题解决、促进社会发展。”石狮市政协主席黄延艺说。

为此，以丰富政协委员履职途径为抓手，石狮市政协结合开展履职“五在一线”，即“学习在一线”“服务在一线”“建言在一线”“协商在一线”“聚识在一线”系列活动，积极拓宽政协委员履职平台、不断延伸委员履职工作触角，全面构建“室、点、岗”［即政协委员工作室（委员履职解纷室）、委员活动组联系点、“党建+”邻里中心委员工作岗］三位一体履职新格局。同时，综合考虑委员的界别、专长、家庭和工作地址等，采取“供需匹配”“双向选择”等方式，推动委员更好融入“室、点、岗”履职平台，积极发挥作用。

当前，包括“海岸枫桥”式调解工作室在内，石狮市已建成政协委员工作室（履职解纷室）11个。此外，建成基层委员联系点7个、“党建+”邻里中心委员工作岗26个。

委员们的履职实践，也印证了这一履职格局的实效和高效。政协委员“海岸枫桥”式调解工作室自2022年9月成立以来，已协助化解沿海五镇商事、家事、劳动等各类矛盾纠纷7起，缓解了祥芝法庭案多人少的办案压力；石狮市纺织服装产业联盟政协委员调解工作室协助石狮市法院成功调解服装电商领域知识产权等各类纠纷76起，涉及金额3000余万元；李国宏政协委员工作室招募了25名文化遗产保护志愿者和讲解员，有力助力永宁古卫城的文化保护和传承……

石狮市政协各委员工作室已累计开展调研协商等活动60余场，参与调解各类矛盾纠纷及民商事案件80余起，走访接待群众368人次，解决民生问题83件。

“石狮市政协将持续在‘建’上下功夫、‘管’上做文章、‘用’上见成效、‘育’上重特色，努力将政协委员‘室、点、岗’打造成委员发挥履职作用的新载体、服务基层群众的新途径、收集社情民意的新渠道、凝聚思想共识的新平台、践行全过程人民民主的新探索。”黄延艺如是说。

（本文原载于《人民政协报》2023年6月14日第2版）

## | 江西省政协 |

# 新时代担当新使命　新征程谱写新篇章

文 / 赣协宣

党的二十大擘画了全面建成社会主义现代化强国，以中国式现代化全面推进中华民族伟大复兴的宏伟蓝图，同时也为人民政协提供了更加宽广的舞台，提出了新的更高要求。十三届江西省政协坚持以习近平新时代中国特色社会主义思想为指导，全面贯彻落实党的二十大和中央政协工作会议精神，深入学习贯彻习近平总书记关于加强和改进人民政协工作的重要思想和视察江西重要讲话精神，在中共江西省委的正确领导下，进一步提高站位、明确方位、找准定位，履职尽责，担当作为，各项工作实现良好开局，努力在谱写中国式现代化江西篇章的生动实践中，彰显政协之为、贡献政协之力。

### 把握方向性：坚持政治统领，筑牢思想根基

人民政协是政治组织，政治属性是第一属性，旗帜鲜明讲政治是第一位要求。江西省政协以政治建设为统领，以主题教育为契机，坚持用党的创新理论武装头脑、指导实践、推动工作，做到旗帜鲜明讲政治、坚定清醒把方向。

铸牢政治忠诚。始终把政治建设摆在首位，把对党忠诚作为最基本的政治素养、最根本的政治要求、最重要的政治品格，深刻领悟“两个确立”的决定性意义，增强“四个意识”、坚定“四个自信”、做到“两个维护”，不断提高政治判断力、政治领悟力、政治执行力，做到坚定清醒、心明眼亮。

时时对标对表，保持步调一致，始终在思想上政治上行动上同以习近平同志为核心的党中央保持高度一致。

加强党的领导。全面贯彻新时代党的建设总要求，始终把党的领导贯穿于政协工作的各方面全过程，充分发挥党组把方向、管大局、保落实的重要作用，着力构建上下贯通、执行有力的组织体系，实现党的组织对党员委员的全覆盖、党的工作对政协委员的全覆盖，做到党中央提倡的坚决响应，党中央决定的坚决落实，党中央禁止的坚决杜绝，切实担负起党和人民赋予的政治责任。

强化凝心铸魂。始终把学深悟透习近平新时代中国特色社会主义思想作为首要政治任务，把学习贯彻习近平总书记最新重要讲话精神和党中央决策部署列为“第一议题”，与学习贯彻党的二十大精神紧密结合，与学习贯彻习近平总书记关于加强和改进人民政协工作的重要思想紧密结合，深学深悟、笃信笃行，坚定对马克思主义的信仰、对中国特色社会主义的信念、对实现中华民族伟大复兴的信心，做习近平新时代中国特色社会主义思想的坚定信仰者和忠实实践者。充分发挥江西红色资源优势，大力弘扬井冈山精神和苏区精神，加强革命传统教育，从思想上正本清源、固本培元，做新时代红色基因的传承者、弘扬者。

坚持正确政治道路。始终以党的旗帜为旗帜、以党的方向为方向、以党的意志为意志，通过制度运行、民主程序和有效工作，努力把党的主张转化为各党派团体和各界人士的广泛共识和自觉行动，不断增进对中国共产党领导和中国特色社会主义的政治认同、思想认同、理论认同、情感认同，坚定不移走中国特色社会主义政治发展道路，确保政协工作始终沿着正确方向砥砺奋进。

### 把握全局性：紧紧围绕中心，倾力履职尽责

围绕中心、服务大局是人民政协履行职能的重要原则。始终胸怀“国之大者”，自觉把政协工作放到党和国家中心任务中谋划推进，聚焦完整、准确、全面贯彻新发展理念，构建新发展格局，推动高质量发展，聚焦“作

示范、勇争先”目标要求和“五个推进”重要要求，多建睿智之言，多献务实之策，为谱写中国式现代化的江西篇章贡献智慧和力量。

紧扣中心选题立项。立足“党政所想、形势所需、群众所盼、政协所能”，紧盯江西高质量发展的全局性、战略性、关键性问题，确定了“加快推动我省铜产业高质量发展”“加快构建具有江西特色的现代职业教育体系”等16个协商议题，既对标中央精神，又结合江西实际，走好履职“最先一公里”。同时，根据新形势新变化，及时优化调整，将“促进锂电新能源产业高质量发展”调整为第3次月度协商课题，深入开展调研，积极献计出力，助推党中央决策部署和省委、省政府有关政策举措落实落地。

自觉践行履职为民。坚持人民至上，始终把促进民生改善、增进民生福祉作为履职的重要着力点，常怀为民之心，善提利民之策，多行惠民之举，走好新时代党的群众路线。通过全省6000多个协商议事平台，助力解决百姓难心事、烦心事、揪心事，做到言为民所建、策为民所献、利为民所谋，切实做社情民意的积极反映者、矛盾纠纷的有力化解者、民生福祉的大力促进者、群众利益的坚定维护者、解决急难愁盼问题的真情助推者。

深实开展调查研究。深入贯彻党中央关于大兴调查研究的工作要求，大力弘扬寻乌调查精神，把情况摸清、把问题找准、把建议提实，做到调查不深不协商、研究不透不议政。省政协调研组先后赴全省11个设区市，深入街道社区、田间地头、企业车间，了解社情民意，倾听基层呼声，为推动经济社会和政协事业高质量发展把脉开方、建言献策。围绕“加强农田水利设施建设与管护”课题，省政协调研组面对面访谈基层干部、种粮大户200余人次，收集意见建议80多条，做到问计于民、问需于民。

务实管用建言献策。坚持问题导向、目标导向、效果导向，把握着眼点、聚焦关键点、找准切入点、紧抓落脚点，创设月度协商会形式，在深入调研中摸清情况，在深度协商中谋划良方，确保议有成果、做有成效。十三届江西省政协首场协商会议，围绕“加快文旅消费全面恢复和提质升级”献计出力，协商成果得到省委、省政府主要领导肯定，省文旅厅专题研究吸纳。今年以来，省政协共开展 8 次协商会议、报送政协专报 11 期，全力助推江西高质量发展。

## 把握团结性：聚焦中心环节，汇聚奋进力量

人心是最大的政治，共识是奋进的动力。省政协始终坚持大团结大联合，牢牢把握加强思想政治引领、广泛凝聚共识这一履职工作的中心环节，充分发挥统一战线凝聚人心、汇聚力量的重要法宝作用，努力寻求最大公约数，画出最大同心圆。

注重加强引领，统一思想认识。坚持把凝聚共识融入履职全过程各方面，强化统战组织功能，做好思想政治工作，努力把党的主张转化为社会各界的共识和行动，着力唱响江西发展的好声音，弘扬克难奋进的正能量，汇聚团结拼搏的大合力，着力稳预期、强信心、聚人气、汇合力。举行专题通报会，搭建知情明政平台，引导委员进一步认清形势、把握大势、保持定力、增强信心，统一思想、统一步调、统一行动。持续深入开展委员联系走访民营企业活动，宣传党的政策，协调解决问题，助推经济回升向好。

注重发挥优势，团结各界群众。认真贯彻落实党的二十大新部署新要求，将健全委员联系界别群众工作机制列为年度全面深化改革重点项目，研究制定《关于十三届省政协主席、副主席、秘书长联系界别工作的意见》《委员联系服务界别群众工作办法》，为发挥界别优势作用、密切联系群众提供制度支撑。围绕界别群众思想认识的困惑点、利益冲突的交织点、现实矛盾的多发点，认真做好解疑释惑、协调关系、理顺情绪、化解矛盾的工作，促进社会和谐稳定。

注重深化联谊，凝聚发展合力。坚持做好联络联谊工作，定期走访联系民主党派、工商联，认真听取他们对做好新时代人民政协工作的建议，主动邀请党派团体参加政协专题议政性常委会会议等重要会议和履职活动，为各民主党派和工商联在政协履职营造良好氛围、创造更好条件。积极推

动湘赣粤港澳中医药全产业链协同发展联盟有关工作，深化与港澳委员的协同联动，更好发挥港澳委员的重要作用。

## 把握实效性：强化担当实干，着力提质增效

新征程是充满光荣和梦想的远征，没有捷径，唯有实干。“履职成效怎么样，就看我们怎么干。”政协要实现新发展、开创新局面，必须始终保持奋发有为的精神状态，勇于担当，善于作为，不断推动政协工作提质增效，以高质量履职服务高质量发展。

以创新理念推动事业发展。坚持在传承中发展、在守正中创新，积极探索推动新时代人民政协事业高质量发展的新思路、新举措、新方法，做到干中求进、改中求好、常做常新、与时俱进，使政协工作更加朝气蓬勃、充满活力，体现时代性、把握规律性、富于创造性。建立重点情况通报会制度，为委员更好知情明政、把握形势任务拓宽渠道；践行全过程人民民主，创设月度协商会，丰富协商形式，形成年度协商与月度协商相贯通、专题协商与常委会协商相结合的协商议政工作新格局；举办省市县三级政协主席读书会，搭建交流平台，提升全省政协工作整体效能。

以务实作风担牢职责使命。大力弘扬求真务实、真抓实干的优良作风，引导广大委员增强责任感使命感，充分发挥在本职工作中的带头作用、政协工作中的主体作用、界别群众中的代表作用，不骛虚声，埋头苦干，既建言立论、又建功立业，既务虚献计、又务实出力。今年以来，广大政协委员强化责任担当，务实履职、积极作为，撰写反映社情民意信息 10225 条，同比增加 3000 多条，数量质量双提升。

以质量导向提高履职实效。始终把提质增效作为重要目标和价值追求，高站位谋划、高水平协商、高质量建言，出台加强和改进调查研究的工作办法，严把履职成果质量关，使每一条对策建议都行得通、做得到、有价值、好操作。完善委员履职考核评价体系，建立跟踪问效机制，既看“做了多少”，更看“做得怎样”，确保干一件是一件，做一桩成一桩，使政协真正成为推动高质量发展的重要力量。

## 把握关键性：狠抓自身建设，夯实履职之基

人民政协担当新使命、展现新作为、作出新贡献，关键在党的建设，关键在队伍建设。省政协全面贯彻新时代党的建设总要求，强化政治引领，着力强基固本，以自身建设新成效推动政协事业新发展。

提高思想政治素质。坚持传承和发扬政协读书学习的优良传统，把提高委员、干部的思想理论素养作为队伍建设的首要内容，推进书香政协建设，营造浓厚学习氛围。充分发挥各专委会习近平新时代中国特色社会主义思想学习座谈会和机关青年理论学习小组的功能，持续加强政治理论学习，更好掌握政协履行职责必需的各方面知识，丰富理论素养，优化知识结构，把学习成果转化为思想共识和工作成效。

切实加强能力建设。举办十三届新任省政协委员培训班，组织江西省全国政协新任委员参加全国政协新任委员培训班，持续加强理论武装、业务学习和专业培训，引导委员准确理解把握新征程人民政协新使命新任务，着力提高政治把握能力、调查研究能力、联系群众能力、合作共事能力，真正做到“懂政协、会协商、善议政，守纪律、讲规矩、重品行”。坚持激励约束并重、服务管理并行，将省政协委员全部编入专委会，增强委员的组织归属感和履职责任感，努力做到建言资政更有用、凝聚共识更有效、增进团结更有力。

着力创建模范机关。以党建为引领，推动工作提标、服务提质、干部提能、运转提效，优化调整机关内设机构工作职责，全面梳理现有规章制度，有序推进“立、改、废”工作，提高组织化、规范化、科学化水平，以高水平机关建设服务保障政协高质量履职。在省直机关“两优一先”表彰大会上，省政协机关荣获“打造模范机关先进单位”“先进基层党组织”等6项表彰，展示了良好形象。

深入推进全面从严治党。大力弘扬自我革命精神，牢记“三个务必”，把严的基调、严的措施、严的氛围长期坚持下去。坚决扛起管党治党政治责任，严格落实中央八项规定精神，持续纠治形式主义、官僚主义，坚决

反对特权思想和特权行为，坚定不移推进党风廉政建设和反腐败斗争，着力建设风清气正的政治生态。加强管理监督，引导委员干部自觉增强纪律意识、规矩意识，锻造过硬队伍，充分彰显政协组织的新风范、政协机关的新风貌、政协队伍的新风采。

征程万里风正劲，踔厉奋发正当时。新时代新征程，江西省政协将坚持以习近平新时代中国特色社会主义思想为指导，全面贯彻落实党的二十大和中央政协工作会议精神，以更加饱满的状态、更加务实的作风、更加有力的举措、更加扎实的工作，奋力推进新时代人民政协事业高质量发展，为谱写中国式现代化的江西篇章贡献智慧和力量。

（本文原载于《人民政协报》2023 年 8 月 19 日第 1 版）

◎ 南昌市政协

# “选好、用好、带好”委员队伍

文／徐 峰 付荣帅

6 月 21 日，江西省委常委、南昌市委书记李红军参加市政协议政性常委会会议。这是他连续第二年参加市政协常委会会议协商。

倡导建立“委员市长面对面”协商平台，实地调研督办市政协重点提案，点题政协委员对全市重点项目和“两整治一提升”开展调研评价，推动“两薄弱”转化为“两加强”……翻开十五届南昌市政协履职卷帙，政协委员作用不断加强，源于南昌市委倡导的“选好、用好、带好”政协委员队伍。

高素质委员队伍是政协高质量履职的重要基础。如何选优配强委员队伍，南昌市委常委会多次进行研究。李红军明确提出，既要保证委员广泛的代表性，更应保证委员素质的高层次，从更高站位、更高层次、更宽视野、更大格局安排委员人选。十五届市政协打破往届主要从市内产生委员的惯例，吸纳了大量在昌院校、省属科研院所、省直单位、金融机构、医疗机构等方面，隶属关系不在南昌市的高层次人才，占比达 1/5。

“委员中硕士及以上研究生学历超 42%，45% 拥有中高级以上专业技术职称，为政协履职提质增效奠定了良好基础。”市政协主席卢伟平说。在选优基础上，市政协将委员按照专业、领域，精准分配至各专委会对口联系，开展履职。

围绕发挥委员队伍“人才库”“智囊团”作用，助推高质量跨越式发展，市委不仅多次给政协点题目、交任务、批转文件，还把创新协商平台作为关键一招。2021 年 12 月，市委印发《关于建立“洪城协商·委员市长面对面”工作机制的意见》，明确每年确定6个专题，由市长、副市长点题并领衔参加协商。

与此同时，通过党政领导阅批、政协协商督办等形式，做足成果转化的“下半场”文章，2022年以来，市党政领导对政协履职成果批示36次，其中书记、市长批示了25次。政协通过协商督办，推动了一批意见建议进入决策程序。

提案工作是发挥委员作用的重要载体。市委连续两年下发市政协年度重点提案督办安排，李红军带头领办重点提案。以市委、市政府、市政协领导领衔督办重点提案为引领，着力打造“重点提案调研办、相关提案归类办、个性提案尽快办”工作格局，推动委员智慧“颗粒归仓”、落地见效。今年，市政协提案委荣获江西省委、省政府、省政协授予的“政协工作先进履职单位”表彰。

今年以来，市委提出“项目为先、实干奋进，争分夺秒拼经济”工作主线。市政协主席会成员分别率10个小组，走访50名企业家委员，听意见、问需求，为抓项目促产业献计出力。市政协持续完善委员读书、集中培训、联系走访、履职登记等各项制度机制，加强对委员的思想政治引领和服务管理。

为引导委员提高参政议政的效率和效能，市政协坚持量化管理，完善考评机制，2022年底首次评选表扬年度优秀履职委员、优秀提案和委员建言“金点子”，为委员强化责任担当立榜样、树标杆。

在加强委员队伍建设的同时，市委注重解决市县政协“两个薄弱”问题。2022年以来，市政协已增设2个专门委员会，增加1个老干部科、1个委员履职服务中心，为政协工作高质量发展提供了有力保障。

（本文原载于《人民政协报》2023年8月19日第4版）

◎ 新余市政协

# “余快协商”助力服务群众“最后一公里”

文 / 邓舫舫　何　欣

“政协协商确实管用！现在我家楼下的网红街不仅环境整洁，停车也更方便了。”市民余水花感慨道。

今年 3 月，为助力网红街区改造升级，让“夜经济”点燃烟火气，按下服务业复苏“快进键”，新余市政协召开“余快协商·提案办理面对面”协商会，即本年度首场月度协商会，就改善暨阳沿江路商业街经营环境献计出力，推动新增非机动车泊位 1042 个，42 户商户签署“门前五包”承诺书，进一步擦亮文明底色。

坚持协商为民，引领一线履职。市政协积极践行全过程人民民主，持续强化“余快协商”品牌建设，出台实施意见，创设“提案办理面对面”“钟家山商量”“企业家局长面对面”等 9 个特色子品牌，与部门、社区、企业合作，探索“委员连万家”工作模式，把协商平台搭在一线、搭进网络，与群众零距离接触、心贴心交流。

“‘云协商’令我记忆犹新。”在阮剑峰委员看来，把“麦克风”架到百姓身边，开展线上民情恳谈是个新鲜事。同样感受到政协“画风不同”的还有学生家长张秋红，“第一次参加政协组织的协商座谈，与委员，公安、城管等职能部门就交通安全进行‘头脑风暴’，让我对政协有了新认识，也对孩子在校的出行安全有了更大信心。”

“协商形式丰富，但协商内容统一。”谈到“余快协商”，胡春华委员给出的关键词是“坚持两个聚焦”，即聚焦党委政府关心关注、聚焦人民群众急难愁盼。

“余快协商·钟家山商量”围绕社区治理难点堵点，组织委员走进小区广场，与居民围坐一处召开板凳议事会，望闻问切摸清情况，随后兵分三路实地调研，助推雨污改造、医疗报销、健身设施建设等8个问题解决。“余快协商·企业家局长面对面”针对后疫情时代小微企业面临问题，邀请商户代表、职能部门来到当地家具市场，与委员协商、群策群力，最终帮助2063家小微企业及商户办理3.68亿元创业担保贷款，24家企业领取600万元免息“渝铃工贷”。借此机会解决了贷款难题的创业者陈俊超，为“余快协商”竖起了大拇指。

“想，都是问题；做，才是答案。”4月春寒未尽，“余快协商·石榴红”带领委员走进力塘下少数民族村，与少数民族群众来了一次“双向奔赴”。此前调研时，市政协委员林小春细心地发现村内祠堂议事厅门口的路上有大面积坑洼，影响群众出行。正巧座谈时有人提出，“大雨天山上的泥水会漫延到环村路上，十分不便”。于是他认真记下问题，当即作出回应，点对点实地测量勘察、制定施工方案，在座谈结束后的第5天帮助改造排水系统，彻底清淤扫障。政协委员说干就干，吹响凝聚共识“集结号”，吹开手足相亲“团结花”。

“余快协商”作为市政协探索服务界别群众的新形式、新路径，正在发挥其应有优势作用，助力写好为民履职答卷。市政协主席张家良表示，市县政协开门是群众、出门是基层，要立足职能定位，持续创优“余快协商”平台建设，推动政协协商向基层延伸，让政协协商接地气、暖人心，让全过程人民民主看得见、摸得着、真管用。

（本文原载于《人民政协报》2023年8月19日第4版）

## ◎ 宜春市政协

# “三转”机制推动委员履职为民

文／钟绍颖　傅文琪

“之前《医疗机构执业许可证》在袁州区和宜阳新区都说办不了，今天袁州区主动联系我帮忙办理好了，总算是可以正常营业了。”刚办理完执业许可证的李先生开心地说。

在了解到宜春市中心城区部分行政审批事项“真空”问题后，该市政协委员立即撰写了社情民意信息，由市政协转报市委、市政府。书记、市长分别作出具体批示，常务副市长牵头召开工作协调会，压实所有“真空”审批责任，现在相关证照全部可以及时办理。这是该市政协委员协商于民、协商为民，“机关围绕委员转、委员围绕履职转、履职围绕群众转”的生动体现。

“委员工作室提供了委员学习交流、协商议政的新平台，我们可以发挥各自优势解决民生诉求。”易回香委员在“春蕾妈妈”委员工作室举办的帮扶农村留守女童活动中表示。市政协成立了委员联络和协商议事服务中心，为委员提供政策咨询、协调服务 50 余次；设立了 167 个政协乡镇联络站及 199 个委员工作室，为委员履职搭建平台；建立了定期联络走访委员制度，帮助委员解决履职过程中的问题；建立了专委会工作报告制度和常委述职、主席会议成员点评、委员评议制度，把机关服务委员的工作交给委员评价。

“联合党支部引领党员委员带头履职尽责，为我们发挥作用提供了政治保证和组织保证。”张建武委员在参加第六联合党支部学习交流活动时表示。为推动落实“两个全覆盖”，市政协探索成立了委员联合党委，下设 8 个委员联合党支部，并建立了党员委员联系党外委员等制度，进一步压实党员委员责任。目前，市政协委员已开展专题视察、自主调研1053次，提交自主调研报告134篇、提案706件、社情民意信息920条，开展协商活动132次，主体作用得到充分发挥。

同时，市政协积极争取市委的重视和支持，市委办印发了《关于进一步做好市政协协商成果反馈督查落实工作的通知》，对协商成果登记批阅、转化办理、跟踪问效等情况实行台账管理，并由市委督查室、市政府督查室协同开展督查。目前，市政协已向36个单位转办委员意见67件，办理落实具体建议180条。

“在党的领导下，我们的日子越过越好，生活越来越有盼头”，听完党的二十大代表、市政协委员唐国徽的宣讲后，群众纷纷表示。市政协组建了委员宣讲团，开展党的二十大精神专题宣讲30多场次，用通俗易懂的语言、典型生动的案例让群众愿意听、易接受、上心头，广受群众欢迎，广泛凝聚思想共识。

“感谢政协委员对我们的关心，这么快就帮助解决了问题”，宜春明月山维景酒店负责人感谢道。邬李云委员在走访时了解到，维景酒店融资难问题长期没能得到解决，立即向市政协反映此问题，通过协商帮助企业获得8000万元贷款。这是市政协常委改进调研工作作风，开展“常委访百企”活动助推企业解决困难的缩影。目前，常委通过走访115家民营企业收集的109个困难，已移交39个单位办理。据悉，市政协正在开展“常委访百村”活动，持续帮助群众解决急难愁盼问题。

（本文原载于《人民政协报》2023年8月19日第4版）

## ◎ 吉安市政协

# 建好“两支队伍” 提升履职质效

文 / 林永盛　李泽贻

政协委员和政协干部是政协履职的关键。吉安市政协认真贯彻落实习近平总书记关于加强和改进人民政协工作的重要思想和中央、省委政协工作会议精神，坚决落实“懂政协、会协商、善议政，守纪律、讲规矩、重品行”重要要求，持续加强“两支队伍”建设，推动政协工作不断提质增效。

以政治引领为根本坚定履职方向。2021 年 10 月换届后，迅速举办新一届市政协委员培训班，完善落实以党组理论学习中心组学习为引领的学习制度体系，建立主席会议“第一议题”学习，创设专委会每月对口专业学习，制定习近平新时代中国特色社会主义思想学习座谈会制度实施办法，成立 23 个读书会委员全覆盖学习，坚持用习近平新时代中国特色社会主义思想凝心铸魂，坚定“两支队伍”履职正确方向。

以调查研究为关键提升履职本领。新一届市政协第一次主席会议学习毛泽东同志的《反对本本主义》及习近平总书记的《谈谈调查研究》，委员培训班“第一课”为“政协调查研究中的五种能力”，先后出台调研工作实施办法、年度协商工作计划制定办法、协商议题省外调研若干规定、自主调研几点要求等制度，不断提升调研工作规范化制度化水平。多运用访谈式、暗访式、蹲点式、问卷式等方法，深入基层一线开展沉浸式调研，摸真情况、找真问题。坚持不同形式、不同层次、不同范围“围读”调研报告，2022 年对 16 个调研报告“围读”145 次，市党政主要领导批示报告 14 次，许多意见建议转化为政策措施和工作成效。“井冈山”农产品区域公用品牌建设、加快推进矿业经济发展等调研报告，先后被中共吉安市委《参阅件》转发学鉴。

以绩效管理为抓手激发履职动能。在市政协委员履职服务平台上，委员履职“单项高分”“全能冠军”一目了然。市政协建制度、严考核、多激励，强化委员责任担当。现已建立以协商工作规则为主干的制度52项，委员履职有“章”，尽责有“规”。每年制定委员履职考核细则，量化的基础项目采用扣分制，定性的鼓励项目采用加分制，半年一通报，低分者约谈提醒。创新制定专委会工作年度考核办法，出台机关干部平时考核方案，开展机关干部“三学三比”提能力活动，浓厚了创先争优氛围，2022年市政协机关获评打造模范机关市级示范单位。创设优秀提案、高质量社情民意信息、反映社情民意信息先进个人、读书活动积极分子、优秀履职奖等“五个一”褒扬激励机制，有效激发了“两支队伍”履职热情。

以优质服务为基础强化履职保障。市政协着力推动解决“两个薄弱”问题，优服务、强保障。在增强基层力量上发力，市县政协专委会全部增设专职副主任，设立委员履职服务中心，全市乡镇（街道）和开发区（工业园区）均成立政协工作联络组，由党（工）委副书记任组长，配备1名政协干事，市县政协委员下沉基层联系服务界别群众。建立委员履职服务平台，率先在全省完成市县政协信息一体化建设，以信息化赋能政协履职。开展委员谈心谈话、常态化警示教育和风险提示、专题廉政报告会等，涵养清风正气，展现委员良好形象。

（本文原载于《人民政协报》2023年8月19日第4版）

## ◎ 抚州市政协

# “专”出特色与成效

文／刘海滨　甘军根

今年5月，在团中央维护青少年权益部主办的2023年度“全国青少年模拟政协提案征集活动”推进会上，抚州市政协报送的《深耕做实校园“模拟政协”活动》成功入选“模拟政协”活动首批十大创新案例。这是市政协深入贯彻落实习近平总书记关于加强和改进人民政协工作的重要思想，创新开展“一委一特色”工作取得成效的一个缩影。

抚州市政协充分发挥专委会的基础性作用，谋划并强力推动8个专门委员会根据其工作性质及职责，聚焦专委会特点，全面推动各专委会创新打造“一委一特色”工作。目前，提案委员会的“模拟政协提案”、文化文史和学习委员会的“文史故事汇”、经济委员会的“委员讲堂”、人口资源环境委员会的“委员话生态”、教科卫体委员会的“民生面对面·主题沙龙”、社会和法制委员会的“社法微协商”、港澳台侨外事和民族宗教委员会的“我们的节日”、农业和农村委员会的“委员和农民同坐一条板凳”等“一委一特色”品牌已经全部形成。各专委会履职活动特色更鲜明、形式更活跃、成效更扎实。

“今年，我们‘模拟提案’参与学生达176人次，提交提案148件，其中经市政协提案委审查，形成正式提案转职能部门办理提案31件。”市政协提案委负责人通报“模拟提案”特色创建工作成果。

“‘我们的节日’活动非常有意义，以诗会友、以诗联侨，让我们更多地了解抚州这座中国诗歌之城的文化魅力。”鹰潭微诗协会会员杨厚成激动地说道。今年4月，市政协港澳台侨外事和民族宗教委以“诵咏二十大 聚力新征程——书香政协·以诗联侨灵谷峰诗会”为主题，开展了“我们的节日”活动，有力地推介了抚州文化，促进了灵谷峰文化旅游融合发展。

“先家庭后教育，你的家庭或孩子有这样那样的问题，可能是因为你拥有的只是房子，而不是家。”省内金牌调解员胡剑云做客“社法微协商”活动现场，与妇联、团委、教育等部门负责人及家长代表，面对面交流家庭教育难题，商讨对策，释疑解惑100余人次，切实解决人民群众急难愁盼问题。

“一委一特色”活动在抚州市政协其他专委会，每月都在精彩上演……“文史故事汇”短视频深受百姓欢迎；“委员话生态”有力助推了抚州生态产品价值的实现；在抚博士谈抚州、职业女性公务形象礼仪提升等“民生面对面·主题沙龙”活动惠及市民600余人；深入基层与农民同坐一条板凳，举办农业技术培训、良种保护、设施蔬菜发展等特色活动10余场，助力乡村振兴建设；举办人力资源资本化进程、数字经济运用等“委员讲堂”，真正把惠企政策装进脑袋、送进口袋……

“通过‘一委一特色’工作创新推动，不断激发政协委员及机关干部内在活力，营造比学赶超、创先争优的浓厚氛围，推动政协履职提质增效。”市政协主席贺喜灿表示，将在持续打造“一委一特色”品牌过程中，推动专委会履职常态化、规范化、制度化，推动政协协商从“做了什么”向“做好了什么”转变，努力争创新时代政协“第一等的工作”。

（本文原载于《人民政协报》2023年8月19日第4版）

# | 山东省政协 |
# 以高质量履职助力高质量发展

文／盛建勇　张文敬

山海向东倾，百川无尽势。

从巍峨古老的万仞宫墙到革命热土的沂蒙老区，从潮起澎湃的碧海之畔到万物勃发的大河之洲……党的十八大以来，习近平总书记四次亲临山东视察，多次作出重要指示批示，为山东发展把脉定向、掌舵领航，提出“三个走在前”重要要求，赋予山东“走在前、开新局”光荣使命，为山东现代化强省建设标注了新方位、新使命、新担当。

在中共山东省委的坚强领导下，省政协胸怀“国之大者”，牢记领袖嘱托，聚焦主责主业，坚持守正创新，以奋进者的昂扬姿态，努力为中国式现代化“山东实践”贡献智慧力量。

## 学而时习　真理铸魂

党的二十大以来，山东省政协秉承学习光荣传统，把深入学习习近平新时代中国特色社会主义思想，作为统揽各项工作的总纲。

3 月 20 日，全国“两会”胜利闭幕仅仅一周，省政协就围绕深入学习贯彻党的二十大精神举办了新一届省政协委员学习培训班，省政协主席葛慧君领学动员、提出要求。

全体主席会议成员、政协委员和机关干部 1000 多人通过“一体报名、全员覆盖、三期连训”的方式同学共进、深学细悟。

学习不只培训，关键还在平时，目的全在运用。这方面，省政协进行了探索创新。

主席示范带头学。全省政协委员“深入学习贯彻中共二十大精神”网上专题学习活动中，葛慧君领学发言，主席会议成员跟帖“带学”，16市政协主席在市县读书群担任群主，领学促学让“头雁”效应得到有效发挥。

线上线下结合学。今年4月主题教育启动后，省政协开展了为期3个月的“学习新思想 建功新时代”委员读书活动。依托山东通“学而书院·时政群”开设主题教育读书群，由党组成员轮值领学，每个专题各举办1次专题辅导、集中研讨交流和线下分享会。

联系实际深度学。主题教育中，省政协举办4期专题读书班，党组成员和机关厅处级干部同学共进，原原本本读原著学原文。葛慧君带头讲专题党课，组织3场学习交流会、24名机关厅级干部和处长登上讲台，结合工作实践分享学习体会。

深入界别一起学。发挥“界别同心汇”聚识平台作用，组织各专门委员会、全省1000多个界别组深入所联系委员、基层联系点和界别群众广泛开展学习宣讲，将党的二十大精神传入千家万户。

构建体系化、全方位的学习矩阵，贯通三级政协、联通线上线下、融通界别群众、打通基层一线……在深化、内化、转化上持续用力，时代真理深入人心，奋进力量空前凝聚，党的创新理论学习成效在山东各级政协愈发彰显。

## 绵延文脉　勇担使命

“中国式现代化是赓续古老文明的现代化，而不是消灭古老文明的现代化；是从中华大地长出来的现代化，不是照搬照抄其他国家的现代化。”习近平总书记掷地有声的话语，点亮了中华文明5000年的历史烛炬，激荡着流淌至今的万古之河。

春寒初霰望远波。带着高原的嘱托，九曲黄河一路奔腾向东，在齐鲁大地的初春邂逅了蔚蓝的大海。

山东省政协2023年首次月度协商的会场里暖意浓浓，一场“加快推动黄河国家文化公园（山东段）建设”的大讨论正在热烈进行。

“黄河之水天上来，奔流到海不复回。自古至今，黄河已经成为中华民族的象征，也注入了绵长的历史文化。建设黄河国家文化公园，要深入挖掘黄河文化，讲好黄河故事。”山东省作家协会副主席铁流委员的话引起了大家共鸣。

山东省文物考古研究院院长孙波委员结合工作建议，“山东黄河流经区域文物资源分布密集、数量多、价值大，应重点围绕世界文化遗产、治黄文物遗迹、堌堆遗址、制盐及古港口遗址等，实施一批文物保护和考古研究重点项目，推进中华文明探源工程”。

……

守护历史，斯文在兹。

去年以来，省政协已围绕“努力建设长城国家文化公园（山东段）”“整合昆嵛山综合资源，打造文化生态名山”“关注齐鲁文化遗产保护 探索活化利用路径”等重大文化课题深入协商调研，530多名委员、专家积极参与，提出意见建议2085条，通过“民声连线”开门协商，访问量达到60余万人次。

如何落实党的二十大报告提出的“坚守中华文化立场，提炼展示中华文明的精神标识和文化精髓”？经省委同意，省政协主动担起了推选山东文化标识的重要任务：召开山东文化标识推选活动动员会，遴选各领域权威专家成立评审专家委员会，召开5轮评审会，评选出首批30个体现齐鲁文化精髓的山东文化标识……一项项工作正在紧张有序推进。

济济多士，秉文之德。这是省政协深入学习贯彻“两个结合”重大意义，坚定文化自信，勇担历史文化传承使命的政治自觉。

## 协商议政　知重尽责

每个时代总有属于它自己的问题。在人民政协，深入研究重大问题、勇于解决重大问题，协商成效才能充分彰显，服务大局才能落到实处。

习近平总书记对山东情深似海、厚望如山，提出了“努力在服务和融入新发展格局上走在前、在增强经济社会发展创新力上走在前、在推动黄河流域生态保护和高质量发展上走在前”的殷殷期盼，赋予山东建设绿色低碳高质量发展先行区的重大历史使命。

为此，省政协先后围绕“三个走在前”召开3次专题议政性常委会会议。今年，省政协又将“推动绿色低碳高质量发展先行区建设”列入《山东省委、山东省政府、山东省政协2023年协商工作计划》，召开常委会会议深入协商议政。

专题议政如何把重大课题做实？如何把真实情况摸透？如何提高深度协商互动、意见充分表达、广泛凝聚共识水平？省政协摸索出了一套行之有效的“打法”：

——集中优势“兵力”。根据此次常委会会议议政主题，确定由经济委员会牵头，人口资源环境、教科卫体、港澳台侨和外事委员会共同承担专题议政任务，确保攻坚有力量。

——细化重大议题。采取“零敲牛皮糖”方法，将议题分解为“深度调整产业结构和布局”“加快构建安全高效能源体系”等5个子课题，做到议政有方向。

——精准调研论证。调研组深入50余家骨干企业、科研院所；1500余人次参与网络议政，提出意见建议2500余条；开展11次调研论证会、1次专题辅导讲座，实现协商有依据。

——深度协商互动。与会常委和专家学者、界别群众代表分成5个专题开展协商，9个省直部门同志分赴5个会场，同委员直接交换意见，让交流无阻碍。

……

有可靠的过程支撑才能保证有质量的协商成果。会议审议通过的《关于“推动绿色低碳高质量发展先行区建设”的建议案》，提出3部分24条建议，并附5篇调研报告80余条具体建议，得到了省委、省政府主要领导的充分肯定，为先行区发展注入了政协动力。

今年全国“两会”上，习近平总书记为民营经济加油打气，鼓励民营经济健康发展、高质量发展。之后，省政协立即组织开展了“优化民营企业

发展环境 促进民营经济发展壮大”专题调研。两个多月的时间里，调研组跑遍全省各地，召开了几十场座谈会、论证会，梳理外省经验做法200余条，面向全省民营企业发放调查问卷，收回有效问卷22109份，获得了大量一手资料，研究提出了8个方面27条具体建议，被省委、省政府文件充分吸纳，在面对重大问题、服务高质量发展中展现了人民政协作为和担当。

作为践行全过程人民民主的重要形式，“有事多商量”协商品牌，已经写入省党代会报告，全省统一标识、一体建设、协同贯通，更多政协委员下沉一线、走进村居，与基层群众面对面，推动政协协商和基层协商有效衔接，解决人民问题的协商民主成为齐鲁大地的生动实践。

## 搭台赋能　守正创新

这是一个呼唤创新奋斗的伟大时代。守正创新者进，团结奋斗者强。

锚定党的二十大对人民政协的战略部署，以改革创新精神推进党中央要求落地落实，是不断开创新时代人民政协工作新局面的根本路径。去年以来，省政协围绕贯彻落实党的二十大精神，全力打造“五大平台”，积极探索以平台创新赋能履职创新的有效做法和制度载体。

着眼发挥人民政协作为专门协商机构作用，打造“有事多商量”协商平台——聚焦协商主责主业，推动形成以全体会议为龙头、以专题议政性常委会会议和月度协商会为重点、以协商座谈会为常态的协商议政格局。

着眼完善委员联系界别群众的制度机制，打造“界别同心汇”聚识平台——以界别为依托，以委员为主体，在影响服务对象相对集中的区域建设实体场地，面向界别群众，特别是党外知识分子、非公有制经济人士、新的社会阶层人士开展活动，全省60个“界别同心汇”举办主题聚识活动130余场，联系界别群众7000余人次。

着眼加强党的创新理论学习，打造“学而系列”读书平台——面向全省各级政协委员，构建学而书院、学而书房、学而讲谈“三位一体”立体化学习体系，先后开展读书学习活动19次，三级政协委员全员上线入群，交流发帖12万余条，让政协委员始终保持学习在线、思想在线。

着眼拓展人民政协协商民主深度广度效度，打造“政协在线”数字平台——以信息技术赋能政协工作，通过集成个人事项、公文办理、事务审批、信息发布4种类型32个应用，机关事务实现“网上办”“掌上办”，数字政协数据规范列入数字山东工程标准，省市县三级政协贯通，推动“指尖上的协商民主”。

着眼向政协委员和社会各界传播党的好声音，打造“鲁力同心”宣传平台——开展首届“最美政协人”推宣工作，组织全省青少年开展“同上一堂思政课、同作一次社会调查、同写一篇模拟提案”三同活动，建设融媒体中心，以宣传驱动力提升思想引导力、履职影响力、工作创新力。

“下一步，省政协将充分释放‘五大平台’相互赋能、牵引集聚作用，进一步推动协商平台拓展延伸、聚识平台提质扩面、读书平台开放活跃、数字平台迭代升级、宣传平台融通共联，提升建、管、用水平，不断丰富深化平台内涵，带动各项经常性工作提质增效。”葛慧君说。

逐梦海岳胸中定，团结奋进正当时。在推进中国式现代化这个充满光荣和梦想的征程上，山东省政协将坚持以习近平新时代中国特色社会主义思想为指导，用汗水浇灌收获，以实干笃定前行，更好发挥专门协商机构作用，团结更多人想在一起、干在一起，为奋力谱写中国式现代化山东篇章作出新的更大贡献。

（本文原载于《人民政协报》2023年7月14日第1版）

◎ 淄博市政协

# 打造“积极向上”的协商强磁场

文／张文敬　周建乾　李　伟

“住养老院花费高，去了会给孩子增加经济负担。”“村里都是些老伙计，住养老院互相不认识，想聊聊天都不知道说啥好。”……

阳春三月，淄博市政协社法和民宗委“构建多样化服务，提升居民养老生活品质”调研组，深入全市各区县，对养老服务设施及医养结合情况进行调研，与老人面对面深入访谈交流。

这是市政协直达现场共商良策的众多议事场景之一角。去年以来，市政协充分发挥专门协商机构作用，用好聚识优势，扭住中心环节，擦亮“有事多商量”协商品牌，丰富协商形式，围绕党政中心工作落实聚心聚智聚力。

## 搭建平台，协商议政“质效双升”

市政协十三届常委会第三次会议期间，委员们围绕“提升水资源集约节约利用水平”专题协商议政。这是市政协举行的首次专题议政性常委会会议。市委、市政府有关领导出席并作专题报告，市直有关部门主要负责人列席会议，现场听取发言并与委员互动交流。

6 月 19 日，全市召开“有事多商量”协商平台工作会议，调度全市线上平台建设进展情况，梳理部署工作任务。截至目前，线上平台已顺利实现与省平台端口对接，换届以来的重要协商活动数据资料录入工作全面展开。

目前，市政协正筹备开展新一期专题议政性常委会会议，已经确定了 12 项重点协商议题。

## 重心下移，“到现场＋再监督”聚合发展

从第一次现场协商的与众不同，到次次组织委员走进基层的习以为常。市政协的协商议政，直达问题现场，“一竿子插到底”。

在区县，一场场粘泥土、带露珠的协商会也如火如荼。淄川区“尽责政协”志愿服务队进企业、进村居，现场发现问题，现场协商解决；临淄区搭建“齐商量”云平台，全区 190 位委员按地域下沉联络室；各区县纷纷将协商会场搬进项目一线、村庄社区、田间地头……

今年 6 月，市政协在协商计划中增加了民主监督内容，对上年度“红色文旅项目建设”两个协商议题成果转化情况开展专项监督，切实发挥好政协民主监督助落实、促发展的重要作用。

## 贴近民生，写好“为民惠民”答卷

“目前，小区物业公司出资建设的电动车棚，增设了 1000 个充电口，极大缓解了居民需求。”桓台县少海街道党工委副书记、政协委员联络室负责人孙涛告诉记者。

聚焦助力打造全域共同富裕先行城市，市政协各专委会围绕“三农”问题开展系列调研协商，形成的“数字赋能换道超车，全力打造数字农业农村中心城市”协商报告，入选省政协 30 个创新案例。

“全市各级政协组织要强化系统思维统筹方法，坚持上下联动、左右协同，完善平台建设，优化协商流程，突出协商重点，推动线上协商、线下协商同步发力，全面提升协商质效。”市政协主席张延廷说。

（本文原载于《人民政协报》2023 年 7 月 14 日第 4 版）

## ◎ 潍坊市政协

# “知情明政”激发“双向奔赴”活力

文 / 张文敬　邱业勇　于　桐

6月初，一场“知情明政”活动启动暨政情通报会拉开了潍坊市政协精心运筹的“一盘大棋”帷幕，“开展‘知情明政’系列活动，同心协力推动高质量发展”付诸实施。

“开展‘知情明政’系列活动，是市政协服务党政中心工作的创新举措和重点打造的履职品牌，其目的在于推动政协委员知情明政、精准献策，推动党政部门广开言路、纳谏问计，实现部门与政协委员的双向奔赴、深度融合、同向而行，同心协力加快建设实力强、品质优、生活美的更好潍坊。”市政协主席李爱杰说。

今年以来，潍坊市政协聚焦市委提出的“七个加力突破”，围绕“贴近中心服务大局，贴近委员服务基层”的全年履职主题，不断完善政协主席联系常委、常委联系委员、委员联系界别群众机制，召开推动委员企业高质量发展工作会议并建立联系包靠委员企业制度，同时兼顾政协委员和党政部门需求，推动建言资政和凝聚共识双向发力，探索开启“知情明政”系列活动，对“全市拼经济，政协怎么干”作出回应。

为了更好“知情明政”，市政协有针对性地制定出台了《关于开展“知情明政”系列活动同心协力推动高质量发展的工作方案》。

创新出活力、添动力、增效力。从活动现场发放的党政部门纳谏问计清单、政协委员献策关注清单上看，委员献策关注清单有1373条、首批参与的8个部门纳谏问计清单有241条。

委员关注清单都是社会热点焦点问题，如“推进既有住宅加装电梯工作”“规划建设更多的城市公园”等，部门问计清单有历史遗留问题，也有经济发展现阶段的问题，如“提升冬季清洁取暖工作”等。“两张清单”作为知情明政、双向奔赴的起点与交汇点，是政协委员与党政工作深度融合的关键，也为出单者提出了新的要求。

一子落而满盘活。在活动启动现场，参与政情通报会的部门主要负责人发现，有些委员建议恰好切中部门需求。如针对学生心理健康问题，委员提出的加强学校心理健康教育、试点开展学生心理健康筛查等建议进一步丰富了教育部门推进心理健康工作的措施。结合委员建议，市教育局今年中高考期间专门开通了 24 小时心理援助热线，全力护航学生、家长心理健康。

市教育局第一时间将“知情明政”工作作为联系群众、接受监督的重要途径和补短板、强弱项的重要抓手，设立专班对委员关注事项进行研究落实。市城管局梳理选聘口袋公园园长、参与网格巡查、环卫工人作业体验等“委员体验岗”开放供给清单 11 项……首批参与的政府部门主动邀请委员担任特邀监督员、出席部门“听证会”、参加政务“开放日”，并积极创造条件，采取体验式跟踪调研的方式帮助政协委员融入工作，深入行业一线岗位现场体验、摸透实情。

6 月 21 日，市政协“知情明政”活动情况报告得到市委主要领导批示，给予充分肯定，并提出明确要求。市政协秘书长王立杰表示：“市政协机关要统筹力量、扎实推进，规范有序组织开展系列活动，形成可操作、可持续、可复制的知情明政‘潍坊经验’。”

（本文原载于《人民政协报》2023 年 7 月 14 日第 4 版）

## ◎ 济宁市政协

# 聚力搭好台　唱响协商戏

文／张文敬　颜　霞

去年以来，开展协商活动30余项，组织委员协商议政发言200余人次，向市委、市政府报送建议案、调研报告、协商工作专报30余件，其中20余项建言成果得到党政领导批示，一大批“金点子”进入党委政府决策……这份亮眼的成绩单，得益于济宁市政协牢牢把握主要工作是协商、主要方式是“搭台”的定位要求，聚力搭建“有事多商量·济事商量”协商平台，服务中心大局的政协担当。

换届之初，市委书记林红玉提出，要重视加强政协专门协商机构建设，坚持党委会同政府、政协共同制定年度协商计划，完善协商于决策之前和决策实施之中的落实机制，完善政协建议案、提案、调研报告等的采纳、落实和反馈机制，让协商成果及时转化为谋划工作的思路、推动工作的实招。

“要把‘搭台’的职责进一步落实落细，以‘济事商量’为引领，健全协商规则，拓宽协商形式，明确协商流程，更好激发专门协商机构的潜能和活力。”市政协主席霍媛媛表示。

去年11月14日，在中国共产党济宁市第十四届委员会第三次全体会议期间，“擦亮‘有事多商量·济事商量’协商品牌”写入大会决议。连续两年，市委常委会专题审议政协年度协商计划，由市委、市政府、市政协联合印发。

市政协以打造“有事多商量·济事商量”协商品牌为载体，形成了以政协全体会议为龙头，以专题议政性常委会会议和专题协商座谈会为重点，以对口协商、提案办理协商和基层议事协商为常态的广泛多层协商议政格局。

各县市区政协在市政协“有事多商量·济事商量”平台之下，积极搭建切合地方实际的子平台，将“商量”文化与地方历史文脉相融合，邹城“邹鲁协商”、泗水“洙泗共商”、鱼台“棠邑有约”、微山“细致入微”、梁山“共谋梁策”等特色协商子品牌各具特色；镇街协商议事室试点建设全面铺开，加快融入基层社会治理体系，打通了为民履职“最后一公里”；市政协各专委会也结合各自业务特色，积极参与“一委一品”创建，形成了“想方设法”“文化基石”等子品牌，构建起系统规范、上下联动、形式多样、品牌统一的协商平台体系。

线上线下协商并行，加强“数字赋能政协履职”，创设“有事多商量·济事商量”云协商平台，开通“码上商量”小程序，围绕重点调研协商议题，组织委员交流讨论、协商议政，促进了线上线下良性互动，扩大了群众有序政治参与。

为进一步提升协商议政的专业性，吸收更多高层次人才参与政协重大协商议政活动，市政协从教育、科技、卫生、文化、金融、法律等领域中物色和选聘16位各界别专家、学者建设了特聘专家队伍，通过个别咨询、对口协商、专题协商等履职方式，提供专业性的意见建议，帮助提升政协协商议政水平。

商以求同、协以成事、为用而商、为事而商。“有事多商量·济事商量”平台将以协商实现凝心、以凝心实现聚力，以协商实效助推济宁高质量发展、开创新时代社会主义现代化强市建设新局面。

（本文原载于《人民政协报》2023年7月14日第4版）

◎ 日照市政协

# 创新打造“阳光协商”工作品牌

文 / 张文敬　唐　洁　孙克芳

去年以来，日照市政协创新打造“有事多商量 · 阳光协商”工作品牌，较好发挥了专门协商机构作用。

中共日照市委高度重视、大力支持“有事多商量 · 阳光协商”工作平台打造，市委常委会多次听取工作情况汇报，将“阳光协商”工作品牌列入市委工作要点和全面深化改革工作计划，写入《关于加强和改进新时代市县政协工作的实施意见》；党委、政府、政协三家办公室联合下发《政协年度协商计划》、党政领导带头参加“阳光协商”活动，先后对协商成果作出批示 25 次。

为建好平台机制，市政协注重从搭平台、建机制等方面做好工作。

——搭好工作平台。按照有场所、有制度、有计划、有管理、有活动、有档案“六有”标准，在全市分层级搭建“协商议事室、社情民意信息站、人才智力库、法律服务团”为架构的“阳光协商”平台。目前，在全市分层级搭建各类平台 100 余个，组建人才智力库 170 人、法律服务团 84 人，开展协商活动 800 余场次，收集建议 3600 余条。

——建好工作机制。配套出台实施意见和具体操作办法 15 个；协商平台的办公地点、开放时间通过本地新闻媒体告知社会群众和政协委员；全市 1500 余名市县（区）政协委员全部编入相应的协商平台，每个协商平台至少有 1 名政协委员联系，在此基础上，创新开展“到界别群众中去”实践活动，通过界别学习、界别协商、界别服务等形式，引导委员到界别群众中“讲、听、聚、引、帮”，广泛汇聚正能量。

——优化工作流程。制定出台《政协日照市委员会年度协商计划实施办法》，对“协商什么”“谁来协商”“如何协商”等协商实践进行规范。明确协商议题，采取党委政府点题、委员荐题、群众出题等方式广泛征集。根据不同协商议题，确定各层面参与协商议事的对象，累计邀请有关党政领导、部门单位负责人、政协委员、专家学者、基层群众代表、人才智力库、法律服务团约3万人次参加协商。

成果转化是检验协商成效的关键。市政协建立协商成果采纳、落实、反馈机制，对达成共识、需要落实的事项，积极协助党委政府组织实施，实施情况形成“结果反馈清单”以适当方式向社会公开，并向利益相关方反馈；对受党委政府或有关部门委托的协商事项，协商结果及时向党委政府或有关部门报告。目前，市政协通过《政协专报》向市委、市政府报送协商成果25份，提出意见建议320余条，助推解决群众身边的困难和问题500余个。

市政协制定出台《政协日照市委员会委员履职考核细则》，把建好用好协商平台作为年度考核的重要内容，将委员参与“有事多商量·阳光协商”活动纳入履职考评范围，市委、市政府办公室对协商成果专题督办、市政协委员工作室每月对各区县政协、市政协各专委会开展活动情况进行调度检查，对委员参加协商情况统计考核，考核结果作为评先评优的重要依据，实现了“要我参与协商”向“我要参加协商”的转变。

（本文原载于《人民政协报》2023年7月14日第4版）

◎ 临沂市政协

# “三创三联三提升” 提案工作上水平

文 / 张文敬　张峰年

临沂市政协坚持把质量作为提案工作的生命线，创新开展提案培育审查、领办督办、评选表彰，一体推进提案联合培育、联合督办、联合评价机制，不断提升提案质量水平。

市政协每年组织开展“知情明政”系列活动，引导委员围绕中心，找准切入口，积极撰写高质量提案。

——下好选题“先手棋”。坚持“党政点题、部门荐题、社会征题”相结合，多渠道征集提案线索，每年形成科学合理的提案选题目录200余个，推动提案进一步向党政中心工作和群众急难愁盼问题聚焦。

——固稳调研“压舱石”。积极搭建平台、畅通渠道，鼓励委员自主调研、带题调研，经常邀请委员参加座谈交流、监督视察及各类意见征求会、情况通报会，推动市委、市政府及有关部门为委员撰写提案了解情况创造条件。

——拉紧评审“过滤网”。联合市委、市政府督查部门召开提案培育评审会议，对拟立案重点提案内容进行修改完善。市政协全会召开期间，抽调10余个党政部门精干力量组成大会提案审查组，对提案进行充分协商、集中审查和“预交办”，提案交办的精准性得到明显提升。

市政协注重创新提案督办方式，建立联合领办督办机制。去年3月，市委书记深入生产车间、项目一线，就市政协重点提案——《加快现代化钢铁新城建设，打造全市工业经济新高地》进行调研督办。去年以来，像这样的现场督办活动，市委、市政府、市政协班子成员共开展了26次。

——提级加强领导。将改进提案办理工作纳入向市委请示报告重大事项，市委常委会会议每年听取重点提案领办督办情况汇报，专题研究部署重点提案督办工作，有力提升了提案督办层次，调动了提办双方的积极性主动性。

——提力加压推进。建立市委、市政府领导领办、市政协领导督办、相关职能部门具体承办、提案者全程参与的工作机制。市委、市政府主要领导每年领办1—2件重点提案，从源头上推动促进了提案办理工作和相关领域工作开展。

——提速加快落实。市委常委、市政府副市长、市政协主席会议成员结合各自分工，采取实地督导、走访调研、现场视察、座谈了解等方式集中领办督办40余件重点提案，提案成果转化应用加快、作用明显提升。

市政协创新提案评价体系，建立联合考评表扬机制。去年10月，市政协下发专门通知，部署开展提案质量评价工作。

聚焦有效提升考核质量，推动提案表扬纳入全市重点督查范围，建立市委、市政府、市政协联合评选表扬优秀提案、先进承办单位工作制度。

——强考核严标准。积极向市委争取提高政协提案办理在全市高质量发展绩效考核的权重；对《提案办理考核实施细则》进行修改完善，进一步规范办理责任、方式、程序。

——优评议提质量。在全年提案办理结束后，面向提办双方开展互评，评议结果作为评选优秀提案和先进承办单位的重要依据。

——重表扬激动能。修订《优秀提案、先进承办单位、先进提案工作者评选表扬办法》，会同市委、市政府督查部门提出优秀提案、先进承办单位表扬名单。

（本文原载于《人民政协报》2023年7月14日第4版）

# | 河南省政协 |

# 持续凝聚“奋勇争先、更加出彩”的磅礴合力

文 / 王有强　靳　燕

今年是全面贯彻落实党的二十大精神的开局之年，十三届河南省政协以竞进之势奋跃而上，坚持用新时代党的使命任务引领政协工作，以高水平履职服务现代化河南建设，持续凝聚“奋勇争先、更加出彩”的磅礴合力，在谱写中国式现代化建设的河南篇章中展现新气象、开创新局面。

## 深学细悟，理论武装入脑入心

习近平总书记强调，党的理论创新每前进一步，理论武装就要跟进一步。河南省政协把开展学习贯彻习近平新时代中国特色社会主义思想主题教育作为当前重大政治任务，坚持读原著、学原文、悟原理，自觉用习近平新时代中国特色社会主义思想和党的二十大精神统一思想、统一意志、统一行动。

及时制定《省政协党组理论学习中心组 2023 年学习计划》，抓好理论学习中心组集中学习研讨，办好专题读书班，用好“第一议题”……河南省政协深入学习规定书目和习近平总书记关于主题教育、河南工作、人民政协工作的重要讲话重要指示批示精神，深刻把握习近平新时代中国特色社会主义思想道理学理哲理。

“习近平新时代中国特色社会主义思想是当代中国马克思主义，是二十一世纪马克思主义，是当代中国共产党人的思想之旗、精神之魂，是修炼共产党人‘心学’必须念好的‘真经’。”4 月 25 日，河南省政协党组书记、

主席孔昌生在省政协机关学习贯彻习近平新时代中国特色社会主义思想主题教育读书班上作专题党课。孔昌生结合自身学习，与大家深入交流了如何念好共产党人的“真经”、修炼好共产党人的“心学”问题。

以省政协党组带动机关党组、各专委会分党组，处级以上党员干部带动其他党员、干部，党内干部带动党外干部，党员委员带动党外委员，省政协带动市县政协，切实提高政协组织整体学习成效。主题教育开展以来，河南省政协领导班子讲党课 20 余次。

培训研讨与沉浸自学相结合、理论宣讲与实践体验相结合、线上与线下相结合，河南省政协用好党外委员专题视察、智慧政协、政协书院等形式平台，举办“政协大讲堂”2 期，开展“学习新思想·奋进新征程”委员读书活动，党员、干部和政协委员 1100 余人参与共学。

## 扛牢抓细，党的建设走深走实

习近平总书记强调，要以党的政治建设为统领全面推进政协党的各项建设。河南省政协认真贯彻落实新时代党的建设总要求，全面加强政协党的建设，推动党建工作高质量发展。

六合同风，九州共贯。河南省政协始终坚持党对政协工作的全面领导，严格贯彻执行中央大政方针和决策部署，捍卫“两个确立”，做到“两个维护”。严格执行重大问题请示报告制度和定期报告制度，及时向省委汇报重要事项、重要工作、重要活动，根据省委要求抓好落实，做到省政协工作始终在省委的坚强领导下履行职能、开展工作，把牢政协正确政治方向。

其中，《中共政协河南省委员会党组贯彻中央、省委重大决策部署落实机制》从健全落实责任体系、优化贯彻落实各环节工作机制、完善贯彻落实质效保障机制等方面进行规范，深刻把握政协机关作为政治机关的基本属性，确保中央和省委作出的重大决策部署在省政协条条落实、件件落地、事事见效。

“要高度重视政协党的建设工作，立足政协的性质特点创新方法路径，提升党建工作水平。”6 月 6 日至 7 日，孔昌生围绕“加强政协党建工作，探索党建与履职深度融合的方法途径”主题，以“四不两直”方式到濮阳县柳屯镇和清河头乡政协工作办公室，了解政协基层党建工作、推动党建与履职深度融合情况，探索构建全省政协组织“大党建”工作体系。

在认真总结市县政协党建工作经验基础上，河南省政协正在研究制定关于进一步加强党的建设工作的一系列措施，为完善政协组织党建工作新格局，提供制度支撑。以“强化党建引领，提升履职能力”为主题，谋划全省市县政协主席座谈会，拟深入研讨党的建设工作，进一步提升政协党建工作水平。

## 实干笃行，服务大局高质高效

习近平总书记强调，人民政协要聚焦党和国家中心任务履职尽责。河南省政协坚持围绕中心、服务大局，聚焦高质量发展，以政协之能促进出实绩、创佳绩。

极目黄河，气象万千。2019 年 9 月 18 日，习近平总书记在郑州主持召开黄河流域生态保护和高质量发展座谈会，黄河流域生态保护和高质量发展上升为国家重大战略。

中央决策，政协方向。河南省政协充分发挥专门协商机构作用，通过视察调研、协商议政、提案办理、流域联动等多种形式，围绕建立黄河流域生态保护和高质量发展长效机制、推动黄河流域水资源节约集约高效利用等主题，奏响了一曲新时代政协版“黄河大合唱”。

“省政协把开展农业强省建设专题研究作为‘一号协商议题’，汇聚多方力量，进行深入系统研究分析，提出高质量的建议，为省委科学决策提供了重要依据。”近日，河南省政协召开农业强省建设专题协商座谈会。省委书记楼阳生出席并听取专题研究情况汇报，强调要认真吸收借鉴，抓纲举目、重点突破，加快推进农业强省建设。

按照党的二十大决策部署和省委工作安排，河南省政协将“农业强省建设”专题研究作为“一号协商议题”强力推进，组建由省政协和省直有关单位、高校、科研院所共100余人参加的课题研究专班，邀请15名省内外知名的“三农”专家组建了课题研究专家委员会，由省政协主席会议成员领衔，成立7个课题研究组，分赴广东、山东、江苏等省调研学习，深入省内65个县（市）进行调研，组织召开省委主要领导参加的专题协商会，形成“1+6”系列研究报告和19个调研报告，为农业强省建设提供重要参考。

同时，按照省委、省政府安排，省政协领导班子成员分别担任全省有关重点产业链链长，组建工作专班，带头深入调研，定期推进落实，积极服务重点产业链的培育和健康发展。聚焦河南“十大战略”实施，省政协围绕加快绿色转型发展、民营经济高质量发展等课题，组织开展协商活动4次，向省委、省政府报送协商专报4期、社情民意信息66期，得到省级以上领导批示7次，为省委、省政府科学决策提供有力参考。

## 守正创新，履职工作有声有色

习近平总书记强调，创新才能把握时代、引领时代。河南省政协把守正创新作为政协工作的不竭动力和活力之源，在传承中创新、在创新中发展。

日前，围绕“建立生育支持政策体系，降低生育、养育、教育成本”“超硬材料产业高质量发展”等主题，河南省政协先后召开专家协商会，邀请专业人士聚焦关键问题，提出专业性意见建议，展开深度协商、反复论证。

丰富协商形式，提高协商效能。河南省政协学习借鉴全国政协的做法，结合自身实践，积极探索创新，推出了一批体现政协工作规律、富有河南特色的履职平台载体、工作方式方法和运行制度机制。其中，今年安排了“推动‘行走河南·读懂中国’研学旅游发展”等8项议题，开展专家协商会。

作为中原粮仓，河南省政协紧扣习近平总书记提出的关于“全方位夯实粮食安全根基”的重要要求，立足政协优势，以战略思维倡导建立国家粮食主产区13省（区）政协“扛稳粮食安全责任”协商研讨会机制。目前，13省（区）政协已就第一次协商研讨会的具体事宜进行商洽协调，计划下半年在郑州市召开首次研讨会。

牵住制度建设“牛鼻子”，河南省政协坚持“当下改”和“长久力”，对128项现有规章制度进行全面审理、集中研判，统筹做好“立、改、废”

工作。目前已新建制度16项、修订24项、废除10项，将工作中的好经验、好做法及时以制度形式固定下来，不断健全完善制度体系，提升制度执行力，为省政协规范高效履职提供制度保障。

## 强基固本，队伍建设从紧从严

习近平总书记强调，人民政协要以改革思维、创新理念、务实举措大力推进履职能力建设。河南省政协把加强“两支队伍”建设作为一项基础性、全局性、长期性工作来抓，切实筑牢履职根基。

5月的兰考，桐花飘香，焦裕禄干部学院内，学习热潮涌动。

5月8日至18日，十三届省政协新任委员培训班分两期在这里举行。520余位新任委员从省内各地带着期待而来，满载收获而归，完成了委员履职的“第一课”。

从严肃活泼的课堂讲授、专家辅导，到灵活多样的现场教学、小组讨论、学员交流……培训期间，高质量、高水平的课程给委员们提供了丰富的“精神食粮”，为委员高效履职打下坚实根基。此外，省政协及时修订委员履职量化考核和结果运用办法，建立党员委员联系党外委员机制，强化委员服务管理，激发委员履职动能。

为加强机关队伍建设，锤炼能力作风，提高服务效能，河南省政协以开展主题教育为契机，在大别山干部学院，分2期举办学习贯彻习近平新时代中国特色社会主义思想主题教育暨党的二十大精神培训班，对120多名机关干部进行全面培训，引导大家通过加强学习增强党性、提高素质、增长本领，努力在以学铸魂、以学增智、以学正风、以学促干方面取得实实在在的成效，更好地胜任岗位工作，更好地服务政协履职。

“当好宣传者，凝心聚力建新功；当好助推者，建言资政建新功；当好服务者，履职为民建新功；当好参与者，躬身实践建新功。”近日，省政协组织开展“实干促发展，政协建新功”专项活动，向政协各参加单位、政协委员和机关干部发出倡议书，引导大家躬身实践、骧步致远。

功崇惟志，业广惟勤。新时代党和国家的伟大事业前景广阔，“两个确保”

的现代化河南建设目标催人奋进。“省政协将在中共河南省委坚强领导下，坚持以习近平新时代中国特色社会主义思想为指导，全面贯彻落实党的二十大精神和中央政协工作会议精神，履职尽责、担当作为，为谱写新时代中原更加出彩的绚丽篇章作出新的更大贡献。”孔昌生表示。

（本文原载于《人民政协报》2023 年 6 月 26 日第 1 版）

◎ 郑州市政协

# 以“政协之能”助推文化传承发展

文／王有强　靳　燕　杜　毅

仲夏之初，草木葳蕤，郑州市新郑黄帝故里园区新颜舒展，绽放出人文圣地的庄严肃穆。沿拜祖通道，通过寻根门，景仰系祖坛，踏上轩辕桥，探访故里祠，文明的脚步层层叠叠，恍若穿越人类岁月长河。

“三月三，拜轩辕。”前不久，癸卯年黄帝故里拜祖大典在新郑黄帝故里园区成功举办。经过连续18年成功举办，黄帝故里拜祖大典吸引了数十万海内外炎黄子孙前来寻根拜祖，激发了全球华人对中华文明的认同和自信，进一步增强了中华民族共同体意识，为推进中国式现代化凝聚精神力量。

郑州作为中华文明起源、形成与发展的核心区域和主根主脉所在，有着得天独厚的考古优势、文保优势、政策叠加优势、区位优势和省会优势，在推进中华文明探源工程、加强文化建设、强化文化自信的征程中使命在肩、责任如磐。

在郑州市政协十四届五次会议闭幕会上，河南省委常委、郑州市委书记安伟指出：要找准目标定位，围绕打造“行走河南·读懂中国”集中展示地，坚持创造性转化、创新性发展、全景式展示中华文明的主根和主脉，建设华夏历史文明传承创新基地和国际知名的文化旅游目的地，全面增强郑州的文化软实力，持续提升国家中心城市的竞争力。

市委有号召、政协有行动，市委有部署、政协抓落实。聚焦郑州历史文化的传承、保护、开发和利用，市政协多次与有关部门协商沟通，组织政协委员、专家学者和相关单位负责人深入考察调研，以“打造中国历史文化全景式集中展示地”为主题召开双月协商座谈会，从打造“行走郑州·读懂中国”传承工程、实施文化基因解码工程等方面提出意见建议。

“政协人才荟萃、智力密集、联系广泛，是推进文化建设的重要力量。”今年初，在市政协十五届一次会议科技、科协、工商联界委员联组会议上，安伟再次强调，要围绕建设“华夏历史文明传承创新基地中的全国重地”建言资政、凝聚共识，以政协担当作为助推文化强市建设。

围绕这一课题，市政协多点出击、全面发力，以“政协之能”助推文化传承发展：奔赴北京、天津等地学习交流，拜会著名学者冯骥才，国务院参事室新闻顾问赵德润等；邀请省文旅厅、市文广旅局、大河村遗址博物馆相关负责同志和专家学者座谈交流；成立6个分课题调研小组，形成“1+5”的课题研究架构，邀请河南省社科院历史与考古所原所长张新斌等担任组长开展专题调研；多次召开调研成果研判会，讨论、修改、完善调研报告……

“建设中华民族现代文明，是一个新概念，也是习近平总书记思之久远的重大课题。”市政协主席杜新军表示，当前，郑州正在努力建设华夏历史文明传承创新基地中的全国重地，着力打造“炎黄子孙的寻根之地、中华文化的朝圣之地、中华文明的体验之地、国学教育的实践之地”，塑造“行走河南·读懂中国”文旅品牌，市政协将以习近平总书记的重要讲话精神为指引，担负起新的文化使命，坚定文化自信自强，在推进中华民族现代文明和社会主义文化强国建设的历史进程中作出积极贡献。

（本文原载于《人民政协报》2023年6月26日第4版）

◎ 焦作市政协

# 建好“两支队伍” 激发履职活力

文 / 王有强　靳　燕　陈建光

“习近平总书记对新时代人民政协工作有什么要求？”“如何做一名合格的新时代政协委员？”近日，带着求知的渴望，225 名十五届焦作市政协新任委员和部分机关干部开启了为期 3 天的学习之旅。

通过参加专题讲座、现场践学、读书活动等，委员们认真学习习近平新时代中国特色社会主义思想和习近平总书记关于加强和改进人民政协工作的重要思想，深刻理解了人民政协的性质和职能、协商民主的丰富内涵等。

这次培训只是焦作市政协加强委员队伍建设的一个缩影。近年来，市政协始终坚持以高质量党建引领政协工作高质量发展，充分发挥政协委员的主体作用和机关干部的服务保障作用，实现政协工作质效持续提升。

政协履职高质量，党建引领是关键。焦作市政协建立了党组成员联系界别、党员委员联系党外委员制度，设立了专委会功能型党支部、界别党小组，实现了党的组织对党员委员的全覆盖、党的工作对政协委员的全覆盖，市政协党组成员走出机关、走向基层，面对面联络党员委员，以实际行动带动委员履职尽责。

同时，焦作市、县两级政协均成立了委员读书活动指导组，建立定期指导、督查、反馈的工作机制；依托专委会成立委员读书群组，拓展基层读书阵地，开展读书交流分享活动近 500 次；举办“政协讲坛”“委员沙龙”等读书交流分享活动，打造具有政协特色的读书品牌。

为激发委员履职活力，焦作市政协积极打造多层次协商平台，强化委员监督平台，创新委员基层工作平台，健全委员服务保障机制，完善委员履职服务制度，实行委员履职动态管理，规范委员履职行为，“严要求”促履职“真落地”。

历练扎实学风。市政协认真开展学习贯彻习近平新时代中国特色社会主义思想主题教育先学先行活动，通过党组（扩大）会议、主席会议、常委会会议、专题辅导报告等多种形式，学习政治理论、时事政治和业务知识，提高机关干部队伍能力素质。

锤炼党性党风。焦作市政协打造机关“党性教育馆”“党员教育活动室”“党建映像墙”等党建阵地，举行“家风与家国主题沙龙”“优秀党员面对面”等党味浓郁、特色鲜明的主题党建活动，坚定机关党员干部初心使命；争创“廉洁从家出发示范点”、参观廉政警示教育基地、开展以案说法活动，引导机关党员干部知敬畏、存戒惧。在党组的示范引领下，机关形成了风清气正的党内政治氛围、严肃规范的制度体系，党支部发挥战斗堡垒作用，党员发挥先锋模范作用，干部队伍的凝聚力空前增强。

淬炼一流作风。焦作市政协举办“不忘初心、牢记使命——读诵会”“迎七一信仰之光读书汇”“政协工作走基层”等活动，锻炼机关党员干部能力，涌现了一批不怕难、肯吃苦、勇担当的干部典型。在“三大攻坚战”和服务中心大局的生动实践中，共同构成了一幅政协机关干部的踏实肯干、敢为人先、勇争一流的鲜活画面，彰显了新时代政协机关干部的一流作风。

（本文原载于《人民政协报》2023 年 6 月 26 日第 4 版）

◎ 南阳市政协

# 以民主监督聚合力凝共识

文 / 王有强　靳　燕　袁　冉

“用好结果，激先鞭后。”近日，南阳市委书记朱是西在市政协报送的《2023 年一季度政协委员民主评议市直部门结果的报告》上作出重要批示。

“党的二十大报告对完善人民政协民主监督制度机制提出明确要求。民主监督是发展全过程人民民主的重要手段，是政协履职的重要载体，市政协积极创新民主监督形式，经市委同意，特别组织委员对市直部门工作情况开展民主评议。”市政协主席张富治介绍。

自去年开始，市政协每季度组织委员对市直 36 个部门开展民主评议，委员们结合平时调研、群众反映等情况在政协履职 APP 上对部门进行量化打分，评议结果以民主监督专报的形式呈送市委，并作为部门绩效考评的依据。

“以前对部门提建议只能通过提案或者社情民意提出，现在通过手机操作既方便又直接，而且通过评议打分可以反映群众对相关部门的意见，形成推动相关工作改进提升的合力。”孔令金委员对民主评议工作连连点赞。

“与群众直接反映问题不同，委员们把界别群众的意见进行归纳汇总，对部门落实满意度持续跟踪反馈，有利于促进工作提质增效。”参与评议的相关部门也乐意接受监督，并将意见建议落实到相关工作中。

市政协委员联络委主任韩素云认为，委员常态化民主评议市直部门，有利于被评议部门了解社会各界对相关工作的看法、评价，客观地检视自身，更好地优化服务，现在各部门每季度都会积极向委员通报工作情况，收集意见建议，委员们参与监督的积极性也提升了。

民主监督不仅要发现问题，更要解决问题，凝聚共识、形成合力。市政协积极推动协商与监督深度融合，使得政协作为专门协商机构的作用进一步发挥，成为监督实效得以体现的保障。

2021 年，习近平总书记到南阳视察调研，对发展艾草产业、带动农民就业增收提出殷切嘱托与期许。贯彻落实习近平总书记重要指示精神，市政协把做大做强艾草产业推动乡村振兴列入年度重点监督议题，围绕市委、市政府出台的扶持发展艾草产业政策落实情况开展民主监督，针对行业经营散乱、品牌优势不突出等问题，提出的叫响南阳“世界艾乡”品牌、加强校企联合建设工程技术研究中心等监督意见得到有关部门采纳落实。

近年来，市政协先后围绕大气污染治理、优化营商环境等全市中心工作开展专项监督，形成民主监督专报呈报市委、市政府，有力助推了相关工作。

今年以来，南阳市民发现在城区街道上增加了许多 19：30 至 07：30 临时停车位，有效缓解了停车难问题。对此，朱艳红委员有话要说，“去年我撰写的《关于解决中心城区小区居民停车难问题的提案》，被列为市领导领办督办的重点提案，通过监督办理，相关意见被采纳落实了。”

会议监督、视察监督、协商监督、民主评议、提案监督、特邀监督员，市政协打出的民主监督组合拳精准有力，使新时代民主监督工作更加起作用、得实效。

“当前，南阳正在奋力建设河南省域副中心城市，我们将持续在民主监督上加力，进一步丰富形式、健全机制，以监督聚合力、以监督凝共识，为南阳高质量跨越发展凝聚力量。”张富治表示。

（本文原载于《人民政协报》2023 年 6 月 26 日第 4 版）

◎ 周口市政协

# 摆上一张小圆桌　架起一座连心桥

文／王有强　靳　燕　刘若媛

草木葱茏，盛夏的豫东大地骄阳似火，而河南省周口市西华县政协派驻县法院委员服务站这间小屋里笑意融融。一面写着“闫老伯烂账16年 雷委员调解18天”的锦旗，被送到西华县政协委员雷永胜的手中。

雷永胜是西华县政协派驻县法院“委员服务站”的一名政协委员。他擅长诉前调解，调解案件用情用心，老百姓都夸他是不穿警服的“编外法官”，“委员服务站”也成了解忧纾困的“群众之家”。像这样的“家”，周口各县市区建有200余处。

近年来，周口市政协充分发挥专门协商机构作用，积极搭建协商平台，坚持协商在基层、协商在一线，把协商议政的“小圆桌”摆在田间地头，放到群众家门口，架起一座座党委政府与人民的“连心桥”。

为更好地联系群众、服务群众，周口市政协通过设立“委员之家”，指导各县市区政协设立“有事好商量”协商平台、政协联络组、“委员服务站”，开门倾听来自基层群众的烦心事、闹心事，打通了协商民主“最后一公里”，形成“党委领导、政府支持、政协搭台、各方参与、服务群众”的工作格局。

政协联络组、“委员服务站”是最基层的协商阵地，委员们扎根在基层、履职在基层，便于根据群众需求开展“订单式”协商。商水县黄寨镇政协联络组结合群众白天务农很难聚齐的实际情况，创新开展广场协商、胡同口协商。傍晚，在广场上、胡同口，常常见到政协委员与镇、村干部，群众代表围坐小板凳，露天召开充满烟火气的“板凳会”，面对面听取群众诉求和意见；西华县昆山办事处委员联络组深入企业社区调研走访，推动工业园区红星美凯龙、菲斯雅等项目建设及辖区内“两违”治理拆迁、小游园建设等重点工作顺利开展；郸城县汲冢镇政协联络组冒雨深入田间地头，现场协商高标准农田水利建设，为解决农田内涝献计出力……

协商议政面对面，解决问题也要实打实。周口市政协通过建立健全成果即时转化、跟踪问效、督促评议、成效宣传“四个机制”，推动协商成果转化落实，做好协商“下半篇”文章，促进了协商议政与高效履职的有效衔接。

周口益海嘉里现代食品产业园尽快投入建设，就是协商成果转化的最好例证。在2022年市政协关于招商引资工作的协商会上，王刚委员提出6条建议。会后，他进一步深化梳理，形成《关于进一步提升招商引资工作水平的提案》。报经市委、市政府主要领导批示后，市商务局等部门出台了一系列相关支持政策。

在激活基层协商民主建设“一池春水”这条路上，周口市政协协商工作的“图谱”清晰可见，打开了基层政协工作的新局面。

“在发展全过程人民民主、保障人民当家作主的大格局中把握政协职责优势，彰显政协担当作为。”市政协主席牛越丽表示，将充分发挥人民政协作为专门协商机构的作用，不断推进政协协商与基层协商有效衔接、与基层社会治理有机结合，把协商触角向乡镇、社区、村街延伸，厚植政协履职的民意基础，为推动协商民主纵深发展贡献政协智慧和力量。

（本文原载于《人民政协报》2023年6月26日第4版）

## ◎ 驻马店市政协

# 让委员干事有舞台、履职有质量

文/王有强　靳　燕　车灵艳

"您好，我是政协委员段湘江，请问您有什么需要帮助？"5月30日上午，在驻马店市12345政务服务便民热线中心，一位农民朋友来电反映农村宅基地纠纷问题。段湘江耐心地询问、记录，与农业农村局负责人一起，根据相关政策进行解释沟通，直至对方满意地挂上电话。

这通由政协委员接听的热线电话，源自"人大代表政协委员履职在线"的接听活动。为更好地倾听民意、反映民情，自2021年5月起，市政协委员定期走进市12345政务服务便民热线中心，接听热线电话，回应群众问题，并在现场和职能部门互动，共同为群众解决切身利益问题提供方便。

目前，先后15期39位委员走进市12345政务服务便民热线中心，接听群众来电内容涉及中小学教育、人居环境治理、债务纠纷等，通过一个热线诉求，解决一批类似问题，推动一个方面工作，提升了群众的满意度和幸福感。

像这种发挥委员主体作用、履职成果落地见效的现象，在驻马店市政协不胜枚举。"委员是政协工作的主体，政协优势在委员、活力在委员、潜力更在委员。要让委员在政协干事有舞台、建言有渠道、履职有质量，推动委员成主体、当主力、唱主角，唱响新时代政协声音，讲好新时代政协故事。"市政协主席陈锋表示。

曾经，位于驻马店市香山境内的"天坑"是中心城区的一块硬"伤疤"。历史上由于露天开采白石灰矿和砖瓦黏土遗留下了60米深的废弃矿坑，地貌和地质遭到严重破坏。而在市政协委员王庆杰、李慧杰看来，香山“天坑”地理位置优越，将其独特的自然禀赋建成生态良好、休闲舒适、景观优美的矿山公园，大有文章可做。经过一番调研，他们提交了《关于将香山“天坑”矿山公园建设纳入民生实事的建议》。

如今，治理后的“天坑”惊艳亮相，植被茂密、湖水碧绿，从高处俯瞰，如同一对碧绿的猫眼，吸引众多游客前来打卡拍照。

以加强政协委员履职能力建设为着力点，市政协不断创新和完善政协委员管理服务方式，为委员发挥主体作用提供坚强的组织保证：开展“沉浸式”学习，带领委员到红色基地追寻先烈奋斗足迹；开设“委员大讲堂”，让委员当主角，把科技知识、医疗急救知识送到小区门口、田间地头；“有事好商量”协商议事平台充分发挥委员“化解矛盾、凝聚共识”的作用……一条条饱含民意的意见建议转化为看得见、摸得着的务实举措。

在驻马店市区正阳路与丰泽路交叉口的游园内，繁花竞放，曲径通幽，成为市民休闲漫步的好去处。“之前因规划调整一直没有开放，如果游园开放，不仅实现城市社区 15 分钟健身圈的要求，而且闲置资源也得到有效利用，是一件惠民实事。”住在附近的市政协委员栗淑文说，自己提交了关于开放游园的社情民意信息，得到了副市长的批示，开发区管委会及时回复，不久就拆除了围墙向市民开放。

“看着自己的建议被采纳，转化的项目方案印发实施，我们心里既感动又自豪。”“只要市政协有活动，我就积极参加，不仅是作为政协委员的责任和义务，更是我实现人生价值的最好体现。”谈起履职工作，委员们踌躇满志、信心满怀。

（本文原载于《人民政协报》2023 年 6 月 26 日第 4 版）

# | 湖北省政协 |

# 学思践悟凝心铸魂　守正创新奋发作为

文 / 郑　轩　毛丽萍

建功新时代，激荡新气象。今年，是全面贯彻落实党的二十大精神的开局之年，是湖北加快建设全国构建新发展格局先行区的关键之年。全省上下担起湖北之责，砥砺湖北之为，锚定目标任务，统筹发展和安全，以流域综合治理为基础推进四化同步发展，积极探索推进中国式现代化的湖北实践。

“围绕全省发展大局，深入协商集中议政、强化监督助推落实，以模范行动推动中共中央决策部署和省委工作要求落实见效。”在年初省政协十三届一次会议上，省委书记王蒙徽对新一届省政协寄予期望。

“旗帜鲜明讲政治，凝心聚力促发展，履职尽责为人民……人民政协大有可为”，新一届省政协把全面学习、把握、落实党的二十大精神作为首要政治任务，充分发挥政协优势，在筑牢奋进新征程共同思想政治基础、围绕先行区建设建言资政、聚焦保障改善民生履职尽责、汇聚团结奋斗强大合力、提高专门协商机构履职水平上下功夫，在湖北先行区建设中汇政协之力、聚政协之智、展政协之为。

## 学思践悟、凝心铸魂，牢牢把握正确政治方向

方向决定道路，道路决定命运。“深刻领悟‘两个确立’的决定性意义，始终把做到‘两个维护’作为最大政治责任、最高政治原则、最严政治纪律和根本政治规矩，衷心爱戴核心、无比敬仰核心、坚决维护核心、时时看

齐核心、处处紧跟核心。”省政协主席孙伟要求全省政协组织、广大委员和机关干部，必须把讲政治的要求，体现在具体行动上、贯穿于履职全过程、落实到工作各方面。

学习是主题教育的基础，以学习打头、以学习贯穿、以学习带动。省政协坚持不懈用习近平新时代中国特色社会主义思想凝心铸魂，不断完善党组会议“第一议题”学习制度，形成党组集体学习为引领，党内党外联动学、结合履职融通学、集中教育一体学的学习体系。

政协委员学习劲头足。加大委员培训力度，制定本届委员培训 5 年规划、年度计划，3—4 月举办 2 期委员学习培训班，400 多名委员在红安受教育、受洗礼，实现了新任委员的全覆盖。深入开展委员读书活动，孙伟每季度推荐阅读书籍，倡导以政治之书修养心性、以历史之书涵养智慧、以业务之书滋养才干、以经典之书蕴养内涵、以兴趣之书培养情趣，定期开展富有湖北政协特色的“楚商茶座”“楚茶会客厅”“楚风书院”“楚风讲堂”等学习交流活动，委员们在学思践悟中不断增进“四个认同”。

政协机关学习氛围浓。组织主题教育专题读书班，连续 7 天，开展 2 场专题讲座、多次集体研讨和个人自学，“沉浸式”读原著、学原文、悟原理。创新开展“周一集中学习”活动，跟进学习习近平总书记近期重要讲话精神，每周 3—4 名机关干部上台分享学习体会，政协机关抓政治学习的氛围更加浓厚。5 月 10 日，9 名机关青年干部代表在主题教育青年学习座谈会上，发出了“强国有我、请党放心”的青春誓言。

## 围绕中心、服务大局，助力先行区建设成势见效

春风拂荆楚，大江涌新潮。加快建设全国构建新发展格局先行区，是湖北深入贯彻落实习近平总书记殷殷嘱托和党中央决策部署的战略之举。省政协坚持在大局下思考、在大局下行动、为大局服务，省委中心工作推进到哪里，政协工作就跟进到哪里，智慧力量就凝聚到哪里。

围绕中心、服务大局，找准建言资政切入点和着力点。在制定党组工作要点和年度协商计划时，省政协深入学习贯彻习近平新时代中国特色社

会主义思想和党的二十大精神，认真对标省党代会精神、省“两会”精神、省“十四五”规划、省政府工作报告等，逐项对照省委常委会工作要点，将其作为谋划工作的主要依据。3 月 17 日，省委常委会研究政协工作时肯定政协重点协商议题安排“充分体现了服务推动中心工作的高度自觉和人民政协为人民的担当精神”。

今年以来，省政协聚焦稳增长、《湖北省流域综合治理和统筹发展规划纲要》实施、建设现代化产业体系、科技强省建设等 7 个主题，进一步细分确定了 3 个专题议政性常委会会议议题、9 个月度协商会议题、9 个专项民主监督议题；同时安排 6 个重点调研课题。相关专委会负责人表示：“政协‘四个第一线’不是空话，只有盯着问题‘沉下去’、把对策办法‘带回来’，才能以高质量建言成果为建设先行区建睿智之言、献务实之策”。

不谋长远者，不足谋当下。省政协还围绕先行区建设中的战略性、前瞻性问题加强研究，以“冷研究”激发“热效应”，目前相关课题研究正有序推进。

6 月 29 日，省政协围绕“落实新一轮促消费政策”召开议政性常委会会议，委员、专家们围绕畅通扩大内需“堵点”、创新财税金融政策、释放新型消费潜力等建言献策，并汇编提交52份调研报告、5个全省典型案例；在提问环节，邓世名委员更是连连追问消费券发放问题，引发与会人员热议，提高了深度协商互动、意见充分表达、广泛凝聚共识水平。省委领导感慨“这次发言直奔主题、切中要害、针对性强，要在下一步完善促消费政策中充分吸收采纳”。

## 协商于民、协商为民，忠实践行人民政协为人民

党的初心使命就是人民政协的初心使命。省政协始终把实现人民对美好生活的向往作为履职工作的出发点和落脚点，助力党委政府保障和改善民生。

“衣食住行、业教保医，是老百姓最关心最直接最现实的利益问题”。省政协聚焦县域“教联体”扩面提质、文化惠民工程等开展专题协商；聚

焦农村和社区医疗卫生队伍建设、重点群体就业等开展专项民主监督；围绕养老托育服务体系建设等开展调查研究。省政协民生议题比重逐年提高，今年相比去年提高 40% 以上。

省政协充分发挥职能优势，组织委员按照“就近就地、便于工作、综合搭配”原则，深入基层、联系各界、服务群众，综合运用提案、社情民意信息等方式，反映群众愿望诉求。

组织向基层延伸，力量向基层倾斜。省政协积极争取省委支持，以出台《关于加强和改进新时代市县政协工作的实施意见》为契机，支持县级政协成立“基层工作委员会”，为基层政协协商于民、协商为民，提供组织保障。

群众有期盼，政协有行动。近年来，按照省委共同缔造活动要求，坚持“五共”理念，持续推进“一线协商·共同缔造”行动；今年，确立加强农村和社区医疗卫生队伍建设、城市适老化社区适老化住房建设和改造两个共性指导议题，加强联合调研、联动协商、联办落实。

发挥委员优势，实施“政协委员助力乡村振兴行动”，动员 332 名四级委员报名参与，组建 37 个委员小组，在 37 个乡村振兴重点帮扶县各选 1 个村组，开展有序帮扶。修筑联村公路、兴建果蔬大棚、编制美丽家园规划、指导民宿发展……委员们把履职足迹留在了希望的田野上。

## 凝聚人心、汇聚力量，团结各界人士听党话跟党走

坚持党的领导、统一战线、协商民主有机结合，是党的二十大对人民政协工作提出的重要要求。省政协坚持党对政协工作的全面领导，把加强思想政治引领、广泛凝聚共识作为履职工作的中心环节，精心组织委员视察和委员主题活动；加强参加政协的各党派团体、各族各界人士凝聚共识工作；健全各民主党派省委会参加政协工作共同性事务情况交流机制；畅通党外知识分子、非公有制经济人士、新的社会阶层人士意见诉求表达机制。

政协委员是界别群众的代表，工作生活在界别群众之中。完善委员联系界别群众制度机制，才能更好发挥委员“三个作用”，画出最大同心圆。省政协坚持全员入委，发挥专委会联系委员的主渠道作用；成立 31 个界别

工作小组，明确组长、副组长、成员，出台《关于进一步加强省政协界别和委员工作的若干措施》《成立界别工作小组和开展界别活动的方案》，推动界别工作活起来、实起来；推动实现专工委对应联系界别工作全覆盖；出台《关于走访看望委员的实施办法》《副主席联系界别的意见》，让主席会议成员参加委员小组讨论、界别联组会议，赴市县调研走访当地省政协委员，形成机制性安排……当前，省政协正将党的二十大报告提出的“完善委员联系界别群众制度机制”作为年度重大改革项目，一步步推动委员工作由浅入深、化风成制。

初夏湖北，万物并秀。“湖北与香港有着切不断的情谊，我们来湖北就是回到了娘家”，这是6月初来鄂的港区省级政协委员联谊会成员的心声。这些年，通过联系爱国爱澳社团、举办港澳委员中秋茶话会、组织港澳委员和海外代表人士荆楚行、支持基层优秀教师赴澳门学习、制定海外侨胞代表列席省政协全会办法等，在政协这个交往交流交融的平台上，湖北同港澳台同胞和海外侨胞的心贴得更近、手牵得更紧。

## 强基固本、守正创新，提高专门协商机构履职水平

系统观念是习近平新时代中国特色社会主义思想的重要世界观和方法论。省政协坚持系统观念、加强履职统筹，着力统筹协商内容、协商方式、协商成果等履职“三要素”，统筹履职时间、履职方式、履职力量“三维度”；着力发挥省政协党组把方向、管大局、保落实的领导作用，党组成员等“关键少数”的表率作用，委员的主体作用，专委会的基础作用和界别的纽带作用。这是新一届省政协提高专门协商机构履职水平的具体工作要求。

以贯彻落实党的二十大报告提出的“加强制度化、规范化、程序化等功能建设”为切入点，省政协在去年全面对照中央、省委政协工作会议精神，梳理6大类、66条清单，深入市州县开展“回头看”，立改废释89件规范性文件基础上，全面对标党的二十大精神和新修订的政协章程，对规范性文件进行新一轮全面修订。同时，开展中共中央办公厅《关于加强和改进新时代市县政协工作的意见》和湖北省实施意见落实情况的专项调研督导，

不折不扣推动党的二十大和中央政协工作会议精神在湖北落地见效。

传承调查研究传家宝，练就调查研究基本功。在全党大兴调查研究之际，省政协修订《关于加强调查研究提高调查研究实效的实施意见》，探索建立一个项目、一位责任领导、一个工作专班、一个工作方案、一个管理清单“五个一”机制，一着不落抓推进，逐项任务抓落实。

高起点寻标、高标准对标、高要求达标、高水平创标。省政协按照“政治坚定、业务精通、极端负责、规范高效、团结协作、勤政廉洁”目标，持续深化模范机关建设，机关面貌焕然一新，工作作风明显改善，工作质量明显提升、服务保障水平明显增强。

（本文原载于《人民政协报》2023年7月24日第1版）

## ◎ 黄石市政协

# 让委员联系界别群众“实起来”

文 / 柳轩青

5 月 23 日下午，黄石市下陆区箭楼下社区委员联络室内气氛热烈。下沉社区的政协委员与街道办事处、社区居委会、国网黄石分公司的同志们一起，听取小区物业公司负责人和社区群众代表的意见建议，协商杆线迁移、畅通小区出行道路一事。这是委员与群众良好互动的一个缩影。

党的二十大报告提出，完善委员联系界别群众制度机制。早在 2021 年，黄石市政协就在乡镇（街道）、村（社区）搭建委员联络室一线协商平台 200 余个，实现四级政协委员 1400 余人下沉全覆盖。借助一线协商平台，委员联系、服务界别群众的各项活动在市县两级政协紧密开展起来。仅今年上半年，就有 1382 人次参加一线协商平台活动，开展专题协商 434 场，组织专题宣讲 343 次。

“既然来到基层，就要干几件实事，干出一点名堂。”一线协商中，委员们越来越注重发挥专业优势。经科技界委员牵线搭桥，开发区・铁山区科技局帮助“一老一小”居多的奥美社区建设科普“e”站，融合《社区宣传窗口栏》《便民服务栏》等场景应用，为社区居民提供科普、业务办理等一站式服务。

市政协创新“一线协商 + 专家服务团”履职模式，寻找界别群众共性需求对症下药。一线协商点位作为民情驿站收集梳理附近群众反映的高频事项，为专家服务团履职筑牢“数据底座”。专家服务团作为助力一线协商的机动力量和专业力量，打破地域限制和层级限制，哪里需要资源就向哪里集结，及时为群众提供专业、精准的服务。

市政协委员李秉峰作为规划设计专家，下沉地在黄石港区万达社区。他多次赴开发区·铁山区世英村参加“一中心两廊两带建设”协商会，组织专业力量开展总体规划设计，助力方案顺利通过乡村振兴项目评审。

专门面向界别群众的协商工作在一线协商中孕育成形。农村界别的专家委员深入乡村振兴一线，为村集体产业量身定制金融助农方案、提供技术咨询服务、推动特色产业发展，覆盖全市25个一线协商点位，受到了村民的普遍欢迎。

如何实现联系方式多样化，做到及时通畅、有效到位？市政协注重将联系群众机制与经常性工作相结合。4月20日，“书香政协·委员读书活动”走进阳新新塘茶园，围绕“‘三茶’统筹发展，助力乡村振兴”主题与农业企业代表、茶艺匠人座谈交流。由市政协委员创办的“女人花读书会”举办走乡村、进社区等读书分享活动81期，成功“出圈”吸引大批女性知识分子参加，委员和界别群众“从书籍走向交集”。这是委员联系界别群众与“书香政协”工作相融相促的生动体现。

为此，市政协及时总结工作经验，及时出台《委员联系界别群众实施办法（试行）》（以下简称《办法》），进一步突出机制建设，规范建立界别活动小组，明确构建有召集人、联络员、工作计划、具体活动、工作总结的“五有”活动组织体系，对界别活动小组定期走访、结对联系、学习座谈等活动实行台账管理，为委员密切联系界别群众提供制度保障。

（本文原载于《人民政协报》2023年7月24日第4版）

◎ 黄冈市政协

# 建好平台强引领　凝聚共识促发展

文／黄　河

“这次学习对于我们每一个人来说，都是一次思想震撼和精神洗礼。我们要大力弘扬大别山精神，将黄冈红色基因和发展优势紧密结合，更好地凝聚、激活、增强黄冈高质量发展动力。”近日，黄冈市政协组织部分市政协委员赴山东临沂开展“赓续红色血脉，助推‘两区’建设”专题培训，进一步解放思想、凝聚共识，营造人心思齐、人心思进、人心思干的氛围。这次培训也是市政协持续拓展“党建＋协商”模式，打造“党建＋聚识”平台，促进党的组织和党的工作从有形覆盖向有效覆盖转变提升的具体行动之一。

近年来，黄冈市政协坚持把加强思想政治引领、广泛凝聚共识作为履职工作的中心环节，积极探索创新，建机制、搭平台，不断增强政协凝聚共识工作的时代性、针对性和实效性。

党的二十大召开后，市政协迅速作出学习党的二十大精神的决议，引导广大政协委员全面学习、全面把握、全面落实，以学习强政治、促履职、聚共识、固团结。

围绕“在全省建设全国构建新发展格局先行区中，黄冈该干什么？在建设武汉都市圈重要功能区里，黄冈该怎么干？”开展学习讨论，市政协把党的全面领导更加自觉地体现在重大原则问题和重大考验中，准确把握省委赋予黄冈建设武汉都市圈协同发展重要功能区和全国革命老区绿色发展示范区的崭新定位，把凝聚共识融入提案、视察、调研、社情民意信息等经常性工作中，落实到政协工作各方面全过程，牢牢把握履职正确方向。

市政协党组坚持定期向市委报告政协工作和重大事项，加强对重要协商议政活动的领导，切实担负起实现党对政协工作全面领导的政治责任。健全和完善市政协党组、机关党组、机关党委、党支部和党员委员活动小组“五位一体”组织体系，成立18个党员委员活动小组，发挥好党员委员活动小组作用，密切党员委员与党外委员联系，实现党的组织对党员委员的全覆盖、党的工作对政协委员的全覆盖。

“委员读书群”成了凝聚共识的“充电站”，以专委会为依托，成立18个委员读书群，建成13个规范化委员读书基地。市政协连续两年召开委员读书活动推进会、观摩会，把有组织的读书和个人读书、委员读书和履职实践、线上读书和线下交流有机结合，综合运用委员讲堂、委员宣讲等平台载体，讲述中国故事、政协故事、委员故事。通过读书学习和研讨交流，委员们感到受益匪浅、备受鼓舞，起到了凝聚人心、坚定信心的作用。

凝聚共识如何落实到协商议政全过程？市政协在协商前组织学习，听取通报，加深认识，把握方向；协商中互动交流深化认识，达成共识；协商后加强成果转化运用，以更加有效的协商成果增进共识。

市政协创造性落实省政协工作部署，运用红安县、麻城市开展全国首批“美好环境与幸福生活共同缔造县（市）”试点经验，推动“一线协商·共同缔造”向流域治理延伸、向乡村振兴延伸、向城市更新延伸。全市414名市、区两级政协委员下沉市区49个社区，围绕党委政府中心工作和群众身边、房前屋后的“小事”开展一线协商965次，推动解决民生实事1800余件。

（本文原载于《人民政协报》2023年7月24日第1版）

◎ 咸宁市政协

# 提出“好点子” 办出“高水平” 督出“真满意”

文 / 曹雨花

咸宁市政协以提升提案工作“满意度”为牵引，健全完善提、办、督机制，不断创新工作举措，努力向提案要质量、向办理要成效，促进了质效提升，使提案工作成为政协工作一道亮丽的风景线。

夯实提案质量基础：提出“好点子”。“政协提案问题找得准、意见建议实，值得肯定。”在2022年重点提案办理工作座谈会上，提案工作得到市委书记孟祥伟点赞。

市政协强化精品意识，建立健全谋划、会商机制，“提”前加强理论和业务培训，面向社会公开征集提案线索，精心策划集体提案；“提”中加强调研，做到无调研不提案，同时发挥界别活动小组和住县（市、区）委员小组作用，集合众智对提案反复修改完善；“提”后严格立案标准，坚持会中初审、会后复审、办前会审“三级审查制度”，大力实施“撤并转”。

翻开市政协近两年的提案目录，每一件提案、每一条建议都与时代发展“同频”、与党政工作“共振”、与人民需求“合拍”，一件件紧贴民心的提案应运而生、落地生根，传递出政协履职尽责的使命和情怀。

强化提案办理落实：办出“高水平”。市政协以推进全过程办理协商为重点，着力打造“提、交、办、督、评”闭环链条，形成了“办前问初衷、办中商措施、办后评效果”的工作模式，形成了“全过程协商式办理”工作格局。

市委书记、市长领衔办理，政协主席会议成员领衔督办重点提案，成为提案办理的“硬核”支撑。市政协主席梁细林在督办关于加强农业公共品牌建设的提案时提出，由市农业农村局牵头，加快制订出台《咸宁市区域公用品牌建设实施意见》，得到采纳。截至目前，全市有效使用“两品一标”农产品已达157个，全面提升了咸宁农产品品牌竞争力和影响力。陈淑娟委员对提案办理非常满意，又接续提出了加快咸宁茶产业高质量发展等系列提案。

提升提案社会影响：督出“真满意”。2022年4月，市政协与地方电视台合作开设“提案进行时”栏目，对当年的20件重点提案办理情况开展全方位、全过程宣传和监督。联合新闻媒体加强舆论监督，有效增强了承办单位办好提案的责任感、使命感。市长杨军表示：“市政府要以相关重点提案的督办为契机，瞄准经济社会发展的薄弱点和工业经济发展的突破点，加压奋进、拼搏赶超，助推咸宁弯道超车、换道超车，实现高质量发展。”

与此同时，市政协不断完善提案办理民主评议办法，实现将所有提案纳入评议、对所有承办单位评议和委员参与评议三个“全覆盖”。市委将提案办理情况纳入承办单位年度目标考核，提案工作与部门工作深度融合、两相促进，推动部门改进工作、转变作风，有效解决了一些热点难点问题，提升了群众获得感和满意度，一件件提案从纸面成为现实，一个个愿景转化成了惠民实事。

（本文原载于《人民政协报》2023年7月24日第1版）

◎ 枝江市政协

# 一线协商赋能基层社会治理

文 / 胡锦平

坚持工作重心、政协委员、平台资源“三下沉”，将“协商”从办公室、会议室下移到距离民众最近的“事项现场”，推动一线协商深度嵌入基层治理。

市政协创新搭建“社情民意‘码上提’·一线协商‘马上办’工作平台”，在村（社区）党群连心站、政协委员工作室设置“码上提”微信小程序，打造群众全天候反映社情民意的机制平台。将省、市、县三级233名委员编入23个“同心圆”协商小组，下沉到相关镇（街道）和园区联系界别群众，收集社情民意，将群众急难愁盼问题转化为一线协商的议题，打通政协协商赋能基层治理的“最后一公里”。

2022年以来，市政协开展“同心圆”基层协商活动125场次，委员围绕协商选题走访群众2400多户，收集群众意见建议3500多条，撰写调研报告125篇，提出专业化、合理化建议500多条。

问安镇袁码头村老街过去管理困难，乱堆乱放、乱牵乱挂随处可见。2022年10月1日，市政协在该村搭建协商平台，市委书记余峰以普通村民身份参与互动，部分村民代表、政协委员及村干部、驻村工作队员一起围坐屋场话改造。

如今的老街，面貌焕然一新。过去的破烂收购点变成了“环保加油站”，光秃秃的停车位变成了桂香四溢的生态停车场。户均出资2万元，按照镇里的统一规划风格对屋顶进行了“平改坡”，修旧如旧改造具有荆楚古韵的风雨连廊，老街的“乡愁”又回来了。

市政协把省委提出的“决策共谋、发展共建、建设共管、结果共评、效果共享”的共同缔造理念融入一线协商，提出“研究议题、制定方案、充分调研、确定主体、协商讨论、报送结果、组织实施、反馈评价”“八步工作法”，引导群众参与“共同缔造”。

顾家店镇岩子河村是远近闻名的蔬菜种植大村，随着规模越来越大，缺整理场地、缺交易场所、缺保鲜能力等问题日益突出，村民的蔬菜常常“有市无价”，村“两委”和菜农们迫切希望建设一处田头市场。

2022年3月，市政协将“建设岩子河蔬菜交易市场”纳入“同心圆”协商议题，三级政协委员、蔬菜专家、镇村干部、党员群众代表、驻村单位和市直部门负责人等20多人说想法、提建议。协商会还请来市自然资源局就项目选址和规划提出了专业建议，市乡村振兴局帮助谋划产业项目，蔬菜专家提出市场后续运营构想，现场协调各方面支持资金117.5万元。当年9月，蔬菜交易市场就建成了，岩子河村蔬菜“愁卖”的问题解决了。

一线协商，能现场解决的问题现场解决，切实增强群众获得感。为确保协商事项落地见效，市政协主席会议每月通报协商意见推进情况，各协商小组定期回访，确保议定事项落地落实、群众满意。同时，将一线协商纳入各活动（联）组年度考核评价和委员履职积分制管理重要内容，激励引导委员沉到一线“揭榜”办实事。群众感到政协离自己很近、委员就在身边，“同心圆”协商真管用。

（本文原载于《人民政协报》2023年7月24日第1版）

## ◎ 十堰市郧阳区政协

# “郧约来商量”“商”出好日子

文／陈红梅　陈新才

“在家门口干活，轻松充实，还减轻了儿女负担。”十堰市郧阳区杨溪铺镇青龙泉社区65岁的鲍隆萍下班走出“零工超市”时乐开了花：“上个月工资900多块，有了‘零工超市’，日子越来越滋润。”

谈及青龙泉3个“零工超市”，社区党支部书记侯晓东竖起大拇指：“社区留守居民就业难、袜厂后道用工难，一直是解不开的‘疙瘩事’，通过政协‘郧约来商量’汇智聚力，催生3个‘零工超市’，使‘两难’成为‘两悦’。”

2022年，省市政协作出开展“一线协商·共同缔造”行动部署后，郧阳区政协迅速吹响集结号。委员就近就地下沉住地属地乡镇，20个乡镇、7个城中社区搭建起“郧约来商量”协商平台。

茶店镇樱桃沟村因漫山遍野的野樱桃而得名，家家户户依托资源优势发展农家乐民宿项目，过上小康生活。2022年4月，区政协主席党永生蹲点调研发现，该村樱桃花果期后，游客就少了，影响村民持续增收。随后，区政协将该村纳入“郧约来商量”助力“共同缔造”点，在组织委员、行业专家、部门负责人调研的基础上，13次组织村民召开“场院民意恳谈会”，最终形成以四季花园、四季果园、生态林园、文化游园、幸福家园为主题的《“五园”共建方案》，得到市区党政主要领导肯定批示。

通过与区政府及职能部门协商，争取到27个项目资金支持，荷花塘、樱花大道等14个项目已竣工，4个项目进度过半，其他项目启动规划等程序，由此拉动该村新增民宿22家，新发展大樱桃等小杂果基地200亩、采摘园

35 个，种植花卉景观带 3 公里，美好生活愿景图不断向前推进。

城关镇政协活动组就后山片区群众普遍关切的“和美乡村建设”问题，组织委员先后 7 次召开民意恳谈会，形成《以全域景区理念、打造休憩游目的地的方案》，转化为镇党委政府决策加快后山片区乡村振兴的实施方案。

为解决南水北调中线移民新村柳陂镇龙韵村“稳得住，能发展”的问题，区政协专班进驻协商，为其谋划“五场”共兴、“六业”互融、共同缔造和美乡村一张蓝图，整合资源、资金1800万元建成共享农场，促成“武当不夜城”秀场，带动红色馆场、体验渔场、振兴剧场等多业态旅游实现收入 307 万元，352 名村民实现了在家门口就业，村集体经济收入达 100 万元。

……

今年6月以来，区政协主席会议成员带队对上半年“郧约来商量”助力“共同缔造”行动推进情况进行全覆盖调研评估，各乡镇政协活动组纷纷亮出“优秀作业”。

近 10 个月来，20 个乡镇政协活动组的 275 名省市区三级政协委员聚焦群众关心关注的民生实事，组织召开民意恳谈会 310 多场次，各界群众参与达 5100 多人次，收集意见建议 1240 多条，形成宜居宜业环境提升、农村“四好”公路提档升级、优化小区物业管理、“三产”融合发展等推进方案 260 多个，助力 170 多件群众急难愁盼问题解决。

（本文原载于《人民政协报》2023 年 7 月 24 日第 1 版）

# | 湖南省政协 |

# 芙蓉新风动地来

文 / 刘　洋

洞庭波涌连天雪，长岛人歌动地诗。

湖南是一方红色热土，党的十八大以来，习近平总书记先后三次到湖南考察调研，入乡村、访企业、进高校，为湖南高质量发展把脉定向、擘画蓝图。

今年是全面贯彻党的二十大精神的开局之年，也是全方位推进高质量发展的关键之年。

开局关系全局，起势决定胜势。“我们要组织带动广大政协委员深入学习贯彻党的二十大精神，全面贯彻落实习近平总书记为湖南擘画的‘三高四新’美好蓝图，扎实开展学习贯彻习近平新时代中国特色社会主义思想主题教育，在学明白、悟明白、干明白、助明白上进一步着力，坚持实事求是，以‘严深细实’作风抓好‘7+4+5+3’履职重点的落实，推动政协事业持续创新发展。”湖南省政协主席毛万春多次表示。

展现新气象，扛起新担当。今年以来，湖南省政协把“国之大者”“省之大计”“民之关切”作为履职的“责之重者”。按照中共湖南省委要求，省政协以“全面学、扎实干、作风硬、政协兴”谋篇布局，聚焦稳住经济大盘、科技创新、乡村振兴、增进民生福祉等中心工作，真建言、真监督、真干事，在勤勉履职中走在前，在解决影响事业发展的突出问题上冲一线，为全面建设社会主义现代化新湖南团结奋斗、砥砺前行。

## 学明白　领悟“国之大者”聚共识

今日湖南，历史性地解决了绝对贫困问题，已成为中部地区崛起的重要支撑、长江经济带发展的重要增长极。这离不开湖南人“吃得苦、霸得蛮、扎硬寨、打硬仗”的意志品质，离不开湖湘文化“心忧天下、敢为人先、经世致用、坚韧不拔”的精神特质，最根本的是习近平新时代中国特色社会主义思想的科学指引。

“行动上的自觉源于理论上的清醒。”1 月 17 日，毛万春履新湖南省政协主席并表示，要学习贯彻落实中共二十大精神，学懂弄通做实习近平新时代中国特色社会主义思想，始终坚定拥护“两个确立”、坚决做到“两个维护”，进一步凝聚起践行新思想、奋进新征程的磅礴力量。

共识是奋进的动力。1 月 28 日，癸卯兔年第一个工作日。就省政协机关如何更好服务十三届省政协开好局起好步，毛万春勉励大家要读好“有字之书”“无字之书”“结合之书”，实现正面效益最大化，负面效应最小化，工作结果最优化。

带头“以讲促学”。4 月 10 日，省政协常委会会议对全省政协开展主题教育工作进行部署，毛万春给大家讲了一堂题为“全面学、扎实干、作风硬、政协兴”的专题党课。3 月底和 4 月初，省政协在韶山连续举办两期委员培训班，741 名省政协委员分批接受“习近平总书记关于加强和改进人民政协工作的重要思想”专题培训，毛万春在讲课中深入而生动地阐述了为何要“学明白”、如何“悟明白”、怎样“干明白”“助明白”。

只有不断增进对党的创新理论的政治认同、思想认同、理论认同、情感认同，才能真正把马克思主义看家本领学到手。全省政协集中时间举办委员读书活动，开展机关主题教育读书周并举办湘声大讲堂，各级领导班子带头讲专题党课 56 人次，重点研学党章、党的二十大报告，把《习近平著作选读》等 9 本书列入读书清单。“七一”前，省政协开展的微党课交流暨音乐党课活动，充分展示了基层党支部“一月一课一片一实践”主题党日活动成果。

不断筑牢思想根基。省政协党组把加强党的创新理论武装摆在首位，4月，省政协党组围绕“以学铸魂”深入研讨，要求铸牢忠诚之魂、信仰之魂、为民之魂；5月，围绕“以学增智”研讨交流，提出要学深悟透增思想之智，联系实际增实践之智，学用结合增发展之智；7月，围绕“以学正风”“以学促干”学习研讨，提出全省各级政协组织和广大政协委员要有“蚂蚁啃骨头”的精神、“不拿群众一针一线”的清正廉洁精神；要践行履职为民的价值追求、锤炼担当作为的过硬品质、激发动真碰硬的斗争精神、营造真抓实干的良好氛围。

## 干明白　聚焦“省之大计”促发展

党的二十大报告指出，高质量发展是全面建设社会主义现代化国家的首要任务。

3月15日，省政协常委会会议将“7+4+5”确定为本年度和本届的履职重点和方向：紧扣省委提出的稳住经济大盘、发展实体经济、深化改革开放、推进乡村振兴、增进民生福祉、发展民主政治、强化党建引领7点总体要求，落实好助推营商环境优化、助推湘商回归、助推经营主体培育、助推科技创新4项重点工作，围绕助推高质量发展持续建真言、谋良策、聚共识，持续提升政协云、委员工作室、政协融媒矩阵、打造“五张名片”助力湖南全域旅游、湖南与港澳深度交流合作等5个工作品牌。

“调研中走到哪里随机进行座谈。”“真正沉下去听真实声音、掌握真实情况。”“坚持解决问题为目标。”“要身入心入情入，求真求实求效。”……结合“7+4+5”，省政协党组、机关党组和分党组班子成员领题调研，形成调研课题32个。从4月开始，省政协党组成员和主席会议成员分别率队，结合履职实际精心选题，轻车简从，以“四不两直”形式深入基层把脉问诊、解剖麻雀，帮助解决实际困难，提出有针对性的方法对策。

半年多来，毛万春大部分时间都在省直机关和市县调研，截至7月底，他带队已深入省内14个市州100多个县区和9个省直部门，围绕民营经济发展、生态环境改善、科技创新、全域旅游发展等课题开展调研，深入乡村社区、厂矿企业、学校院所等地与基层干部、群众面对面座谈交流。

“政协主动担当，确实很有作为。所提建议都很中肯。”针对省政协开展的集中走访企业家委员、参与赴外省招商等一系列活动和提出的有关进一步推进湘商回归工作建议，省委、省政府主要领导给予了肯定性批示。

同时，省政协围绕以县城为重要载体的城镇化建设、全域旅游促进乡村振兴、智慧农机产业链发展等课题调研协商。引导委员提交经济建设类提案443件并开展督办答复，联动开展优化营商环境民主监督，围绕科技创新开展调研和重点提案督办。开展“加快建设世界旅游目的地意见贯彻实施情况”民主监督，参加助推湘赣粤港澳中医药产业链协同发展联席会议，助推湖南中医药产业高质量发展等。

## 助明白　服务“民之关切”有担当

习近平总书记强调：“广大人民群众热切期盼加快提高生态环境质量。我们要积极回应人民群众所想、所盼、所急，大力推进生态文明建设，提供更多优质生态产品，不断满足人民群众日益增长的优美生态环境需要。”

“以委员为主体、委员工作室为平台，省市县三级联动，乡镇（街道）专职副书记和政协专干为协调联络。”聚焦生态环保这一最普惠的民生福祉，省政协深入开展民主监督，制定出台《关于对市州政协改善生态环境专项民主监督工作开展测评的办法（试行）》。按照相关职能部门提供“蓝天碧水净土”量化指标占比40%、相关委员及界别群众随机测评满意率和认可度占比60%的权重进行测评，每季度在省政协常委会会议上通报排名，并将排名情况专报省委、省政府，助力打好蓝天碧水净土保卫战。

工作启动以来，及时发现和解决了一批环保具体问题，助推了部门工作；针对监督中发现且需要省级层面解决的问题和建议，省委书记沈晓明、省长毛伟明在批示中要求相关职能部门研究吸纳。委员带动界别群众，三级政协同题共答，让习近平生态文明思想走进千家万户；市县政协聚焦主题、结合实际，开展各具特色的“协商式”监督，履职能力和水平得到进一步提升。

委员有担当，政协有力量。

“人叫人动人不动，机制调动积极性，人管人累死人，机制管人管灵魂。”毛万春多次在会上提出，要把政协委员、政协干部真正推向履职主战场。

4月17日，省政协印发3项保障机制：《政协湖南省委员会关于省政协委员履职考勤考绩工作实施办法（试行）》《政协湖南省委员会机关鼓励激励、容错纠错、追责问责机制实施办法（试行）》《政协湖南省委员会机关党支部“两力两率”评比办法（试行）》。

“委员双考”旨在引导委员成为名副其实的优秀委员。“集中培训班只有20多名委员因特殊原因请假。4月召开的常委会会议，请假常委在个位数，是多年来最少的一次，规矩意识、纪律观念明显提升。”记者了解到，二季度省政协提交社情民意信息数量同比增加，主动要求参加调研、监督等履职活动的委员多了。

“在服务委员上做加法，在管理委员上做减法，让委员把更多时间和精力集中在重点履职上。”3项机制有2项是针对政协机关的。“鼓励激励、容错纠错、追责问责机制”旨在树立良好的用人导向，不断提升政协机关履职重点工作的效能。“两力两率”评比办法，旨在通过增强机关党支部政治功能和组织功能，打造战斗力、执行力、问题解决率、群众满意率都过硬的坚强战斗堡垒。

奋进新风扑面来。“让善作善成者获重用，敢于担当者得宽容，无所作为者没市场，失职渎职者被问责。”3项机制大大激发了全省政协人的干事激情。

为了让委员更好联系服务所在界别群众，当前，共建线下线上委员工作室3400余家；全省三级政协委员共提交微建议5402条，目前已办理回复3170条，助解一大批群众急难愁盼问题；破解基层政协工作“两个薄弱”难题，在探索中取得进展，乡镇街道基层开展政协有关工作形成“党委副书记＋政协专干＋委员工作室”模式。

“一周一调度，一仗接着一仗打。”针对机关长期存在、干部职工反映强烈的老大难问题，省政协组织四个专班，制定专项整治方案，开展机关院内危房拆除重建、办公楼消防隐患处置、燕山街院落安全稳定除险、融媒体中心办公用房搬迁等攻坚四大行动，不畏艰难、逐项整改，目前已取得明显成效和如潮好评。有关做法在全省“走找想促”交流会上，得到沈晓明的充分肯定。

……

2023年是踏上新征程的开耕之年，现在播下希望的种子，将在湖南高质量发展的实践中，生根发芽、茁壮成长。眺望前行路，湖南政协人壮志在胸、豪情满怀，将树牢造福人民的政绩观、鼓足干事创业的精气神，共绘“芙蓉国里尽朝晖”的壮美新画卷……

（本文原载于《人民政协报》2023年8月4日第1版）

## ◎ 长沙市政协

# 当界别群众贴心人　做委员企业助力者

文 / 肖　蓉

“搭帮政协，不仅为我们解决了实际困难，还为我们办好国际高空作业平台高峰论坛出‘金点子’，吸引了300多名外商参与，新增订单金额超4亿元。”近日，湖南星邦智能装备股份有限公司负责人告诉记者。这是长沙市政协主席陈刚率领主席会议成员在大兴调查研究中，扎实开展“走找想促”活动，为企业发展纾困解难、出谋划策的一个缩影。

今年3月以来，长沙市政协深入学习贯彻习近平新时代中国特色社会主义思想和党的二十大精神，以“界别群众大调研，委员企业大走访”为主题，带着问题走基层，直奔一线看实情。主席会议成员率队走访，与委员企业和界别群众同坐一条板凳，同解发展难题，高效的沟通、精彩的互动让大家“掏起了心窝子”，在调研中不仅听了真话、察了实情、解了难题，还“润物细无声”地传达了精神、传递了信心。

历时两个多月，长沙市政协走访委员和界别群众企业62家，召开座谈会40多场次，完成调查问卷100份，收集意见建议90余条，最终形成调研报告及问题清单。

“想方设法降低企业的土地、用工、物流成本，千方百计破解融资难融资贵问题，让民营企业轻装上阵”“多设‘路标’，不设‘路障’”“持续优化营商环境”……一条条建议说到了民企发展的根上，说进了民营企业家心里。湖南省委常委、长沙市委书记吴桂英对调研报告给予肯定性批示：“调研成效好，有建设性，《建议汇总表》的具体建议要认真研究，积极采纳。”市直部门对于政协调研发现的问题和提出的建议一一打收条，逐一研究解决。

2020年9月，习近平总书记在湖南考察时提出“政协委员要更好联系和服务所在界别的群众”。长沙市政协牢记习近平总书记殷殷嘱托，充分发挥全市243家委员工作室履职平台作用，以走进园区、走进基层、走进群众“三走进”工作机制组织驻室委员走访联系界别群众。

工作组在调研走访中发现，中心城区楼宇业主和商户停车难问题比较突出。依托委员工作室，在开福区望麓园街道组织开展基层民主协商，腾出112个车位，缓解了松桂园商圈停车难的问题。今年以来，这样的基层协商，全市开展了150余场次，反映社情民意40余条，有效解决群众急难愁盼问题200余个。

市政协还整合利用政协大楼物理空间，创新打造“长沙政协同心园”。同心园定位于“党的创新理论宣传阵地、政协两支队伍培训基地、书香政协交流园地”。同心园里“国之大者”与省之大计、市之大业同频共振，民主协商与建言资政、凝聚共识同向同行。同心园里各界别委员群众齐聚一堂，政协大楼里也有了“屋场夜话”。“岳麓山下好读书”“岳麓山下好商量”落地有声，破壁出圈。

近期，在全国各级政协深入学习贯彻“习近平总书记关于加强和改进人民政协工作的重要思想”专题培训班上，陈刚作为地方政协代表，以《加强阵地建设，打造长沙政协同心园》为题作经验交流。同心园里画“同心圆”，周周抢档期、次次抢座位、个个抢话筒，“网红长沙”多了“政协打卡地”，委员联系服务界别群众增添了新平台。

（本文原载于《人民政协报》2023年8月4日第4版）

## ◎ 株洲市政协

# “三度三化”创新“株事好商量”履职平台

文／刘李波

“市委大院停车位已于6月16日起正式错时免费对外开放，确保7月15日前市直单位全部开放到位。”6月份，株洲市机关事务管理局下发通知，机关单位停车场实行错时免费开放。这一动议，源自株洲市政协一场关于“停车难”问题的“株事好商量”活动。

去年以来，株洲市政协充分发挥专门协商机构作用，把握政治的高度、选题的精度、覆盖的广度，突出制度化、规范化、常态化，创新打造覆盖市、县政协和委员工作室三个层级的“株事好商量”协商议事平台，开展“株事好商量”协商议事活动35场次，直接参与的各界群众超过2000人次，推动解决问题103项。此项探索入选株洲市2022年度“十大改革典型案例”，获湖南省政协全省推介。

“株事好商量”，看似平常的小创新，却反映着协商民主的大课题。市政协首先从政治的高度把准定位，将“株事好商量”视为贯彻落实习近平总书记关于加强和改进人民政协工作的重要思想的履职平台、市县政协聚焦主责主业的创新履职方式、政协委员更好联系服务界别群众的履职实践。为此，市政协构建了“党委领导、政府支持、政协搭台、多方参与”的工作格局，采用“确定协商议题、遴选协商主体、开展协商调研、组织协商议事、转化协商成果”五步工作法，将深度协商互动、意见充分表达、广泛凝聚共识的要求一体融入“商量”。

市政协从选题的精度来切入，努力找准“众人的事”，聚焦切口小、关联广的民生议题和事关公共事务、公众利益、公益事业的民生实事。采取党政点题、政协选题、委员荐题、群众出题、社会征题等方式多渠道收集“株事好商量”协商议题，力求协商议题接“地气”、冒“热气”，人人关心、人人可议。“双减”“停车难”“垃圾分类”等一大批群众热议的话题，通过市政协选题通道，成为“株事好商量”议题。

“株事好商量”既体现聚焦“株洲事”的地域性，又体现商量“诸方事”的广泛性。市政协广邀委员、部门负责人、群众代表等利益相关群体来商量，专家学者作为“第三方”答疑释惑、穿针引线。场内的“商量”，连接着场外走访调研所联系的广大群众。有家长代表带着全班家长的心声来商量“双减”问题；有业主代表拿出物业费欠缴名单为“小区治理”据理发声。在市政协本级开展的“株事好商量”，每期收集上千份调查问卷，随机海采1小时以上视频资料。各界群众通过网络等形式反馈建议600多条次，群众代表在各类“株事好商量”中发言180多人次。同时，灵活采用“会场+现场”“固定+移动”“线上+线下”等模式，推动“株事好商量”空间上的广泛覆盖。

随着探索的深入，市政协不断巩固提升“株事好商量”创新成果。出台了《建设“株事好商量”协商议事平台的实施方案》《“株事好商量”工作暂行办法》，成立“株事好商量”工作领导小组和工作专班，明确市县政协和委员工作室“株事好商量”活动频次。“株事好商量”进一步向制度化、规范化、常态化纵深推进。

“要通过‘株事好商量’，推动政协协商与基层协商有效衔接、与基层社会治理有机融合，积极推动问题在商量中解决、矛盾在商量中化解、人心在商量中凝聚。”株洲市政协主席聂方红表示。

（本文原载于《人民政协报》2023年8月4日第4版）

◎ 岳阳市政协

# 以“政协之为”助力“江湖之治”

文／罗　鹏　李　情

“春天沿江踏春和采摘藜蒿要有部门引导管理。”“要加大野生动物保护宣传力度。”……岳阳市“守护好一江碧水”政协委员工作室的入驻委员们，正在收集、整理、交办、回复群众的意见建议。

2018 年 4 月 25 日，习近平总书记亲临岳阳视察湖南长江段，殷殷嘱托“守护好一江碧水”。

总书记有号令，人民政协见行动。岳阳市政协全国首创 1 个市级总室和 9 个县级分室的“1+9”架构模式，创建“守护好一江碧水”政协委员工作室，采取市县同题、跨区协同、联合履职的工作模式，整合省市县三级政协委员和各民主党派、相关职能部门、专家、志愿者力量，协同开展生态环保领域的微调研、微协商、微监督、微宣讲、微服务。

市政协主席黎作凤介绍，这种模式响应了习近平总书记关于“政协委员要更好联系和服务所在界别的群众”的要求，让政协委员和相关部门工作人员走出机关大院，走进群众身边，来到问题现场，与群众“面对面、心连心”，把助力问题解决落到实处。

近年来，岳阳市政协聚焦生态环保主题，先后开展 120 多场次的专题调研、协商监督、政策宣讲、志愿服务活动，常态化开展长江、洞庭湖岸线踏察，数十个调研成果被吸纳转化，写进了市党代会报告、市政府工作报告、岳阳“十四五”规划，为“守护好一江碧水”提供了管用有效的“政协方案”。如今，长江岳阳段和东洞庭湖水质连续 5 年优良率 100%，“候鸟的欢歌”“江豚的微笑”“麋鹿的倩影”成为岳阳崭新名片。

在湖北、湖南两省政协的全力支持下，岳阳市政协发起并承办了洞庭湖生态经济区“两省四市一区”政协主席第一次联席会议。今年4月25日，第五次联席会议再度在岳阳召开，协商通过了《助推新时代洞庭湖生态经济区高质量发展的岳阳共识》，为“江湖之治”再次凝聚共识、增添力量。

奋进新征程，岳阳政协如何进一步牢记嘱托、落实责任、强化担当？黎作凤介绍，4月以来，全市政协组织正按照省政协的统一部署，积极开展“改善生态环境，岳阳再出发”专项民主监督活动。此次民主监督规格高、措施硬、时间长。在全省率先以市委办、市政府办、市政协办的名义印发实施方案，市政协主席任领导小组组长，市政协负责人固定参加市委生态环境保护考核约谈，设立7个专项民主监督小组明确不同监督切入点，7个民主党派与县市区建立对口监督关系，开通生态环境问题群众举报热线，开展民主监督民意调查，每季通报测评结果，在省市县主流媒体设立专栏专刊宣传推介，结合委员读书活动推进民主监督……

活动启动以来，已联动开展监督活动151场次，联合市生态环境局受理群众举报214件，办结194件，推动解决具体问题32个。市委书记曹普华高度肯定：“市政协民主监督是打赢生态环境保护攻坚战的得力助手，也是推进生态环境常态化治理的有效抓手。”

新时代、新征程、新起点，岳阳市政协将在党的二十大精神指引下，奋力为长江经济带绿色发展示范区建设，为岳阳高质量发展继续贡献更多政协智慧和力量。

（本文原载于《人民政协报》2023年8月4日第4版）

◎ 郴州市政协

# 在助推“湘商回归”中彰显担当作为

文 / 金发平

“1—6 月，全市引进‘湘商回郴’投资项目 65 个，总投资金额 579.58 亿元。”这是 7 月 7 日从郴州市高质量发展推进大会上传来的招商引资“捷报”。敢想敢闯的 38 万名郴商,如今已成为郴州产业发展和技术创新的主力。

这股郴商回归的热潮，离不开郴州市政协的推动。在郴州市政协主席、市招商引资联合作战指挥部指挥长陈跃文心中，“郴商”早已超越了籍贯的概念：“郴州籍企业家、在郴州投资的外地企业家，都是郴商。”

去年以来，郴州市政协通过以会招商、以商招商、以情招商等途径，全力助推郴商回归。

“以会招商”——郴商大会搭建郴商回归平台。5 月，400 多名郴商相聚郴商大会，签约项目 25 个，总投资 369.7 亿元。各县市区纷纷邀请与会企业家开展实地考察，拓展合作空间。由市委、市政府主办，市招商引资联合作战指挥部承办的郴商大会，已成为郴州规模最大、规格最高、影响最广的年度盛会。

盛会背后，有着政协人的忙碌身影。去年，郴州市成立招商引资联合作战指挥部，由陈跃文任指挥长，指挥部办公室设在市政协机关。指挥部整合政协、统战、工商联、商务等各方资源建立“郴商库”，组织赴长三角、珠三角等地区开展考察交流，与重点企业、商协会、郴籍知名人士广泛联谊，推介郴州环境、讲好郴州故事、吸引郴商回归。

“以商招商”——凝聚和激发商协会力量。5 月，在佛山市郴州商会换届之际，郴州市政协赴佛山参加全国郴州商会代表座谈会。50 多名来自全国的郴州商会代表表示将当好桥梁纽带，为家乡发展多作贡献。

市政协不仅推荐多位商会代表人士担任各级政协委员，还邀请各商会会长列席市政协全会，让他们充分感受建设郴州的荣誉和责任。曾连任多届省、市政协委员的郴州市福建商会执行会长林世强来郴已有 20 年，郴州市福建商会已引进超 200 家企业落户郴州。

各县市区政协还结合委员工作室履职，密切与商协会组织的联系，拓宽郴商回归渠道。临武县政协驻粤委员工作室设在广州临武商会，多渠道为湘商回临搭建平台；设在广东东莞的嘉禾县政协在粤委员工作室，在嘉禾县招商引资中发挥了有效作用。

“以情招商”——机遇与乡情双向奔赴。郴州是湖南的“南大门”，除区位优势外，“情感牌”也是郴商回归的重要法宝。资兴市政协和电视台联合推出了系列专题节目《资兴儿女》，展现在外优秀儿女创业故事，激起许多郴商的思乡之情。

针对项目落地问题，市县政协从“保姆式服务”到“亲妈式服务”，及时协商推动解决项目所需的土地、资金、用工等要素保障问题，让企业感受到温情与机遇。今年 4 月，市政协和市委统战部还牵头举办了银企对接会，148 家参会企业与 17 家驻郴金融机构对接洽谈，现场签约信贷资金 29.71 亿元。

如今在郴州，以郴商为主体的民营企业贡献了 75% 以上的 GDP 和税收、70% 以上的技术创新成果、85% 以上的城镇劳动就业、90% 以上的企业数量。

“助力招商引资不是‘不务正业’，而是围绕中心、服务大局的履职需要。”陈跃文表示，今天的企业就是明天的财源、税源，招商引资成果最终将惠及人民群众，让郴州人民更具获得感、幸福感。

（本文原载于《人民政协报》2023 年 8 月 4 日第 4 版）

◎ 湘西土家族苗族自治州政协

# 助力打造脱贫地区乡村振兴示范区

文 / 谭水元

2013 年 11 月 3 日，习近平总书记到湘西土家族苗族自治州花垣县十八洞村考察，首次提出“精准扶贫”。从精准扶贫向乡村振兴跨越的近十年，湘西人民告别昔日贫困，湘西大地迎来山乡巨变。

湘西州政协牢记习近平总书记殷殷嘱托，深入学习贯彻党的二十大精神关于全面推进乡村振兴的战略部署，紧扣州委确定的“打造脱贫地区乡村振兴示范区”新目标，扛牢政治责任，守正创新、务实进取，彰显了首倡之地的政协之为。

立足湘西生态文化资源优势，州政协倾力助推文旅赋能乡村振兴，多角度选题、多层次调研、多形式协商，取得丰硕成果，一批意见建议得到州委、州政府采纳——

聚焦文旅产业发展的顶层设计，将“重构湘西文化遗产体系与价值”作为专题议政性常委会课题，深入挖掘阐释药王洞遗址、下湾遗址、不二门遗址、四方城遗址、里耶古城遗址、老司城遗址、浦市古建筑群、凤凰古城等湘西 21 世纪系列考古成果、28 项国家级非物质文化遗产、178 个中国传统村落的历史、文化及旅游价值，正确认知湘西文化与中华文化的关系，拓展讲好湘西故事、推动文旅融合的新视野新思路。

聚焦文旅产业发展的实践路径，开展“促进文旅融合，助力打造千亿旅游产业高质量发展”“湘西州历史文化保护与利用”专题议政性协商、“加快推进智慧旅游建设，提升旅游业服务水平”“加强我州古城古镇古村等历史遗存遗迹保护”对口协商、“湘西世界地质公园保护与利用”“湘西州非物质文化遗产的传承保护与创新发展”民主监督等系列履职活动。广泛征求基层县市、主管部门、行业企业、专家学者的意见建议，进一步增强了协商建言的针对性、操作性和实效性，相关意见建议得到党委政府采纳，为打造文旅融合赋能乡村振兴的“湘西样本”贡献了政协智慧与力量。今年6月，全国文化和旅游赋能乡村振兴工作现场经验交流会在湘西州召开。

农民富，乡村才能兴。州政协努力将政协协商优势转化为助推农民收入增加的实际效能。将“着力助农增收、推进乡村振兴”列为专题议政性常委会课题，深入一线调研，准确掌握农民收入结构现状，综合提炼起草建议案供州委、州政府决策参考。围绕破解资金瓶颈助力产业振兴，打造多方协商、深度协商品牌，推进“红军村红色贷，助力乡村振兴”活动，深化与金融部门、州直相关部门、县市政协、乡镇、村合作社、农户等多方协商对接，就贷款用途、规模、利率、风险深度协商，预授信1.8万户10.26亿元，发放贷款6959户5.52亿元，有力促进了农村产业发展和农民持续增收。工商联界别委员利用委员工作室广泛联系界别群众，动员335家民营企业参与乡村振兴，结对帮扶267个村，实施项目339个。

政协干部和委员积极投身乡村振兴第一线，全州政协机关联系帮扶村15个，41名干部驻村开展工作。州政协机关联系夯坨村，因势利导发展乡村旅游，昔日的深山苗寨成了网红打卡地“云上夯坨”。州政协委员林杰在中黄村采取“非遗传承+农耕体验+传统村落”模式振兴乡村，村集体经济年年都有分红，村民既有土地流转、房屋出租收入又有务工收入，日子越过越有奔头。

（本文原载于《人民政协报》2023年8月4日第4版）

# | 广东省政协 |
# 奋力助写中国式现代化的广东篇章

文/林　仪　揭春雁　张　涛

“广东是改革开放的排头兵、先行地、实验区，在中国式现代化建设的大局中地位重要、作用突出。”4月10日至13日，习近平总书记亲临广东视察，寄望广东“在推进中国式现代化建设中走在前列”。“走在前列”，是习近平总书记对广东一以贯之的要求，也是广东省政协勠力同心的行动。

## 瞄准“走在前列”目标，展现广东政协担当

“总书记视察广东的重要讲话、重要指示精神，是我们最鲜活、最生动、最权威的党课。”广东省政协主席林克庆表示，要深刻领会习近平总书记对广东工作的殷切期望和信任重托，迅速将习近平总书记的关心厚爱转化为推动高质量发展的强大动力，引领“两支队伍”坚决扛起历史使命，紧扣推动高质量发展首要任务和构建新发展格局战略任务以及“两个走在前列”的新使命新任务，积极发挥政协的优势作用，努力交出不负人民、不负时代的新答卷。

春光不待人，奋斗正当时。广东省政协把学习贯彻习近平总书记视察广东的重要讲话、重要指示精神作为头等大事和首要政治任务。省政协党组先后19次集中学习习近平总书记重要讲话精神，分5个专题学思践悟习近平总书记视察广东重要讲话重要指示精神。同时，把今年的协商计划和党组工作要点与党中央的决策部署和省委的工作安排进一步对标对表，干字当头、实招频出，切实担负起总书记赋予的使命任务。

“党委、政府工作推进到哪里，政协履职就跟进到哪里”。在全省高质量发展大会召开后，广东省政协接连召开了党组扩大会议、2023年度工作专题会议、各专门委员会全体会议等，为新一年工作谋篇布局，“牢牢抓住高质量发展这一首要任务”成了协商议题的首要标准。

中国式现代化是党和国家最大的事、最大的政治。习近平总书记视察广东时强调，中国式现代化不能走脱实向虚的路子，必须加快建设以实体经济为支撑的现代化产业体系。如何通过厚植“产业之根”，在新的高度挺起广东现代化建设的产业“脊梁”？2023年，广东省政协作出了以下思考和部署：

围绕“强化企业科技创新主体地位，构建全过程创新生态链”开展专题议政性常委会会议，围绕“坚持制造业当家，加快推进产业转型升级，建设现代化产业体系”召开粤商·省长面对面协商座谈会，省委书记牵头督办“关于坚持制造业当家，推动广东高质量发展的系列提案”。这些议题从不同角度，以不同形式展开调研协商，为推动广东产业高质量发展提出政协的建议。

高质量发展既要锚定“制造业当家”，也要协调统筹，奔向共同富裕。城乡区域发展不平衡是广东高质量发展的最大短板。“今年省政协农业农村委牵头的常委会议政专题、民主监督等，都是围绕这个中心工作展开，力求提出政协的建议，发出政协的声音。”省政协副主席邓海光负责联系省政协农业农村委，从3月开始，他就带队到市县开展关于“产业强县”专题调研。

乡村振兴非一日之功，省政协已连续5年围绕乡村振兴开展民主监督，围绕推进城乡基本公共服务均等化、珠三角村改居综合配套改革、种业振兴、农田整合整治、加快发展县域经济等组织调研视察、协商议政，成效明显。省政协在去年“加快县域经济，助力乡村振兴”专题协商基础上，聚焦广东省县域产业薄弱、发展滞后等突出问题，开展“大力促进产业强县，扎实推动百县千镇万村高质量发展”专题调研。协商民主的生动实践，年复一年，愈发显现出生机与活力。

## 把握“调查研究”重点，发挥政协独特优势

调查研究是我们党的传家宝，是人民政协履职的基本功。4月，广东省政协出台深入开展调查研究工作方案，要求用好调查研究看家本领，找准找实履职方向和具体课题。作为省政协上半年的协商“重头戏”，“粤商·省长面对面协商座谈会”的调研先行一步，打响了头炮。

聚焦发展难题，深化调查研究。2月至5月，省政协经济委马不停蹄地奔走在全省各市，围绕关于“坚持制造业当家，加快推进产业转型升级，建设现代化产业体系”主题开展调研。“既要客观反映和找准广东省传统制造业发展取得的成绩和具备的优势，又要实事求是找准传统制造业存在的弱点、问题和面临的挑战，深刻剖析原因，提出有分量、有新意、切实可行的对策建议。”省政协副主席袁宝成说。

此次调研，省政协不仅下沉到县、镇，还开展了跨专委会联合调研。省政协委员罗丽平来自农业农村委，她表示，跨专委会的调研活动，有利于各界别的委员们开拓思路、学习提升、丰富经验，是一次非常难得的学习和交流的机会。“调研组行程紧凑，深入乡村、社区、企业、机关，与广大干部群众真诚交流，这让我深刻感受到了省政协深入基层大兴调查研究的具体行动。”

调研组累计走访60多家企业，召开20场座谈会，广泛听取省直有关职能部门、有关地市政府，以及100余位企业代表的情况介绍和意见建议。同时，面向全省2217家制造业企业开展网络问卷调查，专题形成调研问卷分析报告。

省政协委员李志坚是参与本专题调研次数最多的委员，深入细致的调研让他对广东产业转型升级有更深刻的认识和体会。他认为，“数字化”和“科技创新”是广东产业转型升级的两大引擎，建议从行业龙头企业、行业公共服务企业、产业集聚区、核心技术研发、产业数字金融保障五个方向推进产业转型升级。

联动调研、“直插现场”、“解剖麻雀”，省政协在调研方法上求新

求实，既摸清综合情况又挖掘典型案例，在深度协商互动、意见充分表达中把好建言的政治关、质量关，带领和促进委员开言路、集众智、建良策，推动各项履职围绕中心更紧密，服务大局更有效。

在广东视察时，习近平总书记专门强调，“实现高水平科技自立自强，是中国式现代化建设的关键。”

聚焦“国之大者”，6 月 15 日至 16 日，广东省政协召开常委会会议，围绕“强化企业科技创新主体地位，构建全过程创新生态链”开展专题议政。企业科技成果产业化通道不通畅、基础研究不足、人才培养难等问题成为大家热议的焦点，常委们各抒己见，共同为打通企业科技创新的难点堵点聚共识、找对策。

一项项深入细致的调查研究，一场场开诚布公的协商议政，一条条科学精准的协商建言，不仅是政协组织围绕中心、服务大局的政治责任的体现，也是广东省政协坚持把调查研究贯穿凝聚共识全过程、把协商民主与全过程人民民主理念贯穿履行职能全过程的生动写照。

“我们不求全，但求区分轻重缓急、当期管用、可操作性强，善于用‘小切口’揭示大主题。”林克庆表示，发挥人民政协人才荟萃、智力密集等优势，把政协委员的专业能力融入履职实践，切实提高他们在政治上全局上审视、思考、分析问题的素养和能力，确保为党委政府科学决策、有效施策提供精准的意见建议。

### 拓展“凝聚共识”广度深度，彰显政协担当作为

省政协党组书记带头讲党课，党组成员领衔开展深调研，修订完善党组工作规则等 11 项制度规定，认真落实党组成员“四联系”“双谈心”等工作制度……广东省政协坚持把政治建设摆在首位，突出抓好党组这个“关键少数”中的关键，把理论学习、调查研究、推动发展、检视整改、建章立制贯通起来，着力通过主题教育推动思想大解放、能力大提升、作风大转变、工作大落实。

“坚定理想信念、铸牢对党忠诚、站稳人民立场”“学思想、强党性、

重实践、建新功”……年初，省政协机关办公楼的楼道、电梯里纷纷“上新”，主题教育标语随处可见。在省政协机关的“悦读空间”的书架上，也放置了主题教育的相关书籍，学思践悟、以学促行的景象在省政协机关和委员之间蔚然成风。

“作为政协委员，首先要加强党的理论学习，把握参政议政的大方向；充实自己的知识库，与时俱进。还要多下基层，多倾听民意，将群众最真实的声音带到会场，不断推动政协工作往深处推、往实处做。”省政协委员王锦来自基层，给自己的履职定位，就是多关注基层的社情民意，多传递第一线的声音。

始终与人民群众在一起，走好新的赶考路。3月20日，新一届的“委员会客室”上线，截至6月30日，已有67位省政协委员轮值“委员会客室”，或聚焦高质量发展主题，或聚焦民生热点，与网友互动交流，网友留言近千条，浏览量近10万。

省政协委员、汕头市政协主席邱奕辉5月17日值班“委员会客室”，他说，“委员会客室”直接面向公众，打通了委员联系群众的“最后一公里”。在这个过程中，政协委员可以及时协助党委政府做好阐释政策、引导预期、理顺情绪、增进团结的工作，更好把党的主张转化为社会各界共识。

人民政协不仅“居庙堂之高”议事，更“处江湖之远”关情，履职半径进一步拉长，“同心圆”画得更大。

5月18日至19日，“‘天下为公’·中华情——2023粤港澳台青年企业家交流会”在广州举行。在这场属于粤港澳台四地青年的盛会上，600多名青年企业家代表、工商界杰出人士、社团领袖和专家学者齐聚一堂，共叙情谊，共谋发展，书写逐梦湾区、成就事业的青春故事。这是省政协发挥广东毗邻港澳、海外侨胞众多的独特优势，团结各界力量，以实际行动推进大湾区建设的生动实践。

习近平总书记视察广东时赋予粤港澳大湾区新发展格局的战略支点、高质量发展的示范地、中国式现代化的引领地的全新战略定位。接下来，省政协将发挥广东政协港澳青年人文交流基地、澳门委员工作室、广东公共外交协会等平台作用，推动建设香港委员工作室，支持港澳委员发挥“双重积极作用”，引导港澳台同胞、广大侨胞抓住机遇，到粤港澳大湾区来、到广东来，广泛凝聚建设大湾区的强大力量，创造推动“一国两制”伟大事业发展新辉煌，形成同心共圆中国梦的生动局面。

潮涌催人进，风好正扬帆。广东省政协将以走在前列的气魄干劲、走在前列的标准要求、走在前列的担当作为，为推进强国建设、民族复兴贡献更多政协力量。

（本文原载于《人民政协报》2023年7月7日第1版）

◎ 广州市政协

# 在守正创新中打造“十”字履职模式

文/林 仪 揭春雁 李 健

3月10日，广州市政协“有事好商量”2023年第一期走进番禺区沙湾古镇录制，嘉宾们热烈的讨论吸引了众多村民驻足观看。这是广州市政协与番禺区政协联手合作的一次协商活动，拉开了今年广州市、区政协联动的序幕。

改变以往分散协商、各自履职的局面，整合纵向体系贯通、横向联系广泛的资源优势，打造以提案为中心的联合履职新形态。这是十四届广州市政协探索建立的上下左右联动的“十”字履职模式。

提案，无疑是“十”字履职模式的“阵眼”。纵向上，加强与全国、省、区政协的“串联”，围绕区域发展重点工作等议题协商议政，打造上下贯通、联系紧密的立体协商方阵；横向上，加强与党派团体、政府部门、兄弟城市和市民群众的“并联”，做到视角互补、意见互融、提办互促，真正实现广聚智慧力量、提高提办质效、共促发展实践。

今年以来，广州市政协继续以提案为中心、以联动协商为基础，构筑广泛多层制度化协商方阵，更好发挥各级政协组织的优势作用。与广东省政协联动，实地考察侨资和台资企业发展情况，围绕“推动落实广州市‘港澳药械通’试点”、“营造敢干敢闯敢投的人文环境”等专题开展联合调研；与区政协联动，围绕“建立广州干细胞资源库”“打造长堤华侨历史文化示范片区”“推进琶洲港澳客运口岸项目建设”等专题开展联合调研，形成书面建议报送省市区职能部门。与福建省龙岩市政协对口合作，推动两地委员企业落地“新能源汽车电池数字化回收平台”项目，促进两地政协聚合优势、携手发展。

除了加强纵横联动协商，还要提升联动协商效能。2022年以来，广州市政协着力打造“百姓提案”，把政协“广开门”的民主协商优势转化为群众有序政治参与、有效凝聚共识的公共空间优势。“百姓提案”的主体是“百姓”，抓手是“提案”，核心是“金点子”。市民群众可以通过扫描二维码或者进入“百姓提案”小程序，就广州经济发展、社会治理、民生保障等方面问题提出意见建议。群众意见建议被采纳后，将由政协委员认领培育成为正式提案，形成供政府决策的重要参考，并安排相关部门跟进办理。

目前，广州市政协已收集整理115件“百姓提案”线索，经审查立案85件，已全部提交有关部门办理。针对《关于增加广州滑板场建设的建议》《加快建设普惠性托育服务体系》《规范露营管理服务，促进露营经济发展》等市民群众高度关注的“百姓提案”，同步通过重点提案督办、“有事好商量”民生实事协商、市区联动协商等形式，扩大群众参与，增强协商实效。

同时，广州市政协健全委员联系界别群众制度机制，深化建设“委员之家”，全方位推进线下线上“委员之家”两种形态共同发力，推动委员积极走基层、进社区，更加主动有效联系和服务界别群众，打通委员履职“最后一公里”。

市政协主席李贻伟表示，要全面加强研究型人才、学习型组织、智库型政协建设，围绕年度协商计划开展研究，明确课题、领导带头、专班推进，通过“人人争当研究员”的生动实践，把调研水平体现在提案建议中，实现专业力、调研力和履职力有机统一。

（本文原载于《人民政协报》2023年7月7日第4版）

◎ 汕头市政协

# 创新“提案 +”工作模式　推动提案办理提质增效

文／林　仪　揭春雁　沈坚悦

提案是政协委员履行职能的重要方式，也是协助党委政府实现决策民主化、科学化的重要渠道。汕头市政协把改革创新作为提案工作的不竭动力，持续优化“提案 +”工作机制，统筹专题协商、民主评议、民主监督等履职形式，打出提案督办“组合拳”，进一步彰显人民政协作为专门协商机构的平台作用。

汕头市政协提案委负责同志介绍说，“提案 +”工作模式的突出优势在于，能够整合政协履职方式，集中政协履职资源，有的放矢地为提案督办赋能提质。

在探索“提案 +”工作模式创新之初，汕头市政协主要以年度重点协商任务为突破口，以重点提案督办带动面上提案办理提质增效。随着“提案 +”工作不断深化，延伸发展出“提案 + 跨年督办”“提案 + 回头看”等工作模式，对聚焦营商环境优化建设、传统制造业转型升级、做好新时代“侨”的文章、城市内涝治理、中医药传承发展等全市中心工作的重点提案持续发力，压茬推进。例如，聚焦“练江流域综合整治”，连续五年跨年督办，持续不断“回头看”，用行动推动练江流域综合整治从 1.0 向 2.0 版本跃升，打造成为“绿水青山就是金山银山”理念的实践样本。

今年在既有模式的基础上，探索采用“提案 + 台账式办理”“提案 + 清单式督办”推进提案督办，通过引导提案办理单位分解细化提案建议，建立办理任务账单，明确推进时序，推动落实。要求协助督办专委会建立督办清单，明确时间任务，确保督办见人见物。例如，督办《关于推动工业遗产保护利用，构建汕头工业文旅新模式的提案》时，既将提案建议按办理部门职能分解认领，又根据办结时间点细化办理时序，确保有效有序推进提案办理。经过汕头市工业和信息化局、汕头国资委等12个单位的通力协作、认真办理，提案办理取得了丰硕成果。设立的汕头工业博物馆在2023年文化和自然遗产日这一天对外开馆，成为探寻汕头百年工业记忆的窗口。

汕头市政协在“提案+”工作探索中，既注重丰富协商形式，又着力扩大协商广度，通过多种平台载体提升协商质量，扩大政协提案工作群众参与度和社会影响力。今年汕头市政协推动创建“提案+民生”督办协商履职品牌，计划每年选取3—5件民生方面提案，推动做细做实，力求把好事办好、实事办实，推动政协提案工作全面提质增效。

（本文原载于《人民政协报》2023年7月7日第4版）

◎ 清远市政协

# 做好党与界别群众联系的桥梁纽带

文 / 林　仪　揭春雁　杨师政

界别是组成人民政协的“基本单元”，是构成人民政协的政治基础、组织基础和工作基础。党的二十大报告强调：“完善人民政协民主监督和委员联系界别群众制度机制。”近年来，清远市政协以界别为单位推荐大会发言、提出集体提案、开展专题协商、组织界别小组活动等方式活跃界别工作，促进界别工作有发展、有亮点、有成效。

为使界别工作有章可循，清远市政协研究制定了《关于开展专题协商对口协商界别协商的实施办法（试行）》《界别小组活动方案》，明确了界别组织领导、联系机制、活动内容、协商规则等，提高了界别工作的规范化水平。

目前，清远市政协共有 29 个界别，相应设置为 29 个界别小组，每个界别小组选定召集人 1—3 名，联络员 1—3 名。“各位召集人都是在本界别比较有代表性、有责任感、协调能力强的委员，有效实现界别活动有人牵头、有人策划、有人组织，将相对松散的界别凝聚成有机整体，形成界别整体合力。”市政协主席姚楚旋说。

每年年初，各界别小组制定年度活动计划，按计划每个季度开展有主题的界别小组活动。年底集中组织界别视察调研，召开界别座谈会，撰写界别大会发言，提交界别提案，为开好政协全体会议作准备，并对年度界别小组活动进行总结。

为发挥专门委员会开展经常性工作的平台作用，清远市政协构建了以界别小组为主体、专门委员会联系指导、办公室配合保障的界别小组活动运行机制。各专门委员会根据专业特点和工作领域，分别联系相关界别，根据政协整体工作部署组织界别委员开展活动。

市政协专门委员会通过界别渠道，加强同广大群众的联系，深入开展“我为群众办实事”实践活动，切实为群众办实事好事，发挥好政协委员解疑释惑、理顺情绪、化解矛盾、凝聚人心的作用。如少数民族界围绕推进清远民族地区高质量发展提出建议；医药卫生界委员到企业、农村、社区开展新冠疫情防控知识科普活动；民盟界别深入调研并助力交通部门化解市区中小学路段交通堵点和安全隐患问题等。姚楚旋说：“通过开展有主题、有特色的各项活动，既拓展了界别履职的形式，又增进了团结，凝聚了人心。”

此外，清远市政协把丰富协商形式与提升协商实效有机结合，创设界别集中履职平台，打造界别工作品牌。将界别专题协商列入年度协商工作计划，坚持每年召开 2 次界别专题协商会议，主要聚焦涉及全局和长远的重大课题开展集中性界别协商，邀请政府相关负责同志深入协商议政。近年来，市政协组织界别委员围绕广清一体化协同发展、筑牢粤北生态屏障、巩固脱贫攻坚成果、全面推进乡村振兴、加强城镇生活污水处理、促进中小学教育高质量发展、绿美清远生态建设等重点课题，深入调研、反复论证，已开展界别专题协商 12 次，形成一批高质量界别调研报告供市委、市政府决策参考；同时，聚焦群众关心关注的交通、医疗、教育等问题，组织界别委员开展系列协商式民主监督视察 42 次，为助推党委政府民生实事落实建真言、谋良策。

（本文原载于《人民政协报》2023 年 7 月 7 日第 4 版）

## ◎ 佛山市顺德区政协

# 民生无小事　履职为人民

文／林　仪　揭春雁　胡炳森

公共停车位被“僵尸车”霸占、学生过马路没有人行天桥、机动车开进健身步道、社区闲置地被堆满垃圾……这些困扰群众的“小事”，都被佛山市顺德区政协委员看在眼里、放在心上，并推动解决。一场场“民生微实事”行动正成为顺德区政协委员履职的新常态。

党的二十大报告提出：“我们要实现好、维护好、发展好最广大人民根本利益，紧紧抓住人民最关心最直接最现实的利益问题，坚持尽力而为、量力而行，深入群众、深入基层，采取更多惠民生、暖民心举措，着力解决好人民群众急难愁盼问题。”

顺德区政协发挥专门协商机构作用，以“微实事，大民生”的理念，积极将“为民办实事”理念融入日常工作，进一步拓宽协商监督平台，以民生微实事现场督导工作为抓手，以微协商推动解决微实事。这种程序简便、运转高效、互动性强、协商成本低的“微协商”产生了鲶鱼效应。

群众有期盼，委员有行动。顺德区政协明确了以民生领域具有普遍性、群众反映强烈的民生实事为“微协商”的重点，坚持从小事切入，避免泛泛而谈的“清谈式协商”。一方面，委员们深入基层一线，串街走巷，发现问题、反映问题，建言献策助力问题解决。另一方面，区政协办公室在社情民意反映、政府论坛等平台统一收集群众急难愁盼的问题，归纳梳理后交政协领导督办。

为推动群众烦心事尽快解决，区政协领导带队分批分片赴现场了解情况并进行督导，与职能部门现场协商，寻找解决办法，督促部门用行动回应群众诉求。区政协主席冼阳福多次带队开展市民出行安全、商铺占道经营、完善交通路政设施、缓解交通拥堵及停车难问题、社区运动场地及儿童游乐设施养护等民生实事现场协商。现场协商过后，区政协也安排专人跟进解决情况，不定期到现场进行跟踪回访，了解问题解决情况，对未能及时解决的问题继续跟进，直到问题彻底得到解决。

政协主席牵头抓总并身体力行地率先示范，既引起相关职能部门领导的高度重视，达到“一竿子插到底”的效果，也通过解决问题形成运转上的“正反馈”，看到一件件民生实事在政协的推动下得到切实解决，全体委员的参与积极性被调动起来。道路积水、沙井盖松动、路面下沉、交通拥堵、电动车充电难、人行道护栏破损、民事纠纷需调解、企业服务要优化、疫情期间考生退费不便……区政协委员纷纷行动起来，通过政协“微协商”推动问题得到及时解决。有的不需要现场协商的民生“微实事”，委员们就通过“行走顺德美化家园”APP和小程序反映，问题也得到了有关职能部门的及时跟进和解决，民生微实事实现了“指尖办”。

为防止出现一窝蜂、运动式等工作方式，顺德区政协一开始就致力于建立常态化工作机制，坚持先试点再推广、先领导再委员、先解决问题再广泛宣传的工作原则。通过建立完善工作机制，进一步激发委员的履职热情和群众的参与热情。

去年以来，顺德区政协委员通过协商平台共收集信息406条，通过“微协商”推动了公共服务设施和公共道路修复27处，整治垃圾乱堆乱放、车辆违停及违规占道经营41起，完善道路命名、标牌指示、公交站台和红绿灯设置18处，帮助企业和居民解决噪声、气体、水体污染23件，等等，为持续改善民生福祉、提升城市品质贡献了政协智慧和力量。

（本文原载于《人民政协报》2023年7月7日第4版）

◎ 茂名市信宜市政协

# 村务协商议事会践行“协商于民、协商为民”

文/林　仪　揭春雁　胡东尉

“在村集体经济发展等重大事项上，通过召开村务协商议事会会议，引导乡贤群众主动参与到议事决策中，促使政策上传下达和推动执行更为通畅。”

“合丫河村务协商议事会紧扣乡村振兴的‘二十字’工作方针，贯彻新发展理念，充分发挥民主协商优势，助推高质量发展，乡村振兴取得明显成效。”

5 月 11 日，茂名市信宜市政协召开了村务协商议事会助推百县千镇万村高质量发展工程现场会，与会人员在会上热烈地交流着村务协商议事会工作的开展情况以及乡村振兴的做法和经验。这是近年来信宜政协进一步推进政协协商向基层延伸，在各村（社区）成立村务协商议事会，并由村务协商议事会推进村级民主协商工作结出的丰硕成果。

政协组织只设置到县和市辖区一级，县（区）政协组织在镇、村两级开展协商工作时，由于缺少相应的联络组织机构，该如何发挥“协商于民、协商为民”的作用？ 2016 年 3 月，信宜市政协创造性地在全市 19 个镇（街道）建立了政协联络组，并进一步推进政协协商向基层延伸；2017 年 5 月，在广东省率先实现了全市 402 个行政村（社区）的村务协商议事会全覆盖；2018 年 1 月以来，又先后在 29 个有条件的自然村建立村务协商议事会，更好地实现政协协商与百姓“面对面”、与民意“零距离”，走出了一条“运用协商民主方式开展基层事务”的探索之路。

村务协商议事会由会长或常务副会长召集，协商主体为来自本村或祖籍本村的党员代表、政协委员、经济能人、德高族尊、杰出乡贤、海外华侨等组成的协商议事会会员，村（社区）支部书记、协商事项涉及的利益代表、政府相关职能部门代表等。而协商议题主要包括人居环境整治、文体设施建设、产业布局调整等乡村振兴工作和涉及村民切身利益的急难愁盼问题。原则上每季度召开一次，通过“板凳会议”“地堂会议”“树下议事”等方式，形成事务共商、难题共解、服务共促的生动局面。

经过 7 年多的探索实践，信宜市政协在推进政协协商向基层延伸、协商为民方面取得了显著成效。据不完全统计，目前，信宜市 431 个村务协商议事会共有成员 9603 名，协助解决各类问题 3436 件。2020 年，信宜市群众通过协商方式筹集到资金 7000 多万元，助力推动全市“四好”农村路顺利建成。

信宜市政协主席郑茂杰说，通过搭建协商平台到村（社区）、自然村，充分发挥了政协作为专门协商机构的重要作用，推动了政协委员和政协机关干部职工下沉到基层开展协商民主，面对面与群众沟通交流，积极为群众办实事、解难题，使政协工作真正融入了基层群众之中，深受基层群众的欢迎和赞扬，为信宜各村（社区）构建“点上出彩、面上出新，片上成景、全面铺开”的美丽乡村蓝图作出了政协贡献。

（本文原载于《人民政协报》2023 年 7 月 7 日第 4 版）

# | 广西壮族自治区政协 |
# 把委员作业写在八桂大地上

文／肖亮升　潘柯君

“牢记领袖嘱托，践行履职为民，深化委员行动，为奋力谱写中国式现代化广西篇章作出新的更大贡献。”

6月21日，广西壮族自治区政协常委会会议闭幕会上，自治区政协主席孙大伟对委员们提出希望。

建功新时代，奋进新征程。近年来，自治区政协坚持以习近平新时代中国特色社会主义思想为指导，认真学习贯彻党的二十大精神，全面落实中央政协工作会议和自治区党委政协工作会议精神，充分发挥政协委员主体作用，积极搭建政协特色履职平台，组织引导全区2万多名政协委员以“为国履职、为民尽责”的深厚情怀，立足党政所急、群众所盼、政协所能，扎实开展铸牢中华民族共同体意识、乡村振兴、产业振兴、科教振兴等委员专项行动，树牢以人民为中心的发展思想，积极践行全过程人民民主，既建言献策又身体力行，切实做到与党政工作同频、与人民心声共振，把委员作业写在八桂大地上。

## 倾心浇灌民族团结进步之花

“天上万星伴月明，八桂儿女共条心；团结好像石榴籽，亲密胜似大家庭。”

这首由河池市宜州区政协委员编唱的山歌，一经传唱，立刻在干部群众中引发共鸣。

宜州区政协创新推进“山歌传唱＋民族团结”，组织文化界政协委员、文化工作者等共同编写传唱铸牢中华民族共同体意识山歌，共编写易记易唱的山歌 260 余首，举行山歌会 4 场，听众达 3000 余人次。

这是自治区政协深入开展“铸牢中华民族共同体意识·委员行动”的一个镜头。

广西是全国少数民族人口最多的自治区，也是全国民族团结进步示范区。2022 年 1 月，自治区政协首次在全体会议期间发出倡议书，开展“铸牢中华民族共同体意识委员行动”，全区各级政协和广大政协委员积极响应号召，迅速行动，目前已形成“以政协委员为主体，自治区、市、县政协三级联动，各族各界群众广泛参与”的良好工作格局，不断促进各民族交往交流交融，八桂大地处处石榴花开。

围绕“铸牢中华民族共同体意识·委员行动”，自治区政协深入开展系列活动——

开展“铸牢中华民族共同体意识·委员宣讲”，政协班子成员带头深入基层开展宣讲，广大政协委员深入基层和界别群众开展铸牢中华民族共同体意识主题宣讲活动 2600 余场；

依托全国政协委员读书智能平台，建立广西政协铸牢中华民族共同体意识读书群，孙大伟担任读书群群主，598 名广西壮族自治区全国政协委员、自治区政协委员围绕“铸牢中华民族共同体意识”“加强中华儿女大团结”等主题开展学习交流；

建设铸牢中华民族共同体意识政协委员教育培训基地，各市县政协建立铸牢中华民族共同体意识政协委员教育培训基地 190 余个，开展培训活动 610 余次；

围绕“铸牢中华民族共同体意识”议题，召开专题议政性常委会会议，组织开展委员视察，助推工作落实。全区各市县政协围绕“铸牢中华民族共同体意识”有关内容开展协商 570 余场（次），助力民族地区高质量发展……

自治区政协还创新平台载体，把铸牢中华民族共同体意识贯穿于政协委员工作室建设当中，创新建立自治区界别委员工作室 29 个，实现界别全覆盖。多措并举发挥委员主体作用、强化委员责任担当，印发履职导则，巩固拓展“铸牢中华民族共同体意识 委员行动”；突出政协特色，深入开展民族团结进步创建工作，引导政协委员及机关干部在民族团结进步创建、铸牢中华民族共同体意识工作中当表率、做示范，凝聚起民族团结进步的强大合力。

## 聚焦乡村振兴建言践行

“灵山是中国荔枝之乡，中国最古老的桂味荔枝树就在灵山县龙武农场，树龄有 830 多年。我们要利用好荔枝古树资源，挖掘历史文化，讲好荔枝故事，提高灵山荔枝的知名度和品牌影响力，促进荔枝销售，增加果农收入，助推乡村振兴……”

7 月 4 日，骄阳似火，钦州市灵山县龙武农场百年荔枝核心示范区内，自治区政协委员、钦州市政协副主席李云昌向自治区政协调研组深情讲述荔枝文化，介绍荔枝高接换种技术。

7 月 6 日，调研钦州特色农业产业；7 月 7 日，考察浦北县龙门镇陈皮产业园……翻看李云昌的微信朋友圈，他的行程几乎都在田间地头。

“助力乡村振兴是政协委员的责任。”李云昌说。

这是广西各级政协委员围绕乡村振兴建言践行的一个缩影。

民族要复兴，乡村必振兴。2021 年以来，自治区政协聚焦广西乡村振兴的重点和热点问题，充分发挥政协优势，不断创新形式、找准载体、搭建平台，在全区深入开展“乡村振兴 委员行动”，举全区政协之力助推广西乡村振兴——

2021 年 3 月，自治区政协向全区各级政协组织、政协各参加单位和广大政协委员发出“乡村振兴 委员行动”倡议书；5 月，召开动员部署会，印发行动方案；各市政协迅速行动，制定具体实施方案，各级政协组织和广大政协委员广泛参与乡村振兴，积极围绕乡村振兴建言践行、贡献力量。

深入开展“为乡村振兴建言献策行动”、助推“乡村振兴产业提档升级行动”等10项行动，由自治区政协各专门委员会牵头组织并根据工作实际，从推动产业振兴、提供科技支撑、促进文化发展、提供就业岗位、助力基础设施建设等方面开展实际有效的助推行动。

为推进“乡村振兴 委员行动”往深里走、往实里走，自治区政协领导班子成员先后赴乡村振兴联系点开展“为民办实事 助推乡村振兴”活动，组织政协委员和专家学者送政策、送技术、送文化、送温暖到基层；围绕广西乡村振兴建设相关议题议政建言，形成一批调研成果报送自治区党委、政府，得到自治区党政领导批示……

人民政协为人民。自治区政协还搭建活动平台，把开展“乡村振兴 委员行动”与“引企入桂 委员行动”相衔接，引导广大政协委员聚焦乡村振兴、农业领域招商引资工作中项目建设推进、优化营商环境、优惠政策措施落实等重点问题，持续精准发力。据统计，全区各级政协组织和广大政协委员共参与实施乡村振兴项目 3042 个，直接投资和捐助资金达 391 亿元。

## 书写招商引资履职答卷

“要更好发挥港澳委员‘双重积极作用’，推动广西深度融入粤港澳大湾区发展……”

2023 年自治区政协港澳委员活动日暨港澳委员履职培训班上，港澳委员们为港澳更好助力新时代壮美广西建设出谋划策，满怀信心奋进新时代新征程。

港澳委员积极参与新时代壮美广西建设：自治区政协委员、澳门广西社团联合总会会长徐家颖将澳门利成针织厂有限公司的部分生产线落户南宁市隆安县；自治区政协香港委员刘明辉担任董事长的中国燃气集团在广西“燃气下乡”项目中投资超 10 亿元……

港澳委员助力广西经济发展的故事，是自治区政协深入开展“产业振兴 委员行动”的生动注脚。

2020 年 3 月，根据自治区党委、政府“三企入桂”（“央企入桂”“民企入桂”“湾企入桂”）决策部署要求，自治区政协发出倡议，号召全区各级政协组织和广大政协委员踊跃投身“引企入桂 委员行动”，当好助力广西招商引资的实践者、宣传者和推动者。

自治区政协先后在桂林、北海和贺州召开全区各级政协“引企入桂 委员行动”工作推进会，会议既有现场考察项目和企业，又安排市县、企业和委员代表交流发言，自治区、市、县、园区和委员加强联动合作，多向发力，协助当地政府推动人才、资金、土地、项目、政策等资源有效配置，为招商项目落地提供聚集空间。

委员有担当，政协有力量。自治区政协发出“引企入桂 委员行动”倡议以来，据初步统计，全区各级政协及委员直接或参与引进的合作项目2238个，总投资超过1.7万亿元。

今年，在巩固拓展“引企入桂 委员行动”成果的基础上，自治区政协深入开展“产业振兴 委员行动”，着重围绕推动实施工业强桂战略，打好打赢推进工业振兴三年行动收官战，为广西加快建设现代化产业体系提供更多良策实招，助力广西经济高质量发展。

## 担当科教振兴践行者

“任波老师的讲述仿佛把这位科学家带到了我们身边，让我心中科学家伟大无私的形象变得立体且亲切……”

5月14日，广西科技馆学术报告厅，“时代楷模”黄大年的好友、同事任波的报告《心有大我　至诚报国的时代楷模——黄大年》数次被掌声打断，任波几度哽咽、满怀深情的讲述，让在场的青少年深受感动。

这是广西科技馆（广西青少年科技中心）联合中国科协青少年科技中心开展的创新后备人才“学风传承2023”广西行系列活动，活动邀请科学家的亲人、同事讲述科学家故事，引导青少年以科学家为榜样，传承优良学风，推动全社会进一步形成尊重知识、尊重人才、崇尚创新、热爱科学、献身科学的浓厚氛围。

这项活动的推动者，是自治区政协委员、自治区科协党组书记纳翔。为践行“科教振兴 委员行动”，纳翔不遗余力。

为贯彻落实党的二十大关于实施科教兴国战略，强化现代化建设人才支撑的重大决策部署和自治区党委深入实施科教兴桂、人才强桂、创新驱动发展战略以及塑造广西发展新动能新优势的决策部署要求，自治区政协号召全区各级政协和广大政协委员踊跃投身“科教振兴 委员行动”，争当科教振兴宣传者、践行者、推动者，举全区各级政协之力助推广西科教振兴。

“以委员行动营造科教振兴的浓厚氛围，以科教振兴赋能经济社会高质量发展……”

7月3日至4日，自治区政协调研组赴钦州市，围绕“科教振兴 委员行动”开展自治区、市、县三级政协委员服务基层、服务群众、服务经济社会高质量发展调研联合行动，组织开展送科技下基层服务群众活动，受到当地群众欢迎。

建言践行，履职为民。围绕“科教振兴 委员行动”，自治区政协开展丰富多彩的系列活动——

紧扣深化教育领域综合改革、加快工科类大学建设和各级各类教育发展、深化科技创新体制改革、完善人才培养引进政策、面向东盟科技创新合作等科教振兴重大问题开展形式多样的系列协商活动，积极建言献策；

围绕义务教育优质均衡发展和城乡一体化，学前教育、特殊教育普惠发展、职业教育和高等教育振兴发展、创新型广西建设等科教兴桂重大政策落实情况，通过组织常委视察、委员考察、联合视察等方式，深入开展有关民主监督活动，推动科教振兴相关决策部署落地落实；

组织政协委员特别是教育界、科技界委员开展送教育、送科技下基层活动，发挥委员自身优势，积极开展“委员引智”行动，大力引荐科技人才、创新平台、科技型企业入桂助桂，倡导委员积极参与科教振兴公益事业。

……

7月13日至14日，孙大伟深入崇左市扶绥县、龙州县等地，结合开展学习贯彻习近平新时代中国特色社会主义思想主题教育和大兴调查研究，深入企业和农村围绕壮大实体经济、推动高质量发展和全面推进乡村振兴等进行调研时指出，要着力强化责任担当，积极践行全过程人民民主，深化拓展委员专项行动，广泛汇聚智慧和力量，更好以“政协之能”服务“广西之为”。

时代是出卷人，我们是答卷人，人民是阅卷人。自治区政协团结带领广大政协委员牢记领袖嘱托，践行“国之大者”，在八桂大地奋力书写新时代委员履职答卷！

（本文原载于《人民政协报》2023年8月2日第1版）

◎ 南宁市政协

# "三微"联动连起民生"连心桥"

文 / 张　曦

日前，在广西壮族自治区南宁市，移动疫苗接种车开进了社区，为老年人、残障人士等群体提供贴心服务，获得群众点赞。

这背后是15位南宁市政协委员联名提出"微提案"的助力。

"困扰学校多年的出行难问题，今天通过'微协商'能够进入实质性解决阶段，对保证学校师生安全具有重要意义。"南宁市二十中校长黄福铭激动地说。

在"微协商"活动现场，南宁市政协通过联合各职能部门，为南宁市二十中师生解决出行的安全隐患问题，议出了一条"安全路"。

这是南宁市政协创新开展"三微"联动协商活动，发挥"协商于民、协商为民"作用的生动写照。

南宁市政协通过"三微"（微提案、微协商、微建议）联动协商形式，创新开展"微提案·直通车"平时提案协商活动，搭建"委员提出提案—市领导批示提案—部门办理提案"绿色通道；创新启动"微建议""微协商"，聚焦群众关键小事、基层民生实事、社会治理难事，有效帮助解决群众微困难、微需求。

"我们坚持人民政协为人民，聚焦人民群众日常生产生活中的操心事、烦心事、揪心事，通过'三微'联动协商拓宽意见表达渠道，让人民群众诉求心声通过政协得到反映，推动困难和问题得到解决，让人民群众获得感幸福感安全感更加充实、更有保障、更可持续。"南宁市政协主席杜伟说。

"微提案、微协商、微建议"的主题全部来自基层一线、来自人民群众的“急难愁盼”，反映困难问题都是切口小、影响大的民生问题，也是政协委员关注民生、履职为民的有效抓手，沟通民生工作的“连心桥”。

曾经，市民进入南宁市五象新区总部基地地下空间隧道时常发生手机无信号、导航失灵的情况，易出现安全隐患。

如今，这一现象得到了改善。五象新区总部基地地下空间隧道四通八达，市民沿着地下空间车行通道行驶，可以直抵总部基地片区16个地块的2.4万个停车泊位，实现快速分流。这得益于市政协15名委员联名提出的《关于加强五象新区总部基地地下空间隧道信号覆盖和提升安全防范处置能力的建议》。

市政协常委张俊然经过一次次调研，连同14名政协委员提出了“微建议”，建议加强地下空间的信号，增设相关的信息化治理工具、装置，保障市民出行安全。政府部门采纳建议，组织全面排查，逐步推进五象新区总部基地地下空间隧道公共移动通信信号全覆盖。

目前，五象新区总部基地地下空间实现移动网络信号、监控的全覆盖，设置的监控中心可对地下空间内发生的突发情况做到及时响应、及时处置，进一步保障了广大市民群众的出行安全。

“协商形式的多样化，打通了服务群众的‘最后一公里’。我们通过‘三微’联动协商提出的问题和建议也得到了很好的落实。”委员们表示，将持续深入基层、深入群众，通过“三微”联动协商活动平台，进一步精准对接民生需求、精细落实民生实事建言献策，让群众切实感受到政协离自己很近、委员就在身边。

（本文原载于《人民政协报》2023年8月2日第4版）

## ◎ 柳州市政协

# 助力描画工业重镇新画卷

文 / 李理想

“要在推动产业优化升级上继续下功夫，坚定不移走自主创新道路。”“真是令人惊奇！小米粉搞出这么大规模的产业来，不容易，值得好好研究总结。”2021 年 4 月 26 日，习近平总书记在广西壮族自治区柳州市视察期间，先后来到柳工集团和柳州螺蛳粉生产集聚区，对制造业和特色产业高质量发展寄予厚望。

嘱托声声入耳，前行力量倍增。柳州市政协深入贯彻落实习近平总书记对广西“五个更大”重要要求、视察广西“4·27”重要讲话和对广西工作系列重要指示精神，牢记嘱托、勇担使命，立足柳州作为工业城市的实际和特点，努力做到心往工业想、智往工业谋、劲往工业使，在推动柳州工业高质量发展、续写“柳州惊奇”中倾力贡献政协智慧力量。

近三年来，柳州市政协紧扣市委、市政府决策部署，将“加快现代制造城建设，推动柳州工业高质量发展”“加快柳工智能国际工业园建设”“提升零部件本地配套率，构建有核心竞争力的汽车产业链新格局”“聚焦‘一二五’工程建设，打造国际新能源汽车产业高地”等 18 个工业方面的议题列入年度协商计划。深入开展视察调研、协商议政活动，组织委员提交相关提案 118 件、在政协全会上提交大会发言 37 篇，推动柳州工业发展取得新成绩——

柳工集团成功研发全球首创的高原型纯电动装载机和纯电动挖掘机，今年 1—5 月累计出口交货值 13.9 亿元，增长 41.2%；柳钢集团高端品种钢材占比超过 30%。

以工业化的理念、产业链的思维谋划推进特色产业发展，是柳州螺蛳粉从“小米粉”成为“大产业”的“秘诀”。市政协组织委员、专家深入田间地头、加工厂、工业园区，与种植大户、企业家、部门负责人面对面协商，围绕加强原材料种植和加工标准化建设、提升生产自动化智能化水平、加强地理标志保护、创新品牌培育和营销方式等方面，提交了一批“高颜值”的调研报告、提案和社情民意信息。

“金点子”助力柳州螺蛳粉产业再创“惊奇”。2022 年全国首部米粉类产业发展法规《柳州市柳州螺蛳粉产业发展条例》出台，预包装柳州螺蛳粉销售收入 181.8 亿元，比 2020 年增长 65%。市政协还围绕油茶、茶叶、金橘、林木等特色产业发展积极建言，助力打造更多像螺蛳粉一样的“爆款”，以工业高质量发展带动乡村振兴。

“全市各级政协组织和广大政协委员不仅要当好工业高质量发展的参谋员，更要各尽所能、各展所长，主动当好宣传员、战斗员、服务员。”柳州市政协主席陈鸿宁要求。

市政协发动广大委员牵线搭桥、以商招商，推动服装、智能制造、冷链加工、生物医疗等方面企业来柳考察、投资兴业。积极参与全市“企业服务年”活动，市政协领导联系 32 家全市重点企业和 50 家委员企业，推动涉及土地、融资、用工等方面 70 多个问题得到重视解决。围绕推进高等教育高质量发展、产教融合发展、提升民企研发创新能力等课题，深入调查研究，开展民主监督，助推柳州建设人才强市、强化创新驱动支撑，助力描绘工业重镇新画卷。

（本文原载于《人民政协报》2023 年 8 月 2 日第 4 版）

◎ 贺州市政协

# 让协商民主之花在湘桂边界常开常盛

文 / 陈志永

入夏以来，广西壮族自治区贺州市富川瑶族自治县白沙镇可达山上，数百亩高低起伏、错落有致的梯田禾苗摇曳、绿波荡漾。很难想象，这个处于湘桂边界的“粮仓”，几年前还曾是纠纷不断的废弃矿山。

“我们和隔壁的湖南河路口镇依托‘政协委员联络站’，组织广西、湖南两边的村民心平气和协商沟通，最终妥善解决了历史遗留问题，为矿山土地整治项目顺利推进扫清了障碍。”白沙镇镇长何孔多感慨万千。

何孔多提及的“政协委员联络站”，就是贺州市、县（区）两级政协联动打造的跨区域协商平台。这些分布在桂粤湘边界乡间的“委员联络站”，已成为“让政协走进基层”“请群众走进政协”的精彩注脚。

贺州市地处桂东北，与湖南省永州市及广东省清远市、肇庆市有着长达560多公里的省际边界线，素有“三省通衢”之称。其中，富川瑶族自治县、平桂区、八步区的十几个乡镇、近百个行政村与粤湘大地接壤。自古以来，生活在这个区域的各族群众，以古老的潇贺古道为纽带，形成了山水相依、民情相近、文化相通、经济相融的多民族聚居格局。

新时代新形势下，如何以“政协之能”，发挥党委政府“好帮手”、人民群众“连心桥”的作用，围绕边界地区民生热点、难点、堵点问题开展协商交流，助推省际边界区域发展互促共进，是贺州市、县（区）两级政协孜孜探索的履职课题。

2022年初，贺州市政协领导多次带队走访永州市政协，围绕省际边界乡镇共建基层委员联络站进行对接沟通，就选址、经费、人员、机制及协商活动开展等方面达成共识，签订共建协议，由富川、江华、江永三县政协具体落实建设事宜。当年9月，湘桂边界上述三县政协以点带面，在8个毗邻乡镇建成“委员联络站”。

“让政协委员的作用在服务基层群众中实起来，政协组织的阵地建设在省际边界乡间活起来，协商民主的制度优势在基层治理中强起来，这是我们探索在桂粤湘边界乡镇共建委员联络站的初衷。”贺州市政协主席陈远明说。

富川瑶族自治县新华乡湖广村是一个“两省辖一村”“一屋有两籍”的平地瑶聚居村，现有湖南籍村民26户120人、广西籍村民48户236人。2022年春，新华乡“政协委员联络站”挂牌成立后，在富川、江华两县政协精心指导下，牵头开展湖广村民族团结同心走访交流系列活动，通过组织双方群众种植同心树、创办“石榴籽”调解室、打造同心发展特色产业基地、组建同心长鼓舞表演队，增进了民族同胞情谊。

八步区灵峰镇与肇庆市怀集县岗坪镇相邻，今年以来，经两镇“政协委员联络站”多次出面组织村民协商沟通，达成建设桂粤省际产业带的共识，目前整体规划设计已完成。同时两镇充分发挥信息共享优势，将灵峰“良种牛”、灵峰“黑山羊”，岗坪镇高山茶、红宝石芭乐等优质农产品整体打包、融合营销，有效拓宽了销路。

“在省际边界地区推进跨区域协作融合，是我们推进政协协商与基层协商有效衔接的重要抓手。下一步，我们将以增进民生福祉为工作落脚点，不断优化协商平台的功能定位、工作流程和成果体现。”谈及今后的工作目标，富川瑶族自治县政协主席唐先秋信心满满。

（本文原载于《人民政协报》2023年8月2日第4版）

◎ 来宾市政协

# 基层“微协商”解决百姓“烦心事”

文 / 韦海臣

“现在村里的大事小情都可以通过商量来议定，大家心里很踏实。”广西壮族自治区来宾市兴宾区七洞乡成凡村委下燕屯群众，经过村民议事协商机制，采取“村集体资金＋群众自筹”方式，自主修建下燕屯水利，解决了水流堵塞和漏水难题，村民丁高声对此表示赞许。

近年来，来宾市政协充分发挥人民政协专门协商机构作用，深入推进政协协商与基层协商有效衔接，在乡镇（街道）、工业园区建成 73 个委员联络站、工作站，实现乡镇（街道）委员联络建设站全覆盖，发挥政协特色优势和政协委员主体作用，及时收集和反映社情民意信息，让“人民”与“政协”紧密相连。

“谢谢‘和事佬’，帮我解决了一个大麻烦！”市区嘉城南岸小区居民左女士将印有“为民办实事 做群众贴心人”字样的锦旗，送到兴宾区河西街道缤纷社区“和事佬”政协委员工作室，感谢工作室帮她协商解决电动车自燃并引燃车辆造成的损失索赔难题。

为进一步拓宽委员履职平台，让广大政协委员围绕人民群众的烦心事开展协商，来宾市、县（市、区）政协组织成立了以委员个人、团体、界别命名的委员工作室，在全市推开“来宾好商量 · 民生议事厅”，全面拓宽基层协商平台，让政协委员聚焦群众烦心事，协商解决，为民服务，切实把政协制度优势转化为基层治理效能。

“为提升基层政协协商的规范化，我们对基层政协协商平台的组织形式、职责任务、工作保障、活动要求都作出明确规定。”来宾市政协委员联络工作办公室主任罗江萍介绍，市县政协都出台了文件对政协委员联系服务界别群众、反映社情民意信息、组织开展协商活动制定了规章制度。

来宾市政协还持续推动政协协商与基层协商有效衔接，深度融合——

柳州弘标车队司机师傅们，被某公司拖欠了工资款，“和事佬”政协委员工作室组织车队代表与该公司进行协商，达成共识后，“和事佬”政协委员工作室形成《协商意见书》交由市县政协及相关部门承办，工作室继续跟踪，直至司机师傅拿到工资款；

金秀瑶族自治县六巷乡委员联络站将法律法规和瑶族传统的“石牌律”有机结合，多元协商，化解 20 余起矛盾纠纷；

象州县象州镇委员联络站通过民生议事厅进行“微协商”，解决了该镇花山小学校园大门前存在安全隐患问题；

忻城县兰培文政协委员工作室，通过协商解决了老街学生冬季上学道路照明问题……

2022 年以来，来宾市各级政协委员通过委员工作室（站）、来宾好商量·民生议事厅等平台，围绕居民群众反映的物业管理、农技培训、生态保护、兴修水利、农民工工资拖欠、公交线路增加等问题开展协商、服务 240 余次，助推解决人民群众急难愁盼问题 650 余件。

（本文原载于《人民政协报》2023 年 8 月 2 日第 4 版）

◎ 崇左市政协

# 为建设现代化南疆国门城市凝聚智慧和力量

文 / 王岳琛　韦佳金

“打开门就是越南，走两步就进东盟。”广西壮族自治区崇左市是中国面向东盟开放合作的前沿城市，是通往越南乃至东盟最大的陆路口岸和最便捷的国际贸易通道，亦是西部陆海新通道的关键节点。7 月 5 日，一批重 2.18 吨的越南鳙鱼从凭祥弄尧互市点进境，标志着凭祥市食用水生动物进口实现零的突破。

“目前在广西，能够从东盟国家进出口水产品的口岸只有两个。弄尧互市点就是其中之一，弥足珍贵。这意味着今后弄尧互市点进出口贸易将是一片‘海洋’。”深耕弄尧互市点从事进出口贸易的崇左市政协委员、广西众祥投资有限公司总经理林甲克兴奋之情溢于言表。

为推进边境互市点的贸易，凭祥市友谊镇委员联络站的 12 名委员积极通过提案、反映社情民意信息等途径，向上级有关部门反映恢复边民互市点的贸易，终于拿到水产品进出口“产品清单”。弄尧互市点将创造出更多收入高、效益好、稳定可靠的就业岗位，更好带动边民通过边贸充分就业，实现“富起来”和“留下来”，从而更好地实现兴边富民。

崇左市政协紧扣市委、市政府中心工作，立足“边”的优势，做好“边”的文章，积极履行参政议政职能，凝聚各方力量，在担当作为中树立形象，在守正创新中提升效能，为实现南疆国门城市高质量发展、奋力打造国内国际双循环市场经营便利的崇左样板凝聚智慧和力量。

崇左市政协先后组织开展了“用好自贸试验区、西部陆海新通道平台，不断深化开放合作”“充分发挥市场采购贸易方式优势，助力推进崇左边境贸易创新发展”“大力发展边民互市贸易进出口商品落地加工，助推工业振兴”“深化产业协同合作，提升崇左自贸试验区供应链体系”等重点提案的调研、督办，并助力出台支持开展优化边贸进出口手续政策和办法，使得越来越多的企业联动产业的上下游，推动海外市场全产业链发展。

2022年开始，甘肃亚盛薯业集团加入“出口大军”，从凭祥往越南出口土豆，同时该公司生产的土豆粉也搭上班列远销东盟。落地凭祥的华玉安融汽车科技服务有限公司出口不再是简单地从产品输出到技术输出，而是升级到整个汽车产业链上下游的全面出口，其中有行业品牌、技术标准的输出。

“公司布局整车组装与销售，零部件生产、组装与销售，维修服务连锁体系搭建及运营以及供应链金融与保险整合全产业链，并开始在国外试点。”华玉安融汽车科技服务有限公司董事长魏同伟介绍。

崇左市政协围绕中心、服务大局，确保政协履行职能与全市工作大局同心同向、同频共振。聚焦推动实体经济高质量发展和乡村振兴，重点开展“加大对外开放合作力度，推进跨境产业合作”“培育壮大铜锰稀土产业，打造千亿级产业”议政性常委会会议协商，开展农业社会化服务体系建设、以工促农联农带农推进乡村振兴、八角低产改造等调研和协商，召开“花山在协商”——解决工业企业问题协商会、解决服务企业问题协商会等一系列调研协商活动，打造“贝侬好商量”“壶城民生议事室”“何芒工作室”“边寨协商室”等一批特色鲜明的基层履职平台，在推动政协协商与基层协商有效衔接上取得了新成效。

（本文原载于《人民政协报》2023年8月2日第4版）

# | 海南省政协 |

# 琼州起新潮　奋楫逐浪高

文 / 陈启杰　卢　宁

南海潮涌，奋楫扬帆。“让海南成为新时代中国改革开放的示范。”2022年4月10日至13日，习近平总书记亲临海南考察，深情寄语海南。八届海南省政协时刻牢记习近平总书记对海南的谆谆嘱托，深入贯彻落实中共二十大和中央政协工作会议精神，锚定省委“一本三基四梁八柱”战略框架，胸怀“国之大者”，着眼“省之要事”，紧盯“民之关切”，开拓创新、奋发进取，为中国特色自由贸易港建设广泛凝聚人心、汇聚力量，切实将政协专门协商机构的制度优势转化为服务中国式现代化海南篇章的新实践新作为。

## 深学细悟笃行　以创新理论武装筑牢思想根基

思想是行动的先导。“只有深入学习领会习近平新时代中国特色社会主义思想，不断提高履职尽责的能力水平，才能更好推动本届政协各项工作开好局、起好步。”4月14日，在省政协委员履职能力专题培训班开班式上，省政协党组书记、主席李荣灿强调。

新一届省政协把学习贯彻中共二十大精神，与学习贯彻习近平新时代中国特色社会主义思想主题教育紧密结合，与学习贯彻习近平总书记关于加强和改进人民政协工作的重要思想紧密结合，每次召开党组会、主席会和常委会会议，都把及时跟进学习习近平总书记重要讲话和重要指示批示精神列为“第一议题”，每次常委会会议都举办专题学习讲座，确保政协委员和机关干部学先一步、学深一层，夯实坚定拥护“两个确立”、坚决做到“两个维护”的思想根基。

以开展主题教育为契机，省政协制定年度学习计划，加强书香政协建设，着力构建“周周支部学，月月飘书香，季季大研讨，年年有培训”的学习机制。省政协党组发挥“关键少数”作用，带头开展主题教育读书班集中学习，带头系统读原著、学原文、悟原理，机关党组、各专门委员会分党组、机关各党支部分别开展特色鲜明、形式多样的主题教育理论学习，做到筑牢信仰之基、补足精神之钙、把稳思想之舵。举办主题教育培训班，组织390名全体省政协委员和120名机关干部全面学、专题学、重点学，不断构建以学铸魂、以学增智、以学正风、以学促干的大学习格局。

只有学以致用，才是真的学到位了。省政协把学习与履职相结合，切实把理论武装成果体现在政协履职实践上。省政协主席会议成员围绕海南咖啡产业发展、新能源产业发展、解决市县政协“两个薄弱”问题等11个议题，开展主题教育调研。分别召开全省市县政协主席座谈会和全省政协党建工作座谈会，谈工作、话创新，听意见、明举措，着力推动党建与履职双促进、双提升，增强全省政协工作整体效能。召开“全面发展协商民主，践行全过程人民民主”理论研讨会，对政协如何在全过程人民民主中找准定位、发挥作用深入探讨，碰撞出思想火花，真正做到学思用贯通、知信行统一。

## 大兴调查研究　以精准协商建言服务中心大局

没有调查，就没有发言权。省政协坚持“不调研、不议政”，深入贯彻中共中央关于大兴调查研究的工作要求，紧盯党中央决策部署和海南自由贸易港建设重大问题，开展调查研究、协商议政，努力建睿智之言、献管用之策。

三亚崖州湾科技城是海南发展现代服务业、高新技术产业、热带特色高效农业的重要载体之一，推动三亚崖州湾科技城高质量发展是“省之要事”。为深入贯彻落实习近平总书记视察崖州湾科技城重要指示精神，4月以来，李荣灿围绕“关于推进崖州湾科技城建设发展的建议”课题，深入实地调研，召开重点提案督办协商座谈会，组织省直有关部门和属地市进行协商交流，提出保持政策支持力度不减、创建国家高新区、谋划大科学装置建设等7条极具针对性的意见建议，为助推打造海南自贸港科创高地贡献政协方案。

系统推进“六水共治”，是海南“十四五”期间生态环境保护的重中之重。省政协专题议政紧盯重大战略实施，将创新“六水共治”工程投融资机制，作为八届省政协第一次专题议政性常委会会议选题，力争打响“当头炮”。会前，省政协调研组赴全省各市县开展实地调研、书面调研、网上调研，广泛了解情况。会议期间，政协委员、专家学者踊跃发言，提出真知灼见。

“各位委员、专家提出的意见建议是‘及时雨’，对我们做好下一步相关工作很有帮助。”省政府相关负责人和省水务厅、省发改委、省生态环境厅等单位负责人到会听取发言，并与委员、专家协商互动，为推动海南水环境质量提升汇智聚力。会议形成的建议案被省委、省政府充分采纳吸收。

围绕打造海南西部沿海贝类养殖基地议题，省政协今年首次探索召开专家协商会，邀请包括中国工程院院士在内的著名专家学者建言献策，助推海洋经济高质量发展，省委、省政府主要领导对协商成果均作了批示。为筹备好会议，调研组赴昌江等省内市县调研获取一手数据，前往广东、福建等沿海省份学习借鉴好的经验做法，还专门咨询了众多国内一流专家。成果的取得，正是源于反复深入专业的调研。

截至目前，今年省政协制定的26项年度协商计划全部启动开展调研，23项年度重点工作事项正抓紧推进，全体省政协委员被广泛发动起来，全方位、全链条、全覆盖地参与到省政协各项调研和协商活动中去。

## 把握协商要义　以政协民主监督助推贯彻落实

习近平总书记强调，要完善人民政协民主监督制度机制。省政协把握协商式监督定位，将民主监督着眼点放在党中央重大决策部署的贯彻落实上，以监督聚共识、助落实、促发展。

海南热带雨林国家公园是海南推进国家生态文明试验区建设的标志性工程。3月至6月，围绕海南热带雨林国家公园保护和利用，省政协先后组织委员开展3次调研，委员们对调研之深、建言之实印象深刻，“我们与国家公园一线管护人员、生态搬迁村民、属地政府领导、专家学者真诚交流，深刻感受到了省政协勠力同心的具体行动。”

6月底，省政协召开加强海南热带雨林国家公园保护与利用专题议政性常委会会议，张玉萍、关亚丽、张建民等8名委员和来自国务院发展研究中心等单位的专家作了发言。“各位委员、专家提出的意见建议对做好下一步相关工作很有帮助。”海南省相关单位负责人到会听取意见建议，并与委员交流探讨。省委、省政府主要领导对协商成果高度重视，明确要求相关部门尽快采取针对性举措，齐心协力打造国家公园建设“海南样板”。

全岛封关运作是海南自贸港建设“一号工程”，政协如何在此过程中有所作为？7月中上旬，为积极响应省委“封关运作压力测试攻坚克难”专项行动，省政协组织成立由36名委员组成的3个监督性视察组，分赴8个市县，聚焦“一线口岸”升级改造、“二线口岸”查验设施设备建设等情况开展监督性视察，察实情出实招，以实际行动助力海南自贸港顺利封关运作。

助力增进民生福祉，对标省委、省政府确定的10项为民办实事事项，围绕15分钟医疗救治急救圈、老年人认知康复数字疗法试点、海口主城区中小学校午餐午休服务全覆盖及心理健康教育等开展“为民办实事”暨民主监督活动，促成海南医学院与龙峰实验小学建立长期心理健康共建点。

省政协这种嵌入式、协商式民主监督，把协商民主贯穿监督全过程，助力全省生态环保、全岛封关运作及压力测试、民生改善等重点工作，在监督中凝聚共识、凝聚智慧、凝聚力量。

## 拓展工作格局　以广泛凝聚共识汇聚奋斗合力

践行团结奋斗的时代要求，是新时代人民政协的职责使命。省政协把加强思想政治引领、广泛凝聚共识作为履职中心环节，努力寻求最大公约数、画出最大同心圆，最大限度为海南全面深化改革开放减阻力、聚合力、添助力。

中共二十大报告指出，要完善委员联系界别群众制度机制。如何让委员更好联系界别群众？带着思考，省政协调研组赴省内 7 个市县深入调研。在此基础上，制定出台了省政协《关于进一步加强委员联系界别群众工作的实施意见（试行）》，在健全制度机制、加快委员联系界别群众工作站建设等方面全面部署，目的就在于推动委员进站履职全覆盖，更好联系界别群众，发挥思想政治引领、凝聚社会共识、汇集群众智慧、反映群众诉求、开展民主监督 5 方面作用。下一步，省政协将上下联动，推动工作持续走深走实，共同打造“共建自贸港 有事好商量”品牌。

“琼港经济合作已经进入蓬勃发展阶段。”省政协港澳台侨外事委员会唐捷、李妮、叶家麟等委员感慨万分。根据省委部署，省政协充分发挥琼港经济合作发展推进工作组和 10 个工作专班作用，推动成立琼港经济合作发展咨询委员会、海南国际经发局香港办事处，组织香港委员与省委深改办座谈交流，推动起草《海南自由贸易港向香港开放专业服务市场十条措施》，为琼港合作发展不断注入新动力。

世界 60 多个国家和地区遍布 390 多万海南籍乡亲，省政协发挥联系面广、交往渠道宽等优势，成立海南公共外交协会，通过举办国际论坛、发展新型公共外交智库等方式，助力拓展海南“国际朋友圈”。目前正在积极筹备举办“全国政协港澳台侨界别委员走进海南自由贸易港”系列活动，当好海南自贸港“宣传员”“招商员”。

今年新春伊始，李荣灿率队走访各民主党派省委会、省工商联，了解参政议政等工作情况，协商重点议题，主动邀请党派团体参加政协专题议政性常委会会议等重要会议和调研活动。

提案工作是实现建言资政和凝聚共识双向发力的重要途径。省政协八届一次会议以来立案 513 件，确定省政协领导班子成员督办重点提案 22 件，数量创省政协历史新高；会同省人大、省政府联合召开省人大代表建议和省政协委员提案交办会，协同促进提案办理工作水平整体提升。

6 月 16 日，连接海口市南海大道和椰海大道之间的海口保税区园区中间南北向大道贯通，市民出行更方便。这是《关于进一步优化提升海口道路交通建设水平的建议》的社情民意得到省委、省政府主要领导高度重视，有关部门认真吸收采纳的成果。上半年，省政协委员和各参加单位报送社情民意信息 258 条，得到省领导批示 40 余次，促进了一批民生问题得到有效解决。

潮起海之南，扬帆自贸港。在新长征的赶考之路上，八届海南省政协将把学习贯彻习近平新时代中国特色社会主义思想主题教育成效转化为助力自贸港建设的强大动力，以政协高质量履职助力海南高质量发展，奋力书写建设中国特色自由贸易港的政协答卷。

（本文原载于《人民政协报》2023 年 8 月 7 日第 1 版）

## ◎ 海口市政协

# 为优化营商环境聚智汇力

文／陈启杰　赵斌营

打造一流营商环境，是海南自贸港建设的核心任务之一，也是政协履职的“必修课”。海口市政协持续聚焦群众和市场主体关注的堵点难点问题，为优化营商环境聚智汇力。

“要对中小企业一视同仁，和央企、国企一样享受政府便利化服务，给予中小企业适当政策倾斜……”围绕中小企业发展难等问题，今年 2 月，在市政协十五届二次会议联组会上，委员们围绕优化海口市营商环境畅所欲言。出席会议的市委书记罗增斌边听边记，不时与大家深入交流，要求有关部门认真研究梳理、充分采纳吸收。

“海南、海口在简政放权、优化服务等方面做了大量工作，但是招商引资的前端服务还有所欠缺……”7 月 4 日，在刚刚结束的委员履职能力提升培训班上，张岚岚委员向省营商环境建设厅的领导表达自己的看法。

委员们的意见建议，给政府“破题”提供了政协方案。海口市政府在打造一流营商环境，持续深化“放管服”改革上精准发力。如在办事大厅设置“兜底服务窗口”，为企业提供“一对一、个性化、精准化”优质审批服务。以“全链条优化审批、全过程公正监管、全周期提升服务”为抓手，为企业行稳致远护航。

营造一流的营商环境是最好的“梧桐树”、最大的“吸铁石”。良好的营商环境是项目建设的重要保障。市政协把民主监督的目光聚焦在项目是否有效推进、自贸港政策能否落地见效等方面。

去年下半年，市政协组织委员对重点园区承接海南自贸港政策落地情况和“4·13”以来集中签约开工项目推进情况进行民主监督。

“企业进驻了没有？”“项目推进了没有？”监督活动中，委员们带着问题，详细了解企业签约海口后遇到的项目落地、生产经营等情况。

“2018年以来，集中签约的项目还有96个未落地，已开工的项目中4个推进缓慢，3个接近停工状态……为什么会出现这些情况？我们经过认真分析，认为从以下方面改进……”报告不仅列举翔实的数据，还有问题的根源分析和意见建议。这份民主监督报告得到了市委主要领导批示，要求相关部门高度重视，不断推进项目落地走深走实。

吸纳委员建议，海口市围绕空间规划、土地出让、不动产登记等方面的工作出台助推经济发展16项措施，保障重点项目“真落地快落地”。今年上半年，海南市场经营主体同比增长51.48%，增速连续40个月保持全国第一，其中海口新增经营主体占全省84.22%。

“要加强与政府职能部门的‘点对点’联系，推动政协履职成果落实到职能部门的具体工作中”，今年5月，在“协商效能提升年”活动部署会上，市政协主席郭燕红强调。

营商环境没有最好，只有更好。市政协助力营商环境优化的步伐还在继续。当前，海口市政协正在完善协商成果采纳、落实和反馈机制，对协商意见办理落实情况持续跟踪。联合海口市广播电视台开设《政协监督问效》专题栏目，将助力营商环境优化的民主监督成果向社会公布，接受广大群众的再监督，助力营商环境再优化。

（本文原载于《人民政协报》2023年8月7日第4版）

◎ 三亚市政协

# 委员很亲　政协很近

文 / 杜静丽　杨　进

党的二十大报告指出，要完善委员联系界别群众制度机制。三亚市政协把委员联系界别群众工作摆在突出位置，建机制、搭平台、促履职。

琼港经济合作三亚示范区联系点，特邀港澳委员以商招商助推示范区引进高质量港企港商；隆平生物试验基地，农业界别委员挥汗田间地头，服务南繁事业“国之大者”；三亚妇幼保健院联系点，医药卫生界委员护佑母婴健康……

在自贸港重点园区、美丽乡村、5A 级景区、琼港产业园……三亚市已经设立委员联系界别群众工作点 42 个，涵盖科技、经贸、教育、少数民族等 20 多个界别，覆盖 30 多个区域、行业，下沉服务政协委员 320 人。2022 年以来，全市政协委员依托委员联系界别群众工作点，累计帮助界别群众解决问题 230 余个，做到界别群众有所呼，委员有所应。

“虽然长势好，但要注意保湿。”三亚市崖州区三更村三角梅种植基地，崖州区政协委员、“博士村长”陈青和三更村村干部、村民来到种植基地，观察三角梅长势，讨论三角梅种植技巧，为村民提供技术指导。

自委员联系界别群众工作开展以来，三更村农业界别联系点的陈青委员常奔走在乡间地头，帮助农户找致富门路，破解生产难题，为村民增收带来新“钱”景。

中央商务区经贸界别联系点，市政协委员聚焦企业反映集中的建设项目监管环节多、频次高问题，建议将建设项目检查事项集成到二维码中，开展“‘一建一码’数字化改革”，推动监管实现从到企业现场查核资料向扫项目二维码直接获取监管数据转变，这种“无事不扰企，有事扫码知”监管模式获得企业纷纷点赞。

海棠蜈支洲岛工会界别联系点的市政协委员在走访中发现，毗邻国家5A级景区蜈支洲岛的后海村，随着冲浪、民宿、酒吧等业态发展，客流量暴增，无序经营和卫生环境脏乱差问题也逐步显现，为推动景区与村庄良性互动，打造更美旅游圈，驻点市政协委员深入该村开展调研，广泛听取居民、游客意见，在认真梳理管理症结堵点后，主动与居委会沟通，提出建立平台公司，采用行业“自治”模式出台规范经营公约进一步强化市场管理的建议，助推该村市场经营业态进一步规范和提升。

以群众路线为切入点，民呼我为。三亚市政协锚定委员联系界别群众工作根本方向。在省政协的指导下，先后出台《政协三亚市委员会关于完善委员联系界别群众制度机制更好助推三亚在海南自由贸易港建设中打造新标杆的实施意见》等制度机制，推动委员“沉下去”、履职“活起来”，用实际行动答好联系群众、团结各界、凝聚共识时代课题。

一个个委员联系界别群众工作点，架起了一座座委员与群众心连心、零距离的“连心桥”，成为三亚市800余名委员走到界别群众身边、走进界别群众心里，为国履职、为民尽责的大平台，汇聚起助力谱写中国式现代化的三亚篇章的政协力量。

（本文原载于《人民政协报》2023年8月7日第4版）

◎ 儋州市政协

# 以高质量提案助力打造海南高质量发展“第三极”

文／吴开伟

“党委、政府中心工作推进到哪里，政协提案工作就跟进到哪里，推动党的二十大决策部署在提案工作中贯彻落到实处，为打造海南高质量发展‘第三极’扛起政协担当，作出政协贡献。”儋州市政协认真贯彻落实习近平总书记关于提案工作的重要指示精神，紧紧围绕新时代提案工作新使命新要求，锚定建设海南自贸港和儋洋一体化发展的目标，充分发挥政协提案服务中心大局的重要作用，引导委员多建有用之言、多献务实之策。

据市政协提案委负责同志介绍，市委、市政府始终把提案工作作为支持政协履职、密切联系群众、接受社会监督、科学民主决策的重要途径，市委有指导意见，市政府有分管领导，各部门有专人负责，把提案办理纳入各单位年度绩效考核内容。今年，省政协交办 4 个关于儋洋一体化的提案，市委书记邹广出席会议部署落实；市政协十一届二次会议提案交办会，市政协主席蒋明清和市政府常务副市长李爱华出席会议压实各部门责任。2018—2022 年，市政府每年给市政协安排 1500 万元，2023 年安排 1600 万元专项资金，办理涉及民生和公共事业的提案。目前，共投入 9100 万元落实 37 件提案，建成了大洲桥、杏园桥、西边防洪楼等重要基础设施，解决了一批道路硬化亮化和排污、灌溉、漫水桥改造等群众急难愁盼问题。

率先在全省开展提案质量和办理质量“双向评议”工作。每年从 2—3 个部门承办提案中选出 3—4 件提案，委员和承办单位互为主体，互相评议。组建由民主党派代表为组长，提案委委员和市委、市政府督查部门负责人为成员的“双向评议”组，评议组和“提”“办”双方实地调研、集中视察，对提案质量与办理质量公开评议，有力促进了提案质量和办理质量“双提升”。

将提案工作纳入委员培训课程，每年给委员订阅相关报纸杂志，建立市政府向委员通报重要工作情况机制，组织委员深入基层了解社情民意，帮助委员知情明政。每年市“两会”召开前，向全体委员和政协参加单位列出提案选题参考方向，引导委员选准题、建好言、献对策。实行提案组初审、提案审查委员会复审的提案“双审”制度，要求情况明、分析透、建议实，无实质内容的不立、质量不高的不立、建议不具体的不立，对相似提案进行并案处理，一案多事地分类处理。

为做到事事有着落、件件有回音，使提案真正成为回应民声、落实民盼的有效载体。每年挑选一批事关大局、重点突出、针对性强的提案，作为主席会议成员领衔督办、市政府分管副市长协同办理、市委市政府督查部门和提案人协商督办的重点提案。对已办结提案进行抽查问效，对需跨年度办理的提案持续跟踪到问题解决为止，对疑难提案、反复提交的提案，会同市政府办联合督办，有效化解“常提常办、常办常提”矛盾。每年第四季度，市政府在市政协常委会会议上通报提案办理情况。每年对优秀提案、先进承办单位、先进承办工作者进行表彰，极大激发了提办双方积极性，形成了广泛参与、合力推进、成效明显的提案工作良好局面。

（本文原载于《人民政协报》2023 年 8 月 7 日第 4 版）

## ◎ 澄迈县政协

# 交出提案办理优异“成绩单”

文 / 张晓雯

提案工作是人民政协一项全局性、综合性、基础性、经常性工作，是人民政协履职尽责的重要方式。新一届澄迈县政协立足新时代人民政协性质定位和职责使命，牢牢把握新时代提案工作的政治属性，聚焦全县工作大局和民生福祉，一手抓提案质量，一手抓办理质量，多举措推动提案工作创新发展，政协提案为服务决策、推动工作发挥了重要的作用。

“政协提案要想得到有效办理，发挥应有作用，提案本身质量要高，问题要找得准，建议要提得实。”澄迈县政协副主席陈颖镇说。县政协始终坚持把提高提案质量作为提案工作的重中之重，新一届委员名单确定后，就邀请省政协提案委负责人和专家给委员授课，专门讲授如何撰写和提交提案。每年县“两会”前夕，县提案委向县各单位征集提案线索，整理形成150个提案参考题目，供委员撰写提案参考。邀请县政府分管领导参加政协常委会会议，通报该县经济和社会发展情况，组织委员参加视察、调研、情况通报会等，帮助委员明政情、知民情。县提案委还建立了“初审、复审、会审”的“三审”审查立案机制，力求每件提案“立意高、选题准、情况明、分析透、建议实”，从源头上把好提案质量关。

“提案提得好是前提，办得好才是关键。”县提案委负责人介绍，县政协努力在“办”字上下功夫，每年县“两会”结束后，县政府办联合县政协办召开提案交办会，就提案办理工作提出明确要求，建立起主席办公会议成员重点督办、县政协提案委日常督办与县政府办督查室联合督办三位一体的督办模式。县政协提案委定期组织提案委员，到承办单位开展“面对面”“零距离”协商办理，定期“回头看”，梳理出拟办提案，进行跟踪督办。

紧抓办前协商、办中协商、办后协商“三个环节”，把协商民主贯穿于提案办理工作的全过程。每年召开提案交办会后，主动与承办单位联系，邀请撰写提案的委员一起实地调研，弄清情况，协商解决问题办法，为提高办理提案质量创造条件。加强与县政府督察室的联系，跟踪督办，并保持与提案人沟通，实时掌握提案办理过程和进度。专门召集县教育、农业农村、综合执法等提案承办大户开展提案集中对口协商，增强提案办理工作的实效。对委员的反馈意见，及时与承办单位协商沟通，对答复不规范的，要求承办单位再次办理。召开协商座谈会，邀请提案人和涉及的群众代表参加，面对面协商讨论办理，提高提案办理的满意率。

从 2023 年开始，县财政每年安排专项经费 1000 万元，用于保障提案办理。澄迈县还专门出台了《政协澄迈县委员会关于优秀撰稿人奖励办法》，每年年底，县政协提案委联合县委办督查室和县政府督查室，根据督办及提案办理情况，组织开展评选活动，对评选出来的提案先进单位、优秀提案、承办提案先进单位，在县“两会”期间进行表彰。

（本文原载于《人民政协报》2023 年 8 月 7 日第 4 版）

◎ 定安县政协

# 打造“一流政协”队伍　开创“一流政协”业绩

文 / 吴景影

2022年以来，定安县政协坚持把委员、机关干部“两支队伍”建设摆在突出位置，着力打造一支“懂政协、会协商、善议政，守纪律、讲规矩、重品行”的委员和干部队伍，委员履职活力进一步迸发，机关干部精气神进一步提升，有效助力了定安高质量发展。

强化政治引领，铸牢党的领导之魂。深化思想引领，充分利用政协党组会、常委会等方式，组织委员和机关干部加强对党的二十大精神、习近平总书记关于加强和改进人民政协工作的重要思想等学习，委员干部的政治认同、理论认同和情感认同得到明显提升。坚持党的领导，坚持把政治建设摆在首位，确保政协工作牢牢在党的领导下开展推进。

强化责任担当，激发委员队伍活力。优化队伍构成，主动和组织、统战部门沟通协商，从学历年龄、政治素养、履职能力、责任担当等方面把好新任委员入口关。提高履职能力，举办3场委员专题培训班、25场学习交流会，推出政协史话、他山之石、书香政协栏目，经常性组织开展专题研讨、座谈交流、实地参观等活动，增长委员知识，提高履职能力。完善服务管理，制定出台《委员履职绩效考核办法》《委员联系服务界别群众办法》《委员下沉工作机制》《委员联系界别群众机制》等文件，细化规范委员职责，推动委员高效履职。激发委员担当，开展常态化走访看望委员，深入委员企业联系服务，发动委员捐资助学，扩大了委员社会影响力，激发了委员责任感自豪感荣誉感。

强化规范创新，深化一流机关建设。着力深化学习提高，加强政治理论和业务学习，开展工作流程化研究、干部上讲台、解读重要文件等，参加全县“能力提升建设年”活动擂台大比武，从80多个单位中脱颖而出，成绩名列前茅。着力深化开拓创新，创新服务载体，成立委员联络服务中心、委员之家、委员工作站，促进委员沟通交流；启用委员履职管理平台，开创“线上履职”新时代；开通委员直通车，助推民生问题解决；创新联动机制，促进工作上下联动开展；创新课题调研，高质量完成12个课题调研；创新提案办理，突出督查督办，实现办理质量和成果转化双提升。着力深化规范建设，修订政协全体会议、常委会会议等制度，规范会议内容、会议程序和会议要求；完善《提案工作条例》《基层协商议事操作指南》等，以制度化促进业务规范化标准化；健全《党组定期谈心谈话制度》《班子成员学习制度》等，推进机关管理更加规范化制度化程序化。着力深化团结奋进，组织干部到母瑞山革命纪念园、张云逸纪念馆、张岳崧故居等开展“党日”活动，举办退休干部荣退仪式，召开老干部座谈会，干部的责任感荣誉感归属感幸福感得到极大提升。

（本文原载于《人民政协报》2023年8月7日第4版）

# 政协奋进新征程

## 各地政协贯彻落实党的二十大精神典型经验报道集

下册

人民政协报社◎编著

中国文史出版社

# | 重庆市政协 |

# 以改革创新激发履职新动能 为新重庆建设贡献更大政协力量

文 / 凌 云

今年是全面贯彻落实党的二十大精神的开局之年，也是新时代新征程全面建设社会主义现代化新重庆的起步之年。站在新的历史起点，新一届重庆市政协如何奋发作为，努力交出让党和人民满意的新答卷？

在市政协六届一次会议开幕会上，市委书记袁家军提出明确要求："为新时代新征程全面建设社会主义现代化新重庆开好局起好步贡献更大的政协力量。"

"以共同目标寻求最大公约数，以团结民主画出最大同心圆，以双向发力引领更多同行者，以改革创新激发奋进新动能。"市政协主席、党组书记唐方裕言语铿锵、态度鲜明，与800余名市政协委员共勉。

如今，在市委坚强领导下，坚持以习近平新时代中国特色社会主义思想为指导，深入学习贯彻党的二十大精神，认真学习贯彻习近平总书记关于加强和改进人民政协工作的重要思想和中央政协工作会议精神，切实发挥好政协专门协商机构作用，市政协正以崭新精神面貌、饱满履职热情、务实工作作风，步履坚定行进在新征程上。

## 着力以学铸魂，强化创新理论武装

"要牢牢把握主题教育总要求，着力以学铸魂，坚定理想信念，推动主题教育走深走实。"6月13日，唐方裕在市政协机关讲主题教育专题党课。

他强调，坚定理想信念，首先要打好理论根基，要不断增进对党的创新理论的政治认同、思想认同、理论认同、情感认同，自觉用科学理论指导主观世界和客观世界的改造。

以政协党组理论学习中心组学习会为引领，主席会议、常委会会议和专委会会议专题学，委员集中学习培训，机关党支部常态学等相配套，学习制度体系更加完善，政协委员和机关干部的学习成效不断转化为推进工作的动力和提高履职能力的举措。

在学习中明方向，在交流中促工作。换届以来，市政协党组、机关党组班子成员带头开展研究式学习，既谈学习收获与体会，又结合调研提出解决问题的对策建议，还围绕市委提出的“聚焦学习贯彻中共二十大精神，扎实推进政协组织政协工作迈向现代化”开展专题讨论，在学习交流中不断深化对习近平新时代中国特色社会主义思想科学体系、精髓要义、实践要求的认识，形成推动工作的新思路、新举措、新办法。

以老带新、以学促干，激发委员履职责任担当。举办新任市政协委员培训班，300 余名新任委员齐聚一堂，学习习近平总书记关于加强和改进人民政协工作的重要思想，围绕提高履职能力开展交流研讨。5 位优秀继任委员从怎样当好政协委员、写好政协提案、反映好社情民意等方面，交流分享履职经验。“培训让人受益匪浅。我们将加强学习，认真履职，以饱满热情投入政协事业，争做能为、善为、有为的合格委员。”委员们纷纷表示收获颇丰。

丰富学习交流平台，机关干部干事创业热情高涨。创办《政协工作信息》《机关交流》，开展“学深悟透新思想 同心共建新重庆”征文竞赛，举办“学习新思想 奋进新征程 展现新形象”主题演讲，组建青年理论学习小组，进一步推动机关干部学起来、写起来、讲起来，更好展示政协工作的新成果和机关干部的新风貌，掀起学思践悟新高潮。

理论学习如何与业务学习深度互嵌、相互促进？市政协把开展“地方政协工作理论与实践”研讨作为重要抓手，选准选优研讨题目，围绕政协理论、履职实践、专委会工作、委员队伍建设、政协党的建设、机关建设、区县政协工作等形成 77 个选题，组织机关干部和区县政协深入研究，把出题和研究过程作为深学理论、深化认识的过程，以理论研究推动学习、改进作风、锻炼干部，力求形成一批高质量研究成果，有力促进政协履职实践。

## 致力提质增效，优化重点协商流程

“谈的都是真问题，提的都是金点子！”5 月 16 日，市政协常委会会议“加快打造国家重要先进制造业中心 助推成渝地区双城经济圈建设”专题协商现场，市委副书记、市长胡衡华在听取委员意见建议后，给予高度评价。

20 个调研子课题、56 次调研、75 条意见建议，成果在重庆市推动制造业高质量发展大会上充分体现……这次协商做足调研准备，凸显“专”“精”“深”特色，成效可圈可点，全方位展现了专门协商机构的“真功夫”和“协商于决策之前”的好效果，收获了广泛好评。

这是新一届重庆市政协首次常委会会议协商，也是市政协创新优化重点协商流程，切实提高协商议政质效的又一次生动实践。

好效果源于严谨细致的“实战”准备。此前，为搞好首场主席会议协商，唐方裕来到“完善科技型企业培育体系”调研座谈会上，与有关部门单位、委员一起研讨，指导牵头负责的教科卫体委选准调研方向、制订好协商方案，力争在第一场协商就“端出一盘‘好菜’”。总结这次协商的好经验，“集体审议重点协商方案”首次被列入市政协党组（主席）会议议程。市政协党组强调，要通过瞄准问题“靶心”、提升调研质量、强化履职效果，着力改进协商工作。

“要取得一批各方反映好、有政协辨识度的成果”，这是新一届市政协的决心。换届以来，市政协优化重点协商方案生成机制，提升协商题目聚焦度，侧重选准党政所需、群众所盼、政协所能的小切口议题，坚持“重点支撑要素全覆盖、重要缺项短板痛点不遗漏”的原则，精心设计调研子课题；在深入调研和提高发言质量上下功夫，把精选发言角度和发言委员作为重中之重，探索采取适度竞争方式遴选发言委员，结合专业背景和实际能力、针对重点协商议题所需，精准匹配最适合参与调研和发言的委员，协商会议结束即报送协商报告，真正做到“会完事清”，实现了协商议政各环节工作全面提升、全面加强，各方反映“议题选得准、调研思考深、发言质量高、时间花得值、实际成效好”。

市政协各专委会积极探索灵活协商方式，丰富议政平台，着力打造“一委一品”。6月14日，由市政协经济委联合市经济信息委、市金融监管局举办的以“产金协力新重庆 智慧赋能经济圈”为主题的“智汇经济圈”协商履职活动在江北嘴金融城拉开帷幕。来自制造业、金融业的部分市政协委员和经济界企业界代表面对面协商交流，共促银企对接、产融协作。为助力成渝地区双城经济圈建设而创设的“智汇经济圈”委员履职平台，着力于精心打造议题清单、发挥委员专业特长、汇聚专业机构搭台，提高了政协协商的活跃度、辨识度，产生了良好成效，已成为有重庆政协辨识度的协商品牌。

为充分发挥政协在助力现代化新重庆建设中的独特优势作用，专门创办《送阅》刊物，收集整理政协组织、参加单位和广大政协委员围绕中心大局，开展协商、调研等履职工作提出的意见建议，报送市委、市政府领导参阅，已报送9期，多篇得到市委、市政府领导批示。

## 协力共商发展，助推“双城”乘势跃升

巴蜀一家亲，同唱“双城记”。推动成渝地区双城经济圈建设是党中央、国务院作出的重大战略部署，是市委“一号工程”和全市工作总抓手总牵引。市政协加强与四川省政协互动合作，为推动双城经济圈建设乘势跃升加油助力。

“川渝政协助推双城经济圈建设，能为党委、政府提点儿什么建议？”“川渝政协助推双城经济圈建设，能一起再做点儿什么？”4月20日，市政协召开助力成渝地区双城经济圈建设工作会，围绕这两个主题，与会者畅所欲言，共商良策，《关于深入推动成渝地区双城经济圈建设的若干建议》在讨论中成形。

经过集思广益、精心筹备，5月5日，2023年川渝省市政协协力助推

成渝地区双城经济圈建设联席会议举行。建议进一步加强宣传引导，凝聚双城经济圈共建联动强大合力；建议深化双城经济圈建设双核联动联建；建议以新发展理念统领和促进圈内圈外协调发展……与会者聚焦两省市党委、政府确定的重点任务，围绕川渝两地近期可操作、中期能作为、远期有影响的一些重大事项，经过近 3 小时的“头脑风暴”，达成了众多可合作可落地的共识。

会后，一份由川渝两省市政协党组联合提出的《深入推动成渝地区双城经济圈建设乘势跃升的若干建议》，送到两省市党委。党委主要领导分别作出批示，认为建议值得高度重视，要求相关方面认真研究吸纳，抓好部署实施。

携手奋进，步履不停。为逐一推动落实联席会议确定的相关工作，川渝两省市政协加足马力，将“双城记”合唱越唱越响亮——

6 月下旬，川渝两省市政协组成联合调研组分赴长三角区域、粤港澳大湾区、京津冀地区开展学习考察；在四川内江举行川渝地方政协协同履职推动高质量发展座谈会并签署协同履职协议；在重庆綦江召开助推长征国家文化公园建设渝川黔 30 市州区县政协首届联席协作会议；7 月中旬将在四川广安开展川渝两省市政协推动川渝毗邻地区协同发展联合协商……

为了即将开展的联合协商，唐方裕多次到毗邻四川的区县调研，强调要深入学习贯彻党的二十大精神，发挥政协组织和广大政协委员作用，助力毗邻地区变为协同发展的示范前沿，为双城经济圈高质量发展提供重要支撑。

“紧扣党政所需、立足政协所能，开展系列联合履职活动，为推动成渝地区双城经济圈建设乘势跃升凝聚更多共识、汇聚更大合力。”这，已然成为重庆政协人的坚定共识。

## 努力守正创新，延伸联系群众链条

党的二十大报告明确指出，要“完善人民政协民主监督和委员联系界别群众制度机制”。市政协认真贯彻落实党的二十大精神和市委改革要求，将“委员联系界别群众机制”作为今年重点改革项目，积极探索委员联系群众的新方式、新载体，有力推进相关工作。

“渝事好商量”协商平台，是市政协积极探索新形势下政协协商与基层协商互融共促，推进协商民主广泛多层制度化发展，于2021年创建的区县政协工作统一品牌。几年来，通过构建“能商量”机制，突出“应商量”标准，坚持“便商量”原则，体现“广商量”特色，落实“会商量”要求，延伸履职工作链条，取得良好成效。

新一届市政协持续推进“渝事好商量”协商工作改革创新，在深入调研基础上，制定出台了一系列加强和改进工作的新举措，进一步完善“渝事好商量”协商议事工作规则，更加精准地聚焦平台延伸、议题选择、制度规范、数字赋能、协同履职等方面，鼓励区县政协继续深化“渝事好商量”协商平台创建。目前，全市共建成协商场所近1000个，开展活动3160余场次，助推解决民生问题3800余个，成为集党委、政府“好帮手”、人民群众“连心桥”、委员履职“新平台”为一体，具有鲜明辨识度和广泛影响力的重庆政协履职特色品牌。

“我还是第一次参加这样特别的‘院坝会’！”近日，在重庆渝北区茨竹镇秦家村院坝里举行的重庆渝北区政协、四川广安市邻水县政协森林防火联防联动工作协商会上，渝北区政协委员王晓莉的一番感叹道出与会委员们的共同心声。这是川渝政协协商平台“有事来协商”“渝事好商量”的一次握手，也是重庆市政协鼓励支持区县政协与周边毗邻地区政协建立联动工作机制，拓宽渠道凝聚履职新合力的一次探索。

践行全过程人民民主，老品牌有了新活力，新平台也在不断涌现。近日，市政协印发《关于委员工作室建设方案（试行）》，明确建设条件、创建流程、统一标识和规范化建设事项等，要求工作室做到有场地、有标牌、有制度、有活动、有台账、有总结，强调要精心打造形式多样、特色鲜明、有政协辨识度的委员工作室，继续把履职触角和末梢不断向各界群众中延伸，筑牢各级政协委员联系界别群众的工作链，让人民群众感到政协很亲近、委员就在身边。

团结共进新征程，奋斗同铸新辉煌。新一届市政协将坚持旗帜鲜明讲政治、尽心竭力为人民、提质增效促协商、勤修常炼强自身，在助力现代化新重庆建设中展现新气象、体现新担当、干出新业绩，为推动中共二十大精神在重庆落地生根、开花结果贡献更多智慧和力量！

（本文原载于《人民政协报》2023年7月12日第1版）

◎ 渝中区政协

# 构建特色监督机制　打造履职链条闭环

文／秦华兵

“巡河 5 年，水质一年比一年好，鸟儿一年比一年多，这多亏了政协委员们的努力。”夏至时节，眼见两江四岸满目葱茏、江鸥回旋，渝中区巡河志愿者王庆华由衷感叹。

重庆渝中，依山而建、两江环抱。渝中区政协连续多年聚焦“长江生态环境保护”开展民主监督，组织专题调研 13 次，提出意见建议 60 余条，持续追踪突出问题整改，为守护两江碧水，助推渝中区成功创建美好城市示范区贡献积极力量。

民主监督助推两江四岸水更清、山更绿、天更蓝，正是区政协探索民主监督实践、构建政协特色监督机制的一个缩影。

党的二十大报告对完善人民政协民主监督制度机制提出明确要求。区政协紧扣“奔着问题去，督出实效来”目标，从监督议题生成、监督力量保障、监督实效推进等方面着力，创新形成多项政协民主监督工作机制。

如何确定监督议题？区政协探索建立“监督议题协商生成机制”，始终把协商贯穿于监督议题确定过程之中。组织政协委员聚焦发展大局，聚焦民意民生等领域提出监督性议题；专委会召集委员、相关部门、界别群众代表等协商讨论确定议题；将议题提交区政协主席会审议、区政协常委会审定，并纳入年度协商计划，逐项实施。目前已经形成委员“提”、专委会“议”、主席会“审”、常委会“定”议题生成机制。

如何保障监督力量？区政协探索建立“监督力量保障机制”，将 240

名政协委员覆盖至全区 11 个街道 79 个社区，建立委员联系服务街道和民主监督社区责任制。同时，组建由界别委员构成的民主监督队伍，目前已建成营商环境观察、法治督察、社保监督等9支监督力量，常态化深入企业商铺、街巷社区、施工现场等地调研，收集问题、提出建议。

如何实现有效监督？区政协探索建立“监督实效推进机制”，要求监督前有走访、监督中与协商履职融合、监督后有评价反馈。

监督前重在调研走访。基础性走访重在摸情况、问民意、明重点。在前述案例中，委员们与区生态环境局等相关部门下足前期调研功夫，找到症结问题，保障监督工作有的放矢。

监督中重在协商特色。搭建协商平台，邀请议题行业专家委员、职能部门、界别群众开展协商，找问题、提建议，既“挑刺”又“出招”。协商后一月内，开展“回头看”监督性视察。

监督后重在评价反馈。区政协将“问题整改情况，部门的参与配合度，界别群众的满意度”等纳入评价反馈，纳入党委、政府年终考评。对主动接受监督、办理及时高效、群众满意度高的，给予表扬激励和宣传报道；反之责成重新办理，并将情况反馈至区委、区政府，确保监督闭环。

“从不同侧面、不同层次、不同深度进行立体式监督，从议题生成、协商解题到监督整改落实形成‘履职链条’，是我们创新发展民主监督的生动体现。”区政协负责人表示，将推动政协民主监督工作持续向好、提质增效，为党委、政府科学决策提供参考。

（本文原载于《人民政协报》2023 年 7 月 12 日第 4 版）

◎ 九龙坡区政协

# “四化”举措把制度优势转化为治理效能

文 / 谭林森

盛夏时节，市民发现桃花溪“协商文化长廊”增添了主题小品、更新了风雨长廊，协商文化气息更加浓郁。这是九龙坡区政协作为重庆市首批“渝事好商量”平台建设试点区县深度打造“渝事好商量”协商平台的一个缩影。

区政协深入贯彻落实党的二十大关于发展协商民主的重要部署，实施“四化”举措，深入推进政协协商与基层协商有效衔接，把人民政协的制度优势有效转化为基层治理效能。

党的二十大报告提出，完善委员联系界别群众制度机制。区政协紧盯基层政协在镇街无履职载体的问题，通过“一室多用”、融合建设、灵活设置等方式，先后在社区、商圈、园区、委员企业等建成委员工作阵地81个。创新探索开发区与行政区协商平台一体建设，注重与居民议事厅等镇街现有资源融合建设，推动“渝事好商量”向各界别、各领域、各行业延伸覆盖，构建起“区委员工作厅+镇街委员工作站+村（社区）委员工作室”三级平台架构。

## 规范化运行，协商流程顺畅高效

“协商前充分调研、协商时充分沟通，是协商成败的关键。”石坪桥街道政协委员工作站站长何晓敏坦言，“我们先后组织政协委员、相关部门开展了7次走访调研、3次‘渝事好商量’协商，围绕小花市集打造找短板、提建议，成功打造网红打卡地。”

针对谁来协商、协商什么、怎么协商、协商成果怎么转化等关键环节，区政协出台了政协协商助推基层治理的制度机制，总结形成“精选议题—确定议题—议前调研—协商议事—成果反馈—跟踪问效”六步工作法，确保“渝事好商量”制度化、规范化、程序化运行。

“委员来，搭平台；听民声，述情怀”，在桃花溪“协商文化长廊”上，镌刻着顺口的“基层协商三字经”，播放着优美的《遇事好商量》协商主题曲。

区政协创新开展协商文化“九说六进”宣传活动，结合九龙楹联、黄桷坪涂鸦等特色文化，组织创作了一批基层协商三字经、顺口溜、楹联和协商流程漫画插图，面向社会征集协商品牌名称及 logo、创作协商微视频，让基层群众在协商文化的感染和熏陶下理解协商民主的本质要求。

### 常态化协商，为民解难就近就便

“民主村开街了，广场、院坝都有绿化带，这还得益于政协在这儿开的协商会。”看到因协商更新改造后的民主村，长期生活在此的居民陈代蓉连连点赞。

据悉，今年以来，九龙坡区各类协商平台采取“会场＋现场”“固定＋移动”“工作站＋界别”等多种形式，已开展协商活动 150 余场，助推解决民生问题和企业发展难题 200 余个。

“我们坚持协商内容与党政中心工作同频共振，与群众‘急难愁盼’深度融合。”区政协主席宋泓介绍，协商活动坚持“就近、就事、就便”原则，通过院坝会、微协商、马路协商等形式，走进村社院落、田间地头、工地企业、界别群众，实现与群众零距离互动，让“渝事好商量”更接地气。

（本文原载于《人民政协报》2023 年 7 月 12 日第 4 版）

◎ 渝北区政协

# 擦亮界别品牌　打造“委员之家”

文／孙群坤　许彬彬

近日，在重庆市渝北区政协医药卫生界别“委员之家”内，委员们热烈讨论关于加强委员联系界别群众的话题。换届以来，区政协主动作为，以“界别委员之家”为抓手，扎实开展工作，界别作用充分彰显，“界别活、全盘活”良性循环初步形成。

为做好界别工作，区政协深入学习贯彻党的二十大精神，扎实推动委员联系界别群众制度机制建设，出台制度文件，按照“一界一家”的要求，推进“委员之家”建设，将其定位为“组织委员的阵地、学习交流的载体、团结协作的平台、凝聚共识的渠道”。

“家”建在哪比较合适？“我们按照方便委员活动、能够长期保留的原则，绝大多数界别委员之家建在牵头单位的办公阵地。”区政协有关负责人表示。

为保证规范化和标准化，区政协还制定了建设标准，按照“有场所、有标识、有制度、有设施、有资料、有档案”的标准，优化资源配置。目前已建成界别“委员之家”22 个。

建好“家”后，如何管理好？区政协探索构建了“主席会抓总、专委会指导、界别负责”的机制，让“家”有人抓、有人管、有人干。“为了解决有的界别没有依托单位、相对松散的问题，建立了‘1+8+20’管理体系。”在主席会议领导下，区政协 8 个专委会负责联系和指导，20 个界别牵头单位负责“委员之家”建设和运行，确保界别“委员之家”高效运转。

组织体系理顺后，谁来当“家长”？区政协在每个界别精选 3 名左右有担当、有热情、有能力的委员为召集人，第一召集人为牵头单位的负责人。同时，设联络员 1 名，由牵头单位工作人员兼任，负责日常工作。

如何让“家”活起来？各“委员之家”通过“场内＋场外”“线上＋线下”“界内＋界外”“沙龙＋座谈”等方式，每季度开展一次集体学习、一次调研视察或联谊活动，每年提交一件集体提案。同时，为做好联系界别群众工作，每名委员就近开展一次宣讲活动。

为更好地兴“家业”，区政协探索了委员履职闭环机制。组织委员立足大题目、聚焦小切口精准选题，采取分组调研、集中讨论等方式提出意见建议。活动后，梳理意见建议形成专报，送区委、区政府领导和区级相关部门，并加强跟踪，收集落实情况，及时反馈。

特邀界别关于撂荒耕地复垦的建议被采纳，推动沉睡土地重获新生；医药卫生界别组织“家校协同 笃行关爱”——青少年心理健康“线上＋线下”专题家校会，为青少年心理健康问题支招，得到一致好评。

区政协以“委员之家”为依托，界别工作正如火如荼开展，“家长”优、“家规”严、“家业”兴，常回“家”看看已然成为该区全体政协委员的共同心声。

（本文原载于《人民政协报》2023 年 7 月 12 日第 4 版）

◎ 荣昌区政协

# 协同履职共建“双城圈”

文 / 罗能美　胡文丽

初夏时节，在荣昌区政协和内江市政协携手共建的内荣农高区协商室内，一场跨区域协商会正在进行。会上，两地政协委员和相关部门就隆昌市石堰桥镇三合村农田灌溉用水不足的问题进行协商。协商结果迅速得到落实。这场跨区域协商是区政协与毗邻地区政协协同履职的一个缩影。

近年来，区政协聚焦成渝地区双城经济圈建设，与毗邻地区政协协同联动、同向履职，搭建协商平台，开展系列协商活动，形成一批履职成果，在助力“双城记”、赋能“经济圈”中贡献了政协智慧和力量。

## 打破区域界限　共建协商平台

区政协打破区域界限，共聚川渝协商品牌力量，携手泸州市、内江市等毗邻地区共建“渝事好商量·有事来协商”共商平台。平台围绕巴蜀文化旅游走廊、交通互联互通、生态环境保护及两区市县重大改革等议题开展区市县层面协商；围绕毗邻地区群众急难愁盼问题等，开展灵活多样的毗邻镇街层面协商和小微协商。

6 月 28 日，一场川渝毗邻地区联合小微协商活动在“双昌”合作示范园开展。这是区政协携手内江市政协，在内荣农高区先行区共建的委员工作室联合开展的协商活动。这个委员工作室主要按照“收、定、研、商、转、督、评”七环工作法，立足推动园区高质量发展，围绕园区相关事项共推共促共荣开展协商议事。两地在协商议事机构互派委员协同履职。

## 围绕重大事项　开展协同履职

协作平台搭建后，区政协和毗邻地区政协聚焦区域协作和领域融合等事项协同履职，推动项目和民生实事落地见效。

2020 年，荣昌区政协携手泸州市、内江市、大足区、隆昌市、泸县、龙马潭区，合力推进濑溪河流域生态环境保护，签署合作备忘录，助推七市区县签订《生态环境保护合作框架协议》，建立联席会商、资源共享、联合巡查等机制，协调完成濑溪河、大清流河、渔箭河等 5 条跨界方案，实施跨区域环境权益合作，推动地区生态环境不断改善。

荣昌因畜牧业而繁荣。区政协就助推国家畜牧科技城建设开展重点调研，组织川渝两地政协委员建言献策，助推国家生猪大数据中心在内江、自贡、绵阳等地建立分中心，共享"猪 e 养""猪 e 管"等应用，提升智慧养猪水平；同时，携手内江、隆昌市政协，开展联合协商、调研视察，助推"双昌"合作示范园建设。

## 共建协作机制　促进成果转化

以常态化协同机制推动毗邻地区共建发展。荣昌区与毗邻地区政协建立联席会议机制，每年召开会议，谋划合作计划、确定协同履职议题、商定联合监督项目；建立信息互通、品牌共建、活动共办等合作机制；建立跟踪督办机制，通过民主监督、调研视察、民主评议等形式跟踪办理情况。

据了解，区政协同毗邻地区政协协同履职以来，召开联席会议 4 次，开展协商活动 6 次、视察调研 12 次，针对协同发展的重大项目、群众关心的热点难点问题提出建议 58 条，推动 4 项重大项目建设，助推 26 个民生问题和发展难题得到解决，有效助力"双城记"、赋能"经济圈"。

（本文原载于《人民政协报》2023 年 7 月 12 日第 4 版）

◎ 奉节县政协

# 四个“双百行动”激发委员履职热情

文 / 张洪前

如何激发委员责任担当，增强履职积极性，奉节县政协深入学习贯彻党的二十大精神，不断丰富委员履职平台。去年以来，县政协聚焦生态环保、乡村振兴、企业发展、城市品质，创新推出百名委员巡百河、百名委员进百村、百名委员访百企、百名委员入百户的“四个‘双百行动’”，委员担当意识更强、履职热情更高、服务群众更实。

奉节县位于三峡库区腹地。县政协聚焦“巡河”工作，引导委员走进“一江五河”，常态化巡河护河。看现场、听民声、找问题、献良策、促落实，成为委员“巡河”规范流程。

“我们定期召开政协与部门联席会、协商会，点对点交办巡河发现的问题，及时向委员和群众反馈办理成果。”该县政协“百名委员巡百河”牵头委室负责人说。

在委员们的大力推动下，奉节县“一江五河”总体水质连续5年实现稳定达标，社会公众生态环境满意度居全市第一。

奉节县作为国家592个早期扶贫开发重点县之一，2020年实现脱贫摘帽后，脱贫攻坚成果如何同乡村振兴有效衔接？成为大家关注的焦点。

县政协成立专题调研组，组织委员回访农村、外出考察脱贫村及农村地区，召开协商会、座谈会，调研部门和单位，提出强化监测帮扶、精准政策衔接等建议，得到县委、县政府采纳。

“要把防返贫监测和帮扶放在更加突出位置，抓好群众收入增长、乡村人才回流，突出帮扶工作实效。”6 月 30 日，县政协委员杨利在十五届八次常委会会议期间谈道。

企业兴，则经济兴。县政协组织委员积极对接企业，收集意见建议，了解惠民政策落实情况，帮助企业排忧解难，服务企业发展。

本土企业重庆博威新材料科技有限公司天然气需求量大，因供气不稳定，每到冬季用气紧张时就会面对不时停气的问题。张建中委员在访企时得知情况后，及时提出“加强天然气供应能力建设，保障企业生产需求，对工业用气进行合理定价”等建议。

在张建中委员的持续推动下，经多次协商沟通，今年 2 月，奉节县出台工业用气价格优惠方案，对企业用气量实行时段优惠。

城市品质提升是普惠的民生福祉。县政协组织委员走进小区院落、楼栋家庭，反映民情民意，聚力提升城市品质和服务管理水平。

今年 4 月，李靖委员调研后，就城区内道路上各种井盖设施众多，不美观、不安全的问题提交了社情民意信息，很快，县委、县政府领导作出批示。县城市管理局开展拉网式排查，制定提升整改方案，推动问题有效解决。

“我们将进一步发挥专门协商机构作用，聚焦中心任务、服务发展大局，把四个‘双百行动’打造成发挥委员作用的重要路径、政协履职尽责的重要平台、展示政协担当作为的特色品牌。”县政协主席吴康轩表示。

（本文原载于《人民政协报》2023 年 7 月 12 日第 4 版）

## |四川省政协|

# 共绘现代化四川新画卷 同心共建现代化四川

文／韩　冬

2023年是贯彻中共二十大精神、全面建设社会主义现代化国家的开局之年，也是新时代新征程四川现代化建设的起步之年。中共四川省委坚持以成渝地区双城经济圈建设重大战略为总牵引，深入实施“四化同步、城乡融合、五区共兴”发展战略，刚刚闭幕的省委十二届三次全会对深入推进新型工业化、加快建设现代化产业体系作出部署，领导全面建设现代化四川稳步向前。

“写好中国式现代化四川篇章是全省上下共同的政治责任。”中共四川省委书记王晓晖多次表示，并强调“人民政协当有所为、大有可为”。

“当有所为”对应责任，“大有可为”关乎担当。今年以来，四川省政协坚持以习近平新时代中国特色社会主义思想为指导，深入学习贯彻中共二十大精神，锚定“奋力写好中国式现代化四川篇章”的目标任务，紧扣“总牵引”“总抓手”“总思路”的四川现代化建设总体布局，坚持“坚决维护核心、倾力服务中心、坚守为民初心、广泛凝聚人心”总体工作思路，在全省政协各级组织、参加单位和广大委员中谋划开展、深入推进“同心共建现代化四川”专项行动，为推动新时代治蜀兴川再上新台阶、谱写中国式现代化四川新篇章凝心聚力，有效提升了服务中心大局贡献率。

### 抓好思想武装　筑牢同心共建现代化四川的根和魂

习近平新时代中国特色社会主义思想是团结奋斗的思想旗帜、精神旗帜，坚持用这一思想凝心铸魂是人民政协第一位政治任务。

四川省政协按照学习贯彻习近平新时代中国特色社会主义思想主题教育部署，“结合工作实际和职责任务，深入学习习近平总书记关于本地区本部门本领域的重要讲话和重要指示精神”，将学习贯彻习近平总书记关于做好新时代党的统一战线工作的重要思想、关于加强和改进人民政协工作的重要思想作为主题教育和委员学习培训重要内容，作为每位委员的政治必修课。

“要深入学习贯彻习近平总书记关于做好新时代党的统一战线工作的重要思想、关于加强和改进人民政协工作的重要思想，把准政协性质定位，当好人民政协制度的参与者、实践者、推动者。”6 月 12 日至 13 日，四川省政协新任委员培训班在“线下 + 线上”同时开课。“开班第一课”，省政协主席田向利为 432 名新任省政协委员奉上了一堂干货满满的主题辅导课。

为突出学习培训的政治性、理论性、统战性、时代性和针对性，培训期间，部分省政协党组成员为新任委员作专题辅导，部分住川全国政协委员、省政协委员也登上讲台交流履职经验。

“此次培训让我进一步弄清了新时代人民政协是什么、干什么、怎么干等问题，明晰了政协工作和委员履职的新任务新要求”“我将在建设中国式现代化‘大场景’中找准履职‘小切口’，推动党中央大政方针和省委决策部署更好转化为界别群众的思想共识和行动自觉”“始终与党同心同向同行，坚持我国宗教中国化方向，发挥宗教界积极作用，把广大信教群众紧密团结在党和政府周围”……新任委员严余松、徐一心、释如意等纷纷表示，培训强化了为国履职、为民尽责的责任担当，吹响了委员履职的“冲锋号”。在接下来的履职工作中，将进一步发挥好在本职工作中的带头作用、政协工作中的主体作用、界别群众中的代表作用，做好凝聚人心、汇聚力量的工作，以更加奋发有为的精神状态全面提升履职效能，为现代化四川建设贡献智慧力量。

深入开展“学习新思想、践行新使命、奋进新征程”主题读书与实践活动；率先召开住川全国政协委员学习贯彻习近平新时代中国特色社会主义思想座谈会；组织党组成员、各专委会分党组成员分批次走访党外委员……记者看到，省政协各级党组织把开展主题教育作为重大政治任务，提高站位强领导，对标对表抓落实，立足实际有特色，学用结合重实效，取得明显阶段性成效。

“继续把开展主题教育作为当前工作的重中之重。”四川省政协党组学习贯彻习近平新时代中国特色社会主义思想主题教育领导小组第二次会议强调，要推动理论学习再深化，持续在凝心铸魂上下功夫、见实效；要推动调查研究再聚焦，持续在增强履职质效上下功夫、见实效；要在推动发展上再加力，持续在提高贡献率上下功夫、见实效；要推动检视整改再从严，持续在动真碰硬上下功夫、见实效。

## 突出重点任务　推动同心共建现代化四川见行见效

“党委中心工作推进到哪里，政协履职就跟进到哪里”是四川在政协事业发展中探索出的重要经验。

为认真贯彻落实今年全国“两会”精神，积极响应全国政协为推进中国式现代化团结奋斗的号召，经中共四川省委同意，省政协党组和主席会议决定，用五年时间在全省政协各级组织和广大委员中深入开展“同心共建现代化四川”专项行动，明确由省政协副主席尧斯丹、谢商华牵头，经济委负责，制定了《政协四川省委员会关于开展“同心共建现代化四川”专项行动的意见》和年度推进计划，号召全省政协各级组织、各参加单位和广大委员聚焦四川现代化建设重点任务开展专项行动，以高质量履职成效助推四川现代化建设。

围绕成渝地区双城经济圈建设这个现代化建设的“总牵引”，在川渝省市党委领导下，两省市政协精心谋划开展一系列联合履职活动，助推成渝地区双城经济圈建设取得丰硕成果。迈入新征程，两省市政协的互动频率明显加快。

今年4月，川渝两省市政协联合视察组就“加快‘一城多园’协同发展建设具有全国影响力的科技创新中心”赴四川绵阳和重庆两江新区开展联合视察，助力将西部科学城建设成为国家战略科技力量的纵深承载地、西部高质量发展的创新策源地、长江经济带绿色发展的引领示范地、“一带一路”科技合作的开放新高地。5 月上旬，2023 年川渝省市政协协力助推成渝地区双城经济圈建设联席会议在成都召开，川渝省市政协党组关于《深入推动成渝地区双城经济圈建设乘势跃升的若干建议》得到了川渝两省市党委主要领导的批示。5 月底，两省市政协再次在重庆召开专题工作会议，就深入贯彻中共二十大关于促进区域协调发展、推动成渝地区双城经济圈建设的战略部署，认真落实重庆四川党政联席会议第六次会议精神，助推川渝合作提质增效，助力成渝地区双城经济圈建设乘势跃升等进行探讨。进入 6 月，两省市政协组成联合调研组赴长三角区域、粤港澳大湾区、京津冀就“建立区域协调高质量发展机制”进行实地学习考察调研；赴资阳市、泸州市、内江市等川渝毗邻地区，开展“推动川渝毗邻地区协同发展”专题调研……

“拧成‘一股绳’，同心协力、合作共赢，在促进川渝经济社会发展和政协事业创新上干出新成效”，这是川渝两地全体政协委员的心声。

记者还从省政协办公厅了解到，为进一步提高履职质效，省政协正着力打造“一委一品牌”，指导市（州）政协创建“一市（州）一特色”，并与“同心共建现代化四川”专项行动、“我为高质量发展献一策”活动结合起来，一体谋划、一体推进。目前，省政协提案委、科技委等创新打造“提案@你”“协同优化科技服务体系，促进科技成果创造运用”等特色履职品牌，全省 21 个市（州）183 个县（市、区）政协竞相发力，纷纷结合各自特色优势争先创优，以专项行动擦亮围绕中心、服务大局的履职品牌，高质量完成了一系列重点调研、多个监督和协商课题。

“省政协既是专项行动的参与者、实践者，更是组织者、推动者。”省政协相关负责人介绍，下一步，省政协将发挥好示范带头作用，落实好重点工作任务，结合正在开展的学习贯彻习近平新时代中国特色社会主义思想主题教育，坚持围绕中心履职尽责，深入开展调查研究、协商议政、民主监督，持续推动专项行动见行见效。

## 走好群众路线　凝聚同心共建现代化四川强大合力

四川现代化建设是涉及9000余万人口利益和福祉的大事，需要充分发扬民主，在人民内部各方面进行广泛商量。

政协委员来自人民、代表人民、服务人民，全省三级政协委员始终坚持协商于民、协商为民，通过持续开展“我为群众办实事”实践活动、参加“有事来协商”工作等方式，积极联系服务界别群众，紧扣人民对美好生活的新期待议政建言，纾民困、解民忧、惠民生。

5月23日，省政协十三届常委会第二次会议在成都开幕，围绕“突出新型工业化主导作用，推进制造强省建设”协商议政、建言献策。值得一提的是，会议邀请6位公民全程参加，旁听专题讲座和委员大会发言，还举行了旁听公民座谈会征求意见建议。在充分调研、广泛深入协商基础上报送的协商意见被吸纳进省委十二届三次全会决定，转化为省政府及其部门的工作举措。

进入二季度，在全力以赴拼经济搞建设推动高质量发展的重要时刻，省政协主席会议成员分别带队走进各地园区、企业、科研院所开展调查研究，走访看望委员，听取委员所在企业、院所情况介绍，收集意见建议。委员们纷纷表示，将进一步发挥委员主体作用和常委带头作用，发挥界别优势和专业特长，密切联系界别群众，积极深入参与“同心共建现代化四川”专项行动、“我为高质量发展献一策”活动，为四川现代化建设多作贡献。

6月6日一早，位于大渡河畔的乐山市沙湾区粮蔬现代农业产业园区，再次迎来了市、区政协委员和区级相关部门负责人及部分电商代表组成的区政协“同心共建现代化沙湾”专项行动专题调研组。此次前来，就是要和园区负责人一起，依托政协“有事来协商”平台，共商破解粮蔬园区高质量发展良策。通过现场协商，各方就多渠道强化对优质农产品的宣传推荐、强化科学种植管护、加快建设现代农业体系、促进企业节能降碳等方面达成了一致意见。

“有市、区政协委员‘同心共建’履职实践基地的支撑，我们对建设低成本、低能耗、高质量、高效益的‘两低两高’粮蔬现代农业产业园区，推动沙湾现代化建设充满信心。”企业负责人欣喜地说。

据悉，“有事来协商”是四川省政协把人民政协的制度优势转化为社会治理效能的重要平台载体。经过3年多的实践，通过政协“有事来协商”平台开展小微协商，切实助力解决人民群众关心的急难愁盼问题的生动实践在四川数不胜数。今年，省政协将其纳入“同心共建现代化四川”专项行动，全省三级政协组织正加强联动协同，进一步把握好政协定位，发挥好政协优势，整合好各方资源，完善好协商平台，打造“有事来协商”升级版，延伸政协助力基层治理手臂，助推形成共建共治共享的社会治理格局。

翻开省政协《“同心共建现代化四川”专项行动2023年工作推进计划》，今年省政协还将围绕优化民营经济发展环境、推进高水平对外开放等展开对口协商；聚焦新型数字基础设施建设、促进县域经济高质量发展、加快长征国家文化公园建设等展开重点调研；针对办好人民满意的职业教育、助推长江国家公园建设、助力川渝毗邻地区协同发展等，调动全省各级政协组织和委员展开调研协商……

“‘同心共建现代化四川’，首要是‘同心’，关键在‘共建’，目标是实现现代化，大家都使命在肩、义不容辞。”田向利表示，开展“同心共建现代化四川”专项行动为全省政协各级组织、各参加单位、广大政协委员创建了一个在勤勉履职中增进团结、合作共事中巩固团结、共同奋斗中深化团结的载体。她号召广大政协委员，认真参与“学习新思想、践行新使命、奋进新征程”主题读书与实践活动，对照“懂政协、会协商、善议政，守纪律、讲规矩、重品行”重要要求，推进学习调研与履职有机结合，积极参与“同心共建现代化四川”专项行动，在“我为高质量发展献一策”活动、“一委一品牌”创建、打造“有事来协商”升级版过程中齐众心、汇众力、聚众智，形成同心共建现代化四川的强大合力。

（本文原载于《人民政协报》2023年7月3日第1版）

◎ 成都市政协

# 以智慧政协赋能履职现代化

文／刘　珊

“有了‘履小易’的‘议政圈’，我能经常了解十余个界别委员的动向，还能随时对话、交流，既开阔了履职眼界，又拉近了委员距离。”6月12日，成都市发改委就《关于整治、利用三环路等立交桥下闲置空间的建议》提案办理工作征求市政协委员龚显春的意见，在与提案承办单位工作人员交流过程中，龚显春不时会操作一下手机，把其他委员的意见一并向工作人员转达。

这是成都市政协数智赋能履职现代化下“互联网＋政协办公＋委员履职”的真实写照。而这个被委员们亲昵地称为“履小易”的在线履职服务平台，正是市政协全力推进“智慧政协”建设的成果。

为全面贯彻落实中共二十大精神，更好地发挥人民政协专门协商机构作用，为政协委员履职提供优质高效服务。成都市政协积极探索以信息化手段推动履职现代化，以信息化手段赋能政协工作提质增效——开发了集履职服务、学习培训、互动交流、新闻宣传于一体的移动履职平台。

“我当了两届市政协委员，深切感受到了这些年来政协履职模式的与时俱进。”市政协委员王劲夫是移动履职平台的深度用户，时常在线提交提案、分享“履职作业”，这让他长期“占据”网络议政热力榜单前三名。他告诉记者，该平台有效降低了委员履职的时间和空间“成本”，搭建了不同意见互动交流、各种观点深入沟通的平台和渠道。

据统计，移动履职平台上线以来，已累计登录数超400万次，委员每日人均登录5次以上，共发布履职动态1700余条、参与讨论跟帖近2万次，提交提案1500余件，反映社情民意信息300余篇。

成都市政协十六届一次会议召开前夕，每名十五届市政协委员都收到了一份特殊的礼物——“十五届市政协委员履职数字纪念卡”。这份通过大数据生成的委员专属履职档案，展示了5年来委员们的各项履职成果，以详细准确的履职数据、别出心裁的精美设计，引发委员们“刷屏式”传播。不少委员表示，这份时尚的“履职成绩单”不仅对自身履职有了更直观的了解，更能帮助委员们找出履职中的不足，促使委员们改进履职方式，提升履职能力。

数字纪念卡广受好评的背后，是成都市政协“智慧政协”扎实的“数字基底”：基于已建成的综合信息管理平台和移动履职平台，通过抓取超10万条历史提案和社情民意、政策文件、新闻资讯等数据资源，建立政协信息资源库，开发面向政协机关数字化办公、面向政协领导决策参考、面向委员履职服务的参政议政服务平台——决策分析支持系统，力求实现对委员履职的量化评估，用数据勾勒出委员履职“全景图”，为市政协进一步优化委员履职服务管理提供了强大的智能支撑。如今，随着市政协“智慧政协”各项功能不断完善、不断使用，市政协各专委会、机关处室借助视频会议系统，开展远程协商、网络议政、学习交流等已成常态。

“要做到政协的履职工作开展到哪里，‘智慧政协’的有力支撑和保障就延伸到哪里。”市政协主席张剡表示，面向未来，成都市政协将继续完善升级“智慧政协”建设，以信息化促进政协履职现代化。

（本文原载于《人民政协报》2023年7月3日第4版）

◎ 内江市政协

# 绘出现代富春山居图

文/邬　丹　李举勇

党的二十大提出要“全面推进乡村振兴”“统筹乡村基础设施和公共服务布局，建设宜居宜业和美乡村”。

为此，中共内江市委决定：从2023年开始，每年确定15个镇（涉农街道），按5年5个批次推进全市70个镇和7个涉农街道实施农村面貌改善行动，力争用5年时间让全市农村面貌实现根本性转变，真正实现内江农民就地过上现代文明生活。

内江市政协闻令而动，充分发挥政协联系广泛优势，由市政协主席会议成员带队到各联系村调研视察，倾听民声、收集民意，开展政策宣传等工作，引导各级政协组织和广大委员在农村面貌改善的主战场上当好“政策宣传员”“民意收集员”“工作监督员”“矛盾协调员”“带头示范员”，全力助推农村面貌改善行动提劲提速。

乡村振兴离不开产业发展，在委员们的助力下，广大农村已悄然形成产业融合、百业兴旺的可喜局面。

“今年的海椒收成很好，我们的收益更有保障了！”在东兴区田家镇长江现代农业园区，内江市农科院蔬菜精品示范基地的辣椒进入夏季丰收季，村民吴明艳正在抢抓农时，忙着采收、装运，丰收的喜悦溢于言表。

“这是我们去年引进的大海椒品种，大大提高了蔬菜生产科技水平和市场竞争力。”作为市农科院蔬菜研究所所长，市政协委员唐建这几年一直坚持积极参与乡村振兴行动，助推产业发展。他说，农村不仅要美，还要发展产业，想方设法让土里多生“金”，这样，村民才有盼头。

村头田间，一场场小微协商，更激发了村民们主动参与农村面貌改善的热情——市中区朝阳镇道子田村建起了村民活动广场；东兴区石子镇太和村村民主动筹集资金10万元，支持家乡农村面貌改善……群众的广泛参与形成了共建共治共享的良好氛围，汇聚成农村面貌改善的强大动力。“在农村面貌改善的工作推进中，我们将院坝会等沟通作为农村面貌改善‘第一环节’，只有群众同意干，才能干；只有群众一起干，才干得好。”谈及助力农村面貌改善的成功经验，市政协委员王国平直言。

截至目前，全市已完成危房改造391户、改造（拆除）土坯房432户、清理违建房162户，整治偏杂房、废弃棚舍、残垣断壁1530户，完成厨房改造1827户、厕所改造2199户、建设“微田园”1459户、整治清理阴阳沟2501户、新建（改造）公路68.4公里、建设自来水管网9公里、清理公路边沟240公里……内江市实施农村面貌改善行动已取得阶段性成效。

“农村面貌改善行动是提升农村发展环境、造福农民群众的重要民生工程。”谈及下一步工作安排，市政协主席康俊表示，将会把农村面貌改善行动纳入市政协重要课题研究，继续围绕风貌改善、基础设施建设、公共服务提升、乡村治理等工作开展深入调研、议政性专题协商，为建设宜居宜业和美乡村贡献政协智慧和力量，共同绘好现代富春山居图。

（本文原载于《人民政协报》2023年7月3日第4版）

◎ 南充市政协

# 让“问题清单”变“幸福账单”

文／王梅涛　文　磊

6月7日至9日，是2023年全国统一高考日。在四川省南充市南充高中顺庆校区、南充市第一中学等多个考点，多名市政协委员正根据考生家长反映的信息线索，就“规范高考志愿填报咨询服务”开展现场调研，倾听群众心声、征集意见建议。

“考场内学生还在挥笔作答，考场外各类志愿填报咨询服务宣传已经铺天盖地了。”根据现场掌握的情况，住南充的省政协委员袁伟平，市政协委员张图、吴薇等纷纷表示，他们将尽快梳理此次调研发现的问题和收集到的意见建议，形成高质量的社情民意信息，为维护千千万万考生权益发出“政协好声音”。

这生动的一幕正是南充市政协全面贯彻落实中共二十大精神，创新推进反映社情民意信息工作，着力解决好人民群众急难愁盼问题的场景之一。

据悉，为抓好反映社情民意信息工作，市政协研究制定了《反映社情民意信息工作管理办法》，创新建立信息员、特邀信息员队伍，吸纳了部分政协智库专家成员，定期开展业务培训。同时，还探索向全社会公开了征集社情民意信息线索的专用邮箱，许多热心网民变成了社情民意信息“情报员”。

作为专业化的信息工作“突击队”“主力军”，市政协委员们纷纷拿起笔杆子，充分发挥自身专业特长，为界别群众鼓与呼。针对高校毕业生就业问题，市政协委员朱逢春、马克敏和智库专家陈臣等反映的社情民意信息，为人力资源和社会保障部门改进就业促进工作提供了有益参考；南充市政协委员朱华和重庆市北碚区政协委员联合撰写的《加快推进嘉陵江旅游风景道道路交通建设》的信息建议，引起了两地党委政府的重视和采纳……

身处信息化时代，来自网络的力量不可小觑。

“近期有一款网红神器——‘防溺水手环’深受欢迎，建议要加强质量监督，严防其质量不过关导致二次伤害及溺亡事故。”5月下旬，“情报员”“后街男孩”通过信息邮箱发来邮件。结合近期委员反映的同类信息，市政协迅即形成了《应切实加强暑期青少年防溺水工作》专报信息，立即引起市政府分管领导的高度重视和签批。市相关部门（单位）迅速行动，举一反三，查漏补缺，从建章立制到明确监督责任、完善救护设施，共同筑牢青少年暑期安全防护网。

“信息有了‘源头活水’，以往稿源不足的问题迎刃而解。”据市政协研究室负责人介绍，2022年以来，市政协通过网民群众和政协委员线上收集信息760余条，通过线下政协会议和视察监督活动收集政协委员及智库专家反映信息510余条，多条社情民意信息获全国政协或省政协采用。市政协也连续6年被省政协评为“反映社情民意信息工作先进单位”。

“要紧跟中央和省委、市委的决策需求，紧扣社会各界人士对党委、政府工作的看法评价，紧贴人民群众的愿望诉求，增强信息选题针对性、建议资政性和报送时效性。”正如市政协主席廖伦志在全市政协宣传思想暨反映社情民意信息工作会议上所讲，南充市两级政协组织和广大政协委员将始终坚持深入群众、深入基层，问需于民、问计于民，助力党委政府出台更多惠民生、暖民心的举措，让群众反映的“问题清单”变成群众满意的“幸福账单”。

（本文原载于《人民政协报》2023年7月3日第4版）

◎ 宜宾市政协

# 牢记嘱托　守护一江清水

文／陈　萍　王春燕

6月的戎州，万木竞秀，满目葱茏，生机勃发。今日之宜宾——天蓝、水清、山绿、土净。

去年6月8日，习近平总书记站在长江起点，驻足眺望三江六岸，察看了解宜宾推进长江流域生态修复保护、实施长江水域禁捕退捕等情况，殷殷嘱托筑牢长江上游生态屏障，守护好这一江清水。

嘱托，入脑入心；落实，立说立行。宜宾市政协充分发挥专门协商的优势，及时把“筑牢长江上游生态屏障”相关工作纳入协商重点，组织委员深入开展调研，与市政府就《贯彻落实习近平总书记来川来宜视察重要指示精神“牢固树立上游意识、守护好一江清水、筑牢长江上游生态屏障”三年行动方案》（以下简称《方案》）、《宜宾市“十四五”生态环境保护规划》等展开协商。在习近平总书记来宜仅4个月后，宜宾市发布了《方案》，明确将开展长江生态保护与修复以及水污染、大气污染、土壤污染防治攻坚、农业农村污染治理、城镇环保基础设施补短板、水生生物多样性保护、水资源保障提升、绿色低碳发展、生态环境安全保障等十大行动。

实践中，宜宾先后围绕水生态、水环境、水资源“三水共治”，生态治理做“减法”，生态修复做“加法”——对长江岸线上的天原集团、宜宾纸业、宜宾发电厂等企业进行整体搬迁或关停，拆除非法码头33座，取缔沿江砂石堆场92个，取缔了餐饮趸船43艘，退出占用长江岸线8.4公里；建成生态廊道约82公里，建成亲水节点、休闲驿站、公园15个，新增沿江绿地约300公顷……2022年，长江干流宜宾段Ⅱ类水质达362天。如今，看江鱼、赏花鸟，逛公园、跑绿道，已成了宜宾人的休闲新时尚。

今年是贯彻落实中共二十大精神的起步之年，如何进一步强化上游意识、落实上游责任、扛起上游担当？市政协主席谢杰介绍，今年来，市政协始终聚焦党委政府重大决策部署，深刻领悟把握四川现代化建设总体布局，坚持党政工作推进到哪里，政协工作就跟进到哪里，精心研究制定《“深入学习贯彻党的二十大精神 同心共建现代化四川（宜宾） 持续提升政协服务中心大局贡献率”的实施意见》及2023年行动计划，着力打造“长江大保护 委员大联动”履职品牌，系列活动更是蓬勃开展。2月，宜宾市“我爱长江母亲河，委员担当添光彩”主题活动暨市县（区）政协“守护一江清水”协商监督活动在三江口启动。3月，“守护一江清水、共建千里林带”——政协委员义务植树活动举办。6月，“放流入清水，携手护长江”——宜宾港2023年长江鲟增殖放流活动举行，政协委员与市民群众一起见证着8000余尾长江鲟活蹦乱跳地游向长江……

一条条建议、一组组数据不仅反映这座长江首城的“上游担当”，更体现着政协的贡献率。

青山颔首，大江作证。沿着习近平总书记指引的方向，宜宾正劈波斩浪，扬帆远航。站在新征程新起点，宜宾两级政协委员正紧密团结在中国共产党周围，同心同德、团结奋进，在全力助推宜宾加快建设现代化区域中心城市、在新时代治蜀兴川事业再上新台阶中作出新的更大贡献。

（本文原载于《人民政协报》2023年7月3日第4版）

◎ 达州市政协

# “达事好商量”行得通真管用

文 / 李敬洲

“停车位由原来的800个，增加到了1168个，现在下班回来基本都有车位。”谈及最近小区居住环境的改善，四川省达州市达川区新南社区居民张民表示，现在再也不用因为车子停在路边“吃”罚单而焦虑了。

新南社区位于达川区的老城区，因在修建时没有规划停车位，车辆乱停乱放成为创建全国文明城市工作中社区整治的重点内容之一。社区犯愁、居民不满，这样的“两难状况”被下沉到社区委员工作室的区政协委员谭明永获知。

作为社区委员工作室的召集人，谭明永召集一同下沉到社区的9名政协委员，对新南社区开展全面的走访调研，共收集影响居民生活、事关“创文”的问题8个，并分门别类建立问题台账。随后，在区政协的支持下，谭明永先后和13个区级部门同志一起到新南社区开展摸排调研，召开“有事来协商·达事好商量”现场协商会4次，推动整治私拉乱搭“蜘蛛网”50余处、清理楼院堆码物15个、新增消火栓27个、灭火器200余个、路灯16个、垃圾桶80余个，有效改善了社区的居住环境。

“一方面是群众参与积极性高，另一方面是市政协为我们开展协商明确了原则，制定了制度、规范。”谭明永说，正是市、区两级政协印发的相关指导性文件、工作办法，对精选协商议题、深入商前调研、有序组织协商、压实成果转化等环节都作出了细致的规定。“协商有了模板，委员有了‘宝典’，工作开展起来自然务实有成效。”谭明永说道。

而谭明永所在的社区委员工作室同样引人关注。

据悉，为发挥好“有事来协商·达事好商量”协商平台的作用，进一步下沉工作力量，全市两级政协组织已在县、乡、村三个纵向层级，搭建“有事来协商·达事好商量”工作平台1099个，建立乡镇（街道）政协工作联络委员会或片区政协联络工作委员会189个，委员工作室43个。市政协委员全覆盖下沉至县、乡一级，县政协委员全覆盖下沉至乡、村一级“有事来协商”平台。市政协还提出了“品牌统一建设、载体统一规范、程序大胆创新”的“两统一放”工作思路，鼓励各县（市、区）政协因地制宜创新协商模式和协商流程，通过街巷协商、院坝协商、园区协商、车间协商、教室协商，解决民生热点难点问题。今年以来，全市开展“有事来协商·达事好商量”活动683次，收集意见建议1400余条，形成协商专报102份，协商解决问题700余个，转化成高质量提案32件、社情民意信息35条。

市政协主席胡杰介绍，如今，“有事来协商·达事好商量”工作已在达州全市成势见效：通川区政协委员全员化身“小微”，深入界别群众体察民情收集民意；达川区政协开展“四题四议四办”，实现协商全流程跟踪问效；万源市政协开展“五议五不议”，规范议事内容和边界；宣汉县政协发挥“应用智库”作用，实现协商议深议实议出彩；大竹县和开江县政协借势川渝万达开地区统筹发展，积极开展毗邻区域联动协商；渠县政协建立“1+3+8+N”协商体系，推动民生实事落到实处……让群众切实感受到政协就在身边、委员就在身边，政协协商助推基层社会治理“行得通”“真管用”。

（本文原载于《人民政协报》2023年7月3日第4版）

# ｜贵州省政协｜
# 在新的认识高度上推进政协工作行稳致远

文/黄　静　王　馨

党的二十大擘画了以中国式现代化全面推进中华民族伟大复兴的宏伟蓝图。坚持以高质量发展统揽全局是习近平总书记对贵州的殷切嘱托，推动高质量发展是现代化新征程上贵州全部工作的主题。

贵州省委书记、省人大常委会主任徐麟为新一届省政协委员鼓劲："置身新时代，踏上新征程，我们生逢其时、大有可为。"

今年以来，贵州省政协以开展主题教育为契机，深入学习贯彻习近平新时代中国特色社会主义思想和党的二十大精神，衷心拥护"两个确立"、忠诚践行"两个维护"，紧扣实现高质量发展这个首要任务，切实增强以高质量履职服务全省高质量发展的高度自觉，加强思想理论武装，提升政治能力，确保政协服务高质量发展的正确方向；加强重大专项调研，提升思维能力，增强政协服务高质量发展的履职水平；深化问题检视整改，提升实践能力，彰显政协服务高质量发展的实际效能，努力为推进中国式现代化的贵州实践贡献智慧和力量。

## 以新思想定向领航，筑牢团结奋斗思想基础

"理论学习要有勇气和底气，产生思想的交流和交锋，不断在新的认识高度上深刻理解和把握习近平新时代中国特色社会主义思想。"6 月 30 日，贵州省政协党组书记、主席赵永清为省政协委员和机关干部讲专题党课时说。

新一届省政协履职之始，就把理论学习定位在"交流出真知"，省政

协党组主要负责同志主持党组理论学习中心组集体学习等系列活动，各位党组成员、党员副主席带头作重点发言。制定了《学习贯彻习近平新时代中国特色社会主义思想“三走”研习研讨制度》，共设6个研习研讨小组，各小组组长由省政协党组书记、省政协党组成员或党员副主席担任，成员涵盖了各专委会及机关各处室。截至目前，已开展集中学习研讨12次，在体会交流、观点交锋、理论交融中深刻感悟思想伟力、激发奋进动力、凝聚实干合力，推动形成了用习近平新时代中国特色社会主义思想凝心铸魂的浓厚氛围。

在7月7日召开的省政协主席会议上，各专委会汇报了开展委员大走访活动情况。至此，实现委员全覆盖的大走访活动取得丰硕成果，涉及全省经济社会发展方面的意见建议得到省委、省政府主要领导批示肯定。

今年换届以来，省政协将委员编入9个专门委员会，依托专委会组织委员开展经常性履职工作，出台《政协贵州省委员会联系服务住市（州）省政协委员工作制度（试行）》，拓展委员履职平台。为进一步加强思想政治引领，推动主题教育往深里走、往实里走、往心里走，更好发挥委员主体作用，省政协部署了大走访活动。各专委会依托专委会和界别特色优势开展多种形式的走访，文化文史与学习委员会负责人说：“通过大走访，在宣传宣讲中增进了共识，在互动交流中推进了工作，在交心谈心中解决了问题。”经济委员会在走访中，结合委员和委员所在单位的意愿，探索委员所在单位建立委员工作室、学习站和联系点。

省政协副主席李汉宇这样评价大走访活动：“委员反响好，社会反响好，带动了委员加强与界别群众的联系。”

省政协持续推进学习贯彻习近平新时代中国特色社会主义思想的深化、内化、转化工作，正如赵永清所说：“把思想方法搞对头，认识问题才能站得高，分析问题才能看得深，开展工作也才能把得准。”

### 以新使命激励前行，推进中国式现代化的贵州实践

7月10日，赵永清主持召开旅游产业高质量发展专题调研工作推进情况调度会，与省委常委、宣传部部长卢雍政，副省长董家禄、蔡朝林，省

政协副主席赵德明、张光奇，以及6个专题调研牵头单位，听取调研工作进展汇报，讨论调研报告起草工作。

调研式推进重点工作，是中共贵州省委落实党中央关于大兴调查研究的重要部署。按照《2023年省委常委会调研式推进重点工作方案》，赵永清为“旅游产业高质量发展”调研课题总召集人。

习近平总书记多次盛赞贵州是“公园省”，要求贵州丰富旅游生态和人文内涵，实现旅游业高质量发展。推动新型工业化、新型城镇化、农业现代化、旅游产业化“四个轮子一起转”是习近平总书记2015年视察贵州时的重要指示要求。2021年习近平总书记视察贵州时再次强调，旅游产业化是贵州比较优势最明显的“一化”，贵州的旅游产业是具有战略地位的。

党委有部署，政协见行动。赵永清接手这项任务后，第一时间组建6个专题调研组，其中3个由省政协相关领导担任组长，制定详细调研行程和工作计划，深入全省9个市（州）近60个县（市、区）开展调研，围绕省委、省政府提出的把贵州打造成世界级旅游目的地的目标凝聚共识，引导各地、各部门和各有关方面把思想和行动统一到省委、省政府的决策部署上来，以世界级标准开发世界级旅游资源。

在推进这项工作中，各专委会积极响应。省政协人口资源环境委员会负责人陪同全国政协人资环委调研组到安顺市调研时，为中国能源建设集团与黄果树风景名胜区关于民宿文化旅游产业项目、民族文化园等项目合作积极穿针引线、牵线搭桥。

省长与政协委员面对面协商座谈，是贵州省政协的重要协商活动，已经不间断地召开了29年，今年主题是“打造六大工业基地，建设有贵州特色的现代化工业体系”。

“我们的建言必须言之有理、言之有物、言之有方、言之有效。”赵永清在座谈会召开前多次部署、多次调研。

省政协经济委员会承担了此次座谈协商的主要调研任务，围绕六大工业基地建设梳理了51个调研课题，引导委员自主领题调研。还借助委员大走访活动，着力破解了委员“不想调研、不会调研、不能调研”的难题。

赵永清讲党课时说道:“我们要为前瞻性思考、全局性谋划、战略性布局、整体性推进事业发展提供科学思想方法。”他提出加强省、市、县三级政协联动履职，探索创新议题联接、调研联合、协商联动、成果联用的体制机制，增强做好新时代政协工作的合力。

其实不只是省内联动，今年全国“两会”期间，赵永清联合湖南省政协主席、重庆市政协主席提交了《关于加强“锰三角”污染协调治理推动锰产业转型发展的提案》,联合四川省政协主席、云南省政协主席提交了《关于加强赤水河流域生态环境保护和绿色发展的提案》，全国政协提案委立案并交相关部委办理。赵永清到铜仁市开展主题教育调研时，专门到万山区和松桃县就锰污染治理情况进行调研,到习水县、仁怀市境内赤水河开展巡河，并安排省政协人资环委分别进行专题调研，形成调研报告提交国家发改委等有关部委参考。

赵永清说:“做好新时代政协工作必须要有开放的思维和开放的招数。”

## 以新担当落实责任，书写全面从严治党“政协答卷”

政协组织中的共产党员同各方面党外人士打交道，直接代表着党的形象。省政协坚持把作风建设作为一项长期任务，扛在肩上、抓在手上，严格执行中央八项规定及其新修订的实施细则和省委有关规定，出台《关于严明纪律规矩进一步加强省政协领导班子自身建设的意见》等，带头改进调查研究、精简会议活动、精简文件简报、规范出访活动、改进新闻报道、厉行勤俭节约。开展省政协机关作风教育整顿，深入开展政治型、学习型、创新型、服务型、廉洁型模范机关创建活动，大力倡导树立“严、细、精、准、快、实”的工作作风。

全国“两会”甫一结束，贵州省政协对建设干部清正廉洁、委员正气充盈、机关风清气正的“清廉政协”作出周密部署,扎实开展“五个一”行动，包括组织一次学习研讨、出台一个意见、召开一次会议、签订一份责任状、开展一次廉政教育。其中，出台的《中共政协贵州省委员会党组关于加强全面从严治党推进清廉政协建设的意见》，提出 17 条举措，压紧压实管党治党政治责任，推动全面从严治党向纵深发展。

赵永清提出，要通过清廉政协建设，推进全面从严治党向各级政协组织和广大政协委员全覆盖，推动清廉思想、清廉制度、清廉规则、清廉纪律、清廉文化融入政协履职各方面。

“五个一”行动是贯彻落实中央和省委要求、推进全省政协组织党风廉政建设的创新举措。省政协机关作为服务省政协履职的综合办事机构，将坚定不移加强理论武装、坚定不移提高能力水平、坚定不移纠“四风”树新风、坚定不移强化正风肃纪，努力建设让党放心、让人民满意的模范机关。

政协干部是政协工作的骨干。建设一支政治过硬、能力过硬、作风过硬的委员队伍，是提高政协履职能力的必然要求；打造一支忠诚、干净、担当的政协干部队伍，是推进政协事业创新发展的有力保障。坚持严管和厚爱结合、激励和约束并重，完善干部考核评价和选拔机制，制定《省政协机关年轻干部队伍建设意见》，重点从“选”“育”“管”“用”四个环节，教育引导政协干部清清白白做人、干干净净做事。

新征程是充满光荣和梦想的远征。省政协将在中共贵州省委的坚强领导和全国政协的有力指导下，全面贯彻落实习近平新时代中国特色社会主义思想和党的二十大精神，踔厉奋发、团结奋斗、勇毅前行，奋力在谱写多彩贵州现代化建设新篇章的新征程上跑出政协加速度、彰显政协新作为、作出政协新贡献。

（本文原载于《人民政协报》2023 年 8 月 5 日第 1 版）

◎ 贵阳市政协

# 协商于民　协商为民　创新打造“社区协商”品牌

文 / 黄　静　王　馨

近年来，贵阳市深入贯彻落实习近平总书记关于协商于民、协商为民等重要指示精神，着力推进政协协商与基层协商有效衔接，创新打造政协“社区协商”品牌，切实把政协制度优势转化为基层治理效能。

2022 年，贵阳市南明区政协向全区 28 个政协委员工作室集中授牌，这些工作室的牵头负责人分布在经济、农业、法律、医药卫生、教育、文化艺术、工商联等界别或行业，都是专业水平突出、建言资政能力强、履职热情高的委员。

“建议声批评声赞扬声声声入耳，琐碎事邻里事烦心事事事关心。”这是白云区瑞福花园小区“议事亭”亭柱上的一副对联。小区居民们经常围坐在此拉家常，划分到该辖区的委员们也时不时来这里坐坐，听听居民们最近都在关心什么，对收集到的群众急难愁盼问题进行协商。像这样的议事亭，如今在贵阳市很多街道社区都能看见。

为搭建好“社区协商”平台，贵阳市政协党组积极向市委请示争取支持，并明确由主席班子成员包片联系县（市、区）政协，聚焦协商阵地规范化建设加强指导，构建起“市级指导、区级主推、街道组织、社区实施”的工作格局。目前，全市已建立街道社区“委员工作室”“协商议事室”“协商长廊”等协商平台 309 个，市县两级政协 2470 名委员全部划分到相应街道社区参加协商议事活动。

位于贵阳市观山湖公园旁的金元社区，是习近平总书记 2021 年视察贵州时到访的社区。实践中，社区通过设立“社情民意室”，创新“居民说事问民需、委员理事顺民意、协商议事汇民智、监督办事解民忧、定期亮事得民心”的“五事”工作法，激发了委员参与积极性和群众共治共享意识，推动协商民主与基层治理、服务民生深度融合。

南明区国际城社区田永伍委员工作室则以“议题征集、议题确定、商前调研、协商实施”四步工作法，积极响应民声、广集民意、汇聚民智，促成了社区光和业主食堂、邻里中心投入使用，构建起居民从舌尖到心间的幸福生活圈。

贵阳市在推进全过程人民民主的实践中，牢牢把握城市社区特点，精准定位“社区协商”功能作用，制定出台《贵阳市政协“社区协商”工作规则（试行）》。各县（市、区）政协结合自身特点，创新打造了诸如云岩区“云上好商量”、白云区“同心会客室”、观山湖区“六进五事”等各具特色的协商模式和协商文化。对协商达成的共识，县（市、区）政协、街道社区和委员联络组会同责任部门积极推进，辖区委员持续跟踪督促，做深做实“后半篇文章”。

在云岩区盐务街街道的一次协商会上，辖区委员、居民代表、有关企业围绕贵州大学小关校区职工宿舍108户“一户一表”水表安装历史遗留问题开展协商，最终达成一致。云锦尚城社区是乌当区易地扶贫搬迁集中安置点，特殊困难人群较多，该区积极探索委员进楼栋、进单元，帮助群众解决就业、教育、出行等一批揪心事、烦心事。

2022年以来，贵阳市各街道（社区）共开展协商活动530场（次），委员参与2300余人（次），促进610个群众急难愁盼问题得到解决，切实让群众感到政协离自己很近、委员就在身边。

（本文原载于《人民政协报》2023年8月5日第4版）

◎ 遵义市政协

# 破解“两个薄弱”推动工作高质量发展

文/黄 静 王 馨

近年来，遵义市政协不断深化对政协工作的规律性认识，对标新时代人民政协新方位新使命新要求，以改革思维、创新理念、务实举措深入进行探索实践，在破解市县政协“两个薄弱”问题上找准突破口、探索新路径。

遵义市政协首先调整并新增市政协机关内设科室，确保每个专委会有1个科室2名以上工作人员负责对接联络。2021年以来，专委会每年的调研视察课题从3—4个增加到7—8个，实现履职数量和质量同步提升。

遵义市政协部署在红花岗区、仁怀市、凤冈县开展试点，同时到全市14个县（市、区）开展专题调研，促成市委出台了《关于解决基层政协“两个薄弱”问题的指导意见》。

在吸纳试点区县成功经验的基础上，遵义市政协切实加强党对解决“两个薄弱”问题的领导，完善了市县两级政协党组、机关党组、机关党委（党支部）三级组织体系。设立由乡镇党委副书记兼任联络组长的乡镇政协工作联络组，形成有牌子、有场地、有制度、有人员、有经费的规范化体系，全市254个乡（镇、街道）实现政协工作联络组全覆盖，有效夯实了基层协商议事根基；建立党组成员联系党员委员、党员委员联系党外委员机制，实现党的组织对党员委员、党的工作对政协委员的全覆盖；通过增加编制解决一批、创新机制调整一批、安排兼职整合一批、统筹过渡安排一批的方式，长期存在的“一人委室”问题得到有效解决，一大批优秀年轻干部进入政协机关。

解决了场所、人员等问题，遵义市政协以“有事好商量”工作为抓手，在全市全面推开“院坝协商”“社区协商”“园区协商”和“商圈协商”，推动协商民主广泛、多层、制度化发展。

各县（市、区）“既晒又赛”，播州区在镇（乡、街道）设立“政协委员工作室”、村（社区）“院坝协商议事室”等协商议事场所。红花岗区制定院坝（社区）“一年试点示范、两年整体推进、三年巩固提升”三年行动方案。市政协新蒲新区工委将辖区76名市、区政协委员下沉到81个村居的协商议事中。

遵义市政协纵深推进“两个薄弱”问题，实现了党的领导更加强化、组织体系更加科学、工作力量更加充实、基础工作更加规范、协商形式更加丰富、履职效果更加明显，为建设红色传承引领地、绿色发展示范区、美丽幸福新遵义不断贡献政协智慧和力量。

（本文原载于《人民政协报》2023年8月5日第4版）

◎ 毕节市政协

# 创新“四联”机制　提高履职水平

文/黄　静　王　馨

毕节市政协认真贯彻落实习近平总书记关于加强和改进人民政协工作的重要思想和中央政协工作会议精神，积极探索出议题联接、调研联合、协商联动、成果联用“四联机制”，推动市县政协上下联动，整合履职资源和力量，切实提高政协履职水平。

“这一格局形成多方联合队伍，集中力量履职，使县（市、区）政协从过去被动简单的陪同调研变成参与主体。”毕节市政协主席杨宏远说。

突出议题联接，推动两级政协履职更加聚焦。从2019年开始，每年年初，毕节市政协在广泛征集协商议题的基础上，组织召开市县政协主席联席会议，将市县政协共同关注或存在交集的议题选定为市县联动议题，共同纳入各自年度协商监督计划。今年2月，毕节市政协将全市高标准农田建设、全市旅游产业高质量发展、农业强市建设等7个议题确定为市县联动议题。各县（市、区）政协主席表示，议题联接既能统一市县政协工作目标和焦点、使市县两级政协履职更加聚焦，又能留足各自空间，体现个性需要和特色。

突出调研联合，推动两级政协履职更加聚力。“围绕联接议题开展调研视察，既能有效发挥各自优势、提高调研工作效率，又能整合市县政协资源力量，减少人力、物力、财力消耗，达到集中力量办大事、解决人员力量薄弱问题的目的。”黔西市政协主要负责同志说。毕节市政协按照“市政协主席会议成员＋部分常委＋有关市直部门＋各民主党派市级组织＋所到县（市、区）政协”“市政协主席会议成员＋部分委员＋所到县（市、区）

政协”“专委会＋界别＋所到县（市、区）政协”等组成方式，根据课题需要到县（市、区）开展联合调研视察。据初步测算，市县开展联合调研与市县两级分开调研相比，所需公务支出平均节约30%。

突出协商联动，推动两级政协履职更加聚智。以联接议题为纽带，在调研过程中，各调研组深入农村、社区、园区、企业等基层一线，开展问计式协商。各县（市、区）政协就分组调研报告开展专题协商，市政协再专题开展议政式协商会议。协商联动使协商建议更接“地气”、协商成果易于“落地”。2020年以来，市县政协共开展各类联动协商50余次，一批意见建议获市委、市政府采纳并推动落实。

突出成果联用，推动两级政协履职更加聚效。毕节市政协协调考核部门将调研协商成果作为年度目标考核加分事项，将参与市县政协联合调研协商作为委员评价、届中委员调整和换届时委员考评的重要依据记入委员履职档案。调研协商成果形成后，市县政协报同级党委政府、上级政协组织，各民主党派市级组织、各界别根据各自关注的问题，搜集素材线索，形成社情民意信息、提案及全会大会发言等成果。

目前，毕节市政协制定了《关于深化“四联”机制推进市县政协高质量履职的实施意见》《毕节市政协深化“四联”机制工作细则》，将探索成果用制度固化下来。

（本文原载于《人民政协报》2023年8月5日第4版）

◎ 黔东南苗族侗族自治州政协

# 创新开展“院坝协商” 助解乡村治理难题

文/黄　静　王　馨

“村寨里的庭院怎样打造才能更加美化、亮化？”“我们要向村里的先进看齐。”夜幕下，贵州省黔东南州黎平县九潮镇各洞村村民活动室外的院坝上很是热闹，村党支部书记吴成周说：“通过院坝协商，现场就能把解决问题的办法协商出来，效果很好。”

黔东南州政协从2021年开始探索推进“院坝协商”工作，今年以来，聚焦农村社会治理中“大操大办、薄养厚葬、人情攀比、高价彩礼、人居环境”等关乎群众切身利益的问题，深入践行全过程人民民主，着力把协商民主搬到群众身边。

聚焦“大操大办”突出问题开展“院坝协商”。针对农村婚丧嫁娶、挂清挂社宴席时间过长、规模过大、盲目追求档次，造成铺张浪费等突出问题，剑河县政协副主席龙家菊与部分政协委员一道，走访村寨、与村民座谈交流，并因地制宜组织开展“院坝协商”。

通过协商达成了共识，婚丧嫁娶等操办桌数控制在20桌以内、送礼礼金控制在200元以内、菜品控制在8个以内、酒席时间控制在两天以内，并将其纳入村规民约。

聚焦“薄养厚葬”突出问题开展“院坝协商”。在凯里市炉山镇甘坝村，针对农村不履行孝道义务，丧事操办时间过长、丧礼中宣扬封建迷信思想，开展低俗活动，建“豪华墓”等问题，凯里市政协组织群众开展“院坝协商”。

通过院坝协商，达成“村民要做到主动赡养老人、孝敬老人；父母要抚养未成年子女，不得让其在义务教育阶段辍学，尽到自己应尽的抚养义务；村内各家丧葬事宜不得有大操大办、搞封建迷信和大修陵墓等行为”的共识。

聚焦“人情攀比”突出问题开展“院坝协商”。“我们围绕外出务工人员返乡参与红白喜事的烦心事开展‘院坝协商’，达成村民办酒‘红三条、白三条’共识，探索形成‘主家办事省钱、在外务工人员安心挣钱、居家人员帮忙得钱’的良好风尚，减少外出务工农民往返负担，稳定就业增收。”丹寨县政协秘书长周仕玉介绍，在烧茶村，针对农村人情礼金名目繁多、数额过高，甚至为了敛财举办“无事酒”，日益攀升的人情礼金让群众不堪重负，人情味演化成人情债等问题，组织开展“院坝协商”，有效达成了共识。

聚焦“高价彩礼”突出问题开展“院坝协商”。在施秉县双井镇黄琴村就“移风易俗规范红白喜事办理彩礼和礼金事宜”开展院坝协商，建立红白喜事理事会，制定了《双井镇黄琴村操办红白喜事暂行办法》，协商议定接媳妇嫁姑娘彩礼钱不能高于8万元，送礼金额一般亲戚朋友和寨邻限200元以下，深受群众好评和支持。

“‘院坝协商’以社会主义核心价值观和先进文化引领群众、凝聚共识，推动民生问题解决、促进乡风文明，贵在坚持、重在落实。”黔东南州政协主席潘玉凤表示，下一步，全州各级政协组织将不断总结提升推广，持续深入开展“院坝协商”，在中国式现代化的黔东南生动实践中作出政协新贡献。

（本文原载于《人民政协报》2023年8月5日第4版）

◎ 黔南布依族苗族自治州政协

# “请你来商量” 商出为民履职真实效

文/黄 静 王 馨

近年来，贵州省黔南州政协不断深化“请你来商量”改革实践，按照“遇到问题多协商、双向互动会协商、坦诚相见真协商”要求，推动政协协商与基层协商有效衔接，努力做到政协协商更好为基层乡风文明和社会治理添柴助力。

贵定县云雾镇谷丰村藏在起伏的群山之中，多年来，当地通信信号不稳定问题困扰着偏远寨子的群众。为解决这一问题，谷丰村借助“请你来商量”平台，在州、县政协委员的帮助下，邀请了县工信局、移动公司、铁塔公司来村里实地商量，对如何解决村里的通信问题进行协商讨论。

经过大家的努力，村里建设了新的信号基站，解决了 4 个偏远寨子和 1 个企业的通信信号较差的问题。

黔南州政协按照“利益涉及谁就和谁商量”的原则，认真筛选协商主体，明确了 1 个召集人 +7 类常任议事成员（政协干部、政协委员、驻村干部、新乡贤、群众代表、法律顾问、专业人士）+N 个利益相关群众代表组成的“1+7+N”协商主体，通过协商促进协作，努力形成既畅所欲言、各抒己见，又理性有度、合法依章的良好协商氛围，实现从“要我协商”到“我要协商”的转变。

为群众解难，为企业纾困。从乡村到企业，“请你来商量”的触角延伸到黔南每一个角落，服务着黔南经济社会发展的方方面面。

位于黔南布依族苗族自治州福泉市的贵州恒轩新能源材料有限公司，

公司规模不断扩大。今年 3 月，公司新招聘了 400 余名员工，一时间增加这么多新员工，住宿成了问题。

在了解到恒轩面临的困难后，福泉市政协充分运用“请你来商量”协商议事平台，邀请了润泉、福润等多家公司和有关业主方进行多次现场商量。

在福泉市政协的牵线搭桥下，恒轩新能源公司租赁了福泉市融媒体中心老大楼作为员工周转房。“再过 10 多天，我们的员工就可以搬到新改建好的周转房居住了，床铺、桌椅、洗衣机……新宿舍内设施一应俱全。”公司综合部经理宋昌艳很感谢协商议事平台。今年以来，福泉市政协通过“请你来商量”协商议事平台，已累计为企业解决困难和问题 30 余个。

截至目前，黔南州各级政协共搭建协商议事室 368 个，不断推动群众解决困难、化解矛盾纠纷。从服务企业发展到助力乡村振兴，“请你来商量”成为政协履职为民、服务基层的有效抓手，推动了大量群众和企业关心的热点、难点、堵点问题的有效解决。

州政协通过“院坝协商”建文明村寨、“社区协商”建和谐社区、“厂区协商”顺群企关系、“银企协商”帮企业纾困、“政企协商”助实体发展，有效解决了“在哪商”“谁来商”“商什么”“怎么商”的问题。

黔南州政协主席瓦标龙表示，“请你来商量”协商议事平台，不但有效破解了基层治理的诸多难题，还给基层民主协商注入了生机和活力，已逐渐成为群众点赞、基层欢迎、委员认同、党政满意的协商平台。

（本文原载于《人民政协报》2023 年 8 月 5 日第 4 版）

# | 云南省政协 |

# 锚定新目标　干出新样子

文 / 吕金平　李茜茜

5 月 30 日至 6 月 2 日，云南省政协学习贯彻习近平新时代中国特色社会主义思想主题教育读书班第二次集中学习举行。三天学习期间，全体参学同志读原著、学原文、悟原理，坚持知信行统一、学思用贯通，力求做到学以铸魂、学以增智、学以正风、学以促干，把学习转化成干出新样子、创造新业绩的氛围日益浓厚。

这正是新一届省政协以来，坚持以学习开新局、重建设强素质，搭平台树品牌、正风气展新貌，持续深化专门协商机构建设，紧紧围绕省委提出的三年上台阶、八年大发展、十五年大跨越的“3815”战略发展目标履职尽责、提升能力本领的一个缩影。

## 以学习开新局　扣好履职“第一粒扣子”

今年是全面贯彻落实党的二十大精神的开局之年，也是十三届云南省政协开局之年。立足新起点，云南省政协坚持以习近平新时代中国特色社会主义思想为指导，深入学习贯彻党的二十大精神和中央政协工作会议精神，准确把握政协工作性质定位，注重瞄准服务中心大局的靶，拉满学习之弓，以学习促履职能力提升。

“党的二十大精神博大精深、内涵丰富，要全面准确把握精神实质和核心要义，深刻领悟‘两个确立’的决定性意义，坚决做到‘两个维护’。”1 月 30 日，云南省政协主席刘晓凯以普通党员身份参加省政协经济委员会办公室党支部一季度党员大会，结合政协履职实际，分享学习体会。

像这样常态化的学习研讨是本届省政协履职的鲜明特色。自换届以来，刘晓凯多次表示，做好省政协工作，要把学习摆在首要位置，深入学习贯彻习近平新时代中国特色社会主义思想，持续学习领会习近平总书记在中央政协工作会议上的重要讲话精神和习近平总书记考察云南的重要讲话精神，及时跟进学习领会习近平总书记最新重要讲话精神，学出坚定信仰、学出本领才干、学出责任担当。

省政协完善以党组理论学习中心组学习为引领，主席会议集体学习、常委会专题学习、专委会常态学习和委员集中培训等相配套的学习制度体系，用好数字政协、委员读书群、书香政协阅读室等平台载体，扎实开展学习贯彻习近平新时代中国特色社会主义思想主题教育……这些学习平台和内容串珠成链、攥指成拳，成为推动政协履职的强劲引擎，为谱写中国式现代化的云南篇章广泛凝聚共识和力量。

开展主题教育是今年党的建设的重大任务。省政协念好“快”“实”“特”字诀，第一时间学习领会，第一时间动员部署，第一时间制定方案。先后举办两期主题教育读书班，采取集体学和个人学相结合、线上与线下相结合、专题辅导与交流研讨相结合等形式，读原著、学原文、悟原理，为筑牢信仰之基、补足精神之钙、把稳思想之舵汲取养分。

省政协办公厅党建工作处一名干部表示，从专题辅导到个人自学，从集中研讨到静思善悟，全天候的学习模式让自己对人民政协性质定位的理解更准确，认识更到位，进一步坚定了把人民政协制度坚持好、把人民政协事业发展好的信心和决心，增强了忠诚拥护“两个确立”、坚决做到“两个维护”的政治自觉、思想自觉、行动自觉。

## 搭平台树新风　以政协之为添彩全局

党的二十大召开后，云南省委立足全省实际，科学谋划发展总体思路，明确提出了实施“3815”战略发展目标。

发挥政协优势助力“3815”战略发展目标实现是省政协履职的首要问题。

“要把握政协性质定位，围绕中心、服务大局，凝心协商、聚力招商，按照省委决策部署和王宁书记对政协工作的指示要求，充分借助‘上力’‘外力’，调动‘下力’，整合‘内力’，充分发挥专门协商机构作用和委员主体作用，搭平台、创品牌。”刘晓凯为新一届省政协履职定下基调。

按照这一思路，省政协坚持守正创新思维，更加积极主动把履职工作放到全省中心大局中来科学谋划，创新搭建履职新平台，打造工作新品牌，在搭好协商议政平台、深化滇港合作平台、助力招商引资平台等方面精准发力，为专委会明确“七个一”规定动作，创新部署界别“五个一”活动，形成了“履职花开香满园”的生动局面。

5 月 24 日，省政协农业和农村委员会召开“推动农业科技成果转化落地”省市县三级政协联动协商会，就如何做好全省农业现代化这篇“大文章”献智出力。

此次活动是省政协农业和农村委贯彻落实专委会“七个一”工作要求的具体行动。“今年的工作，忙碌又充实，通过监督检查的‘硬监督’、综合评价的‘软考核’，组织推着你学、推着你干，有效推动专委会工作水平全面提高。”该专委会相关负责人表示。

专门委员会是专门协商机构的工作机构。作为“机构中的机构”“专门中的专门”，专门委员会的工作质量和水平决定着政协履职质效，关乎着政协工作全局。为进一步发挥专门委员会的基础性作用，十三届省政协对专委会工作提出“七个一”要求，即每个专委会每年至少召开一次全体委员会议组织集中学习，开展一次委员视察调研，形成一份高质量、可操作的调研报告供省委、省政府决策参考，举办一次高水平专题讲座，与全国政协对口专委会合作开展一次活动，与市县政协对口专委会开展一次联动协商，与省政府及相关部门开展一次专题协商。同时，为更好突出界别特色、发挥界别作用，要求每个界别每年都要做到“五个一”，即组织一次界别委员学习，开展一次界别考察调研，与全国政协对口界别联合开展一次活动，结合每年全会提出一份界别提案、提交一份大会发言。

聚焦主责主业，省政协更是铆足了劲加速奔跑。4 月以来，“加强基层

普法 让法治深入人心”专题协商会、“全面加强考古研究和保护利用”专题协商会、“提升基层医疗卫生服务能力”专题协商会相继召开。这样高密度的协商频次，为推动云南高质量跨越式发展凝聚了强大的正能量。

唱好协商戏，更要夯实调研功。工作中，围绕推动乡村产业振兴，壮大资源经济、园区经济和口岸经济等课题，省政协大兴调查研究之风，创新调研方式方法，用好线上平台，组织委员走基层、下一线，进企业、入园区，问群众、访专家，与有关职能部门座谈交流，最大范围地倾听民意民情，最大程度地集聚众智。

服务大局的“政协速度”不仅于此。为发挥好桥梁纽带作用，深化滇港交往合作，从 3 月开始，省政协启动了“千名香港企业家云南行”活动，计划在本届政协内，邀请 1000 名左右香港企业家来滇考察寻求投资合作机会。目前已经组织 6 批次 153 名企业家来滇考察，一些企业已与当地就一些项目初步达成合作意向。同时，积极筹备首届滇商大会，精心策划“2023 世界华商聚云南”活动，努力搭建云南与全球华商企业家多形式、多层次、多渠道的联系沟通平台，为全省拼经济、谋发展贡献政协力量。

## 创品牌展新貌　写好助力基层治理“大文章”

习近平总书记指出：“人民政协是国家治理体系的重要组成部分，要适应全面深化改革的要求，以改革思维、创新理念、务实举措大力推进履职能力建设，努力在推进国家治理体系和治理能力现代化中发挥更大作用。”

为让习近平总书记的重要讲话精神在云南落地生根，云南省政协在过去两年开展“协商在基层”工作的基础上，于 3 月 21 日召开动员会议，正式启动全省政协组织“开展院坝协商·建设文明村寨”行动。

“开展政协‘院坝协商’是学习领会习近平总书记关于加强和改进人民政协工作的重要思想的具体行动，是贯彻落实省委决策部署和王宁书记对政协工作指示要求的重要举措，是协商在基层工作的深化、细化、具体化。”会上，刘晓凯如是表示。

2020 年以来，云南省政协创新开展“协商在基层”工作，围绕基层党政工作的重点、群众生产生活的难点、基层社会治理的焦点深入协商议事，切实以“小协商”服务“大民生”。2020 年以来，全省县级政协共组织近 30 万群众参与了 4000 多场协商活动，协助解决了一批群众的烦心事、操心事、揪心事。“协商在基层”已经成为集党委政府“好帮手”、人民群众“连心桥”、委员履职“新平台”为一体的云南政协工作特色品牌。

为推动“院坝协商”工作规范化、程序化推进，省政协成立指导组，组建工作专班，印发实施意见。省政协分管副主席陈玉侯第一时间率队深入昭通等地，指导当地政协具体开展工作。省政协秘书长、组织“开展院坝协商·建设文明村寨”行动指导组组长张荣明及时召开工作会议进行安排部署……

一石激起千层浪。文山州政协“下手早”，推动力度大，也最早尝到了甜头。在砚山县维摩乡鱼塘村，通过开展“院坝协商”活动后达成的 5 项共识，已细化为 18 项任务分解清单，交由相关部门办理，让群众感受到了政协温度和力度。临沧市政协则在打造“边寨协商”工作品牌中继续深耕，推动“协商在基层”工作范围进一步向农村集中，协商场所进一步向村寨延伸、协商内容进一步向重点工作聚焦，通过“院坝协商”纠治了一批陈规陋习，办好了一批民生实事，得到了省普法强基补短板工作组点赞：“以‘院坝协商’的形式来推动农村普法强基补短板工作，成效事半功倍，行动正当其时。”

全省各级政协纷纷行动，扎实开展“院坝协商”行动，受到了地方党委政府和人民群众的热烈欢迎，也激发出一场政协工作的接力跑、争流赛，让云岭大地高质量发展潮头的“政协航帆”竞发涌动。

使命呼唤担当，实干成就业绩。作为专门协商机构，云南省政协始终以高度的政治责任感，勇担党政所需、群众所盼、政协所能的职责使命，通过抓学习、搭平台、创品牌，推动党的二十大精神在云岭大地落地生根、结出硕果。

（本文原载于《人民政协报》2023 年 7 月 28 日第 1 版）

◎ 昆明市政协

# 党建引领　协商聚力

文／吕金平　李茜茜　许绍忠

6 月 30 日，昆明市政协成立全省各级政协首个党建联盟，部分党员委员所在党组织、政协机关党支部等 23 个党组织成为首批联盟成员单位。

联盟将以党的政治建设为统领，发挥政协联系多元、资源广泛的优势，以理论联学、组织联建、资源联享、活动联办、互比联赛为主要活动内容，促进政协履职与委员本职同频共振、互促双赢。

昆明市政协深入贯彻落实党的二十大精神，努力构建人民政协“凝聚共识、互联互通、履职为民、助力发展”的党建工作新体系，推动形成富有政协特色的党建工作新格局，是党的建设推进新时代人民政协事业发展的一个具体工作举措。

近年来，昆明市政协坚持和加强党对人民政协工作的全面领导，注重制度创新、理念更新、机制革新，持续强化政协党组织在政协工作中的政治领导力、思想引领力、群众组织力、社会号召力，以高质量党建引领高质量履职。

在党的建设工作中始终把思想政治工作贯穿始终，严格落实“第一议题”制度，深入学习领会党的二十大精神实质和丰富内涵，跟进学习贯彻落实习近平总书记重要讲话和重要指示批示精神、党中央决策部署。认真落实习近平新时代中国特色社会主义思想学习座谈会制度，持续依托常委会、党组理论学习中心组学习、主席会议，以及书香政协、界别委员活动、党课宣讲等线上线下、会内会外、场内场外各种方式，读原著、学原文、悟原理，推进“两支队伍”补精神之钙、充思想之电、加行动之油，努力促进学思用贯通、知信行合一，自觉用党的创新理论武装头脑、指导实践、推动工作。

作为专门协商机构，注重以“党建+”持续激发制度效能。精心谋划、深入调研，先后制定印发了关于开展“党建引领·协商聚力”工作方案、机关基层党建工作要点等文件，尝试建立机关党支部联建轮值等工作机制，部署实施“头雁领航”“强基固本”“凝心铸魂”“融合互促”“先锋模范”“清廉连心”六大工程，2023年内组织开展“六抓六强”行动，努力创建“六型”模范机关，为“当好排头兵 实现大发展 率先现代化”、打造“六个春城”贡献政协智慧与力量。

同时，以深化“两个全覆盖”为抓手锻造符合新时代新要求的政协委员队伍，将党员委员全部纳入政协基层党支部、政协委员全部纳入8个习近平新时代中国特色社会主义思想学习座谈小组、建立健全多项联系走访制度等工作基础上，着力谋划开展界别活动小组党支部建设等工作，推动组织设置规范化、组织生活常态化、基本活动特色化、阵地建设功能化，促进从有形覆盖向有效覆盖拓展、提升覆盖质量。

在党建工作引领下，昆明市政协委员、机关干部奋进新征程、建功新时代的思想之基进一步夯实、行动之标有效提升、力量之源得到拓展，提案管理清单化、社情民意直通车等一个个特色工作品牌创建成效日渐明显，一次次院坝协商（协商在基层·春城面对面）活动得到百姓纷纷点赞，一份份党委政府高度肯定、有效转化的履职成果接踵而至……昆明市政协正以奋进之姿助力谱写全面推进昆明社会主义现代化建设的崭新篇章。

（本文原载于《人民政协报》2023年7月28日第4版）

◎ 曲靖市政协

# 蹲点一线问计于民　练就过硬履职“基本功”

文 / 吕金平　李茜茜　杨云光

6月20日，曲靖市政协六届八次常委会会议四场分组专题协商会同步开启，市政协委员聚焦“巩固拓展脱贫成果，全面推进乡村振兴”主题与曲靖市乡村振兴局、农业农村局、人社局等14个相关市直部门面对面共商全市乡村振兴大计。现场观点交锋交融，场面十分热烈。

委员们高质量建言的背后是曲靖市政协大兴调查研究之风，努力提升协商质效练就的“真功夫”。

党的二十大报告强调，弘扬党的光荣传统和优良作风，促进党员干部特别是领导干部带头深入调查研究，扑下身子干实事、谋实招、求实效。

作为专门协商机构，如何进一步改进调查研究方法，提高政协调研成果质量，成为六届曲靖市政协着力探索和破解的一大课题。近年来，曲靖市政协通过深入开展蹲点调研、随机调研、委员自主调研等方式，不断解锁开展调查研究的“密码”。

“做好调查研究，要在求‘实’求‘细’求‘深’求‘新’上下功夫，灵活创新调研方式，带着问题有针对性地通过文献调研、蹲点调研、座谈访谈、专家咨询、统计分析等形式深入调查了解情况，杜绝蜻蜓点水、走马观花，努力做到察实情、求真解、建净言。”曲靖市政协主席朱党柱多次强调，以求真务实之风做好调研工作，练好人民政协履职“基本功”，夯实高质量履职建言的基础。

工作中，曲靖市政协印发《政协曲靖市委员会关于大兴调查研究的实施方案》，并制定曲靖市政协领导班子成员、机关党组班子成员 2023 年重点调研课题清单，大力践行“一线工作法”，推动方针政策在一线宣传，凝聚共识在一线拓展，社情民意在一线反映，政协协商在一线开展，调研视察在一线深入，着力解决群众急难愁盼问题。

进入仲夏，曲靖市政协各项调研履职活动开启“加速”模式。在各县（市、区）的乡镇村组、田间地头、农户家里，都有市政协领导干部和政协委员忙碌的身影。

“你认为你们村的村庄规划得好吗？”“村庄规划最需要解决的问题有哪些？”“村内统一规划的建房户型你喜欢哪种户型？”……围绕促进脱贫人口增收、加快农村优势特色产业发展、抓实村庄规划建设管理、提高乡村网格化服务管理水平等课题，曲靖市政协主席会议成员先后带领部分政协委员集中深入 9 个县（市、区）开展蹲点调研，其间通过座谈交流、问卷调查、入户走访、个别访谈等方式问需于民、问计于民，真正做到摸透情况、找准症结、破解难题。

“蹲点调研比常规调研成效大，能从不同角度听到乡镇、村委会意见，入户农户群众讲得很真实。”委员们纷纷评价。

提高政协“研值”和“言值”，调查是基础，研究是关键。一线蹲点调研结束后，曲靖市政协通过召开座谈会、专家协商会等形式，对调研工作情况多层级全方位把脉问诊，共谋调查研究背后的“睿智良策”。

“不学习就不调研，不调研就不协商，调研不深入也不协商。”今年来，曲靖市政协开展一线调查研究 11 次，入户走访 300 多人次，与群众面对面“零距离”收集意见建议 30 余条，收集社情民意信息 213 条。其中，《关于推动直播经济高质量发展的建议》的社情民意信息被云南省副省长杨斌批示，转有关部门办理落实，有力推动直播经济规范高质量发展，赋能产业转型升级。

（本文原载于《人民政协报》2023 年 7 月 28 日第 4 版）

◎ 楚雄彝族自治州政协

# “全链条”推动提案从“办复”到“办实”

文 / 吕金平　李茜茜　杨光周

“我们从大山里搬来这里 5 年了，全村共有 1 万多人，汉族、彝族、傈僳族杂居，和睦相处，大家一起打工、种田、发展产业，就像一个中华民族大家庭，日子越过越好。”不久前，楚雄彝族自治州政协重点提案督办调研组深入元谋县甘塘移民新村开展提案办理情况调研时，一名村民由衷说道。

原来，民盟楚雄州委会在去年州政协全会上提交了《关于巩固提升全国民族团结进步创建示范州成果 积极打造全国民族团结示范区楚雄样板的提案》的集体提案，该提案被列为年度重点提案后，交由州委书记领办，高位推动形成了相关政策保障体系，甘塘移民新村被列为楚雄州全国民族团结进步示范区创建重点打造的样板之一。

这件提案获得最高规格的办理背后是州政协在推动提案工作创新发展方面的积极探索。

近年来，楚雄州政协把推动提案工作创新发展作为贯彻落实党的二十大精神的重要抓手，充分运用调查研究精细化、发现问题精准化、提出意见专业化、跟踪问效常态化的政协工作提质增效“全链条”工作机制，构建了提、办、督、效一体的“闭环式”提案工作格局，提案工作实现了从“办复”向“办实”的深刻转变。

“我们把集体提案培育作为提高提案质量的抓手，制定出台工作意见，每年 5 月就下年度集体提案培育线索面向社会广泛征集，遴选形成重点培育课题，经主席会议审定后向政协各参加单位、各县市政协委员小组下达 20

个重点课题任务，形成调研报告后，邀请州政协参政议政人才库专家进行评审并组织好集体提案转化。同时，建立政协参加单位和政协委员开展提案调研服务保障工作实施办法，开设政协委员查询楚雄州基础数据平台专门通道，建立提案调研申请报备制度，为委员开展调研提供服务保障。”州政协提案委主任周良才介绍。

提案办理是提案工作的重中之重。楚雄州政协与州委办、州政府办等联动开展立案前协商，适度控制立案数量，精细立案审查；积极搭建协商平台，组织提办双方面对面互动，充分协商确定承办主体，精准交办提案。

“我们坚持州领导领办重点提案制度，每年从审查立案的提案中遴选出10件重点提案，商请州委、州政府领导确定重点提案督办方案，明确督导领导、责任单位、督办内容和办结时限，州委书记、州长带头领办重点提案，示范带动提案承办单位认真履行主体责任，推进提案落地落实。”州政协秘书长罗绍辉说。

如何发挥“督”的作用？州政协坚持主席会议成员领衔“督”，主席、副主席牵头组织相关专家、提案者深入实地调研督办，制定出台提案建议落实情况专项民主监督实施办法，对上年度的A类提案意见建议解决落实情况开展专项民主监督，持续跟踪问效。在州内广播电视、报纸等主流媒体开设“政协提案面对面”“政协提案追踪”专栏，接受社会监督。

在州政协系列举措推动下，2022年，经审查立案478件，提案人对提案办理态度和实际效果满意率达99.7%。

“我们将始终把提案工作作为打造‘同心政协、有为政协、开放政协、活力政协’，推动政协工作提质增效的全局性、基础性工作来抓，在提上求质、办上求效，实现提案工作‘控量提质、质效双优’。”州政协主席赵晓明表示。

（本文原载于《人民政协报》2023年7月28日第4版）

◎ 文山壮族苗族自治州政协

# "院坝协商"助推壮乡苗岭换新颜

文／吕金平　李茜茜　张金海

"走，开院坝协商会去。开开会么，这个事情就好解决啦！"这是今年以来文山壮族苗族自治州各乡（镇）、村寨群众最常说的一句话。

这源于文山州政协"院坝协商"工作的深入开展。为深入贯彻落实习近平总书记关于加强和改进人民政协工作的重要思想、党的二十大及中央、省委政协工作会议精神，文山州政协以省政协部署"开展院坝协商·建设文明村寨"工作为抓手，采取一推动、借助两力、狠抓三落实"123"举措，全力推进"院坝协商"干在实处，走在前列，助推了壮乡苗岭换新颜。

今年3月，省政协召开"院坝协商"动员会后，文山州政协就及时作出安排，第一时间向州委汇报，得到了州委的支持。中共文山州委书记陈明亲自到现场观摩州政协指导砚山县政协在维摩乡鱼塘村开展的首场"院坝协商"活动。

陈明表示，活动开了好头，要继续组织好、开展好，持续营造"有事好商量、众人的事情由众人商量"的良好氛围。要聚焦党委政府最需要、老百姓最期盼，具有典型意义的议题进行协商。要加强全过程协商，做实协商前期调研，规范协商过程，及时跟进协商事项，协商一个成事一个，典型引路带动类似问题有效解决。

随后，鱼塘村通过开展"院坝协商"活动后达成的5项共识，已细化为18项任务分解清单，交由部门办理，让群众切实感受到了政协温度和力度。

这是个缩影。为推进"院坝协商"工作走深走实，一方面，州政协组织考察组，前往贵州省黔东南州部分县市开展考察学习，借助“外力”推动工作。另一方面，积极深入基层开展调研，借助县（市）、乡（镇）、村干部的力量，积极征集“院坝协商”重点村寨和主题，为开展“院坝协商”工作创造条件。

为推动“院坝协商”取得实效，州政协还及时制定并由州委办公室转发指导意见，实施建百个院坝协商平台、开展百场协商活动、助推百个文明村寨建设的“三百行动”，努力打造“院坝协商”文山政协履职特色品牌。

在州政协引领部署下，各县（市）政协分别制定了“院坝协商”行动实施意见或工作方案，设立“院坝协商”工作专班，主席会议成员分别挂县、挂乡，分级召开观摩会、推进会、现场会，紧紧围绕实施“三百行动”目标，聚焦命案防控、普法强基补短板、乡风文明、绿美乡村建设等协商重点，采取灵活多样的形式，积极组织开展“院坝协商”活动。

目前，文山州所有104个乡（镇、街道）均建设了委员工作室和协商议事室，按照“1+2+N”模式，组织政协委员、县乡两级相关单位负责人、村“两委”干部、利益相关方代表、群众代表、乡贤、专家、警官、律师等参与，采取“固定＋移动”等灵活多样的形式，就群众急难愁盼问题，与基层党委政府和有关部门面对面协商交流。协商议事活动结束后，由乡（镇）委员工作室对协商达成的共识进行汇总形成项目清单、明确责任单位后报乡（镇）党委批准和县（市）政协备案，并按事权分别转交县（市）、乡（镇）有关部门办理，县（市）政协以不同方式开展民主监督，跟踪协商成果办理情况。

截至目前，全州共组织开展“院坝协商”活动近80场（次），达成共识300余个，推动解决了240余个问题，得到了党委、政府的充分肯定和人民群众的广泛赞誉。

（本文原载于《人民政协报》2023年7月28日第4版）

◎ 临沧市政协

# 书香馥郁润初心　以学铸魂促履职

文／吕金平　李茜茜　施晓东

“怎样理解以新安全格局保障新发展格局？为什么要推动公共安全治理模式向事前预防转型？如何理解完善社会治理体系？”近日，临沧市政协机关举办“习近平新时代中国特色社会主义思想”第737期早读会，机关党员干部们围绕上述问题展开热烈讨论。

像这样既彰显集体研学价值，又体现个人思辨精神的读书会，正是临沧市政协学习贯彻党的二十大精神的常态化机制。

今年是全面贯彻落实党的二十大精神的开局之年。临沧市政协把学习贯彻习近平新时代中国特色社会主义思想作为首要政治任务，深入贯彻习近平总书记对委员读书活动的重要指示，坚持学习就是履职、履职必须学习，通过办好读书会、组建学习组、用活文史馆，大力推进“书香政协”建设，推动读书学习与履职实践深度融合、创新发展。

年初，市政协向每位党员干部配发《党的二十大报告学习辅导百问》一书，每天在早读会上集体研学党的二十大报告提出的新理念新战略新论断，并对书中100多个问题进行探讨交流，深入学习领会党的二十大精神的丰富内涵、精神实质、重大意义。

“自2019年以来，市政协就设立了‘习近平新时代中国特色社会主义思想早读会’，坚持带领机关党员干部每天读书半小时，从源头补充‘思想营养’、汲取奋进力量。”据市政协党组书记、主席李银峰介绍。

炎炎夏日，市政协提案委委员党支部暨委员学习小组学习活动正在举行。全体委员集体学习党的二十大报告精神、围绕“学习领会党的二十大精神，在助推临沧高质量发展中发挥好委员作用”开展专题党课教学，成为一道亮丽的“委员学习”风景线。

如何把党的二十大精神转化为政协委员高质量履职的生动实践？是今年李银峰重点思考的重要课题之一。在他看来，加强政协委员队伍建设、强化委员学习培训、提高委员整体素质是政协一项重要的基础性工作。

基于这一认识，市政协依托“习近平新时代中国特色社会主义思想委员学习小组”，完善全覆盖常态化委员学习机制，建立委员履职服务管理办法，以委员学习小组为学习单元，集中开展学习研讨，每周组织线上“打卡学习”，每月开展1次互动交流，每季度开展1次集体学习研讨，每年开展1次集中培训。

委员学习小组充分发挥统筹履职的优势，组织委员学习政策、吃透上情、摸清下情，调研方案制定、提案提出、社情民意信息和协商发言撰写等均通过集体讨论、反复推敲、精心打磨，集体智慧让政协建议更加站得住脚、落得了地，实现学习与履职一体贯通。

此外，打造集读书学习、教育培训、履职活动、服务委员、引领群众于一体的临沧政协文史馆是市政协积极发挥优势，广泛凝聚全市团结奋斗的思想共识的又一重要举措。

该文史馆以学习贯彻习近平总书记给沧源县边境村老支书们的回信精神为主线，以临沧地方近现代史为脉络，融通荟萃党史、新中国史、统一战线史、人民政协史，立体化展现人民政协发展的光辉历程，全方位反映临沧各级政协组织参与边疆人民解放、边防巩固、民族团结进步的奋斗历程，让每一位参观者深刻感悟人民政协的地位作用、目标任务、职责使命。截至目前，已接待省内外观展团队240余批1.2万多人次，成为临沧市政协助力“书香社会”建设中一张名片。

（本文原载于《人民政协报》2023年7月28日第4版）

## |西藏自治区政协|

# 牢记初心使命　擦亮履职品牌

文/邓　进　张永华

党中央有号召，人民政协见行动。今年以来，新一届西藏自治区政协在以习近平同志为核心的党中央英明领导下，在全国政协的精心指导和自治区党委的坚强领导下，以习近平新时代中国特色社会主义思想为指引，深入学习贯彻党的二十大精神，全面学习贯彻习近平总书记关于加强和改进人民政协工作的重要思想、关于西藏工作的重要指示和新时代党的治藏方略，坚定捍卫“两个确立”、坚决做到“两个维护”，坚持党的领导、统一战线、协商民主有机结合，聚焦“四件大事”聚力“四个创建”，落实“五项要求”实现“五个新提升”，持续擦亮“学理论”“交朋友”“讲故事”“办实事”履职品牌，扎实推动全区政协事业高质量发展，为助推西藏长治久安和高质量发展作出了积极贡献。

持之以恒“学理论”，夯实团结奋斗的共同思想政治基础。把习近平新时代中国特色社会主义思想作为统揽政协工作的总纲，注重“前瞻性”、突出“特色盘”、把握“辨识度”，及时研究《西藏自治区政协深入学习贯彻习近平新时代中国特色社会主义思想主题教育的实施方案》《中共西藏自治区政协党组关于大兴调查研究的实施方案》及主题教育领导小组名单，成立领导小组办公室及职能小组，制定西藏自治区政协及机关党组、各专委会分党组“工作方案”9个，第一时间召开政协主题教育工作会议，建立健全领导带学、个人自学、支部共学、分层研学和8个习近平新时代中国特色社会主义思想学习小组领学、“政协讲堂”导学、“书香政协”联学、

“读书班”集中自学等“八学联动”机制，编印富有西藏政协特色的汉藏双语学习资料，举办读书班、知识竞赛、摸底测试和讲党课、撰写心得体会等，引导广大政协委员和政协机关党员、干部在深化内化转化上下功夫，深刻把握习近平新时代中国特色社会主义思想的世界观、方法论和贯穿其中的立场观点方法，夯实团结奋斗的共同思想政治根基。

坚持把学习宣传贯彻党的二十大精神作为首要政治任务。制定《自治区政协学习宣传贯彻党的二十大精神方案》《持续开展“学理论”活动工作方案》《西藏自治区政协委员学习工作办法》等，作出《关于学习贯彻党的二十大精神的决议》，完善以党组理论学习中心组学习为引领、主席会议和常委会会议集体学习、集中培训、自主学习相配套的学习制度体系，用好西藏政协门户网站、履职云平台、微信公众号和《西藏政协》《工作周报》等平台，举办政协讲堂、参观红色教育基地等，团结教育引导各族各界代表人士深刻认识党的领导是人民政协事业发展进步的根本保证，始终在政治立场、政治方向、政治原则、政治道路上同以习近平同志为核心的党中央保持高度一致，增强紧跟党的核心、人民领袖开创更加美好未来的信心决心。

担当履职“会协商”，有力有效服务“四件大事”“四个创建”。把政协工作置于党的二十大明确的目标任务中谋划、部署、推进，以维护社会大局稳定、促进长治久安为前提，以铸牢中华民族共同体意识为主线，以推进藏传佛教中国化为方向，聚焦“四件大事”、聚力“四个创建”，认真制定实施协商计划、工作要点和《认真落实自治区党委“五项要求”努力实现“五个新提升”的实施方案》等，发出《关于全区各级政协委员围绕“四个创建”“四个走在前列”凝心聚力 履职尽责的倡议书》，做到政协一切重要工作都在自治区党委领导下有力推进、一切重要活动都围绕自治区党委中心任务有效展开、一切重要安排都在自治区党委审批后有序实施。

坚持发扬民主和增进团结相互贯通、建言资政和凝聚共识双向发力。认真召开“促进边贸物流业发展”界别协商座谈会、“优化税收营商环境”对口协商座谈会、“助推我区民族团结进步模范区创建进宗教活动场所”专题协商座谈会等，服务党政科学决策、有效施策。大兴调查研究之风，围绕“把

‘三个赋予一个有利于’要求有效落实到各行各业各领域”专题议政性常委会会议议题和“加快推进西藏水能资源开发，助力国家实现‘双碳’目标”“积极助推宜居宜业和美丽乡村建设”“培育发展科技型企业，助推高原经济高质量发展”“发挥协商民主优势，助力我区城乡社区社会治理”“发挥宗教界委员在‘三个意识’教育中的作用，深入推进藏传佛教中国化”“加强城市流动人口服务管理，积极构建更加和谐稳定的社会环境”“加强革命文物和红色遗迹保护利用，传承弘扬红色文化”等专题协商座谈会议题，深入基层、深入群众，把情况摸清、把问题找准、把对策提实，形成调研报告 38 篇，形成制度或机制成果 6 个。

多措并举“促团结”，广泛汇聚共圆中国梦西藏篇章合力。把加强思想政治引领、广泛凝聚共识作为履职工作的中心环节，坚持大团结大联合，坚持一致性和多样性统一，建立健全寓思想政治引领和凝聚共识于团结民主之中的谈心谈话制度，搭建面向社会正面发声、凝聚和传播共识的机制化平台，教育引导广大委员铸牢中华民族共同体意识，树牢国家意识、公民意识、法治意识，坚决抵制十四世达赖和达赖集团渗透破坏活动，广泛凝聚维护祖国统一、加强民族团结、旗帜鲜明反对分裂的共识合力。

有形有感“讲故事”，征集并刊发《西藏政协·委员故事》64 篇 20 余万字。发挥委员桥梁纽带作用，用群众听得懂的语言、记得住的方式，春风化雨、润物无声地把党的好政策、好声音传遍雪域高原，引导各族群众听党话、感党恩、跟党走，唱响雪域儿女“建设美丽幸福西藏、共圆伟大复兴梦想”的共同心声。广泛真诚“交朋友”，创新搭建“四个联系”机制，结成党员委员与党外委员、政协干部与政协委员、委员与委员、委员与界别群众联系对子 1800 多对，采取常走访、勤看望、多联系方式，广交朋友、善交朋友，真交朋友、交真朋友。举办自治区各族各界喜迎 2023 年藏历水兔新年茶话会、自治区政协宗教界代表人士联谊会等，话发展、增友谊、聚共识，不断扩大“朋友圈”。尽心竭力“办实事”，坚持干字当头、实字托底，把好事办好、把实事办实，认真开展机关干部职工家访活动，创建 8 个“传帮带”小组面对面帮教 50 余人次。健全委员联系界别群众制度机制，开展

“四级”政协委员“走基层、交朋友，大兴调查研究，反映社情民意”活动，协助党和政府多做强信心、暖人心、聚民心的工作，增强各族群众的获得感幸福感安全感。

持续深入“转作风”，不断提升西藏政协履职能力和水平。把习近平总书记关于加强和改进人民政协工作的重要思想作为推进自身建设的方向标和动力源，制定实施《进一步改进作风狠抓落实的工作实施方案》，坚持“一线工作法”，增强“一线”意识、发扬“一线”作风、拿出“一线”干劲，不断改进视察调研方式方法，以作风转变推动工作落实，以狠抓落实提升工作实效。

坚决贯彻“懂政协、会协商、善议政，守纪律、讲规矩、重品行”重要要求，举办新任自治区政协委员履职尽责能力提升培训班 2 期 150 人次，做好“四个一”文章（每名委员每年至少撰写 1 份提案、反映 1 条社情民意信息、编写 1 个委员故事、起草 1 份学习心得体会），不断增强政治把握能力、调查研究能力、联系群众能力、合作共事能力。坚持新时代好干部标准和民族地区干部“四个特别”政治标准，加大干部培养力度，激发干事创业热情，不断提高政协干部“三种本领”和“四种能力”。坚持“严”的主基调不动摇，制定落实《全面从严治党主体责任清单》，落实党组主体责任和班子成员“一岗双责”，营造政协风清气正的政治生态。加大基层政协工作联系指导，推动政协工作向基层延伸，促进全区政协上下贯通、形成合力。

（本文原载于《人民政协报》2023 年 8 月 30 日第 1 版）

◎ 拉萨市政协

# 打造“四联”机制　实现高质量履职

文／韩云拴　李　平　旦增多吉

拉萨市政协积极探索履职工作新方法，着力打造议题联接、调研联合、协商联动、成果联用“四联”机制，着力解决市县政协“两个薄弱”问题，以政协高质量履职助推西藏长治久安和高质量发展。

## 议题联接，助力两级政协精准履职

以共同征集、商议、选定议题作为市县政协联动的重要抓手，确定联接议题和自选议题，列入年度协商计划。广泛征议题。围绕市委、市政府中心工作，采取党委、政府点题，市直有关部门、各县（区）政协荐题的方式，广泛征集年度协商议题，形成议题清单。协商选议题。将议题清单中市县政协共同关注或存在交集的议题选定为联接议题，纳入市政协年度协商计划。对于需要县（区）共同完成的跨区域协商议题，或县级政协无力单独完成的重大议题，由市政协牵头，会同涉及的县（区）政协，共同选定为联接议题，纳入市政协年度协商计划。党委定议题。市政协年度协商计划经市政协党组会议研究并报市委常委会会议审议批准后，印发全市各级政协组织。各县（区）政协根据市政协年度协商计划，将联接议题纳入各自协商计划，报各县（区）党委常委会会议审议批准后实施。

## 调研联合，助力两级政协主动履职

市县政协联合调研视察，增强调研工作的协同性、系统性和实效性。

人力整合。按专题议政协商形式，整合市县政协力量，邀请有关单位和政协委员参加，组成联合调研组。如，常委会视察调研由“市政协主席会议成员 + 部分常委 + 有关市直部门 + 所到县（区）政协”组成，主席会议视察调研由“市政协主席会议成员 + 部分委员 + 所到县（区）政协”组成，专委会界别协商调研由“专委会 + 界别委员 + 所到县（区）政协”组成。联动结合。联合调研由市政协统筹安排，县（区）政协参与。比如，市政协与八县（区）政协围绕“市县政协两个薄弱问题”开展联动调研，摸清存在的短板不足和瓶颈制约，提出有针对性的对策建议，为市委科学决策提供依据。保障配合。市政协制定联合调研工作方案，明确调研主题、调研形式、调研组成员。各县（区）政协根据调研工作方案，配合选定调研点、规划调研路线、做好调研服务保障工作。

协商联动，助力两级政协全面履职

以市县联接议题为纽带，不断丰富协商形式、规范协商程序、增加协商密度、提高协商成效。多区域协商。各县（区）政协就联合调研报告开展专题协商，形成协商成果报市政协。比如，今年市政协围绕“农村宅基地”开展联合调研视察并形成报告后，各县（区）政协及时召开专题议政协商会，协商成果得到市委主要领导批示。多频次协商。开展问计式协商，调研组深入基层一线，放下身段拉家常、贴近距离掏心窝；开展研讨式协商，召开主席会议审议调研报告，围绕政治性、科学性、理论性、针对性等方面问题征求意见建议；开展议政式协商，召开专题协商会议，邀请市委、市政府有关领导及部门负责同志到场互动。比如，今年围绕“优化营商环境 助推民营经济高质量发展”举行协商会，市委、市政府主要领导与政协委员面对面恳谈，现场解疑释惑，进一步坚定了企业家听党话、感党恩、跟党走的信心决心。多平台协商。加强协商工作制度建设，规范协商会议参加范围、讨论原则、基本程序等，推动政协协商与基层协商有机融合，构建便于群众参与的协商模式，更好激发群众的参与热情和协商活力。

## 成果联用，助力两级政协高效履职

共同推动联合调研、联动协商成果落实落地，全面做好问效工作。转化问效。联动调研协商总报告由市政协呈报市委、市政府领导参阅，并分送有关参加单位。县（区）政协将分报告呈报本级党委、政府。参加调研的市直有关部门向分管领导汇报调研成果，并转化为社情民意信息、意见建议、提案及全会大会发言，推动市县联动履职成果转化运用。2022 年以来，由市县联动履职成果转化的意见建议 42 条、政协提案 51 件、大会发言 6 篇。跟踪问效。组织市县政协委员对成果运用转化情况开展监督视察、跟踪问效，对落实过程中出现的新问题再协商，促进成果更深层次转化。对一时难以解决的问题或采纳的协商建议，列为次年市县专题视察监督计划，持续关注并积极推动。考核问效。健全完善《委员履职述评办法》，建立委员履职档案，将联合调研协商纳入委员履职考核重要内容。

（本文原载于《人民政协报》2023 年 8 月 30 日第 4 版）

## ◎ 林芝市政协

# 做实“加强”文章 彰显“改进”效能

文／韩云拴 李 平 旦增多吉

林芝市政协紧紧围绕坚持党的领导、服务中心大局、打造履职品牌、狠抓自身建设，做实“加强”文章，彰显“改进”效能，扎实推动市县政协工作提质增效。

### 坚持党的领导把牢方向

突出政治建设。把坚持党的领导，体现到坚决贯彻落实党中央决策部署和西藏自治区党委、市委工作要求的实际行动上，体现到工作谋划、职能履行、自身建设全过程各方面。建立健全常态化工作联络机制，抓实主席会议成员联系县区政协等机制运行，定期赴县区召开政协主席座谈会，指导县区政协加强党的建设、建立制度规则、完善运行机制等。强化思想引领。深化“书香政协”委员读书活动，做活“委员宣讲团”，做优“指尖微课堂”，打造市县政协相互衔接、上下联动的学习体系。完善工作机制。市政协党组每月定期听取政协机关各委室工作汇报，推动政协党的建设和业务工作有机融合、提质增效。出台党员委员联系党外委员等制度，并列入年度履职考核评分。积极与市委组织部沟通，成立机关党总支和办公室党支部、专委会党支部、党员委员履职临时党支部，实现党建工作“两个全覆盖”。

### 服务中心大局彰显效能

聚焦中心履职。年度协商计划采取“总子”相结合方法，确定调研课题，并注重吸纳县区政协意见建议。今年，市政协制定了以“助力高质量发展、促进改革开放先行”为主的总课题，各专委会制定了“如何提升国有农场经营效益”“推动G219国道边境旅游大发展”等子课题，整体推进政治协商、民主监督、参政议政活动，广泛凝聚共识。注重联动合作。以“同题共商、同行共进、同难共解、同卷共答”为原则，围绕联动协商议题有效整合市县政协力量和资源，组织全市各级政协组织和“三级”政协委员围绕共性课题开展联合调研，推动形成市县政协“同频共振”联动效应。做实统战功能。落实《中国共产党统一战线工作条例》，为市工商联和新的社会阶层人士参政议政创造条件。深入挖掘林芝厚重的文化底蕴和红色文化资源，精心编撰《红色印记——镌刻在林芝的往事》，初步完成《守护和谐》编撰工作，记录林芝各族儿女在疫情防控、脱贫攻坚、生态保护、边境发展、民族团结等方面的亲历亲见亲闻史料。

## 打造履职品牌体现特色

探索开设政协委员监督岗。聚焦优化提升营商环境，主动与市行政审批局沟通，在便民窗口开设“政协委员监督岗”，实行每周一上午界别委员坐班制，在非开放时段填写委员接待登记本、意见建议簿或通过林芝政协微信公众号留言，对入驻市政务服务中心的单位进行“零距离”监督，及时反映群众诉求，协商解决困难。合力推动提案办理见成效。致力打造“为民提案”特色品牌，实行跨年度提案跟踪督办和“B类”提案办理“回头看”督办，现场检验提案办理成效，就工作推进中存在的问题持续建言、清单管理、办结销号。坚持党政领导领衔督办重点提案，做好提案办理工作的指导、服务和督办。着力提升协商议政含金量。完善协商工作机制，拓宽“有事好商量”协商平台，积极打造“委员说事室”，探索推进“数字政协”建设，创新实施微协商、边境协商、院坝协商、现场协商和市县联合协商等有效协商形式，推动主责主业向中心聚焦、为大局出力，扩大政协委员参与协商覆盖面，推动协商议政提质增效。

## 狠抓自身建设夯实基础

优化履职服务管理。时时了解委员履职所需所盼，出台《委员履职服务与管理办法》，编印《委员履职手册》，打造市县乡政协委员之家，举办提案知识培训班等，为委员履职提供优质高效服务。强化制度机制保障。出台《关于加强自身建设的意见》，落实主席会议成员分工主抓专委会工作、率领分管专委会联系指导县区政协工作机制。组织专班全面清理现有规章制度对标调校，完善党建、履职、问效、机关和专委会建设等制度40余项，确保政协各项工作有规可依、有章可循。深化模范机关建设。按照区政协“四个一活动”要求，组织开展委员大走访，实现委员走访全覆盖。广泛深入基层和群众中开展“讲故事”“交朋友”活动，做好春风化雨、解疑释惑工作。组织开展大调研活动，许多履职成果得到市委、市政府主要领导批示。组织开展学习研讨活动，委员自我教育自我提升能力显著增强。积极搭建市县政协经验交流平台，办好委员风采专栏，开展优秀党员评比和模范科室创建活动，营造良好干事氛围。

（本文原载于《人民政协报》2023年8月30日第4版）

◎ 昌都市政协

# 建立“四型”政协　探索履职新思路

文／韩云拴　李　平　旦增多吉

昌都市政协对标落实西藏自治区党委对新时代西藏政协高质量发展的“五项要求”、推进实现自治区政协“五个新提升”目标任务，以建立“四型”政协为抓手，积极探索政协履职新思路，推动政协工作提质增效。

## 旗帜鲜明讲政治，打造“忠诚政协”

坚持人民政协性质定位，主动把政协工作融入市委全局工作中谋划推进，着力打造“忠诚政协”。全系统强化理论武装。严格落实理论学习“第一议题”制度，采取以上率下“领学”、主动跟进“促学”、结合业务“深学”模式，推动党的创新理论入脑入心。全方位突出政治统领。落实党组成员联系党员委员、党员委员联系党外委员工作制度，以“政协党组成员+专委会+界别委员”为纽带，把政治学习、政策宣传、协商调研、反映社情民意信息有机结合起来，确保党委各项决策部署不折不扣贯彻落实到政协全部工作之中。全覆盖提升党建成效。认真落实昌都市委“党建提升年”工作要求，制定“3331”党建工作任务目标，着力打造“同心圆、政能量”政协党建工作品牌，以党建“一条线”织起履职“一张网”，“两个全覆盖”得到有效提升。

## 求真务实抓协商，打造“有为政协”

强化“作为”意识、找准“善为”路径、提升“能力”本领，提高协商议政的质效和水平，着力打造“有为政协”。全会协商热情高涨。在昌都政协二届三次会议期间，组织委员协商讨论“一府两院”工作报告协商发言300余人次，提出意见建议87条；首次举办大会发言，征集发言材料42篇，12名委员做交流发言，市直单位开门纳谏，委员的意见建议全部得到采纳。民主监督求真务实。强化提案民主监督作用，立案提案117件，交由34家单位归口领办；选派政协委员开展“法检”两院民主监督和旁听庭审8次，参加市直单位组织生活会、民主生活会40余人次。在全国“两会”等重要时段，市政协领导干部主动践行“一线工作法”，跟踪督促指导相关工作12次，宣讲18场次，受教育群众500余人。紧扣中心助推发展。围绕昌都长治久安和高质量发展的重大问题，以党政点题、委员荐题、广泛征题相结合的方式，选定3项协商课题、2项调研课题，聚焦中心大局视察调研、建言献策。

### 加强引领聚共识，打造“和谐政协”

注重发挥好人民政协在凝心聚力方面的“一线”优势，着力打造“和谐政协”。聚焦宣传引领明共识。深入开展讲好“昌都故事”“政协故事”“委员故事”活动，加强“书香政协”建设，用好网络深入开展委员读书活动，开设“委员读书群”“理论学习专栏”，共推文荐书152条。聚焦民族团结增共识。积极推进“政协讲堂”进县（区）、进机关、进培训班，主席会议班子成员受邀作专题讲座5场次；建立“四个联系”机制，深入开展“交朋友、聚共识”走访慰问活动，不断铸牢中华民族共同体意识。聚焦交流联谊汇共识。持续深化政协联谊团结功能，与兄弟省（市）政协架起深度合作的“政协桥梁”，促进了区内外政协组织和各族各界人士交往交流交融。

### 提升能力强素质，打造“活力政协”

牢牢把握新时代政协工作的使命要求，提升政协委员和机关干部“两支队伍”能力素质，着力打造“活力政协”。培育一支干事队伍。建立健全委员学习教育培训常态化机制，举办政协委员、机关干部履职能力提升培训班2期，参训学员120余人，首次在福建举办能力提升培训班。构建一条履职链条。深入贯彻落实《中共中央办公厅关于加强和改进新时代市县政协工作的意见》和自治区党委“实施意见”，加强对县、区政协工作落实的督导检查；指导帮助县、区政协解决“两个薄弱”问题，推进乡镇（街道）138个委员联络室标准化建设，开展市县联合调研和委员联合视察等活动，推动政协协商向基层延伸。打造一项精品工程。全面挖掘昌都政协发展历史，激活文史资料活力，建成昌都政协发展历程陈列室。形成一种工作格局。推进“清廉机关”和民族团结进步示范单位创建，实施重点工作“周调度”机制，进一步形成“人人有目标、事事有监督、层层抓落实”的工作格局。

（本文原载于《人民政协报》2023年8月30日第4版）

◎ 那曲市政协

# 推进协商民主“三有”和“四化”

文／韩云拴　李　平　旦增多吉

那曲市政协深刻把握政协性质定位和职能使命，紧紧抓住“两支队伍”，突出界别和群众“两个领域”，以推进那曲协商民主“三有”（有人、有事、有平台）和“四化”（制度化、规范化、程序化、项目化）为抓手，坚决扛起伟大祖国海拔最高、陆地国土面积最大市政协的责任与担当。

## 围绕中心大局，不断强化人民政协组织功能

探索建立“政协党组＋政协专委会＋界别委员＋基层党组织＋人民团体和社会组织＋界别群众”的垂直整合的组织体系和“政协党组＋政协专委会＋四件大事、四个创建＋市县联动”的横向到边的工作机制。聚焦“四件大事”、聚力“四个创建”，围绕探索那曲林草碳汇价值转换共创草原生态文明建设、那曲飞地经济建设模式、那曲市县污水处理能力服务那曲生态文明高地建设、开发利用那曲清洁能源提升乡镇能源保障能力等22个主题开展专题调查研究，不断提高建言靶向性，增强资政含金量，确保人民政协事业全面融入那曲创新发展的实践中。同时，对以上年度调研任务均实行项目化管理，实施情况列入市委督查事项以及考核体系，由市政协办公室商市委办公室跟进协商成果办理情况，解决好协商成果转化的“最后一公里”。

## 推动协商民主，不断强化人民政协平台功能

搭建“那谏入流”工作平台。2023年以来，那曲市政协着眼“大政协、

大平台”要求，充分利用现有的议政场所，打造“那谏入流”平台，制定“那谏入流”实施方案，推动协商成果被市委、市政府采纳。搭建“那事好商量”协商平台。那曲市政协深入贯彻落实习近平总书记“有事好商量，众人的事情由众人商量”的重要指示，立足基层政协工作实际，按照“试点先行、以点带面”思路，在市县乡全面推行“那事好商量”协商平台。搭建多层级制度化“N”平台。那曲市政协充分利用政协人才荟萃、智力密集、联系面广的独特优势，通过组建书香政协、兴趣小组、协商平台功能拓展、制定党员委员联系党外委员制度和委员回到界别、委员回到群众“双回”工作机制等，切实把多层级制度化“N”平台立得更牢、扎得更深、践得更实。

### 突出能力提升，不断强化人民政协实践功能

聚焦“机关＋委员＋界别群众”能力素质提升工程和人才队伍提升工程，持续在铸魂、塑形、造势、融入上发力。铸魂主要通过书香政协读书分享会、政协讲堂、兴趣小组等载体，引导政协委员和机关干部开启“超级快充”模式，使政协处处有书香、人人有朝气。塑形主要通过对那曲政协工作架构结构性重塑，进一步完善主席班子成员工作分工，主席班子实行自上而下负责机制，即主席对所有副主席负责，所有副主席对分管委室负责，专门委员会主任、秘书长对所有工作人员和工作负责，不断推动政协机关跳出“两会”机关、政协委员摆脱“荣誉称号”。造势主要通过构建“2+N”工作格局，在“那谏入流”和“那事好商量”平台的基础上，推动“全过程、全方位”的过程协商，推进涵盖“各界别、各层次”的广泛协商，构建那曲协商民主的“四梁八柱”。融入主要通过制定《政协那曲市委员会关于开展“四个联系”工作的方案》《政协那曲市委员会委员履职考评办法》等，组织开展市政协常委述职活动，进一步激发委员履职的主动性和积极性，不断提升委员组织化程度，推动那曲政协跳出小政协融入大统战，跳出小机关构建大机构。

（本文原载于《人民政协报》2023年8月30日第4版）

# | 陕西省政协 |

# 勇立潮头　谱写中国式现代化建设的陕西新篇章

文 / 汶维维

5月17日，习近平总书记在中国—中亚峰会前夕，专门听取陕西省委、省政府工作汇报并发表重要讲话，强调陕西在推进中国式现代化建设中要有勇立潮头、争当时代弄潮儿的志向和气魄，奋力追赶、敢于超越，在西部地区发挥示范作用。

今年是全面贯彻落实党的二十大精神的开局之年，也是陕西省十三届政协的开局之年。省政协以习近平新时代中国特色社会主义思想为指导，深入贯彻习近平总书记关于加强和改进人民政协工作的重要思想，持续落实中央政协工作会议精神，聚焦贯彻落实习近平总书记历次来陕考察重要讲话重要指示，坚持党的领导、统一战线、协商民主有机结合，坚持发扬民主和增进团结相互贯通、建言资政和凝聚共识双向发力，着力在加强思想政治引领上开创新局面，在提高专门协商机构效能上取得新突破，在强化自身建设上实现新提升，为奋力谱写中国式现代化建设的陕西新篇章贡献智慧和力量。

## 强化理论武装　筑牢思想根基

习近平总书记强调，学习贯彻新时代中国特色社会主义思想主题教育正在全党深入开展，务必在深入、扎实上下功夫，在以学铸魂、以学增智、以学正风、以学促干上见实效。以学增智，就是要从党的科学理论中悟规律、明方向、学方法、增智慧，把看家本领、兴党本领、强国本领学到手，不断提升政治能力、思维能力、实践能力。陕西省政协制定《2023年省政协党组理论学习中心组学习计划》，落实“第一议题”制度，集中研读《习近平著作选读》《习近平新时代中国特色社会主义思想学习纲要（2023年版）》等指定书目，努力把习近平新时代中国特色社会主义思想的世界观、方法论和贯穿其中的立场观点方法转化为自己的科学思想方法和工作方法。结合学习贯彻习近平新时代中国特色社会主义思想主题教育，全面深入学习习近平总书记关于做好新时代党的统一战线工作的重要思想、关于加强和改进人民政协工作的重要思想，着力推动坚定拥护“两个确立”、坚决做到“两个维护”在政协见行动、见成效。

今年以来，省政协领导班子成员集体参加省委主题教育读书班、学习习近平总书记来陕考察重要讲话专题学习班，共开展省政协党组理论学习中心组集体学习3次，党组会议学习10次。

“习近平新时代中国特色社会主义思想是当代中国马克思主义、二十一世纪马克思主义，是中华文化和中国精神的时代精华。在强国建设、民族复兴新征程上，必须高举思想之旗、高扬信仰之帆，坚持不懈用以凝心铸魂、推动工作。”4月24日，省十三届政协新任委员培训班在西安开班，省政协党组书记、主席徐新荣出席开班式并作专题辅导报告。他表示，习近平总书记关于加强和改进人民政协工作的重要思想是习近平新时代中国特色社会主义思想的“政协篇章”，广大省政协委员要深入学习贯彻习近平新时代中国特色社会主义思想，认真践行习近平总书记提出的“懂政协、会协商、善议政，守纪律、讲规矩、重品行”的重要要求，以模范行动展现新时代政协委员的风采。

4月和5月，省政协机关先后举办主题教育读书班、学习贯彻党的二十大精神专题学习班，围绕党的二十大报告、党章和《习近平著作选读》等重点内容进行学习交流研讨，形成学习体会240篇，在“学思想、见行动”中不断提升政治能力、思维能力、实践能力；印发《关于加强学习型机关建设的实施意见》，通过建立周周论学机制，推进青年干部理论学习，深化机关干部读书活动、政协大讲堂等形式的日常学习、研讨、交流工作机制，牢牢把握主题教育总要求，形成比学赶超、见贤思齐的浓厚学习氛围，以优良学风推进机关干部素质能力提升和作风转变。

## 大兴调查研究　彰显政协担当

春来潮涌，奋楫扬帆。1 月 28 日，今年春节假期后的第一天，陕西省委、省政府召开全省开展高质量项目推进年、营商环境突破年、干部作风能力提升年“三个年”活动动员会，举行 2023 年一季度重点项目集中开工，鼓舞全省上下真抓实干、埋头苦干，冲刺开门红、决胜全年红，推动高质量发展、现代化建设开好局起好步。

战鼓声声催奋进，人民政协踏征程。省政协以雷厉风行之势贯彻落实习近平总书记重要讲话精神和省委安排部署，以高度政治自觉精心谋划，以务实精神大力推动，把调查研究作为协商议政的前置环节，建立调研分享会机制，不断提高协商的质量和水平，有效引领政协工作在服务全省中心大局中建新功、开新局。

围绕推动落实习近平总书记重要讲话重要指示和党中央决策部署，聚焦省委、省政府开展“三个年”活动、发展“四个经济”等重要安排，省政协党组制定《大兴调查研究的实施方案》，明确调研内容、方法步骤、工作要求，班子成员每人牵头一个调研课题。主席、副主席牵头成立 9 个调研组，扎实开展民营经济、县域经济发展专题调研，利用一个月时间深入全省 12 个市区 37 个县（区）了解情况，召开调研汇报会深入分析研究，形成的两份调研报告得到省委、省政府领导批示 7 次。其中，《关于推动我省民营经济高质量发展的调研报告》被省委、省政府主要领导表扬并批示“报告有含金量”，意见建议被《大力服务民营经济高质量发展十条措施》采纳。

省政协把提高调查研究能力作为广大政协委员、机关干部的基本功，与年度协商计划、模范机关建设方案同题共答，把大兴调查研究作为开展主题教育的重要内容一体部署、一体推进，统筹协调各专委会调研活动，由省政协领导班子成员各自牵头，确定调研课题，紧锣密鼓走一线、摸情况、听意见。

在现代农业园区探访特色产业、深入了解企业生产经营和项目运行情况、到委员工作室实地调研平台建设情况……今年以来，省政协将调查研究作为深化学习、解决问题、推动工作的重要举措，调研步履不停。调研过程中，既集中调研、把握全局，也蹲点调研、解剖麻雀，传统方法与信息技术手段并用，提出一批可操作、能落地、效果好的政策建议。截至6月底，省政协围绕32个年度课题共组织12项、17次视察考察调研，共形成调研报告6篇，省委、省政府领导批示10次。

## 广泛凝聚共识　书写优异答卷

陕西省政协深刻认识建言资政是履职成果，凝聚共识也是履职成果，甚至是更重要的履职成果，坚持把加强思想政治引领、广泛凝聚共识作为中心环节，制定出台《关于加强和促进人民政协凝聚共识工作的实施意见》，将凝聚共识融入政协工作的全过程各方面。全面落实习近平总书记“多读书、读好书、善读书”的批示要求，召开省市县三级政协视频会议部署推动，不断深化委员读书活动，打造陕西政协书院、读书群组、“委员说”等线上线下平台，广泛传播共识、凝聚共识。制定文史资料工作五年规划，围绕“巨变”“思源”“突破”“同心”“乡土”五个系列，全力打造《三秦印记》品牌，充分发挥文史资料“存史、资政、团结、育人”的作用。

省政协坚持齐众心、汇众力、聚众智，引导广大政协委员和各族各界人士，围绕奋斗目标形成最牢固的团结、依靠紧密团结进行最有力的奋斗。进一步完善同省级各民主党派、无党派人士经常性联系制度，引导他们不断增进对伟大祖国、中华民族、中华文化、中国共产党、中国特色社会主义的认同。认真贯彻《中国共产党政治协商工作条例》，研究制定《协商工作规则》，着力提升协商工作制度化、规范化、程序化水平。创建“秦商量”协商议政平台，强化数字赋能，打破时空局限，有效统揽省市县三级政协各类协商活动，推动协商模式全面创新、工作流程深度再造、议政格局全面优化。截至目前，37 名住陕全国政协委员、574 名省政协委员、457 名市县政协委员加入平台，开展学习交流、协商活动 22 次，以协商聚共识，以共识固团结。

人民政协为人民。省政协主动深入基层、深入群众，聚焦“衣食住行、业教保医”等群众关心关注的问题，以提案、社情民意信息、大会发言等形式及时反映群众诉求、推进成果转化，“民生清单”也取得了丰硕成果。截至 5 月底，9 条事关民生的社情民意信息被省委、省政府主要领导批示，省政协办公厅编写的社情民意信息《老旧小区消防短板亟待补齐》，得到省政府领导批示。

勇立潮头谱新篇，争当时代弄潮儿。接下来，陕西省政协将以习近平新时代中国特色社会主义思想为指导，坚定信心、团结奋斗，踔厉奋发、勇毅前行，为奋力谱写中国式现代化的陕西新篇章、全面建设社会主义现代化国家、全面推进中华民族伟大复兴作出新的更大贡献！

（本文原载于《人民政协报》2023 年 7 月 20 日第 1 版）

◎ 西安市政协

# 以制度机制创新引领政协工作高质量发展

文／王　栋

如何破解市县政协基础工作薄弱、人员力量薄弱的问题，成为十五届西安市政协换届以来履职征程的首要任务。西安市政协持续创新机制、改进作风，通过深挖潜能、激发活力，着力破解“两个薄弱”问题，推动政协工作展现新作为新气象。

## 创新制度机制　定位“怎么干”

新时代人民政协“怎么干”？西安市政协从加强制度化、规范化、程序化建设出发，抓好制度“立改废”工作。代市委起草了《关于加强和改进新时代市县政协工作措施》；制定《协商工作规则》、修订《加强和改进调查研究工作实施办法》、制定《大会发言工作规则》、完善《协商议政质量评价工作办法》；创设综合性民主监督、专项民主监督多种监督形式，将民主监督计划纳入协商工作计划。

2022 年，紧扣全市重点工作开展综合性民主监督，相关部门对提出的 25 个问题和 38 条建议，逐项落实、全面改进。完善成果转化机制，市委、市政府、市政协“三办”联合印发《政协协商成果办理实施办法》，常委会会议、月度协商会成果以建议案形式报市委、市政府。全年共向市委、市政府报送 9 份建议案、16 份调研报告，提出 240 余条意见建议。

## 创新委员管理　凝聚工作合力

政协工作活不活、实不实，关键在委员。西安市政协把创新委员管理、激发委员履职活力作为着力点，通过加强机关领导力量，扩充专委会工作力量，解决“谁来干事”的问题。

提高委员工作质量。加强委员履职能力建设，举办全体委员培训班，每月举办1期委员报告会，组建委员学习小组、读书群。根据界别、特长将委员编入各专委会，实现“全员入委”。以界别为依托，按“学习、履职、联系、联谊”4个平台定位建设23个委员工作室。

每季度召开履职统计专题会，建立动态履职档案，增强委员责任意识和纪律意识。开展走访委员企业单位、接待委员来访等活动，加强联系沟通，完善委员服务保障机制，帮助委员协调解决履职中的问题困难，提振委员履职热情。

组建“委员宣讲团”，宣讲党的二十大精神66场次，参与群众4543人次。开展百名委员集中宣传、委员活动日，成立市政协书画院，筹办新春茶话会，开展“政协委员眼中的新西安”短视频征集，评选表彰年度优秀委员、“十佳”委员，激发了委员履职积极性和荣誉感。

## 创新机关管理　提高保障能力

市政协按照“干什么学什么，缺什么补什么”要求，邀请各领域专家作专题辅导和研讨交流，开展每日1小时学习、每两周1次专题讲座。推进模范机关建设，开展作风建设专项行动和清廉政协建设，抓好干部教育培训和实践锻炼，着力提高服务保障能力。

推进数字政协建设、建立重大事项督办机制，对照“勤快严实精细廉”标准查摆整改130余个问题，坚决破除“庸懒散慢虚粗”顽瘴痼疾。深化“依岗承诺转作风”“大调研大实践大练兵”“作风能力大家评”成果，增强机关干部责任、服务、效率、廉洁意识。

政协制度机制理顺了、委员履职热情倍增、人员保障持续加强……西安市政协用一件件创新制度机制实例，擘画了破解“两个薄弱”问题的路线图。

（本文原载于《人民政协报》2023年7月20日第4版）

◎ 宝鸡市政协

# 书香润政协　读书促履职

文／朱　铭　李哲宇

十三届宝鸡市政协按照全国政协、省政协有关要求，推动广大政协委员在读书中明方向、聚共识、促履职，走出一条读书和履职相互促进、相得益彰的书香之路。

## 读出“三个坚定”，激发全员读书之志

读书活动首先要旗帜鲜明讲政治。市政协坚持将书香政协与主题教育同步推进，精选学习内容、聚焦重点书目，引导广大政协委员筑牢团结奋斗的共同思想政治基础。

读出坚定理想信念。学深悟透习近平新时代中国特色社会主义思想，严格落实“第一议题”制度，通过市政协党组领学带动个人自学，进一步在融会贯通中感悟思想伟力，在深学细研中坚定理想信念。

读出坚定忠诚信仰。认真贯彻落实习近平总书记来陕考察重要讲话重要指示精神，精选政治性、思想性强的必读书目，引导广大政协委员筑牢对党忠诚的信仰基石。

读出坚定使命担当。坚持把习近平总书记关于加强和改进人民政协工作的重要思想作为重点学习内容，与党的创新理论一体学习领悟、贯彻落实，在学深悟透、融会贯通中担负起新时代的使命任务。

## 搭建“三个平台”，凝聚社会各方之力

新时代新征程，市政协以学习新发展理论为统领，积极搭建委员读书

平台，更好凝心聚力、凝聚共识。

搭建主题读书平台。市政协突出界别特色，建立读书群，推选领读人，定期分享读书篇目。举办“喜迎二十大、聚力新征程”主题实践活动，制作文艺汇演短视频，扩大传播声量，使书香浸润人心。

搭建线上线下平台。市政协公众号推出“打造书香政协、诵读名著经典”读书视频90多期，读书群分享学习体会2600多人次。线下举办“追寻红色足迹·感悟思想伟力”读书感悟交流活动，为委员提供了相互促进、彼此交流的读书平台。

搭建市县联动平台。指导县区政协创新成立“书香政协好”读书班，坚持日领读、周分享、月研讨、季展示。全市建立“读书沙龙基地”36个，推动政协委员把读书形成的思想火花转化为团结奋斗的共识。

### 实现“三个拓展”，提升委员履职之能

学之愈深，行之愈笃。市政协坚持以学增效，把提升委员履职能力作为提质增效的重要抓手，以高质量读书浸润社会各界。

实现读书向能力提升拓展。主动邀请市委、市政府主要领导作专题辅导报告，举办新一届政协委员培训班，通过读书学习准确把握政策走向和群众需求，将读书成果转化为建言资政的专业底气。

实现读书向深度协商拓展。市政协坚持将委员读书和履职实践深度融合，引导委员将读书成果转化为对重大问题的深刻认识，不断丰富拓展政协协商的深度和内涵。

实现读书向书香社会拓展。市政协开展“委员读书全覆盖、书香联动促履职、委员邀您共读书”3大委员读书系列活动。其中“委员邀您共读书”将由政协委员邀请各行各业、界别群众参与，扩大了委员读书的辐射范围，推动书香政协向书香社会不断延伸。

（本文原载于《人民政协报》2023年7月20日第4版）

◎ 咸阳市政协

# 书香涵养“政协气质” 创新彰显“政协作为”

文 / 朱小明

咸阳市政协坚持以习近平新时代中国特色社会主义思想为指导，深入学习贯彻党的二十大精神和习近平总书记关于加强和改进人民政协工作的重要思想，贯彻落实中央和省市委关于加强和改进新时代市县政协工作的部署要求，不断提振精神、创新机制、提升素质、改进作风，推动市县政协工作呈现新气象。

开展“书香政协”咸阳·正读书，思想引领聚共识。市政协深入开展“书香政协”咸阳·正读书活动，创设了“委员大讲堂、咸来读书荟、云尚正悦”三个载体，把委员读书活动作为加强政治引领、凝聚思想共识的有力抓手，融入日常、扎实推进。去年以来，共举办“委员大讲堂”9期；开展读书分享会、经典诵读会等“咸来读书荟”活动33场；制作“云尚正悦”38期，“读书+履职”得到深度融合、相互赋能。下大力气提升机关干部能力素质，先后在复旦大学等举办专题培训班，办好“机关小讲堂”，通过领导带头讲、专家辅导讲、干部交流讲等方式补短板、强弱项，去年以来共举办“机关小讲堂”22期。

搭建“秦商量·同心汇”协商平台，创新载体提质效。市政协注重把委员工作室建在工作一线，嵌进产业链、服务链，面向基层群众，助力社会治理；加强委员工作室制度化、规范化建设，建立了市政协专委会主任担任“指导员”制度，明确了“指导员”“召集人”职责，共建立委员工作室17个，全市13个县市区建立委员工作室124个。依托委员工作室建设，精心打造线下的“秦商量·同心汇”，坚持“三新一好”（委员履职新平台、凝聚共识新渠道、联系群众新纽带、基层治理好帮手）功能定位，开展协商议政 100 余场次，征集社情民意信息 280 余条。通过创新履职协商平台载体建设，延伸了履职触角，推动了政协协商与基层协商有效衔接。

打造咸阳“智慧政协”数字化系统，数字赋能促履职。咸阳市政协依托咸阳智慧城市平台，将大数据与政协履职紧密结合，建成了咸阳“智慧政协”平台。该平台以“咸阳政协”网站、“咸阳政协”微信公众号、“智慧政协”数字化系统三大载体为支撑，设置委员管理、提案管理、远程协商等九大应用模块，委员平台上线率达 100%，为市县政协组织和政协委员提升履职水平、推动远程协商、优化信息服务提供了重要保障，在委员和群众间架起了数字“连心桥”。

建立健全“三联三促”工作机制，强基固本激活力。市政协建立了市政协领导“三联三促”（联县、联点、联谊）工作机制，完善了覆盖党的建设、履职工作、组织管理等制度机制。着眼提升履职效能，建立了委员履职工作规则等 10 余项制度机制。着眼发挥好专委会在做好党的建设、思想引领、调查研究、委员读书、考核管理等工作的基础性作用，建立健全了专委会联系界别和委员工作制度、委员联系界别群众制度，加强专委会规范化建设，更加突出界别优势，体现“专”的特色。着眼抓好党建引领促落实，建立健全了市政协领导包抓督办重点提案等机制，形成了上下联动、协同推进的工作局面，推动市县政协工作提质增效。

（本文原载于《人民政协报》2023 年 7 月 20 日第 4 版）

◎ 榆林市政协

# 学习贯彻党的二十大精神 推进政协协商向基层延伸

文／刘荣廷 贺亚峰

近年来，榆林市政协坚持以习近平新时代中国特色社会主义思想为指导，深入贯彻落实党的二十大精神和中央政协工作会议精神，强化“四个注重”，积极推进政协协商向基层延伸。

注重平台搭建，促进政协协商向基层延伸。坚持全覆盖、有重点地延伸政协基层组织，以充分发挥平台典型示范带动作用。坚持全员入室、全市覆盖的原则，因地制宜，在榆林中心城区建成界别委员工作室 12 个。同时，在 12 个县市区和高新区等 4 个经济开发区建成区域委员工作室 16 个。各县市区政协结合实际，以界别、镇村（社区）、委员企业为依托，建成全覆盖的委员工作室 96 个，形成了政协协商向基层延伸并有机衔接的新格局。

注重健全机制，促进政协协商向基层延伸。对于市县政协组织，开门就是群众、出门就是基层，通过健全拓展延伸机制，才能让履职更接地气、协商更增底气，促进政协协商向基层延伸。一方面，精准确定协商议题。年初，市政协及时在政协网站、公众号上刊发《关于公开征集市政协协商议题的公告》，同时征求同级党委政府领导意见建议，并报同级党委常委会通过后实施，形成了“多方征题、委员荐题、党委审题、政协领题”的征题协商机制，有效解决了“协商什么”的问题。另一方面，优化“双走进政协”机制。敞开“大门”，将一些重要协商议政活动，邀请基层群众代表列席，让群众“走进政协”。此外，凡能在基层开展的协商议政活动，尽量将会议延伸到乡镇、社区、厂矿企业等基层召开，让政协“走进群众”，促进政协协商有效服务基层治理。

注重服务管理，促进政协协商向基层延伸。委员工作室建成后，服务好、管理好委员工作室，确保其有效运行是关键。市政协健全完善委员工作室建设、管理、布局等保障机制，确保各项活动有效开展。同时，加强对委员工作室的考核，并强化业务指导，推动基层协商向制度化、规范化、程序化方向发展。今年以来，各委员工作室反映社情民意信息 70 多篇，举办各类“微协商”活动 84 次，解决群众难题 20 多个，办实事好事 60 多件，已成为委员履职的“好平台”、建言资政的“助推器”、凝聚共识的“连心桥”、收集民意的“好驿站”、服务民众的“桥头堡”。

注重氛围营造，促进政协协商向基层延伸。市政协坚持鼓励敢讲真话、敢于发声，尊重和包容不同意见，真正做到既畅所欲言、各抒已见，又理性有度、合法依章，促进政协协商向基层延伸。如，围绕缓解城区校园周边交通拥堵问题，组织委员、媒体记者调研采访、录制专题片，创设了“请你来协商”平台，在榆林电视台播出 3 期，并向社会各界征集有关建议 27 条。在此基础上，邀请市政府分管领导、相关部门、部分群众代表召开协商座谈会议，进一步明确整改责任和措施，较好地解决了校园周边交通拥堵的问题，受到了社会各界的广泛好评。

（本文原载于《人民政协报》2023 年 7 月 20 日第 4 版）

◎ 安康市政协

# 聚力做实“建管用” 激发履职“精气神”

文／孙　黎　胡斯晗

安康市政协认真贯彻落实党的二十大关于完善人民政协民主监督和委员联系界别群众制度机制的新部署、新要求，以深化提升委员工作室建设为抓手，建实管好用活履职新平台，推动履职向基层延伸、向群众靠拢、向落实转型。

## 在“建”上下功夫，高位推动标准化建“室”

高站位谋划。市政协召开党组会议、主席会议研究部署，明确建设思路，确定工作目标，构建了主席会议成员推动、市县政协联动协作的“一盘棋”工作格局。严责任落实。制定建设实施方案，梳理工作重点，明确关键节点，细化责任分工、建设标准、审批流程等，全面压实建设责任，实现人人身上有担子、个个身上有责任。重分类推进。选定不同主题分类推进建设，围绕“党政所想、群众所盼、协商所需、委员所能所愿”，采取自下而上、自上而下相结合方式组建各具特色的工作室。为服务地方经济发展，组建富硒食品产业、美食产业、社区工厂、秦创原等委员工作室；为助力“三个年”活动，在12345市民热线接话大厅建设优化营商环境委员工作室；为支持创新创业，组建青创协会、广东安康商会委员工作室等，这些各具特色的工作室，将志同道合的委员组织起来，常态化履职，实现了履职效益最大化。

## 在“管”上做文章，健全机制规范化管“室”

健全制度机制。市政协制定委员工作室职责、管理办法、联系服务群众和信息收集反馈制度，规范工作室协商议事规则，明确工作室设立条件、受理事项范围、工作流程，提出“六有六上墙两公开”要求和“四个一”工作任务。强化指导管理。坚持党建领航，建立“党组成员挂帅、主席会议成员联系、专委会指导、党建指导员联络、相关单位配合”的指导联系机制，指导工作室成立党小组、开展党建活动和履职工作，使党建与履职深度融合。完善考核评价。制定考核办法，实行履职情况按月线上点评制度，建立“四优先”激励措施，议政性常委会会议优先由工作室推荐参会群众代表，专题调研优先安排工作室参与，重要活动优先邀请工作室参加，委员履职考评优先听取工作室意见，提高工作室政协履职活动的参与度和话语权。

在“用”上出真章，精心组织常态化用“室”

各工作室统筹考量发展所需、群众所盼、工作室所能，选择切口小、落点实、委员擅长课题常态化开展小而实的履职活动，逐步形成“五微”模式，即微学习提高站位素质、微调研了解社情民意、微协商纾解急难愁盼、微建言献妙计良策、微公益募捐救助献爱心，一场场“微”活动，广泛凝聚了共识，扩大了政协社会影响力。如青创协会工作室向社会开放“周周读书会”，加强思想政治引领；侨界工作室开展政策解读和宣讲，厚植爱党爱国情怀；高新区工作室深入企业走访调研，为“营商环境最安康”建言；家庭教育指导工作室举办大型专题公益讲座，传承好家风家训；关爱妇女儿童、关爱农民工工作室积极反映社情民意，维护困难群体利益……这些活动的开展，激励委员动起来、履职活起来、工作实起来，政协工作质效得到提升。

（本文原载于《人民政协报》2023 年 7 月 20 日第 4 版）

# 甘肃省政协
# 实干笃行　奋力书写履职答卷

文／王　聪　王　钊

“省政协党组紧紧围绕全省工作大局，谋得实、做得细，在招商引资、优化营商环境、推动高质量发展方面做了大量富有成效的工作。”日前，甘肃省委书记胡昌升在省政协报送的关于助力招商引资工作、促进民营经济发展情况的报告上作出批示，对省政协围绕中心履职尽责、担当作为的做法给予充分肯定。

今年是全面贯彻落实党的二十大精神的开局之年，甘肃省政协把全面贯彻落实党的二十大精神、中央政协工作会议精神以及习近平总书记对甘肃重要讲话重要指示批示精神作为首要政治任务，始终坚持“实”字当头、“干”字为先，新年伊始就吹响了履职号角，用一场场学习研讨、调研视察、协商座谈等活动，让实干笃行、奋楫争先成为新一届甘肃省政协最鲜明的履职底色。

## 实学，在深学细悟中筑牢信仰之基

学之愈深，方能知之愈明、信之愈坚、行之愈笃。

3 月 27 日，甘肃省政协举办委员培训班，深入学习贯彻党的二十大精神和全国“两会”精神，用习近平新时代中国特色社会主义思想武装头脑、凝心铸魂，帮助委员和机关干部提高履职能力，助力经济社会高质量发展。

深入开展学习贯彻习近平新时代中国特色社会主义思想主题教育，是贯彻落实党的二十大精神的重大举措。按照中央和省委部署要求，甘肃省政协迅速掀起学习热潮。

“要牢牢把握主题教育的总要求，紧紧锚定目标任务，把学思想、强党性的成效体现在担当实干上，以‘时时放心不下’的责任感、敢闯敢干和争先进位的精气神，为党和人民履好职、尽好责，以新气象、新作为推动政协工作高质量发展。”4 月 15 日，省政协主席庄国泰在主题教育动员部署会上强调。

主题教育期间，省政协把强化理论武装与凝心铸魂结合起来，把学习贯彻习近平新时代中国特色社会主义思想的深化、内化、转化工作作为一项重大政治任务，组织机关 180 余名党员集中 9 天半时间举办主题教育读书班，采取集体学习和个人自学相结合的方式，读原著、学原文、悟原理，原原本本深入学；第一时间传达学习习近平总书记在中央政治局会议、文化传承发展座谈会等重要会议及在部分省市考察时的重要讲话精神，及时跟进领悟学；结合省情实际，组织党员干部围绕在中国式现代化甘肃实践、新时代加强和改进人民政协工作、实现甘肃高质量发展中如何作为等 4 个专题进行集中交流讨论，开展学用结合研讨学；组织各专委会重点围绕习近平法治思想、经济思想、生态文明思想等重要思想及有关重要论述，联系实际专题学；举办政协理论大讲堂，邀请专家学者专题辅导，实现理论讲堂辅导学，切实推动党的创新理论入脑入心。

据统计，主题教育期间，甘肃省政协党组先后召开 9 次会议进行研究部署，机关先后开展集体学习 110 余次、交流研讨 140 余次、举办理论大讲堂 6 期、专题辅导讲座 6 次、党员领导干部讲专题党课 41 次，在春风化雨中把“基本原理”变为“生动道理”，切实达到了“学思想、强党性、重实践、建新功”的目的。

## 实谋，建章立制努力实现“三化”

制度机制最能管长远、管根本。省政协务当前而谋长远，着力在建章立制上用心用力。

为充分发挥政协人才荟萃、智力密集的优势，助力全省经济社会高质量发展，省政协紧扣构建现代化产业体系这个高质量发展的核心，制定了《建立助力经济社会高质量发展工作机制的意见》，以三年为周期，首先选取天水、白银、嘉峪关三市先行试点，探索建立经济高质量发展重要问题资政建言、招商引资牵线搭桥工作、招商引资民主监督三项机制，坚持边探索、边总结、边完善，以期今后发挥长效作用。

完善委员联系界别群众制度机制，是党的二十大对人民政协工作提出的新要求。省政协及时制定印发了《关于建立委员联系界别群众制度机制的意见（试行）》，先后召开动员部署会、工作推进会和调度会，将504名省政协委员分为16个界别活动组，深入基层协助党委政府做好解疑释惑、理顺情绪、化解矛盾的工作，为全省经济社会高质量发展凝心聚力。

针对新时代对人民政协工作制度化、规范化、程序化的要求，甘肃省政协制定了《地方政协工作高质量发展机制建设专项研究工作方案》，围绕17项研究课题，正在组织政协委员、专家学者及相关人员开展调查研究，力争形成高质量的理论成果和操作性强的制度规范。

甘肃是一个多民族省份，为增强民族凝聚力向心力，甘肃省政协建立了党组成员和民宗委负责同志联系民族宗教界委员制度，制定了中共党员委员联系党外委员、党员领导干部联系民族宗教界委员的制度，每逢重要节日，省政协都要开展走访看望民族宗教界代表人士活动，为不断铸牢中华民族共同体意识贡献力量。

为不断扩大助力甘肃发展的“朋友圈”，甘肃省政协还建立了港澳委员联系港澳地区企业家和相关人士的“1+10”工作机制，聘请21名港澳委员为“甘肃招商大使”……

## 实干，在新征程上展现新作为

使命呼唤担当，使命引领未来。新征程上，只有崇尚实干精神，方能写好“履职作业”。

“家中有几口人？现在收入怎么样？”“要发挥龙头企业辐射带动作用，延长产业链，做大品牌，大力发展农产品精深加工，为乡村振兴提供产业支撑。”“政协组织和政协委员要在助力经济社会发展上担当作为，开展富有政协特色民族宗教工作。”……

调查研究是谋事之基、成事之道、决策之要。开年以来，甘肃省政协大兴调查研究之风，按照年度工作要点和协商计划，半年多的时间，从河东到河西，从城乡社区到田间地头，从厂矿企业到园区车间，省政协主席会议成员和副省级领导干部分别带队深入基层、深入群众，通过座谈访谈、结对共建、蹲点调研、解剖式调研等多种方式，就事关全省经济社会高质量发展的重大问题广泛开展调研，充分征求意见建议，副厅级以上领导共形成调研成果 100 余份。

“要加大柔性引才引智力度，本着‘不求所有，但求所用’的原则，突出‘高精尖缺’导向，柔性引进高层次及紧缺人才，加快推进具有国际竞争力的高水平创新人才队伍建设。”中国科学院院士刘维民在甘肃省政协举办的“更好发挥科技人才作用”协商座谈会上发言时说。

为充分发挥人民政协优势作用，省政协先后组织召开加强社区治理能力提升、更好发挥科技人才作用、加强基础研究、加强生态环境保护、打造核产业强省、促进数字经济发展、优化企业营销战略等协商座谈会，部分协商座谈会还专门邀请“两院”院士、高校专家学者及党政部门负责同志参会，使议政建言更加精准，建议意见更有力量。同时，省政协积极牵线搭桥助力招商引资，先后召开北京甘肃企业商会企业家座谈会、省政协港澳委员招商引资工作会议、澳门女企业家座谈会，组团到港澳地区推介、对接招商引资项目，竭尽全力贡献智慧力量。

民营经济是实现经济社会高质量发展的主力军。为助力全省民营经济发展，甘肃省政协从广泛听取民营企业家和商会意见建议、助力民营经济高质量发展、形成推动民营企业和民营经济发展的工作合力 3 个方面，提出了 15 条具体措施；研究制定了加强与商会组织及民营企业会商协商工作的《行动方案》，向省委报送了促进民营经济发展的专题报告。

## 实效，助力高质量发展出现新气象

实干出成效。通过半年多的践行使命和作风锤炼，省政协助力高质量发展的履职实效开始显现——

省政协在调研中精准把脉、对症下药，形成了一批富有真知灼见、散发泥土芬芳的高质量调研成果。为推动调研成果转化，针对省政协领导班子在调研中发现问题57条，提出解决问题的意见建议83条；针对机关党组、各专委会分党组在调研中发现问题150余条，提出解决问题的意见建议300余条，第一时间报送党政部门，为科学决策提供了依据。同时，省政协先后向省委省政府报送调研报告、建议案34份，省委省政府领导批示63次；报送社情民意信息75期，省委省政府领导批示35次，进一步提升了履职实效。

以学正风、以学促干。在省政协领导班子的示范带动下，省政协各专委会积极行动起来，以实干担当促进全省高质量发展——提案委组织召开全省政协提案工作提质增效研讨会，总结交流经验做法，研究探索新时代加强和改进政协提案工作的思路方法；经济委目前已报出建议案、专项建议、社情民意信息等重要文稿25份，省领导批示13次；社法委向省人大常委会提出的两项立法建议被列入今年立法计划调研项目；文史委组织协调的敦煌文博会“文化交流与合作论坛”正在紧锣密鼓的筹备中……

为落实好甘肃省委对省政协“在招商引资上搭好桥梁”的工作要求，省政协动员组织港澳委员及港澳地区企业家来甘考察、洽谈合作21批次，推动形成意向性投资合作项目15个，涉及投资额131.72亿元。同时，组织开展助推招商引资实现重点突破和探索建立营商环境民主监督机制的专题调研，召开促进民营经济发展和招商引资工作协商座谈会，向省委、省政府报送20条专项建议。

民生问题大于天。省政协始终心系万家灯火，厚植为民情怀，选择兰州市榆中县河湾村作为试点，邀请专业设计团队对河湾村进行整村建设规划，力争把河湾村打造成为宜居、宜业、宜游的和美乡村。机关领导干部与帮扶联系县的59名孤儿形成“一对一”结对帮扶，213名干部与225户企业形成帮扶联系关系，让群众充分感受到政协离自己很近。

风劲帆满图新志，砥砺奋进正当时。“当前的甘肃，正处在蓄势发力、爬坡过坎、追赶进位的关键阶段。我们要把大力推进中国式现代化甘肃实践作为履职的重中之重，聚焦‘国之大者’和‘省之要者’，认真建言资政、开展民主监督、加强思想政治引领，发挥好制度优势和效能，展现好政协担当和作为。”庄国泰说。

（本文原载于《人民政协报》2023 年 8 月 28 日第 1 版）

◎ 兰州市政协

# 奏响“黄河大合唱”的政协音符

文 / 陈熙强

兰州，因山而名，因水而生。

作为兰州最著名的城市地标——黄河，吸引着众多中外游客。这个夏天，“夜游黄河”“黄河颂·大有兰州”光影秀火爆出圈，漫步在黄河岸边，树木茂盛、风景秀丽。生态保护、科普教育、文化展示、观光旅游等功能区错落有致，这里已经成为市民休闲娱乐、外地旅客观光打卡的好去处。

近年来，黄河兰州段两岸环境不断美化，这得益于黄河流域兰州段生态保护力度的持续加强，也得益于兰州市政协及广大政协委员的努力和付出。

2019 年 8 月，习近平总书记在视察甘肃时作出“兰州要在保持黄河水体健康方面先发力、带好头”的重要指示。牢记总书记殷殷嘱托，近年来，兰州市政协围绕黄河流域兰州段生态保护和高质量发展持续组织开展调查研究和协商建言工作，为把黄河兰州段打造成为河清水美、生态绿色、文化先进、产业发达、和谐宜居、人民幸福于一体的现代化城市，贡献了政协智慧和力量。

市政协把“促进黄河流域兰州段生态保护和高质量发展”列为常委会年度重点调研课题。课题组深入红古区、安宁区等黄河流域兰州段各重要节点进行深入调研，对国家宏观政策和国内外实践经验和理论成果进行多视角分析研究，多方学习借鉴黄河流域各省区、国内其他城市治河兴水、科学发展的经验。经过反复协商论证，在黄河兰州段生态保护和高质量发展、湿地和生态治理、文化传承、产业提升、城市治理、基础设施建设等多方面提出数十条建议，一些意见建议已经被党委、政府采纳并落实到有关政策之中。

兰州主城区除穿城而过的黄河外，在近郊四区还有不少排洪沟，由于沿河流域多处在城乡接合部，黑臭水体问题一度突出。市政协组织开展污水治理专题调研，向市委、市政府报送了有关建议案。不久后，兰州市委、市政府研究制定了《兰州市城区河洪道黑臭水体综合治理工作方案》，集中对 8 条黑臭水体开展综合治理，其中就吸纳了市政协调研报告和委员提案中的建议。

“统筹考虑和规划黄河流域兰州段的地质、水土、大气和生物资源特征，开展生态整体保护和修复，以‘黄河福道’十大节点支撑性工程为主导，加强沿河两岸湿地的修复和保护，加快道路绿化与景观建设，及时疏浚清淤、拆除违建、清理河内和河道的各类垃圾污物。”

“全力打造中国黄河丝路文化重要标识，创新建设黄河文化数字化展示平台，发展壮大非遗 + 研学、民宿、文创、演艺、节庆等新业态，全面提高我省河文化创造性转化和创新性发展水平，率先在沿黄九省区讲好黄河故事。”

……

今年 7 月 26 日，兰州市政协召开专题协商座谈会，邀请省市县政协委员、专家学者共同围绕“黄河流域兰州段生态保护和高质量发展”支招把脉、共谋良策。

“兰州市政协将持续深入学习贯彻习近平总书记对甘肃、兰州重要讲话重要指示批示精神，牢记习近平总书记殷殷嘱托，认真研究黄河流域生态保护和高质量发展政策，发挥政协优势，广泛调查研究，多建睿智之言、多献务实之策，为兰州高质量发展和落实‘强省会’行动贡献政协力量。”市政协主席王宏说。

（本文原载于《人民政协报》2023 年 8 月 28 日第 4 版）

◎ 酒泉市政协

# 为驼铃古道丝绸之路增添新彩

文 / 刘津津

走一遍驼铃古道，赏一路丝路风情。“五一”小长假的酒泉，沙洲夜市人头攒动、沙漠骆驼络绎不绝、莫高窟游客流连忘返……

今年“五一”假期，丝路名城酒泉交出一份亮眼的文旅成绩单。全市举办群众性文化体育旅游活动 145 场次，参与人数超过 21 万人次，接待游客 166 万人次，实现旅游收入近 12 亿元，比 2019 年同期分别增长 99.8%、62.65%。

“酒泉全力打造大敦煌文化旅游经济圈以来，游客们纷纷点赞，觉得生态环境更美了、管理更有序了、服务更好了、旅程更丰富充实了。”酒泉市政协委员、敦煌北方旅行社总经理范菊萍感慨。

游客们的好评，就是对酒泉市政协履职尽责的最好肯定和褒奖。今年以来，酒泉市政协积极履行大敦煌文化旅游经济圈建设工作专班职责，持续用力打造文旅产业“升级版”。

酒泉历史文化厚重，旅游资源富集。经过千年积淀形成的敦煌文化、丝路文化、长城文化、边塞文化、红色文化、航天文化交相辉映，敦煌莫高窟、鸣沙山月牙泉享誉世界，世界文化遗产和全国重点文物保护单位星罗棋布。如何让这座镌刻着厚重文化印记的城市，在新时代高质量发展中焕发出新的光彩？

面对这一“发展之问”，酒泉市政协坚持团结和民主两大主题，充分发挥人民政协独特优势，在建言资政和凝聚共识上双向发力，投身助力文旅融合发展的火热实践，全力推动市委“文化兴市”战略，倾力打造大敦煌文化旅游经济圈，创建文化旅游融合发展示范区，加速推动“以敦煌为主体的文化旅游经济增长极”等部署落地实施。

酒泉市政协党组成员、主席会议成员带领大敦煌文化旅游经济圈工作专班加强顶层设计，优化推进机制，以务实举措落实专班组长职责。定期召开大敦煌文化旅游经济圈建设现场推进会和季度专班会议，研究部署重点工作，推动旅游景区提升、旅游小镇建设等重点工程任务落实，积极推进省政府《关于支持大敦煌文化旅游经济圈建设的若干意见》等利好政策落地落实，充分发挥文旅产业“一业兴、百业旺”的乘数效应，讲好敦煌故事，弘扬敦煌文化，推动敦煌文化走出国门、走向世界。抢抓“一带一路”重大机遇，紧盯“四省十二城”跨区域文化旅游交流合作机制和大敦煌文化旅游联盟筹备进程，加强与新疆、青海、内蒙古等周边省份围绕共建“一带一路”开展合作交流，积极与新疆哈密市、青海海西州、内蒙古阿拉善盟政协沟通协商，形成共建“一带一路”协作机制，推进协商共建河西走廊经济带政协智库联盟，搭建跨区域机制化、常态化协商参与平台，开展更高水平协作建言资政。为市委、市政府建设大敦煌文化旅游经济圈提供了“破题”思路和“破冰”建议。

市政协注重引导委员们发挥界别作用，围绕“探索新形势下助力文旅融合发展新路子”开展经常性调研，努力挖掘本土特色文化，以此丰富文创作品。委员们还深入敦煌研究院、敦煌文旅集团、金塔胡杨林景区等重点文旅单位和“乐动敦煌”文旅综合体、敦煌海联国际饭店等项目建设现场实地调研，摸清资源“底数”，避开发展“雷点”，关注支持敦煌文博盛会等重要文旅节会活动的筹备开展，积极履职尽责，持续建言献策，以实际行动助推酒泉文旅产业高质量发展。

（本文原载于《人民政协报》2023 年 8 月 28 日第 4 版）

◎ 白银市政协

# 以高质量履职服务高质量发展

文／张　峣　张子慧

百舸争流，奋楫者先。2023年是全面贯彻党的二十大精神的开局之年，是深入实施“十四五”规划承上启下的关键之年，是白银市委、市政府落实工业强市、产业兴市战略和五大行动的起步之年。白银市政协全面贯彻落实市委决策部署，充分发挥政协人才荟萃、智力密集、联系广泛优势，主动出击招商引资，积极履行专门协商机构职能，做好建言资政和凝聚共识工作，努力实现以政协之能服务白银高质量发展之为。

开展“充分发挥桥梁作用助推招商引资实现突破”专题调研，进行“地方政协发挥委员主体作用实践路径”研究，围绕“激发文化活力 助推乡村振兴”课题深入田间地头……今年以来，白银市政协聚焦“工业强市产业兴市”、县城建设和县域经济发展、特色农业产业振兴等重点课题，深耕细作调研协商主业，大兴调查研究之风，广泛开展专题调研。

市政协主席会议成员带队走访甘肃鸿瑞装配制造有限公司、甘肃中科特医乳业有限公司等多家企业，进车间、听介绍，与企业及部门负责人就企业存在的困难问题、招商引资政策措施落实、政府服务保障工作等情况进行交流探讨。市政协充分发挥专门协商机构作用，引导全市广大政协委员和各级政协组织紧紧抓住白银市作为省政协建立助力经济社会高质量发展工作机制试点市这一机遇，积极开展试点工作，迅速制定落实《实施意见》，与省政协经济委员会衔接推进相关工作，进一步扩大协商广度，拓展协商深度，以更高质量协商推动白银经济社会高质量发展取得实效。

为积极响应市委“引大引强引头部”行动部署，市政协倾情当好招商引资“牵线人”，今年以来由主席会议成员带队先后前往吉林、上海、浙江、陕西、香港、澳门、珠海、北京、广东开展招商引资考察活动。

“白银工业基础雄厚，能源丰富，产业链相对完备，在西北数字经济发展方面也具有独特的优势，诚邀各位企业家到白银参观考察、投资兴业、共谋发展。”在与企业家的座谈会上，市政协主席齐永刚真诚地说。在白银市政协的引介对接下，北京运泰农发农业科技有限公司与白银区就银西智慧冷链物流产业园合作项目签订了合作框架协议。香港科技大学和白银市科技局初步达成科技合作和科技研发意向，中国牛粤农牧产业控股（香港）有限公司与景泰县签订10万头黄牛养殖项目框架合作协议。白银市政协以实际行动助力招商引资，努力形成政协委员不仅会协商，还要能招商的工作局面。

开年以来，市政协主席会议成员带领由市政协经济委员会、市级各民主党派负责同志和部分市政协委员组成的视察组，开展全市县城建设和县域经济发展情况监督性专题视察。视察组建议，要深入探索招商引资新模式，坚持“项目为王”，多渠道、多层次、多方式开展精准招商，为项目落地牵线搭桥、提供助力。要加快提升产业优势基础，持续优化营商环境，做大做强新能源产业，瞄准优势产业延链补链强链，不断释放区域产业发展潜力，着力构建高质量发展新格局。

奋楫扬帆风正劲，勇立潮头满目新。白银市政协将持续助力白银构建现代化产业体系、产业数字化转型、打造内聚外联的开放型经济体制和营商环境持续优化，推动今年重点任务早日落实落地，不断夯实白银高质量发展基础，切实推动政协工作提质增效。

（本文原载于《人民政协报》2023年8月28日第4版）

◎ 陇南市政协

# 紧盯民主评议小切口　写好民主监督大文章

文 / 寇嘉祥

紧扣“民生话题”作为民主监督的重点，开展监督性视察、监督性调研、监督性协商，取得实实在在的成效。

抓住一批事关发展的“重要课题”，为改革发展谋良策，为破解难题出实招。

……

在陇南市政协各项履职活动中，民主监督的分量越来越重。在全面落实会议监督、调研视察、提案督办、反映社情民意信息和聘请特约监督员等多种监督形式的基础上，陇南市政协创新开展了民主评议政府部门和“政协委员问村医”等监督活动，努力为助推全市经济社会发展积极贡献了政协智慧和力量。

“我们评议部门工作，不是鸡蛋里挑骨头，也不是锦上添花，而是客观审视部门工作中存在的不足，通过肯定成绩，指出不足，提出建议，促进工作，诚心实意地帮助部门改进工作，提升部门形象。在此过程中，增强民主监督力度，更好地履行民主监督职能。”市政协主席梁英说。

为确保民主评议取得实效，民主评议工作在陇南市委的领导下，由市政协常委会制定评议方案，具体组织实施。结合不同评议对象特点，将贯彻执行党和国家的方针政策、法律法规情况，落实市委、市政府决策部署、履行部门职能、完成目标任务情况，领导班子建设及党风廉政情况，服务基层群众的工作态度、质量、效益和作风情况，办理市政协意见建议、提案、社情民意信息情况等作为民主评议的重要内容。

市政协注重评议过程中的协商，丰富协商内容，提升协商层次。评议伊始召开启动会，对参评人员、被评议单位工作人员进行培训。通过发布公告，广泛宣传评议活动的意义，收集各方面对被评议单位的意见建议。参评人员根据评议的内容要求，分别深入有关单位、基层群众中听取社会各界对被评议单位的反映，了解掌握情况。设计调查问卷，印制相关材料，进行实地调研走访，并根据调研走访情况，总结撰写书面调研报告，向市政协主席会议专题汇报。

在评议阶段，召开市政协常委会会议，邀请市委或市政府分管领导、被评议单位服务对象、下属单位和市级各民主党派、无党派人士参加。会上，调研组通报调研情况，被评议单位主要负责同志向市政协常委会报告工作，参会人员进行民主测评。在面对面协商现场，委员们一边了解部门工作情况，一边聆听了各部门对近年来履行职能、自身建设、政协意见建议落实等方面的工作情况通报，并由评议组委员进行咨询和点评，大家直奔主题，提出了意见和建议。

开展民主评议工作，既是市政协履行民主监督职能的具体体现，也是促进被评议单位依法履职、提升效能、强化服务的有效途径。市政协以常委会会议专题协商的形式开展集中民主评议，评议小组会原汁原味反馈部门工作存在问题，政协常委、参评委员结合通报和反馈情况与被评议部门进行面对面评议协商，帮助被评议部门找准找实工作中容易忽略的、群众普遍关心的短板问题，对标提出整改建议和努力方向，并由被评议部门诚恳表态，从而确保问题找得准、评议意见准、整改方向明。

“开展民主评议，是新时代加强和改进市县政协工作的有效途径，是拓展民主监督、扩大政协协商参与面的有效形式，是广泛凝聚共识、扩大界别群众覆盖面的有效载体，有利于人民政协更加善于协商、更准建言资政、更好发挥作用。”梁英说。

（本文原载于《人民政协报》2023 年 8 月 28 日第 4 版）

◎ 陇西县政协

# 激活基层协商“一池春水”

文 / 张耀珊

时下，正是中药材进入快速生长、开花结果的重要发育阶段，也是中药材管理的关键时期。在甘肃省定西市陇西县双泉镇胡家门千亩中药材绿色标准化种子种苗繁育基地，连片的药田里长满了绿油油的药材，农户们正在药田里穿梭，为年初种下的药苗除草、施肥、驱虫，一派繁忙的景象。

“10 亩药材都长得不错，今年预计能有七八万的收入。”村民张麦唤看着眼前长势旺盛的药苗，欣喜地说。先进科学的“全膜覆砂穴播育苗技术”，极大提升了广大农民群众科学种植水平的同时让药农的钱袋子也越来越鼓。基地中同张麦唤一样的农户有 296 户。

跑断腿、磨破嘴，下沉政协委员走进农舍庭院、田间地头，和村民代表一道掰着指头算“经济账”“生态账”“长远账”，帮助群众答疑释惑、回应关切。常年“泡”在药田里指导药农的陇西县政协委员、农技中心推广研究员张玉云深有感触地说：“今年以来，政协对中药材产业方面的调研既密集又深入，对我们反映的意见建议也特别重视，作为基层一线的政协委员很有成就感！”

陇西素有“千年药乡”之称，是全国重要的药源保障基地。2023 年建成 500 亩以上中药材绿色标准化种植基地 39 个 4.2 万亩，核心示范基地 24 个 1.55 万亩，建立种子种苗繁育基地 5.8 万亩，全县中药材种植面积达到 50.33 万亩，是该县富民强县的区域首位产业。

如何发挥中医药优势做大做强中医药产业？今年来，陇西县政协围绕县域中药材产业优势，把中医药产业发展纳入了下沉议事的重要事项，90余名委员聚焦种子种苗培育、标准化基地建设、中医康养等课题寻求破解之策。先后召开专题协商会12次，上报社情民意信息5篇，形成了以“药都有约”为引领的协商品牌，全面激活政协基层协商的“一池春水”。

与此同时，“药都有约”也向基层纵深推进。如今，陇西县全县17个乡镇按照“六有”标准实现委员工作站、协商议事室、协商议事会全覆盖，在215个村和18个社区建立了协商议事室，委员在行业和部门有了自己的“家”。宏伟乡“党建+好商量”、通安驿镇高阳村“高效协商·阳光议事”、巩昌镇“药都有约·襄武助力”、碧岩镇“知碧岩·言必尽”、德兴乡“以德治乡·以药兴乡”等一批批在全县叫得响、有影响的政协基层协商品牌，已成为党委、政府回应群众关切、协调各方关系和化解矛盾、凝聚共识、汇集众智、推动工作的一把“金钥匙”。

“以‘药都有约’品牌打造为引领，构建横向拓展、纵向延伸、覆盖广泛的立体式协商议事格局。”在陇西县政协主席刘树武看来，协商的生命力归根到底在于协商成果转化为群众看得见摸得着的利益。下一步，陇西将以更高站位、更强担当、更实举措把开展政协协商向基层延伸工作向实处转、往深处做，推动基层协商议事工作在特色上更鲜明、成效上更突出。

（本文原载于《人民政协报》2023年8月28日第4版）

## |青海省政协|

# 汇智聚力促发展　奋楫扬帆启新程

文／青政宣

2023年，是贯彻落实党的二十大精神的开局之年，是推进现代化新青海建设的重要一年，也是新一届青海省政协履职的第一年。

“新一届省政协站在新起点上，要努力实现新突破，展现新作为！”青海省政协党组书记、主席公保扎西强调，全省各级政协要把学习党的二十大精神与深入贯彻落实习近平总书记对青海工作的重要讲话和重要指示批示精神结合起来，切实把思想和行动统一到中央和省委的部署要求上来，把智慧和力量凝聚到实现党的二十大确定的各项任务上来，凝心聚力做好开局之年各项工作。

青海省政协始终坚持以党的创新理论凝心铸魂，以主题教育为契机，深入学习贯彻党的二十大精神和中央政协工作会议精神，进一步深刻领悟“两个确立”的决定性意义，增强“四个意识”、坚定“四个自信”、做到“两个维护”，以昂扬的精神状态、务实的工作作风，为建设现代化新青海作出新的更大贡献。

### 深学细悟　党的创新理论入脑入心

把学习贯彻党的创新理论作为思想武装重中之重，就要在真学真懂真信真用上下更大气力。

青海省政协始终保持人民政协注重学习的优良传统，把习近平新时代中国特色社会主义思想作为统揽政协工作的总纲，坚持“第一议题”制度，通过党组理论学习中心组学习、主席会议集体学习、常委会专题讲座、专委会学习交流、主题教育读书班、专题研讨、专题党课和党支部“三会一课”、主题党日等形式，深入学习贯彻党的二十大精神和中央政协工作会议精神，认真贯彻习近平总书记关于加强和改进人民政协工作的重要思想、统一战线工作重要思想，深入学习领会习近平总书记最新重要讲话和重要指示批示精神，进一步推动学习贯彻习近平新时代中国特色社会主义思想的深化、内化、转化工作，不断汲取奋发进取的智慧和力量。

日积月累方能积少成多，入眼入耳方能入脑入心。

青海省政协不断完善学习制度，丰富学习内容，体现青海政协特色，努力把学习成效转化为武装头脑、指导实践、推动工作的强大动力，切实担负起人民政协“落实下去、凝聚起来”的政治责任。在主题教育中，除了突出党的二十大报告、《习近平著作选读》等8+X学习内容系统开展学习，还编印了《习近平总书记关于人民政协工作的重要讲话重要论述摘编》，印发全省各级政协组织和各级政协委员学习。

机关比学赶超的氛围更浓厚。全体党员干部切实把党的创新理论武装抓在日常、抓在经常，带着信仰学、带着责任学、带着感情学，突出主线深入学、融入日常持续学、紧盯短板推动学，通过学习，进一步增强了对党的创新理论的政治认同、思想认同、理论认同、情感认同，更加坚定地用习近平新时代中国特色社会主义思想武装头脑、指导实践、推动工作，更加自觉地在思想上政治上行动上同以习近平同志为核心的中共中央保持高度一致，更加自觉地做习近平新时代中国特色社会主义思想的坚定信仰者和忠实实践者。

委员驰而不息往深里学往实里做。青海省政协不断拓展理论学习和实践形式，积极参与全国政协读书活动，加快“书香政协”平台建设，采取线上线下相结合的方式，扎实推进委员和机关干部读书活动。同时，充分发挥委员在宣传政策、解疑释惑、凝聚共识中的积极作用，鼓励委员结合自身经历讲好新时代历史性成就和历史性变革的青海故事。在全省各级政协组织开展“学习领袖思想，争做责任委员”主题实践活动，结合开展视察、考察、调研活动，持续推动党的创新理论深入人心。

## 调查研究　全力推动青海高质量发展

“要敢于讲真话、讲诤言，及时反映真实情况，勇于提出建议和批评”“倾听群众呼声，反映群众愿望”“聚焦改革发展稳定重大问题深入调查研究、反映社情民意、开展民主监督”……习近平总书记的一系列重要论述为做好政协工作指明了前进方向。

青海省政协把调查研究作为反映社情民意信息的关键环节，结合正在开展的主题教育，大兴调查研究之风，注重运用党的创新理论研究新情况、解决新问题，聚焦生态文明建设、推进民族团结进步、高原康养医学等事关青海高质量发展的重大问题和民生问题开展调查研究，努力以政协一域之光为全省大局增色添彩。省政协领导班子成员率先垂范，各级部门迅速跟进，聚焦国之大者、省之要事、民之关切，深入基层，体察实情、解剖麻雀、倾听心声，全面掌握情况，理清攻坚克难的思路，以“时时放心不下”的情怀，“把脉问诊”找症结，“对症下药”开良方，全力推动青海经济社会高质量发展。主题教育中共制定调查研究课题32项，截至目前，已完成实地调研80余次，其中省级领导参加的调研达到50次，形成多项高质量履职成果，省委、省政府领导作出批示20余次，部分建议已转化为推动青海相关工作的具体举措。

青海省政协始终高举大团结大联合旗帜，自觉在新时代统一战线工作大格局中思考和谋划政协工作，坚持党的领导、统一战线、协商民主有机结合，更好发挥人民政协重要阵地、重要平台、重要渠道作用，突出委员主体地位，建立完善委员联系界别群众、经常性反映社情民意信息的工作机制，以委员自主调研为主要形式，重点围绕习近平总书记对青海工作提出的“三个最大”省情定位、“三个更加重要”战略地位和铸牢中华民族共同体意识等重大部署要求，深入调查研究。《发挥清洁能源优势 推动我省氢能产业高质量发展》《将环湖骑行纳入青海湖国家公园创建工作》《在共建共治共享中推进祁连山国家公园社区建设》……通过扎实深入的调研，一件件关乎民生、社会发展的意见建议，搭上社情民意的“直通车”，跑出了社情民意“加速度”。

截至目前，青海省政协共编报社情民意信息84期，省级领导批示8期，在推动青海打造生态文明高地、加快推进产业“四地”建设、经济高质量发展、全面推进乡村振兴、铸牢中华民族共同体意识、保障和改善民生等方面发挥了重要作用。

## 协商议政 “专”出特色质量水平

7月16日，青海省委书记陈刚在省政协党组《关于政协第十三届青海省委员会常务委员会第三次会议情况的报告》上批示：省政协此项工作做得好。选题准、形式新、结论清晰，对全省工作有很强的帮助作用，对省政协党组此项工作给予充分肯定。

青海省政协始终坚持人民政协专门协商机构职能定位，在“专”出特色、“专”出质量、“专”出水平上下功夫，打造符合青海实际的协商议政平台，构建形成以全委会协商为龙头，以专题议政性常委会、双月协商座谈会、重点提案办理协商、界别协商、对口协商等为常态的协商议政格局，探索建立主席民主监督、专委会专项监督、四级政协委员联合视察等协商式监督新机制。“实施各民族交往交流交融工程，建设有利于铸牢中华民族共同体意识的民族关系”“加快高原医学康养基地建设”……紧紧围绕关系全省高质量发展以及群众关心关注的实际问题，深入协商交流，务实建言献策，强化民主监督，为现代化新青海建设凝聚广泛共识和力量，一项项协商成果得到了省政府有关负责同志的充分肯定。

7月31日，“黄河之水青海来——沿黄九省（区）政协书画精品联展”在青海省美术馆开幕；8月9日至8月11日，又一场盛会——2023年西北五省（区）政协助推服务丝绸之路经济带建设第四次联席会议将在西宁召开……青海省政协牢牢把握高质量发展这一时代主题，为青海更好融入西部开发、“一带一路”、长江经济带、黄河流域生态保护和高质量发展等国家区域重大战略贡献着政协力量和智慧。

汇智聚力促发展，奋楫扬帆启新程！青海省政协将以主题教育为契机，以更大力度、更有力举措，在提升协商效能、增强凝聚共识工作实效、提高委员履职能力上下功夫，推动贯彻落实工作不断取得更大的进展、更显著的成效，为现代化新青海建设进睿智之言、献务实之策，以更加豪迈的激情、更加昂扬的精神面貌向着未来阔步前行。

（本文原载于《人民政协报》2023 年 8 月 14 日第 1 版）

◎ 海东市政协

# 发挥“专”的作用 “商”出特色水平

文 / 海东市政协

近年来，海东市政协聚焦充分发挥专门委员会在政协工作中的基础性作用，强化政治引领、健全制度机制，聚焦主责主业、深入协商议政，为全面建设社会主义现代化新青海贡献了政协智慧和力量。

强化政治引领，推动党的建设“强”起来。认真贯彻《关于加强新时代人民政协党的建设工作的若干意见》，不断加强政协党组对专委会的领导，增加专委会主任在党组的占比，机关党组成员以专委会主任为主体，专委会副主任全部进入支部党小组，在全体会议期间、重要调研视察和委员学习培训等活动中成立临时党支部，推动构建“政协党组＋机关党组＋机关党支部＋功能型党支部”党建联动新格局。紧盯基层政协“两个薄弱”突出问题，建立编制使用“周转池”，解决专委会人员行政编制 16 名。推动建设乡镇政协工作联络组、名人委员工作室、界别委员工作室、党派委员工作室、社情民意联系点 90 余个，为进一步发挥人民政协专门协商机构作用奠定了扎实基础。各专委会把加强学习教育作为思想政治引领、广泛凝聚共识的有效途径，通过开展“学习领袖思想、争做责任委员”等主题实践活动，把学习教育融入调研、视察、协商、考察等履职活动中，以实际行动坚定拥护“两个确立”、坚决做到“两个维护”。

注重建章立制，推动制度体系“立”起来。海东市政协制定《关于加强和改进新时代人民政协工作的若干措施》《贯彻落实〈关于加强和改进新时代市县政协工作的意见〉的若干措施》等，为全市政协事业发展提供了制度保障。围绕协商什么、谁来协商、如何协商、协商成果如何转化等关键核心问题，制定《关于加强人民政协协商民主建设的实施意见》《政协海东市委员会协商工作规则》等一系列规范性文件，串起了政协协商民主建设的制度链、工作链、力量链和成果链，为新时代海东政协协商民主建设提供了基本规范和工作程序。以界别为依托，选派政协委员担任民主监督员，推动民主监督工作不断深化。目前，220余名委员已参与民主监督工作。

创新履职载体，推动协商议政“活”起来。深入学习贯彻新修订的《政协章程》，正确把握新时代人民政协的性质定位和职责使命，紧扣党委政府中心工作，坚持会议协商与现场商量有机结合、政治协商与基层协商有效衔接，把精准调研作为协商的前提工作，把互动交流作为协商的必要环节，在“小切口”上做“大文章”，形成了每年一次全委会协商、两次议政性常委会专题协商、三次季度协商、四次对口协商、五次重点提案办理协商、六次主席会议集体协商的“123456”协商议政新格局。

秉持成效优先，推动协商议政“实”起来。近年来，海东市政协聚焦“现代化新青海”和“五个新海东”奋斗目标，围绕“四地”建设、乡村振兴、生态保护、民族团结等，精选议题、精准聚焦，致力于“更加灵活、更加经常、更高质量”的履职与实践，广泛调查、深入研究、反复论证，着力推动政协协商从“做了什么”“做了多少”向“做出了什么效果”转变。仅2022年，市委主要领导就在市政协专报和调研报告上做了5次肯定批示，充分展示了政协协商民主的成效和价值。下一步，海东市政协将持续跟踪问效，促进成果运用，通过再调研、再协商、再“回头看”，努力使专门协商机构“商”出特色、“商”出质量、“商”出水平。

（本文原载于《人民政协报》2023年8月14日第4版）

◎ 海西蒙古族藏族自治州政协

# 凝心聚力　砥砺前行

文／海西州政协

海西蒙古族藏族自治州政协坚持党对政协工作的全面领导，加强专门协商机构建设，在建言资政和凝聚共识上双向发力，为推动海西高质量发展作出了积极贡献。

强引领，党对政协工作的领导坚强有力。始终坚持用党的创新理论最新成果武装头脑、指导实践、推动工作，发挥政协党组把关定向作用，坚持重大事项主动向州委报告，自觉把党的领导贯穿于政协工作全过程。落实州政协党组成员联系党员委员、党员委员联系党外委员制度，推动党建“两个全覆盖”从“有形”向“有效”转变。

打基础，市县政协协商履职成效明显。确定2022年为海西“市（县）政协工作规范年”，从加强党的领导、提高建言资政质量等方面细化要求，明确努力方向。市县政协专题议政性常委会等规定动作和履职要求得到有效落实，协商规则、流程和机制等工作进一步规范。格尔木市政协“标准化一线协商平台”等创新实践经验不断涌现。

搭载体，“微协商”平台解难题。依托覆盖全州的乡镇街道政协工作联络站（组），打造形式多样“微协商”平台，有效拓展了县级政协组织的工作网络。截至目前，全州已挂牌运行“微协商”平台107个。截至目前，通过“微协商”平台共收集社情民意信息143条，开展政策宣讲等活动129场次，参与委员1100余人次，参加群众近万人次，打通了政协协商的“最后一公里”。

出实策，提案工作提质增效。从“提、立、办、督、评”环节入手，从制度创新、实践创新等方面发力，提案办理实效不断增强。先后制定《关于进一步加强政协提案办理工作的实施意见》《海西州党政主要领导督办政协重点提案暂行规定》《政协海西州委员会提高提案质量的实施意见》等，构建职责明确、督办有力、落实到位的提案办理新格局。将提案办理情况纳入州直部门目标考核体系，各承办部门将提案办理列入重要议事日程，实现“提”“办”双方的良性互动，推动提案办理从“办文”向“办事”转变。2023年，开展提案办理回头看工作，对州政协十三届一次会议以来提案办理开展“回头看”，对办理答复为“B”“C”类提案督促整改。

建机制，建言资政更加务实。发挥人民政协专门协商机构作用，实行党政领导“点题”、向委员和部门“征题”、政协自己“报题”的方式，与州委州政府共同研究制定年度协商计划。完善以全体会议协商为龙头，以常委会会议专题议政为重点，以提案办理协商、季度协商、界别协商、网络远程协商为常态的协商议政格局。建立政协领导带队督查和办公室、专委会跟踪督办机制，保障各项工作任务有力有序推进。

固根本，能力建设不断提升。修订完善《政协党组议事规则》《海西州政协机关公文制发流程》等规章制度，健全完善以政协章程为基础，以协商制度为主干，覆盖政协党的建设、履职工作等方面的制度体系。加强委员队伍建设，将全体委员编入专委会，由专委会实行组织管理，充分发挥政协委员主体作用。修订委员履职考核评价办法，建立委员履职档案，规范委员管理。2023年分别召开全州各级政协组织办公室主任会议、专委会工作会议、文史工作会议，进一步加强与各市（县）政协的联系沟通，交流工作经验、实现工作联动，促进共同提高，增强整体合力，为推动新时代政协事业发展提供保障。

（本文原载于《人民政协报》2023年8月14日第4版）

## ◎ 果洛藏族自治州政协

# “党建 + 五个政协” 发挥履职效能

文 / 果洛州政协

近年来，果洛藏族自治州政协提出“党建 + 五个政协”工作思路，较好发挥了政协履职效能，为建设团结富裕文明和谐美丽新果洛贡献政协智慧和力量。

以倾力打造“忠诚政协”为努力方向，持续用力狠抓党的建设，政协党组织领导力显著增强。果洛藏族自治州政协紧紧围绕州委州政府主要工作，聚焦经济社会发展和民生热点，制定年度工作要点、协商计划、重点调研课题等。政协党建、理论武装、协商议政、队伍建设等重要工作以及“三重一大”事项坚持党组集体研究决定，切实发挥好党组把方向、管大局、保落实的作用。坚决贯彻落实“第一议题”制度，将深入学习党的二十大精神作为首要政治任务，多措并举抓好贯彻落实，努力推动党的二十大精神入心入脑、走深走实。创新开展“五个好”委员读书活动和“早读半小时”活动，开展“领导荐读”“好书分享”等各类读书活动 30 余次。

以倾力打造“为民政协”为努力方向，强化主责主业，政协组织专门协商机构作用不断彰显。在全委会、专题议政性常委会期间，组织开展政协委员与党政领导面对面协商活动，先后有 10 余名州级党政领导、负责同志和 25 名政协委员参与互动交流。听取“一府两院”和政法、纪委监委专项工作情况通报，认真提出评议意见。围绕重点协商议题开展省州县三级政协委员联合调研，聚焦乡村振兴和特色产业培育、州政府为民办实事项目落实情况、玛多“5・22”地震灾后重建等课题开展主席集体视察、省州县政协委员联合视察活动，不断强化监督实效。

以倾力打造“团结政协”为努力方向，不断促进大团结大联合，政协组织统一战线功能得到较好发挥。坚持在履行统战职责中强化思想政治引领，广泛凝聚人心、汇聚力量，努力将各族各界群众团结在党的周围。认真做好党组成员联系党员委员、党员委员联系非党委员工作，引领委员在界别群众中积极开展协调关系、解疑释惑、理顺情绪、化解矛盾各项工作。主席会议成员认真开展联系宗教界代表人士、非公有制经济代表人士工作，宣讲政策、通报情况、听取意见，畅通意见诉求表达渠道。

以倾力打造“创新政协”为努力方向，不断开拓履职尽责新路，政协组织履职能力不断提升。以改革创新精神拓展履职思路、规范履职方式、提高履职水平。全面完成全州44个乡镇、196个村社、寺院实现基层政协“两室”建设，各乡镇政协工作联络办公室工作人员参加州、县两级各类重大协商活动实现全覆盖。首批智库和参政议政库专家充分发挥专业优势，参加州政协各类会议32人次，参与撰写重大课题调研6篇，提交社情民意信息14篇，撰写意见建议案35篇，较好地发挥了建言资政的智库作用。第二批州政协智库和参政议政人才库特聘专家到岗履新。扎实推进《州政协各专门委员会与州直单位对口联系和协商制度》落实落地，82个州直党政、企事业单位全部纳入五个专委会联系范围，各专委会联系和教育引导界别委员的渠道不断拓宽。经积极协调争取，政协委员提案办理工作纳入州级目标考核范围，为进一步提升提案办理质量奠定坚实基础。

以倾力打造“担当政协”为努力方向，主动进位积极作为，专委会基础作用和委员主体作用得到有效发挥。深入学习贯彻习近平总书记关于作风建设的重要论述和中央、省、州委关于党风廉政建设和反腐败工作的一系列重大部署，认真安排、精心部署、及时督导、狠抓落实。建立常态化作风建设机制，作风建设列入党组经常性议题，召开警示教育大会，利用身边腐败案例教育警示党员干部。严格落实中央八项规定及实施细则，深入开展作风建设专项整治活动。进一步建立健全委员履职动态管理系统，全面推行委员履职情况通报及奖惩制度。

（本文原载于《人民政协报》2023年8月14日第4版）

## ◎ 西宁市城东区政协

# 成为滋养城市文明创建的“干细胞”

文 / 城东区政协

今年，城东区政协被评选为 2019—2021 年青海省精神文明建设单位。

区级文明单位、市级文明单位、市级文明单位标兵……一次次创佳绩、获荣誉的背后，是城东区政协 3 年、5 年甚至时间更久的同向而行、添砖加瓦，更是全体政协委员和机关干部勇担社会责任的接力奋进，久久为功。

加强精神文明建设和巩固深化全国文明单位创建成果，是学习贯彻习近平新时代中国特色社会主义思想和党的二十大精神的生动实践，而文明单位就像是文明城市的细胞，一个个细胞组成了机体，源源不断地为机体补充能量和动力。近年来，城东区政协立足新发展阶段、践行新发展理念、融入新发展格局，深入思考文明单位创建与政协新方位、新使命的切入点、结合点，将更好发挥政协专门协商机构作用深度融入创建过程，突出思想政治教育抓创建、围绕服务政协履职工作抓创建、结合全面从严治党和改进作风抓创建，注重文明创建与机关建设相结合，以文明创建的小切口推动政协履职效能的大提升。

坚持高点定位，做好融合文章。城东区政协立足更好发挥专门协商机构作用，把创建工作放在与政协中心工作同等高度统筹考虑，坚持一体谋划、一体部署、一体落实，推动文明创建与政协履职融合发展，实现两不误、两手抓、同促进。区政协领导班子成员率先垂范，从文明出行、言谈举止、着装规范、食堂就餐、社会交往等细节发挥示范引领作用，引导机关干部模范遵守礼仪规范，倡导遵德守礼的良好社会风尚，在一点一滴中体现政协机关干部的良好形象。开展“学创城知识·做文明使者”专题讲座，号召并组织委员深入社区30余次，通过入户宣传、现场讲解等，让群众深入了解创城知识，并对老旧小区暗点、死角及墙立面污损等易疏漏处开展扫洗工作，对小区周边商铺门前物品摆放杂乱等提出整改建议，让委员真正成为文明典范城市的实践者、传播者、推动者。

加强文明建设，建立长效机制。政协机关把培育和弘扬社会主义核心价值观作为根本任务，贯穿精神文明建设始终，融入机关党建高质量发展之中。认真贯彻落实《新时代公民道德建设实施纲要》，以“政协大讲堂”为依托，传讲道德故事，宣传身边好人，加强社会公德、职业道德、家庭美德、个人品德教育，增强政协委员和机关干部崇德向善、见贤思齐的自觉性，发挥道德讲堂潜移默化、润物无声的教育作用，不断增强干事创业的激情、热情和内在动力。强化“廉政自省日”等活动载体，加强全面从严治党、反腐倡廉教育，增强党员干部廉洁自律意识，持续营造风清气正的政治生态。大力开展诚信主题实践活动，教育引导机关干部言必行、行必果，切实做到一诺千金、诚信服务，努力在机关形成比学习、比作风、比能力、比贡献的良好风气。

打造特色品牌，加强创新引领。按照“规定动作不走样，自选动作有特色”的要求，结合提案办理、社情民意直通车、“书香政协”读书品牌等具有代表性的特色亮点工作，丰富创建形式和内容，创新活动载体，巩固扩大创建成效，打造政协特色创建品牌。以提交提案、大会发言等形式组织委员聚焦民生难点、建设难点、宣传难点，抓好群众意愿反映比较迫切的老旧小区改造、中心城区易涝点改造等“身边事”，解决市容环境、小区管理等“头疼事”，不断完善城市功能，让城市发展既有“面子”又有“里子”，激发广大市民群众自觉参与到创城活动中。同时，为进一步激发全体委员和机关干部职工的阅读热情，掀起“全民阅读”新高潮，区政协开展“最是书香沁心脾”“悦读东区·书香政协”等系列主题活动13次，以“书香政协”助推“书香社会”高质量建设和发展。

（本文原载于《人民政协报》2023年8月14日第4版）

## ◎ 祁连县政协

# 打造百姓家门口的协商议政平台

文 / 祁连县政协

“在家门口就可以向政协委员反映意见和问题，实在太方便了。”近年来，祁连县政协按照“不建机构建机制”的原则，以各乡（镇）政协工作联络办公室、村（社区）政协委员工作站为依托，组织委员走近农牧民身边，聆听最真实的声音，通过实地走访、圆桌座谈等形式深入调研，协商建言。

“政策上每家只能享受 1 次，那像我们 1 院 2 户人家的是不是只能享受 1 户的厕所改造？”“厕所革命改造确实好，我们要不要自筹？”“给我们安装水厕所行不行，旱厕冬天不方便。”……6 月 28 日，在祁连县八宝镇政协工作联络室内，一场关于农村厕所革命整村推进问题的协商议事活动如期举行，八宝镇相关负责人、政协委员、村两委和村民代表等围坐在一起，共同为白土垭豁等 4 个村的“厕所革命”把脉寻方。

近年来，八宝镇领导班子中的政协委员始终坚持以人民为中心的发展思想，着眼全局谋划，强化高位推动，农村卫生厕所改造工作取得了显著成效，受到群众高度赞誉。截至目前，全县厕所革命项目已完成 116 户，“现在我们家的厕所干净又美观，方便又卫生。”已经完成户厕改造的卡力岗村村民连连夸赞。

祁连县政协委员不仅围绕经济社会发展、民生福祉提升建言献策，还紧扣社会关切、群众关心的热点难点问题积极充当群众“代言人”。每位委员坚持问智于民、问计于民、问需于民，把关注民生、体察民情、纾解民困贯穿于政协履职全过程。

“我们的草场界线就是这里，但是拉网围栏的时候越过线了，导致我们的集体草场有损失……”双方各执一词，言辞激烈，听着双方争执，峨堡镇副镇长兼政协委员联络室主任的周占海在随身携带的本子上记录着，随后，召集村两委成员、卸任老干部、老党员在白石崖村村委会召开调解工作会，通过“背靠背”和“面对面”的方式详细了解两处草场之间当初划分时的标志物，以及当事人双方的诉求。经过阿祥调解室的不懈努力和调解，最终双方当事人达成了一致意见，接受了新的草场划分方案，村两委班子、双方当事人在镇党委、政府和政协委员的见证下签订了调解协议书，当事人双方对处理结果表示满意。

调解结束后，双方当事人代表为调解员敬献了洁白的哈达，并感动地说：“感谢阿祥调解室，为我们调解了多年未能解决的草场纠纷！”

草大坂村政协委员工作站自 2021 年建成投入使用以来，始终把群众意见处理摆在重要位置，按照县政协统一制定的政协委员接待群众工作流程图，明确意见处理程序，办好各类意见建议，切实做到民有所呼、我有所应，让群众感受到政协就在家门口，成为从细微处实践全过程人民民主的缩影，吸引了辖区群众的普遍关注，纷纷对基层协商的贴心做法赞不绝口。

走进草大板村政协委员工作站，墙壁上张贴着驻站委员信息、工作站工作职责等制度规范，会议桌前显眼位置摆放着“阿祥调解室”（“阿祥”藏语意为舅舅，对德高望重长辈的一种尊称）的字牌，群众随时可以通过这间仅 20 平方米的调解室联系到每一名驻站委员，让每一条意见建议直达政协委员手中。

商以求同，协以成事。协商正以静水流深的形式润泽祁连、沁入人心，成为群众表达利益诉求、有序政治参与重要途径和行为自觉。

据了解，自 2022 年以来，县政协以政协委员工作站为载体，召集政协委员收集社情民意 30 余条，撰写提案 60 余条，推动解决身边草场纠纷、薄养厚葬、赡养抚养、借贷纠纷、土地权属、邻里纠纷等“急险难”矛盾纠纷 40 余起，最大“力度”地化解群众“心头事”，不断提高人民群众获得感和幸福感。

（本文原载于《人民政协报》2023 年 8 月 14 日第 4 版）

# | 宁夏回族自治区政协 |
# 新时代　新征程　新作为

文 / 范文杰

日月开新元，万象启新篇。

今年是全面贯彻落实党的二十大精神的开局之年。站在新的历史起点，新一届宁夏回族自治区政协如何奋发有为，努力交出让党和人民满意的新“答卷”？

半年来，自治区政协按照全国政协和自治区党委部署，找准“总书记怎么说，我们就怎么做”“党委有部署，政协有行动”的政协坐标，按照确定的“12324”的工作思路，聚焦全区中心大局踔厉奋发、主动作为，以奋进者的昂扬姿态，推动各项工作取得卓越成效，交出了一份让党委肯定，让群众满意的优秀“答卷”。

## 坚持学习开局：把牢人民政协工作的正确政治方向

5 月的北戴河，天空通透、繁花似锦。

5 月 12 日至 15 日，正值学习贯彻习近平新时代中国特色社会主义思想主题教育之际，全国政协第 161 期地方政协委员（干部）培训班在北戴河全国政协干部培训中心举办，99 名自治区政协委员和市县政协干部参加培训。

从中共党史到人民政协，从调查研究到参政议政，从大国博弈到经济发展，委员们纷纷对此次学习点赞：“此次培训结合我们履职实际，不仅对委员今后更好地履职尽责起到了重要作用，还起到沟通联络、凝聚共识的效果。”

参加北戴河培训的均为连任委员。本届自治区政协共有委员 418 名，其中 60% 以上是新任委员。面对新使命、新任务，对政协性质定位把握还不够准确，对撰写提案、大会发言、反映社情民意还不熟悉成为新委员履职的明显短板。

提振干事之“气”，须涵养理论之“基”。对此，自治区政协主席陈雍强调，要把对委员的培训作为委员履职的“第一粒扣子”，着力加强培训，提高履职能力。

于是，4 月 17 日，石嘴山市美丽的沙湖边上，为期 5 天的自治区政协新任委员学习培训班在宁夏财政干部教育培训中心开班；5 月 30 日，结合全国政协第十四届新任委员学习研讨班，组织银川市自治区政协委员同步参加学习培训；本届自治区政协换届以来，各专门委员会组织全体委员开展业务培训，5 次培训累计参训委员 1800 余人次。

这些学习，均把中共二十大精神、习近平总书记关于加强和改进人民政协工作的重要思想、习近平总书记关于做好新时代党的统一战线工作的重要思想等内容作为培训重点。自治区政协还编印了《政协第十二届宁夏回族自治区委员会学习资料汇编》《悦读》等学习资料，帮助委员学习领会中央和自治区重要会议精神，增强学习的系统性、针对性、实效性。

以深学促实干，以践行助发展。委员们表示，通过学习，增添了专业知识和信心，更加清楚新时代人民政协是什么、干什么、怎么干，为下一步履职奠定了坚实基础。

## 主动担当作为：高质量助力自治区经济社会发展

思之弥深，行之弥笃。深学细悟，最终归于见行见效。

新征程上，发展仍然是第一要务。今年以来，自治区政协围绕自治区党委和政府中心工作，聚焦自治区第十三次党代会确定的“三区建设”“四新任务”“五大战略”和“六大提升行动”“六新六特六优”产业发展等重点任务，深入调查研究，找准问题症结，提出务实建议，得到自治区党委、政府的重视和肯定。

“上半年报送工作专报 5 份、社情民意信息 78 篇，得到自治区党委、政府领导批示 37 次，其中自治区党委书记梁言顺同志批示 25 次。”这组数字是上半年自治区政协努力工作的映照。

还有一组数字可以说明自治区政协所做的努力：

围绕黄河生态保护修复、农村文化建设、重大疾病防控等议题开展各类调研、视察活动 77 次，为政协深度协商、精准建言打下了坚实基础；根据自治区党委要求，召开自治区政协民营企业座谈会，113 名企业家提出意见建议 235 条，相关建议被自治区出台的促进民营经济高质量发展 22 条措施采纳；围绕“互联网＋医疗健康”产业和自治区政府协商座谈，提出务实工作建议，均得到自治区党委和政府主要领导的肯定。

宁夏建立了省级领导包抓机制。5 月份，自治区政协主要领导赴广东、福建推介宁夏枸杞，现场签约金额 2.5 亿元，推动宁夏企业与福建正山堂茶业有限责任公司、广州王老吉投资有限公司、闽宁投资发展有限公司、北京同仁堂签订合作协议，促成中科宇航项目落户中卫市、泉州全产业链枸杞基地开工建设。赴香港举办宁夏贺兰山东麓葡萄酒品鉴推介会，促成宁夏贺兰山东麓葡萄酒业产业投资发展集团与华润万家（香港）有限公司等达成合作意向，助力宁夏优势特色产品借“港”出“海”。

提案是政协的基础性工作。半年来，自治区政协立案 562 件，有效助推了自治区经济社会发展。“我们确定了 36 件作为重点提案，由自治区党委、政府和政协领导领衔督办。截至目前，已有 21 件重点提案的协商单位提出办理意见。如《关于补齐社区治理短板，增强社区治理成效的提案》，由自治区政府副主席刘军领衔督办，受到民政厅高度重视，根据委员建议，向银川市兴庆区和金凤区合计倾斜支持项目资金 1200 万元。”自治区政协提案委员会相关负责人说。

## 践行为民宗旨：在破解民生难题上察民情、解民忧、暖民心

3 月的银川市乍暖还寒。上午 9 点多，兴庆区解放西路中寺巷口来了一

群人，对着路口热烈讨论，引得路过的行人驻足观看。

“是自治区政协在做关于居民出行的调研。”路口的交警边疏导路人边解释说，附近的商家和居民反映，解放街全时段“禁左”影响了商家的经营发展，也给该区域居住和工作的市民通勤出入带来了巨大不便。

当天，自治区政协召开了“有事好商量”座谈会。本次座谈会的结果是，一周后，该街道进行大幅度调整。出行方便了，商家和居民满意了，大家都为自治区政协的工作点赞。

这只是自治区政协关注民生的其中一个案例。

半年来，自治区政协在服务民生改善上做了很多努力，如提案委员会梳理十件民生实事提案，既为政协开展“有事好商量”选题提供了参考，也为政府促进民生改善提供了素材。相关专委会助力解决了恢复银川—香港直飞航线、宁南医院可持续发展、图兰朵葡萄酒小镇接通天然气、大武口区星海镇土地整理项目、金凤区中海国际社区橙郡和熙岸小区地库渗漏等一批事关群众切身利益的急难愁盼问题。

自治区政协结合主题教育，将“困难群体救助帮扶”作为“自选动作”，制定《自治区政协关于开展“学思想、重履职、勤协商、惠民生”实践活动方案》，大兴调查研究，协调民政、工会、共青团、妇联、残联等厅局部门，对全区深度困难群众尤其是困难残疾人、妇女和儿童进行了梳理并召开协商会议进行专题议政，最终形成专报，自治区党委主要领导给予肯定，指出“此项工作很有意义”。

另外，在主题教育开展中，自治区政协了解到银川市兴庆区一家服务公司拖欠近千名环卫工人一个月工资后，及时向自治区政协委员、银川市委统战部部长马少红反映，在她的协调下问题得到圆满解决。“既解决了群众的烦心事，又把主题教育成果转化为政协履职的生动实践。”马少红感慨地说。

自治区政协还围绕青少年儿童心理健康、基层学校负担过重等10余个问题建立《民生项目清单》。近三个月来，自治区政协多次组织委员深入宁夏五市开展三级委员联动调研，每次调研必定安排走访慰问困难群体，已成为政协的一项常态化工作。

## 广泛凝心聚力：担负起“落实下去、凝聚起来”的政治责任

加强思想政治引领、广泛凝聚共识，是人民政协履职的中心环节。自治区政协把凝聚共识贯穿履职全过程，坚持发扬民主和增进团结相互贯通、建言资政和凝聚共识双向发力，切实担负起“落实下去、凝聚起来”的政治责任。

建立机制凝聚共识。自治区政协坚持主席会议成员联系常委、专门委员会联系界别委员制度，建立健全走访看望委员制度、寓思想政治引领于团结民主之中的谈心谈话制度，倾听党外委员心声、交换看法、沟通思想、解疑释惑，促进合作共事。开展以凝聚共识为目的的委员参观和知情明政活动，引导广大政协委员进而影响各族各界人士的政治认同、思想认同、理论认同、情感认同。

拓宽渠道传播共识。自治区政协探索建立政协委员联系界别群众机制，9个专委会设立24个委员联系界别群众工作站（点），有效发挥了政协委员桥梁纽带作用。

加强联谊增进共识。自治区政协出台了加强与港澳地区交流互动机制。走访各民主党派界别和工商联界别并进行座谈交流。围绕“加强各民族交往交流交融历史阐释和宣传教育工作”，陈雍在全国政协双周协商座谈会上作了交流发言。

## 未来目标可期：推动宁夏政协各项工作争先进、创一流

道阻且长，行则将至；行而不辍，未来可期。

半年来，自治区政协上下一心，踔厉奋发，争创一流，不断将工作“路线图”化为“成果图”。

7月6日，自治区党委书记梁言顺到自治区政协调研主题教育开展情况，对自治区政协的工作给予充分肯定。他说，主题教育开展以来，自治区政协组成多个调研组深入困难群众家庭面对面访贫问苦，组织多个职能部门

召开对口协商会议，梳理了一批现实矛盾和实际困难，提出了救助帮扶的针对性举措，让困难群众难事不再难。他希望，自治区政协继续在美丽新宁夏建设中展现政协作为、作出政协贡献。

这是对宁夏政协工作的肯定，亦是对未来工作的要求。

还是在这次会上，梁言顺郑重提出针对银川市富洋烧烤店燃气爆炸事故，要求自治区政协发挥自身优势，助力全区安全隐患排查工作。

党委有要求，政协有部署。当天下午，自治区政协迅速召开党组会议，研究贯彻落实意见。会议决定，由自治区政协主席、副主席牵头，成立 5 个工作组分赴 5 市，采取三级政协联动方式，对重点行业和领域暗访调研。

第二天，也就是 7 月 7 日，政协办公厅即制定下发了《自治区政协助力安全隐患排查工作方案》《关于三级政协委员和政协系统干部职工积极做好安全隐患排查工作的通知》。截至 7 月 13 日，5 个工作组摸排出 320 个具体问题，向梁言顺呈送专报 7 期，均作出批示，充分肯定自治区政协助力安全“保民命”工作不缺位，“行动迅速、主动性强”。

2023 年 1 月，宁夏回族自治区政协换届，开启了充满光荣和梦想的又一次远征。

陈雍表示，新征程赋予新使命，新时代呼唤新作为。下一步，自治区政协将继续聚焦党委和政府中心工作，认真履行政治协商、民主监督、参政议政职能，更好地凝聚共识，在新征程的赶考之路上交出更加优异的“答卷”。

（本文原载于《人民政协报》2023 年 8 月 9 日第 1 版）

◎ 银川市政协

# 打通委员联系界别群众“最后一公里”

文 / 范文杰

“今天的银川，已成为企业家的投资热土、兴业沃土、安居乐土。借此机会，我们诚挚邀请各位企业家常来银川走一走、看一看，在银川发现美、体验美、创造美。”这是今年 5 月，宁夏回族自治区银川市政协经济界别首个委员会客室——“铁文玲委员会客室”挂牌的一个场景。和往常挂牌略有不同的是，作为会客室的首次活动，一场名为“智汇银川”的高峰论坛在会客室同步举办。

“在委员会客室举办高层次的大型活动，在市政协历史上还是第一次。”银川市政协相关负责人告诉记者，活动非常成功，论坛以“疫后如何重振市场经济”为主题，特别邀请国家大数据实验室顾问桑郁博士等人作主旨演讲，来自全国的 36 位企业家和区内企业家进行了交流互动。

这是银川市政协以“委员会客室”打通委员联系界别群众“最后一公里”的有效探索。在建设过程中，市政协紧扣“委员会客室”这一凝聚共识的有效平台，注重突出界别工作，明确“4+X”委员会客室履职重点，引导“委员会客室”不断树立品牌、展示形象、发挥作用、示范引领。

什么是“4+X”？魏和清介绍，“4+X”是对“委员会客室”的基本要求，即每年至少开展一次学习研讨、提交一件提案、撰写一篇社情民意信息、开展一次委员宣讲活动、组织一次有特色的界别协商活动。

银川市政协制定印发了《银川市政协委员会客室工作办法（试行）》。市政协相关负责人告诉记者，“三个明确”一是明确功能定位。把“委员会客室”作为委员联系界别群众的有效载体，以“更好凝聚共识”为定位，以“职责清晰、功能明确、设施齐全、运行规范、活动正常、作用明显”为目标，高质量开展各项活动。二是明确组织流程。按“委员申报、资格审核、组织认定”的创建流程，遴选政治素质过硬、履职热情高、群众基础好的委员组建会客室团队，尤其对牵头委员的组织协调能力、行业代表作用、业内名望形象等进行综合考量，分类培育、分批审核、以点带面，成熟一个创建一个。三是明确工作方向。委员会客室主要面向党外知识分子、非公经济人士、新的社会阶层人士、宗教界人士比较集中的领域、行业，通过会客模式、现场模式、线上模式、联办模式开展协商履职活动，搭建宣讲教育平台、界别活动平台、协商议政平台。

“市政协目前已建设委员会客室 9 个，培育待挂牌委员会客室 5 个。通过面向界别群众开展特色履职活动，使委员会客室逐步成为密切联系界别群众的新渠道、学习交流和协商民主的新路径、委员展示形象和团结联谊的新平台。”市政协主席魏和清表示，银川市政协将通过充分发挥牵头委员辐射带动和示范引领作用，压实工作责任，强化委员履职考核，打造亮点品牌，真正发挥委员会客室在联系界别群众中的桥梁纽带作用，成为界别群众的代言人、党的政策的宣传者、社会和谐的促进者。

（本文原载于《人民政协报》2023 年 8 月 9 日第 4 版）

◎ 石嘴山市政协

# 健全协商平台　提升协商议政质量

文 / 范文杰

石嘴山市是宁夏回族自治区的北大门，因贺兰山与黄河交汇处“山石突出如嘴”而得名。近年来，石嘴山市政协始终坚持市委定什么，政协议什么；政府干什么，政协帮什么；群众盼什么，政协推什么的理念，聚焦建设产业转型示范市使命任务，健全协商平台，深入协商议政，各项工作均取得了不错成效。

不断完善协商体系。石嘴山市政协认真贯彻落实“全面发展协商民主”新部署新要求，构建完善了以全体会议为龙头，以专题议政性常委会会议、专题协商会为重点，以对口协商、提案办理协商、双月协商等为常态的协商议政体系，确定了“2+3+3+6”的年度协商课题，推动不同协商形式有机融合、相得益彰，去年以来共上报协商报告 16 篇，许多建议转化为有关部门的具体措施。

打造双月协商品牌。建立健全各种制度化协商平台，推进协商民主广泛多层制度化发展。石嘴山市政协制定双月协商座谈会工作办法，在宁夏全区率先探索开展双月协商座谈会，聚焦全市改革发展的突出问题，围绕推进全市重点项目建设、加快公共卫生体系建设、提升物业服务管理水平等议题，组织界别委员深入企事业单位、农村社区、学校医院等一线开展调研，提出强化物业管理、加强疫苗预防接种等意见建议 100 多条，得到自治区政协主要领导的肯定。

着力拓宽协商渠道。扎实开展提案办理协商，市级领导牵头督办重点提案，推动形成“市委重视、政府支持、政协主动、部门承办”四方联动协商督办格局。石嘴山市政协相关负责人表示，去年收到提案344件，合并交办208件，提案已全部办复，委员满意率100%。今年收到提案415件，合并交办222件，确定重点提案11件，组织召开交办会进行了部署安排。同时，不断畅通群众利益表达渠道，社情民意信息工作量质齐升，去年以来共报送政协信息236期，社情民意信息213条，关于巩固脱贫攻坚成果防止规模性返贫等社情民意信息被自治区党委主要领导批示，关于大武口电厂运煤路环境污染等社情民意信息受到市委、市政府主要领导持续关注，相关问题得到有效解决。

优化创新协商机制。切实加强制度化、规范化、程序化等功能建设，修订完善市政协全体会议、常务委员会工作规则和专门委员会通则等制度，建立协商成果办理和反馈管理办法，并以三办名义联合印发实施，促进协商成果有效转化，协商监督机制更加完善。另外，制定出台立法协商工作规则、政协智库管理暂行办法等制度，首批聘任16名专家组成政协应用型智库，为政协协商议政注入了新活力。

“当前，石嘴山市上下正在深入推进高质量发展，人民政协工作也要不甘落后、齐头并进。”市政协主席张宏伟说，市政协将始终把助力建设产业转型示范市作为履职工作的主线，按照突出一个主题、坚持“双向发力”、发挥“三个作用”、补齐“两个短板”、提高“四种能力”的“12324”工作思路，结合市政协今年的协商计划、双月协商座谈会等重点工作，切实强化责任担当，为全面建设社会主义现代化美丽石嘴山贡献政协力量。

（本文原载于《人民政协报》2023年8月9日第4版）

◎ 固原市政协

# 把委员履职平台建在离群众最近的地方

文 / 范文杰

6 月酷暑，宁夏回族自治区南部的固原市却是风光旖旎，凉爽宜人。

6 月 19 日，在固原市西吉县的山道上，一队车辆沿着盘山道转了几道弯，来到吉强镇龙王坝村的一处山腰间，只见装饰富有现代风格的窑洞一字排开，窑洞外游客穿梭其中，一片惬意景象。“欢迎大家到龙王坝生态文化旅游村指导工作。”车停下，早已等候多时的西吉县政协委员焦建鹏热情邀请大家走进“焦建鹏委员会客室”。

来客为固原市市县（区）政协的干部。作为上半年的重头戏，6 月 19 日至 21 日，固原市政协组织市县政协就“两项建设”开展现场观摩活动。

换届以来，固原市政协坚持守正创新，认真研究提出“1245”总体工作思路，其中“2”就是组织体系和体制机制“两项建设”，通过实施“两建两入两联系”，党的组织体系和政协组织体系进一步健全，体制机制逐步完善。市政协主席余剑雄表示，市政协把“两项建设”作为创新性工作，主要是为了推动政协工作向基层延伸，促进委员与界别群众常态化联系，从而加强思想政治引领，广泛凝聚共识。

观摩中，看到人民政协发挥作用的阵地不断向基层延伸，市县（区）政协干部很有感触。大家表示，要抓紧抓实“两项建设”，为固原经济社会发展贡献政协力量。

今年，固原市县（区）政协持续深化组织体系和体制机制建设，按照“哪里离界别群众最近，哪里便于委员履职尽责，就在哪里建设委员履职平台”

的原则，依托乡镇（街道）、村（社区）和企业、社会组织等，先后建设政协委员联络小组71个、委员会客室27个、界别委员工作室31个，创新了“明确四新目标、规范六个标准、聚焦八个环节、健全三项机制”的“4683”固原模式，进一步密切了委员与界别群众的联系，助推解决了一批群众关切的急难愁盼问题，推动政协制度优势更好转化为基层治理效能。

“没想到委员离我们这么近。”固原市原州区人和苑居民之前从未与政协打过交道，无意中走进委员会客室，看到各种工作制度、社情民意收集箱、社情民意收集反馈台账，深切感受到委员会客室是为群众办实事的。

党的二十大报告明确提出要完善委员联系界别群众制度机制。谈及未来工作方向，余剑雄表示，主要从深化组织体系建设和深化体制机制建设两方面努力，为“落实下去、凝聚起来”搭建一线平台。

深化组织体系建设方面，一是进一步增强政治功能和组织功能，继续深化“两个全覆盖”，发挥好功能型党支部、委员会客室、委员大讲堂等现有平台载体作用。二是进一步向基层延伸政协工作手臂，依托乡镇（街道）、村（社区）和企业、社会组织等设立委员联络小组，创新委员就近就地开展群众工作载体。

深化体制机制建设方面，一是全面落实《党组工作规则》《专门委员会通则》等39项制度，推动制度优势更好转化为治理效能。二是完善民主监督制度机制，探索开展对党委部门的民主监督，届内实现被监督部门单位全覆盖。三是完善委员联系界别群众制度机制，制定委员联系界别群众办法，打造委员联系界别群众的固原经验。四是加强对县（区）政协工作的指导，发挥住固自治区政协委员作用，着力提升履职协同性。

（本文原载于《人民政协报》2023年8月9日第4版）

◎ 中卫市政协

# “13条”措施力促社情民意信息工作高质高效推进

文 / 范文杰

“去年以来，市政协共编发社情民意信息154期，市委市政府主要领导先后作出批示81期、圈阅73期，协调解决民生实事47件，社情民意信息成果得到较好转化落实。”

低收入人群预警监测机制不完善、困难退役军人就业创业难、宁钢大道路灯不亮、宜居家园楼顶挑檐塌落、新墩幼儿园门前道路塌陷、公厕边临时停车位少等一批民生实事得到有效解决……

这一组组亮眼的数字和一项项履职成果来自宁夏回族自治区中卫市政协。近年来，中卫市政协把反映社情民意信息作为履职建言的重要载体和基础工作，引导组织政协各参加单位和广大政协委员，充分运用社情民意信息“直通车”载体，努力为中卫经济社会高质量发展贡献政协智慧和力量。

“我们在总结以往工作、外出考察学习的基础上，制定了加强社情民意信息工作‘13条’具体措施，有力助推了社情民意信息工作。”中卫市政协相关负责人介绍。

明确工作责任。市政协主席会议加强对社情民意信息工作的组织领导，分管副主席、秘书长定期研究社情民意信息报送工作，及时解决工作中的突出问题，提出改进工作的要求。明确办公室、各专委会对社情民意信息的收集、编辑、审核、签发、反馈等工作，确保每个环节落实落细。同时，在市政协各参加单位、各专委会和各县（区）政协分别指定1名工作人员、每个专委会明确3—5名政协委员作为社情民意特约信息员，建立信息员微信群，通过定向约稿等方式，引导信息员积极撰写、反映社情民意信息，发挥示范和引领作用。

细化任务分工。市政协要求主席会议成员带头表率，结合实际工作把了解掌握的问题、意见和建议转化形成社情民意信息；各专委会结合调研协商、视察监督、考察学习等工作，每季度报送高质量社情民意信息不少于6篇；办公室总结归纳各方面工作，每季度上报高质量信息不少于6篇；政协委员要求每人每年报送社情民意信息不少于1篇。同时，积极鼓励各民主党派、工商联及各县（区）政协反映社情民意信息。

优化工作机制。市政协专门建立了专委会初审、办公室复审、秘书长审签、分管副主席签发的工作机制。同时，完善办理反馈机制，及时掌握社情民意信息领导批示、采用采纳、受理办理等情况，每季度集中向信息反映人员通报反馈1次，重要情况随时反馈。

加强管理考核。市政协实行了社情民意信息积分制考评制度，每季度通报一次采用情况，年终将汇总情况在市政协全体会议或常委会会议上通报，并将通报情况纳入市政协委员履职考核、市政协机关效能目标考核。同时，每两年评选表彰一次反映社情民意信息工作先进集体和先进个人，在此制度下，政协参加单位和政协委员反映社情民意的积极性空前高涨。

中卫市政协主席杨文生表示，市政协将进一步总结经验，积极探索创新，着力在建立机制、拓宽渠道、提升能力、提高质量、促进转化等方面下功夫，切实提高社情民意信息精准度，推动社情民意信息由“量”向“质”转变，使反映社情民意信息工作成为践行全过程人民民主和协商民主的生动实践。

（本文原载于《人民政协报》2023年8月9日第4版）

## ◎ 青铜峡市政协

# “青你来协商　有事好商量”

文 / 范文杰

人勤春来早，万事行为先。

2 月 15 日，为期一天半的手工编织培训班在宁夏回族自治区青铜峡市裕民街道名峡社区举办。在培训老师的指导下，平时在家带孩子的宝妈们按照配饰小挂件的缝制工序，用一根线绳，经过缠、绕、抽等方法，制作出一个个惟妙惟肖、形态各异的“精灵兔”小挂件，引得社区干部与居民拍手称赞。

这是由青铜峡市政协牵线搭桥，促使社区与民营企业通力合作，聚焦民生“解民忧、暖民心”的一次实际行动，也是市政协搭建“青你来协商　有时好商量”协商平台的成果之一。

一年之计在于春。春节过后，市政协开展深入基层、走访委员、了解民情、助力民生办实事活动。在走访调研中，了解到市政协常委、青峡绣女工艺品编织有限公司总经理李秋梅近期接到一批数量较大的手工挂件订单，苦于公司现有员工短缺，无法按时交货的困境。

市政协随即发挥政协联系基层、协商为民优势，搭建“有事好商量”平台，最终协调裕民街道南苑、名峡、紫薇等 6 个社区，组织 700 多名妇女参加培训，这些闲居在家的妇女掌握简单技能后，为青峡绣女工艺品编织公司编制手工产品。目前，每天都有一些闲居在家的妇女、老年人、残疾人加入手工制作行列，他们每月加工费最高 3000 多元，最低 500 元。对于这次政协组织的活动，社区居民纷纷竖起了大拇指。

这是市政协成功搭建“青你来协商　有时好商量”的一个缩影。近年来，市政协创新拓宽基层协商民主渠道，有效解决了小区供暖增压泵噪声扰民、幼儿园门口安全出行隐患、小区树木修剪难、挤占小区消防通道等老百姓的操心事、烦心事、揪心事。

“青你来协商　有事好商量”协商平台是市政协于两年前开始搭建的。

2021 年 12 月，为推动政协协商与基层协商有效衔接，市政协在不增加基层负担的基础上，坚持“一室多用”“嵌入式”原则，依托基层现有的党群服务中心、活动室等资源，在青铜峡市裕民街道黄河楼社区打造了第一个“青你来协商　有事好商量”协商议事室，该议事室在市政协的指导下开展工作，由各专委会主任、陈袁滩镇黄河楼社区辖区内政协委员担任召集人，就群众关注的热点难点问题开展界别协商、委员大讲堂、义诊服务等协商议事活动。

市政协委员们说，市政协要求委员结合界别及本职工作特点，定期或不定期走访界别群众，通过联系群众，收集民意，反映诉求，畅通社情民意信息“直通车”，帮助解决民生问题，更好地服务于界别群众。

市政协主席宋丽表示，将继续发挥界别委员优势，用好各类协商平台，拓宽协商渠道，围绕与群众切身利益密切相关的议题广泛开展协商，在社会发展、民生改善、基层社会治理等方面展现政协作为。

（本文原载于《人民政协报》2023 年 8 月 9 日第 4 版）

# | 新疆维吾尔自治区政协 |
# 跃上潮头满目新

文 / 张迎春

新！新！新！

7月，美好新疆山河壮美、瓜果飘香，天山南北高质量发展热潮涌动。去年此时，习近平总书记来到天山脚下看望各族群众，亲切的关怀、巨大的鼓舞，激励十三届新疆维吾尔自治区政协高举习近平新时代中国特色社会主义思想伟大旗帜，勇担使命、冲锋在前，以“开年就是开跑”的新气象、“起步就是冲刺”的新作为，取得一个又一个履职实践的新成果。

今年5月，中共中央政治局常委、全国政协主席王沪宁到新疆调研，专程看望各族各界政协委员、政协机关干部。大家备受鼓舞，拉满弓、加满油，深入学习宣传贯彻党的二十大精神，以更加奋发有为的精气神，谋新招、开新路，创造新业绩，切实推动习近平新时代中国特色社会主义思想在天山南北落地生根、开花结果。

## 党委关怀增动力

“哪都别去，扎根新疆！”

“我们哪也不去，就在新疆！”

这是2023年1月，自治区党委书记马兴瑞在参加自治区政协十三届一次会议的经济界和工商联界委员联组讨论时，与自治区政协委员、恒升医学科技股份有限公司董事长王元武的对话片段。

会上互动频频，让很多委员深受鼓舞。

自治区党委高度重视政协工作，定期听取政协工作汇报，专题研究年度协商计划等重要事项，坚持重大问题在政协协商、重大课题委托政协调研、重大项目邀请政协委员参与论证，制定出台关于加强和改进人民政协工作的实施意见；自治区党政领导带头参加政协重要活动，及时批阅重要协商建议；去年由党委提出，自治区党政主要领导带头领衔督办重点提案，极大促进了政协提案工作质效。

今年，自治区政协发生了很多变化：增设港澳台侨和外事委员会；办公环境得到改善；机关干部队伍力量进一步增强……这都源于自治区党委的大力支持。

2022 年春节后第一个工作日，自治区党委、政府主要领导悉数来到自治区政协机关走访看望并召开座谈会，对于大家提出的增设专门委员会等建议当场回应、表示支持。

不到一年时间，承诺一一兑现，为政协履职尽责提供了重要保证。

马兴瑞对自治区政协寄予厚望，把以铸牢中华民族共同体意识、深入开展文化润疆等 4 项事关新疆长治久安的根本性、基础性、长远性工作交给政协。

各族各界政协委员备受鼓舞，一致表示，要把信任化作动力、把期望变成行动，始终坚持党的领导、统一战线、协商民主有机结合，不断提高深度协商互动、意见充分表达、广泛凝聚共识水平，围绕中心大局认真履职、积极担当作为。

### 凝心铸魂强实力

“我们建立了‘一群四组’学习交流机制，委员既围绕主题把握方向，又围绕主责主业建言资政”“分党组注重党员在学习中沉淀、在实干中提升、在学习与实干的结合中成长”……6 月 15 日，在自治区政协学习贯彻习近平新时代中国特色社会主义思想主题教育工作推进会上，机关党组、各专委会分党组谈经验、说体会。

这点上“开花”、面上“出彩”的主题教育生动局面，正是自治区政协学习宣传贯彻党的二十大精神的最新成果。

习近平总书记强调，党的理论创新每前进一步，理论武装就要跟进一步。按照党中央统一部署、自治区党委要求，自治区政协迅速启动主题教育，带领广大政协委员和机关党员干部读原著、学原文、悟原理，坚持不懈用习近平新时代中国特色社会主义思想武装头脑，深入学习贯彻党的二十大精神和习近平总书记重要讲话精神，深刻领悟“两个确立”的决定性意义，增强“四个意识”、坚定“四个自信”、做到“两个维护”。

“要通过学思践悟，把习近平新时代中国特色社会主义思想融入血脉、注入灵魂，转化为坚定理想、锤炼党性和指导实践、推动工作的强大力量。”5月24日，自治区政协党组书记、主席努尔兰·阿不都满金作主题教育专题党课，引导大家坚持不懈用习近平新时代中国特色社会主义思想凝心铸魂，弘扬统一战线和新疆政协优良传统，汇聚奋力建设美好新疆强大力量。

第一时间制定主题教育实施方案和理论学习、调查研究等4个配套工作方案，形成构架科学合理的推进体系，做到政协党组和机关党组、专委会分党组、机关党委、机关党支部“五级联动”，机关党组、专委会分党组同频共振开展主题教育，实现“全员化、全过程、全覆盖”，确保主题教育高标准开局、高质量推进、高成效体现。

自治区政协严格执行理论学习“第一议题”制度，抓好理论学习中心组集中学习研讨，在学深悟透中感悟真理伟力，在牢记嘱托中凝聚奋进动力。

“学深”的同时，“悟透”的效应很快体现。自治区政协组织政协委员、机关干部“走出去”到博物馆、高校等地开展“新疆政协·雨露讲坛”；在各级政协组织开展“政阅读·寻找最美读书声”短视频征集活动，刊播视频作品120余件、播放超400万次；组织开展参观新疆大学校史馆等“党旗映天山”主题党日活动等30多次；举办庆“七一”中国画作品展……

研讨式、感悟式、体验式学习，一级带一级、层层重学习，真正深刻感悟思想伟力、激发奋进动力，努力学得更深、悟得更透、做得更实。

## 实干创新激活力

“建议将脊柱弯曲异常筛查项目纳入每学年或新生入学体检内容”……

6月26日，在新疆医科大学第二附属医院，一场关于“新疆儿童青少年脊柱健康关爱行动”的专家协商会“热气腾腾”进行着。这是自治区政协以主题教育为契机，持续创新协商形式的又一次实践。

自治区政协把守正创新作为政协工作的不竭动力和活力之源，在传承中创新、在创新中发展。十三届自治区政协伊始，努尔兰·阿不都满金就强调，要在延续上一届政协好经验好做法的基础上，结合主题教育深入推进专门协商机构建设，着力提升“建”的质量、体现“专”的水平、突出“商”的特色、发挥“制”的优势。

4月，文化文史和学习委员会亮出创新协商形式“首秀”——联合基层政协联办专家协商会，选取“文物保护领域的公益诉讼”这个小切口，邀请文物专家、14个地州市检察官等到吐鲁番实地考察、协商交流，在深入研究、深度协商上下足功夫，达到了增进理解、凝聚共识、提出措施、共同促进工作的目的，实打实提升了协商质量。这次会期虽然只有1天，前期的调研工作足足忙了10个月。

调查研究是党的“传家宝”，也是政协工作的“压舱石”。自治区政协把调查研究作为主题教育的重要内容，对照自治区党委确定的重点调研课题，确定了28个方面重点调研课题，制定实施方案，明确调研内容、方法步骤等，主席会议成员每人牵头一个调研课题，各专委会纷纷深入基层一线，念好调查研究“深、实、细、准、效”五字诀，严格落实“四不两直”要求，努力拓展调研的深度和广度。

自治区政协深入开展调查研究，协商成果逐一落实：在围绕“树牢中华民族历史观，铸牢中华民族共同体意识”议政主题开展调研基础上，召开十三届自治区政协第一次专题议政性常委会会议，会后形成的高质量建议案报送自治区党委，受到主要领导重视，批示要求有关部门研究吸取，有效推动了相关工作的加强和改进。

围绕着力解决“乌—昌—石”大气污染问题开展调查研究和深度协商，助力生态环境治理保护。加大对深入推进公共法律服务体系建设的调查研究力度，提出更有针对性、前瞻性和可操作性的意见建议，促进人民群众法治获得感不断提升……

自治区政协坚持协商为民、协商于民、协商利民，推动办成了一系列民生实事：调研中发现昭苏天马机场自 2022 年 4 月启用后，仅旅游旺季航班通行，班次不足，经协调机场集团后，每周增加 3 个班次航班，满足了旅客需求。

2022 年 12 月，自治区政府、政协联合举办疆企·主席面对面协商座谈会，提出的 31 条意见建议目前全部得到采纳、落实，今年以来自治区持续推出一系列优化营商环境的有力举措。

一项项深入细致的调查研究，一场场开诚布公的协商议政，一条条科学精准的协商建言，是自治区政协围绕中心服务大局的政治担当，也是把协商民主贯穿履行职能全过程的生动写照。

## 团结协作聚合力

“建议最大程度盘活现有停车场资源，创新管理手段、方便群众出行。”“感谢委员！近期将对全市停车位进行全面评估、合理增减和设置。也希望政协委员继续提供‘金点子’。”

4 月 25 日，在自治区市县政协工作现场推进会的现场观摩点——喀什市政协委员工作站进行的这场“微协商”，赢得了努尔兰·阿不都满金和参会代表们的一致好评。大家点赞说：“委员工作站打通了委员履职服务的‘最后一公里’，切实体现人民政协为人民。”

习近平总书记强调，要为政协组织开展工作创造有利条件，选优配强政协领导班子，重点解决市县政协基础工作薄弱、人员力量薄弱的问题。自治区政协把着力解决市县政协“两个薄弱”问题，列入主题教育专项整治方案，年初派出调研组深入南北疆各地开展调研，4 月召开自治区市县政协工作现场推进会，旨在推进委员工作室（站）建设，全面提升委员联系服务界别群众能力。

现场会安排了观摩活动、经验交流会和培训课程，全疆 100 多位来自各地州市、县市区及兵团所属县级市政协负责人聚焦破解市县政协“两个薄弱”问题，总结交流经验、共商破题之策、进行集中“充电”。

通过现场会，各级基层政协充分认识到建好用活委员工作室（站）的重要意义。南北疆大地上，委员工作室（站）建设如火如荼。

5月10日，青河县政协为8个乡镇委员工作站授牌，实现政协委员工作站乡镇全覆盖，93名县政协委员入站履职；

5月15日，若羌县政协组织部分政协委员和机关干部开展政协工作联络站观摩活动。

……

截至5月底，全区14个地州市的438个乡镇、街道（社区）设立了委员工作站（室），政协机构得到加强、队伍得到充实，专门协商机构的牌子越擦越亮。

征程万里风正劲。自治区政协将牢记习近平总书记、党中央关怀和重托，踔厉奋发、砥砺前行，不断开创政协工作新局面，为建设中国式现代化新疆篇章贡献力量！

（本文原载于《人民政协报》2023年7月17日第1版）

◎ 伊犁哈萨克自治州政协

# 党建引领履职路

文／徐　斌

“我们要积极探索‘党建+’路径，推动党建与履职工作深度融合，不断增强固守政治底线的定力和找到最大公约数、画出最大同心圆的能力，实现党建工作和履职工作双促进、双提升。”

这是今年初召开的伊犁哈萨克自治州政协十四届二次会议对做好2023年工作提出的要求。伊犁哈萨克自治州政协认真贯彻落实习近平新时代中国特色社会主义思想和党的二十大精神，深入实施“政协党建引领工程”，擦亮政协党建品牌，实现了“党建+履职”双轮同转、比翼齐飞。

“要把树立和践行正确政绩观落实到政协履职的全过程各方面，不断提高政治能力、思维能力、实践能力，更好把政协制度优势转化为社会治理效能。”6月20日，在州政协党组理论学习中心组专题学习浙江“千万工程”经验案例时，州政协党组书记焦亦民带头发言，其他班子成员逐一发言，谈认识、谈体会。

州政协坚持推进“党建+学习”，把学习贯彻习近平新时代中国特色社会主义思想作为首要政治任务，完善以党组理论学习中心组为引领的学习制度体系，明确党组书记、机关党委书记和各党支部书记为第一责任人，以上率下、层层带动，积极引导广大政协委员和政协机关干部在学习中坚定理想信念。坚持以“书香政协·伊犁讲堂”为载体，完善“自学+领学+共学”的政协读书模式，让委员坐下来、静下心、钻进去，在学而思、读而悟中明方向、解疑惑、强定力，加强思想学习、强化理论武装。

6月21日，州党委召开工作会议，研究部署推进经济高质量发展工作。会后，州政协立即召开党组会议，研究贯彻落实工作，自觉扛起推动全州经济高质量发展的政治责任，组织多个调研组，围绕“伊犁州城乡区域发展和收入分配差距”“积极服务和融入新发展格局，推动伊犁经济高质量发展”等课题，深入各县市调研，建睿智之言、献务实之策。

今年以来，州政协紧扣党委政府工作重点、群众生产生活难点、社会治理焦点协商议政，推进“党建＋调研”，做到不调研不协商、不调研不建言。每次开展调研前，调研组的首要任务就是，学习习近平总书记重要论述，学习相关领域政策法规、业务知识，引导委员统一思想、善于思考，学会解剖麻雀，切实提高说得准、说得对、说得好的能力。

“州政协切实把调查研究作为运用马克思主义世界观和方法论的具体途径、实践载体、有力工具，在调研中抓住主要矛盾，聚焦突出问题，努力找到解决问题、化解矛盾的措施办法，真正做到把情况摸清、把问题找准、把对策提实。”州政协主席赛尔建·乌合拜说。

州政协还积极推进“党建＋民生”，坚持政为民所议、言为民所建、计为民所献，不断完善委员联系界别群众制度机制。全州1787名委员走进基层、走进群众，通过开展一次宣讲、办一件实事好事、进行一次调研、收集一条社情民意信息、举办一次微协商的“五个一”活动，把惠民生、暖民心、顺民意的工作做到群众心坎上，以真情实意、真绩实效更好践行履职为民。

州政协积极探索建立健全党建工作体制机制，构建“政协党组—机关党组—机关党委—党支部”“政协党组—专委会—履职临时党支部—党员委员”两个链条，健全传导体系。做到哪里有党员哪里就有党组织、哪里有政协委员哪里就有党的工作，有效实现党的组织对党员委员全覆盖，党的工作对政协委员全覆盖。

（本文原载于《人民政协报》2023年7月17日第4版）

◎ 克拉玛依市政协

# 多元赋能让政协工作活起来

文／李　嵩

“当初看到政协委员二维码的时候，我是抱着试试看的心态扫了码，反映小区餐吧深夜噪声扰民问题，没想到问题这么快得到了解决。”吉祥苑社区居民古丽仙·艾木都高兴地说。今年以来，克拉玛依区政协昆仑路街道委员工作站以智慧化为牵引，着力打造践行全过程人民民主基层单元，公布了住区政协委员的二维码，向群众亮明“委员身份”。

古丽仙就是通过扫码的方式联系到政协委员。克拉玛依市政协委员赛力克·夏热甫汗接到“点单”后，立即联系市场监管部门和社区干部，通过现场察看、协商议事等方式商量解决。这是克拉玛依市政协推进政协协商向基层延伸的生动实践。

克拉玛依市政协深入贯彻落实习近平新时代中国特色社会主义思想和党的二十大精神，在市委的大力支持下，多措并举推动政协协商向基层延伸，实现了从“有形”到“有效”的转变，切实发挥了人民政协作为社会主义协商民主重要渠道和专门协商机构的独特优势和作用。

“我们坚持机制创新，凝聚工作合力。在先期探索实践和充分调研的基础上，形成了《克拉玛依市政协协商向基层延伸工作方案》，从完善工作架构、建立联动机制、畅通社情民意信息反映渠道等方面，精心谋划，形成政协协商向基层延伸上下联动、合力推进的良好局面。”市政协有关负责人介绍说，全市476名委员全部纳入工作站（室），确保每个社区（村）都有政协委员。通过委员工作室、委员联系服务界别群众等平台，引导各级政协委员深入社区，收集群众意见建议，解决群众急难愁盼问题。召开社情民意信息座谈会，邀请市委、市政府有关部门与委员面对面协商，实现协商成果到转化落实的闭环，激发了委员更好履职的责任心和荣誉感。

克拉玛依市政协积极打造多种协商形式，多元赋能推进政协协商向基层走深走实。通过市区政协主席会议成员“下基层大接访”，关注不同群体利益诉求，协助市委、市政府掌握社会舆情、促进科学民主决策、有效解决问题；引导委员按照“就近、就地、就事”原则协商于民、协商为民，灵活采取“固定＋移动”“集中＋分散”“会场＋现场”等方式，通过协商“小切口”解决民生“大问题”；将街道和社区党群服务中心、委员活动之家等与政协一线协商平台整合起来，畅通反映社情民意信息、更好发挥政协在助力基层社会治理中的重要作用。目前，正在推进数字政协综合服务平台建设，借助信息化手段提升政协协商向基层延伸质效。

在推动政协协商向基层延伸工作中，市政协呈现出党组重视推动有力、工作机制行之有效、协商为民富有质效、成果转化务实高效的态势。克拉玛依区政协“委员之家”于2021年获评人民政协优秀“委员工作室（站）”，在其示范作用下，打造“弯光今委员工作室”“法治服务教室”等一批特色协商品牌，使政协工作在基层活起来、亮起来。

（本文原载于《人民政协报》2023年7月17日第4版）

## ◎ 哈密市政协

# 历史文化研究成果背后的政协担当

文 / 刘惠娟

哈密，古丝绸之路上的重镇，多元文化交融荟萃，留存了丰富厚重的历史文化资源。把符合历史真实的重要史料反映出来，是哈密市政协长期坚持的一项重要任务。

哈密市坚持以习近平新时代中国特色社会主义思想为指导，完整准确贯彻新时代党的治疆方略，深入贯彻习近平总书记视察新疆重要讲话重要指示精神，对标文化润疆总体安排，成立哈密市文史研究委员会，由哈密市政协牵头负责，统筹宣传、文旅、史志、文博等 53 个委员单位和各界别，聚合东天山研究院 17 家疆内外研究机构、高校，深入推进哈密区域历史文化挖掘研究、展示转化和宣传交流。

哈密市政协充分运用政协文史工作经验，以哈密历史文化“有什么、是什么、为什么”为研究理念，以哈密历史文化深度研究为着力点，以重点研究课题项目为纽带，以《二十四史》等为重点，整理哈密历史文献资料 300 余万字，聘请本地文史研究员 30 名，委托或联合国家级研究机构、高等院校和疆内外专家学者开展研究，取得了 41 项课题研究成果。

近年来，文史研究委员会积极统筹白杨河流域、白杨沟佛寺遗址、大河唐城、柔远古城等考古调查与发掘，开展“丝绸之路哈密境内路网”“长城资源哈密境内遗存”田野普查，首次发现白杨河汉唐古城墓葬群、仓储和冶炼等遗址，新发现唐—清代烽燧 44 处，界定了白杨河、哈密河、伊吾河、甘露川为重点的哈密“三河一川”文明历史文化源。这些成果充分展示了中华民族交往交流交融的历史细节，也实证了新疆自古以来就是祖国不可分割的一部分。

同时，市政协还坚持把加强思想政治引领同经常性工作结合起来，引导委员积极参与到哈密历史文化挖掘研究展示转化工作中，大力开展哈密历史文化调查研究，《关于哈密白杨沟历史文化遗存保护利用的建议》《关于哈密七角井区域历史文化资源保护开发利用的调研报告》等，以《建言资政》专刊的形式，为市委、市政府推进历史文化宣传教育提供决策参考。

在做好保护工作的前提下，市文史研究委员会致力用老百姓听得懂的语言、看得明白的方式，展示文物和文化遗产，指导实施哈密博物馆、哈密非遗传承中心、红军西路军进疆纪念馆展陈提升，完成左公文化苑展陈，指导摄制文物纪录片《人文哈密》30余部、文献专题片《红色足迹》10集，让更多中国新疆故事“飞入寻常百姓家”。

“做好文史工作是铸牢中华民族共同体意识的有力抓手。”哈密市政协主席、市文史研究委员会主任王毅说，哈密文史研究工作正在从重视史料征集向更加重视史料研究利用转变，通过进一步打造资源整合、交流合作、项目支撑平台，紧紧抓住发掘研究、展示转化、对外交流3个重点环节，努力加强文物保护利用和文化遗产保护传承，进一步助力哈密文化事业和文化产业繁荣发展。

（本文原载于《人民政协报》2023年7月17日第4版）

◎ 政协喀什地工委

# “内外兼修”破解基层政协“两个薄弱”

文/郭　冰

围绕“用好非遗资源，丰富文旅融合”“优化营商环境”“推进‘一带一路’建设”“发展水光储新能源产业”等议题开展专题调研12次、开展协商会议3次……今年以来，政协喀什地工委认真贯彻落实习近平新时代中国特色社会主义思想和党的二十大精神，围绕党委重点工作积极开展履职。饱满的工作干劲，得益于喀什地区对基层政协组织“两个薄弱”问题的着力破解。随着各级政协基础工作的加强、人员力量的增加，各项履职工作展现新面貌、新气象。

喀什地委高度重视政协工作，多次就破解基层政协“两个薄弱”问题开展专题调研、听取情况汇报、反复讨论研究，充分采纳政协喀什地工委的意见建议，2021年5月印发了《关于稳步推进县（市）政协“四委两室”机构规范设置工作的通知》，批准稳步推进各县（市）政协规范设置提案、经科教文卫、宣传学习和文史、民族宗教法制等4个委员会，1个办公室、1个委员工作联络室，各核定科级领导职数1名，为发挥县级政协“重要阵地”作用提供了坚实保障。

文件下发后，地工委积极指导各县（市）政协增加机构编制，推动全地区政协组织的机构设置更合理、工作力量更壮大、人员结构更优化。在多方支持下，各区县（市）政协共计增设机构48个、增加人员编制51个，通过招录引进人才，强化委员履职管理和服务工作，基层政协组织力量薄弱问题逐步得到解决。

在解决“两个薄弱”问题上，不仅注重增加机构人员的数量，更注重提升政协委员和机关干部的素质，大兴学习之风，不断提高委员和干部履职的能力水平。政协喀什地工委把“委员大讲堂 + 读书活动”融入协商议政、调研视察、委员提案、大会发言等委员履职活动中，把委员读书学习活动贯穿于委员履职活动各方面全过程，努力培育协商文化，营造协商氛围，提升协商实效，推动广大政协委员和机关干部勤学习、勇担当、善履职。

针对界别群众参与面窄、委员忙于本职工作抽不开身、民主协商不深入等问题，政协喀什地工委指导各级政协积极推进政协协商向基层延伸、向群众贴近，有效打通了履职“最后一公里”。

“目前，我们已在全地区设立乡镇（街道）政协工作联络站 186 个，实现了所有乡镇（街道）全覆盖。”政协喀什地工委党组副书记、主任古丽娜·肉孜说，通过设定每月 10 日、20 日为“委员活动日”，将“微协商”活动前移到村头巷尾，擦亮了“协商在基层”的特色履职品牌，畅通了在共同思想政治基础上化解矛盾和凝聚共识的重要渠道。

如今，在着力破解“两个薄弱”问题的探索中有了人员、制度、平台的助力，喀什地区各级政协委员的一个个“金点子”，不仅扩大了人民政协在群众中的影响，也打通了基层组织服务群众的“最后一公里”，让各族群众真正体会到政协离自己很近、委员就在身边。

（本文原载于《人民政协报》2023 年 7 月 17 日第 4 版）

## ◎ 昭苏县政协

# 委员履职家门口　百姓心里乐陶陶

文／张迎春

“自从有了委员工作站，不管遇到什么事，在家门口就可以找政协委员说说心里话。”微协商让社区居民很满意。

去年以来，伊犁哈萨克自治州昭苏县政协紧扣专门协商机构性质定位，大力开展政协委员工作站建设，为委员履职积极搭建平台，助推群众实际问题的解决和矛盾纠纷的化解，极大提升了政协工作凝聚力和影响力。

据不完全统计，今年以来，县政协依托委员工作站，通过线上线下方式接待群众216人次，收集社情民意信息65条；开展协商对话活动47场次、调研视察24次、政策宣讲25场，推动解决民生问题12个，答复53条，满意率100%。

县政协主席别尔德别克·吐尔逊拜介绍说，经过充分学习借鉴各地先进经验，去年制定出台县政协委员工作站建设工作方案等文件，按照“十有”要求统一标准推进委员工作站标准化、规范化建设，采取属地资源共享方式和“1+X+Y+Z”工作模式等，建立了13个委员工作站，嵌入式打造集协商议事、政策宣传、读书学习、民意收集、公益服务等功能于一体的履职平台。

目前，全县129名县级政协委员全部落组进站。在工作站每月两次的委员“履职日”，大家亮计划、亮身份、亮风采，走出去调研、沉下去交流。

昭苏是以农牧业为主的边境县，县政协的10个委员工作站都设在乡镇。一年多来，各工作站充分发挥委员作用，助力乡村振兴战略落实落地。

进入7月，有着“彩虹之镇”美誉的昭苏县乌尊布拉克镇游人如织，哈勒哈特村新开张的两个非遗工坊里人来人往。把县政协乌尊布拉克镇委员工作站选址到这个曾经的自治区级贫困村，就是要“好钢用在刀刃上”。驻点委员在深入走访调研和“有事好商量”基础上，为两户牧民申请了“县级传统手工艺”非遗工坊项目，还帮助改造店面、联系订单，实现了牧民吃上“旅游饭”、端牢“致富碗”的梦想。

随着今年全县16万亩高标准农田建设如火如荼，夏特乡委员工作站的“蒋志明委员工作室”活跃在田间地头。蒋志明是闻名全县的“土专家”“田秀才”，年初主动领办县里的高产田示范项目，几个月来他积极发挥特长，免费传授种植技术，引领群众依靠科技实现增产增收，推动乡镇农业高质高效发展。

毛力德是洪纳海镇委员工作站的驻点委员，也是县蜂业协会会长。随着油菜花期临近，他的履职地点搬到了油菜花田——每当接到蜂农电话，他就立即赶赴现场，传授采收技巧，解决困难诉求，调和矛盾纠纷，为乡村振兴护航。

“我们将继续推进委员工作站建设，搭台以畅其言，重学以增其智，立规以导其行，激励以释其能，让工作站焕发活力，不断激发委员履职的强大动力。”别尔德别克·吐尔逊拜表示。

（本文原载于《人民政协报》2023年7月17日第4版）

# | 南京市政协 |

# 理性务实聚同心　守正创新促发展

文/管　妍　傅　可　江　迪

今年是全面贯彻落实党的二十大精神的开局之年，也是十五届南京市政协的启航之年。在中共南京市委的领导下，新一届市政协秉持“理性务实、守正创新”的工作理念，坚持党的领导、统一战线、协商民主有机结合，坚持发扬民主和增进团结相互贯通、建言资政和凝聚共识双向发力，始终与党政中心工作同心同向、同频共振，服务大局更加有为，为民履职更加有效，自身建设更加有力，各项工作不断开创新局面，书写了助推高质量发展的新篇章。

## 把稳思想之舵　坚持以党的创新理论凝心铸魂

坚持党对政协工作的全面领导，是人民政协事业行稳致远的根本保证。南京市政协始终把旗帜鲜明讲政治放在首要位置，强化对标对表，把坚持党的全面领导贯穿政协工作全过程各方面，深刻领悟“两个确立”的决定性意义，增强“四个意识”、坚定“四个自信”、做到“两个维护”，在思想上政治上行动上同以习近平同志为核心的党中央保持高度一致。

持续加强思想理论武装。以党的创新理论凝心铸魂。落实“第一议题”制度，完善制度化学习体系，南京市政协建立了以市政协党组理论学习中心组学习为先导，多平台、多模式配套融合的学习制度体系，通过党组理论学习中心组引领学、主席会议和常委会会议专题学、政协“双月讲坛”辅导学、机关“微课堂”定期学、“书香政协”常态学等，及时跟进学习贯彻习近平总书记重要讲话重要指示批示精神，在领会精神实质、把握精髓要义中不断提高政治判断力、政治领悟力、政治执行力。

学深悟透做实党的二十大精神。党的二十大召开后，及时召开党组会议，传达学习并研究部署贯彻工作；召开常委会会议，审议通过《关于学习贯彻中国共产党第二十次全国代表大会精神的决议》；组织多形式、分层次的宣讲活动，在全市政协、基层社区专题宣讲党的二十大精神，并与基层群众深入交流；开展全市政协学习贯彻党的二十大精神专题调研，组织集中学习、研讨交流、专题培训，推动党的二十大精神在全市政协落地生根。

扎实开展主题教育。按照中央和省、市委统一部署，南京市政协准确把握“学思想、强党性、重实践、建新功”总要求，聚焦主题教育的根本任务和具体目标，抓理论学习、抓调查研究、抓检视整改、抓建章立制，坚持把读原著、学原文、悟原理和“牢记嘱托、感恩奋进，挑大梁、勇登攀、走在前”以及发现问题解决问题贯穿始终，切实做好习近平新时代中国特色社会主义思想的深化、内化、转化工作。市政协党组书记、副书记、党组成员发挥示范作用，精心选题、各有侧重讲授专题党课；创造性开展“精读、通读、伸读”主题教育读书活动，多次开展专题学习、交流研讨和课题调研，形成制度性成果20项，并围绕全面从严治党在全国政协调研座谈会上作交流发言。坚持边学边查边改，对照习近平总书记关于以学铸魂、以学增智、以学正风、以学促干的重要指示要求，高标准抓好问题整改。

党建引领高质量履职。全面落实新时代党的建设总要求，贯彻落实市政协党组《关于学习贯彻党的二十大精神 进一步加强党的建设工作的实施意见》，健全“政协党组—机关党组—专委会分党组—机关党委—党支部”的工作格局，实现党建工作与履职工作互融互促。坚决落实党中央和省市委的决策部署以及对政协工作的各项要求，坚持重要工作主动报告、重大事项及时请示、重要议题充分沟通，重要履职成果及时报市委、市政府供决策参考，落实“党政领导交题、政协谋题、多方征题、协商定题”的选题机制，年度重点协商议题报请市委常委会会议审议通过后实施，确保政协履职与党政工作同频共振。

## 服务中心大局　充分发挥专门协商机构作用

胸怀“两个大局”，心系“国之大者”，南京市政协切实把党政中心工作作为政协中心工作，以有效的建言资政、民主协商来服务大局，以专项工作、专项任务为支撑来保障大局，政协工作更有作为、更具实效，彰显了专门协商机构的独特、独有、独到优势。

调查研究力求“准而精”。深入贯彻落实习近平总书记关于调查研究的重要论述，制定《中共政协南京市委员会党组关于大兴调查研究的实施方案》《政协南京市委员会关于进一步加强和改进调查研究工作的实施办法》等制度文件，完善调研机制，创新调研方式，拓展调研渠道，改进调研作风，切实强化调查研究的基础性作用。今年以来，市政协党组、机关党组围绕13个重点调研课题深入开展调研，形成务实可操作的高质量调研报告24篇。

建言资政力求“专而深”。围绕“大力优化民营经济发展环境，促进南京民营经济壮大”“大力建设产业强市，培育壮大优势产业集群”召开专题议政性常委会会议，围绕“深化群团组织改革和建设，有效发挥广泛联系群众的桥梁纽带作用”等议题召开主席会议，在充分协商议政的基础上，形成建议案报送市委、市政府，转化为服务党委政府决策的重要参考、推进高质量发展的具体举措，为助力南京经济社会发展贡献了政协智慧和力量。

为民发声力求“细而实”。着力延伸政协工作触角，市政协主席会议成员分别开展“进村入户、察情问策”蹲点调研，助推解决一批基层反映较多的民生问题。将“委员之家”建成倾听市民心声、助解群众难题的“百姓之家”，常态化开展走访慰问、座谈交流、专题宣讲等活动，收集民情民意，反映民生诉求，推动民生实事落实。确定《关于加强体育与旅游深度融合，高质量发展乡村旅游的建议》《关于规范社区直饮水现场制售机管理的建议》等一批重点民生微提案，分别由主席会议成员牵头督办，以“小提案”助力“大民生”。鼓励支持委员就住房、就业、教育、医疗、交通、一老一小等民生关切建睿智之言、献务实之策，真正把实事好事做在群众身边、做进群众心里。

## 广泛凝聚共识　彰显大统战工作中的政协作为

南京市政协始终紧扣加强思想政治引领、广泛凝聚共识这一中心环节，坚持一致性和多样性统一，积极发挥人民政协最广泛爱国统一战线组织功能作用，更好地凝聚共识、凝聚人心、凝聚智慧、凝聚力量。

发挥新型政党制度优势。持续健全主席会议成员联系走访民主党派制度，在求同存异、合作包容中加强思想政治引领。完善工作机制，对各民主党派以本党派名义在政协发表意见、提出建议作出机制性安排，加强同各民主党派、工商联和无党派人士的经常性联系，开展定期走访、联合调研、联合视察、联办协商等履职活动，为民主党派更好发挥作用创造条件，有效体现参政有舞台、建言有机会、协商有渠道。

广泛凝聚团结奋进力量。注重加强与党外知识分子、非公有制经济人士、新的社会阶层人士、少数民族人士、宗教界人士的沟通交流，积极发挥政协委员在界别群众中的影响力、凝聚力、号召力，用“政协声音”讲清、讲深、讲透党中央决策部署，汇聚起全面推进中国式现代化南京新实践的坚强合力。常态化开展“委员接待日”活动，每月安排2场市政协主席会议成员与政协委员面对面谈心交流，今年以来已先后接待来自21个界别的64名市政协委员，倾听委员心声，解决委员困难，及时收集意见建议，加强思想政治引领。充分发挥“五侨”“七台”平台作用，支持引导港澳委员发挥“双重积极作用”，为其参与南京经济社会发展牵线搭桥、做好服务。进一步发挥南京公共外交协会、南京金融发展促进会、南京市金陵国际友好协会、南京航空联谊会、南京妈祖文化交流协会、南京智库联盟等社团作用，扩大团结面，画好同心圆。

强化各方协同联动履职。贯彻落实中央和省、市委关于加强和改进新时代市县政协工作的意见精神，健全联动履职机制，强化力量串联整合。开展协商议政活动中，注重与上下级政协的联动对接；组织调研视察、推动重点工作时，加强与区级政协、各党派团体和有关部门的协同联动，持续提升全市政协工作的整体效能。今年，市政协遴选出11件市区联动提案，纳入市政协领导督办范畴，发挥政协提案工作的制度优势，以市区政协工作“一盘棋”共同推动提案办理落实，助力各区高质量发展。

风好正扬帆，奋楫逐未来。南京市政协党组书记、主席王立平表示，新时代新征程上，南京市政协将始终坚持以习近平新时代中国特色社会主义思想为指引，深入贯彻党的二十大精神，全面落实习近平总书记关于加强和改进人民政协工作的重要思想，跟进学习贯彻习近平总书记重要讲话重要指示批示精神，尽职尽责写好“时代答卷”，出色出彩交出“履职高分”，为奋力谱写“强富美高”新南京现代化建设新篇章贡献政协智慧和力量。

（本文原载于《人民政协报》2023 年 10 月 27 日第 1 版）

◎ 秦淮区政协

# 在提质增效中彰显为民情怀

文 / 李海琴　韦涵静

南京市秦淮区政协以推进工作提质增效为抓手，围绕“全市走在前、全省创品牌、全国有影响”目标追求，秉持“将重点工作做得出彩、常规工作做出新意、有意义的事情做得有意思”理念，着力打造履职品牌，彰显政协责任担当。

秦淮区政协倾情助力，打造为民政协。以开展学习贯彻习近平新时代中国特色社会主义思想主题教育为契机，加强学习教育，大兴调查研究，引导 319 名区政协委员走进 104 个社区民生工作站，健全常态长效的工作机制，通过提案办理、反映社情民意信息等，让民情民意畅通传递。建立信息员队伍，举办委员履职能力培训班，推动形成多方联动促履职的工作合力。围绕社会治安管理品牌化建设、“一老一小”等议题，借助与市政协联合打造的平台，开展省市区政协与街道社区五级党组织结对共建，就小西湖历史风貌区城市更新等开展共商共助共学活动，携手市区妇联开展“书香润万家·文明你我他”阅读分享和协商议事，推动形成了“文明城市人人建”共识。

秦淮是“特而精·最南京”的城区，文化底蕴深厚。区政协注重联动履职，打造书香政协。坚持融入开放共享，通过植入、新建等方式，构建多功能活动载体，建成协商议事室暨数字政协文史馆，借力打造门东四级委员之家等；同时依托秦淮河画舫、科举博物馆因地制宜打造“书香政协号”“市区政协文史书角”等特色平台。连续三年举办“桨声灯影里的委员故事荟”，邀请各级政协委员、文史专家等参加，并进行协商议事，助力秦淮河IP塑造；抓住朱自清和俞平伯同游秦淮河100周年时点，就如何推动“秦淮河畔文学小路”建设，策划举办“桨声灯影里的秦淮河”国际文化旅游节，放大南京世界文学之都影响力进行协商建言。用好南京市首家“文史e站”资源，常态化开展学习活动，强化委员思想政治引领，政协党组“五步学习法”“情怀135”等书香品牌影响日益扩大，“书香政协风雅秦淮”获评江苏省政协最佳创新案例。

秦淮区政协坚持“三个聚焦”精准建言，打造担当政协。聚焦党政大事要事，制定“四聚四提”行动计划，细化13项举措助力经济发展加速提质，就金融支持实体经济发展等议题，组织委员深入协商议政，以高质量建言成果助力经济高质量发展；围绕秦淮区与南部新城产城融合、夫子庙商圈转型发展等进行广泛协商，助力经济加快复苏。聚焦群众关心热点，开展民生专题协商议事月活动，选择小区微更新、融合教育等小切口、针对性强的议题进行协商建言。聚焦社会治理难点，每年召开议政性主席会议、常委会会议、协商座谈会等20余场，组织协商议事活动上百场，一批意见建议得到党委政府重视和采纳。

（本文原载于《人民政协报》2023年10月27日第4版）

◎ 鼓楼区政协

# “五常”常委做示范

文／谌　菲

本届以来，鼓楼区政协积极引导常务委员当“五常”、做示范，带头落实“懂政协、会协商、善议政，守纪律、讲规矩、重品行”的要求，让常委会更好发挥龙头作用。

常“学”，提高政治站位。组织常委深入学习贯彻习近平新时代中国特色社会主义思想和中共二十大精神。深入开展“书润政协·香溢鼓楼”委员读书活动，常委带头荐好书、谈心得，带动委员读书。坚持开展政治理论培训，组织常委赴红色基地接受党史党性培训，进一步激发常委团结奋进的政治自觉。

常“议”，提升协商水平。年度12个重点调研课题常委全覆盖参与，每个课题常委参与人数均不少于课题组成员总数40%，子课题研究全部由常委领衔。建立常委列席议政性主席会议机制，在大会发言、专题议政、座谈讨论等活动中注重组织常委参与。在常委会会议上对建议案办理落实情况实施民主监督，并向常委反馈意见建议采纳落实情况，保护调动常委履职热情。

常“走”，倾听群众心声。依托社区政协委员联络站，重点组织常委深入基层一线，并通过提案、社情民意信息及时反映群众心声。依托委员之家、协商议事室、委员工作室，每季度组织常委、委员走到居民身边开展民生专题协商议事，助力解决了居民小区地铁补偿款分配等一批群众关注的急事难事。引导常委大力宣传“有事好商量”“众人的事情由众人商量”

等协商理念，分享成功协商案例，让群众真切感受到协商民主的“温度”。

常“联”，增进团结民主。探索“双组长”工作制，为13个委员组分别增设1名非中共党员常委组长，每年至少由其牵头开展1次联组活动，为委员组活动注入新活力。成立女委员联谊会，由女性常委担任会长、副会长，策划组织特色联谊活动。开设委员素养提升班，安排常委牵头对接培训资源，带动委员参与。深化委员联系界别群众工作，在6家常委所在单位设立界别委员工作室。创新开展法律界委员进社区活动，由3名律师常委领衔开展的法律服务已覆盖到全区120个社区，有效促进矛盾化解，增进社区和谐。

常“省”，确保清正履职。及时通报委员履职考核情况，建立组长、专委会主任、主席约谈提醒制度，对得分低的常委视情提级约谈。建立常委向常委会口头述职机制，为委员履职放出样子。倡导常委带头遵守社会公德、恪守职业道德、弘扬家庭美德、提升个人品德，鼓励常委积极参加公益活动，并作为年底考核、评先评优依据。及时推送法纪条文、廉政文章及微视频，引导常委算好“廉政账”，当好“明白人”，并对违纪违法委员、常委及时作出处理，始终维护政协组织和委员队伍的良好形象。

（本文原载于《人民政协报》2023年10月27日第4版）

◎ 栖霞区政协

# 协商议事助企纾困

文 / 周新润

一到刮风下雨天，一些员工就会迟到；上下班高峰期园区内更加拥堵；园区道路两侧停满机动车……这些曾困扰南京市栖霞区马群科技园员工们的问题，因为一场基层协商议事迎刃而解，科技园的交通生态发生了改变。

马群科技园有企业500余家，企业员工近8000人。由于园区内部公交站点缺乏，周边的公交线路一直都绕过园区而行。2022年初，区政协委员寿炜康在区政协全会上提出“提高马群科技园公共交通配套”的提案，建议优化公交路线、增设公交站点，解决马群科技园交通出行难题。

2023年，按照省市政协关于开展“助力民营经济健康发展、高质量发展”走访调研活动的要求，结合“五年内实现走访政协委员全覆盖”的工作计划，栖霞区政协领导深入民营企业，调研生产经营状况和面临问题，听取进一步优化营商环境的意见建议，其中“优化公共交通布局，打通园区出行‘最后一公里’”也成为园区企业的共同呼声。

据此情况，区政协将“优化园区公共交通线路”议题纳入民生专题基层协商计划，组织政协委员开展调研，并召开专题协商议事会。

协商会上，区交运局、交警大队、马群街道党工委、办事处及市公交（集团）有限公司的负责同志纷纷发言，回应委员建议，最终形成公交线路优化方案，报送街道党工委，与相关部门共同推进站点建设、道路后续管理等事宜。

通过市公交（集团）有限公司公交建设新站点、交警大队调整相关路口红绿灯等工作的落实，园区公交车通了，缓解了园区上下班高峰期的交通拥堵、停车困难等问题，得到企业员工和周边居民好评。

近年来，区政协坚决落实省市政协部署要求，积极组织委员在基层协商平台上发挥专长作用、贡献智慧力量，围绕“乡村颜值”提升、园区交通微循环、保障房公共服务优化等事关经济发展和民生关切的问题，开展协商议事活动111场，推动76件问题落实。积极推进协商议事室、委员之家、社情民意信息联系点、书香政协读书平台“四位一体”建设，不断推动委员履职向一线延伸，让基层协商议事室成为党委政府“好帮手”、人民群众“连心桥”、委员履职“新平台”。

栖霞区政协主要负责同志表示：“我们将着力推动协商议事工作提质增效、常态长效，为进一步助发展、惠民生、促和谐贡献政协力量。”

（本文原载于《人民政协报》2023年10月27日第4版）

◎ 雨花台区政协

# “政协智慧”助力社区治理

文 / 罗　敏

社区治理一头连着民生，一头牵着发展。今年以来，雨花台区很多社区的居民发现，社区正在变得更“完整”：人居环境从“脏乱差”变成如今的“洁净美”；打开手机就能享受到物业、社区提供的智能化服务……这背后也少不了政协委员的努力。

赛虹桥街道长虹路社区是典型的城市社区，治理课题多。今年以来，长虹路社区在“大党委”成员单位支撑下，开发上线“一家亲”驿站智慧空间，整合社区30余个工作条口的基础信息，实现“一图知全域、一图知全局”。

为更好服务群众，助推社区治理迸发新活力，区政协组织委员开展民情大走访活动，通过座谈走访、电话问询等方式与居民、物业、职能部门进行交流，收集存在问题，并针对物业、居民及社区工作人员提出的需求和建议，在赛虹桥街道就“依托智慧平台建设 助力社区治理”议题开展协商议事活动，围绕智慧平台后续运营管理、数据安全和使用等方面进行座谈交流。

区政协委员唐金华提出，社区可以依托智慧平台，联合小型医院医疗服务资源及社区养老组织资源，让群众足不出户就能享受多样化、个性化的全方位居家照护服务。

教育界别委员们表示要凸显界别组的特色优势，让“智慧政协”发挥最大效能，构建共建共享、互联互通、协同联动的信息化平台，以高效便捷的履职服务基层社区治理工作。

不仅参与协商，委员们还立足本职工作和专业特长积极参与社区服务。

唐金华积极协调对接医疗资源，在长虹路社区“一家亲”驿站成立了蒋彩云医生工作室，每周四下午定期为辖区群众开展外科问诊服务；教育界别组的委员们主动融入“家教社”联动活动，联合长虹路社区和雨花台区实验小学打造“小虹人”学院，通过红色研学系列、传统文化系列 21 场次活动，用家校社联动的“支点”撬动社区治理“大格局”。

“感谢委员们提供的思路和帮助，让我们蹄疾步稳更好实现居民幸福、小区智能、治理高效的美好愿景。”赛虹桥街道党工委副书记史居敏说。

不仅在赛虹桥街道，近年来雨花台区政协把驻区的省市政协委员和 227 名区政协委员全部下沉社区，通过打造“红色协商议事室”、推进“最强召集人”培育计划等举措推动委员服务社区治理工作。近年来，全区开展各类协商议事活动 420 场次，参加委员 1100 多人次，吸引各界群众参与近 6200 人次，助推小区物业管理、垃圾分类等 320 个老百姓身边的问题解决。委员们立足本职工作和专业特长，主动发动身边人，积极参与社会服务工作，广泛开展“博爱雨花行”“爱心帮帮团”“同心共益共同体”等活动，走进社区、特殊教育学校、福利院结对帮扶、捐资助学、助危济困，委员和委员企业捐款捐物达 2300 万元，开展便民惠民服务 280 场次，服务群众 3 万多人次。

（本文原载于《人民政协报》2023 年 10 月 27 日第 4 版）

◎ 江宁区政协

# 企业家会客厅助力高质量发展

文 / 昝庭宇

江宁区政协认真贯彻落实党的二十大精神，突出拼经济优服务主题，搭建企业家会客厅（经济界委员联系点）平台，推动政协委员深入联系界别群众（关联企业负责人），实现与职能部门和相关工作机构面对面交流、协商议事，助力企业更好更快发展。

江宁区科技型中小企业众多，企业技术需求旺盛。今年 6 月，区政协开展政协委员走进南京航空航天大学暨校企对接活动。此前，区政协在企业家会客厅专门召开了企业技术需求对接协商座谈会，广泛征集政协委员对校企合作的意见建议和企业的技术需求。

活动现场，南航汇编展示了 10 大类 179 件科技成果，邀请了 5 位专家教授进行科技成果发布。全国政协委员、南京航空航天大学副校长施大宁表示，作为驻区高校，南航将继续深化双方合作关系，充分发挥双方资源优势，开展更宽领域、更深层次、更高质量合作。活动后，南航与多家区内企业单位达成合作项目 20 项。

“企业家会客厅的活动，既让我们充分表达了意见建议，也为我们切实解决实际问题，这种做法值得点赞。”陈荣华委员在企业家会客厅“政金企对接‘拼经济’”座谈会上说。

此前，江宁区政协开展“一线协商”政金企对接会，邀请到区内 6 家金融机构和 16 家企业代表，面对面一线协商，深化金企合作空间与内涵。活动中，金融机构根据企业需求带着金融产品、委员带着对金融发展意见建议来参加活动，同时还广泛邀请有需求的企业参与进来。活动期间，滨江建材科技、宁庆数控等企业融资近 2000 万元。

区政协通过对委员所提提案分析发现，今年以来，经济界政协委员对数改智转、民营中小企业发展、专精特新企业壮大关注度最高，所提相关提案占到了总数的近 1/3。为此，企业家会客厅相继开展了产业数字化发展、专精特新企业发展和民营中小企业发展 3 个专题的协商座谈会。区 16 家部门单位与 60 多名经济界委员及企业方面人士，先后来到企业家会客厅进行了面对面交流。

相关单位同志现场对政协委员和企业家们提出的问题和建议进行了答复和互动。企业家会客厅对政协委员和企业提出的问题进行记录。专题活动中，10 件现场未办结事项纳入企业家会客厅大屏系统。区工信局等部门以此为抓手，服务企业发展升级，今年全区新增 47 家国家级“小巨人”企业，增量总量均位居全省区县第一，其中九成为民营企业。

企业家会客厅良好的协商环境、对同一议题的共同关心、专业人士的齐聚一堂，让专题协商会议更加务实和高效，委员和企业在这里既是客人也是主人，专题活动中既贯彻了建言资政和凝聚共识双向发力的主旨，也为政府部门服务企业、机构开展业务提供了新的渠道，有效优化了营商环境，服务地方高质量发展。

（本文原载于《人民政协报》2023 年 10 月 27 日第 4 版）

◎ 建邺区政协

# 倾听市民心声　助解群众难题

文 / 王轶琳

建邺区政协扎实开展“倾听市民心声，助解群众难题”委员接待活动。截至目前，全区政协委员深入 6 个街道 64 个社区开展接待活动 108 场，接待群众约 660 人次，取得协助党委政府破解民生难题、增进民生福祉，为推进中国式现代化建邺新实践凝心聚力的良好成效。

区政协制定活动实施意见，从委员联系界别群众的四项原则、五项任务、四种方式、三项机制、组织领导、责任落实等方面提出具体要求，做出安排部署，形成区政协安排部署，街道、专委会组织委员，委员联系界别群众的工作链条，构建“区、街、社”联动，“点（政协委员）、线（基层渠道）、面（政协组织）”结合的常态长效工作格局。

按照“融入、开放、共享”的原则，区政协利用多种资源载体，将委员接待室建在群众身边。目前，全区 64 个社区均建有委员接待室。其中，张世亮委员“民生服务工作室”、韩卫展委员“创业指导工作室”、李春静委员“保理纠纷调解工作室”等特色鲜明、成效显著，彰显了有困难能找、有诉求能说、有建议能提的“三能同心”为民服务品牌。

不仅有委员工作室，区政协还注重搭建多维融合履职平台，准确把握委员联系界别群众工作重点，发挥委员主体作用，将委员接待活动融入履职全过程各方面，教育引导委员当好社情民意的调研员、基层治理的协调员、政策措施的宣传员、帮扶关怀的服务员，推动委员服务群众办实事、助力发展谋实招、助解难题求实效，让群众切实感到“政协离我很近，委员就在身边”。活动中，68 名政协委员主动认领群众微心愿 128 件，把帮扶送到百姓家中，把爱心送到群众手中，得到了社区和群众好评；打造出“同心圆”协商议事会、“群众敢首创”委员服务站、“六尺巷”协商式民主监督工作站等基层政协工作亮点。

在工作中，区政协不断优化流程，打造多方参与工作闭环，增强委员接待工作的规范性、质效性。委员及时梳理汇总接待中收集到的问题和建议，填写《民情日志》，并将问题和建议反馈至所在街道的党工委或区政协专委会；街道党工委立足自身先解决问题，无法处理的问题及时向区政协报送；区政协通过有关渠道将问题报送党委政府，并转送相关部门办理；部门在 15 个工作日内将办理情况反馈至区政协；由专委会、街道将办理结果及相关情况反馈至委员和群众。

截至 9 月底，在委员接待工作中，共收集群众反映问题 112 个。其中 34 个为街道层面，已由街道办理并反馈完毕。余下 78 个由区政协分类后以《商量专递》方式转送政府部门和有关单位。目前，已累计分 2 批次递送《商量专递》28 期，其中第一批次已办理并反馈至委员和群众，第二批次承办单位正在办理之中。

（本文原载于《人民政协报》2023 年 10 月 27 日第 4 版）

# ｜深圳市政协｜
# 续写“春天的故事”政协篇章

文／白　杨

南海之滨春潮涌，奋楫争先作示范。

2023年，是全面贯彻落实党的二十大精神的开局之年。深圳市政协坚持以习近平新时代中国特色社会主义思想为指导，持续深入学习宣传贯彻党的二十大精神和中央政协工作会议精神，以先行示范的责任担当，高质量践行全过程人民民主，努力构建专门协商机构工作体系；以丰富生动的政协协商民主实践，推动深圳在中国式现代化建设中走在前列、勇当尖兵。

## 以高质量党建引领保障政协工作高质量发展

“我们要积极同党外人士广交朋友、深交朋友，持续增进团结和引领发展。”“要定标准、定职责、定对象，将党员委员联系党外委员、联系界别群众工作向纵深推进。”10月19日，在深圳市政协中共界别、特邀界别委员专题学习座谈会上，党员委员们围绕贯彻落实党的二十大精神，发挥先锋模范作用、带头履职尽责开展深入交流。

党的二十大报告强调，要坚持党的领导、统一战线、协商民主有机结合。深圳市政协始终坚持把党的领导作为必须恪守的根本政治原则，落实到强化理论武装、开展履职活动、健全制度机制、加强队伍建设等各个方面，全面贯彻落实新时代党的建设总要求，以党建促发展、强履职、聚共识。

政治上的坚定源于理论上的清醒。学之愈深，方能知之愈明、信之愈坚、行之愈笃。深圳市政协把扎实开展学习贯彻习近平新时代中国特色社会主义思想主题教育，作为贯彻落实党的二十大精神的重要举措。构建矩阵式学习体系，完善“七学联动”学习机制，64次集中学习习近平总书记重要讲话精神；打造“深政学堂”“政情通报会”“书香政协”“机关学堂”等一系列学习平台；市政协党组、机关党组、专委会分党组、机关党委、机关党支部“五级联动、同频共振”，实现“全员化、全过程、全覆盖”，开展学习活动260多次；组织读书班、委员培训班等多形式、分层次的学习培训……市政协坚持学思用贯通、知信行统一，全面学习领会习近平新时代中国特色社会主义思想的科学体系、精髓要义、实践要求，在感悟思想伟力中汲取奋进力量、砥砺初心使命，在入脑入心中筑牢思想根基、强化政治忠诚，不断提高运用党的创新理论解决问题、推动工作的能力水平，引领保障新时代深圳政协事业行稳致远。

探索开展“党建+专题协商”“党建+服务委员”“党建+助企纾困”“党建+提案工作”等“党建+”行动，不断推动党建和政协业务“双融双促”；开展“六大行动”创建“六型机关”，61项创建任务如期完成；制定出台《关于加强党对人民政协工作全面领导的实施意见》，建立健全重大事项请示报告制度等20多项制度，党建工作科学化制度化规范化水平极大提高，“红色引擎”动能澎湃。

“人民政协作为党领导的统一战线组织，我们要为完成好党的二十大部署的各项任务汇聚强大合力，全面加强各级政协组织党的建设，做到人民政协一切工作在党的领导下有力开展，一切活动围绕党的中心任务有效进行，要把党的领导贯穿到政协工作的血脉之中。”深圳市政协党组书记、主席林洁多次强调。

## 为深圳在中国式现代化建设中走在前列勇当尖兵汇智聚力

建设粤港澳大湾区、支持深圳建设中国特色社会主义先行示范区，是习近平总书记亲自谋划、亲自部署、亲自推动的重大国家战略。深圳市政协胸怀“国之大者”，紧扣“双区”建设、综合改革试点、深化深港澳合作服务“一国两制”新实践等重大问题，广集众智、广谋良策。

围绕重点产业链安全，科技自立自强，现代产业体系，数字经济，市场化、法治化、国际化营商环境等重要问题，发动700多名各级政协委员广泛调研深入协商，助力打造“先行示范区”高质量发展高地；健全市委领导下的立法协商工作机制，围绕18个立法项目进行协商，对50多部法规规章（稿）提出协商意见，立法协商建议采纳率超80%，助力法治城市示范；对深圳“创文”工作开展民主监督，形成105个问题清单，连续三年对深圳重大文化设施和街区开展监督性视察，为构建城市文明典范贡献政协力量；聚焦“深有善育”“深有优学”“深有厚得”“深有良医”“深有颐养”“深有宜居”“深有众扶”，通过提案、社情民意信息、民主监督等多种形式协商建言，推动“民生七有”向“民生七优”迈进；与周边城市政协联动视察跨界河流治理，围绕韧性城市建设组织包括3名院士在内的140多名委员开展为期5个月的专题调研，提出75条具体建议，在勇当可持续发展先锋中展现政协作为……市政协以强烈的担当精神和昂扬的奋斗姿态，成为推动“双区”建设的重要力量。

“有关单位要把委员们提出的每一个问题、每一条建议，当成一份作业、一份考卷，以最快的速度研究落实，一道题一道题地完成作业、交上答卷。”8月3日，在市政协七届十三次常委会会议上，深圳市委书记孟凡利在听取政协委员对“高质量打造全球海洋中心城市”的意见建议后如是表示。

综合改革试点是党中央因应时势着眼“两个大局”的战略决策。市政协充分发挥专门协商机构作用，围绕离岸数据平台建设、大科学计划管理机制等方案中的重点、难点，发动委员立足自身专业和岗位开展专题调研，组织专题协商，梳理报送具体意见43条，大部分建议被采纳，在全市深化改革中发出政协声音、彰显政协作为。

全面准确贯彻“一国两制”基本方针，促进内地与香港、澳门融合发展、相互促进，是深圳的重要使命。市政协紧扣深化大湾区规则对接、增强深圳核心引擎功能、深化前海改革开放、深港口岸经济带建设、推动深港市场一体化水平提升等重大课题，近年来组织视察调研380余次，举办专题协商会10余场，提出意见建议300多条，一批协商成果被吸纳到相关政策中；邀请四级政协委员和多位香港立法会议员，举办“深化深港合作”专题“深聊会”……一条条推进深港硬联通、软联通、心联通的“妙计良策”在协商和碰撞中产生，相关协商成果获市委书记批示肯定，为推进“一国两制”行稳致远凝聚了强大正能量。

## 推动民主监督和委员联系界别群众工作走深走实

今年8月，历时3个月调研，13万多字的深圳市政协“完善委员联系界别群众制度机制”专题调研报告“出炉”；10月13日，深圳市政协学习贯彻《全国政协关于完善委员联系界别群众制度机制的意见（试行）》的通知印发；10月19日，《人民日报》刊发3400字的深圳市政协加强委员联系界别群众工作深度报道……

党的二十大报告指出，要“完善人民政协民主监督和委员联系界别群众制度机制”。市政协将此项工作作为年度重点改革项目，积极探索开展民主监督、委员联系界别群众的新机制、新方式、新载体。

出台《深圳市政协民主监督工作实施细则》，探索构建集会议监督、专项监督、协商平台监督、民主评议、特约监督、联动监督等10种监督形式于一体的多层次民主监督体系；专门制定年度民主监督计划并报市委常委会审议后实施；与市纪委联合印发《关于推进人民政协民主监督和纪检监察专责监督协调联动的意见》。深圳市政协开展民主监督工作的计划性、针对性、多样性、协同性不断加强，民主监督实践不断丰富和发展。

界别群众在哪里，履职工作就推进到哪里。七届市政协始终把委员联系界别群众工作摆在突出位置。明确每名政协委员自主选择联系服务3—5名有代表性的本界别群众，解决“联系谁”的问题；制定委员联系界别群众的“责任清单”，解决“联系什么”的问题；搭建多层次广覆盖的平台载体，解决“怎么联系”的问题；制定出台“委员联系界别群众”“1+7”制度文件，解决“如何保障”的问题。

做好委员联系服务界别群众工作，离不开便捷有效的平台和活动载体。全市建成涵盖市政协32个界别的各级各类委员工作站190个，设立“界别群众联系室”，绝大部分委员工作站建设在社区、企业园区、商圈楼宇、学校等与界别群众贴近的地方，实现委员联系群众“零距离”。探索搭建“一起来商量”“身边事好商量”“深聊会”“委员议事厅”等一系列具有鲜明标识度、面向界别群众的协商平台，七届市政协以来累计开展243场活动，在真诚平等协商和深入交流互动中，政协委员的议政智慧与界别群众的诉求表达同频共振。

踔厉奋发、笃行不怠。深圳市政协将牢记总书记嘱托和党中央的战略部署，持续深入学习贯彻党的二十大精神，充分发挥专门协商机构作用，为深圳建设好中国特色社会主义先行示范区，创建社会主义现代化强国的城市范例作出新的更大贡献，在新征程上奋力续写“春天的故事”政协篇章。

（本文原载于《人民政协报》2023年10月30日第1版）

◎ 罗湖区政协

# 界别“商一事”增进民生福祉

党的二十大报告指出，要深入群众、深入基层，采取更多惠民生、暖民心举措，着力解决好人民群众急难愁盼问题。

六届罗湖区政协把履职为民贯穿始终，用创新思维和系统理念持续探索富有罗湖特色、政协特点的新思路、新举措。

推动委员联系服务界别群众制度化，以界别工作站为依托，罗湖区政协创新界别“商一事”活动，要求每个界别每年聚焦一件实事，组织各方深度协商互动，支持委员积极主动联系服务界别群众，用好自身专业和影响力，切实增进民生福祉。

今年 8 月，民盟界别委员在深入界别群众中了解到，翠竹街道民新社区嘉多利花园南段人行道灌木绿植茂盛、路面破损影响通行。民盟界别召集人第一时间召集委员，在实地查看现场、走访调研界别群众和社区居民的基础上，到区城管局、交通运输局等相关职能部门了解情况，并将此确定为界别“商一事”主题。委员们提出由职能部门负责清理内侧灌木绿植、恢复道路铺砖等建议。一个月后，民盟界别邀请居民代表“回头看”，居民李灿峰说：“人行道干净平整，出行方便多啦！”

这只是罗湖区政协搭建履职新平台，发挥专门协商机构作用，推动解决群众实际问题，把政协制度优势转化为基层社会治理效能的一个缩影。

“罗湖排水管网薄弱，存在管网系统破旧、预测能力不足等问题，建议全面深度体检，找出老旧破损；系统制定计划，分步解决管网问题。”“拓展翠园高中发展空间，带动罗湖教育高质量发展。”“亟须加快推动大望桥拓宽改造工程，消除安全隐患，提升大望梧桐片区交通通行能力。”在六届罗湖区政协二次全会开幕式的大会发言环节，界别发言人针对群众急难愁盼问题踊跃建言。区委、区政府主要领导肯定了这些“金点子”，并要求各单位认真研究吸纳。六届区政协自成立以来，深入开展调查研究，广泛收集和准确掌握本界别群众的愿望和诉求，传达本界别群众的意愿和呼声，与区委、区政府领导面对面沟通交流，为区委、区政府决策提供参考。

党的二十大报告指出，要完善委员联系界别群众制度机制。区政协创建了委员联系界别群众“1+5”模式，推动委员联系界别群众工作做深做实。“1”指通过构建“党组统一领导、专委会服务指导、常委带头履职、委员合力推进”的工作格局。从加强理论武装、开展走访调研、反映社情民意信息、撰写界别提案、参加大会发言这“5”个方面，制定委员联系界别群众项目清单，推动任务具体化、工作务实化。

高质量发展对人民政协工作提出了新要求，迫切要求政协工作提质增效，创造出具有履职实效、有影响力的履职品牌。区政协成立了委员公益基金，成为深圳公益慈善的一支重要力量。“充分发挥专门协商机构作用，以公益项目推动提案转化、开展政策倡导、带动委员履职尽责，助力基层社会治理，服务罗湖高质量发展。”今年7月，在罗湖区政协主办的“风雨兰·社区长者脑健康”公益项目启动仪式上，罗湖区政协主席柳光敏表示。

区政协常委罗伟香说：“人民政协为人民，心系百姓、服务发展是委员们义不容辞的责任。”

近年来，委员们累计捐款1100余万元，资助公益项目24项，结对帮扶困难家庭262户次，推动落实政协提案21件，在推动政协委员履职创新、社区治理实践创新方面作出了新的探索、取得了新成绩。

（本文原载于《人民政协报》2023年10月30日第4版）

◎ 盐田区政协

# “五步工作法”破解民主监督难题

文／刘　茜

“破解政协民主监督难题，要持续探索创新，在制度和实践上先行先试，使政协工作更好地融入区委、区政府工作大局。”盐田区政协主席尹书彬在盐田区政协六届三次会议期间强调。

党的二十大报告指出，要完善人民政协民主监督和委员联系界别群众制度机制。近年来，盐田区政协以“专项”为抓手，在全市率先出台《盐田区政协专项民主监督实施办法（试行）》，创立“确定议题—制定方案—组织实施—形成报告—跟踪督办”五步工作法，聚焦促进重大决策执行、增进民生福祉开展专项民主监督活动，取得了既有形又有效的扎实成果，为破解政协民主监督难题探索了基层路径。

“选取重点民生实事作为监督对象，能够有效促进部门工作落实和决策科学化。”盐田区政协委员、监督小组成员李小新表示。半山公园带建设提升项目是盐田区2020年重点民生实事，但在项目实施过程中，园区配套和管理还存在不完善之处，公共交通的接驳不够顺畅，生态、教育功能未充分凸显。于是，盐田区政协将“半山公园带建设提升项目”作为监督对象，以工程建设单位目标举措、实际进度、建设标准和安全质量等作为具体监督内容，开展3次工程现场视察和3次监督座谈会，提出9条务实管用的建议，主办单位迅速整改落实。项目的高质量推进，为打造深圳东部“城市会客厅”作出了积极贡献。

2021年，盐田外国语小学（海山）综合楼、盐港小学综合楼、梅沙运动中心等多项教育、民生工程启动。项目完工后，盐田区政协组织开展了专题监督性视察活动。委员们发现校内存在缺乏安全警示标志、安全隐患区域的防范措施不足、消防设施没有进行日常维护管理等问题。座谈会上，委员们提出了强化安全保障、用足用好教育设施、维护工程后期质量等建议，督促有关单位逐项解决存在问题。盐田区政协副主席陈红说：“教育民生工程与群众幸福感息息相关，政协委员要积极履行监督职责，提出意见建议，当好区委、区政府和群众之间的连心桥。”

2022年，盐田区将“打造国际船舶燃料加注中心”作为重大战略举措，明确要求在年底前完成保税LNG首单加注。但保税LNG加注试点工作进展较缓慢，加注船、受注船一直未确定，加注监管应急准备工作也因此受到影响。“项目涉及多个职能部门和跨层级协调工作。”项目相关负责人感到压力很大。

盐田区政协针对此项工作，遴选出16名政协委员成立专项监督小组，紧抓部门落实的薄弱点、滞后点，召开“刨根问底”式的专项民主监督协商会，并协调海关、海事、边检优化加注环境，出台便利监管举措，助推盐田港海域国际航行船舶液化天然气首船加注于11月顺利完成，打造国际船舶燃料加注中心实现“开门红”，为赋能大湾区发展、联通世界共享绿色能源注入新活力。

“通过履职实践，我们形成了‘聚焦中心选题、集结资源组队、有序开展活动、推动改善工作’的专项民主监督新模式。”盐田区政协副主席陈伟东表示，将在全面实行精准型监督、有序实施协商式监督、整体贯穿“全链条”监督三个方面下功夫，不断提升专项民主监督的实效性，持续以专项民主监督工作助推盐田高质量发展。

（本文原载于《人民政协报》2023年10月30日第4版）

◎ 宝安区政协

# “提案 + 民主党派”确保履职见成效

文 / 陈梦蝶

“国家实施‘双减’政策后，学校开展了一系列‘课后服务’，丰富了学生的课余生活，但实际操作中效果并不理想。”来自民进宝安基层委员会的宝安区政协委员荆杨在多次调研走访中发现，相较于课堂教学，学校和教师对“课后服务”的准备不足、仓促上阵，随意性较大、效果参差不齐。

宝安区政协高度重视委员意见，组织召开委员座谈会，将规范及优化义务教育阶段学校“课后服务”作为 2022 年度“提案 + 民主党派”工作选题之一，引导民进宝安基层委员会进一步深入调研，提出更具前瞻性、合理性和可行性的提案建议。

党的二十大报告指出，要坚持党的领导、统一战线、协商民主有机结合。近年来，宝安区政协注重发挥民主党派人才汇聚、智力密集的优势，以“提案 + 民主党派”工作为抓手，助力民主党派更好履职。

随后，民进宝安基层委组织了多位关心教育、从事教育的委员进行扎实调研，走访老师、学生、家长 120 人次，召开 5 场座谈，围绕“课后服务”中让教师烦心、家长忧心、学生不开心的痛点问题深入交流。

“‘课后服务’课程设置要增加户外活动时间，增加科技、体艺类课程的占比。”来自宝安中学（集团）的教育界委员张敏建议。最终，民进宝安基层委形成《关于“双减”政策下规范及优化义务教育阶段学校“课后服务”的提案》。该提案被列为 2022 年度宝安区政协重点提案。

提案得到区教育局高度重视。“我们成立了工作专班，认真研究并落实委员的意见建议。”区教育局在区政协重点提案办理汇报会上表示，“我们在全市率先出台课后服务课程指导性文件，建立‘校外培训机构（教师）库’，开展专项督查检查，全区中小学的课后服务质量有了大幅提升。”

“今年，我们学校开展了许多有趣的课外活动，我已经上过跆拳道课和葫芦丝课了，下学期我还想学乒乓球！”钟屋小学的一名小学生说。家长们也表示：“学校现在有质量这么好的‘课后服务’，孩子有了充分的体育锻炼，学习效率高了，我们省心多了。”

随着民进宝安基层委的这件提案落地，宝安的中小学“课后服务”取得了令学生、家长、学校三方都满意的效果。而从提案的选题、调研、论证、撰写到提出、办理、监督等整个环节，正是“提案＋民主党派”工作机制的运转过程。

“我们建立了一套完整的‘提案＋民主党派’工作机制，通过‘主委主抓、选题论证、集体调研、专班撰写、会议审定’确保提案提得好，通过‘自提自督、互相评价’确保提案办得实。”宝安区政协主席姚刚介绍。

“提案＋民主党派”是宝安区政协在之前创新开展“提案＋街道政协委员工作站”“提案＋民主监督”后的又一突破。今后，宝安区政协将持续丰富“提案＋”内容，推动“提案＋”工作更加系统化、更加深入基层、更加富有成效。

（本文原载于《人民政协报》2023年10月30日第4版）

## ◎ 龙华区政协

# 小小工作站搭起“连心桥”

文 / 罗宇玉　孙屿浩

“打造龙华产业科技创新 IP、构建完善的科技成果转移转化体系……”今年 8 月，一场以“用足龙华北站战略基础设施优势，打造深港科技与产业创新高地”为主题的专题协商会，在区政协科学技术界别委员工作站展开。委员们与区科创局、工信局等相关部门聚焦创新链、产业链、资金链、人才链深度融合，提出强化机制、完善配套、科创引领等建议 20 余条。专题协商报告得到区政府主要领导的肯定，并批示专题学习研究。

“界别委员工作站让大家多了一个接地气的履职平台，进一步激发了履职热情。”科学技术界别委员李承亮说。

党的二十大报告提出，“完善协商民主体系”“健全各种制度化协商平台，推进协商民主广泛多层制度化发展”。近年来，龙华区政协在健全各种制度化协商平台，推进协商民主广泛多层制度化发展上持续发力，系统搭建了“1+M+N”委员工作站履职平台，实现了工作站在专门委员会、界别和街道层面的全覆盖，同时，不断建强管好用活委员工作站，将工作站锻造成为协商议事的新平台。

去年，在住龙华区全国、省、市政协委员工作站召开的市政协重点提案联动督办协商座谈会上，委员们与相关职能部门认真逐条研究《关于加快建设龙华对外通道，打造全域型大湾区中轴枢纽城区》提案的办理工作，现场讨论氛围热烈、“金点子”频出。市政协分管负责同志表示，“提案提在了点子上，建议建到了关键处！”该提案是市政协当年重点提案，依托区政协委员工作站联动开展监督性视察和协商座谈会，在多领域、多部门协同发力下，龙华区重大对外通道建设项目得到加速推进。

今年以来，区政协把工作站作为吸纳民意、汇聚民智的重要抓手，创新开展“委员进站轮值班”和“委员接访日”活动，及时听取群众呼声。“通过各层级委员工作站，架起了一座座联系服务群众的‘连心桥’，开辟了服务群众的新阵地，营造了‘协商在一线、委员在身边’的良好效果。”区政协主席熊佩锦表示。

“十分感谢，现在整个园区的员工都拍手叫好！”今年7月，郑福东委员收到了一条来自力合报业大数据中心有限公司工作人员的短信。原来，龙华街道政协委员工作站值班委员郑福东通过亲企驿站——“零”听民音（即零距离倾听民众声音）系列接访活动，了解到清华信息港龙华园区企业员工反映的清祥路路段掉头难、影响通勤效率的问题。郑福东迅速联合陈蓟、钟燕等委员，在深入调研基础上提出开设提前掉头口、安装掉头信号灯等建议，并第一时间协调督促交警大队、街道交安办等相关职能部门完成整改。就这样，委员们线上线下轮值进站，群众反映的“问题清单”都一一转化成了“履职清单”。

“以后这样的活动我一定常来！”市政协委员孙亚华受邀参加了“民·智”委员讲堂，在听完经济界李明委员关于“全方位一体化创新金融”的授课活动后表示。民治街道委员工作站每月定期推出委员讲堂、委员悦读分享会，次次座无虚席。自建站以来，区政协委员工作站举办政协大讲堂、“书香政协·读书沙龙”20余场次，参与委员1500余人次，工作站成为委员们与各族各界群众读书学习、交流沟通的重要平台。

（本文原载于《人民政协报》2023年10月30日第4版）

◎ 坪山区政协

# “商量坪常事” 飞入百姓家

文/张　旋

“到一线去、到基层去，面对面倾听群众心声，实打实解决民生问题，为高质量发展汇智聚力。”近年来，坪山区政协深入贯彻习近平总书记关于加强和改进人民政协工作的重要思想，充分发挥有事多商量、遇事多商量、做事多商量的政协优势，创新打造“商量坪常事”协商品牌，将“人民要解决的问题”列为商量主题，构建与市政协“身边事好商量”衔接、与全区 6 个街道联动、与若干个基层单位互动的“1+6+N”协商格局，组织群众代表与委员、专家、部门互动交流，讲问题、谈看法、提建议，实现“提出议题—商量沟通—增进共识—解决落实”的协商闭环，让协商飞入“坪”常百姓家。

坪山区沙湖路位于碧岭街道沙湖社区，是周边群众出行的必经之路，存在路面破损、积水、盲区多、违停乱靠等问题。2022 年 6 月，坪山区政协以“加快推进坪山区沙湖路市政工程建设”为主题，举办首场“商量坪常事”活动，政协委员、社区居民代表聚焦两年来关于沙湖路问题的 221 宗群众诉求开展视察调研、建言献策，区发展改革、交轨等部门现场回应、达成共识，促成道路维护工程加快立项、尽快施工。“商量坪常事”的立商立行、立促立改，化解了影响居民出行的掣肘问题，得到基层群众的点赞。

坪山区图书馆与各中小学根据全区阅读资源情况，联合提出重点提案《关于在坪山区推动公共图书馆与中小学图书馆共建共享的建议》。为推动提案建议更好转化，坪山区政协将提案转化为“推动馆校共建实现文教融合发展”商量议题，举办深圳市、坪山区政协“身边事好商量”之“商量坪常事”

联动品牌协商活动，有效整合各方资源，开放共享坪山科源实验学校等 5 所学校图书馆，累计节省基层图书馆建设资金逾 2 亿元，服务学生、市民超 3 万人次，图书流通率、利用率大幅提升，经验做法获中国图书馆学会第二届阅读推广标准与评价学术研讨会高度评价。

去年 10 月，深圳技术大学附属中学向区政协反映，该校及周边学校上学放学高峰期人流车流拥堵较为严重，接驳地铁站公交运力可能出现不足，师生通勤“最后一公里”还未完全打通。为此，坪山区政协以“畅通上学路，一起来商量”为主题，举办“商量坪常事”活动，把政协议事会场搬进校园，邀请交通、交轨、交警、教育等职能部门现场调研、现场协商，让共识在一线形成、问题在一线解决，推动开通学校至地铁站接驳巴士专线、优化学校附近道路红绿灯设置、改善学校周边交通设施等措施落地落实。深技大附中等 3 所学校数千名师生出行“坪常事”得到有效解决。

“基层发展有什么瓶颈、政策落实有什么问题、群众生活有什么困难尽管提出来，我们一起来想办法，凝心聚力破解难题。”坪山区政协主要负责同志表示，解决基层民生问题，就是“商量坪常事”的出发点和落脚点。去年以来，坪山区政协班子成员和政协委员以“商量坪常事”为依托，集体下沉一线，听取基层诉求，协商解决措施，持续跟踪问效，累计调研走访企业、社区、行业协会商会 215 家，集中开展协商座谈 65 场次，推动解决基层问题 86 项，得到党委政府和辖区群众的高度评价，充分展现人民政协为人民的履职风采。

（本文原载于《人民政协报》2023 年 10 月 30 日第 4 版）

# | 武汉市政协 |
# 在建设“先行区”中奋力作为贡献力量

文/叶　秋　毛丽萍

今年，是全面贯彻落实党的二十大精神的开局之年，是湖北加快建设全国构建新发展格局先行区的关键之年。武汉市作为超大城市、湖北主引擎、英雄城市，始终牢记习近平总书记殷殷嘱托，勇担使命重任，奋力在加快建设“先行区”中当先锋打头阵担当主力军。

新一届武汉市政协坚持以习近平新时代中国特色社会主义思想为指导，全面贯彻落实党的二十大和中央政协工作会议精神，牢牢把握团结和民主两大主题，充分发挥专门协商机构作用，为武汉在湖北建设全国构建新发展格局先行区中当先锋打头阵担当主力军，加快打造新时代英雄城市，奋力谱写全面建设社会主义现代化国家武汉篇章实践中，彰显政协之为、贡献政协之力。

## 把握政协政治定位　坚持正确履职方向

“人民政协是政治组织，政治属性是第一属性，必须要旗帜鲜明讲政治。”在十四届武汉市政协第一次党组会议上，市政协党组书记、主席杨智作出明确要求，人民政协始终把政治建设摆在首位，坚持人民政协为人民的根本政治立场，深刻领悟“两个确立”的决定性意义，增强“四个意识”、坚定“四个自信”、做到“两个维护”，不断提高政治判断力、政治领悟力、政治执行力，始终在思想上政治上行动上同以习近平同志为核心的党中央保持高度一致。

铸牢政治忠诚，坚持“思想引领、学习为先”机制。今年以来，市政协按照党中央和省委、市委的部署要求，部署5个方面12项具体工作，在此基础上，制定党组主题教育实施方案，把“学思想、强党性、重实践、建新功”总体要求贯穿主题教育全过程，认真查摆6个方面突出问题，推动理论学习、调查研究、推动发展、检视整改贯通起来，有机融合、一体推进。以主题教育专题读书班，组织政协委员和机关干部开展集体诵读党的二十大报告和党章活动，读原著、学原文、悟原理。同时将主题教育与委员读书相结合，开展各类读书活动50余次，举办全市政协“学习新思想 奋进新征程”演讲比赛。组织委员们深入楼宇工厂、乡村社区宣传宣讲，创新开展党的二十大精神进宗教场所巡回宣讲系列活动，切实把党的二十大精神在全市民族宗教领域宣传到、宣传好。

加强党的领导，学用结合推动学深悟透。充分发挥党组把方向、管大局、保落实的重要作用，建立以市政协党组理论学习中心组学习会为引领，形成主席会议、常委会会议和专委会会议专题学，委员集中学习培训，机关党支部常态学等相配套的学习制度体系，把学深悟透习近平新时代中国特色社会主义思想作为正确履行职能、充分发挥作用的前提和基础，坚持学习与履职有机结合。习近平总书记在武汉考察强调要实现科技自立自强，今年市政协将“大力发展创新型产业集群，推动武汉科教优势转化为创新发展优势”作为1号建议案，由市委书记领衔督办。习近平总书记反复强调，要共抓长江大保护、不搞大开发，市政协组织各民主党派、工商联和农业农村界别共组成10个民主监督小组，围绕“长江高水平保护十大攻坚提升行动”深入开展专项民主监督。习近平总书记要求武汉要“积极探索超大城市现代化治理的新路子”，今年市政协将“加强社区治理，共同缔造美好环境创造幸福生活”作为建议案，积极融入服务基层社会治理。

### 紧扣中心建言资政　履职为民回应关切

近年来，市政协紧扣党中央决策部署和省市中心工作，围绕经济高质量发展、全面改革开放、提升城市功能品质、解决民生热点问题等，通过专题议政性常委会会议、议政性主席会议、各类专题协商监督会议等平台建言资政。

聚焦“十四五”规划编制和实施，市政协开展专题调研、专项视察、网络议政等20余次履职活动，并召开专题协商会议集中建言，一批建设性意见被吸收采纳。紧盯创新驱动发展中的重点问题，就建设国家科技创新中心、打造网络安全人才与创新基地、推进高新技术成果转化等建言献策。围绕构建现代产业体系，就加快5G等新基建建设、数字经济高质量发展、量子科技产业发展、新能源汽车产业发展、大健康产业发展等议题，开展系列履职活动，为培育形成更多新的经济增长点献计献策。着眼提升城市开放水平，就推进湖北自贸区武汉片区建设、建设国家服务贸易试点城市等提出建议，得到党委、政府的高度重视，有效地吸收和运用到实际工作中。

人民对美好生活的向往就是履职工作的出发点和落脚点。杨智等市政协班子成员牵头“领题”、带队“破题”，深入基层、深入一线，了解社情民意，倾听基层呼声，为推动经济社会和民生发展把脉开方、建言献策。为助力民生保障和改善，十四届市政协以来，市政协围绕就业、医疗、教育、养老、交通等问题，开展了百余次调研视察、协商监督等履职活动，提出意见建议千余条。在持续推动老旧小区改造这项重大民生工程、发展工程、基层社会治理工程上有力践行协商于民、议政为民。2021年，市政协将“老旧小区改造”列为2号建议案全面助推。2022年将“老旧小区改造”作为市、区政协“一线协商·共同缔造”行动共性协商议题和“下基层、察民情、解民忧、暖民心”实践活动的重要内容，持续发力。2023年开展“推进老旧小区加装电梯”视察监督，在全国政协双周协商座谈会上提出“加强社区适老化改造，打造社区居家养老服务新格局”的建议，为提升群众获得感幸福感安全感用情用力、履职尽责。

## 广泛协商团结引领　凝聚人心汇聚力量

武汉市政协把凝聚共识融入履职全过程各方面，切实提升了“引”的本领，丰富了“聚”的手段，做好“融”的文章。

市政协深入贯彻落实《中国共产党统一战线工作条例》，坚持和完善主席会议成员联系走访民主党派、工商联制度，听取对政协工作意见建议；坚持与党派团体开展联合调研、联合视察等活动，积极为党派团体在政协履职创造良好条件；扎实推进政协专委会与各民主党派界别、工商联界别的团结协作，为发挥党派特色和界别优势创造良好条件。密切与党外高级知识分子、“两新”组织代表人士等的联系，不断扩大团结面。连续多年举办武汉各界人士中秋联谊会，邀请社会各界代表人士共襄发展、凝聚共识。

认真贯彻落实党的民族宗教政策，组织民族宗教界人士学习宣传贯彻党的二十大精神，鼓励和支持民族宗教界人士为改革发展稳定献计出力，就少数民族聚居点的发展、打造爱国主义教育基地宗教活动场所等问题开展调研视察，组织社会各界爱心人士与在汉少数民族中学生开展结亲结对活动，帮扶少数民族企业健康发展，促进民族和睦、宗教和顺、社会和谐。

组织港澳委员深入学习贯彻党的二十大精神，组织召开港澳地区武汉市政协委员学习习近平总书记重要讲话精神暨政情通报会、开展国情教育学习考察活动，委员们通过多种形式在港澳居民中开展宣传宣讲，为港澳委员发挥双重积极作用创造条件。

### 强基固本守正创新　履职水平提质增效

网络议政、远程协商、协商在一线、手机“微协商”小程序，面向界别群众征集议题建议，界别协商、提案办理协商、对口协商活动启动前开展“预调研”，专题协商会前组织集中视察环节……这些创新让专门协商机构“专”的特色更有生命力、成效更加显著，不断推动政协工作提质增效。

市政协深入开展“下基层、察民情、解民忧、暖民心”实践活动，积极推动政协工作重心下移、协商触角向下延伸，在全市 160 个街道（乡镇）全部建立委员协商议事之家，建成 233 个社区（村庄）、行业协会等协商议事平台，100 余个委员工作室。市、区 3718 名政协委员下街道（乡镇）、社区，深入基层联系群众，常态化开展协商议事活动，推动政协协商融入基层治理，更接地气、贴民心，督促解决了一大批群众急难愁盼问题，体现出政协的担当作为。

在深入总结“协商在一线”经验做法基础上，市政协积极推进“一线协商·共同缔造”行动，紧紧围绕“决策共谋、发展共建、建设共管、效果共评、成果共享”目标，努力推进政协协商向基层延伸、向一线延伸、向网络延伸，畅通群众有序政治参与渠道，2023年上半年全市各一线协商平台开展协商议事活动270多场次，促进300余个群众身边事得到较好解决，凝聚美好环境和幸福生活共同缔造的广泛共识。

以贯彻落实党的二十大精神为切入点，积极推进人民政协制度机制建设。重点围绕推进解决基层政协“两个薄弱”问题深入调研，广泛听取各区政协意见建议，协助市委研究起草了《加强和改进新时代市区政协工作的具体举措》。依托政协智库，组织委员、专家开展完善民主监督制度机制、完善政协委员联系界别群众制度机制等课题研究，为政协履职提供制度保障。

行程万里，不忘初心。新时代新征程，武汉市政协始终坚持以习近平新时代中国特色社会主义思想为指导，聚焦党政中心所需，群众生活所盼，充分发挥专门协商机构作用，不折不扣推动党的二十大和中央政协工作会议精神在武汉落地见效。

（本文原载于《人民政协报》2023年11月6日第1版）

◎ 江岸区政协

# 在助推区域发展中展现政协之力

文／祝天坤

武汉市江岸区政协认真贯彻落实新发展理念，把推动区域高质量发展作为履职的优先事项和着力重点，通过积极开展“一线协商·共同缔造”行动，以协商促招商、以监督促营商、以担当促留商。

以协商促招商。区政协把“促进全区招商引资工作”纳入政协常委会会议协商议题，推动全区招商工作机制不断完善、招商方式方法持续创新。指导楼宇集中的永清街道和台北街道把委员协商议事平台建到招商的最前沿、楼宇的正中间，开展以“献计招商，共促发展”为主题的“一线协商·共同缔造”行动，引导委员当好辖区招商引资的“信息员”和“宣传员”。新村街道围绕辖区重大项目建设，多次邀请委员和相关部门齐聚“共议新貌协商厅”，商讨推进方案，确保项目平稳施工。

以监督促营商。今年5月，区政协围绕“优化营商环境，壮大经营主体”开展专题协商，相关部门吸纳意见建议，出台《江岸区以控制成本为核心优化营商环境若干措施》，推动全区营商环境再优化、再提升、再突破。区政协还把优化营商环境作为“一线协商·共同缔造”行动共性指导议题，鼓励各协商平台通过协商监督，积极建言献策。大智街道联络委举办了“大智汇”系列活动之政银企联谊活动，搭建政银企横向与纵向的桥梁，促进政企之间、企业之间的互动交流，现场有5家企业就新公司注册、办公地址迁转、贷款融资、业务合作等问题达成意向协议，有2家企业就政府采购等问题与相关职能局进行沟通对接。

以担当促留商。区政协在助力发展中既当建言者也当实践者。2021年，央企三峡集团总部搬迁到武汉市江岸区，为做好后续服务，江岸区专门成立了服务三峡集团办公室，并由区政协主要领导担任负责人，综合协调各部门各单位全力做好办公住房、土地供应、医疗医保、子女上学等各项服务保障工作，得到三峡集团致函感谢，也吸引多家“三峡系”子公司安心落户江岸。围绕促进江岸数字经济发展，区政协党组班子大兴调查研究，通过深刻分析全区数字经济发展中存在的困难问题，全面梳理江岸数字经济发展的产业优势，就加快数字经济关键领域发展提出意见建议，在《江岸区突破性发展数字经济实施方案》和《江岸区支持数字经济加快发展政策措施》等文件中得到体现。

如何引导协商平台更好聚焦发展议题、提升委员参与协商的积极性？区政协积极加强对街道界别协商平台建设工作的指导，更好体现街道特点，界别特色；加强共性协商议题推荐，引导协商活动向中心大局聚焦；出台《政协江岸区委员会委员履职考评办法》，把委员参与一线协商情况作为委员作业重要内容，委员考评的重要事项，评选优秀政协委员的重要依据，激发委员履职的内生动力。今年以来，区政协各类协商平台开展协商活动90余次，推动解决发展问题60余个，为江岸打造新时代英雄城市示范引领区贡献了政协之力，展现了协商之美。

（本文原载于《人民政协报》2023年11月6日第4版）

◎ 武昌区政协

# 书香聚共识 “悦”读促履职

文／张晟蕾

武昌区政协把读书作为委员“基本功”和履职“必修课”，精心打造委员读书“月悦读”品牌，把读书贯穿履职全过程。着力构建“政协引导委员读书、委员带动群众读书”的良好氛围，扩大读书效应、广泛凝聚共识，以“书香政协”助推“书香武昌”建设。

以读书促凝聚共识，共绘最大“同心圆”。武昌区政协将读书作为团结群众、汇聚力量的重要抓手，线上19个读书群定期推荐书目、推送读书音频、分享读书心得400余次，为委员打造“不落幕”的学习平台；线下19个委员“悦读空间”常态开展读书讲座、征文朗诵、唱诗书法40余次；围绕学习宣传贯彻党的二十大精神，组织开展“立足统战百年 共话初心使命”“侨海一家亲 书香聚共识”等专题读书成果展演活动13场，打造“沉浸式”“互动式”“体验式”读书活动，吸引带动超过2万人次读书，委员读书活动“外溢”效应明显。

以读书促调查研究，夯实履职根基。武昌区政协坚持将读书与调研有机结合，围绕全区重点工作，积极为委员链书、荐书、赠书。聚焦碳金融、武昌古城品牌打造等重点调研课题，链接省图书馆“长江讲坛”、经心书院读书会等平台资源，精选《习近平谈治国理政》《碳达峰碳中和的中国之道》等100余本推荐书目，向委员赠阅《武昌历史文化丛书》《城象》等书籍1.3万余册，涵盖政治理论、经济科技、人文社科类，为委员读书学习、案头调研提供一站式、移动化服务和数字化、网络化支撑，力求把读书收获转化为做好调研工作的过硬本领。

以读书促协商建言，助推高质量发展。“委员一定要基于读书活动，把握时代脉搏，普及民生文化，发出委员声音。”武昌区政协主席王兴文反复向委员传达“读书＋履职”的重要性。区政协结合专题协商、议政性常委会会议协商等履职活动，专题开展读书交流活动，引导委员把读书收获转化为协商建言的“金点子”。在“突破性发展碳金融产业，打造武昌现代‘金融之城’硬核”协商活动前，邀请专家开展“碳交易与碳金融”武昌政协大讲堂，推荐委员阅读《碳达峰、碳中和100问》《中国碳排放权交易市场》等书目，委员先后阅读有关文件和书籍达20万字，提出12条“碳建议”全部被区委区政府采纳，彰显了“读书＋履职”深度融合、相互赋能的良好效应。

以读书促参政议政，关注改善民生。武昌区政协组织委员深度参与打卡红色书屋、关爱武昌学子等“书香武昌”系列活动，以读书提升提案、社情民意信息质量。委员聚焦全区中心大局、群众急难愁盼提出提案原案234件，开展“双减”政策落实、生态文明建设等专项民主监督活动，提案面复率100%，委员满意率达94.5%。激励委员用好社情民意“直通车”，提交“北斗产业发展”“提升养老服务质量”等社情民意90余篇，助推解决企业、群众身边事烦心事，协助区委区政府科学决策、民主决策。

（本文原载于《人民政协报》2023年11月6日第4版）

◎ 青山区政协

# “青山同心”绘就基层治理“同心圆”

文／杨　兰

6月15日，武汉市青山区政协新沟桥街道联络委组织委员实地调研光明社区健吾公馆小区，与职能部门、社区、物业公司、居民代表等一起协商讨论，就老旧小区改造工作方案达成共识。这场活动的缘起，来自区政协创建“青山同心·有事好商量”品牌的初衷——绘就基层治理“同心圆”。

2018年4月26日上午，习近平总书记在青山区青和居社区考察时指出，要改革创新基层治理，提高治理能力，更好服务人民群众。如何改革创新？如何服务群众？如何发挥政协作用？区政协给出的答案是运用共同缔造理念，将“一线协商”与青山基层社会治理创新经验深度融合，从强化党建引领、深化平台建设、联系服务群众、促进成果转化、加强履职考评等方面探索形成“五大工作机制”，促进政协协商与基层协商相互促进、双向赋能。在全区10个街道、119个社区（村），全覆盖布局“青山同心·有事好商量”平台，将233名市区政协委员全员编入街道联络委，成立街道联络委功能型党支部，由区政协党组派驻第一书记，实现政协党的组织和党的工作“两个全覆盖”。

加强思想政治引领、广泛凝聚共识，是“青山同心·有事好商量”的首要任务。在工作推进会上，区政协主席杨新向各平台召集人布置了“第一道作业”：结合“书香政协—香溢钢城”委员读书活动内容开展凝聚共识活动。

4月19日，黄荷婷委员工作室组织政协委员和所联系的科技型中小企业代表齐聚一堂，深入学习习近平总书记关于民营经济的重要论述。“通过我们宣传政策、解疑释惑，可以提振民营企业家信心，更好地发展自身、服务社会。”黄荷婷委员说。

聚焦群众急难愁盼问题搭建协商平台凝聚共识，是“青山同心·有事好商量”的重要功能。针对“青山三宝”特色农产品品质和销售问题，李军委员工作室把“会场”搬到田间地头，请职能部门讲政策、一线专家出主意、政协委员提建议，打出一套政策解读与协商建言“组合拳”，助力农民增收和乡村振兴。

在实践中，区政协注重引导群众广泛参与共同缔造，形成基层治理合力。燃气管道老化关系群众生命财产安全，冶金街道联络委通过“青山同心·有事好商量”平台组织广泛宣传、联合执法、协商议事等活动，发动辖区商户和居民积极参与，短短3个多月时间，燃气管道老化更新改造率达到76%，进度排名全区第一。

创建有章法，活动有规范。除了加强机制保障，区政协在优化服务指导上下足功夫：将“青山同心·有事好商量”建设纳入党组会议和主席会议重要议事日程；主席会议成员分片包街指导，并定期参加活动；各专委会做好分工联系，具体指导工作开展；委员工作委员会负责“青山同心·有事好商量”创建工作统筹协调；办公室做好服务保障。

“下一步，区政协将把‘青山同心·有事好商量’作为履职工作的抓手、联系群众的渠道、开展活动的平台，通过全覆盖建设、全链条协调、全过程联系、全方位凝聚，让建设现代化青山绿水红钢城的共识像层层涟漪一样荡漾开去。”杨新表示。

（本文原载于《人民政协报》2023年11月6日第4版）

◎ 江夏区政协

# “小提案”托起“大民生”

文／曹　柳

“60 岁以上的老人吃顿饭只需要 10 元。行动不便的还可以提供上门服务，这真是适合我们老年人的食堂。”在武汉市江夏区纸坊街道幸福食堂里，前来就餐的老年人笑容满面，对家门口的老年食堂赞不绝口。

幸福食堂里老人们其乐融融、静享“食”光的画面，正是江夏区大力推进养老服务体系建设的一个缩影。截至 2022 年底，江夏区 60 岁以上户籍老年人有 10 万余人，占全区现有户籍总人口的 16.3%。老人们的养老问题，一直是委员们关心挂念的问题。在区政协六届二次全会期间，7 名委员提交了针对江夏区养老服务体系建设的提案。立案后，由区民政局等部门承办。

在多次开展面对面协商后，10 月下旬，区政协主席会议成员再次带领委员到民政局调研提案办理情况。据了解，2023 年全区新建了 32 个老年人互助养老服务点、4 个社区幸福食堂、50 户家庭养老床位，对 230 户特殊困难老年人家庭进行适老化改造，社区养老服务设施和农村养老服务设施基本实现全覆盖，“以居家为基础、社区为依托、机构为补充、医养相结合”的养老服务体系初步形成，全区老年人获得感、幸福感和安全感显著提升。

今年以来，区政协将提案工作作为履职为民的重要载体，以民生类提案为切口，以协商式监督为抓手，坚持办前面对面协商计划、办中面对面协商推进、办后面对面协商反馈，通过三方联动督办、领导领衔督办、融合监督督办等形式，先后组织开展 28 次专题协商会、督办会，构建了多层次、全方位的协商式办理格局，通过有效办理“小提案”，切实推动改善了“大民生”。

随着江夏经济社会的发展，江夏纸坊城区建设不断向东北部延伸，入住人口也不断增加，但现有的公交线路在数量和频率配置上都无法满足居民的出行需求。在深入调研后，王超等委员提出了《关于纸坊城区东北延伸段公共交通的问题和建议》，希望能优化调整东北延伸段的2条公交线路。通过多方努力，现有的J3和J6路公交进行了延伸调整，部分新建小区门口多了站点，新老城区交通得到有效衔接。

“大桥园区周边群众出行也有困难，能否在调整公交线路时一并优化？”7月中旬，在提案办理反馈会上，一名委员再次提出建议，区交通运输局给予采纳。截至目前，以提案办理为契机，全区新增了2条公交线路，优化调整了9条公交线路，大大方便了群众的出行。

“六届区政协以来，共推动办结民生类提案278件，涵盖了事关群众切身利益的教育、医疗、交通、就业等多个方面内容。下一步，我们将继续抓好民生类提案的‘提、立、交、办、督、评’环节，探索完善提案监督与纪委监委专责监督相融合的工作机制，真正为群众办实事、办好事。”区政协主席魏雄伟表示。

（本文原载于《人民政协报》2023年11月6日第4版）

◎ 黄陂区政协

# 提案办理掷地有声　惠民促旅步步为营

文 / 孙世伟

“金秋时节桂花香，庆丰收节来演唱，党的政策真英明，各族人民一条心，撸起袖子加油干，哟！哟嚯嘿嚯嘿，歪歪儿哟呀嚯嘿！”今年国庆期间，武汉市黄陂区祁家湾街双孙湾锣镲铿锵、歌声绕梁，村民们用传统曲艺的形式，讴歌美好环境和幸福生活。

“现在村湾环境一步一步地变美了，乡亲邻里关系融洽和谐，大家的生活越来越好，我越唱越有劲！”村民孙世水眼神里充满着自信、满足和幸福的光。

黄陂是武汉文化大区，也是旅游发展强区，拥有盘龙城文化、木兰文化、二程文化、黎黄陂文化和红色文化五大文化名片，更有九佬十八匠等丰富的民俗文化积淀。区政协践行“以文促旅，以旅彰文”理念，以保护好、利用好、宣传好黄陂优秀民俗文化资源为准则，引导委员酝酿出一批保护和传承民俗文化的提案，力求用提案的力量，促进乡风文明建设，加速文旅融合与乡村振兴双向奔赴的互动反应过程。

如何从文化产业角度、经济功能上带动村民共同富裕？又怎样利用良好的乡风乡俗为自治、德治添码加力？区政协提案审查委员会认为：“千村千面”的独特民俗文化风采再现，是解决黄陂旅游业“同质化发展”和促进群众参与乡村共治的关键点，要让淳朴厚重的乡风民俗成为乡村振兴的软实力。立案立出“温度”，针对近几年出现频率颇高比如“保护乡土文化，留住美丽乡愁”等提案，区政协积极回应，作为重点提案进行重点督办，充分发挥出提案工作“察民情民意，解民忧民盼”的功能作用。

“黄陂区祁家湾街前进村双孙湾由于人口、户数规模较小面临拆并，但是其民俗文化有着多融合、多元化特点，建议保护双孙湾民俗文化传承。”区政协迅速组织开展提案交办“前期”协商调研工作，协调祁家湾街、区档案局、区文旅局等单位，实地观看村民们即兴表演民俗曲目，感受原汁原味的元宵节民俗文化氛围，就如何继承和发展民俗文化遗产、创建民俗文化村提出真知灼见，双孙湾创建民俗文化村之路从此走上快车道。

坚持聚焦重点提案办理，深入开展“提案＋专题调研”“提案＋民主监督”“提案＋共同缔造”等“提案＋”系列追踪协商行动，提案办理成色不断提升。将双孙湾列为“武汉市美丽乡村示范村三年行动建设项目”，添置龙灯、音响设备、服装道具等用品，搭建演出舞台，联系专业老师指导节目排练，组织民俗文化小组赴木兰水镇4A级景区演好一台戏。邀请市区书法、绘画界艺术名家界别委员前来挥毫泼墨，如今的双孙湾民宅变别墅，陋巷变新街，碧水绕全村，绿树衬红瓦，墙上有壁画，廊沿展书法，呈现出一派新时代新农村的风华美景。

村党支部书记李自然感慨道：“感谢党和政府支持，感谢区政协凝聚共识、汇聚合力，让民俗文化功能充分发挥，让我们的人居环境、精神面貌都有了很大的提升。”

（本文原载于《人民政协报》2023年11月6日第4版）

# |长春市政协|
# 主动谋事　倾力干事　协力成事

文／张泗国　柏　林　乔政恺　高　峰

党的二十大报告提出推动东北全面振兴取得新突破，为新时代东北全面振兴指明了方向，提供了遵循。习近平总书记在新时代推动东北全面振兴座谈会上的重要讲话，为新时代推动东北全面振兴擘画了新蓝图。长春市委以“实现全面振兴新突破”这一奋斗目标统一思想、统一意志、统一行动，向每一个长春人发出动员令。这是贯彻落实习近平总书记重要讲话重要指示精神的核心要义，也是全体长春人民的集体意志，更是长春市政协凝聚共识、勠力奋发的具体行动。

## 锚定“全面振兴”目标　积极献计出力

“我们要牢记总书记视察吉林时的殷殷嘱托和在新时代推动东北全面振兴座谈会上的重要讲话精神，全面贯彻党的二十大精神，落实好市委全面振兴新突破任务，助力打好振兴突破攻坚战。”长春市政协主席高志国表示，要将习近平总书记重要讲话重要指示精神转化为推动振兴发展新突破的奋斗之心和拼搏之志，按照市委提出的“长春振兴突破三年行动”目标，引领“两支队伍”，坚决扛起政协担当，努力交出不负人民、不负时代的新答卷。

今年年初以来，长春市政协积极发挥专门协商机构作用，围绕长春发展急点难点堵点痛点，先后召开专题议政性常委会会议 2 次，专题协商会议 4 次，协商座谈会 2 次，组织专题调研、监督性视察、跟踪视察、专题视察 19 次，督办重点提案 5 次，举行现场协商、会见对接、考察项目、视察包保重大项目重点企业等活动68次。形成了一批高质量的调研成果,《关于“加强对外合作 推动长春冰雪装备制造业发展”》《关于助推创建“全国民族团结进步示范市”的建议》等建议案、政协专报、调研报告、社情民意信息得到市委、市政府主要领导批示。

围绕决战决胜一季度“开门红”,长春市政协组织市县企业家委员开展“拼经济、促增长、委员在行动”活动,召开了市、县(市)区两级政协经济委工作交流会,调度委员企业214户,实现了重点委员企业走访全覆盖。发出了“致全市企业家委员的一封信”,号召广大企业家委员坚定信心谋发展、坚持不懈抓创新、坚韧不拔创环境、坚定不移做表率,为长春市一季度“开门红”起到了推动作用。

高标准承办了全国部分城市政协提案工作研讨会,围绕“践行习近平新时代中国特色社会主义思想,以高质量提案助推经济社会高质量发展”,总结交流提案工作经验,深入研讨新思路新举措,进一步推进提案工作高质量发展。

积极引导和支持港澳委员发挥“双重积极作用”。高志国带队赴深圳,为“港澳汇·长春市政协香港委员大湾区工作联络处”揭牌,组织召开长春市政协历届港澳委员联谊会成立十周年大会暨市情通报会。邀请市政协澳门委员、澳门青年企业家考察团来长考察交流,组织召开了长春—澳门经贸与文化交流合作对接洽谈会。

建设一批兼具网红打卡地、读书阅览地、社会组织交流地功能的公益性“星梦城市书房”,积极探索推进文旅商一体化发展,为提高文化素养、促进社会和谐、有效沟通交流、协商凝聚共识提供服务。与吉林省政协共同主办的“投石问道、投石闻声、投石铺路——中国工艺美术大师彭祖述松花石百砚展”在中国美术馆成功举办,先后有近十万人次前往观展。

合理有序组织实施委员培训管理工作,组织296名委员和机关干部分别到全国政协第165期地方政协委员(干部)培训班、吉林杨靖宇干部学院、长春市委党校进行履职能力培训。选派市政协委员参加市委、市政府各部门组织的座谈会、协商会、听证会等活动,200余名委员参加市公安局警营开放日活动，组织开展小组活动30余次。提升了委员履职尽责的素质和本领、密切了委员与人民群众的联系。

## 全面构建履职体系　提高履职水平

长春市政协聚焦“全面振兴新突破”目标，坚持建言资政和凝聚共识双向发力，积极构建“五个六”履职体系，更好地加强思想政治引领，释放专门协商机构潜能，深化履职平台建设，强化委员责任担当，推动政协各项工作提质增效。

紧跟“党心所向”，以“六个始终坚持”坚定履职方向。长春市政协坚持不懈用习近平新时代中国特色社会主义思想凝心铸魂，深刻领悟“两个确立”的决定性意义，做到“两个维护”。自觉做到始终坚持党的领导，体现政协的政治性；始终坚持服务中心大局，体现政协的建设性；始终坚持人民至上，体现政协的人民性；始终坚持协商议政，体现政协的专门性；始终坚持凝聚共识，体现政协的统战性；始终坚持自律自强，体现政协的纪律性。8月，长春市政协召开党风廉政建设工作会议，努力提高市政协党的建设和党风廉政建设水平，为高质量履职提供坚强保障。

紧盯“优势所在”，以“六个议事智库”夯实履职力量。长春市政协以“政协之友”为总议事智库，建立“人民政协理论研究会、产业促进会、城市文化促进会、乡村振兴顾问团、企业家联谊会、港澳委员联谊会”六个子智库，以这些智囊团为智力支撑，努力为党委、政府提供高质量的专业知识和强有力的技术支持，提高深度协商互动、广泛凝聚共识水平。市政协常委李玉院士提出的《关于共建“北繁硅谷”的建议》分别得到吉林省政协主要领导、长春市委主要领导批示。

紧抓“职责所系”，以“六个协商平台”拓宽履职渠道。党的二十大报告指出，要完善协商民主体系，健全各种制度化协商平台，推进协商民主广泛多层制度化发展。长春市政协以“定期协商会”为总协商平台，建立“民生议政厅、民主恳谈会、民企座谈会、民智交流会、民意回音壁、委员工作室”六个子协商平台，不断丰富履职载体，拓宽履职渠道，助力解决企业和群众急难愁盼问题。

紧扣“自身所长”，以“六个协商品牌”凸显履职特色。长春市政协认真贯彻落实习近平总书记关于“有事好商量、众人的事情由众人商量”的重要指示精神，着力以“长商量、吉共识”为总协商品牌，打造经济工作“肩并肩”、凝聚团结“心连心”、港澳台侨“手拉手”、文法惠民“面对面”、提案工作“金点子”、社情民意“直通车”六个子品牌，以品牌引领和年终评比，激发委员履职活力和动力，提高委员履职能力和水平。

紧贴“发展所需”，以“六个研究课题”彰显履职能力。长春市政协在有序推进年度协商计划和经常性工作的基础上，结合开展学习贯彻习近平新时代中国特色社会主义思想主题教育及长春全面振兴新突破三年攻坚行动，确立“做好新时代人民政协工作研究、生物医药和生命健康产业发展、公园城市建设、高水平对内对外开放、城市书房建设、农文旅一体化发展”六个研究课题，高志国领题开展“关于推进长春市高水平开放研究”，赴深圳、珠海等前沿城市实地考察。领导班子成员带队深入基层单位和域内外调研70余次，通过调研发现问题36个，提出对策措施73条。

## 推动新质生产力　增强发展新动能

生物医药和生命健康是长春重点发展的战略性新兴产业，是长春加快形成新质生产力、增强发展新动能的重要着力点。为把握发展机遇，抓牢全市振兴突破新的增长极，长春市政协将生物医药和生命健康产业高质量发展作为主题教育六大研究课题之一，深入调查研究，先后走访调研西诺、中科等生物医药企业，进行深度研究和科学论证，撰写大健康产业发展调研报告。研究成果得到市委、市政府高度重视，转化为《长春市生物医药和生命健康产业三年快速突破行动计划》和《长春市支持生物医药和生命健康产业三年快速突破行动计划的若干措施》。

6月28日，长春市委、市政府制定印发《市级领导包保重点产业链和保障链工作方案》，明确由市政协主要领导负责包保医药健康产业链，助力抓好全市生物医药和生命健康产业三年快速突破。为全力完成包保工作任务，长春市政协迅速响应，主动作为，第一时间成立工作专班，多次会同市委、市政府相关部门谋划产业发展顶层设计，组织召开产业领导小组办公室会议，确定围绕“一核一心三极多园”发展布局，加快创建“长春永春现代国际生物医药城”品牌，全力打造国内一流、国际知名、特色鲜明的千亿级战略性新兴产业集群。聚焦生物药、化学药、中药、医疗器械、医疗健康服务、医药流通、医美、生命健康等八大重点工程，建立生物医药和生命健康产业发展体系，奋力在老赛道跑出新速度，新赛道跑出加速度。

市政协多次召开生物医药和生命健康产业发展座谈会，组织委员、专家、企业家共商发展大计，共谋发展良策，汇聚产业发展强大合力。努力搭建好政企协商桥梁纽带，多次会同相关部门，调研圣博玛、金赛、迪瑞等医药龙头企业重大项目，倾听企业声音和诉求、协调解决企业困难，助力企业做大做强。积极助推产学研协同发展，会同市科技局、市工信局和长春新区、中韩示范区，先后赴中国科学院长春应化所、长春中医药大学、长春理工大学等高校院所，就助推医药健康产业科技成果转化、产学研共建项目落地开展调研对接。

近日，为助推长春生物医药和生命健康产业项目合作，壮大新质生产力，在长春市委的组织安排下，高志国率队赴上海、北京开展精准对接招商活动。与上海 8 家知名医药企业负责同志就产业发展、赴长春投资兴业等问题座谈交流，介绍赴长春投资创业的支持政策、支持产业发展的若干措施、产学研协同发展和政府科技创新基金运行情况，推动上海企业家参与长春建设，扎根长春创业。深入上海张江药谷公共服务平台、西门子医疗上海创新中心和上海复星医药（集团）股份有限公司等医药企业，就科技研发、成果转化等问题与企业负责人进行了交流，共创合作机遇。高志国还率队赴清华大学开展了生物医药领域对接交流活动，推进双方合作向前端进行探索。

主动谋事、倾力干事、协力成事，长春市政协“两支队伍”同心同向同频同力，牢记“国之大者”“民之关切”、聚焦“党之所向”“政之当为”，以时时放心不下的责任感、时不我待的使命感，时不再来的紧迫感，锚定“全面振兴新突破”目标，各尽所能，各展所长，以实际行动和实实在在的具体工作，践行习近平新时代中国特色社会主义思想和党的二十大精神，全力助推长春全面振兴实现新突破。

（本文原载于《人民政协报》2023 年 11 月 13 日第 1 版）

◎ 宽城区政协

# 搭建基层协商平台　助力基层社会治理

文／宋润涵

加强基层协商民主是践行以人民为中心的发展思想、加快实现基层治理体系和治理能力现代化的重要抓手。宽城区政协按照街镇（乡）属地将委员划分到12个活动组，共设立街镇（乡）“委员工作站”12个、社区（村）“委员联络站”64个，积极开展学习宣传、征集社情民意、推进协商民主、服务基层群众等工作，进一步拓展协商的深度、广度、力度，不断持续推动基层政协协商议事的规范化、常态化、特色化发展。

宽城区政协统筹打造组织阵地，制定实施方案，明确指导思想和目标任务，统一标识标牌、成员组成、制度规定等建设标准，实现了全区站点标准化建设。统一平台职责规定，制定工作规定和工作职责，对工作站的活动开展、协商程序和工作纪律提出了明确要求。出台《协商工作规则》，进一步推进协商工作的制度化、规范化、程序化。分类指导协商活动，根据辖区特点、阵地建设、委员组成的不同，实行对各街镇的分类指导，明确重点协商的突出问题，创新联系群众的活动载体，打造各具特色的街镇协商品牌。

欣园街道“同欣共园—夜话会”利用下班后夜晚时间与群众面对面交流，听意见、找问题，察实情；新隆街道新月路社区打造“共商新月”协商品牌，向全体委员发出立项邀请，为开展委员活动、促进委员与社区、群众的团结联谊提供平台支撑。完善监督考核机制，对委员工作站实行“五有”监督考核，即年初有计划、年中有调研、协商有案例、委员有档案、年终有总结，进一步推动基层协商工作的履职尽责。强化考核结果运用，届中对优秀工作站开展评选表彰，激发各基层单位争先创优的积极性。

今年 4 月，宽城区政协指导各站点在全区开展政协委员进小区活动，在协商过程中深入了解到“幸福小区”创建的痛点难点堵点，确定了将小区绿植覆盖问题、街路“卡脖点”问题、商圈经济发展问题等作为基层重点协商议题，并协调相关职能部门领导、企业、居民代表召开协商座谈会，提出了绿化地块认领、街路问题立项上报、商圈直播等意见建议，经各街道党（工）委研判后采纳实施，相关问题均得到了有效改善和解决。此外，在基层协商过程中，进一步促进委员近距离感知群众的操心事、烦心事、揪心事。委员们积极发挥自身所长，深入小区、学校开展法律宣讲 20 余次，法律咨询超 100 小时；开展健康义诊、牙科宣讲等医疗活动 13 次，服务群众 200 余人次；连续多年资助看望困难学生、空巢老人 60 余人；帮助解决居民群众花卉种植、休闲座椅、电缆维修、爱心饮水点等“微心愿”近 30 个，切实把“协商于民、协商为民”落到实处。

“基层协商离不开群众，要坚持到群众中去，掌握基层一手鲜活情况，解疑释惑凝聚共识，培育协商文化、强化协商理念。”区政协主要负责同志表示，工作站作为协商平台，要让协商文化飞入“寻常百姓家”，聚焦党政工作要事、民生改善实事、社会治理难事，解决“协商什么”的问题；要让大家有时间商量、有地方商量，解决“去哪协商”“怎么协商”的问题；要建立“协商—转化—监督—反馈”机制,解决协商成果“如何落实”的问题，让群众成为协商成果考核和评价的标准，切实把人民政协制度优势转化为基层治理效能。

（本文原载于《人民政协报》2023 年 11 月 13 日第 3 版）

◎ 双阳区政协

# 走近群众察实情 “鹿城建言”惠民生

文 / 王金雨

双阳区素有“中国梅花鹿之乡”美誉。双阳区鹿乡镇政协委员联络站委员围绕梅花鹿产业发展等特色产业进行协商，就打造梅花鹿特色小镇召开座谈会，邀请企业代表、养殖户代表进行协商，形成走规模化、品牌化，文化引领、诚信经营的共识，通过梅花鹿产业园区建设，规范集市管理，大力打造特色小镇，促使鹿乡镇鹿产业发展瓶颈问题得到突破和解决，为梅花鹿特色产业发展贡献了政协智慧。

双阳区马文化博物馆是中国第一个以历史脉络阐释马文化的展馆。双阳区太平镇政协委员联络站委员依托“鹿城建言”协商平台协商，聚焦马文化博物馆等旅游产业，引导委员聚焦乡村旅游，进行全方位、多角度破题，提出要强化规划引领、完善配套设施、提升服务水平、增强法律观念以及把乡土风貌、红色文化和农耕民俗等资源充分融合等建议，全方位助力全域旅游高质量发展。

为进一步推进基层协商平台建设，延伸协商议政服务触角，助力乡村振兴发展，8 月 8 日，区政协到太平镇小石村开展双阳区政协基层协商平台建设暨委员联络分站建设推进会。会议提出要充分利用村级委员联络分站协商平台作用，做到助推发展、解决难题，取得实效。充分保障基层协商平台规范运行，在工作中不断完善总结经验做法，做好、做实、做出特色，使之成为双阳政协的协商品牌，为建设“三力双阳”作出政协新贡献。

双阳区政协积极搭建“鹿城建言”基层协商平台，推动协商民主生动实践。目前，已经搭建起“区、乡、村、屯”四级协商联动架构。协商平台坚持高标准统一建设，按照“五定”“六有”标准，即定时间、定地点、定内容、定方式、定人员，有牌子、有组织、有阵地、有制度、有职责、有考核。乡镇（街）党（工）委副书记兼任政协委员联络站站长，便于乡镇（街）委员联络站工作与乡镇党委政府中心工作保持高度一致，有针对性地为乡镇党委政府建真言、献实策。截至目前，已建立村级委员联络分站31个，在屯党支部建立政协委员联系点700余个，实现域内全覆盖。

在推进“鹿城建言”协商平台制度化建设方面，双阳区政协建立了政协委员联络站（分站）工作制度、考评评比制度等，为政协委员联络站（分站）如何开展工作提供了制度保障，切实提升委员联络站建设水平。同时建立了务实的工作模式，通过征求政协委员联络站和委员活动小组意见，对前期委员联络站工作进行总结，建立了政协委员联络站“2+1+1+X”工作模式，即每个联络站每年开展两次专题协商、提交一件集体提案、对接帮扶一个村集体经济和几户困难户、撰写若干篇社情民意信息，明确了政协委员联络站（分站）的工作内容，协商有重点、有抓手、有遵循，提高了协商活动质效。

“鹿城建言”协商平台坚持以对接群众需求为根本，进一步畅通群众诉求和政协委员知情参政渠道，协助党政做好解疑释惑、化解矛盾、增进团结、凝聚人心的工作。双阳区相关负责同志表示，将充分运用好这个新的阵地，努力打造成为党委政府“好帮手”、人民群众“连心桥”、委员履职“新平台”，为实现全过程人民民主发挥积极作用。

（本文原载于《人民政协报》2023年11月13日第3版）

◎ 九台区政协

# 委员“沉”下去　履职“实”起来

文／郭志辉

党的二十大报告指出，健全各种制度化协商平台，推进协商民主广泛多层制度化发展。九台区政协结合实际找到切入点，探索了“建、提、促、引”工作模式，推动协商议事向基层延伸，促进委员履职制度化、规范化、常态化。

本着“不建机构建机制”的原则，九台区政协建立了以乡（镇街）党（工）委副书记为组长、深度融合的区域活动小组，将区直单位的政协委员全部编入18个活动小组，建立委员工作站，积极为委员履职搭建协商平台。区政协主席于海山与全体委员同编组、同协商、同活动。围绕“以高质量协商促进全区高质量发展”这条主线，区政协主动搭台，在组织区级合作交流活动的同时，逐渐向下延伸。卡伦湖委员工作站组织开展“招商引资请进来”活动，区政协常委孙俊鹏邀请长春世纪英才商学院院长及相关业务人员到开发区座谈调研，为招商引资助力。一年来，全区各委员工作站共开展招商活动41次，对接域外企业114户。

在“建”的基础上，强化“提、促、引”，多形式为委员搭建学习平台，开展调研成果交流，探索党委出题、委员领题、小组答题模式开展履职活动，组织全体委员进行述职，寓考核于交流之中。年底向组织部、统战部、委员所在单位如实反馈小组及委员的履职情况，引导委员不断提高履职成果质量。区政协常委田家宝在活动小组中积极做好委员联络工作，在积极提交优秀提案的同时，为全体委员做“如何撰写提案”专题培训，通过提案出色地履行好政协委员的职责，把一份份“民意清单”转变成“履职清单”，连续6年被评为“九台区优秀政协委员”。

通过探索实践“建、提、促、引”工作模式，让协商议事平台作用“强”起来，让政协委员身子“沉”下去，让政协委员点子“提”上来。通过这种管用的模式，彻底消除了“年委员”的现象，政协委员的归属感进一步增强，参加活动的积极性进一步提高，建言献策的质量进一步提升，展现了政协工作的新气象，有效地夯实了专门协商机构的基础。

“棚膜生产需要先进技术和精细管理，农民怕技术不过关、管理不到位，从而影响产出、耽误收入。”九台区政协委员刘芳芳说，之前和几位农口的专家委员商量过，建议引进公司带动专业大户搞示范，积累经验后再逐步向普通农户扩展。该建议很快被采纳。今年上半年，全镇共建成棚膜蔬菜大棚500余栋，年收益在1500万元以上，为上千名农民提供就业岗位，“北菜南运”已成为这里的品牌项目。

在助力基层治理上，上河湾镇将协商议事进一步下沉，在玉丰村建立协商议事室，通过委员、群众、商户、村干部协商，推行“村街管理一体化”，实现了街区群体有服务、市场秩序有保障，环境卫生有人清、资金负担可承受的多方共赢，初步探索了乡镇街区治理新模式。

（本文原载于《人民政协报》2023年11月13日第3版）

◎ 榆树市政协

# 寓监督于服务　以监督促发展

文 / 王玉鹏

为深入贯彻习近平新时代中国特色社会主义思想和党的二十大精神，以加强民主监督新举措，开拓全过程人民民主新实践，榆树市政协紧密结合工作实际，牢牢把握民主监督性质特点，围绕市委、市政府中心工作，事关经济社会发展的关键环节，向 10 家执法部门和单位派出民主监督组，真正将民主监督融入政协履职的全过程，不断推进政协履职创新发展。

去年，市委印发《关于加强和改进人民政协民主监督工作的实施意见》。今年 5 月，市政协制定出台《关于选派民主监督组工作实施方案》，对民主监督工作运行规程作出明确界定，把提出高质量、有价值的意见建议作为主要任务。落实“三项清单”，打造“摸清实际情况—提出监督意见—反馈办理情况—核实确认效果”的工作闭环，有效推动监督成果转化为发展实效。

在 5 月 26 日召开的榆树市政协派驻民主监督组工作会议上，市委常委、常务副市长徐志刚表示，派驻民主监督组是榆树市政协支持政府工作的创新之举、务实之策，对于促进市政府决策部署落地见效、部门工作效能提升、优化全市发展环境，必将起到积极而深远的促进作用。

“向执法部门和窗口单位选派民主监督组，是政协履行监督职能的创新实践。”市政协主席金海要求，各监督组要在监督前明确标准依据，在监督中找准切入口，在监督后及时形成工作成果，把握好“监督目的”的度、“提出问题”的度，做到加强学习“能”监督、实事求是“会”监督、坚持原则“善”监督、公正廉明“敢”监督，寓监督于服务，以监督促发展，为实现榆树高质量发展贡献智慧和力量。

9 月 14 日，榆树市政协召开派驻民主监督组工作调度会，总结经验，查找不足，相互交流，推动派驻民主监督组工作更加扎实有效开展。会议强调，要明确监督的意义，知道“为什么做”；要明确监督的主题，知道“做什么”；要明确监督的方式，知道“怎么做”；要注重监督的效果，知道“做成什么样”。

榆树市政协民主监督组立足“党委所指、发展所需、群众所盼、政协所能”工作定位，坚持目标导向、问题导向，推动民主监督走深走实。重点聚焦全市经济社会发展目标，紧贴市委、市政府中心工作，把部门落实情况作为监督的主题，使监督内容与市委、市政府工作部署同步。主动了解被监督单位的困难和要求，把部门急于要了解的信息作为监督主题，帮助反映部门在政策上、体制上、管理上遇到的瓶颈，使监督工作与部门思路合拍。认真了解社情民意，把群众最关心、最直接、最现实的利益问题作为监督的主题，帮助反映民生问题，使监督工作与群众愿望相一致。

在监督过程中，民主监督组大胆探索适合新形势新要求的监督方式，根据被监督单位不同职能、不同特点，认真选择调研、视察、座谈、咨询问政、协商交流等不同形式，有力提高民主监督实效。把协商贯穿于监督全过程，在协商中监督、在监督中建言，确保问题找得准、意见提得实、监督做到位。面对执法部门开展监督时，采取召开咨询问政会的形式，就有关工作的开展情况和取得成效等，进行现场咨询、协商交流；面向窗口单位开展监督时，通过实地考察、走访群众等多种方式，认真听取百姓意见建议，全面了解窗口单位工作状况，针对加强窗口建设，向部门提出具体的意见建议。

（本文原载于《人民政协报》2023 年 11 月 13 日第 3 版）

◎ 公主岭市政协

# 唱响政协好声音　服务高质量发展

文／于　斌

党的二十大报告指出，要“推动制造业高端化、智能化、绿色化发展”“构建新一代信息技术、人工智能、生物技术、新能源、新材料、高端装备、绿色环保等一批新的增长引擎”。公主岭市依托毗邻中国一汽的区位优势，锚定“六城联动”战略目标，加快汽车配套项目建设，全力推动汽车配套企业创新发展。

9月26日，公主岭市政协召开专题议政性常委会会议，围绕“加快新能源汽车产业发展，推动汽车零部件企业转型升级”进行专题协商议政，为推动全市汽车零部件企业转型升级贡献政协智慧力量。市政协主席陈占营提出，要以全省新能源汽车产业的更新与升级为平台，争取优惠政策、做好技改扶持，使新能源汽车零部件产业成为公主岭市新的经济增长点。与会委员建议，零部件研发和生产企业要瞄准新能源汽车“后”市场，抢抓机遇，完善新能源汽车产业链，不断革新和优化升级，增强产品竞争力，在发展中赢得主动、赢得先机。

公主岭市政协坚持把助推经济社会高质量发展作为履职主线，聚焦市委、市政府中心工作部署，积极建言献策，广泛凝聚推动高质量发展的智慧和力量，在全市高质量发展的火热实践中唱响政协声音、彰显政协担当、贡献政协力量。

黑土地被称为耕地中的“大熊猫”。公主岭市是国家黑土地保护试点之一，如何增加土壤肥力，改善土壤环境，提高粮食产量？带着问题和思考，今年5月，公主岭市政协组织部分政协委员来到省农科院黑土地保护秸秆堆沤肥示范基地，实地了解纳米膜好氧发酵秸秆堆肥技术。

黑土地保护，既需要耕作方式的改进，更需要农田基础设施的支撑。在调研中，委员们走进公主岭市智慧农场，了解5G农机库房、实时测控系统、农场管控云平台、智能农机装备等智能化、无人化农业信息技术，展示未来现代农业发展趋势和方向。

“进一步加快现代种业发展，借助建设国家级农高区的发展机遇，积极争取省部、科研单位及外力的相关政策和条件，深化与领军种业企业合作，着力培育种业龙头企业，进一步推动公主岭市‘育繁推一体化’企业做大做强做优，为现代种业发展赋能。”委员们纷纷建议。

为有效推动经济社会高质量发展，公主岭市政协建立政协主席跟踪督办重点提案工作机制，坚持办前见面、办中见面、办后见面。办前通过集中座谈等方式，与委员面对面沟通交流，共同研究解决方案；办中积极协调解决遇到的问题，切实强化提办双方联动；办后第一时间向提案者反馈办理结果，征求委员对办理成效的满意度，增进提办双方共识，不断推动提案办理从答复满意向结果满意提升、从委员满意向群众满意拓展。

今年以来，公主岭市政协重点提案督办调研组就《关于尽快完善市区公交站点的建议》《关于燃气安全管理的建议》办理落实情况多次进行督办调研，详细了解各部门提案办理情况，积极加强上下沟通对接，形成党委重视、政府支持、政协主动、委员踊跃、社会关注的良好局面。提案办理取得了提得认真、商得深入、办得满意的效果，进一步推动了全市经济社会高质量发展。

（本文原载于《人民政协报》2023年11月13日第3版）

## ｜宁波市政协｜

# 为滨海大都市建设新局面写好“政协答卷”

文／鲍蔓华　俞知博

“人民政协是政治组织，我们的底色是红色，必须做到对党绝对忠诚，坚定拥护‘两个确立’、坚决做到‘两个维护’。要把状态亮出来，在服务中心大局中担当奋进。把形象亮出来，努力干出人民政协新样子，为推进‘两个先行’、加快建设现代化滨海大都市作出新的更大贡献。”今年是全面贯彻落实党的二十大精神的开局之年。宁波市政协坚持以习近平新时代中国特色社会主义思想为指导，深入学习贯彻党的二十大精神和习近平总书记系列重要讲话精神，形成同心共圆中国梦的强大合力。在中共宁波市委的坚强领导下，市政协充分发挥专门协商机构作用，聚焦协商助推更有力，凝聚共识更有效，民主监督更有为，积极践行全过程人民民主，以实际行动交出新时代新征程的政协答卷。

### 汲取思想伟力　筑牢思想根基

习近平总书记强调，“党的理论创新每前进一步，理论武装就要跟进一步”。宁波市政协坚持学习开路，始终把学习党的创新理论作为首要政治任务，着力发挥人民政协用党的创新理论团结教育引导各族各界代表人士的重要平台作用。

连日来，市政协主席徐宇宁走进湾底村“幸福相应”委员工作室、浙江药科职业大学宣讲习近平总书记考察浙江重要讲话精神，向全市政协发出学习贯彻倡议。每一场宣讲，现场气氛热烈；每一次交流，都有新的思想收获。市政协党组成员走进基层宣讲，是市政协推进“书香政协”建设，构建“一核两翼”学习体系的重要一环。

“一核”是“习近平新时代中国特色社会主义思想学习座谈会制度”,“两翼”是分别面向政协委员和机关干部的“同心学堂”和“初心讲堂”。“同心学堂”下设在线书院、读书沙龙、委员论坛、知行书房4个平台，“初心讲堂”包括主席讲堂、处长讲堂、专家讲堂和青年学堂4个课堂。“一核两翼”学习体系的构建完善，让宁波政协“书香政协”建设自成体系、独具特色，更加有效推动了理论学习走深走实、思想共识坚定坚实。

市政协把主题教育和“书香政协”建设深度融合，取得了1+1大于2的效果。习近平新时代中国特色社会主义思想学习座谈会制度依托专委会组建的9个学习座谈小组，系统学习了主题教育规定书目，及时深入学习贯彻习近平总书记对“八八战略”实施20周年和“千万工程”“浦江经验”等重要指示批示精神，开展各类集中学习43次，研讨交流8次，学习人数达4100余人次。

借助“同心学堂”和“初心讲堂”，举办了2期专题读书班，专题学习习近平总书记关于加强和改进人民政协工作的重要思想。针对委员学习还专门制定了培训计划，根据新委员、政协常委、界别召集人等不同类别，有针对性地开展分级分类培训，委员们都说“这样的培训收获大、很管用”。

同样是宁波政协特色品牌的“初心·使命”主题党日活动已连续举办5年。今年主题教育期间，市政协以“同心跟党走、奋进新征程”为专题，深挖习近平总书记留给浙江的宝贵财富，通过现场讲述、视频连线、微党课等形式，沉浸式开展党性教育，全景式展现政协作为，广泛凝聚起宁波政协人同心永向党、建功新时代的坚定信心和强大合力。

## 强化对标看齐　展现政协作为

习近平总书记在浙江考察时的重要讲话，为浙江在新起点上做好各项工作指明了前进方向、提供了根本遵循。宁波政协充分发挥“三个重要”作用，始终按照习近平总书记明确的目标要求和路径举措，把服务大局作为永恒主题，把市委部署作为履职重点，深入调查研究，真诚协商建言，持续监督助推，广泛凝聚共识，切实以高质量履职助推高质量发展。

要在以科技创新塑造发展新优势上走在前列，这是习近平总书记在浙江考察期间的要求和勉励。这给市政协经济委主任徐文华的工作指明了前进方向，激发了强劲动力。今年以来，市政协围绕市委“加快打造全球智造创新之都”这一战略目标，聚焦培育新动能、抢占发展新赛道，先后就打造新能源汽车之城、世界一流绿色石化产业集群、全国数实融合标杆城市3次开展政企协商，由市政协经济委承办的协商活动，直接助推市委、市政府出台新能源汽车产业发展规划等一揽子政策举措。

习近平总书记强调，要在深化改革、扩大开放上续写新篇。习近平总书记在浙江工作时指出，港口是宁波最大的资源，开放是宁波最大的优势。市政协着眼“加快推进自贸区建设”“助力开发区高质量发展”等系列议题开展专题调研协商，助力形成一批接轨国际、具有宁波辨识度的制度创新成果，帮助擦亮“中国开放看浙江、浙江开放看宁波”的金名片。

“港城文化是宁波城市独特的精神标识，也是助力宁波城市高质量发展的关键变量。”市政协文化文史和学习委主任韩志敏对文化的重要性认识深刻，带领相关界别的委员和专家通过深入调研，提出繁荣港城文化的系列举措，积极建言献策。在此基础上，今年9月市政协召开“提升港城文化影响力”专题议政性常委会会议，用实际行动助推习近平总书记对浙江“要在建设中华民族现代文明上积极探索”的重要指示落实落地，助力宁波港城文化大繁荣大发展。

所有高质量履职都离不开高质量调研。市政协始终坚持“政协出品，必属精品”的理念，坚持先调研后协商、不调研不协商，组织各界委员和机关干部深入基层、深入企业、深入村社摸实情、听实话、出实招，形成高质量调研报告36篇，帮助解决发展问题65个，以深化调查研究推动解决发展难题。

在大兴调查研究中，建言质量越来越高；在协商议政中，建言方向越来越精准。

## 担当协商之责　汇聚团结合力

唱好杭州、宁波“双城记”是习近平总书记对杭甬两地的殷切期望，也是赋予两地的重大任务和光荣使命。

两地政协以实际行动贯彻落实习近平总书记殷切嘱托和省市委重要部署，成功搭建杭甬“双城记”专题协商平台，助力两地协同发展。2022年9月，两地政协签署《杭州、宁波两市政协合力唱好“双城记”工作备忘录》；10月，在杭州召开首次专题协商会，深入交流课题成果。短短半年多时间，在两地党委、政府和各相关部门的大力推进下，协商成果纷纷落地。如率先实现杭甬两地及全国327个交通互联互通城市的居民，可持社保卡在宁波“一卡通乘”公共交通，并享受“同城折扣待遇”；实现杭绍甬城际列车贯通运营，较之前通勤时间减少40分钟、费用降低20%，给两地市民带来了实打实的便利和实惠。

精彩连台，新曲又响。今年，杭州、宁波两地政协再次聚首宁波东钱湖畔举行协商交流活动，围绕两地共同关心关注的发展问题协商建言。

杭甬两地政协主动作为，从值得做、能够做的具体事项入手合力助推，让“双城记”的画卷愈发清晰、成色越来越足。

“今天的会开得过瘾。”在“打造全球智造创新之都·阿拉甬商有话讲”政企协商会今年第一场活动上，企业家对宁波市委主要领导兴奋地说道。

这个被市委书记表扬“听这一场就期待下一场”、被市长点赞“有声有色有内容”、让与会企业家“来了还想来”的协商平台，正是市政协立足党政所需、企业所盼、政协所长创新搭建的“阿拉甬商有话讲”政企协商会。

“协商规格高、参与代表广、交流互动深、建议落地实”是前不久徐宇宁在浙江省政协主席暑期读书会上介绍这一平台的关键词。

市政协把政企协商会作为实现党对经济工作全面领导的新途径来谋划，作为政协推动经济高质量发展的新方式来推进。会前不仅邀请政协委员、职能部门负责人，还邀请相关行业和领域的“大咖”、优秀青年企业家代表等参加。会上把话筒交给企业家、时间留给企业家，鼓励企业家道实情、讲真话，讲最愁的事、最盼的事，充分表达自身诉求。会后更以“清单化建议”“互动式对接”助推落地，及时梳理形成问题和建议两张清单，报送市委、市政府主要领导，并对领导批示的协商成果落实情况进行跟踪调研，及时将调研情况反馈给党政部门和相关企业家，形成建议转化工作闭环。

按照中共宁波市委书记“要把这个平台做成宁波政协的履职品牌”的要求，市政协已开启新一年的协商议题谋划。

同属“宁波模式”的协商平台，还有市政协全会提案。全会提案围绕市委目标要求，实行一届一个主题、一年一个专题，由市长领办，与专项民主监督协同、主席会议成员全员出动、市县两级政协联动办理。近年来，以城市品质提升为主题，先后围绕全域国土空间综合整治、城市有机更新等专题开展协商办理。

目前，全会提案已成为委员口中“产生层次‘高’、办理层次‘高’、督办层次‘高’”的“三高”平台。

奋进新征程，人民政协使命更加光荣，责任更加重大，舞台更加广阔。聚焦协商主责主业，宁波市政协不断创新完善，用广泛多层的“阿拉”履职平台丰富着协商形式，让全过程人民民主更加立体多元有效。

（本文原载于《人民政协报》2023 年 11 月 14 日第 1 版）

◎ 海曙区政协

# 以品牌之光照亮品质之路

文 / 刘炎昊

社法委“想方社法”品牌助推12个惠民服务项目落地、工商联界吸纳50余位行业精英和商会翘楚组建导师团为青年创业把脉、“海上茶路”委员工作室建起6个共富联系点促茶农增收……今年以来，海曙区政协“一委一品牌、一界一特色、一室一亮点”品牌矩阵的引擎效应充分显现。

“专委会是政协履行职能的重要载体、联系委员的重要纽带，其成效关系到专门协商机构作用的发挥，关系到凝聚共识职能的履行，更关系到政协工作整体效能的提升。”区政协主席张宁辉表示，区政协始终把专委会工作作为全面推进“品质政协”建设关键环节。以党建为引领，以创新为动力，以品牌为抓手，建机制、搭平台、拓载体，全力推进“品质政协”履职为民出实效。

从“想方社法”到“曙商有话说”再到“文传曙香”，区政协6个专委会陆续打出工作品牌，切实把专委会及所联系的界别、履职小组和委员工作室4股力量拧成了一股绳，真正发挥了专委会“协商搭台、协调内外”的作用。

“把‘品牌’打出‘王牌’效果，筑牢机制这块基石是重中之重。”区政协副主席胡金红直言社法委从今年初就聚焦履职质效不优、规范不够、力量不均、动能不足的短板，创新打造“想方社法”品牌，下设“促和谐”“惠民生”“助共富”“聚合力”4个子品牌，将联系界别和委员履职小组的重点工作统一纳入品牌建设，同时建立健全思想发动、工作联动、情感走动、力量带动“四动”工作机制，梳理形成《“想方社法”年度工作安排表》，并从委员参与度、成果转化度等5个维度对履职活动质效进行量化评估。

“社法委对我们开展履职活动有一项硬指标，就是委员参与率不低于70%。”区政协总工会界别召集人陆千一说，今年界别每次活动委员到会率均达100%，“按照‘四动’机制，议事前先组织委员学习与主题相关的专业知识，再开展走访调研，确保议事时能言之有物，活动后还组织‘回头看’跟进监督落地成效，委员们的获得感强了，参与度自然就高了。”

翻看“想方社法”履职记录本，区政协委员张高峰把界别群众较集中的意见汇总给了社法委。社法委将“侨眷水表 侨心共护”列为“想方社法·聚合力”的惠民服务项目，联合水务集团，为50户在甬老年侨眷居民免费安装智能水表，助解难题。

“委员通过‘想方社法’履职记录本收集界别群众社情民意，并梳理报送惠民服务30余项，经筛选，落地12项，目前超半数已完成目标任务。”区政协社法委主任陈健雄表示，为进一步推动惠民项目出实效，专委会还组建起由省市区三级媒体平台资深记者构成的观察团，跟进品牌工作。

“品牌工作有闭环，为民履职见成效。”张宁辉表示，区政协将以履职方式的创新持续激发品质活力，以“一委一品牌”建设为亮点和优势，高质效打造建言资政和凝聚共识双向发力新格局。

（本文原载于《人民政协报》2023年11月14日第4版）

## ◎ 江北区政协

# 星星甬共　同心向党

文／胡　斌

江北区政协自觉扛起“加强思想政治引领、广泛凝聚共识”重大政治责任，创新打造“星星甬共”同心向党凝聚共识平台，为江北共同富裕和中国式现代化示范城区建设凝聚强大力量。区政协将平台建设作为打造全过程人民民主区域典范的新阵地新举措，创设政协工作创新实践中心，总结提炼区县政协工作经验做法，创新迭代政协工作思路理念、内容形式、体制机制，以改革创新精神书写新时代江北政协事业发展新篇章。

今年9月，集联谊交友、宣传教育、学习交流等功能于一体的“星星甬共”平台正式启用。启用仪式上，发布了《新时代新征程宁波市江北区政协凝聚共识系统体系》，以一流意识准确把握“凝聚共识”基本原则，以一流标准奋力打造“凝聚共识”标志成果，以一流目标系统增强“凝聚共识”核心能力，为平台建设定向领航。

平台的建成丰富了江北区政协团结联谊方式，成为政协凝聚共识的新尝试、新探索。按照“有政协特色、有文化内涵、有江北风采”原则，将文史研究馆、书画院、政协之友联谊会、茶文化促进会、国学讲堂、“星光”书吧等在同一平台共同打造，多方协同，形成合力。

在这个平台，活动共谋，品牌共育。“星星甬共”同心向党联盟建设，与市、区20多家机关单位、10多家委员单位合作共建，打造“1+N”聚识矩阵，常态联系，实现优势互补、资源共享。平台面向群众开放，月月有活动、天天都开门。在政协主席界别群众接待日，主席会议成员定期组织接待。

通过活动让社会各界了解人民政协、江北历史文化等，使平台成为服务群众、凝聚共识的融合空间。

近年来，江北区政协不断强化思想政治引领。在这个平台举办了学习贯彻习近平新时代中国特色社会主义思想主题教育专题读书活动、人民政协光辉历程展、江北政协发展历程展等，已吸引3000多人参观学习，有力提高社会各界的向心力、凝聚力；通过举办国学讲堂、“浙东书风”书法文献展、“秋遇唐诗”读书会、亚运开幕式收看、茶文化讲座等活动，创新联谊联络方式方法，不断浓厚“聚”的氛围，凸显“联”的特色，彰显“合”的力量；集成民生议事堂、委员工作室、社情民意联系点、书香政协等，在这个平台，协商议事活动经常性举办，在真诚协商中汇聚共识。通过同心向党、双周协商、委员议事、资政建言、履职管理等板块陈列展示，深度展示江北政协“五一”集成工作体系的生动实践。

围绕三个“一号工程”、翠屏山中央公园建设、江北经济社会发展等主题，江北区政协用好用足平台举办专题座谈、交流沙龙、政情通报等活动，为委员知情明政、建言献策、施展才华提供舞台。区政协鼓励委员以平台为依托，畅通联系群众渠道，让群众感受到政协很近、委员很亲。

（本文原载于《人民政协报》2023年11月14日第4版）

◎ 镇海区政协

# 两对接一汇报　请你来协商

文／吴　昊

镇海区政协牢牢把握新时代人民政协新方位新使命，聚焦党政中心工作，坚持问题导向，大兴调查研究，察实情、出实招，以高质量协商建言助力经济社会高质量发展。

坚持“两对接、一汇报”，精准选题。协助区委出台《关于开展“请你来协商”平台建设工作的实施意见》，创设并坚持“两对接、一汇报”协商选题机制，精准制定年度协商工作计划。“两对接”即选题之初，区政协在深入调研、委员荐题、社会征题基础上，先与党政相关部门、各党派团体开展工作对接，初步筛选协商议题；再由分管副主席与区政府分管副区长就初步选题进行沟通对接，并召开区政府与区政协年度重点工作对接会，面对面交流年度工作思路，实现政府、政协工作同频共振、同向发力。“一汇报”指协商计划经政协主席会议研究后，呈报区委常委会研究审定。协商计划的制定注重“时”与“势”有机结合，常态化构建起“1+5+X”协商议政体系，即每年召开1次议政性常委会会议，举行5次主席会议协商，以及开展若干场对口协商、界别协商和“民生议事堂”基层协商。

制定《“请你来协商”工作简则》，明确规定“先调研后协商”“无准备不建言”，坚持把调查研究作为协商议政的前置环节，充分发挥委员智力优势，在协商前深入基层、深入一线，摸清与协商议题相关的政策规定，摸清问题的真实情况，摸清各方面的意见建议，从不同角度讨论研究、梳理分析，务求对策建议“说得准”“说得对”，使协商建言成为部门落实和推动工作的方法举措。今年，区政协把“进一步提升镇海区都市化、国际化水平”作为常委会会议协商议题，经过5个多月的深入调研，形成5篇调研报告，提出35条对策建议，区委书记在协商会上说：“政协的调研报告很具深度和前瞻性，为我区的城市建设与发展提供了‘施工图’。”

坚持“闭环式、持续推”，扎实做好协商“后半篇文章”，建立健全协商成果报送、跟踪督办机制，每一项活动结束后，及时整理建言要点，以协商纪要建议函、信息专报等形式向党委政府报送，同时加强与部门的主动联系对接。今年以来，协商后形成的《关于破解我区产业工人“居住难”问题的建议》等6篇材料，获区委、区政府主要领导批示，并得到有效落实。镇海区工业占比重、产业结构特殊，区政协把助力生态环保和安全生产作为本届政协协商主线，每年聚焦一个“小切口”，一张蓝图绘到底，去年以“创建无废城市”“石化园区安全生产”等为主题，今年围绕“大气环境质量”“石化园区交通通行能力”等主题，持续助推重点关注事项落地生根、开花结果。

（本文原载于《人民政协报》2023年11月14日第4版）

## ◎ 鄞州区政协

# 亮身份　亮作用　亮责任

文／宋晓雷

鄞州区政协深入学习贯彻习近平总书记关于加强和改进人民政协工作的重要思想，着眼发挥最广泛爱国统一战线组织功能，完善制度、创新实践，不断增强委员联系界别群众活力效力。

加强党的领导，把联系基础筑得更牢。打造“同心·鄞聚”党建联建品牌，推动党的领导贯穿到委员联系界别群众工作中。该模式突出政协党组领导和党建联建办公室统筹，以专委会为依托，中共党员委员为主体形成“1+1+6+N”架构，从纵向上将各级党组织与党员委员个人贯通，从横向上吸纳非政协委员的党内知识分子、新的社会阶层人士等加入，与重点联谊领域党组织联动，切实以党建引领拓展联系“朋友圈”，更好团结群众。目前，与 22 个党组织实现友好协作，2300 人次各界群众参与党建联建活动。

优化对象内容，把联系目标把得更准。构建“四联四助”模式，细化“联”的对象，明确“助”的目标。联界别群众，每位委员自主选择 10 名参政意识较强、关心社会发展的本界别群众开展经常性交流，发挥界别代表作用，助力思想共识凝聚；联单位群众，委员在所在单位“亮身份、亮作用、亮责任”，在楼宇、企业、园区推出“委员联系名片”，就近就便听取群众呼声，助力团结合作共事；联行业人士，立足专委会专长对口联系行业，强化界别与对应社会组织、行业协会联系，深入掌握行业诉求，助力创新发展；联社会公众，顺应治理重心向基层下移趋势，延伸联系面，深度融入群众，助力治理难题解决。在今年开展的“民生议事助首善”系列协商活动中，累计 2100 余人次群众参与，被采纳建议 475 条，推动解决“社区楼道、架空层改造”等问题 113 个，切实在联系中为群众办好实事。

丰富形式载体，把联系外延拓得更广。创设“政企协商会”等协商新载体，依托委员会客厅（工作室）等平台，以会客访客结合、线上线下融合形式，做深协商、做活联谊。今年，组织在鄞台湾青年走进“台青驿站”委员工作室，沉浸式体验全过程人民民主，引发强烈共鸣。推出“界别服务周”等活动，委员走村入企提供专项“服务清单”，17 场特色服务辐射群众 1600 余人次，形成集中联系服务效应。畅通数字化联系路径，打造民意征集“二维码”，构建“码上说”“码上商”“码上办”闭环，一键打通群众无差别反映问题、参与协商和部门办理链条，放大联系效应。

创新运作机制，把联系成效抓得更实。构建“主席会议成员联系常委、常委联系委员、委员联系界别群众”三级架构，汇聚层层推动合力。健全“大联组”机制，开展跨区域跨界别联系活动，更好集中优势、服务民生。建立“两进”机制，将全部委员通过“点对点”方式进驻“委员工作室”“协商驿站”，打造“委员联系服务圈”，带动各类资源力量下沉一线，增强联系服务群众深度实效。

（本文原载于《人民政协报》2023 年 11 月 14 日第 4 版）

◎ 慈溪市政协

# 以书香涵养政协气质　用读书赋能委员履职

文 / 沈　捷

慈溪市政协把读书学习作为增强政治素养、凝聚奋进共识、提升履职质效的重要举措，着力构建以“书香政协 · 上林学苑”工作长效机制为总纲、政协各级党组织为牵引、政协委员和机关干部为主体的特色学习品牌，探索走出了一条学习和履职相互促进、相得益彰的书香之路。

让“常态化”成为委员学习新风尚。注重发挥党组理论学习中心组、界别（联组）及镇（街道）政协履职临时党支部、新生代委员履职小组的带头引领作用，围绕“大力加强理论武装”“深入实施能力培训”“积极促进文化提升”等 3 大主题，统筹排定年度学习计划和具体活动，及时建立起多层级的学习体系，着力推动读书学习“全覆盖”。同时，发动各界别相互组团、联动联建，分批建成鸣心通书房、善水书屋、文印草堂等独具界别特色、富有文化底蕴的“委员书房”22 个，着力构建起“线下学习分享、带动群众共学”的主阵地。依托“慈溪政协 · 掌上履职”平台，着力打造“学习在线”线上学习园地，实现与线下“委员书房”的双向互补、密切互动。

让“高品质”成为委员阅读新标签。创新建立委员“思享汇”活动品牌，每季度确定学习主题、选取特定场地，以作者荐读、经典诵读、分享领读等“沉浸式”形式，更好激发委员思想灵感，不断夯实共同思想政治基础。在微信公众号开设“一月一荐”专栏，每期推荐 8 本涉及思想政治、经济、历史等不同领域书籍，持续丰盈委员知识结构。以“心愿书单”为基础，集中开展“委员选荐·共享悦读”活动，定期征集委员读后感并编发“学习手账”，让更多委员和界别群众更加直观感受新时代发展成就。

让“奋进式”成为委员履职新姿态。分批举行政协委员能力素质提升班，教育引导广大政协委员认真学习习近平新时代中国特色社会主义思想、深入领会党的二十大精神。推动读书学习同实际结合、向履职聚焦，每次专题议政性常委会会议前，都邀请专家学者围绕协商内容开展专题讲座，切实提升了协商深度和成效，所形成的课题研究成果得到各方重视和肯定；在“元代古沉船保护”等提案办理过程中，组织专家型委员举办“委员讲堂”，促推有关问题的解决；在每期“委员荐书”推送后，都有委员根据学习感受和工作实际形成社情民意信息，学习“软任务”蝶变为履职“硬实力”。以委员工作室、民生议事堂、民情联络站等“三位一体”平台为着力点，持续拓宽委员学习专业知识、了解基层现状、深入知情明政的渠道和路径，并积极引导委员深入研究和助力解决发展难题、民生痛点，主动在履职活动中唱主角、当主力。

（本文原载于《人民政协报》2023年11月14日第4版）

# | 杭州市政协 |

# 团结奋斗汇聚正能量 凝心聚力共建新天堂

文 / 鲍蔓华

牢记嘱托，感恩奋进，实干争先。

今年，是全面贯彻落实党的二十大精神的开局之年，是浙江“八八战略”实施20周年，是杭州亚运会举办之年。在中共杭州市委的领导下，杭州市政协坚持以习近平新时代中国特色社会主义思想为指导，深入学习贯彻党的二十大精神和中央政协工作会议精神，强化党建引领，聚焦中心大局，坚持守正创新，展现省会担当，充分发挥专门协商机构作用，努力为杭州打造世界一流的社会主义现代化国际大都市和中国式现代化城市范例贡献智慧和力量。

## 强引领聚共识　筑牢共同思想政治基础

今年9月，习近平总书记再次亲临浙江考察并出席杭州亚运会开幕式，发表一系列重要讲话，赋予浙江“中国式现代化的先行者”的新定位、“奋力谱写中国式现代化浙江新篇章”的新使命，在浙江发展史上具有重大里程碑意义。

“要深刻领悟习近平总书记考察浙江重要讲话的丰富内涵、精髓要义和实践要求，深刻感悟习近平总书记对之江大地和浙江人民的深情大爱、如山厚望，坚定捍卫‘两个确立’、坚决做到‘两个维护’，切实把学习成果转化为紧跟总书记、奋进新时代、建设新天堂的强大动力和实际行动。”市政协党组第一时间对全市政协组织学习宣传贯彻习近平总书记重要讲话精神作出部署。

唯有深学，方能笃行。今年以来，市政协根据中央和省市委部署，扎实开展主题教育，深入学习贯彻习近平新时代中国特色社会主义思想和党的二十大精神，引导全市政协组织和广大政协委员全面系统深刻把握这一思想的核心要义、精神实质、丰富内涵、实践要求，不断增进政治认同、思想认同、理论认同、情感认同，巩固团结奋斗的共同思想政治基础。

4 月 28 日，市政协党员干部来到余杭区小古城村开展“循迹溯源学思想促践行”活动。大家围坐在樟树下，用心感悟习近平总书记提出的“有事好商量，众人的事情由众人商量”等关于发展社会主义协商民主的重要论述，考察美丽乡村建设、参观小古城民主协商展示馆……学思践悟融为一体，让大家更加深刻领悟真理力量和实践伟力。

8 月 8—9 日，全市政协主席暑期读书会召开，这是市政协学习贯彻党的二十大精神、奋力开创杭州政协工作新局面的重要举措。“静下心来学习，碰撞火花交流，让我们对习近平新时代中国特色社会主义思想有了更为系统、深刻的理解，能更好把思想伟力转化为实践动力、所感所悟转化为履职思路举措。”大家在交流中感言。

市政协始终把思想政治建设摆在首位，认真落实“第一议题”制度，健全以党组理论学习中心组学习为引领的全方位立体化学习制度体系，组织习近平新时代中国特色社会主义思想学习座谈会，通过专题读书班、研讨交流、专题党课、“名师名家”讲座等形式，深入学习习近平新时代中国特色社会主义思想，及时跟进学习习近平总书记最新重要讲话重要指示批示精神，在学深悟透、入脑入心中凝心铸魂、筑牢根本。

发挥人民政协最广泛统一战线组织优势，健全从党内到党外、从委员到界别群众的凝聚共识工作格局。紧扣加强思想政治引领、广泛凝聚共识中心环节，切实融入履职工作全过程各方面，最大限度把各方智慧和力量凝聚起来，把更多的人紧密团结在党的周围。

11 月 2—8 日，市政协主席马卫光率团赴港澳开展系列团结联谊活动，走访港澳政协委员和各界代表人士，宣讲党的二十大精神，讲好杭州亚运故事。“‘中国新时代·杭州新亚运’让世界看见了美好的杭州、活力的浙江、美丽的中国。”港澳委员和联谊会代表人士表示，要切实发挥好“双重积极作用”，积极服务高质量发展。

以共识固团结，以团结铸合力。坚持和完善谈心谈话、走访委员、党外委员专题视察等制度机制，加大少数民族、宗教界委员、非公有制经济人士、新的社会阶层人士等走访力度，注重发挥企业家联谊会、公共外交协会等社团作用……杭州市政协坚决扛起“落实下去、凝聚起来”政治责任，扎实做好思想引领、凝聚共识这篇大文章。

## 构建平台矩阵　赋能政协工作高质量发展

“杭州市政协新时代协商民主实践中心，推动了协商民主走进寻常百姓家，有效管用，走在前列，具有典型示范引领意义。”在不久前由杭州市政协、学习时报社共同主办的人民政协协商平台建设研讨会上，浙江省委党校常务副校长陈柳裕说。

健全各种制度化协商平台，是新时代加强和改进人民政协工作的时代课题，是发展全过程人民民主、推进协商民主广泛多层制度化发展的重要实践，是广泛凝聚人心和力量、践行履职为民的重要载体。

去年 10 月全国首家设立的杭州市政协新时代协商民主实践中心，集展陈区、实践区、体验区等功能区域于一体，并在区县（市）政协设分中心和实践基地，常态化开展政协党建、协商议政、凝心聚力等活动，已举办活动 697 场次、访客 12 万多人次，入选 2023 全国社会治理创新案例。

近年来，全市两级政协把平台建设摆在突出位置，按照“不建机构建机制”思路，强化党建统领，把牢性质定位，坚持完善已有协商平台，建好用好新的协商平台。统筹推进请你来协商、民生议事堂、委员工作室、社情民意联系点、协商驿站等建设，实现镇街和重点村（社）全覆盖。坚持因地制宜，各展所长，灵活创建村落社区型、商圈楼宇型、园区产业型、行业基地型、专业街区型、特色小镇型和特定群体型等富有地域特色、多样有效的政协基层协商平台矩阵。

建立健全协商平台运行制度，探索“七步协商法”“五步工作法”等机制。请你来协商有家国天下的高度，民生议事堂有幸福生活的温度，协商驿站有家长里短的热度。注重以品牌扩影响、以品质树形象，涌现出“樟树下议事”“红茶议事会”“请你来协商·有事好商量”“青春议事厅”“万市好商量”等有辨识度和影响力的工作品牌。

“过去一幢楼要成功加装电梯几乎要历经‘九九八十一关’，在‘红茶议事会·民生议事堂’助力下，大家以茶叙事、共商民生、达成共识，加装电梯速度大大提升。”拱墅区和睦社区党委书记周呈感慨地说。

以高质量党建引领开创新时代政协工作新局面。“新一届市政协党组坚持传承发展，不断做深做实政协党建工作，以打造‘同心同杭’党建品牌为牵引，构建‘市县共建、多级联动、特色创树、机制支撑、融合赋能’党建工作矩阵，持续推动全市政协党建工作高质量发展。”马卫光在11月1日召开的全国政协党的建设工作座谈会交流发言时介绍。

全市两级政协认真贯彻新时代政协党的建设部署要求，扎实推进“两个全覆盖”，充分发挥政协党组织政治功能、组织功能和党员委员先锋模范作用。共同打造“同心同杭”党建品牌，深化“同心向党汇力量、同杭共建新天堂”品牌内涵。每年召开全市政协党建工作推进会和经验交流会，部署开展“党组强引领、支部筑堡垒、党员树旗帜”创建活动，指导13个区县（市）政协融合地域特征和履职特点，形成“同心同杭·和美政协”“同心同杭·两众聚力”“同心同杭·红满运河”等品牌体系。

发挥“同心同杭”品牌效应，推进品牌创建与履职实践相互赋能，开发“党建在线”应用场景，开辟“数字党建”云平台，探索全市联动、多方参与、融合互促的数字党建模式。

## 聚力服务大局　助推中国式现代化杭州新实践

深入实施创新深化、改革攻坚、开放提升三个“一号工程”，打好“亚运攻坚仗”“经济翻身仗”，是今年浙江和杭州的中心工作。

“相信杭州有能力举办一届成功的亚运会”是习近平总书记对杭州的殷切期望。举办一届“简约、安全、精彩”的亚运会，也是杭州的历史使命和光荣责任。

“躬逢盛事，与有荣焉。”自亚运会进入“杭州时间”，市政协按照省市打好“亚运攻坚仗”部署要求，全力参与、倾情助力亚运筹备各项工作。市和区县（市）两级政协主席会议成员直接牵头或参与亚运筹办赛事侧和城市侧专项服务保障工作，深入组织“委员作贡献 服务亚运会”系列活动，广泛发动政协委员和机关干部主动作为，从一线服务保障、环境提升、氛围营造、志愿服务等各方面为亚运增光添彩。

围绕高水平实现“办好一个会、提升一座城”，市政协多层次组织开展协商建言。提出“抓住亚运机遇，提升城市品质”全会建议案，聚焦“放大亚运综合效应，提升城市国际化水平”“用好亚运机遇推进‘一号开放工程’，提升杭州城市国际化和高能级开放水平”分别召开专题议政性常委会会议和专题协商，组织城市“三大提升行动”民主监督，开展亚运重点提案办理督办、“花满杭城迎亚运”专题视察调研等活动，编撰出版《天作之合——杭州亚运会（亚残运会）申办筹办工作纪实》，发挥政协作用，积极聚智聚力。

在今年“新春第一会”上，杭州提出打好“经济翻身仗”。市政协闻令而动，先后举行“深化‘两廊’建设，深入实施数字经济创新提质‘一号发展工程’”“加快‘两地’建设，高水平打造创新创业新天堂”两场专题议政性常委会会议，组织开展“唱好杭甬‘双城记’”、长三角九城市政协共商G60科创走廊更高质量发展等联动协商活动，开展优化提升营商环境等监督调研，在助力杭州塑造发展新动能新优势中展现政协担当作为。

在4月25日市政协举行的“杭商荟”活动上，16位企业家代表围绕深入实施数字经济创新提质“一号发展工程”，与相关部门面对面协商交流。“没想到我们这样的小微企业也能参加‘杭商荟’活动，没想到会上所提意见建议这么迅速得到部门回应。”临平区政协委员沈小英高兴地说。

“政协杭商荟”是由市政协搭建的政企协商活动，每期聚焦不同专题，邀请企业代表、政协委员与部门负责人互动交流。企业家代表畅所欲言，职能部门现场互动回应，相关意见建议都将在认真研究、分类梳理后，报送党委政府决策参考。

团结奋斗勇当先行者，凝心聚力谱写新篇章。杭州市政协将以习近平新时代中国特色社会主义思想为指导，深入学习贯彻党的二十大精神和习近平总书记考察浙江重要讲话精神，坚持党的领导、统一战线、协商民主有机结合，发扬民主和增进团结相互贯通、建言资政和凝聚共识双向发力，奋力书写履职新答卷，努力干出政协新样子。

（本文原载于《人民政协报》2023年11月20日第1版）

◎ 滨江区政协

# 讲好“青春政协”故事 聚力建设“两个天堂”

文／颜利飞

2023年是习近平总书记视察杭州高新区（滨江）提出“打造硅谷天堂”20周年，是杭州亚运会举办之年。贯彻落实党的二十大精神，滨江区委提出了高质量创新驱动发展、高水平共同富裕示范、高标准亚运服务保障“三件大事”。“希望区政协和全体委员紧紧围绕中心工作，深入开展调研，多建睿智之言，多献务实之策，为高新区（滨江）改革发展减阻力、添动力、增活力。”区委书记章登峰要求政协紧贴全区发展大局，在奋力建设“两个天堂”中彰显政协担当。立足“城区年轻、居民年轻、政协年轻”的实际，区政协以“青春味”“高新味”的履职，为高新区（滨江）“建设天堂硅谷、打造硅谷天堂”汇智聚力。

围绕高质量创新驱动发展，区政协聚焦科研成果转化、打造高端服务支撑体系等课题，深入企业、科研院所调研协商，切实提高建言资政的“含金量”。“区政协委员近七成是企业委员，要充分发挥委员主体作用，为高新区（滨江）科技创新发展建好言、献好策、履好职。”区政协主席张玮在近期举办的“奋进新征程 科技向未来”专题学习活动上表示。今年以来，区政协已提交关于建设国家数据要素综合试验区核心区、建设杭州国家人工智能创新应用先导区等的协商建议、调研成果、大会发言45篇。

根据高新区（滨江）产城人融合发展的实际，区政协创新设立产业园区协商驿站和委员工作室，通过组织委员成立双创服务“陪跑团”，举办“青年企业家面对面”谈创业、委员结对园区送政策等活动，广泛汇聚区域发展的人才力量。今年 9 月，在物联网产业园协商驿站的建言助力下，第一所面向园区企业员工子女招生的幼儿园正式开园，切实为年轻人解决带娃痛点。这也是区政协建言助力高水平共同富裕示范的一个缩影。

围绕高标准亚运服务保障，区政协提出首个全会建议案——《关于营造亚运城市文化氛围 展示“国际滨江·亚运核心”风采的建议》，提出“文化、科技、环境、体育、文明、宣传”等六方面具体建议，助力宇数科技“机器狗”、当虹科技 8K 电视转播、瑞琦信息灯光智控等新技术在亚运赛场精彩亮相。在这场全方位全领域的“亚运攻坚仗”中，处处都活跃着政协人的身影，真正以委员专长、政协智慧，助力一项项亚运红利真正惠及全区人民。

（本文原载于《人民政协报》2023 年 11 月 20 日第 4 版）

◎ 萧山区政协

# 党建引领　打通委员履职“最后一公里”

文 / 傅思慧

前不久，在党员委员的领衔推动和积极协调下，萧山区北干街道天悦社区仅用 9 天时间，就开通了区内两个小区与地铁间的公交接驳线路。以前绕道十几分钟时间才能到地铁站，接驳公交开通后，现在只需要几分钟。

近年来，在深化党建引领，建好平台阵地，打通委员履职“最后一公里”方面积极探索。

为推动党建工作上下联动、系统发力，区政协设立了 2 个机关党支部、6 个专委会党员委员履职临时党支部、11 个专委会党员委员履职临时党小组，并将 138 名党员委员编入各党小组。依托“政协党组—机关党组—机关党总支—机关党支部”和“政协党组—专委会党员委员履职临时党支部—专委会党员委员履职临时党小组”双线运行的党建全链条，更好地发挥党员委员的先锋模范作用。

去年以来，区政协坚持把“为民服务”作为党建工作底色，区政协机关党支部、专委会党员委员履职临时党支部将党建活动阵地建在全区 22 个镇街“民生议事堂”、村社“协商驿站”等政协履职平台，实现党支部党建活动阵地镇街全覆盖，推动党员委员履职在一线。党员委员和机关党员干部深入基层和群众，带头调研、领衔协商、积极协调、助推落实，努力为基层群众解难题、办实事。

委员们深入实际察民情，献计出力解民忧，一系列“民生小事”被列入“协商驿站”议事日程，去年以来，党员委员通过基层协商平台深入开展调研协商，提出意见建议 798 条，助推了一批民生问题得到有效解决。

聚焦贺知章文化挖掘，文史委党员委员履职临时党支部充分发挥委员的优势特长，提出修缮古建筑、开展原创越剧《贺知章》剧本研讨、启动村庄口述史调查等系列建议，为助力讲好贺知章文化故事、促进文旅融合贡献政协力量。

“依托专委会履职临时党支部建在基层的党建活动阵地，我们能更加了解基层所需，更有针对性地开展履职。”自从区政协各支部把阵地建在协商一线、把支部活动开到履职一线后，很多委员都有这样的感慨。

今年是杭州亚运会举办之年。萧山区政协在专题调研后提出建议，在全区掀起了全民健身喜迎亚运的热潮；精心组织开展亚运主题专题协商等 80 余场特色履职活动，在助力亚运、奉献亚运的第一线，处处活跃着党员委员的身影，以实际行动传播亚运精神、展现亚运风采。

（本文原载于《人民政协报》2023 年 11 月 20 日第 4 版）

◎ 余杭区政协

# “i 履职”建功　指尖上协商

文 / 谭东方

党的二十大报告指出，“发挥人民政协作为专门协商机构作用，加强制度化、规范化、程序化等功能建设，提高深度协商互动、意见充分表达、广泛凝聚共识水平”。

余杭区政协以数字政协手机端“i 履职”为抓手全面加强政协功能建设。“i 履职”以委员为主体，内置“i 发布”“i 提案”“i 参与”“i 议政”等模块，努力让数字化贯穿履职全场景，推动了“指尖上的协商民主”。

拓宽参政议政路径，畅通协商民主全过程。“阿里巴巴始终扎根余杭，持续为余杭加快打造数字生活区和全球人才高地，建设‘数字化新中心’贡献阿里力量。”区政协委员李丹正在“i 履职”直播中发言。

“i 履职”进一步拓宽了委员建言献策的路径，畅通了参政议政的渠道，拓展了政协民主协商的广度、深度和效度：通过“i 参与”功能模块，各专委会、界别活动组等均可上架活动，开通线上报名、建言通道，委员可选择报名任何想要参加的履职活动；通过“i 议政”功能模块，委员可在线参加调研、视察、民主监督等各类协商议政活动，还可发起线上议政的云会议，实现线上线下同步协商。

赋能提案项目化，办理机制数字化全流程。线上，点击“i 发布”，委员可围绕各自提案分享履职话题，互相交流研讨，反复酝酿后提出更加成熟的案由，实现提案“众人商量着提”；点击“i 提案”，委员可以提交、修改、评价提案，还可以跟踪查看历年的提案办理和评价情况。线下，所有提案根据内容被划分为20余个专题项目，以专题项目集中面商的形式进行二轮督办、四阶评价，委员对提案的协商和办理满意度更高，提案办理务实见效。

激发委员主体作用，指尖上的履职全天候。“今年，我一共参加了16次履职活动。其中，请你来协商3次，调查视察7次……”汪爱娟在“i履职”看到了她的年度履职报告。

“i履职”的“i”即是委员，以委员需求为核心，围绕委员构筑了许多“巧思”：个人履职报告体现“i”主体价值，“标签墙”展示委员特点，“委员E站”和“政协望远镜”开设委员讲堂，打开“i读书”，可以获得“两会”报告、媒体链接、部门文件等最新资源……平台通过多种履职功能的综合集成，保障委员履职的常态化，使得委员从会议活动时的有限履职转变为随时随地在线履职，从“要我履职”转变为“我要履职”。

（本文原载于《人民政协报》2023年11月20日第4版）

◎ 临平区政协

# 推动委员联系界别群众走深走实

文 / 姚 迪

党的二十大报告提出，要完善委员联系界别群众制度机制。临平区政协积极探索实践，坚持“五心共举”，推动委员联系界别群众制度机制走深走实。

坚持常态长效，结好“同心扣”。创新完善专委会指导、界别联系、服务村社等机制，构建多方位制度体系。“有了专委会指导，又有组长带着，我们履职更有方向，也更有劲头。”区优秀政协委员金丹文很感慨。委员们以覆盖全区镇街、村社的民生议事堂、协商驿站为平台，围绕城市有机更新、美丽乡村、助学助老等协商议政。

坚持“三级联动”，建好“联心站”。省市区“三级联动”、一体推进，因地制宜创建各级委员会客厅（工作室）等载体，紧扣共同富裕、亚运攻坚、社会民生等深入协商，打造委员服务界别群众新阵地。如市政协委员工作室聚焦装备制造等产业，加强与企业经营、科技人才沟通，助企纾困解难，得到了业界人士广泛好评。

传递民生温度，当好“暖心人”。“委员提出的公交站名问题，经与交通部门、公交公司等协调，已更改为临平大剧院，方便百姓出行。”这是提案人李金龙委员收到的办理答复。区政协要求委员深入一线做实调研，“不调研不提案”，今年254件提案线索均从界别群众中收集而来；社情民意上接天线、下接地气，得到很好落实；民主监督聚焦环境品质、城市文明，切实走好新时代群众路线。

发挥优势特色，办好“贴心事”。“条、块、点”结合，助力解决群众身边烦心事。“条”上，把握委员界别、行业特点，发挥专业优势；“块”上，由镇街联络工委引导委员围绕区域特色，服务界别群众；“点”上，积极培育明星委员，实现“培育一人，影响一类，带动一片”。如运河街道聚焦住房难问题，经多次协商，当地出台了专项申请途径、房屋修缮资金等举措，协商成果入选全省协商议事典型案例。

搭建数字平台，织好“连心网”。依托“数字政协”，全区287名委员都有履职码，全部“上网”入驻。履职情况实时扫码上传云端，群众可通过“线上委员工作室”反映问题，委员则联系部门给予回复，履职全程“上云”。委员通过平台发布调研课题、征集民生实事、组织讨论协商，交流全面“上线”，有效拉近群众距离、扩大服务半径，参与群众超20000人次。

（本文原载于《人民政协报》2023年11月20日第4版）

◎ 钱塘区政协

# 搭建特色协商平台　助力产业高质发展

文 / 周　佳

钱塘区作为浙江首个、杭州唯一的省级新区，产业立区、产业兴区是钱塘区的发展底色。自 2021 年成立以来，区政协立足实际，紧密结合助推产业发展的需要，着力打造各类特色平台载体，不断探索具有钱塘辨识度的政协工作路子，把各方面智慧和力量凝聚到服务助力钱塘高质量发展上来。

党的二十大报告提出，“健全各种制度化协商平台，推进协商民主广泛多层制度化发展”。钱塘区政协着力构建富有地域特色、多样有效的协商平台，建成“钱塘荟”区级综合协商平台，并实现 7 个街道“民生议事堂”、120 个村社“协商驿站”全覆盖。在此基础上，立足产业大区实际，创新性设立产业平台委员工作室，积极将委员履职阵地拓展延伸到各类产业平台。比如，在医药港小镇、钱塘芯谷、前进智造园分别设立“医·企议”“芯智造”“智立方”委员工作室，组织开展“创新沙龙”助企服务、芯片产业发展论坛等活动，紧贴行业、产业特点深入协商建言。“产业平台委员工作室集聚资源，帮助平台强化了产业链的供需对接，推动提升了业务衔接度。”钱塘芯谷管理办公室副主任魏旻说道。

今年，全力“拼经济”成为发展的关键词。区政协聚焦营造一流营商环境、产业新城建设、科技成果转移转化等重点领域、重大课题，充分利用“请你来协商”“政企协商会”“界别进驿站”等特色平台载体，深入探索委员会客厅、委员工作室、界别小组和党派基层组织联动开展协商的新路径，形成了一批高质量的调研报告，获得市委、市政协主要领导批示肯定 2 次，区委区政府主要领导批示31次。值得一提的是，区政协深入调研并在市政协全会上建言，有效推动了钱塘科学城建设纳入《杭州综合性国家科学中心建设方案》。

青年因城市而聚，城市因青年而兴。除了大体量的产业基础，钱塘还有大体量的高校资源。“14所高校25万师生潜力巨大，委员会客厅将努力把广大青年力量汇聚到钱塘产业新城建设上来。”钱塘青年之家政协委员会客厅领衔委员俞婷薇表示，“我们已经指导帮扶20余个学生创业项目，4个项目获省级奖项，还促成计量大学与三花集团等5个校企合作项目。”除此之外，区政协还创新组织开展高校模拟政协活动，带领高校学生走进钱塘、了解钱塘，最终形成了260件提案作品。

（本文原载于《人民政协报》2023年11月20日第4版）

◎ 淳安县政协

# 为“千万工程”迭代升级献计发力

文 / 方新军

今年是浙江“千万工程”实施 20 周年。20 年来，淳安县政协找准履职切入点，助力“千万工程”深入实施。2021 年，“千万工程”进入“千村未来、万村共富”迭代升级阶段，县政协打好调研、协商、监督等组合拳，进一步为“千万工程”汇聚智慧力量。

淳安集老区、山区和库区于一身，共富压力巨大。“在城镇化推进中，农户愿意转移到镇上，但后续就业怎么办？”“农村大部分劳力外出务工创业，留守老人谁来管？”面对“千万工程”深入推进中的新难题，县政协以务实调研为党委政府决策提供科学建议。如针对部分高山和偏远村“空心化”问题，通过持续两年跟踪调研，摸清“空心村”数量分布、农户意愿、政策保障等情况并提出意见建议，助推该县启动了新的农民转移集聚惠民安居工程。

近年来，县政协创设“请你来协商”“民生议事堂”“协商驿站”等多层多类协商平台，围绕“千万工程”提质提效开展协商。如围绕“怎样用好县外资源推动共同富裕”，2022 年与杭州上城区政协开展“携商推进帮共体、协作奋进共富路”跨区域联动协商，提出的 15 条建议得到两地党委政府采纳落实。围绕“如何使全省第一的绿色森林变成‘绿色银行’”，通过组织“请你来协商”为该县启动国储林项目建设试点提供了 20 余条建议，还助力入选浙江省林业推进共同富裕试点县。围绕“乡镇如何发挥优势，加快产业发展”，组织“稻蛙共生扩面”“日晒面产业发展”等 46 场“民生议事堂”活动，提出意见建议500余条。

与此同时，县政协坚持“党委政府中心工作推进到哪里，民主监督就跟进到哪里”，通过广泛多层监督推动“千万工程”走深走实。2022年，围绕“农村饮用水提升达标”等11项重点工作开展专项监督，梳理55个具体问题转交落实。今年通过“深化‘千万工程’、建设美丽乡村”专项集体民主监督，交办落实100余个问题。在此基础上，还向农业农村、文广旅体等12家重点部门派驻民主监督员，有力助推“千万工程”年度重点任务落实。

在助力“千万工程”实践中，县政协不断强化党建引领，提升履职能力，实现了政协工作与“千万工程”共融互促、共同成就的生动局面。

（本文原载于《人民政协报》2023年11月20日第4版）

# | 沈阳市政协 |

# 为有源头活水来

文 / 王金晶

“市政协和广大政协委员做了大量卓有成效的工作，党的全面领导更加有力、服务大局作用更加彰显、建言资政质效更加提升、干事创业劲头更加高涨，为推动全面振兴实现新突破作出了重要贡献。”辽宁省委常委、沈阳市委书记王新伟在 9 月 19 日召开的市政协十六届十一次常委会会议上对政协工作表示肯定。

今年是全面贯彻落实党的二十大精神的开局之年，是沈阳实施全面振兴新突破三年行动首战之年。在中共沈阳市委的领导下，沈阳市政协坚持以习近平新时代中国特色社会主义思想为指导，全面学习贯彻党的二十大精神，深入贯彻落实习近平总书记关于加强和改进人民政协工作的重要思想，牢牢把握人民政协性质定位，坚持党的领导、统一战线、协商民主有机结合，坚持发扬民主和增进团结相互贯通、建言资政和凝聚共识双向发力，各项工作取得了新进展新进步。

## 凝心铸魂 强基固本

记者从 9 月中旬召开的沈阳市政协机关学习贯彻习近平新时代中国特色社会主义思想主题教育总结会议上了解到，主题教育开展以来，沈阳市政协牢牢把握“学思想、强党性、重实践、建新功”总要求，坚持读原著、学原文、悟原理，共组织 4 次主题教育读书班、10 次党组理论学习中心组学习会议，召开 11 次党组会议，把习近平总书记重要讲话和重要指示批示精神作为第一议题，第一时间组织传达学习。班子成员以上率下，通过集中培训、个人自学、交流研讨、宣讲阐释等多种方式，深入学习领会习近平总书记的重要讲话精神，深刻感悟蕴含其中的真理伟力、思想伟力、实践伟力，坚定拥护“两个确立”、坚决做到“两个维护”，始终沿着习近平总书记指引的方向勇毅前行。

主题教育带来了新气象新变化。沈阳市政协党组强化目标导向、问题导向、实践导向，坚持边学习、边对照、边检视、边整改，在以学铸魂、以学增智、以学正风、以学促干方面取得了扎实成效。《强化党建引领 推动政协工作提质增效》在全国政协党建工作座谈会上作交流发言，《沈阳市政协在吃透党中央精神的前提下开展工作》《学思想凝心铸魂 助发展担当作为——沈阳市政协以主题教育成果推动工作提质增效》先后在中央主要新闻媒体刊发。

坚定不移把党对政协工作的全面领导落到实处是人民政协事业发展进步的根本保证。据介绍，中共沈阳市委高度重视政协工作，把政协工作纳入全市工作大局，市委书记专题议事会每月研究政协工作，大力支持政协履职。在全省率先出台《关于加强和改进新时代市、区县（市）政协工作的实施意见》，推动市县政协“两个薄弱”问题的解决。充分发挥政协党组在政协工作中把方向、管大局、促落实的领导作用，确保党中央决策部署及省委、市委工作要求落地见效。

牢牢掌握意识形态工作的领导权主动权。沈阳市政协严格落实意识形态工作责任制，强化市政协党组宣传思想文化工作和意识形态工作领导小组作用，完善意识形态工作“正面清单”和“负面清单”。严格执行“六审六校”，加强对市政协网站、微信公众号、《沈阳政协》刊物、文史馆、书画院等意识形态阵地的日常管理，弘扬主旋律、传播正能量。

今年以来，沈阳市政协共培训委员 1500 余人次，委员参加政协各类活动 5200 余人次；持续办好“委员讲堂”、建好“委员之家”，开展委员读书活动，组织开展《沈阳文化丛书》编撰工作，创新讲好“沈阳故事”；延伸拓展联络联谊渠道，不断增强固守政治底线的定力和形成最大公约数、画出最大同心圆的能力。

## 服务大局　担当作为

“这次市政协专题调研，调查实、研究深、建议准，为市委、市政府完善思路举措提供了智力支持。”辽宁省委常委、沈阳市委书记王新伟对调研工作作出批示。建设浑南科技城，是推进科技自立自强的重要举措，是提升战略科技力量的关键支撑，是做优科技创新空间的核心引擎。沈阳市政协将“加快推进浑南科技城高质量发展 打造全国有影响力的科技创新中心”作为年度重点协商议题，正是沈阳市委、市政府的重点工作之一。

采用“政协协商＋工作专班”创新工作模式，沈阳市政协做到身在其中、干在其中、知在其中、议在其中、成果体现在其中。积极参加浑南科技城专班工作，多次开展各类调研活动，参与委员290余人次，形成“推进浑南科技城高质量发展，打造全国有影响力的科技创新中心”等13篇调研报告，推动各类问题的解决，得到市委的充分肯定。

今年以来，沈阳市政协围绕“推进我市民营经济高质量发展”“加快文化产业发展，推进文化强市建设”等15个重点议题，深入基层、深入一线、深入群众，调研点位260余个，组织召开座谈会120余次，召开专题议政性常委会会议2次、专题议政性主席会议2次、双月协商会3次、专题协商会7次，形成一批高质量的调研协商报告，得到市委、市政府主要领导的批示肯定。《拓宽增收渠道 促进农民收入持续增长》《强化企业创新主体地位 发挥科技型骨干企业引领支撑作用》《加强湿地保护 促进人与自然和谐共生》在全国政协常委会会议上做交流。

此外，沈阳市政协还围绕全市停缓建项目、桃仙机场营商环境建设等深入调查研究，边调研边发现问题边助推解决问题；围绕成大生物技术产品研发生产基地、浑南科技城产业园区基础设施等重大项目多次开展督导调研，持续做好跟踪服务，推动项目建设提质增效；组织市政协委员和区县（市）政协联动开展“双招双引”，促成北京基金业协会与沈阳基金业协会合作，将北京私募股权投资论坛引入沈阳；积极参加“领导干部进企业 服务振兴新突破”专项行动，选派 48 名机关干部联系服务 95 家企业，推送惠企政策 2100 余条……

## 守正创新　履职为民

作为贯彻落实党的二十大精神、丰富协商民主形式的实践探索，4 月 27 日，沈阳市政协双月协商会首次召开。这次会议以“提升城市供热质量”为议题，参与调研的 5 位政协委员在会上发言，结合调研情况，围绕供暖企业供热管网改造、提升智慧供热水平、加强供暖安全监管和“长协煤”政策落实等提出意见建议。《关于推进城市供热“冬病春治”“冬病夏治”的调研报告》成为市政府决策的重要参考。

记者了解到，在沈阳市政协今年的协商计划中不乏“推进医联体建设，提升城乡医疗服务能力和保障水平”“积极应对人口老龄化，推进城乡高品质养老”“践行‘两邻’理念，推动政协协商与基层协商相结合，提高基层社会治理水平”这样的民生议题。

说到推动政协协商与基层协商融合，沈阳市政协可谓真抓实干。为了擦亮“辽事好商量·聊事为人民”品牌，沈阳以市区两级政协委员为主体，按照发挥特长优势和就近就地原则，把 446 名市政协委员、3244 名区县（市）政协委员编入全市 190 个乡镇、街道，依托全市 1126 个社区（村）“两代表一委员”工作室，组织开展协商工作，助力基层治理。

沈阳市政协坚持寓协商于服务之中，组织委员深入社区（村屯）送文化、送法律、送健康；坚持协商于民、协商为民，建立政协委员意见建议对市委市政府主要领导直通车机制，强化提案办理协商，促进知民情、汇民意、聚民智、解民忧，工作迈上新台阶。

今年以来，沈阳市政协共立案提案 599 件，其中重点提案 27 件；目前办复 589 件，重点提案全部办复。向全国政协、省政协和市委市政府分别报送社情民意信息 213 篇、326 篇、115 篇，一批社情民意信息被全国政协、省政协采纳。《借力东北大学百年校庆 推动我市招商引资和招才引智活动》等 36 篇得到省、市领导批示，推动了意见建议的落实。

市政协主席于学利表示，新时代新征程，沈阳市政协要坚持不懈用习近平新时代中国特色社会主义思想凝心铸魂，巩固拓展主题教育成果，着力在深化、内化、转化上下功夫，坚定拥护“两个确立”、坚决做到“两个维护”。要紧紧依靠市委的坚强领导，不断提高政治把握能力、调查研究能力、联系群众能力、合作共事能力，切实做到思想政治引领有力度、履职尽责有高度、建言资政有深度、凝聚共识有广度、服务委员和界别群众有温度，在奋力谱写中国式现代化沈阳新篇章中展现更大担当和作为。

（本文原载于《人民政协报》2023 年 11 月 24 日第 1 版）

◎ 和平区政协

# 加强党的领导　把牢履职“指挥棒”

文 / 王金晶　郭图华

近日，和平区政协党组专题研究党建工作，并召开深化政协组织党的建设座谈会。会上，区政协党组书记、主席赵中军表示：“加强政协组织党的建设，要把学习贯彻习近平新时代中国特色社会主义思想作为首要政治任务，扎实开展好主题教育，增强做好政协党建工作的能力和本领，推动政协党建工作不断取得新成效。”

中共和平区委深入贯彻落实习近平新时代中国特色社会主义思想，以政治建设为统领，切实加强党对政协工作的全面领导，将政协工作纳入党委工作总体布局，一体谋划、一体推进，建立健全定期听取区政协工作汇报制度，制定完善《中共和平区委关于重要事项开展政协协商的实施细则》。

党的二十大以来，区委在相关规定落实落细上下功夫，坚持每半年听取一次政协党组工作汇报，每季度研究一次政协工作，严格落实区委会同政府、政协会商确定协商计划制度。注重加强对政协机关干部的培养选拔，增加了干部职数、行政编制，改善了区政协机关人员结构，有效解决了“两个薄弱”问题，极大调动了机关干部的履职积极性。

“我们要立足本职工作，坚定理想信念，充分发挥党员先锋模范作用，把学习抗联精神的政治热情转化为增强本领和建功立业的实际行动，践行初心使命，在新时代全面振兴新突破‘辽沈战役’中干在实处、走在前列、当好先锋。”6 月 29 日，区政协机关党支部组织政协机关全体干部到抚顺新宾抗联遗址开展党日活动，重温入党誓词，徒步重走抗联行军山路，实地参观指挥所、抗联井、地窨子、灶台、营房等抗联密营遗址，认真聆听革命先烈在异常艰苦环境下英勇作战的动人事迹，追寻红色印记，传承革命信仰，接受红色教育，深切缅怀革命先烈，汲取奋进力量。

和平区政协党组按照全面加强政协组织党的建设工作要求，在10个专委会建立党支部，制定“三联系”、党支部活动室（协商议事室）建设等配套制度，构建了“政协党组+机关党支部+专委会党支部”党建工作新格局，实现了党的组织对党员委员、党的工作对政协委员“两个全覆盖”，促进了政协组织党的建设与履职尽责深度融合。

目前，和平区政协结合主题教育，充分发挥党建引领作用，聚焦民生实事和社会关切，把助推解决子女就学、养老医疗、停车难等老百姓的操心事、烦心事、揪心事，作为政协协商与基层协商有效衔接的工作重点，分别在南湖街道文安路、新华街道新华西、沈水湾街道远洋等社区，开展了“请你来协商”系列活动60余场，现场解决了照顾失能老人、评选“文明家庭”、房屋漏水、道路破损、学校周边交通拥堵等问题100余件。

（本文原载于《人民政协报》2023年11月24日第4版）

◎ 皇姑区政协

# 推进“五个一” 助企“有干劲”

文 / 王金晶　李雪莲

“临床更倾向于亲手操作，这项 AI 研发应用于医疗教学非常可行。”皇姑区政协委员、辽宁中医药大学副院长宫照东说。“我们科创医疗企业需要精准临床数据指引研发方向，需要临床实践检验产品。”沈阳埃森瑞尔科技有限公司创始人方志坚说。“我们身边竟然有这么先进的科创企业可以为我们医疗教学和临床实践助力，以后不必再去外地找企业转化科研成果了。”沈阳市政协委员、辽宁省眼内液检测和临床基础研究重点实验室负责人徐丽说。这一幕就发生在今年皇姑区政协主办的“产学研”项目合作对接调研协商会上。

“全力打造宜居宜业创新型城区、奋力进入东北数字经济创新发展示范城区”的“双区”建设是一年多前皇姑区委确立的发展目标。据此，区政协将数字经济列为 2023 年常委会会议重点协商内容，引导委员深入调研、开展协商，形成了《关于皇姑区数字经济发展的调研报告》。

如何助力全区数字经济发展？区政协党组深入调研后，开展了助推经济“五个一”专项行动。所谓“五个一”，即区政协领导干部每人联系一个项目；帮助企业协调解决一个个难题；提出一件好提案、好建议；送一个政策礼包，把“皇钻 16 条”、贷款利息补贴等皇姑区的惠企政策送到企业；建立一个招商引资服务经济特别联系小组。

按照“五个一”部署，区政协走访调研企业 100 余家，收集并及时助推解决问题 30 余个。经过集中梳理，发现问题集中反映在五个方面：数创企业需要加强与发展较快的省外同行之间的交流；数创企业在研发经营中需要普及涉及知识产权的法律知识；数创、医药企业和医疗院所、重点实验室等方有强烈的对接合作需求；部分中小微企业融资渠道不够畅通；引进的企业受疫情影响需要一定扶持。

为回应数创企业扩大视野的需求，区政协主办了“京沈联动 数智共赢”数字经济产业交流会；为回应数创企业对知识产权法律法规的需求，区政协以线上线下相结合的形式，聘请了辽宁省知识产权专家库入库专家、知名律师施宏为全体委员和部分数创企业普及知识产权的常识；为回应流动资金短缺的企业需求，区政协协调相关职能部门和各大驻区银行，召开“皇姑区银行助力复工复产服务企业座谈会”；为回应产学研对接的强烈需求，区政协主办了产学研项目合作对接调研协商会……

“引进来的企业遇到困难，我们一定要帮一把。”区委有关负责同志反复强调。时任区政协主席林学家表示，区政协将充分发挥政协平台优势、资源优势和委员联系面广的优势，进一步搭建产学研一体化交流联络平台，促进大院大所科技成果与科技企业合作对接，打通科技成果转移转化渠道。而今，皇姑区共有市级以上重点实验室等科技创新平台 108 个、产学研联盟 21 家、新型研发机构 7 家；共有科创孵化平台 63 个、高新技术企业 637 家、在孵科技企业 2800 余家，展现了强劲的发展后劲。

（本文原载于《人民政协报》2023 年 11 月 24 日第 4 版）

◎ 铁西区政协

# 强化“两支队伍” 促进履职增效

文 / 王金晶　齐　济

“希望全体政协委员和机关干部将此次培训成果运用到政协履职实践中，学思悟践，以深学推动实干，积极为铁西经济社会高质量发展献计出力。”在5月19日举行的以“深入学习贯彻中共二十大精神、提升政协委员（干部）履职能力”为主题的培训班开班仪式上，铁西区政协主席李鸥对学员们提出期望。

在这次培训班上，市委党校沈艳教授围绕学习贯彻习近平总书记关于加强和改进人民政协工作的重要思想，就如何提高政协委员履职能力、撰写高质量的提案和社情民意信息等方面内容为学员们进行授课。“此次培训是一次大家掌握政协知识、提升履职能力的难得机会，大家定会以此次培训为契机，认真学习、深入思考、凝聚共识。”“作为委员要积极主动围绕铁西经济社会发展中的热点、难点问题，把服务民生作为深入履职的工作导向，把提升能力作为高效履职的保障，切实将学习培训的收获和成果转化为建言资政的具体实践，为实现铁西高质量发展贡献智慧和力量。”委员们在课后表示。

党的二十大以来，铁西区政协更加坚定地把建好“两支队伍”作为奋进之基，将培训学习、健全机制、强化服务融入政协工作全过程，打造高素质的委员队伍和机关干部队伍。

不仅要加强理论学习，更要在实践中锻炼队伍。8月24日，李鸥带领经济科技二组全体政协委员先后到特变电工沈阳变压器集团有限公司和北方药谷德生（沈阳）生物科技有限责任公司进行实地视察，提出“加大政策支持，优化服务保障”“加大项目谋划，科学编制产业图谱”“不断优化提高要素配置效率，补齐软硬件设施短板”“加快项目进度，实现产业基础高级化、产业链现代化稳定化”等意见建议。

今年以来，铁西区政协还围绕“加快推进生活垃圾分类工作，打造城乡优美环境”“加强城市品质提级，推进公园城市建设”等内容，组织委员开展调研视察、专题协商等活动。据介绍，铁西区政协以委员之家和界别活动室为依托，积极搭建“辽事好商量，聊事为人民”协商平台，截至目前，共开展协商活动 210 次，提出意见建议 200 余条，22 件重点提案办理成效显著。

在政协机关干部队伍建设方面，铁西区政协注重提升干部能力与打造“学习型”“务实型”“服务型”机关相匹配。“我们定期组织开展业务知识讲座、研讨交流、微讲堂，由机关干部上台当‘主角’轮流主讲，将政治理论学习与业务知识学习有机融合，引导机关干部主动学习、拓宽视野、提高政治素养和业务素质。修订完善各类工作制度规范，细化公文处理、委员联系、财务管理等 18 项规章制度，深化‘勤快严实精细廉’作风建设。制定落实《委员联系工作机制实施方案》，进一步畅通与委员沟通渠道，不定期走访看望委员，听取意见建议，帮助委员解决生活和履职中遇到的困难问题；配齐配强各科室工作力量，提升履职服务水平。”相关负责人表示。

（本文原载于《人民政协报》2023 年 11 月 24 日第 4 版）

◎ 于洪区政协

# 调研寻突破　协商促振兴

文／王金晶　吕海燕

11月3日，一场专题协商会在于洪区政协机关举行，与会委员围绕“推动舒心就业向基层延伸，为于洪高质量发展蓄势赋能”主题协商议政。“加大政策宣传力度”“夯实基层培训成效”“多方渠道扩大就业需求”“进一步加强公共就业服务，升级舒心就业平台”……委员们立足实际，提出建议，给区委、区政府决策提供参考。

这场专题协商会只是于洪区政协今年10场重点协商中的一场。按照区委出题、政府点题、政协谋题、广泛征题的思路，今年区政协精准选定10个协商议题：围绕“工业转型升级”“现代农业产业化”进行重点协商，为区域经济发展赋能助力；围绕“舒心就业580”、推行“品质养老”、打造“健康于洪”等进行专题协商，围绕央地合作、中欧班列、苏辽产业园等重点项目进行专题调研、协商。

党的二十大以来，于洪区政协充分发挥专门协商机构作用，以协商议政为主要抓手，深入开展“振兴新突破，我要当先锋，政协有作为”专项行动，凝心聚力，履职尽责，为于洪区高质量发展贡献政协力量。

近段时间，于洪区政协组织的活动不断：8月9日，区政协招商专班成功引进沈阳金氏科技有限公司签约注册；9月27日，区政协举办“助推经济促发展，检企携手迎佳节”茶话活动，由政协搭台，促进检企对接；10月19日，区政协党组书记、主席张殿军一行到于洪区中小企业商会调研，倾听商会发展诉求，并就商会建设、中小企业发展、委员作用发挥等情况与商会代表进行了深入交流；10 月 25 日，区政协视察组走访了丹景山社区、保利观唐口袋公园、平罗街道富强村民宿项目等听取相关情况介绍……

于洪区政协聚焦区域经济发展，持续关注区内中小企业的急难愁盼。据介绍，于洪区政协建立政协班子成员联系企业界委员制度，由政协主席、副主席带头走访政协委员、委员企业，充分发挥引导、协调、解难、推介作用，努力把委员企业建成政协工作的联系点、社情民意的收集点、经济发展的示范点。现已通过实地走访、集中座谈、电话沟通、书面调查等形式，访询委员企业 71 家，建立委员企业问题解决“绿色通道”。

不仅如此，于洪区政协对标区委决策，组织全体政协委员和住区的省市政协委员下沉到各街道、村（社区），按照“住所就近、工作方便、发挥优势”的原则，在基层开展协商议事活动。建立社区“委员工作室”，为基层群众参与公共事务、反映利益诉求搭建平台；建立街道“委员联络组”，为基层治理、公共事业发展、民生建设建言献策；建立商会“委员工作站”，为企业发展壮大，地区招商引资、招才引智牵线搭桥、献计出力。

张殿军表示，于洪区政协要在区委坚强领导下，坚持平等协商、有序协商、真诚协商，强化互动交流，增强协商实效，汇聚奋进力量，为助推“旗帜工程”，助力全面建设“东北城乡协调发展先行区、沈阳振兴发展西部增长极”作出新的更大贡献。

（本文原载于《人民政协报》2023 年 11 月 24 日第 4 版）

◎ 辽中区政协

# 集智聚力　助产业园区建设

文 / 王金晶　郑洁文

位于辽中区的沈阳综合保税区近海园区、中俄（沈阳）经贸合作产业园，是沈阳深度融入共建“一带一路”、全力打造东北亚对外开放新高地的重要载体。近两年来，辽中区政协多次组织政协委员前往产业园区调研视察，详细了解园区内的企业发展现状、产业集群、土地利用等具体情况，深入分析影响园区发展的制约因素和难点问题，形成《关于深化近海经济区改革创新，加快产业集群集聚，推动实现辽中经济高质量发展》等调研报告、视察建议 3 篇，提出意见建议近 20 条。其中，关于近海经济区建设的调研报告多条建议被区委、区政府采纳，并在市政协常委会会议上做经验交流。

今年以来，辽中区政协积极发挥专门协商机构作用，围绕全区产业园区建设，汇聚政协智力优势，深入协商建言，在助推全区高质量发展中展现新作为。

何荣利委员建议，建立招商引资长效机制，在专业型招商方面加大力度。杨国勇委员提出，要注重以商招商和以链招商、谋划当前和规划长远相结合。刘伟委员认为，应加快推进综保区与近海经济区融合发展，打好组合拳……9 月 22 日，以“加快推进沈阳综合保税区近海园区建设”为议题的专题协商座谈会在辽中区召开，20 余位政协委员展开热烈交流和讨论，提出 30 余条务实建议，为区委、区政府科学决策提供了有力支撑。

围绕区委、区政府中心工作，辽中区政协已全方位、多角度地参与到特色产业园区的建设之中。为大力推动沈阳综合保税区近海园区、中俄（沈阳）经贸合作产业园等特色园区建设，辽中区政协紧紧结合园区发展方向，聚焦先进装备制造、节能环保、农产品精深加工、保税加工及商贸物流等主导产业，通过以商招商、产业链招商等形式推动产业集聚发展。同时，还充分发挥政协委员自身优势，在引项目、引资金、引税源、引资源上下功夫。截至目前，辽中区政协对接招商引资项目 19 个，实现落地项目 8 个，持续跟进工业生产、生态旅游等多个项目。

为提升产业园区的知名度和影响力，7 月 9 日至 13 日，时任辽中区政协主席杨晓波率辽中经贸代表团赴俄罗斯开展招商引资活动。在叶卡捷琳堡第七届中俄博览会上，举办沈阳中俄经贸合作产业园园区推介、项目洽谈和签约活动；在莫斯科参观考察中国对俄经贸活动的桥头堡——格林伍德国际贸易中心产业园，并举办沈阳中俄经贸合作产业园项目签约和揭牌仪式；还在上海、哈尔滨、满洲里、绥芬河等地参加多场推介会和洽谈会，聚焦中俄贸易和“保税 +”，引进白俄罗斯乳制品保税加工等一批重点项目，加紧对接俄罗斯木材、奶粉、钾肥、冰激凌、面包、铝锭等众多中俄经贸合作项目。目前，中俄食品园已有 17 家企业落户。

杨晓波表示，要搭平台、建通道、聚产业，一体推进开放平台和合作平台建设，全面推进公铁海航网多式通道建设，加快引进贸易项目和实体加工项目；继续在国内外举办推介会和洽谈会，进一步提升沈阳中俄产业园的知名度和影响力。

（本文原载于《人民政协报》2023 年 11 月 24 日第 4 版）

## ｜大连市政协｜

# 唱响新时代“全面振兴发展”协奏曲

文／田　野　吕东浩

10月19日，大连市政协副主席曾波带领视察调研组一天跑了4个“点”：上午，登上碧流河水库大坝，就关于“加快提升水资源承载力”的2022年市政协“一号提案”进行跟踪督办。下午，赶赴普兰店区大谭街道夏沟村、丰荣街道花卉种苗生产基地、铁西街道政协文化广场，调研乡村振兴、基层社会治理和委员履职阵地建设情况。

四季度是推动各项重点工作的“黄金期”、完成全年目标任务的“关键期”，每年这个时候，市政协履职日程表总是安排得满满当当。

每个大连政协人都记得：10年前，习近平总书记赋予大连“两先区”“三个中心”建设重任；5年前，要求大连“率先开展高质量发展试点试验”；去年，寄予大连当好新时代东北振兴“跳高队”的殷切期望。

“努力提升建言资政质效，聚智助力振兴发展大局。”市政协紧扣党的二十大对人民政协的新要求，充分发挥专门协商机构“专”的优势，将建言资政和凝聚共识双向发力，有效嵌入助推大连“两先区”“三个中心”高质量发展的生动实践当中。

### 把好政协工作“方向舵”

思想决定行动，方向关乎全局。

2019年党中央首次召开中央政协工作会议以来，大连市政协坚持以党的政治建设为统领，全面加强党的各项建设，牢牢把握政协工作正确的政治方向。

“把党的领导贯穿到政协工作血脉之中。”围绕不断强化党的创新理论武装，市政协建立习近平新时代中国特色社会主义思想学习座谈会制度，完善以党组理论学习中心组学习为引领，主席会议学习、常委会学习、专委会学习、界别学习、委员培训学习制度体系。深入开展习近平总书记关于加强和改进人民政协工作的重要思想理论研讨活动，推动理论学习广泛多层制度化开展，促进政治上团结合作、思想上共同进步、行动上步调一致。

2020 年 11 月 30 日，中共大连市委召开政协工作会议，出台《关于新时代加强和改进人民政协工作的实施意见》。市政协紧随其后，配套出台“凝聚共识工作”“强化委员责任担当”“协商工作规则”“加强联系指导”等 4 个落实文件，使全市政协组织贯彻落实中央和省委、市委政协工作会议精神进一步实化、深化、具体化。

结合贯彻落实中央政协工作会议精神“回头看”，市政协主席会议成员分赴各区（市）县开展政协工作大调研，协助大连市委制定《关于加强和改进新时代市县政协工作的实施意见》，从配强领导班子、规范机构设置、加强联系指导等方面，推动解决市县政协“两个薄弱”的问题。

持续健全党的组织体系，是市政协加强党建工作的又一特点。目前，已构建起市政协党组、机关党组、机关党委和专委会履职党支部、机关党支部、临时党支部“3+3”六位一体的党组织体系，制定党建工作 22 项配套制度，实现党的组织和党的工作“两个全覆盖”。

## 找准履职尽责“突破口”

“产品销售与去年同期相比是否有所改善？”“您提出的企业税收问题我们马上协调落实。”结合贯彻大连市民营经济发展大会精神，今年 5 月，市政协组织人员走进多家委员企业，沉向一线摸清实情，“立说立行”助企纾困。

“为城市振兴谋与思，为群众冷暖鼓与呼。”市政协以此为发力点，紧紧围绕中心、服务大局，运用新理念、新思维、新视角、新方式，在履职尽责中体现新担当、展现新作为——

着眼打造“事前协商、事中协商、事后协商”完整链条，建立“第一年预研选题、第二年协商办理、第三年监督落实”的全周期协商闭环运行机制，有效改变“建议止于批示”的状况，促进更多协商成果转化为党政部门政策选项、工作选项。发挥党派之能、界别之智和新型智库作用，积极开展远程协商、“有事好商量”电视协商、专家协商，推进政协协商同基层协商有效衔接。

坚持调研于协商之前，使协商议题上接“天线”、下接“地气”，涵盖党政关注的重点、社会治理的焦点和涉及群众利益的难点。持续深化“两先区”建设指标体系研究，形成《“两先区”建设质量综合评估与监测白皮书》等一系列履职精品。围绕“优化要素配置，推进我市高质量挺进‘万亿 GDP 城市’”深度协商，所提建议引起市委领导的高度重视。

与市纪委监委联合出台《关于对营商环境建设情况协同监督的工作意见》，构建畅通联系、线索移送、融合互动、两级联动、一体推进五大机制，推动“软监督”变为“硬约束”。在 12 家委员企业设立营商环境监测点，开通线上工作平台。市政协机关干部与 134 家民营企业建立对接联系，帮助企业解决实际问题 240 余个，有效转化意见建议 120 余条。

紧扣助推《辽宁全面振兴新突破大连行动方案（2023—2025 年）》，市政协明确需要 3 年持续推进的 28 个专题协商和民主监督事项，本年度先后召开“聚焦绿色发展新赛道，汇聚我市高质量发展新动能”等 2 次专题议政性常委会会议，举行“加快推进种业振兴，助力我市农业高质量发展”等 4 次双月协商座谈会。发动委员开展“为辽宁全面振兴新突破大连行动建真言、出点子、作贡献”活动，围绕行动方案实施情况、经济社会发展问题和民生问题提出 125 个“金点子”。

## 明确凝聚共识“着力点”

人心是最大的政治，共识是奋进的动力。

近年来，市政协坚持把“加强思想政治引领、广泛凝聚共识”作为履职工作的中心环节，充分发挥人民政协“重要阵地、重要平台、重要渠道”作用，将凝聚共识贯穿履职活动全过程，为振兴发展凝心聚力。

在思想引领中凝聚共识、增进团结。坚持寓思想政治引领于经常性工作之中，高标准建成大连政协文史馆，并将其打造成面向社会的党性教育和爱国主义教育基地；深入推进以中共党史为重点的“四史”学习教育，开展庆祝中国共产党成立100周年、庆祝新中国成立70周年和人民政协成立70周年等系列活动；组织学习贯彻党的二十大精神主题研讨会等主题活动，引导广大委员深刻领悟“两个确立”的决定性意义，切实增强“两个维护”的政治自觉，夯实团结奋斗的共同思想政治基础。

在因势利导中凝聚共识、扩大团结。利用市政协藏书25000余册的“委员书房”，构建市县政协联动、线上线下融合、读书履职互促的运行机制，精心打造“书香政协”。创建“大连城史·故事”特色板块，以“喜迎二十大，我们这十年”等为主题，讲述“大连故事”1200余篇，让人们发现大连之美、见证大连之变、感受大连之好。

在履职为民中凝聚共识、维护团结。协同各区（市）县政协，依托“两代表一委员工作室”“政协委员之家”等阵地，发动各级委员深入基层一线、深入工作实际、深入界别群众，察民情、解民忧、暖民心，及时、准确地反映群众困难和诉求。连续3年组织召开银企对接会，邀请银行和金融机构与多位企业界委员进行交流对接，助解企业“资金周转不灵”的难题。

### 提振两支队伍“精气神”

目前，大连市政协实有机关干部79人，市政协委员454人，分别来自32个界别。10个区（市）县政协现有委员2512人。

如何建强“两支队伍”，增强整体履职效能，使政协“好声音”更加响亮有力？

市政协对标新时代“责任委员”要求，组织全市2000多名各级政协委员开展学习培训、集中“充电”蓄能。持续深化“强化委员责任担当”主题实践活动，在各界别活动组建成30多个“政协委员之家”，定期组织开展形式多样的履职活动。创建政协委员读书暨“政协委员＋机关公务员”读书学习“半月谈”活动品牌，围绕人工智能、地缘政治等开展多期学习交流活动。

为进一步发挥委员主体作用，拓宽委员联系服务界别群众渠道，市政协相继建成10个集“交流、协商、合作、分享”等功能于一体的协商工作室，适时组织开展各类活动。在全市城乡建立协商点1000余个，搭起“百姓家门口”的协商平台。研究制定内设机构调整和职能优化方案，改进机关干部考核评价机制，健全工作落实督查督办机制，打造忠诚、书香、有为、创新、清廉的政协机关。

9月28日，大连市政协召开全体机关干部大会，围绕深入学习贯彻习近平总书记在新时代推动东北全面振兴座谈会上的重要讲话精神，再次发出“动员令”：在建言资政中追求卓越，在凝聚共识上敢于担当，汇聚抓落实、强执行、促振兴的强大合力。

风劲潮涌，自当扬帆破浪；任重道远，更需策马扬鞭。曾波表示，市政协将乘着党的二十大东风，念发展之所急，呼百姓之所盼，唱响新时代“全面振兴发展”协奏曲，持续为加快大连“两先区”“三个中心”建设提出“政协方案”、贡献“政协智慧”。

（本文原载于《人民政协报》2023年11月27日第1版）

## ◎ 中山区政协

# 聚焦“真问题”献出“金点子”

文 / 吕东浩

“谈的都是‘真问题’、提的都是‘金点子’，体现出广大委员的专业素养和务实精神。”9 月 26 日，大连市中山区政协召开常委会会议，围绕“深入开展‘无陪同体验式’调研,全力推进中山区振兴发展新突破”协商议政。会上，区委书记为区政协开展的“无陪同体验式”调研活动点赞。

结合贯彻落实中央政协工作会议精神，充分发挥新时代人民政协专门协商机构作用，让政协协商议政更加贴近党政中心工作，中山区政协尝试创新开展“无陪同体验式”调研活动。

“无陪同体验式”调研采取“四不两直”方式：不用陪同、不发通知、不打招呼、不听汇报，直奔现场、直接调研。调研内容聚焦辖区群众普遍关心的热点、难点问题和区域经济社会发展的共性问题，通过深入基层、深入实践、深入群众了解掌握第一手资料，与“有陪同”调研相结合，形成“双轮驱动”调研模式，以“小切口”做好“大文章”，发现中山发展短板、了解辖区百姓需求，使所提建议顺民意、有温度、接地气，精准助力区委、区政府科学施策，为基层社会治理提供智力支持。

区政协的同志介绍，“无陪同体验式”调研是在区政协主席会议领导下有组织、有计划地开展调研工作，按照“党政所盼、群众所需、政协所能”的原则，围绕全区中心工作和人民群众普遍关注的问题，由党政点题、委员荐题、群众出题、党组筛题，最后确定选题。

“无陪同体验式”调研实行“组长负责制”,委员“自由组合”的建组方式，调研组制定详细的调研方案，明确目标任务、时间地点、方法步骤、人员分工等事项，并经主席会议审议通过后开始实施。调研过程中，注重以事实为凭、用数据说话，避免出现“重调轻研、只研不调”的现象。年度调研任务结束后，区政协常委会专题听取当年调研情况汇报，选择优秀调研报告在常委会会议上发言。同时，邀请区委、区政府领导和相关部门负责人参加会议，开展协商，推动调研成果转化。

2023 年，中山区政协共确立 34 个调研课题，全体委员共同参与，围绕经济发展、社会治理、营商环境、公共安全等各个领域组织开展调研 170 余次，撰写调研报告 34 份，提出意见建议 260 余条。其中，围绕加快中山区现代化产业体系建设，提出提供政策支持、完善配套服务等建议；围绕推动中山区特色街区高质量发展，提出精准调整业态布局、提升“夜经济”慢生活业态等建议。

对于“无陪同体验式”调研模式，区政协的同志认为至少带来几个方面的益处：委员主体作用得到充分发挥，极大地增强了委员履职意识和能力；专门协商机构的作用更加突出，推动了政协工作高质量发展；拓展专题协商领域，使持续多年开展的“社区议事会”更有底气。政府部门反馈：委员们按照“选题求准、调研求深、协商求透、效果求实”的要求，分析问题入木三分、提出建议切实可行，使“政协方案”更加贴近区委、区政府工作实际，为党政科学决策提供了具有专业价值的参考意见。

（本文原载于《人民政协报》2023 年 11 月 27 日第 4 版）

## ◎ 西岗区政协

# 持续助力营商环境向好发展

文 / 吕东浩

委派民主监督员，化“被动”为“主动”；紧盯关键环节，精准实施监督……今年以来，大连市西岗区政协聚焦营商环境建设中的重点、难点问题，充分发挥政协民主监督的独特作用，全力助推辖区营商环境建设特别是“放管服”改革、政务服务能力不断提升。

“进一步深化拓展委派政协委员担任党政部门‘民主监督员’工作。”去年年底换届后，西岗区政协改变过去由党政部门邀请委员担任特邀监督员的做法，第一时间主动与全区各部门加强沟通联系，向民政、卫生、教育等重点民生部门按需委派有较高政策理论水平、较强社会责任感、较大社会影响力的政协委员担任民主监督员，化“被动”为“主动”，变“定期”为“随时”，突出专业特长、发挥界别优势、实现定向监督。

同时，围绕深化拓展协商式监督质效，组织对全体委员进行区情通报，利用政协微信公众号、“传递学习力量，共建书香政协”学习平台、委员工作群、专委会会议等各类载体，对全体委员开展“营商环境监督”业务培训，组织特邀监督员参与各部门行风政风检查、效能监察、民主评议，提出有价值的意见建议，促进有关工作的开展和营商环境建设持续向好。

“聚焦区域经济健康发展，持续关注和助推营商环境建设。”今年，根据辽宁省全面振兴新突破三年行动方案、大连方案以及区委、区政府确定的工作重点，区政协将“助企纾困优化营商环境建设”“区域经济发展现状及未来规划”“核心商圈与特色街区建设”列为年度重点协商议题，将软件行业“二次创业”列为年度重点调研课题，把全区2023年重点项目建设、南部生态文化旅游湾区建设、地区生产总值入统核算重点企业、市容环境综合治理常态化、科创平台建设等列为专题视察考察项目，纳入年度协商监督计划，通过分组视察、无陪同视察、暗访、问卷调查、座谈、访谈等形式，集中组织委员开展协商监督，促进党政工作部署得到落实。

与此同时，充分发挥社情民意信息优势作用，与“讲好辽宁故事、展示良好发展预期”活动相结合，广泛凝聚社会共识，汇聚振兴发展正能量，形成社会公众了解政协工作、关心营商环境的良好导向和氛围，为开展专项监督、促进营商环境优化营造有利舆论环境。“事实证明，政协持续围绕党政中心工作履行职能，能够促使相关部门高度重视民主监督，主动接受民主监督，不断改进工作方式，提高行政水平和工作效率，防止和减少工作失误。”区政协的同志表示。

通过政协组织、广大委员积极参与和上下齐心努力，目前，西岗区设立了“办不成事”窗口，开辟了解决“疑难杂症”专门渠道，出台了促进经济稳增长扶持奖励办法，100个高频事项实现“最多跑一次”，“双随机、一公开”监管和“互联网+”监管全面推行，12345网络平台和话务平台满意率居全市前列，实现了营商环境持续优化。

（本文原载于《人民政协报》2023年11月27日第4版）

◎ 甘井子区政协

# 汇聚振兴“政”能量　谱写发展“协”奏曲

文 / 吕东浩

2023年，大连市甘井子区政协围绕全区“3+3+X”产业结构调整，聚焦“文旅产业”“商圈建设”“预制菜产业”确立了3个重点研究课题，由区政协领导牵头，专委会、政协委员、智库专家学者组成调研团队，深入调查研究，真正摸清相关产业发展现状，聚焦突出矛盾和问题，高起点立论、深层次建言、前瞻性献计，分别拿出沉甸甸的调研报告。

“汇聚振兴‘政’能量，谱写发展‘协’奏曲。”甘井子区政协牢牢把握与党政工作同频共振、同向推进总基调，紧扣党政中心任务，主动担当作为，扎实履职尽责，凝聚振兴发展合力，在助力地区经济社会高质量发展、大连加快挺进“万亿GDP城市”和辽宁全面振兴新突破三年行动中，奋力书写政协履职新篇章。

发挥政协组织“人才库”“智囊团”优势，聚焦民营经济发展，组织区政协经济界委员深入学习贯彻习近平总书记在今年看望参加全国政协十四届一次会议的民建、工商联界委员时发表的重要讲话精神，积极投身甘井子区“抓实平台项目建设，促进民营经济发展”专项行动，主要领导带头包保重点项目，深入项目建设现场，督促检查进展情况，协调解决面临的问题。区政协领导班子成员带队深入118家委员企业走访调研，与委员面对面交流，点对点解惑，提振发展信心。建立问题台账，纳入区民营企业诉求办理机制，对企业诉求实行清单式管理，用心、用情、用力帮助企业纾困解难。

为切实履行好政协民主监督职能，区政协立足辖区实际，做出一系列有益的尝试。包括：围绕全区优化营商环境建设工作，联合区纪委监委持续开展专项协同监督；围绕文明城市创建和城市综合治理能力提升情况开展专项监督；围绕新认定省雏鹰企业、瞪羚企业发展情况，事业单位机构改革后运行情况等开展专委会监督视察。发挥152名政协特约监督员作用，围绕惠企政策落实、市容环境整治、乡村振兴等工作主动参与、有序开展民主监督活动，有效协助区委、区政府解决问题、增进团结、凝心聚力。

去年3月，甘井子区出台《招商引资若干扶持政策（试行）》，围绕重点项目落地扶持、产业引导基金支持等7个方面，推出具体措施，鼓励优质企业到甘井子区投资落户。紧接着，区政协发挥委员人脉广、联系多、资源足的优势，主动担负起宣传推介甘井子区环境、区位、资源优势的责任。认真梳理委员提供的招商线索，建立招商线索目录，由区政协主要领导带队对接政府相关职能部门，及时跟踪落实情况，助推产业项目落地。开展委员企业项目推介活动，为企业发展搭建平台，实现资源共享、互利共赢。通过微信公众号等新媒体平台讲好“甘井子故事”，吸引更多人才、资本落户甘井子、扎根甘井子。

区政协还善于用好“辽事好商量，聊事为人民”“两代表一委员”工作室协商平台，充分释放专门协商机构效能。今年以来，各政协街道工作委员会围绕群众关切的热点、难点问题，累计开展各类协商活动90余次。

（本文原载于《人民政协报》2023年11月27日第4版）

◎ 旅顺口区政协

# “旅事商量·顺理成章”让政协走近群众

文 / 吕东浩

“坚持‘沉下去、接地气、有温度’。”大连市旅顺口区政协进一步明确人民政协作为专门协商机构的职能定位，积极探索新时代协商民主有效形式和载体，务实开展“旅事商量·顺理成章”协商活动，聚焦群众和经营主体急难愁盼的身边事、基层社会治理的具体事，积极推动政协协商与基层协商有机衔接，将政协制度优势转化为基层治理效能。

——搭平台。区政协依托全区9个街道“两代表一委员之家”、92个村（社区）“两代表一委员”工作室、19个政协委员个人工作室、1个党派委员工作室，搭建“区域型、界别型、专业型、党派型”四类协商平台，让辖区内203名省、市、区政协委员就地、就近参与“旅事商量·顺理成章”协商。

——建机制。坚持“没价值不协商、没调研不发言、没新意不建议”，对“协商什么、谁来协商、怎么协商”等作出明确规定。精心确定协商议题，把“党政交题、委员荐题、群众征题、政协选题”结合起来，按照“两议六不议”选题原则筛选议题，报街道党工委审定。认真组织协商会议，遵循“选定议题、确定主体、做好调研、组织协商、报送结果、推动落实、规范档案”七步协商流程，按照“依法依规、文明表达、机会均等、实事求是”的议事要求，进行充分协商。将“问、答、辩”贯穿协商全过程，居民代表摆问题、谈诉求，职能部门说举措、论周期，政协委员提意见、讲思路。及时把协商成果反馈到街道党工委，通过政协“微建议”报送区委、区政府，同时加强跟踪督办，全力推动协商成果真正转化落地。

——重结合。同党建引领相结合，区政协党组每月向区委汇报重点协商工作，协商议题报街道党工委审定，协商会议由基层党组织负责人主持。同委员履职相结合，把参与协商作为落实“联系工作制度”的重要抓手，要求每位委员每年至少联系3位界别群众，写一份社情民意信息，并把协商和联系工作情况作为委员履职考核内容。同政协常规工作相结合，政协专题调研、民主监督、提案办理与基层协商深度融合，“推进更高水平‘平安旅顺’建设”“加强农村生产生活垃圾治理”“缓解企业用工难、留工难”等年度重点协商课题，均下沉为“旅事商量·顺理成章”协商议题。

——见成效。辖区内省、市、区三级政协委员共同参与协商活动，先后走访群众600余人次，收集社情民意230余条，形成协商成果54件，委员“四种能力”得到有效提升。“旅事商量·顺理成章”增强了群众协商意识，规范了基层协商形式，推动解决了一批党政所想、群众所盼的基层治理难题。比如，通过协商，盐场新村推进回迁区房产证办理，解决了群众期盼已久的民生问题。“旅事商量·顺理成章”协商让政协真正走进基层、走近群众，有效地提升了基层政协的社会影响力。正如一位全程参与“破解柏杨路杨树沟路段交通安全问题”协商活动的群众所言：“协商民主就是好，通行安全不烦恼。”

（本文原载于《人民政协报》2023年11月27日第4版）

## ◎ 普兰店区政协

# “双百”恳谈协商助解群众急难愁盼问题

文 / 吕东浩

得知社区缺少文体活动场所，工业组委员共同出资为其修建了 1000 多平方米的党建文化广场，并添置十几种配套健身器材。针对村屯葡萄销售难问题，委员们发挥自身资源优势，仅一场直播带货就帮助农户销售葡萄 300 余单、价值 3 万余元……

这些，是大连市普兰店区政协组织开展“双百”恳谈协商活动过程中出现的一段段“小插曲”。

去年年初，着眼聚焦关键“小事”，解决民生“大事”，普兰店区政协组织委员进社区、走村屯，深入基层最前沿开展恳谈协商活动，当年便基本完成“百场民情恳谈”和“百件协商事项”预期目标，为群众解决急难愁盼问题 220 余件，并撰写 30 多条社情民意信息送达相关领导和党政部门，活动取得了实实在在的成效。

今年，区政协围绕贯彻落实《辽宁全面振兴新突破大连行动方案（2023—2025 年）》，决定将“双百”恳谈协商活动进一步引向深入。

“‘双百’恳谈协商活动是区政协党组在实践中摸索出来的一种履职新模式。”区政协的同志介绍，以往开展议事协商活动，选题往往容易“高大上”，效果自然不理想。为使议事协商活动真正成为群众的“雪中炭”“雨中伞”，区政协决定发动委员深入百姓中间，先“恳谈”后“协商”、先“问需”后“服务”，让恳谈“活”起来，让协商“火”起来，让履职“实”起来，并形成一套“三无”“三有”“三办”恳谈协商机制。

其中的“三办”指的是，对于恳谈协商中群众提出来的问题，坚持以小为大、“办”字当头，少说“不能办”、多想“怎么办”，只要“能办到”、尽快“去办好”。具体途径有三：

委员单独办。比如，针对恳谈协商中农民群众提出的葡萄销售难问题，委员们大胆尝试现场直播销售，大家纷纷拿起手机，发挥各自优势，通过自己的“工作群”“客户网”和“朋友圈”，积极当好农产品宣传员和推销员。

工作组联合办。工商联组与政法组联合邀请区检察院、区法院以及律师事务所等单位工作人员，在相关企业设立会场，组织开展“法律援助”协商议事活动，以“解剖麻雀”的形式，由企业介绍典型案例，听取企业负责人的诉求表达。区检察院、区法院及律师事务所的同志则立足各自职能集体“会诊”，从最有利于企业发展的角度出发，分析案情、提出建议，帮助企业维护好自己的合法权益。

借助社会力量共同办。商贸组在恳谈中得知部分社区休闲场所缺少基础设施，主动协调中国狮子联合会大连慈莲服务队义务为海湾广场、鞍子河岸边、锦园小区、颐莲家园等居民小区安装爱心长条凳子36条，为群众休闲提供方便。社保组联络10余家企业到街道举办用工招聘会、卫生组协调多家医院进社区举办大型义诊活动，让老百姓在家门口就能享受到各类优质服务。

伴随“双百”恳谈协商活动进程，区政协还鼓励部分委员开办个人工作室，为群众参与提供便利。其中，曲冬雪委员工作室设立了“家和邻里亲”“评理说事点”，协助社区做好群众思想工作，成功化解多起邻里纠纷。

（本文原载于《人民政协报》2023年11月27日第4版）

# | 哈尔滨市政协 |

# 为奋力谱写哈尔滨现代化建设新篇章贡献政协力量

文 / 付欣博　赵炳阳　杨　巍　王玉涛

今年，是全面贯彻落实党的二十大精神的开局之年，是东北振兴战略实施 20 周年，是哈尔滨抢抓机遇、加速发展、赶超跨越的重要一年。一年来，在中共哈尔滨市委的坚强领导下，哈尔滨市政协坚持以习近平新时代中国特色社会主义思想为指导，全面学习贯彻党的二十大精神，深入学习贯彻习近平总书记在主持召开新时代推动东北全面振兴座谈会和考察黑龙江省期间的重要讲话重要指示精神，聚焦中心大局，忠诚履职担当，为奋力谱写哈尔滨现代化建设和高质量发展的新篇章唱响"政协声音"、彰显"政协担当"、贡献"政协力量"。

## 强化政治引领　筑牢思想根基

习近平总书记强调，党的理论创新每前进一步，理论武装就要跟进一步。哈尔滨市政协把开展学习贯彻习近平新时代中国特色社会主义思想主题教育作为一项重大政治任务，常态化落实"第一议题"制度，构建矩阵式学习体系，采取党组理论学习中心组集体学、党支部组织生活深入学、机关党员干部读书班集中学、界别委员座谈研讨学、青年理论学习小组互动交流学等方式，全面系统深入学习贯彻习近平新时代中国特色社会主义思想。

"要把习近平新时代中国特色社会主义思想作为统揽政协工作的总纲，以对标看齐扛起使命、感恩奋进诠释担当、守正创新实干争先，努力在中国式现代化哈尔滨实践中展现政协新作为、新担当。”5月19日，哈尔滨市政协主席孙珅以《昂扬奋进在中国式现代化新征程上》为主题作专题党课，进一步统一思想，凝聚共识，推进主题教育走深走实。

坚决杜绝学用“两张皮”，深入开展“察实情、谋良策、破难题、促振兴”大调研活动，哈尔滨市政协两级党组和机关各部门共确定调研课题41个，组织开展调研活动120余次、协调解决问题40余项；主席会议成员走访包联企业80次，帮助企业解决问题36个；刀刃向内查摆问题，310项整改举措全部兑现，问题全部销号清零，主题教育取得实实在在的成效。

坚持把学习宣传贯彻党的二十大精神作为贯穿全年工作的重大政治任务，哈尔滨市政协持续用好“十学”平台，充分借助“学习强国”等载体开展日常联动学习；充分利用市政协网站、新媒体平台、内部刊物等媒介，深入阐释党的二十大提出的一系列重要思想观点、重大战略举措；着力探索开展具有时代特征、哈尔滨市政协特点的学习教育形式，积极开展政协大讲堂宣讲、委员读书、参观市政协文史馆等活动，引导委员和机关党员干部学有所悟、学有所获。

9月6日至8日，习近平总书记在黑龙江考察、主持召开新时代推动东北全面振兴座谈会、听取黑龙江省委和省政府工作汇报，发表重要讲话、作出重要指示，为新时代新征程东北地区和黑龙江发展明确了战略定位、擘画了宏伟蓝图、注入了强大动力，在东北地区和黑龙江发展历程中具有重大里程碑意义。

哈尔滨市政协党组第一时间对全市政协组织学习宣传贯彻习近平总书记重要讲话精神作出部署，通过召开党组会、主席会、常委会会议、区县（市）政协主席座谈会等方式，切实把习近平总书记重要讲话重要指示传达到每名政协委员和机关党员干部。

10月19日，哈尔滨市政协主席孙珅主持召开区县（市）政协主席座谈会，深入学习贯彻习近平总书记在主持召开新时代推动东北全面振兴座谈会和视察我省时的重要讲话重要指示精神，全面贯彻落实省市委全会精神，总结交流工作成果，做到党中央和省委、市委有部署，政协有响应，省委、市委有要求，政协有行动。

“要谋定而后动，谋定而快动。”哈尔滨市政协坚持边学习边调研边落实，提早研究安排，下好“先手棋”，在助推重大项目建设、形成新质生产力、发展现代化大农业等方面，迅速组织力量开展调查研究，以积极主动的工作态度和举措抓好贯彻落实。围绕省委十三届四次全会和市委十五届三次全会安排部署，制定2024年协商工作计划和工作要点，理清工作思路、找准发力方向，选准突破口和切入点，推动工作再上新台阶。

## 彰显政协作为 服务中心大局

习近平总书记指出，人民政协要聚焦党和国家中心任务履职尽责。

党委、政府工作推进到哪里，政协履职就跟进到哪里。市政协按照党中央和省委、市委的部署要求，在服务“国之大者”“省之大计”“市之大事”中明责任、找位置、强担当，为奋力谱写哈尔滨现代化建设和高质量发展的新篇章作出政协贡献。

习近平总书记在黑龙江考察期间，就如何加快构筑我国向北开放新高地发表讲话，为黑龙江充分发挥地缘优势，全面加强区域协作，积极服务和融入新发展格局指明了前进方向。哈尔滨市政协充分发挥专门协商机构重要作用和政协人才荟萃、智力密集优势，围绕“大力吸引培育跨境电商头部企业，推动我市对俄贸易实现跨越发展”等助推中俄多领域合作开展调查研究，形成《在黑龙江省设立对俄战略合作先行先试示范区的建议》呈报全国政协，为构筑向北开放新高地贡献政协智慧。

今年，哈尔滨成功成为第九届亚洲冬季运动会举办城市。市政协第一时间发出《提升城市品质　喜迎亚冬会——致全体市政协委员的倡议书》，号召全体政协委员以高度的使命感责任感荣誉感，积极为成功举办亚冬会贡献智慧和力量。围绕加快全市冰雪体育赛事多元化高质量发展、加快全市冰雪体育俱乐部建设等开展专题议政协商，围绕冰雪产业园区建设等积极开展调研视察，围绕“提升城市品质　喜迎亚冬会”开展专题协商议政活动，形成《亚冬会筹备工作参考要点》呈报市委、市政府并得到高度重视，相关意见建议被吸纳采用。

为深入贯彻落实省、市党代会精神，助力打造“创意设计之都”，自年初开始，市政协组成专题调研组进行了深入调研和学习考察。日前，市政协召开十四届三次常委会会议，围绕“促进创意设计产业发展，助力哈市打造‘创意设计之都’”协商建言。市委书记张安顺到会听取意见建议，指出这次围绕“创意设计之都”开展专题协商，选题好，研究成果丰富，调研报告、发言质量高，市政府及相关部门和各县区要结合工作实际进行落实。

“金点子”增添高质量发展新动力。一年来，市政协始终紧紧围绕市委、市政府工作重点、群众生产生活难点和社会治理焦点，聚焦建设“六个龙江”、打造“七大都市”，围绕构建“4567”现代产业体系大兴调查研究，围绕秋林商圈、中央大街、中华巴洛克等区域强化发展功能、提升发展能力进行专项攻坚，紧盯增进民生福祉呼吁发声，把履职的重点放在建言资政、凝聚共识、民生协商上，开展 2 次常委会会议专题协商、8 次专题议政协商、35 项专题调研视察，完成调研、视察和协商报告 47 篇，其中 15 篇得到市委主要领导批示。

## 坚持守正创新　汇聚团结合力

党的二十大报告中明确指出，完善人民政协民主监督和委员联系界别群众制度机制。

完善委员联系界别群众机制，是党中央对新时代人民政协工作提出的重要要求。市政协将此项工作作为年度重点改革项目，积极探索委员联系界别群众的新机制、新方式、新载体，不断推动委员联系界别群众工作走深走实。

重引领，引导委员做好联系界别群众的桥梁纽带。充分发挥党建引领作用，构建起市政协党组——各专委会履职党总支——履职党支部，以及全会期间临时党委——外出调研临时党支部的党组织体系，打造出“党建架起连心桥，协商共绘同心圆”等党建品牌，在“双向发力”中彰显党组织的示范引领和党员委员的先锋模范作用，着力提高政协党建对委员联系服务界别群众工作的政治领导力、思想引领力，进一步加强对界别代表人士和界别群众的思想政治引领。

建机制，构筑委员联系界别群众的“四梁八柱”。哈尔滨市政协在推动委员联系界别群众工作中，构建一套组织领导体系，界别工作由专委会负责提升为市政协党组直接统筹推进，建立了以市政协党组会议、主席会议牵头抓总，各专委会履职，党组织、专委会统筹推进的工作机制。出台《哈尔滨市政协关于进一步发挥界别作用的意见（试行）》《政协哈尔滨市委员会中共党员委员联系党外委员制度（试行）》《市政协界别召集人协商推荐调整制度》《市政协界别工作综合评价方案》等。

搭平台，打通委员联系界别群众的“最后一米”。召开界别工作座谈会，建设委员工作站 86 个。组织开展“凝聚党旗下，协商在一线”“缘聚哈尔滨”等特色界别活动，广泛凝聚发展共识；利用“徐福志委员工作站”“牵手城乡”课堂等平台开展联系和服务群众工作，全年联系服务界别群众 3 万余人次。

强赋能，激活委员联系界别群众的“一池春水”。以建设“协商创新年、质量提升年、制度执行年”为依托，扎实开展能力作风建设“工作落实年”活动，创新打造“冰城商量”“微言要议”协商议政平台和“智慧政协”信息管理平台，举办“哈尔滨海外之友联谊会”第十八届年会，创办“智汇沙龙”议政品牌活动，发挥港澳委员“双重积极作用”，密切与少数民族和宗教界委员、代表人士联系，扎实推动界别工作活起来实起来强起来，政协工作呈现新气象新面貌。

风劲好扬帆，奋发正当时。下一步，哈尔滨市政协将坚持以习近平新时代中国特色社会主义思想为指导，全面贯彻党的二十大精神，履职尽责、担当作为，努力实现全国争上游、全省当排头的工作目标，为加快推动哈尔滨全面振兴全方位振兴率先取得新突破贡献智慧和力量。

（本文原载于《人民政协报》2023 年 11 月 30 日第 1 版）

◎ 道里区政协

# 加强委员队伍建设　激发履职内生动力

文／王　利

道里区政协注重发挥委员主体作用，在委员队伍建设方面持续发力，在推动道里区高质量发展中彰显了政协担当。

## 重视委员培训，增强委员队伍软实力

道里区政协坚持把思想政治学习放在首位，深入学习贯彻习近平新时代中国特色社会主义思想、党的创新理论，确保委员履职正确政治方向。夯实政协工作理论基础，把政协章程、新时代党的政协工作精神作为委员学习培训必修内容，跟进贯彻落实中央、省、市政协工作最新部署要求，加深委员对新时代人民政协工作基本理论常识认知理解，为委员高质量履职奠定理论基础。

在工作中不断丰富完善学习培训体系。抓好委员任职培训，以讲座、赠送读本等形式，上好委员“第一课”；依托名校、政协大讲堂抓好委员履职能力提高集中培训，结合理论学习和业务指导，提高委员履职综合能力；有计划部署经常性学习，依托学习小组、委员工作站按季度组织专题学习。

依托“书香政协”活动，把政治理论宣讲和传统文化传承、优秀文化传播有机融合起来。坚持一年一主题，组织开展读书分享会、名篇朗诵会、名家领读会、名作赏析会等读书活动，突出文化自信的感染力和影响力。今年，“阅享新时代·书香润龙江”主题读书活动新闻报道被多家省级以上媒体编发转载。

## 强化制度建设，增强委员队伍凝聚力

道里区政协按照政协工作规范化、制度化、程序化要求，加强委员队伍管理制度建设。建立和完善优秀提案评选办法、调研视察规则、加强常委会会议纪律规定等 13 项制度。其中，《委员履职管理量化考核办法》按四大类 21 小项细化委员履职管理量化考核标准，通过季度汇总、半年排序、年度考评，对委员履职情况进行跟踪管理，对季度、年度排名靠后的委员启动约谈提醒，对经多次约谈提醒仍无改进的委员启动劝辞程序。率先在全市各级政协组织落实常委任期述职制度，强化常委履职的严肃性和使命感，提升常委在委员队伍中的导向引领意识。本年度已安排 14 名常委述职，超过常委半数。通过坚持开展“争当五好委员”“创建四有委员工作站”常态化争创活动，坚持综合民意测评与委员履职考核相结合，催生委员爱惜荣誉、争先创优、履职担当的内生动力。

## 提高履职实效，增强委员队伍战斗力

畅通委员参政议政渠道，以政府工作通报会、议政性协商会等形式，就党委、政府重点工作与委员沟通协商，为委员知情明政创造条件。认真落实四级联系制度，理顺自下而上常态化信息反馈机制。

引导鼓励委员紧紧围绕党委、政府中心工作建言献策，年撰写提案、社情民意信息数量超过委员总人数，立案率在 80% 以上。2022 年报送的《关于提升退役军人帮扶对象医疗服务保障的建议》得到市委主要领导批示，《优化疫情防控查验措施，缓解城市出入口车辆拥堵》被选报全国政协。

今年，道里区政协通过委员工作站“微协商”，帮助百姓解决交通、供电、卫生等“身边事”16 项，直接受益居民逾 1200 户、企业 20 余家。

（本文原载于《人民政协报》2023 年 11 月 30 日第 4 版）

◎ 道外区政协

# 政协委员走基层　接地气增底气聚人气

文 / 刘国强　韩　琳

“对于家庭纠纷，建议还是一家人好好协商。如果协商不成，可通过法院诉讼解决。”今年 4 月，在哈尔滨市道外区政协九三、科技界别开展的“送法进社区 普法暖人心”公益活动现场，道外区政协委员、哈尔滨市太平区水泥路商场法律顾问孙宇正在为到场群众普及家庭财产纠纷的有关法律知识。

这是道外区政协扎实开展“政协委员走基层”系列活动的一个缩影。近年来，道外区政协积极探索新时代人民政协履职的新途径，激发政协委员履职热情，发挥委员主体作用，实现政协工作重心下移，以“政协委员走基层”系列活动为载体，深入基层反映社情民意信息、助力企业发展、提升委员履职能力，努力在推动道外区全面振兴实践中贡献更多智慧力量，交出新时代政协委员为民履职合格答卷。

围绕“政协委员走基层”怎么干、干什么，道外区政协提出了“走进委员，全面提升履职能力”“走进社区，积极反映社情民意信息”“走进乡村，助力乡村振兴发展”“走进企业，助推产业平台建设”的“四进”活动内容和载体，确保政协委员人人能发挥作用。

各界别紧跟区政协步伐，鼓励和动员委员发挥自身特长优势，组织开展丰富多彩、各具特色的活动。九三、科技界别委员邀请道外公安分局反诈中心和道外公证处为社区群众提供了警务、法律和公证方面的宣讲和咨询服务；中共、农业、特邀界别组织委员开展了“推进道外区农业产业链发展，助力乡村振兴”专题调研活动，召开座谈会，针对企业发展中遇到的困难积极建言献策；工商联、特邀、经济界别组织委员到先锋路汽车产业园进行实地走访调研，召开“先锋路汽车产业园综合项目可行性调研分析会”，为道外区先锋路汽车产业未来的发展建言献策；区政协主要领导带队深入委员企业调研走访，了解企业发展基本情况，帮助企业走出困境。

一桩桩、一件件，都是委员们通过“政协委员走基层”系列活动履职尽责的生动展现。道外区政协自“政协委员走基层”系列活动启动以来，全区政协委员共深入基层500余人次，直接服务群众1000余人次，为民办实事63件，帮助企业解决实际困难5件，收集上报社情民意信息108条，聚焦群众急难愁盼问题形成《关于整治粘贴喷涂小广告的提案》《关于小区儿童娱乐设施缺乏问题的建议》《关于车辆违停问题的建议》等接地气的提案和社情民意信息，真正实现“政协委员沉下去，社情民意传上来”，以实际行动凝聚人心。

“‘政协委员走基层’系列活动的开展，为政协委员履职提供了广阔的平台，引导和组织政协委员们以热心公益、奉献社会为己任，积极承担社会责任，切实为基层群众做好事、办实事，从而更加有效地提升委员履职能力。”道外区政协主席张军表示，区政协将持续开展“政协委员走基层”系列活动，让委员履职更接地气、政协协商更增底气、团结民主更聚人气。

（本文原载于《人民政协报》2023年11月30日第4版）

◎ 双城区政协

# 凝心聚力学精神 集思广益开新局

文／秦 苏 祖贵桥

双城区政协深入学习领会党的二十大精神和习近平总书记关于加强和改进人民政协工作的重要思想，坚持以党的建设为引领，组织开展“人民政协为人民 协商服务在一线”实践活动，深入调查研究、有效建言献策、积极履职担当，为助力东北全面振兴贡献政协力量。

6 月 27 日，区政协组织召开政协组织党的建设工作会议，加强对各履职党支部的领导，建立党员委员联系党外委员制度，推动 112 名党员委员联系党外委员，使党的组织对党员委员全覆盖、党的工作对政协委员全覆盖。

通过开展“七一”主题党日活动，区政协组织全体党员委员重温入党誓词和非党员委员学习观摩，80 余名委员赴省委党校特色主题教室学习培训，并深入基层一线为界别群众宣讲党的创新理论。组织党员委员和机关干部第一时间学习习近平总书记在新时代推动东北全面振兴座谈会上和视察黑龙江省时的重要讲话重要指示精神，凝聚推进学习贯彻习近平新时代中国特色社会主义思想主题教育走实走深的思想共识，将学习成果转化成为群众“办实事”“开新局”的履职共识。

区政协创新开展形式多样、吸引力强、覆盖范围广的文化活动，更大程度凝聚共识。积极开展委员“书香政协·悦读双城”活动，学党史、学经典、学传统文化，引导委员将读书学习嵌入履职实践，将读书思考与讨论交流、协商议政相结合，为发展建睿智之言、献务实之策，努力提高站位、提升能力，让“委员作业”选题更准、质量更高，用文化的力量来凝聚共识。

区政协围绕当好国家粮食安全生产“压舱石”和农业现代化建设排头兵开展专题协商，4 次组织部分乡镇街政协委员工作站及农业农村界别委员调研，3 次协商听取建议，为区委决策提供翔实依据。

为有效推动经济社会高质量发展，区政协通过网络协商，促进线上线下履职相融合、场内场外协商相配合，拓展协商民主的深度广度。通过联通、电信及抖音等平台就数字赋能、发展“互联网 + 农业”和“智慧水务”等议题开展“微言要议”微协商。

8 月，双城区防汛抗洪最危急的时刻，区政协闻令而动，班子成员以身作则，带领广大政协委员和机关干部投身防汛第一线，机关干部 24 小时两班倒驻守村屯，与乡村干部群众共同守护村民安全。广加林等 20 余名政协委员通过基金会为龙江灾区捐款，陈伟等政协委员同抗洪队伍一道在堤坝上连续奋战五昼夜，关键时刻政协人凝聚起保卫家园的行动共识。

凝心聚力学精神，集思广益开新局。双城区政协主席张磊表示，区政协将把凝聚共识作为政协履职工作的中心环节，为实现新时代东北全面振兴、龙江高质量发展凝心聚力、贡献政协力量。

（本文原载于《人民政协报》2023 年 11 月 30 日第 4 版）

◎ 巴彦县政协

# “1158”工作法拓宽服务界别群众渠道

文／仲　冰

巴彦县政协坚持守正创新、踔厉奋发，通过“1158”工作法等途径，不断完善委员联系界别群众制度机制，推动全过程人民民主落到实处，引领广大界别群众更加紧密地团结在党的周围。

县政协通过建立并发挥乡镇政协工委作用，引领政协委员深入贯彻落实“1158”工作法，即每名委员联系一个“界别责任区”、每名委员联系一批“界别群众联系人”、推广应用联系界别群众“五渠道”、做到联系界别群众“八必访”，使政协工作的触角延伸到乡镇，让政协履职更接地气。

县政协突出界别组织优势、专业优势、人才优势，探索实践政协委员联系界别群众“1158”工作法，建立了5个界别委员工作站，完善了各界别委员工作站的机构设置、制度建设和委员活动计划，更好地发挥了界别工作站学习、履职、联谊的平台作用和界别的特色优势。

新的界别委员工作站建立以来，县政协组织开展界别委员“进社区活动”，界别委员实地参观，听取关于创建友好型社区的情况介绍；宣讲《中国共产党政治协商工作条例》《中国共产党统一战线工作条例》。将党的理论方针政策传递到基层一线，充分发挥委员联系界别群众作用，推动人民政协履职工作向基层社区延伸。

与此同时，县政协通过探索开展乡镇政协工委“1+3+X”协商模式（即政协工委成员＋乡镇政府负责人、业务工作负责人、村民代表＋相关问题提出人），在乡镇、村委会开展协商民主活动，从而丰富协商形式，增强基层协商的实效性。

为贯彻落实《政协黑龙江省委员会委员联系界别群众暂行办法》，巴彦县政协开展了“政协委员之声”活动。要求全体政协委员站在密切联系界别群众、服务大局的高度，发现并收集涉及人民群众切身利益、急难愁盼和社会发展等方面的问题，不设置字数限制和图片要求，大事小情均可，力求实事求是，原汁原味地反映基层存在的问题和意见建议。县政协办公室统一收集汇总意见建议，形成“政协委员之声”简报，报送县委、县政府主要领导阅示。县委、县政府督办室牵头，把反馈问题逐项分解到相关部门和乡镇，跟踪问效，落实整改。截至目前，“政协委员之声”活动已开展5期，共计收到意见建议66条，采纳相关问题线索25条。

“政协委员之声”活动的开展，为政协委员向县委、县政府主要领导建言献策提供了“一站式”服务，形成了一套完整的意见建议征集和受理的沟通机制，以信息直达的方式，打造了方便快捷的社情民意“直通车”，让“1158”工作法在基层落地生根、开花结果。

巴彦县政协通过一系列新举措，打造出面向基层、服务群众、政治协商向社区基层延伸的特色品牌，进一步汇集各界别真知灼见，引导委员增强界别意识，拓宽服务界别群众渠道。

新一届县政协通过政协工作延伸，更好地发挥了界别作用。乡镇政协工委围绕经济、农业农村、教育、卫生、社会事业等方面深入调查研究，形成专题协商报告60余篇、调查报告300余篇、社情民意信息180余篇，促进了相关问题的有效解决，为县域经济社会高质量发展贡献了政协智慧和力量。

（本文原载于《人民政协报》2023年11月30日第4版）

◎ 五常市政协

# 委员履职有阵地　服务群众“零距离”

文 / 付欣博　张相和

“把大娘扶稳了，别摔着，马上送到临时救护站。”这是五常市政协委员王春峰和他的队员在小山子镇胜远村宋家屯转移村民时与洪水赛跑的惊险一幕。

今年 8 月，持续强降雨让五常市发生了严重的洪涝灾害，市政协全体政协委员和机关干部响应政协党组号召，闻“汛”而动，依托全市 35 个乡镇工作站和 12 个委员工作室，献智出力。

洪水来临时，小山子委员工作站第一时间展开救援，特别是身为五常蓝天救援队队长的王春峰委员，和工作站其他委员共同研究商讨救援方案。委员们与 86 名蓝天救援队队员一起，采取救援人员轮流休息、救援车船不停的方式，24 小时不间断救援，安全转移 500 多人。

在投身防汛抗灾一线的同时，小山子委员工作站的委员还围绕灾后重建、提升防灾减灾能力、健全应急处置体系等问题广泛收集社情民意，主动开展调查研究，积极为防汛抗洪抢险工作建言献策。

小山子委员工作站是五常市政协延伸工作触角、联系服务群众打通“最后一公里”的一个缩影。在五常市抗灾自救的过程中，市政协委员和机关干部利用委员工作站（室）的履职阵地，为受灾群众提供居住场所，帮助受灾群众安全转移、安置搬运物资，上街道消杀清淤、保畅道路。不仅如此，还为受灾地区、群众捐款捐物，合计 382 万余元，有力地支援了灾区建设。

五常市新一届政协成立以来，持续推进工作站（室）品牌建设，聚焦群众关心小事、基层民生实事、社会治理难事，走出院子、迈开步子、扑下身子，深入实际调查研究；坐在炕头、走进地头、暖在心头，身体力行问需于民；板凳会、火盆会、通气会，汇智汇力汇聚和谐，努力实现从“人”下沉向“心”下沉、从走近群众向走进群众、从协商调研民情民意向协商解决实际问题转变，心无旁骛谋为民之策、解群众之忧、办惠民之事。

卫国乡是五常国家级水稻示范区，与之前村容村貌不整相比，如今环境优美、幸福宜居。这与卫国委员工作站委员经过反复调研协商，提出的推广生活垃圾分类的“金点子”直接相关，这些建议被采纳后，今年年初全乡垃圾总量下降了 80% 以上，美丽乡村建设发生了日新月异的变化。“垃圾分类是管用的好招，让我们的环境变好了，老百姓活得顺心了，日子过得一天比一天红火。”卫国乡友好村福庆堂屯村民史如国说。

搭平台，建机制，善协商，解民忧，聚民心，促和谐，五常市政协充分发挥工作站（室）的平台载体作用，通过开展“委员接待日”“咨询服务日”和“微视察”“微协商”等活动，围绕合作医疗、社会保障、环境保护、营商环境、文化惠民、节约用水、民族地区基础设施建设等，开展界别特色协商，运用提案建言献策，助推解决民生实事，涌现出了教育委员工作站和海明润委员工作室等精品站（室），协商推动解决了群众急难愁盼问题，有力推进了政府相关部门转变作风、改进工作，基层协商开展得有声有色、富有成效。

（本文原载于《人民政协报》2023 年 11 月 30 日第 4 版）

## |西安市政协|

# 乘风破浪启新程　砥砺奋进谱新篇

文/路　强　王　栋　李　辉

刚刚过去的2023年是全面贯彻落实党的二十大精神的开局之年，是实施“十四五”规划承前启后的关键之年，也是推进中国式现代化西安实践的破题之年。在中共西安市委的领导下，西安市政协坚持以习近平新时代中国特色社会主义思想为指导，深入学习贯彻党的二十大精神和中央政协工作会议精神，紧紧围绕全市工作大局和中心任务，充分发挥专门协商机构作用，有效履行政治协商、民主监督、参政议政职能，创新机制、改进作风，推动全市政协工作展现新面貌、取得新成效。

### 深化理论武装　筑牢共同思想政治基础

党的二十大后，西安市政协召开市政协常委会扩大会议，邀请省委常委、市委书记方红卫为全市政协组织、全体政协委员作辅导报告，全面系统、深刻阐释党的二十大精神，引领全市各级政协组织迅速把思想和行动统一到中共中央决策部署和市委工作要求上来。随后，一场学习贯彻党的二十大精神的热潮在西安市各级政协中全面掀起。

一直以来，西安市委、市政府高度重视、大力支持市政协工作，市委将政协工作纳入重要议事日程，定期听取政协工作汇报，及时批复政协请示事项，市委、市政府主要领导还带头参加政协重要会议、活动。

市政协及时、主动、自觉向市委报告市政协传达学习贯彻习近平总书记重要讲话重要指示批示情况、年度工作要点和协商计划以及全体会议、常委会会议、专家协商会等重要会议情况，以及举办“保护祖脉秦岭 政协委员在行动”“西安都市圈”五市（区）政协助推区域协调发展协商座谈会等重要活动情况，始终在市委领导下主动负责、协调一致开展工作。

为加强思想政治引领，深化理论武装。2023年以来，市政协根据中央和省委、市委部署，扎实开展主题教育，深入学习贯彻习近平新时代中国特色社会主义思想和党的二十大精神，坚持“第一议题”制度，一体推进主题教育各项工作学懂弄通，深化理论武装。举办专题读书班，深学细悟党的创新理论。班子成员带头讲党课，通过全市政协视频会议，讲授“对标对表 悟透践实 推动习近平总书记关于加强和改进人民政协工作的重要思想展现更加强大的实践伟力”等专题党课。开展“五访五问五促进”大走访和“大调研、大实践、大练兵”活动，深入调研50次，形成22份调研成果，用情用力服务西安高质量发展。

## 深度协商议政 助力破解发展难题

“‘古都核心区’的未来发展方向，首先应承载着‘文脉传承之区’‘历史展示之区’‘中华文明集中体现之古都核心区’功能。”一座城市的更新发展，承载着人们对于美好生活的向往。如何在走向未来的同时擦亮记忆？2023年10月27日，西安市政协召开推进“古都核心区”城市更新产业转型升级专家协商会，为千年古都在更新中舒展新画卷积极建言。

如今，西安市政协已经形成了以全体会议为龙头，专题议政性常委会会议为重点，专家协商会为品牌，界别协商会为特色，月度协商、对口协商、联动协商、远程协商和提案办理协商为常态的协商格局，创设了“西安协商”网络议政平台，建成22个界别委员工作室，积极利用委员工作室开展“微协商”。

一年来，西安市政协紧扣全市“六个打造”奋斗目标、八个方面重点工作和市政府工作报告明确的重点任务，精心制定协商计划，共确定25项重点协商议题、10项民主监督议题，并纳入市委政治协商计划印发实施。

“全年召开各类协商会议23次，提出意见建议168条；提案立案742

件，政协领导领衔督办重点提案 35 件，政协主席会议集体督办 1 件，立案提案办结 742 件，受到西安市委、市政府领导批示 22 件；报送社情民意信息 417 篇，省、市领导批示 17 篇，省政协采用 11 篇……”在推动协商成果转化方面，市政协落实“三办”联合印发的《政协协商成果办理实施办法》，一年来向市委、市政府报送 9 份建议案、9 份调研报告，提出意见建议 168 条，关于推进大气污染防治攻坚的有关建议，市大气污染治理专项行动领导小组办公室分解形成 37 项措施清单，逐一采纳落实。

## 开展民主监督　推动党委政府决策落实见效

2023 年 9 月 27 日，西安市政协主席王吉德带领市政协主席会议成员，围绕“秦岭生态环境保护情况”开展综合民主监督。在视察中，王吉德反复强调，要加强长效监管，持续巩固好秦岭违建整治成效。要以最严格标准、最细致工作实施好秦岭山水林田湖草沙一体化保护和修复工程，永葆秦岭宁静和谐美丽。

一年来，西安市政协紧扣全市中心工作开展综合民主监督。围绕全市八个方面重点工作，成立 8 个视察组对市级部门、各区县、开发区工作推进落实情况开展综合民主监督，助力全市总体性工作稳步推进。联动沿山六区县政协，采取集中视察和小分队暗访相结合的形式，对秦岭北麓（西安段）生态保护情况持续开展监督视察，切实守护中华祖脉。集中 3 个月时间，对全市“保交楼、保回迁”开展综合民主监督，共提出民主监督意见 28 条，协助市委、市政府打好攻坚战。

此外，还围绕促进养老服务业健康发展、革命遗址和革命文物保护、创新优化营商环境、农村人居环境整治提升、全民健身工程建设等全市重点任务落实，开展 7 项专项民主监督。

一座城市的温度，来源于群众的获得感、幸福感。一年来，市政协发动和组织委员当好社会治理工作的宣传员、调查员和信息员，积极参加各类咨询会、听证会，35 名委员被聘为市中级人民法院、市检察院、市城市管理和综合执法局等单位行业监督员；聚焦民生关切问题拓展民主监督渠道，

100 余名委员参加全市“一把手走流程、坐窗口”活动，充分展示了政协聚焦民生、委员关注民情的责任担当。

清洁秦岭、绿化秦岭、赞美秦岭、宣介秦岭、奉献秦岭，围绕“保护祖脉秦岭、政协委员在行动”主题，西安市政协持续开展五项保护秦岭活动，广泛发动全市各级政协委员，主动邀请区域内的全国政协委员、省政协委员参加，号召全市往届政协委员参与，绘就了“四级万名”政协委员齐护秦岭的生动画面。

## 广泛凝聚共识 汇聚共同奋斗强大合力

“2023 年，市委十四届四次全会提出，要着力抓好八个方面重点工作，以务实举措推动高质量发展取得新成效，为中国式现代化西安实践开好局起好步。”从 2023 年 3 月 3 日起至 4 月中旬止，西安市政协紧紧围绕市委重大决策部署，开展了“百人百场”委员宣讲活动。一个多月时间，共有 104 名政协委员开展宣讲 107 场，参与群众 6000 余人次。

纵观百余场宣讲的内容，既搭天线，又接地气，委员们用通俗易懂的语言和深入浅出的讲解，用鲜活案例和有力数据展现成就、描绘蓝图，让各界群众听得懂、能理解、有共鸣，引导界别群众关心关注、参与支持全市重点工作，广泛凝聚了各界共识。

9 月 21 日，市政协以“凝心聚力谱新篇 感恩奋进做示范”为主题，统筹全市各级政协组织开展委员活动日系列活动，共组织开展学习研讨、宣传宣讲、走访慰问、调研视察等八个方面活动，参与委员 3300 余人次。

在扩大联谊交流合作方面，西安市政协还发起建立了“西安都市圈”四市一区政协助推区域协调发展协商座谈会机制，促进区域在推进交通互联互通、重点项目协同谋划、生态环境共保联治、公共服务共建共享等方面共同发力，让发展红利惠及更多群众。

## 服务中心工作 助推中国式现代化西安新实践

“长安复携手，再顾重千金。”2023 年 5 月，首届中国—中亚峰会在古丝绸之路的东方起点陕西西安举行。

躬逢其盛，为助力中国—中亚峰会，西安市政协按照省委、市委安排部署，全力参与、倾情助力峰会各项重点领域和重点项目，及时发现问题、解决问题。组织机关党员干部开展“双报到双评议”工作，同时向全市各级政协委员发出倡议书，积极参与峰会各项服务保障工作，为峰会圆满顺利举办贡献政协智慧和力量。

同时，积极参与市委、市政府重点工作，为增进群众福祉、助力高质量发展献智出力。为保护祖脉秦岭，市政协主要领导出任市挖掘秦岭北麓生态和人文价值工作专班组长，建立规划引领、政策支持、要素保障、合力推进的工作模式，促进秦岭北麓全面保护、全面提升，打造生态优良、产业兴旺、文化繁荣的示范区；启动“保护秦岭祖脉　政协委员在行动”活动；推动市级8家单位联合成立“西安市关注森林活动组织机构”，广泛开展植树造林、绿色生产、生活等活动，努力绘就美丽中国的西安画卷。全面落实乡村振兴联系责任，成立“西安市政协委员乡村振兴实践基地”。全力服务全省“三个年”活动，联合市委统战部、市投资合作局设立香港招商联络处，邀请香港委员担任招商专员，大力宣介西安、引领投资西安。组织委员开展“促进有效投资，对接区县发展”活动，助力区域协调发展。认真落实河湖长制，实地指导协调重点项目建设，助力全市重点工作高质量发展。

“我们坚持‘创新机制比增设机构更重要、激发活力比增加人员更重要’，提振精神、创新机制、提升素质、改进作风，着力破解‘两个薄弱问题’。”2023年9月12日，在陕西省政协加强和改进新时代市县政协工作督查座谈会上，西安市政协主席王吉德掷地有声地说道。

创新机制、改进作风，着力破解“两个薄弱”问题。一年来，市政协全面推进92项制度“立改并废”工作，健全以协商制度为主干，覆盖政协党的建设、协商活动、履职管理、队伍建设等方面的制度体系，制度化、规范化、程序化功能建设有序推进，推动全市政协工作展现新面貌、取得新成效。

新时代新征程，扬帆破浪砥砺前行；新舞台新使命，发挥改革创新之能。接下来，西安市政协将以习近平新时代中国特色社会主义思想为指导，深入学习贯彻党的二十大精神和习近平总书记在陕考察重要讲话重要指示精神，以争当时代弄潮儿的志向和气魄，敢闯敢试、开拓创新，深入协商建言、扎实开展民主监督、广泛凝聚共识，为西安市在奋力谱写中国式现代化建设的陕西新篇章中勇当先行示范作出更大贡献。

（本文原载于《人民政协报》2024 年 1 月 4 日第 1 版）

◎ 灞桥区政协

# 守正创新　勇于实践　推动政协事业高质量发展

文／成　科

本届灞桥区政协坚持以习近平新时代中国特色社会主义思想为指导，敢于求新、勇于创新、善于谋新，坚持务实之举、勤勉之为，探索践行“一二三四五”工作法，推动全区政协事业高质量发展。

一条“主线”聚共识。区政协坚持以学习贯彻习近平新时代中国特色社会主义思想为履职主线，认真学习领会党的二十大精神、习近平总书记关于加强和改进人民政协工作的重要思想和习近平总书记历次在陕重要讲话精神，引领委员进一步增强“四个意识”、坚定“四个自信”、做到“两个维护”，坚决拥护“两个确立”。扎实开展主题教育，坚持把理论学习、调查研究、推动发展、检视整改、建章立制贯通起来，有机融合、一体推进，着力推动主题教育走深走实，确保取得实效。

两个“亮明”促履职。区政协坚持“有事好商量、众人的事情由众人商量”，以数赋能、以商聚力，高标准完成省政协“秦商量”试点任务，荣获全省“政协这十年”短视频大赛一等奖。充分发挥专门协商机构作用，亮明委员身份、亮明协商机制，梳理完善20余项工作制度，在协商内容、形式、程序等方面作出明确规定。坚持会同区委、区政府制定年度协商计划，精心组织实施。建立健全专委会联系界别和委员工作制度、委员联系界别群众制度，加强专委会规范化建设。以“五个一”履职实践活动为抓手，全区个人、界别、区域3种类型20个委员工作室，开展各具特色的履职活动，形成点面结合的基层协商新格局，协商结构更多层，协商形式更丰富。

把好“三关”求实效。借力“协商民主”这个法宝，抓住“建言资政”这个关键，用好“民主监督”这个平台，秉持“党政关注、社会关切、群众关心”工作导向，多措并举提升基层协商活动质效。围绕省委“三个年活动”和市委“八个方面重点工作”，聚焦生态保护、城市建设、产业发展等重点领域，精准制定13项年度协商议题和21件重点提案，充分发挥政协人才荟萃、智力密集优势，健全协商质量评价机制，从活动组织、服务保障、成果转化等方面着手，不断提高政协建言的成色和分量。

“四力”合一解难题。区政协坚持调研于协商之前，坚持“先调研、后协商”“不调研、不协商”。按照政协委员、民主党派、专家学者、职能部门“四力合一”科学组织力量，重点围绕霸陵遗址保护利用、乡村振兴、科技创新等课题，采取内部调研、外出考察、专家讲座等形式，提出有深度、可操作的务实建议。换届以来，助力解决群众急难愁盼问题156件，开展重要协商活动28次，专项视察16次，专题调研14项，提出协商建议230余条，报送调研报告71篇。

夯实“五有”强支撑。注重激活力、挖潜力、增动力，有力破解“两个薄弱”问题。增设区政协办公室信息中心，工作质效明显提升、机关活力显著增强。按照“五有”（有人员管事、有制度理事、有场所议事、有建言质量、有协商成果）标准，推进灞桥区政协新时代协商民主实践中心建设，涵盖陈列展示、协商议政、学习交流、互动体验等功能板块，定期开展政协展示、读书交流、书画创作、协商建言等活动，把委员聚起来、把活动搞起来、把品牌树起来，致力打造全过程人民民主的区域典范和实践基地。

（本文原载于《人民政协报》2024年1月4日第3版）

◎ 未央区政协

# 探索民主监督新路径　开创政协履职新境界

文／孟永强

近年来，未央区政协以党委政府满意、人民群众满意、被监督单位满意、政协委员满意的“四个满意”为目标，积极探索政协民主监督工作机制，有力促进了政协民主监督向纵深发展。

## 完善“一套制度”，构建民主监督新机制

2017年，中共未央区委印发了《关于加强和改进人民政协民主监督工作的实施意见》。同年，区政协印发了《政协西安市未央区委员会民主监督小组工作实施办法》。2022年，对民主监督小组进行了及时调整，重新划分了5个民主监督小组，把43个区级部门、单位纳入民主监督范围。同时，对民主监督员进一步细化分组，让民主监督员相对固定，便于开展日常监督工作。

## 聚力“四个提升”，瞄准民主监督关键点

提升民主监督自觉性。区政协多次与被监督单位对接，先后9次召开会议座谈协商，要求民主监督小组和民主监督员要“善于正确定位、善于准确切入、善于策划组织、善于沟通协商”。

提升民主监督专业性。为了把民主监督工作做规范做细致，区政协为每名监督员配发了《民主监督小组工作手册》，明确了监督员的职责，提出了监督的形式和方法，强调了开展监督的注意事项。

提升民主监督针对性。区政协坚持突出监督重心，把履行政协民主监督职能同落实区委的决策部署、助推政协事业发展结合起来，实现帮衬和促进部门工作的初衷。

提升民主监督实效性。在区政协领导带领下，各监督小组深入各对口监督单位，逐个与每个单位的领导班子进行座谈对接。各监督小组将提出的意见建议反馈给政协办公室，政协办公室以民主监督建议的形式正式转发给被监督单位，确保监督工作取得良好效果。

## 当好“五种角色”，发挥民主监督高效能

深化改革的“智囊团”。2022 年以来，区政协围绕“1+N+Y”技术保障体系建设、“一件事一次办”以及证照联办等提出意见建议 38 条，有力推动了《未央区优化审批服务十条措施（2023 版）》的制定。

作风建设的“检验员”。区政协抽派部分民主监督员走访全区各服务单位，对发现的问题及时进行记录，并进一步开展监督。

经济发展的“助推剂”。为助推未央区高质量项目推进年各项要求落地落实，先后围绕加强“绿色审批通道”和全流程线上办理模式、用好“一会四函”工作模式、成立“金融顾问服务团队”等提出意见建议 19 条，均被相关单位采纳。

联系群众的“贴心人”。民主监督员走进社区，连续十年组织开展“感知冷暖、贴心关怀”社区倾听服务活动，协调解决个别小区未通天然气、使用高价电、排污管道不通等民生问题 540 余件。

树立公信的“连心桥”。未央区法院在陕西省基层法院中案件受理数量长年位居第一，压力非常大。有的当事人对于法院的解释不理解，但对民主监督员第三方的解释却能认同。比如，一位当事人要借案件庭审笔录遭到拒绝，将问题反映给了区政协民主监督员陈曦。陈曦告诉当事人庭审笔录不能外借和拍照，但可以复查阅读。经过协商，当事人当着主审法官的面，复查并抄录了庭审笔录，问题很快得到解决。

（本文原载于《人民政协报》2024 年 1 月 4 日第 3 版）

◎ 雁塔区政协

# 发挥党建引领作用　推动政协高效履职

文／田　毅

近年来，雁塔区政协在省、市政协的有力指导和中共西安市雁塔区委的坚强领导下，深入学习习近平总书记关于党的建设的重要思想，把新时期党建工作特点规律与政协优势特色深度融合，以建设学习、服务、创新、纪律“四型机关”为抓手，为政协事业高质量发展提供坚强的政治保障。

## 突出学习型政协建设　全面强化思想引领

雁塔区政协始终坚持党的领导这一重大政治原则，自觉主动把中央决策部署和省委、市委、区委的要求贯彻到政协工作的各方面和全过程。做到年度工作要点和协商计划报区委审定，重大事项向区委请示，重要工作开展情况向区委报告，重点调研课题由区委点题，重要协商议政成果报区委参阅，确保了政协工作始终在党的领导下稳步推进。

区政协严格按要求开展学习贯彻习近平新时代中国特色社会主义思想主题教育，做到以学铸魂、以学增智、以学正风、以学促干。完善了政协党组会议、常委会会议、主席会议等例会学习制度，形成了党组带头学、常委重点学、委员广泛学、机关经常学的学习机制，实现了对政协组织、政协委员和政协工作人员的全覆盖学习。

## 突出服务型政协建设　全面强化行动引领

区政协始终坚持把加强政协党建与落实好党赋予政协的使命紧密结合。在确定议题方面，政协党组与区委、区政府共同确立议题，共同制定计划，共同推进协商，每年共同制定下发《年度协商计划》。在推进协商方面，注重发挥政协党组引领作用，确保了协商建言的政治站位和正确方向。

围绕雁塔区经济运行情况、城市更新工作、做优营商环境等重点工作召开常委会会议、开展视察式民主监督、开展联动视察。参与中国—中亚峰会服务保障、重点项目建设、“保交楼、保回迁”、城改遗留问题化解等全区中心工作，在政协党组的引领下，用实际行动服务全区发展大局。

## 突出创新型政协建设　全面强化履职引领

为拓展工作半径，创新活动载体，区政协与区检察院合作建立公益保护协同监督机制，营造政协委员参与公益保护的履职合力。与区法院联合成立“政协委员调解室”，扩大了矛盾纠纷多元化解“朋友圈”。与区委政法委合作开展了“建设平安雁塔、委员携手同行”委员活动日主题活动，通过聘任政协委员为基层社会治理兼职网格员，发放倡议书等形式，助推平安雁塔建设。

区政协还丰富履职形式，全方位走访了各党派、各界别、各街道委员组，协调解决了部分政协委员在工作生活中遇到的实际困难和问题。出台了《委员工作室管理办法》，设立了 14 个委员工作室。制定了《委员活动日管理办法》，先后组织各类活动 40 余场。

## 突出纪律型政协建设　全面强化政治引领

区政协以完善制度为重点，充分发挥政协党组领导作用。修订了区政协党组工作规则、议事规则，进一步规范党组工作流程。健全了党组议事决策机制。注重层层压实党建主体责任，定期召开区政协党建专题会，听取机关党支部、各专委会工作汇报，压实党建责任“一岗双责”，有效发挥政协党组在政协组织中的领导作用。

机关党支部在政协党组的领导下，建立健全议事决策机制和学习制度，规范党内政治生活，加强制度建设，同步开展党建各方面工作。区政协办党支部晋升为“五星级”党组织。

（本文原载于《人民政协报》2024 年 1 月 4 日第 3 版）

◎ 阎良区政协

# 创新机制破解薄弱　完善制度优化服务

文 / 冉学鸿

近年来，阎良区政协贯彻落实中央和省、市、区委关于加强和改进新时代市县政协工作的意见措施，紧紧围绕全区中心工作创新机制破解薄弱，完善制度优化服务，努力展现新时代基层政协工作新风貌。

## 推动履职向一线延伸　服务委员联系界别群众

区政协按照“六有五健全”标准，建成8个区域性委员工作室、7个界别委员工作室和1个民主党派委员工作室，将住区市政协委员和178名区政协委员全部编入工作室；同时注重突出界别特点、区域特色，致力做到“一室一特色一品牌”。在梳理总结政协组织机理、运行机制的基础上，打造占地4800平方米包含陈列展示、协商议政、交流活动、基层治理区四个功能分区的“政协慧·协商服务中心”，建立基层政府、政协委员、界别群众三位一体、互融互通的为民协商服务平台。

## 有效创新机制制度　不断提升委员履职能力

用好用活协商机制。区政协在全体会议上设立大会发言环节，让委员代表与区委、区政府领导及有关部门负责人面对面对话；在常务委员会会议上设置议政性议题，邀请政府有关领导和相关职能部门参加，零距离沟通；探索建立联席会议机制，与区政府互通有无，共推发展。

规范履职制度建设。制订修订《委员调研视察规则》《委员履职考核暂行办法》等制度，完善委员履职档案、表彰约谈等机制，做到委员管理循章有据、有效。

重视委员学习培训。以提升委员“四种能力”建设为切入点，开展委员读书活动、学习交流和集中培训。深化委员读书活动，成立读书活动阅读指导组，制定实施方案，建立读书活动小组9个；坚持党的理论、政协知识“每日一学”不停息，在委员工作群每日推送一条学习内容，不断提高政协队伍能力素养。

强化委员归属感。通过调研走访，聚焦委员企业融资需求，积极发挥政协优势，开展“联合金融机构服务委员企业·助力高质量发展”银企互动活动，并在每个月设立“活动日”，携手9家驻市、区银行，轮流走进65家委员企业提供“点对点”金融服务，倾力支持委员企业拓宽融资渠道，服务委员企业高质量发展。

### 加强机关自身建设　内外联动破解“两个薄弱”

强化专委会建设激发活力。为5个专委会从委员中各遴选6—8名委员为组成人员，并提请区委同意，为每个专委会从常委、委员中配备了3名兼职副主任，切实解决“一人委”问题。

社会事务委、农业农村委等充分利用委员资源、文史成果转化资源、区内其他资源，建成“三个基地”（委员学习教育基地、文史研习基地、乡村振兴实践基地），为委员学习实践、开展履职活动再添新阵地、搭建新平台；提案委联合团区委，在西飞二中成立模拟政协学生社团，引导青少年学生深刻感悟中国特色社会主义制度优势，深化对全过程人民民主的理解和认同。

提升机关服务保障能力。围绕“阎良建设世界一流航空新城，政协怎么干”主题，理清思路，推动履职；扎实开展“大学习大练兵大比武”“争一流、创亮点、作贡献”“依岗承诺转作风”等活动，努力打造政治过硬、服务优质、业务精湛、作风优良的干部队伍，推动政协工作提质增效。

（本文原载于《人民政协报》2024年1月4日第3版）

◎ 鄠邑区政协

# “共性化 + 个性化”履职为协商添活力

文／杜　娟

“感谢委员们为我们免费体检，让我们一线工作者感受到社会的关爱。”日前，鄠邑区政协民宗组、医卫组开展“奉献秦岭”活动，为 120 名网格员、护林员进行体检时，护林员激动地说。

鄠邑区政协深入学习贯彻习近平新时代中国特色社会主义思想，积极探索“共性化 + 个性化”履职新模式，促进委员履职更顺民心、更有温度，促进基层协商更具活力、更富实效。

## 搭建活动阵地　委员履职平台不断拓展

区政协探索构建了“一家一室一办两组”协商格局（区政协“委员之家”、界别委员工作室、街道政协联络办、界别小组和学习联谊组），实现了委员活动有阵地、基层协商有平台。各基层阵地积极组织开展个性化履职活动。如祖庵街道政协联络办邀请辖区政协委员集体研讨，为完善祖庵重阳古镇建设方案献策出力；甘亭街道政协联络办组织委员和有关部门负责人，围绕物业费定级征收、老旧小区水网改造等，开展“城市精细化管理暨小区管理”主题微协商，助力破解群众身边愁难事。

在区政协创新建立的“委员之家”，主席会议成员、各专委办主任每日轮值接待，搭建起面向委员交流互动的新平台，被到访委员们亲切地称为“委员的专属会客厅”。启用以来，已接待委员 268 人次，收集工作建议 90 余条，转化提案和社情民意信息 30 余件（条），形成了一批解决发展难题的“金点子”。

## 加强培训调研 “共性化履职”质量持续提升

区政协将委员提案、调研视察、社情民意信息等经常性工作纳入委员“共性化履职”，通过强化教育培训，引导委员学好练精调查研究基本功。组织提案知识培训、调研主题培训等，组织委员赴海南省以及陕西省咸阳市政协、西安市阎良区政协考察学习，组织180余名委员走基层看变化，了解区域发展新成果，为委员履职开阔思路。

区政协十四届二次会议期间，组织委员进行大会发言，委员们对涉及区域发展的重难点问题发表建议100余条，区委主要领导当场部署落实，促进了相关问题高效解决，这是一次“委员发声有质量、党政发力有保障”的生动实践。

## 加强联系指导 “个性化履职”效能充分释放

区政协积极推行“个性化履职”，充分引导发挥委员的主观能动性，以委员自身的职业、专业、技术优势，深入开展科技兴农、送医送教、文化下乡、法律援助等活动，不断强化履职责任、拓宽履职渠道，以委员们的主动作为丰富履职内容、提高履职效果。完善领导干部联系督导基层阵地的制度设计，形成“双主动”工作机制（领导干部主动下沉指导、基层阵地主动邀请参与小组活动），常态化指导委员履职，确保履职活动有特色、有亮点，方向准、成效实。

区政协委员以形式多样的“个性化履职”展风采、显担当。科技组委员在中、高考期间“电力保障、爱心助考”，免费为区内中学提供电力保障应急服务；体育组委员开展足球联谊赛、太极拳展演，丰富群众体育文化生活；经济组委员带领爱心志愿者开展金秋助学。2023年以来，区政协委员参加各类履职活动928人次，参与率高达99%，其中委员自行组织“个性化”履职45次，同比增长32%，成为政协履职的新亮点和重要发力点。

（本文原载于《人民政协报》2024年1月4日第3版）

# 青岛市政协
# 奋楫破浪劲扬帆

文／陈小艳　陈笑蔚　李　轲

新时代画卷气吞山河，新征程篇章气势恢宏。党的二十大擘画了全面建设社会主义现代化国家、以中国式现代化全面推进中华民族伟大复兴的宏伟蓝图，明确了新时代新征程党和国家事业发展的目标任务。

青岛市政协坚持以习近平新时代中国特色社会主义思想为指导，坚决把思想和行动统一到党的二十大精神和中央政协工作会议精神上来，统一到习近平总书记对山东、对青岛工作的重要指示要求上来，深入践行全过程人民民主，以更加饱满的政治热情和精神状态，用更多含金量高的履职答卷，回答时代之问，回应人民关切，为加快建设新时代社会主义现代化国际大都市作出政协贡献。

## 在理论学习上下实功，夯实思想根基

把理论学习贯穿始终，坚持真学真懂真信真用，持续在深化、内化、转化上下功夫，增强坚定拥护“两个确立”、坚决做到“两个维护”的政治自觉、思想自觉、行动自觉。

深学细悟系统学。坚持在全面学习、全面把握、全面落实上下功夫，原原本本、逐字逐句学习党的二十大报告和党章，认真领悟党的二十大提出的新思想新论断、作出的新部署新要求，深化理论研究阐释、深度融入履职实践。把学习贯彻党的二十大精神和中央政协工作会议精神作为理论学习、委员培训、干部讲堂的重中之重，召开“学习贯彻党的二十大精神，做好人民政协工作”主题理论研讨会。开展“第一议题”学习 22 次，深刻领悟习近平总书记对山东、对青岛工作的重要指示要求，跟进学习习近平总书记重要讲话、重要指示批示精神，集中学习研讨12次，在学习中明方向，在交流中促工作。

多种形式全面学。市政协党组成员到所在党支部讲专题党课，开展“学习贯彻习近平法治思想”系列活动，组织党员参加“学思想　强党性　共奋斗”知识挑战赛和习近平新时代中国特色社会主义思想学习竞赛。开展为老党员颁发“光荣在党 50 年”纪念章暨主题教育“送学上门”活动。实施“沉浸式”学习教育，组织开展主题党日、党员干部到结对社区“双报到”、赴中共青岛地方支部旧址等红色教育基地进行党性教育等活动，在学习体悟中锤炼党性修养、强化使命担当。

立足实际深入学。聚焦学习贯彻习近平总书记关于加强和改进人民政协工作的重要思想，举办学习交流、委员读书等活动，依托政协特有的“习近平新时代中国特色社会主义思想学习座谈会”深化理论学习，围绕贯彻落实政协章程、全国政协常委会工作报告精神等组织开展专题学习研讨 4 次。打造市政协“凝心铸魂读书会”委员读书品牌，在浙江大学、厦门大学、湖南大学等举办 6 期培训班，参训政协委员和机关干部 400 余人。

## 在调查研究上下实功，察实情献良策

把调查研究贯穿始终，念好“深、实、细、准、效”五字诀，把事情的真相和全貌调查清楚，把问题的本质和规律把握准确，把解决问题的思路和对策研究透彻，一锤接着一锤敲，一步紧跟一步行，把一个个“问题清单”变为“成果清单”。

掌握全面、真实、丰富、生动的第一手材料，制定《市政协大兴调查研究的实施方案》，结合年度协商计划，确定加快发展青岛市新型农村集体经济、建设数字政府推进青岛市治理能力现代化、加强政协党的建设等 14 个方面、30个重点调研方向，市政协党组和机关党组领导班子成员每人领题，建立调查研究工作台账。突出一线调研导向。组织委员深入企业、学校、乡村，围绕促进中小企业健康发展、促进外贸能级提升等重点工作，开展解剖式、监督式调研，形成14项调研成果。青岛市政协构建“协商调研”新模式服务全市高质量发展经验做法，获省政协主要领导肯定性批示。开展典型案例剖析。围绕“创新打造‘界别同心汇’探索完善委员联系界别群众制度机制”正面典型案例和“围绕青岛市‘十四五’规划实施情况开展监督性视察不到位”反面典型案例，进行深入剖析，深思教训启示，检视差距不足，研究提出改进措施。

针对推动高质量发展的重点问题、深化专门协商机构建设的难题、履职工作中长期未解决的问题，把脉问诊、解剖麻雀、解决问题。高质量召开青岛市政协领导班子主题教育调研成果交流暨典型案例剖析会，交流调研情况，深化问题研究，提出对策措施，建立创新举措清单。加强跟踪问效，建立调研成果转化运用清单，持续对“更好发挥政协委员主体作用”“增强提案民主监督作用”等调研课题的完成情况、问题解决情况进行跟踪问效，实现服务发展与履职能力“双提升”。

## 在推动发展上下实功，主动担当作为

把服务推动高质量发展贯穿始终，以创新理论武装指导履职实践，助力习近平总书记对山东、对青岛工作重要指示要求落实落地。

紧扣党政所需、人民所盼、政协所能履职建言。围绕助推高质量发展协商议政，举行“加快建设国际海洋科技创新中心，全力打造引领型现代海洋城市”专题议政性常委会会议，围绕“全域联动推动上合示范区高质量发展”开展重点调研视察，一批高质量协商成果转化为助推发展的具体举措。积极服务助力市委“三条线”重点工作，围绕助力城市品质提升献计出招，深入城市更新项目现场实地视察、调研座谈，梳理出8个方面的协商清单，邀请13个政府部门与政协委员面对面深度协商，锁定难点堵点问题深入研究，聚焦“全面打造宜居韧性智慧城市”形成监督性协商工作报告，得到市委主要领导的批示肯定。

在全市各级政协组织发起助力“深化作风能力优化营商环境”专项行动，

以政协之智、政协之力助推青岛加快打造市场化、法治化、国际化一流营商环境。共向市委报送建议案、协商议政专报26期，“优化营商环境”社情民意专刊10期，简报信息8期，得到市委、市政府领导同志批示6次，促进110余项“六个环境”有关问题和事项得到有力落实。

深化拓展协商议政平台载体，健全完善“有事多商量”和“倾听与商量”“委员直通车”等特色平台载体，围绕“擦亮青岛海洋旅游名片”“打造青岛火车北站交通商务增长极”等方面，举办“倾听与商量”8期，98条“金点子”被相关部门跟踪办理。组织各级政协委员深入一线开展调研协商，为发展献计策，就问题找答案，制作播出“委员直通车”20期，提交建议500余条。

依托“学而系列”读书平台开展“学习新思想 建功新时代”委员读书活动，以书香政协助推书香青岛建设。开展“‘悦’读城市、文润四季”系列读书活动，组织委员开展读书讲座、分享会和赠书活动14次。凝心聚力促发展。高标准推进“界别同心汇”、界别委员工作室建设，打造“界别同心汇”服务中心，指导区（市）政协打造独具特色的“界别同心汇”，打造省级“界别同心汇”6个、市级界别委员工作室30个，推动委员联系服务界别群众制度化、常态化。

社情民意信息工作名列全国副省级城市第一，获全国政协反映社情民意信息工作先进单位。加强“网端号刊”阵地建设，政协网络新媒体影响力在全国地级市（含副省级城市）中排第3位。发挥文史资料“存史、资政、团结、育人”重要作用，高质量开展文史资料征编，打造青岛政协文史馆2.0版。

全面加强党的建设，始终把加强党的建设作为政协工作的生命线，坚定不移推进全面从严治党，严格执行中央八项规定及其实施细则要求，制定政协委员廉洁从政从业规范、市政协机关党员干部与政协委员构建“亲清”新型关系行为规范，锲而不舍纠治“四风”。深入开展“作风能力提升年”活动，常态化进行“赛绩”“亮绩”，举行“比实干、赛实绩、创实效”擂台赛，着力强化政治引领、目标引领、争先进位、系统思维，用实干实绩交上高质量履职作业。

认真落实中办《关于加强和改进新时代市县政协工作的意见》和省委办公厅、市委办公厅《实施意见》，强化联动协作，推动调研沉下去、力量沉下去、协商沉下去，破解基层政协“两个薄弱”问题。出台《政协第十四届青岛市委员会常务委员会关于加强自身建设的意见》等制度。

（本文原载于《人民政协报》2023 年 12 月 11 日第 1 版）

◎ 市北区政协

# 有话好好说　真商量真管用

文／陈小艳　陈笑蔚　李　轲

在寸土寸金的青岛市历史文化城区，停车问题让市民很发愁。今年，市北区李村路停车场全面投用，周边停车难问题迎刃而解。针对委员提案，区政府还因地制宜新建聊城路等 3 处停车场，整治改善 18 条道路，大力提升片区基础设施配套水平，为青岛历史城区保护更新提供了强有力的支撑，老城区开始焕发新光彩。

为了真正让委员发挥主体作用，当好区域发展的参与者、实践者、推动者，市北区政协打造了“有话好好说・有事好商量”协商品牌，大力促进委员履职实践提质增效。

青岛历史城区焕发新生，正是市北区政协“有话好好说・有事好商量”推动提案见实效，助力区域高质量发展的生动体现。

“市北区政协从制度机制、方式方法入手，推动提案办理从‘满意’向‘实现’转变。提案中的许多意见建议已体现到相关规划政策和举措中，为推动市北区经济社会发展发挥了重要作用。”市北区政协党组书记、主席陈忠伟表示。

针对青岛历史城区保护更新，市北区政协聚焦全区旅游品质提升、历史城区高质量发展主题，重点督办了《打造市北精品旅游线路》《夯实历史城区发展基础，助力全区旅游品质提升》等提案。“有话到政协来说”，把民主协商的土壤厚植在基层，引导政协委员、界别群众有话到政协来说，广泛凝聚共识。针对群众普遍关心的邮轮港区更新建设，市、区两级政协委员首次联合开展调研协商活动，为区域高质量发展建言献策，共同打造海岸线上的耀眼明珠。

市北区政协把区委、区政府中心工作作为政协履职重心，积极发动政协委员“在政协好好说话”，围绕中心建言建功，服务大局聚识聚力。聚焦委员关切、社会关注、群众关心的课题久久为功，不断深化联合督办、回头看，促成海伦路社区卫生服务中心迁址改造、大鲍岛休闲文化街区招商等一大批民生实事落地。

落实“走在前开新局”要求，市北区政协还制定了“聚力市北·同心履职”委员主题实践文件，“有事好好商量”不断提高建言献策质量。5名委员受聘作风建设社会监督员、8名委员受聘党风政风警风监督员，45人受聘纪检、司法、法院、教育、生态、医疗等领域社会监督员，在各个领域发挥政协作用。主席会议成员牵头挂帅，重庆路快速路项目房屋征收首日签约率高达91.6%，创造了民生工程“市北速度”。

着眼“真商量真管用”，市北区政协注重闭环管理，做到有提案必有督办、有督办必有落实、有落实必有反馈。区政协主席会议成员领衔督办全部重点提案，区政府领导班子成员每年至少参加一次政协活动，“提案好商量、商量就管用”蔚然成风。

市北区三届政协以来，通过大力开展“有话好好说·有事好商量”协商，已组织303人次委员围绕新媒体经济发展、数字市北、一件事一次办等内容，由主席、副主席带队，开展协商调研50余次；换届以来立案的367件提案，均如期答复反馈。已经组织开展的30件重点协商计划已完成23件，形成专题报告26篇，提出意见建议230余条，全部得到区委主要领导批示，为区委、区政府决策提供依据。

（本文原载于《人民政协报》2023年12月11日第4版）

## ◎ 黄岛区政协

# 深入界别群众　搭建“政协市集”大舞台

文／陈小艳　陈笑蔚　李　轲

为深入学习贯彻党的二十大精神，黄岛区政协聚焦事关新区经济社会高质量发展的根本性、基础性、长远性工作，深入基层、界别、群众，善于“解剖麻雀”，练好调研“基本功”，既深度调查又潜心研究，着力画大同心圆、汇聚正能量，切实以高质量调研促进政协工作高质量发展。

近期，区政协通过出台相关意见、召开务虚座谈会，以及组织部分政协委员、专家学者深入泊里大集沉浸式开展微调研，着力找寻新区大集久经繁华的“基因”和“密码”，力求为促进新区夜市经济、市集经济、时尚经济高质量发展提出“金点子”。

据悉，3月，黄岛区政协出台了《关于建设“政协市集”大舞台 加强联系界别群众提高协商实效的意见》，鼓励和支持委员深入基层一线、深入界别群众，进行调查研究，找准群众需求，提出高质量的意见建议，展现新时代政协委员风采。4月，区政协组织召开建设“政协市集”大舞台加强联系界别群众提高协商实效务虚座谈会，与会人员围绕“市集经济”需求点、问题点等协商交流，提出意见建议，为更加务实、更具质效地开展下步工作凝心聚力、明确路径；组织部分政协委员、专家学者按照“四不两直”要求到泊里大集开展调研，深入大集摊位、融入赶集队伍，沉浸式开展微调研，地头化开展微协商。5月，有关政协委员发挥智力要素和专业特长，联名提出了《关于大力发展新区“市集经济”的建议》《关于推进泊里大集高质量发展的建议》等提案，助推新区经济高质量发展。6月，区政协结合前期开展的系列活动情况，向工委管委报送了《关于新区市集经济发展情况的调研报告》，工委管委主要领导作出重要批示：报告分析透彻，请新经济、商务局会同相关部门研究落实好调研报告，打造新区特色市集经济；做好调度，形成方案专题会研究。

区新经济发展促进中心立足区域个性探索市集经济发展新路径，结合政协委员、专家学者提出的推动新区市集经济发展的建议报告，于6至7月策划开展了青岛西海岸新区市集经济直播系列活动。活动聚焦齐鲁之间杏运市集、濠洼夜市、星光岛后备箱市集、泊里大集、啤酒节，以“官媒传播+达人造势+直播”为传播形式，5场直播总观看人次达1100余万，推动网红流量变经济增量，彰显新区市集经济发展强大韧性和新生活力。

市集经济既是一座城市的经济窗口，也是一座城市的文化之窗。有规划、有秩序地发展市集经济，不仅可以给消费者带来一种新的消费体验，还兼具经济和文化功能，给城市营造全新的消费氛围和市井文化。

下一步工作中，黄岛区政协将充分发挥专门协商机构作用，做到政治站位有高度、建言献策有精度、服务民生有温度、凝聚共识有广度，为推动新区市集经济高质量发展贡献政协智慧和力量。

（本文原载于《人民政协报》2023年12月11日第4版）

## ◎ 崂山区政协

# 聚焦民生关切　助推金融法务区建设

文 / 陈小艳　陈笑蔚　李　轲

近年来，崂山区政协坚持以习近平新时代中国特色社会主义思想为指导，擦亮“有事多商量”协商议事品牌，引导组织委员履职担当，出实招、谋良策，积极推动金融法务区建设，促进金家岭金融聚集区高质量发展。

聚焦民生关切，让协商选题更“精准”。2022年初，崂山区政协十三届一次全体会议期间，多名委员提出依托金家岭金融聚集区，打造青岛市高端法律服务聚集区和建立法律服务产业园的提案。区政协高度重视，主要领导牵头，先后走访专家学者、界别委员、金融企业、职能部门9次，召开座谈会3次，倾听委员意见、企业需求，了解部门工作。根据调研成果，确定开展“法院审判执行工作”专题协商，助推金家岭金融法务区建设。

系统联动协商，让意见建议更“对症”。专题协商开展前1个月，区政协在委员工作群等平台公布协商议题、计划和组织方式等相关资料。之后，依托委员工作群、“委员之家”、街道界别委员工作室等线上线下载体，组织专家学者、界别委员、金融企业和职能部门开展调研，先后召开座谈会4次，收集委员建议20余条。

积极谋划推动，让成果转化更“扎实”。协商座谈后，区政协立即组织相关领域专家学者、界别委员召开协商成果研讨会，认真分析研究，形成了《关于建立金家岭金融法务区的建议》，报区委、区政府决策参考。崂山区党政主要领导高度重视，成立工作专班，金家岭金融法务区建设正式纳入区委、区政府决策。筹建过程中，区政协组织30余名委员参加法务区规划设计、政策修订、方案论证等工作，进一步助推项目落地。

持续跟踪问效，让民生实事更“贴心”。今年，区政协将助推金融法务区建设纳入年度重点工作日程，召开 3 次主席办公会议进行研究部署。在“有事多商量”协商平台上，提前发布相关协商计划，让广大委员提前了解协商内容、积极开展调查研究。区政协坚持全过程助推金融法务区建设，先后组织委员参加法务区规划、法务大厦设计方案讨论会、评比会 13 次，提出意见建议 20 余条。目前，法务大厦建设项目已正式启动，成功举办金家岭金融法治论坛。

区政协立足前期工作成效，得出相关经验启示——

选题要有“高度”。政协协商选题要立足助推经济社会高质量发展大局，选择“小切口”的课题议政建言，形成高质量协商议政成果。推进金融法务区建设，是崂山区政协发挥提案引领作用，将提案督办与年度重点协商课题有机结合的重要举措，既拓宽了基层协商的选题思路，又拓展了政协履职的发展路径。

协商要有“深度”。为开展好专题协商，区政协提前 1 个月下发预备通知，先后组织专家学者、相关委员深入企业、职能部门开展调研座谈 6 次，收集委员建议 40 余条，充分了解各方意见和需求，找准问题和症结。协商会议中，区政协领导、专家学者、法制界别委员、部门负责人和企业代表畅所欲言，进行全方位沟通协商。与会人员开展建设性互动交流、反复辩论，凝聚思想共识、汇聚发展合力。

转化要有“力度”。协商成果是否真正转化落地，是评价协商成效最直观、最有力的依据。崂山区政协既考虑如何推动协商成果尽快转化，也思考如何将协商活动的模式延伸开来，建立健全跟踪问效机制，形成协商流程的完整闭环，确保协商事项件件有回音、事事见成效。

（本文原载于《人民政协报》2023 年 12 月 11 日第 4 版）

◎ 胶州市政协

# 推行“党建 + 履职” 干出政协“新样子”

文 / 陈小艳　陈笑蔚　李　轲

构建“条块结合、上下联动、全员覆盖”的党组织架构、完善“学管带联”的运行机制，以党建链接委员履职活动，推动党建与履职深度融合、发挥党建引领作用和党员委员“头雁”效应……这是胶州市政协全面推行“党建 + 履职”工作链条，以高质量党的建设引领政协事业干出“新样子”的一系列重要举措。

党建强，政协工作就强。胶州市政协全面贯彻落实新时代党的建设总要求，立足政协性质定位和县级政协工作实际，形成了以党建带队伍促履职的良好局面。

搭建全覆盖的组织体系，把委员聚在党旗下。将 118 名省市三级政协委员按照“便于日常联系、便于组织活动、便于推动履职”的原则进行分组，以镇（街道）为单位成立了 12 个联合活动组党支部，由联合活动组党支部负责日常联系、组织参加活动，让委员有更高“出勤率”、更好“出彩率”。在市政协机关党委下设立 6 个专委会党支部，以党建引领专委会在调研视察中“唱主角”、在协商议政中“挑重担”。健全完善“常态化学习机制、规范化管理机制、系统化带动机制、精准化联系机制”的“学管带联”运行机制，配套制定了《联合活动组党支部工作规则》等 17 项管理制度。

其中，围绕建立精准化联系机制，胶州市政协建立了政协党组织联系党外组织、党组成员联系党员委员、党员委员联系党外委员“三联”制度，每名党员委员联系 2 至 3 名党外委员共同学习、共同履职。这项制度实施后，委员们的学习调研热情普遍提高，在委员中引起了热烈反响。

打造全链条的融促体系，建强委员履职新平台。坚持“市委有号召，政协有响应；市委有部署，政协有行动”，创新搭建“党员委员大调研”“政协委员智库”等党建引领参政议政“舞台”，推动参政议政供给侧与党政决策需求侧精准对接。

辖区内上市企业的发展对于一个城市来说至关重要。在胶州的省政协委员王勇提出《关于关注上市企业上市后高质量发展的建议》，被胶州市委书记给予了“建议很有针对性”的批示肯定，市政府成立专班，推进落实。

这只是胶州市政协众多协商实践中的一个缩影。今年，市政协按照“小切口、微协商、大民生”思路，依托省政协“有事多商量”协商品牌，建实用好“胶州是我家，有事好商量”“界别同心汇”“政协委员广场夜话”等党建赋能民主协商的平台，围绕城市建设、经济运行、基层治理等重点工作开展协商活动40余次。

构建全方位的引领体系，使委员履职更务实。胶州政协始终践行“人民政协为人民”的宗旨，带头开展“三进三送”等实践活动，带动全体委员积极投身乡村振兴、爱心济困、文明典范城市创建等工作，累计帮办惠民实事90余件，捐助资金600余万元；139名委员义务担任“乡村致富经理人”，实实在在为乡村发展建言、为基层治理助力。

人心是最大的政治，团结是永恒的主题。下一步，胶州市政协将聚焦“线上阵地建设不够到位”等短板弱项，不断思考探索新路径，一体推进党建引领协商聚力、数字赋能、以学促干“三大行动”，以高质量党建引领政协事业干出“新样子”。

（本文原载于《人民政协报》2023年12月11日第4版）

◎ 平度市政协

# 围绕履职抓党建　抓好党建促履职

文／陈小艳　陈笑蔚　李　轲

近年来，平度市政协牢固树立“围绕履职抓党建，抓好党建促履职”的理念，把全面从严治党的要求落实到政协工作各方面全过程，着力构建多层次党建工作体系，打造具有平度特点、政协特色的学习平台、履职载体和工作机制，以高质量党建引领政协工作高质量发展。

认真落实“第一议题”制度，用好线上、线下、实体“三个学习平台”，全方位、多维度学习习近平新时代中国特色社会主义思想，做到以学铸魂、以学增智。

用好线上学习平台。依托省政协线上“学而书院”，组织委员参加党的二十大精神等专题学习班，深入学习习近平新时代中国特色社会主义思想。推进智慧政协建设，利用“一号四群”学习交流平台（“政协 e 站”微信公众号，政协机关、政协常委、界别召集人、全体委员 4 个交流群）建设“云课堂”，定期刊发学习资料，开设学习专栏，督促委员、机关干部开展学习。

用好线下学习平台。健全完善以市政协党组理论学习中心组学习为引领，常委会专题学、委员读书深入学等相配套的学习体系，创办“政协大讲堂”，建立“学习 + 讨论”制度，采取邀请专家辅导、举办委员培训班、“机关干部周五讲坛”等方式，形成“全员学习、全面学习、全程学习”的生动局面。今年 4 月，组织部分政协委员到厦门大学参加履职能力提升专题培训班，集中学习党的二十大精神、乡村振兴、园区建设等内容，委员们学习热情高涨，履职能力明显提升。

用好实体学习平台。推进“书香政协”建设，打造机关“书香驿站”、界别委员工作室和“学而书房”等学习平台，确保委员学习交流有场地。今年组织开展“好书我阅读”“好书我分享”等读书沙龙10余场（次）。依托平度丰富的红色文化资源，开展沉浸式“主题党日”活动，组织委员和机关干部到刘谦初红色文化园、大泽山抗日战争纪念馆等教育基地参观学习，传承红色基因，汲取奋进力量。

围绕打造“情系委员，履职为民”党建品牌，创新组织建设、委员履职、服务群众的工作载体，推动政协履职与党建工作同频共振、双向提升——

创新组织建设载体。成立市政协机关党组，依托各专门委员会成立6个功能型党支部，按照“上下衔接、立体覆盖、各尽其责、无缝对接”的思路，构建“政协党组＋机关党组＋机关党总支＋机关党支部、离退休干部党支部、专委会功能型党支部”党建组织链条。将150余名党员委员编入各功能型党支部，让党员委员当主角、打头阵，带动全体委员开展学习交流、参政议政、扶危济困等活动。

创新委员履职载体。坚持党建与履职融合互促，依托机关“书香驿站”建设“委员议事厅”，积极开展专题协商活动。以6个功能型党支部为主体，邀请部分党员委员、部门负责人、企业家走进政协机关，聚焦平度市委提出的“五区”建设任务开展专题协商，形成《关于加快先进制造业集聚区建设的几点建议》等6期协商议政专报，得到平度市委、市政府主要领导的充分肯定和批示，相关意见建议正在推进落实。

创新服务群众载体。制定政协委员联系服务界别群众的意见，组织开展“百名党员委员大走访”“我有好提案”“五送”（送科技、送文化、送健康、送法律、送爱心）等活动，引导委员走进基层一线，了解社情民意，当好信息沟通的联络员、化解矛盾的调解员。今年以来，共走访企业和有关项目40余次，收集意见建议40余条，为群众提供政策服务、技能培训等30余次。

（本文原载于《人民政协报》2023年12月11日第4版）

# | 济南市政协 |

# 千泉竞涌东风劲

文 / 常　忠　吕振欣　张文敬

千泉竞涌，黄河奔流。如今的泉城济南，正以习近平新时代中国特色社会主义思想为指导，加快建设“强新优富美高”新时代中国特色社会主义现代化强省会，奋力谱写一幅乘势而上、蓬勃发展的壮美图景。

胸怀“国之大者”，牢记使命担当。济南市政协深入学习贯彻党的二十大精神和中央政协工作会议精神，坚持党的领导、统一战线、协商民主有机结合，聚力打造“同心向党·履职为民”党建品牌，持续深化提升“商量”制度化协商民主平台，坚持守正创新，扎实履职尽责，正以奋进者的昂扬姿态，干出新时代人民政协新样子。

## 同心向党　凝心铸魂　团结奋斗的共同思想政治基础更加牢固

济南市政协坚持以党的建设统领各项工作，聚力打造“同心向党·履职为民”党建品牌，坚定“同心向党”的政治自觉，树牢“履职为民”的宗旨意识，教育引导各族各界代表人士紧密团结在党的周围，坚定拥护“两个确立”、坚决做到“两个维护”。

理论上清醒，政治上才能坚定。理论学习是党建工作的重中之重。数百名委员线上发言、近万字学习体会，这是济南政协协商云 APP“双月学习”专栏“学习新思想 建功新时代”活动的数据统计。为推进学习贯彻党的二十大精神往深里走、往实里走，市政协构建了体系化、全方位的学习矩阵，联通线上线下、融通界别群众，时代真理深入人心，奋进力量加快凝聚。

——政协党组层面，认真落实“第一议题”制度，完善以党组理论学习中心组为引领的常态化制度化学习体系，充分发挥以上率下、示范引领作用。

——政协委员层面，建立“政协大讲堂”，依托“界别同心汇”“商量工作室”等界别平台广泛开展理论学习、政策宣讲、凝聚共识。

——机关干部层面，持续开展“书香政协·开卷悦读”活动，建好用好“学习沙龙”“青年理论学习小组”等学习阵地，常态化开展组织党课展评、红色诵读、读书漂流等活动，市政协机关荣获全省“书香机关”。

打造党建品牌，思想引领是关键，组织建设是保障。市政协压实主体责任，坚持统筹谋划，定期召开党建领导小组工作会议，每年初制定《党组工作要点》《党建工作计划》，出台《关于发挥专门委员会基础性作用 加强党的建设的意见》，成立专委会、界别组功能型党支部，开展“思政课堂”等常态化党性教育、读书交流活动，不断夯实团结奋斗的共同思想政治基础。

7 月 28 日，一场民主党派征求意见座谈会在轻松融洽的氛围中开展。会上，大家开诚布公地提出了 5 方面 15 条意见建议，会后市政协专门制定方案跟进落实。原来，市政协每年的“一问一看一访”活动（1 次党外委员征求意见座谈会、1 次党外委员专题视察、1 次港澳委员走访）已经成为常态，从党内到党外、从委员到群众的思想引领工作格局不断巩固完善。

## 围绕中心　履职尽责　建言资政凝聚共识的工作更富成效

为深入贯彻落实习近平总书记对山东、对济南工作的重要指示要求，立足于济南黄河流域国家中心城市的定位，市政协连续多年围绕黄河流域生态保护和高质量发展主题，组织开展各类协商 30 余次，提交提案 220 余件，协商成果得到省委、市委领导的批示肯定。

党的二十大报告对人民政协提出明确要求，强调要加强制度化、规范化、程序化等功能建设。历经多年的探索实践，市政协形成了“122+N”协商议政格局（1 次政协全会、2 次专题议政性常委会会议、2 次专题协商会和 N 个专题“商量”），并专门印制了《“122+N”协商工作手册》，成为协商工作的行动指南，进一步提升了协商议政的制度化规范化程序化水平。

“数字化赋能绿色低碳转型，企业有什么好的经验做法？”“雨污分流工程是民生工程，如何做到巧施工不扰民？”调查研究是做好政协工作的基本功，也是精准建言资政的前提。《关于在市政协大兴调查研究的实施方案》应运而生，主席会议成员以上率下，民革、民盟、致公党等党派，经济界、教育界、医药卫生界等界别纷纷参与进来，围绕重点协商议题一次次深入现场、一场场头脑风暴，调研如火如荼开展。

64 项调研课题，210 余次调研活动，2500 余条意见建议，这些沉甸甸的数字，最终形成了建议案、协商专报、调研报告等系列调研成果，为党政科学决策提供了有益参考。

广泛凝聚共识，为党政决策部署的落实厚植民意基础和社会基础，这是政协履职工作的应有之义。市政协将凝聚共识融入协商工作各环节，围绕“发展民营经济”开展专题议政时，专门组织召开助企政策精准宣讲会，作为此次重点协商活动的重要环节。会上，发改委通报经济发展情况，工信局、民营经济局解读近期惠企政策，企业家代表与市直部门面对面交流、点对点帮扶，推动各项政策落实落地。

## 聚焦主业　擦亮品牌　专门协商机构的优势作用更加彰显

党的二十大报告明确指出，健全各种制度化协商平台，推进协商民主广泛多层制度化发展。

2023 年 7 月 22 日，中央电视台《晚间新闻》播发了这样一条热点新闻《推动直饮水入户 协商平台聚焦民生关切》：“为尽快达成济南人在家喝泉水的愿望，济南市政协委员深入社区、景点走访，并在全媒体协商平台开展了专题商量。济南市政协创立 6 年的全媒体协商平台，架起了群众与政协委员、专家学者、政府部门之间对话的桥梁。”

“有事好商量，济南政协邀您来‘商量’！”近年来，济南市政协加快建设制度化协商平台“商量”，推动“商量”工作纳入全市协商民主建设总体布局。济南市第十二次党代会明确提出，要进一步加强和改进人民政协工作，持续擦亮“商量”协商民主品牌；山东省委常委、济南市委书记现场参加集中“商量”，评价“商量”是济南的金字招牌，并要求各级党委政府都要支持政协把这个平台进一步办好；济南市12个区县党政“一把手”高度重视政协工作,大力支持“商量”,现场参加“商量”,推动“商量”成果落实，已经成为一种常态。

——坚持为民商量。“商量”聚焦小切口、大视野的涉及群众切身利益的实际问题，从“一刻钟生活圈”到“老旧小区改造”，从“雨污分流工程”到“乡村医疗体系”，这些议题都回应了基层群众对美好生活的向往。

——坚持务实商量。大明湖畔，市政协“商量”调研组走进古城老巷、泉水泉道、古迹文庙，政协委员与专家学者、部门代表、青年代表围绕“泉水泉道、街巷、院落、文化、业态”5方面开展现场商量，一批意见建议获得与会人员的一致认可。关于古城保护提升的建言成果，已转化为完善古城发展规划、有序引导古城产业发展等有关工作措施。

——坚持开放商量。20余家中央、省、市媒体组成“商量”全媒体矩阵，摄像全程记录、图文同步直播、线上线下互动，实现新闻发布的同频共时和协商场景的全程复现，通过全媒体影响力面向社会各界广泛传播共识、凝聚共识。

“码上商量”是市政协搭建的线上协商议政平台,围绕市县各级政协“商量”议题，“码上商量”平台的留言互动热烈有序。各界群众扫码参与、线上互动；值班委员积极回应、答疑解惑；党政部门通报工作、反馈意见，“码上商量”诚意满满。自去年平台上线以来，目前已开展100多个专题，访问量超过300万人次，收集“金点子”超过2万条。

## 建强界别　履职为民　政协委员联系界别群众的工作实践更有厚度

党的二十大报告明确指出，完善人民政协委员联系界别群众制度机制。

界别是人民政协最鲜明的特点，委员在界别中产生，代表界别群众履职尽责。今年1月，市政协出台的“一号文件”就是《关于发挥“商量”平台聚合优势 进一步加强委员联系界别群众的意见》。这个文件将界别“商量”工作怎么干说得清清楚楚：建设好覆盖30个界别的商量工作室，每个工作室开展界别商量 2 次左右，开展其他活动 3—4 次，可以是集中学习、政策宣讲、辅导讲座和公益服务等。

年初开展学习活动“党建引领助力乡村振兴战略”；年中开展“乡村振兴志愿服务行动”；下半年开展“农产品品牌塑造”商量活动；年底到农户、家庭农场、农企、农业园区调研，了解社情民意信息……位于长清区现代都市农业精品园的农业界商量工作室，墙上列得清清楚楚，各项任务还明确了具体负责的市、区政协委员。从这张简简单单的计划表里可以看出，群众需要什么，委员就做什么。

为进一步拓展委员联系界别群众工作的广度和深度，市政协专门制定《关于完善住济省政协委员和市、区县政协委员联动履职机制的意见》，探索省、市、区县三级政协委员联动履职、形成合力，依托省政协“界别同心汇”和市政协“商量工作室”等平台，尽可能多地辐射带动界别群众，拉近委员与界别群众的距离，在履职实践中画出最大同心圆。

人民政协为人民，民之关切就是履职所向。广大市政协委员知责于心、担责于身、履责于行，发挥界别优势，立足专业特长，围绕“基层医疗卫生能力”“办好品质教育”“推进垃圾分类”等群众关注的民生实事和基层治理中的难事，与专家学者、党政部门和群众代表深入交流，听取意见建议、反映愿望诉求，解疑释惑、理顺情绪、化解矛盾，充分彰显了“为国履职、为民尽责”的真挚情怀。

（本文原载于《人民政协报》2023 年 12 月 7 日第 1 版）

◎ 历下区政协

# “协商”激活高质量发展“一池春水”

文／张文敬　张文相　侯晓凯

扛牢经济大区责任是济南市历下区各项工作的总基调，全区“工作创新年”动员大会上，区委对全区上下发出了动员令，拉开了聚力实现高质量发展的大幕。区政协积极融入、迅速跟进，把助力经济社会高质量发展作为深入践行全过程人民民主的基层实践。

搭建协商平台，助推经济发展。让政协委员中的企业家和党政领导面对面协商交流，推动全区经济高质量发展，是区委交给区政协的协商题目。区政协组织委员围绕改革创新、产业升级、项目建设等课题深入调研、广泛协商，生动演绎了“四两拨千斤”的建言献策硬功夫。

区政协紧扣招商引资和财税收入等全区中心工作，召开了“突出招大引强，增强发展后劲”等4次专题议政性常委会会议，为经济发展建言献策、凝聚共识。围绕“泉城路商圈转型升级”等8个协商课题，集中调研50余次，走访驻区企业110余家，召开20余次协商座谈会，形成102篇调研报告。区委、区政府主要领导多次作出批示，要求相关部门认真研究借鉴，促进协商成果转化。

如何将招商引资和服务企业发展这“一池春水”转化成高质量发展的“源头活水”？区政协创新举措，积极开展“助力招商引资，助推经济发展”主题活动，将120余名企业家委员组建起6大政协委员助力招商顾问团，聘任24名政协常委担任团长和副团长，实行主席包联制度，建立“每月有活动、每季有座谈、每年有成果”工作机制，组织实施了助力招商宣传推介、走访企业、调研考察和招商体验行动。

“信心比黄金都重要，我们相信企业在历下区发展，一定能够做优做好、做大做强。”这是历下区政协走访联系驻区企业时说出的真心话。今年以来，区政协相继开展了 2 次政策宣讲报告会、4 次政协委员招商引资专题调研活动和 7 次助力招商顾问团工作情况调度会，为委员们更好地助力招商引资工作创造条件。各助力招商顾问团落实项目线索 80 余个，对接洽谈重点企业 30 余家，已有 26 家优质企业实现落地。

突出界别优势，汇聚营商共识。作为全国首个科创金融改革试验区承载地的历下区，不仅是济南市的中心城区，也是山东省总部经济和金融机构集聚区。怎样提升营商氛围，更好地肩负起“先行先试”责任？区政协把“助推科创金融改革试验区建设”聚焦到了发挥界别优势上。开展了“界别委员进百企”包联重点企业、包联拟外迁企业、包联民营企业“三包联”活动，为企业送政策、解难题，帮助企业增信心、稳预期。在广泛开展各种活动的基础上还组织科技、经济、工商联界别委员组成专题调研组，召开多次专题协商会议，形成了《解决科创企业“三难”问题》等 20 余份关于提升营商环境方面的建议案。

区政协还发挥优势创建“历下科创 idea・界别同心汇”，举办“科创金融助力中小企业发展”聚识论坛。委员、嘉宾与 50 余家科创企业代表以及线上 230 余名企业负责人，围绕主题进行了互动交流。济南电视台对论坛活动进行全程报道，线上点击量达到 30 余万人次。

（本文原载于《人民政协报》2023 年 12 月 7 日第 4 版）

◎ 槐荫区政协

# “雁阵”平台唱响履职主题曲

文 / 张文敬　谢于娜

党的二十大报告提出完善委员联系界别群众制度机制。济南市槐荫区政协积极探索实践，全力打造“商量在槐荫”“书香政协”“特色委员工作室”“委员沙龙”“团结槐荫”智慧政协五大特色委员履职平台“雁阵”，串起委员责任链履职链，推动委员联系服务界别群众工作走深走实。

“‘团结’是区政协工作的关键词，‘实效’是区政协工作坚持不懈的追求，特色委员履职平台‘雁阵’拓展了委员为国履职、为民尽责的新渠道，使委员协商在基层一线、履职在群众身边。同时，‘雁阵’精神就是团结协作精神，引导委员团结更多群众为槐荫高质量发展贡献智慧和力量。”区政协主席韩军说。

“商量在槐荫”平台凝聚高质量发展合力。聚焦中心精准“商量”，区政协充分发挥专门协商机构作用，锚定“125510”发展思路，先后围绕打造槐荫文化品牌、“槐荫四宝”品牌提升发展等区级“商量议题”组织开展活动 40 余次，区委、区政府主要领导批示商量专报 9 次。出台《槐荫区政协重点提案遴选与督办办法》，主席会议成员领衔跟踪督办，深入开展协商式监督，助推工作落地落实。服务群众靶向“商量”，各街道联络室积极创建特色“商量”品牌，比如青年公园街道的“小院茶馆”等，换届以来，231 个商量工作室围绕群众身边事组织各类“商量”活动 360 余次，助力解决民生实事 162 件，将“协商于民”“协商为民”真正落到实处。

“书香政协”平台凝聚团结奋进共识。举行“书香槐荫・悦读西城”全民阅读活动启动仪式，成立政协书房，开展“星火”课堂、“微笑”读书会等，组织委员赴国内标杆企业开展游学活动，以委员读书引领社会各界群众读书，以“书香政协”助推“书香槐荫”建设。换届以来，“儿童教育与健康公益大学堂”公益讲座举办 19 期，网络同步直播点击量累计 263 万人次。

“特色委员工作室”平台凝聚界别群众力量。召开观摩推进会，为第一批 22 个特色委员工作室举行集中授牌。“海明”特色委员工作室 2021 年荣获山东省政协“十大杰出委员工作室”。“成国帮你来调解”特色委员工作室累计调解农民工讨薪等相关案例 600 余起。委员们包社区、进网格，亮身份、明责任，开展“送文化、送教育、送卫生、送法律、送科技、送健康”等服务活动 100 余场，助力基层治理、乡村振兴等工作，惠及群众近两万人次，让群众觉得政协离得很近、委员就在身边。

“委员沙龙”平台凝聚思想动能。先后召开人工智能医学、惠企政策宣讲等多期沙龙活动，委员好评如潮，社会反响强烈。“团结槐荫”智慧政协履职平台数字赋能履职，平台实现了提案全过程线上操作和常态化开展线上“商量”等功能，打通掌上与网上，委员与群众的联系桥梁。推送宣传信息 1300 余条，面向社会各界群众宣传党政决策、重大部署 400 余条。百名政协委员的履职担当、议政热情、开卷书香，在平台上得到了交融促进，凝聚共识的范围更广、工作更实、效果更好。

（本文原载于《人民政协报》2023 年 12 月 7 日第 4 版）

◎ 历城区政协

# 把“提案”办到群众心坎上

文／张文敬　匡　飞

219 件提案，7 月底全部办复，14 个街道、51 个职能部门、210 名提案委员和 120 余位居民代表全面参与提案督办，面复率、满意率全部达到 100%。这是今年济南市历城区政协提案工作交出的成绩单。

“提案重在落实，要把办好办实委员提案作为我们贯彻落实党的二十大精神、践行全过程人民民主的重要着力点。”区政协主席潘广臣在今年初区政协常委会会议上作出专门部署，要求全力做好提案办理“后半篇”文章，助力全区经济社会高质量发展。

今年初，区政协选择涉及面广、群众关注度高的两件提案，深入一线沉浸式调研，邀请书记区长、职能部门负责人与相关人员面对面商量，研究办理措施。政协委员、专家学者、界别群众和基层工作人员零距离对接，使得办理单位对提案的重视程度明显增强。

区委书记阅批重点提案，提出办理意见；区长召开常务会议研究提案办理工作，建立“区长领办、局长见面”的工作模式，确定 4 月份为“提案办理月”；承办单位将办理提案与业务工作有机结合，专人负责，限时办结，确保了提案办理有力有序有效推进。特别是今年邀请党政两位“一把手”围绕垃圾分类和电动车充电设施建设开展集中商量后，政府和社会多方投入资金，累计建设各类充电桩 6127 个、密闭式垃圾分类房 126 处、分类亭 970 处，配置垃圾装运车 118 辆，让群众切身感受到了实实在在的成效。

区政协积极探索提案办理与舆论监督有机融合的形式，在历城创办《政协提案回声》栏目。针对群众关心关注的热点提案，邀请媒体记者全程参与提案的提出、交办、落实、反馈等各个环节，让委员面对面地代言界别心声，请群众点对点地评价提案办理效果。《政协提案回声》去年创办以来，已播出 46 期，涉及提案 71 件，走进 20 多万电视用户家庭，手机客户端点击量达 15 万人次。

全方位跟进，让难点提案办理更有效。根据往年提案落实情况，区政协主席会议成员领题适时开展“回头看”。针对已经解决和基本解决的，重点看巩固提升；针对正在解决和列入计划解决的，重点看最新进展；针对条件所限、暂时不能解决的，深入交流沟通，作好解释说明。今年，围绕提升城市片区品质等 20 多件提案，领导班子牵头，兵分多路，走进农村、社区、企业、医院、学校和项目建设现场，看情况、听意见、问进展，提出进一步推动落实的建议，力求件件有着落、事事有回音、持续有推进。

提案办得好不好，群众最有发言权。区政协在政府官网、政协官微，公开提案内容和办理结果，接受社会监督。对提案办理质量量化赋分，交由政协委员和界别群众开展民主评议，对表现突出单位在区“两会”期间集中表扬。街道驻地委员和界别委员主动靠前、积极作为，利用街道商量工作室、委员商量工作站、界别同心汇等阵地，加强与界别群众经常性联系，及时传递党委政府信息，广泛收集社情民意，真正把提案办到了群众心坎上。

（本文原载于《人民政协报》2023 年 12 月 7 日第 4 版）

◎ 章丘区政协

# 与群众“面对面” 与民意“零距离”

文／张文敬 索 伟

“得了白内障，点眼药水能治好吗？”“白内障手术后复发率高吗？”面对群众的疑问，济南市章丘区政协委员、明水眼科医院白内障科主任王晓明总是耐心解答，这已成为她和章丘区政协医药卫生界委员送医下乡、服务群众的“必修课”。

党的二十大报告提出完善委员联系界别群众制度机制。如何将这一要求落地？章丘区政协给出的答案是：走，到界别群众中去，让群众真切感受到政协就在身边、委员可亲可靠。

4 月 27 日，医药卫生社会保障界别组党支部走进区妇幼保健院儿童康复中心，开展“爱心助残 关爱民生”调研服务；5 月 11 日，台侨属民主党派界别组党支部，开展“聚焦项目攻坚突破 助力企业高质量发展”专题调研……

今年以来，章丘区政协坚持系统观念、守正创新，探索开展政协工作提质增效三年行动，大力实施“政治引领，促进政协工作高质量发展；示范引导，促委员履职提质增效”“双引双促”党建工程，党建赋能、培根铸魂，推动委员联系界别群众更加主动、更为经常、更有成效，为全区政协事业实现高质量发展强根基、固根本。

“感觉以后的日子更有奔头了。”在章丘区龙山街道辛店村宣讲现场，群众不时报以热烈掌声。党的二十大胜利召开以后，区政协结合“学习新思想 建功新时代”读书活动，引导委员深入企业、农村、学校，开展了 60

多次读书分享、微宣讲活动，真正让党的创新理论飞入了“寻常百姓家”。

区政协以“商量有章”“界别故事”“团结之声”等五大品牌建设为抓手，结合当前正在开展的主题教育，组织委员深入基层，与界别群众深入交流，通过商量助民解忧，广泛宣讲凝聚共识，为经济社会高质量发展贡献了智慧力量。

“没想到‘商量’这么管事，电动车进楼充电这个老大难问题还真解决了。”章丘区圣井街道碧桂园社区居民高兴地说。区政协把群众热切关注的操心事、烦心事、揪心事拿到“商量有章”平台上来，引导政协委员、群众代表、专家学者和职能部门下沉到一线，先后开展了70多次基层商量活动，为解决基层急难问题提供了方案，呼应了群众所盼所需。

为深入开展主题教育，落实“学思想、强党性、重实践、建新功”的总要求，区政协开展为期一个月的“学习新思想 建功新时代”读书分享暨政协机关公众开放日活动，组织委员和界别群众积极参与活动。10月10日，区政协组织首批来自文化教育界别组的10名委员、20余名界别群众走进政协文史馆、机关学而书房、委员会客厅，向他们全面、深入地展示人民政协发展历程和工作特点，并结合“我为发展献良策”活动，督促政协更好履职尽责。

“我们将定期开展‘政协机关公众开放日’活动，邀请更多群众代表走进政协、了解政协，提高政协履职的公开度，增进各界人士的政治认同，进一步推动为民政协、务实政协、开放政协建设，让老百姓切实感受‘政协离我们很近、委员与我们很亲’。”区政协主席李宝燕说。

（本文原载于《人民政协报》2023年12月7日第4版）

◎ 莱芜区政协

# 委员动起来　履职活起来

文／张文敬　桑燕庭

今年以来，济南市莱芜区政协锚定建设“有为政协”目标，坚持务实管用和守正创新双轮驱动，积极探索政协委员全员履职的新途径、新办法，想方设法让委员动起来、履职活起来、工作实起来，推动了政协工作高质量发展。

委员属地全入室，注入发展“源头活水”。近日，莱芜区高庄街道开展政协委员全入室活动，组织新加入街道政协委员联络室的30多名区政协委员到赵家峪村精品民宿基地等地调研，详细了解街道经济社会发展情况。区政协主席张富林也以委员的身份参加活动。活动现场，与会人员从助力乡村振兴、加快企业发展等方面积极建言，提出了许多有价值的意见和建议。

高庄街道的这项活动是落实莱芜区政协《关于实行政协委员属地全入室的通知》精神的具体体现。今年4月，区政协按照就近方便、属地管理的原则，充分考虑区域、界别、职业等因素，将区直委员分别编入8个街道政协委员联络室。各街道党工委对委员全入室工作高度重视，在不到一个月时间内，相继举办了委员见面会、集中视察、现场观摩等活动，共谋未来发展。

政协工作活跃不活跃、成效好不好，关键在委员。为充分发挥委员的主体作用，扩大协商活动的参与面，今年，区政协安排了12个协商议题，每月突出一个议题、开展“月度协商”。这些议题确定后，区政协提出“广泛商量、全员商量、全界别商量”的工作理念，根据委员职业特点、专业特长、界别等情况，把委员编组参与到每个议题之中，布置委员作业，要求每位委员至少参加一次协商活动，实现了月月有协商、人人都参与。

协商议题委员“全参与”，大大提升了委员履职的积极性和主动性。在今年7至8月开展的“推动雪野高质量发展”专题协商活动中，35名委员分组就雪野的旅游交通、赛事活动、景区、民宿等进行深入调研，提出的“打造旅游主题线路，将景点串珠成链”“提升旅游配套设施，完善旅游交通线路”等建议受到政府职能部门的重视和现场回应。

“有事您说话，难事‘莱’商量”。“莱商量”是区政协打造的具有鲜明政协特点和区域特色的协商平台。平台建成后，围绕学校规划布局、便民市场建设等党政关注、群众关切的热点难点问题，区政协组织开展商量活动160多次，参与委员和群众代表200多人次。经过宣传引领、解疑释惑，推动加快审批手续办理、停车场建设等一系列问题得到了有效解决。

面对面听民意，实打实解民忧。各界别“莱商量”工作站充分发挥上接“天线”、下接“地气”的优势，深入基层一线，了解民情民生，围绕区委中心工作和群众关注的民生问题先后开展界别商量活动30多次，基层的困难事、群众的烦心事在一场场协商、一次次交流中得到解决、达成共识。

“界别群众在哪里，委员的工作阵地就建在哪里。我们将继续引导委员发挥界别优势，认真听取民情民意，积极反映群众诉求，协助党委政府做好群众工作，让政协组织更加富有温情、政协工作更加富有成效。”区政协主席张富林表示。

（本文原载于《人民政协报》2023年12月7日第4版）

## |成都市政协|

# 牢记嘱托担使命　务实作为建新功

文/韩　冬　刘　珊　王艺达

党的二十大擘画了以中国式现代化全面推进中华民族伟大复兴的宏伟蓝图。

迈上全面建设社会主义现代化国家新征程，在中共成都市委的坚强领导下，成都市政协坚持把习近平新时代中国特色社会主义思想作为统揽各项工作的总纲，深刻学习领悟、认真贯彻落实习近平总书记来川视察重要指示精神，紧紧围绕贯彻落实党的二十大精神，锚定习近平总书记对新时代治蜀兴川作出“三个牢牢把握”“四个变革”“四个发力”等重要要求，把助推唱好“双城记”、建强“都市圈”、建好“示范区”、提质“幸福城”作为着力重点，坚持建言资政和凝聚共识双向发力，发挥专门协商机构作用，以坚决维护核心、倾力服务中心、坚守为民初心、广泛凝聚人心的实际行动，不断提高政协工作服务中心大局的贡献率，努力为加快打造中国西部具有全球影响力和美誉度的社会主义现代化国际大都市、奋力书写中国式现代化万千气象的成都篇章贡献更多政协力量。

### 持续推动主题教育　凝心铸魂

党的二十大吹响了全面建设社会主义现代化国家、全面推进中华民族伟大复兴的新号角。在全面建成社会主义现代化强国的关键时刻，在全党深入开展学习贯彻习近平新时代中国特色社会主义思想主题教育，就是要为奋进新征程、建功新时代提供坚强有力的政治引领和政治保障。

自今年 4 月主题教育开展以来，成都市政协严格按照“学思想、强党性、重实践、建新功”的总要求，一体推进理论学习、调查研究、助推发展、检视整改，持续推动主题教育走深走实、取得成效。

实践中，市政协各级党组织坚持把理论学习贯穿主题教育始终，读原著、学原文、悟原理，持续用党的创新理论凝心铸魂。坚持“第一议题”制度，推动及时学。党组会议、主席会议、常委会会议第一时间组织学习习近平总书记最新重要讲话和重要指示批示精神，特别是围绕学习贯彻习近平总书记来川视察重要指示精神，及时召开党组会议、党组理论学习中心组专题学习会议，开展专题征文、组织专题研讨，以“跟进学”强化“跟着走”。坚持“第一堂课”制度，推动全员学。如何确保市政协委员和党员、干部在学思践悟上取得新进步、达到新高度、实现新收获？市政协把习近平新时代中国特色社会主义思想作为学习培训的第一堂课，通过自主学习、集中研讨、专家辅导等方式，推动政协委员和机关干部以理论武装坚定政治方向、增进思想共识、引领履职实践。今年以来，已举办委员专题培训班 3 期、委员读书交流活动 27 次，以“专题学”促进“深入思”。坚持分众化学习制度，推动深入学。为丰富学习活动形式，市政协创办“政协讲堂”、成立青年理论学习小组、建立协商前专题学习制度等，组织政协委员和机关干部聚焦习近平总书记关于某一领域的重要论述深入研学，今年以来，已组织“构建高质量发展的现代化产业体系”等专题讲座 7 期，以“分众学”带动“全员悟”。为切身感悟党的创新理论的真理力量和实践伟力，组织党员干部赴郫都区战旗村，开展“重走习近平总书记成都足迹”主题教育实地学习，组织政协委员和机关干部前往延川县，实地参观习近平总书记曾经插队、工作和生活过的梁家河村。今年以来，开展“沿着总书记的足迹”实地学习 4 次，通过追寻习近平新时代中国特色社会主义思想源头，时刻铭记以人民为中心的初心。

## 围绕中心助力发展　担当作为

今年 7 月，习近平总书记亲临四川视察指导，专门听取四川工作情况汇报并发表重要讲话，出席成都大运会开幕式，并在蓉举行一系列重要外事活动，给予成都极大的鼓舞，明确提出“在推进科技创新和科技成果转化上同时发力，在建设现代化产业体系上精准发力，在推进乡村振兴上全面发力，在筑牢长江黄河上游生态屏障上持续发力”，赋予四川新的时代重任、寄予新的殷切期望，是习近平新时代中国特色社会主义思想“四川篇”的最新发展。

如何在推进科技创新和科技成果转化上同时发力？市政协将“促进校地产研融合，助推建圈强链”列为年度重点协商课题，围绕创新产研融合机构共创模式等5个子课题，深入开展调研，从正反典型案例入手“解剖麻雀”，聚焦产研融合难点堵点痛点，提出针对性的意见建议，形成10篇调研报告，提出了“建立产研深度融合的高效支撑体系”等20条意见建议。

为推进现代产业体系构建，市政协九三学社界别组建由10位相关领域专家学者参与的课题组，围绕“加快发展先进制造业 促进实体经济高质量发展”开展界别协商，就电子信息产业发展、科技成果转化、要素保障等方向开展深入调研，形成7篇建议，从着力构建自主产业生态、着力壮大产业创新主体等方面提出了高质量建议，得到了市委主要领导的高度重视和批示。

9月20日，市政协“新时代更高水平‘天府粮仓’成都片区推进情况”视察监督启动会暨知情明政会议在都江堰市召开，标志着市政协充分发挥专门协商机构作用、发动广大委员为成都市“天府粮仓”建设积极建言献策拉开帷幕；9月26日，赴环城生态区部分点位，就当前环城生态区复耕情况、水系建设等问题听取介绍、交流沟通；10月10日，赴新津区、邛崃市，详细了解粮食生产全产业链一体化系统构建、智慧农业社会化服务推广情况与存在困难……课题组采取集中视察与分散调研的方式，形成“关于针对农产品烘干用天然气实施优惠补贴措施的建议”“关于稳妥推进环城生态区土地综合整治的建议”社情民意信息，为提质打造新时代更高水平“天府粮仓”成都片区，提供可行有效的决策参考。

成都作为公园城市示范区，也是全球“生物多样性魅力城市”，筑牢生态屏障既是题中之义，更是应尽之责。市政协积极响应全国政协“关注森林活动”，联合市公园城市建设管理局等单位组织了“关注龙门山、龙泉山森林·生态活动”，计划用5年时间，聚焦品牌建设主题，推动城市空间结构从“两山夹一城”向“一山连两翼”转变，尊重自然地理格局、保护山水生态骨架、防止城镇粘连发展，为城市可持续发展夯实空间基础，为助力生态文明与经济社会发展相得益彰，助推全面建设践行新发展理念的公园城市示范区，积极探索山水人城和谐相融新实践作出新贡献。

## 着力破解现实问题　造福于民

调查研究是中国共产党的传家宝，也是政协工作的“压舱石”。按照中央和省委、市委大兴调查研究着力解决发展难题的要求，市政协认真学习领会习近平总书记提出的“深、实、细、准、效”五字诀，持续加大委员联系界别群众的力度和实效，深入基层一线，直达调研点位，直接询问现场责任人，第一时间反馈调研中发掘的问题短板，着力提升调查研究的质量。

在蒲江县箭塔村调研过程中，调研组了解到县政协委员伍茂源立足“政协协商—社区协商—社区营造”工作基础，将协商机制引入扶贫工作和基层治理工作中，通过政协协商有效激发“新”“老”村民主动性，推动箭塔村从寂寂无闻的相对贫困村向文创社区转型的生动实践后，迅速总结推广经验做法，进一步发挥了其示范带动和价值引领作用，点燃了更多人为成都现代化建设贡献力量的激情。

调研要发现问题，更要解决问题。调研组在崇州市调研时，崇州市政协委员王伶俐反映“农民专业合作社等新型经营主体在进行企业登记时，在实名验证过程中需进行人脸识别，因农民股东人数多，且有很大一部分高龄农民股东不会使用智能手机，开展实名认证、人脸识别难度较大”，调研组将建议转化为社情民意信息后，得到市市场监督管理局高度重视，制订相关工作规范，通过减少识别人数、创新识别方式等便民措施，极大方便了涉农人员企业登记。市政协主席张剡在走访市政协常委皮建军时，了解到因缺乏相关技术导则，在给排水地下管网建设中难以推广新型技术材料，易导致地下水环境污染。相关情况编写为社情民意信息后，张剡主席积极协调省市相关部门促进成都市城镇给排水产品应用技术导则的出台，推广抗腐蚀性强、耐酸碱、抗沉降等多种技术指标领先的新型技术材料在成都城镇给排水产品中应用。

党的二十大报告提出，“协商民主是实践全过程人民民主的重要形式”。市政协坚持协商于民、协商为民，突出专门协商机构职能定位，搭平台、强组织、建机制、促协商，推进政协协商与基层协商有效衔接取得了实效。

基层治理中，小区业委会成立和物业服务规范发展事关群众切身利益，已经成为社会普遍关注的热点问题。今年5月以来，市政协围绕落实《四川省物业管理条例》开展广泛调研，形成的调研报告受到市委主要领导高度肯定，要求相关部门“认真研究吸纳”。针对农村水污染防治工作短板，市政协组成“推动农村水污染防治 促进乡村振兴战略实施”专题协商课题调研组，赴市内、省外20余个点位，聚焦农村污水处理设备生产、农村流域溪河治理项目等实地调研，形成调研报告17篇，典型案例材料15篇，市委主要领导对调研成果给予了高度评价，明确要求纳入“宜居宜业和美乡村建设”和“河长制”工作清单。

10月26日，市政协“有事来协商”工作片区座谈会在简阳市召开，4个区（市）县政协、4个基层“小微协商”平台负责人现场交流经验。自“有事来协商”试点工作开展以来，市政协探索搭建起了融协商、监督、参与、合作于一体的特色协商平台，推动政协协商与基层协商有效衔接，取得明显成效。在市政协的指导下，全市各区（市）县政协积极推进政协协商向基层延伸，与基层治理有效衔接，帮助困难群体纾困解难。今年1—9月，全市搭建614个小微协商平台，围绕民生福祉、乡村振兴等群众关切的议题开展各类“小微协商”2456次、实际解决问题1557个、参与委员达3980多人次。

“要深刻领会把握习近平总书记来川视察重要指示精神，坚定正确的政治方向，准确把握习近平总书记赋予的使命任务，自觉站在促发展、惠民生的高度，集中力量在提高科技创新能力、建设现代化产业体系、推进乡村振兴、加强生态环境治理等方面实现新突破。”在刚刚结束的成都市政协十六届第三次常委会会议中，张剡及市政协主席会议成员与常委们一起，再次就习近平总书记来川视察重要指示精神以及近期重要讲话和重要指示精神进行了集中学习和讨论，再一次明确了努力方向和着力点，更加坚定了全面建设践行新发展理念的公园城市示范区、奋力打造中国西部具有全球影响力和美誉度的社会主义现代化国际大都市的信心和决心。

（本文原载于《人民政协报》2023 年 12 月 6 日第 1 版）

◎ 锦江区政协

# 扩大“朋友圈” 共绘现代化

文／张　衍

今年以来，锦江区政协把参加全省政协各级组织正在开展的“同心共建现代化四川”专项行动作为贯彻落实党的二十大精神、开展主题教育“推动高质量发展”的重要抓手和实际行动，始终锚定高质量建设“品位锦江·幸福城区”的目标定位，加强政协组织间的协作联动，广泛凝聚各方力量，在共绘现代化四川的美好画卷中书写“锦江篇章”。

春熙路步行街是全国最火爆的街区之一。围绕春熙路商圈发展，锦江区政协多次召开专题协商会，组织政协委员、专家学者建言献策。从步行街的提升改造到智慧场景的营造，从引进业态首店到盘活存量空间……委员们群策群力，碰撞出一个个“金点子”，为进一步推动国际消费中心城市核心区建设提供“金钥匙”。

依托“有事来协商·锦事尽商量”小微协商平台，区政协协同省市政协在东门市井等特色街区开展了“推动川菜品牌化打造知名美食地标”等视察调研活动，组织各街道政协工委开展“交子社区产业生态及社区文化建设”等小微协商活动，有效运用政协组织力量推动破解高质量发展中的瓶颈问题开展广泛协商、精准建言。

“两地核心商圈应联合打造更多现象级活动品牌，进一步提升春熙路、解放碑商圈的影响力、关注度。”今年4月，“成都市锦江区政协 重庆市渝中区政协助推商圈联动发展共建国际消费中心城市核心区”联合协商会召开，来自两区的政协委员围绕产业联动、人才优势、运营管理等方面建言献策，助推成渝地区双城经济圈建设。两区政协还签订了工作备忘录，决定通过建立常态化的联络沟通、学习交流、履职合作、联合助推工作机制，共同提升助推成渝地区双城经济圈发展的履职能力，引导更多社会资源参与成渝地区双城经济圈建设。

单丝不成线，独木不成林。为不断深化完善跨区域联动协作机制，区政协还先后同广州、苏州等先发地区政协开展友好交流，协同开展各类调研考察活动30余次，积极与德阳市旌阳区等毗邻区域、周边区域县（市、区）政协组织开展经验交流和工作协作，共同落实成德眉资同城化发展战略。

9月19日，一场以“携手港澳 圆梦锦江 同心共建现代化四川”为主题的投资推介会在广东珠海举行，28位成都市政协港澳委员化身锦江投资促进的“代言人”“宣传官”“联络员”，与企业代表们分享锦江的产业及人才引进政策。

“我们通过‘走出去’构建港澳企业家、政协委员共同参与的工作格局，把港澳企业、港澳青年‘请进来’实地体验国际化营商环境下的‘锦江温度’，融入‘粤港澳大湾区建设’和‘成渝地区双城经济圈建设’共谋发展，形成了互动、互补、互利的区域合作发展新格局。”区政协相关负责人表示。

无论是同省市政协的协同履职，还是同省内兄弟政协互动履职、成渝双城政协组织联合履职，甚至是跨越1700多公里的“结新友”，从濯锦之江出发，锦江区政协正不断拓展着“同心共建现代化四川”的“朋友圈”，努力以助推锦江高质量发展的新成效检验主题教育的成果。

（本文原载于《人民政协报》2023年12月6日第4版）

◎ 青羊区政协

# 搭好交往平台　讲好中国故事

文 / 张　洵

成都自古就是中外交流的枢纽，今年以来，在中共成都市委、青羊区委的统筹安排下，青羊区政协抢抓机遇、发挥优势，搭建对外交往平台，积极助力对外交流交往，扩大交往“朋友圈”，努力向世界讲好青羊故事、成都故事、中国故事。

今年 7 月，第三十一届世界大学生运动会在成都隆重开幕。区政协 5 位主席会议成员分别带领团队参与大运会筹备工作，百余位政协委员围绕大运会汇智聚力，广架交流之桥。在意大利米兰、佛罗伦萨、利沃诺等城市，区政协委员张琪琛作为大运会市民推广大使，向当地官员、企业、居民发出邀请，和他们一同录制视频为成都大运会加油喝彩，同时邀请意大利、日本、泰国青少年共绘大运明信片，进一步扩大成都大运会在国际上的知名度和影响力；区政协委员周莉申请举办了“荷你一起·快乐运动”中荷体育联谊会，为推动成都与世界交往交融新添一抹亮色……

“在区政协创新开展的‘五个助推’（助推改革创新赋能、助推产业强基提能、助推生态环境提升、助推区域合作提质、助推幸福生活共享）活动中，我们积极为相关区级部门、驻区企业与外商外企搭建合作平台，共同分享发展新机遇，为提升全区开放型经济水平贡献了政协力量。”区政协相关负责人介绍，今年以来，区政协先后举办或参与“成渝外商·对话青羊”国际交流合作暨投资环境推介会、与法国国铁集团举办助推青羊区产业强基提能工作对接会、2022 年成都市青羊区外商投资企业座谈会、“中国欧盟商会·成都青羊 VIP 对话交流”活动、“清华国际青年对话·体验非遗”等，进一步提升了政协服务中心大局的贡献率。

围绕助推高水平开放，区政协先后组织开展“促进青羊区外贸业高质量发展”等调研、视察活动，提交了《关于助力企业开拓国际市场的建议》等 10 余件提案，还先后报送多篇相关社情民意信息，其中《策划举办中国国际文化遗产博览会深化文明交流互鉴的建议》《建议从国家层面加快推进三星堆—金沙联合申遗》等 3 篇被全国政协采用，《关于打造中法航空产业发展示范区的建议》等多份协商专报得到区委主要领导肯定性批示。

“青羊区有条件也有必要打造 RCEP 商务服务区。”在区政协八届二次会议期间，区政协委员李东川的建议得到区委高度重视。经积极争取，2023 成都·RCEP 区域产业合作交流大会得以在区内召开，相关负责人获推介发言。

“健全政协对外交流机制，是新时代加强和促进人民政协凝聚共识工作的重要内容，也是加强和改进市县政协工作的重要举措。”区政协主席陈赋表示，区政协将全面落实省委、市委、区委决策部署，为加快建设践行新发展理念的公园城市先行示范区贡献政协力量。

（本文原载于《人民政协报》2023 年 12 月 6 日第 4 版）

◎ 金牛区政协

# “三聚焦三助力” 营造良好发展环境

文 / 陈 煦

今年以来，金牛区政协以“同心共建现代化四川 · 金牛政协在行动”专项行动广泛凝聚服务发展的共识与合力，以“三聚焦三助力”（聚焦蓉北商圈建设，助力打造成渝双城枢纽；聚焦产业转型升级，助力激活消费市场动能；聚焦营商环境提质，助力擦亮近悦远来名片）助推现代服务业高质量发展，为构建优质高效的服务业新体系贡献了政协智慧和力量。

“蓉北商圈是成都市唯一的‘交通主枢纽 + 商贸主枢纽’。我们在强功能上主动‘领题’，在补短板上集智‘破题’，在促落地上努力‘答题’，协力将蓉北商圈打造为成渝双城枢纽。”区政协相关负责人介绍，今年区政协全会期间，委员们聚焦“三个做优做强”，提交《做强蓉北商圈新贸易赛道》等提案 30 余件，引起党委、政府和社会各界广泛关注。针对“成都站”交通设计等难点，区政协联合民主党派调研，专题征集社情民意信息，提出“打造公园式 TOD”等意见建议助推区域功能品质提升，受到有关部门高度重视。围绕“高品质建设凤凰未来新城”区委命题，主席会议成员走访视察调研 30 余次，并赴广州、深圳等地学习先进经验，为该区域高起点规划、高品质布局、高位势发展凝聚了共识、贡献了力量。

为助力产业转型升级、激活消费市场动能，区政协发挥联系广泛优势，帮助企业找“朋友”，拓市场，整合资源，有效链接上下游关联企业，建圈强链。引导委员企业在数字商贸转型上发挥“链主”作用，努力做强总部经济。同时，借势“大运会”“中超”赛事和“明星演唱会”等营城良机，围绕“数字赋能新消费街区打造”“壮大发展电子商务”等课题展开协商议政，协力打造消费新场景，将赛事“流量”转换为经济“增量”，有效助力国家电子商务示范基地落户金牛。

营商环境是企业生存发展的土壤，为进一步优化营商环境，区政协联合区工商联举办“金商企业家论坛”，加强与商协会联动，献计“放管服”改革，助推金牛“市场采购贸易方式+”，协力打造“服务样板”。发挥“有事来协商”平台作用助解企业急难愁盼问题，开展微交流、微宣讲、微论坛、微帮扶“四微”助企行动，今年主席会议成员带头走访企业50余次，助力培育行业标杆。依托园区“委员联络站”积极开展“小微协商”，助力解决企业人才招引、职称评定、待遇留人等方面问题；以蓉漂人才公园为载体协力搭建全链条、集成式人才服务平台，聚力构建人才高地。

区政协主席刘蓉表示，区政协将集中力量在提高科技创新能力、构建现代化产业体系、推进乡村振兴、加强生态文明建设、打造大道金牛文化品牌等方面献智出力，助力谱写中国式现代化金牛新篇章。

（本文原载于《人民政协报》2023年12月6日第4版）

◎ 彭州市政协

# 创新“揭榜挂帅”课题调研模式

文/高　华　陈　林

近年来，彭州市政协结合乡村振兴迫切需要优化的农村产权融资改革，创新推出了“揭榜挂帅”课题调研模式，推动相关政策出台，促进完善农村金融服务体系，取得显著成效。

对于乡村振兴面临的融资难问题，今年初，彭州市政协对重点调研课题《乡村振兴视角下农村产权融资发展及对策研究》公开征召课题牵头人。榜单发布后，彭州市政协委员，人行彭州市支行党组成员、副行长胡九雄主动请缨，愿做“揭榜挂帅”第一人。

为确保研究的高水准和高质量，在彭州市政协农业农村委配合支持下，胡九雄牵头引入高端专业研究团队——西南财大中国金融研究院童牧教授团队加入课题组担当研究主力。同时以此为契机，彭州市政协与西南财大金融学院、中国金融研究院达成战略合作协议，双方议定在专题调研、协商议政等方面开展深度合作。

“我们组建起由市政协农业农村委、西南财大专家团队、市农业农村局、市国资金融局等单位相关人员组成的调研组，广泛收集分析相关政策法规、理论成果，以及彭州农村产权交易及农村金融改革情况，有针对性地进行研究。”胡九雄介绍，除了彭州市和成都市，调研小组的足迹还遍布四川省德阳市、宜宾市以及上海市、重庆市、江苏省、浙江省、贵州省，实地观摩学习先进经验，收集掌握各地在制度设计、操作模式、典型案例方面的丰富资料。

在完成理论研究和调研后，课题组成员对资料进行全面深入的整理分析，最终形成《乡村振兴视角下农村产权融资发展问题及对策研究报告》调研报告，得到了彭州市政府和相关部门的充分肯定。

让胡九雄感到高兴的是，通过调研工作有效推动了相关市级部门之间的深度交流互动，农村金融供给侧结构性改革力度明显加大，改革效果逐步呈现：彭州市进一步加强了农村产权交易体系建设，成都农村产权交易所彭州分公司今年1—10月实现农村产权交易成交119宗，交易规模2.48亿元，同比增长138%；正式出台了《彭州市“农贷通”标准化村级金融综合服务站奖补实施方案》，有效破解农村普惠金融服务下沉“痛点”，推动彭州农村金融改革进一步深化；全国首个农产品质押融资数字解决方案——彭州市农产品“数字仓融通”自今年上线以来已成功发放111笔，受益农户达2万余户，得到了农业农村部、人民银行总行等相关部门的高度认可。在2023年四川省金融生态环境评价中，彭州市位居全省第六名、成都市第二名。

“‘揭榜挂帅’更好地发挥了政协委员的主体作用和专业优势，切实提高了调研成效，为市委、市政府决策提供了更高质量的参谋意见。”彭州市政协党组成员程勇表示，市政协将进一步优化完善“揭榜挂帅”工作机制，并应用到更多的课题调研中，努力为彭州乡村振兴注入“活水”，为助力彭州经济社会高质量发展贡献政协智慧和力量。

（本文原载于《人民政协报》2023年12月6日第4版）

◎ 崇州市政协

# “有事来协商”助力和美乡村建设

文／陈德康　刘朝伟

“集龙路是我们村民出行的主要道路，也是连接崇州大邑两县（市）的主要通道。集龙路年久失修，到处是坑洼，晴天一身灰、雨天一地泥，大家急切盼望能早日维修。”“马上就要进入小麦秋播了，希望相关部门加快高标准农田整治进度，确保按时秋播。”9月24日晚，四川省崇州市隆兴镇梁景村“有事来协商”阵地的院坝里灯火辉煌——一场“梁景夜话”正如火如荼地举行。

几张小圆桌、数把竹凳子，数十名村民代表、市政协委员、市政协专家智库专家代表和市政协主席会议成员、市级相关部门负责人、镇村干部围坐在一起各抒己见。

“厂里的大小车辆每天出行都要经过这条线路，特别是成品酒运输车，每次走在这条路上都要特别小心，就怕造成损坏。”市政协委员、梁井酒厂负责人杨超代表企业和周围居民反映了集龙路路况较差的问题。

“该路段已纳入今年成都市快速道路建设总体规划中，设计为双向六车道。”针对村民提出的道路修缮问题，市交通运输局相关负责人现场作答。

对村民代表牟崇伦提出的加快高标准农田整治和整治区域规划调整的问题，市农业农村局相关负责人表示，将结合当前水稻收割的进度，同步加快推进项目区高标准农田整治进度。对于整治区域规划调整，将结合实际，进一步现场调研，在明年的规划中纳入整治范围。

“铁溪河是梁景村主要灌溉河流，自2016年整治以来又经历了多次洪水，现在部分河段河堤被冲垮，急需修复。”梁景村六组村民王强提出。“铁溪河风貌整治和沿线河堤修复已经进入了水美新村提升保障工程项目。项目预计在明年春节前开工建设，明年4月底前完工。”市水务局相关负责人作出解答。

围绕梁景村基础设施建设和经济发展主题，村民代表、政协委员和智库专家纷纷出起了主意。

“梁景村产业发展基础好，白酒文化底蕴深厚。正在进行的‘天府酒村’项目是惠及民生的重点项目，项目实施中，需要部门、企业和村民三方合力，部门要助力项目落地，企业要加快项目实施进度，村民要积极支持项目建设，共同推进梁景村‘诗酒田园、和美乡村’建设。”市政协专家智库专家余刚的建议，立即得到了大家的一致赞同。

夜凉如水，人心似火。一件件民生问题在沟通讨论中得到解决，一个个发展难题在智慧碰撞中达成共识。“这样的活动接地气、有成效。”梁景村党委书记张建军高兴地表示，“争取以后每个季度举行一次‘梁景夜话’，并形成惯例。借助政协委员、社区干部和群众之间的协商平台，实现问题‘一场夜谈受理、多方联动处置’。”

“‘梁景夜话’是崇州市政协‘有事来协商·同心议崇事’在梁景村的有效落地。”市政协主席彭钚铀表示，通过“有事来协商”听“民声”、聚“民智”、解“民忧”，促进项目达成、加快发展，是崇州市政协贯彻落实党的二十大精神，助力实现乡村振兴，建设和美乡村的一项创新工作。下一步，崇州市政协还将组织委员，紧紧围绕全面推进乡村振兴重点任务，多角度选题、多层次调研、多形式协商、多渠道服务，进一步把政协制度优势转化为治理效能。

（本文原载于《人民政协报》2023年12月6日第4版）

# ｜广州市政协｜
# 奋楫新程广聚力 “二次创业”显担当

文／林 仪 李 健

4月7日，国家主席习近平在广州同法国总统马克龙举行非正式会晤时指出，广州是中国民主革命的策源地和中国改革开放的排头兵。1000多年前，广州就是海上丝绸之路的一个起点。100多年前，就是在这里打开了近现代中国进步的大门。40多年前，也是在这里首先蹚出来一条经济特区建设之路。现在广州正在积极推进粤港澳大湾区建设，继续在高质量发展方面发挥领头羊和火车头作用。

关怀厚爱，语重心长，激发了广州干部群众无穷的奋进力量。中共广州市委发出号召，以再出发的拼劲干劲闯劲全力以赴推动“二次创业”，奋发有为开创广州高质量发展新局面。市政协坚持以习近平新时代中国特色社会主义思想为指导，深入学习贯彻党的二十大精神和习近平总书记视察广东重要讲话、重要指示精神，紧紧围绕市委工作部署，聚焦中国式现代化的广州实践建言资政、凝聚共识，助力广州高质量实现老城市新活力、“四个出新出彩”。

## 学深悟透，殷殷嘱托化为共识动力

思想是行动的先导，共识是动力的源泉。市政协把学习贯彻党的二十大精神和中央政协工作会议精神，作为开展学习贯彻习近平新时代中国特色社会主义思想主题教育的重要内容，推动理论学习、调查研究、推动发展、检视整改贯通融合、一体推进，在学懂弄通做实中感悟殷切嘱托、领悟思想伟力、体悟使命担当，激发团结奋进动力。

“要系统、深入学习习近平新时代中国特色社会主义思想，完整、准确、全面贯彻新发展理念，准确把握广州城市特点、政协工作特色、个人能力特长，弘扬敢闯敢干的优良传统，集中精力把擅长的事情做好做优做强，以强烈的责任感和进取心展现使命担当。”今年以来，市政协举办党组、机关党组理论学习中心组读书班，完成6次集中学习研讨，党组书记、主席李贻伟3次作专题辅导，引导政协委员和机关干部坚定信心、勠力履职。

10月29日，广州市政协机关干部履职能力提升培训班开班。今年以来，市政协安排党组成员、机关党组成员主讲专题党课51次，围绕深入学习习近平新时代中国特色社会主义思想举办机关党员干部培训班，机关各党支部开展11个批次专题学习，多次组织机关青年理论学习小组学习研讨，推动政协机关率先把对总书记的感恩感激之情转化为做好政协工作、广州工作的强大动力。

民心聚则事业兴。市政协着力发挥凝聚人心、汇聚力量的作用，建立健全理论学习“五学联动”学习体系，办好广州政协大讲堂和委员培训班，专题开设“高质量发展委员谈”“羊城文史·广州工业文化遗产”等媒体专栏，提升文史展示中心建设水平，举办“广州印迹”系列展览，把理论学习、凝聚共识融入履职全过程各方面，引导委员不断增进“四个认同”，引导群众读懂广州、热爱广州、奉献广州。

亲切关怀，春风化雨，润泽岭南大地。市政协用好广州毗邻港澳的优势，积极支持和参与省市区三级政协共建港澳青年人文交流基地，组织港澳委员召开线上线下学习会议30多场，组织省市区三级、穗港澳三地政协委员开展“凝聚广泛力量”专题调研和互动研讨，积聚起推动粤港澳大湾区建设的磅礴动能。

## 纵横联动，“十”字履职汇聚智慧力量

推进“二次创业”，续写广州新辉煌，既要干在实处，也要干在难处。面对新时代新征程对政协履职的新要求，市政协提出打造“十”字履

职新模式，以提案为中心、以协商为纽带，纵向上加强与全国、省、区政协的“串联”，横向上加强与党派团体、政府部门、兄弟城市和市民群众的“并联”，协商范围上坚持扩容扩面，协商建言上坚持提质提效，全方位拓展政协履职的广度深度效度。

联合调研、联动协商，资源共用、成果共享……政协这个巨大的“智慧池”被激活。市政协围绕“推动制造业高端化、智能化、绿色化发展”“加强企业家文化建设，营造敢干敢闯敢投的人文环境”，分别协助全国政协和省政协开展调研协商；围绕“加快推进普惠托育服务体系建设”“加快广州市生产性服务业高质量发展”等议题，分别与有关单位开展联合调研。

城市发展的关键在人才，人才培养的基础在教育。市政协把“推动广州教育高质量发展”作为助力广州再造新优势的破题之策，聚合全市各级政协组织之力，与市各民主党派、人民团体、各区政协开展联合协商议政，坚持久久为功、善作善成，形成了组织严密、职责清晰、运行顺畅、成效明显的联合履职新局面。

广州市政协还积极探索跨地区政协的联动，与福建省龙岩市政协开展对口合作，建立常态化对口联络联系机制，积极落实两地政协年度12项对口合作项目，携手推动两地委员企业落地“新能源汽车电池数字化回收平台”项目，促进两地政协聚合优势、共同发展。

串珠可成链，积跬能致远。“科学确定普职比例，提高普通高中入学率”“进一步提升河涌水岸治理成效，打造高品质滨水活力公共空间”“产业平台与科技创新载体项目建设”等26个课题，经过扎实调研、深入协商，为推动解决发展难题提出务实之策。

## 搭建平台，协商根基深植百姓群众

民意所趋，就是协商所向。市政协坚持把协商根基牢牢扎在群众之中，着眼践行全过程人民民主，精心打造“百姓提案”品牌。以提案为抓手，直接面向广大人民群众，倾听民声、汇集民智，把政协协商民主优势，转化为群众有序政治参与、有效凝聚共识的畅通渠道，形成“开门提案、务实履职”

的广州探索。今年6月，市政协“百姓提案”征集平台正式上线。

两地相邻几百米，开车却要绕行近40分钟，城市“断头路”往往给群众带来这样那样的烦心事。通过“百姓提案”征集平台，群众提出了打通宁埔大道、临江大道两条“断头路”“瓶颈路”的意见建议。相关建议很快被市政协专委会和政协委员认领并培育成提案。在提案办理推动下，相关部门加快推动有关建设工作，“断头路”打通在即。这一工作成果得到市委主要领导的点赞。

截至9月底，市政协已在“百姓提案”平台收到群众建议356件，全部转交政协委员认领培育或由有关单位参阅办理。群众代表梁浩斌提出的“关于增加广州滑板场的建议”，由市政协港澳台侨外事委和香港地区市政协委员郑旭深化培育成正式提案，得到市政协主要领导和市政府分管副市长的重视，推动广州计划新建或改造10个滑板场，覆盖8个行政区，并通过广州市青少年滑板锦标赛等赛事，进一步助推了滑板运动的普及与发展。

协商于民、协商为民，是人民政协践行以人民为中心的发展思想的内在要求。广州市政协持续发挥“有事好商量”民生实事协商平台作用，持续聚焦民生议题，把协商场景搬到群众中间，推动政府职能部门与政协委员、群众代表的协商更直接、更充分、更有效。

同时，市政协着力建强台侨、法制、城建资源环境等专业顾问团队，新建立经济工作专家顾问团队。按照“有负责人员、有固定场所、有管理制度、有工作计划、有履职成果”的标准，规范打造市政协委员工作室，并与区、镇街联合共建174个委员工作室，全方位推进线下线上“委员之家”两种形态共同发力。通过借力专家顾问，赋能政协委员，市政协履职建言的“外脑”更强大，联系群众的“外延”更扩大。

## 务实重效，双向发力彰显担当作为

向高而攀，只有求真务实，方能行稳致远。市政协坚持重实践、重质量、重成效，以规范高效的协商机制，锻造“人人都是研究员”的智库型政协骨干队伍，通过发扬民主和增进团结相互贯通、建言资政和凝聚共识双向发力，为广州经济社会发展谋良策、建真言。

9月22日，市政协十四届五次常委会会议审议和通过了两个重量级专题议政报告：《关于大力发展生产性服务业，推动制造业高质量发展的建议》和《关于加强基础研究对科技型企业高质量发展源头供给能力的建议》。报告提出的意见建议得到与会常委和政府职能部门的高度认可。

一张张成绩单见证了市政协笃行实干的履职历程：围绕“推进广州农业高质量发展”开展专题协商，提出意见建议，得到市委、市政府主要领导的批示肯定；“加强全民健身场地设施建设与管理，推动全民健身与全民健康的深度融合”专题调研，建言推动健康广州建设；围绕“建强建实‘2+2+N’科技创新平台”，探索组织企业走进科研院所开展成果转化精准对接；围绕“推进都市工业高质量发展”深入调研，提出健全市级都市工业政策体系等意见建议，被有关职能部门采纳运用；围绕“做优做强粤菜美食名街”深入调研协商，推动改革餐饮投资审批流程，协商打造上下九、北京路等粤菜传统美食名街重塑工程；围绕“高标准高水平建设广州老年医院”等提案进行督办或对办理情况开展“回头看”，提案成果得到进一步落地落实……

迈上新征程，展现新担当。广州市政协将牢记嘱托、感恩奋进，紧紧扭住推动高质量发展首要任务，聚焦广州“二次创业”再出发积极献计出力、凝聚共识，为广州继续在高质量发展方面发挥领头羊和火车头作用贡献智慧和力量。

（本文原载于《人民政协报》2023年12月19日第1版）

## ◎ 海珠区政协

# 构建立体履职体系　推动民生工程落地

文/林　仪　张　良

海珠区政协深入学习贯彻党的二十大精神，坚持以人民为中心的发展思想，践行全过程人民民主，拓宽人民有序政治参与渠道，以“市区联动”“百姓提案”为统领，构建起多层次、立体化的协商议政格局，成为基层政协的特色履职品牌，为经济高质量发展、促进消费提升、民生福祉改善献计献策，为党委、政府当好参谋助手，努力在中国式现代化建设的广州实践中体现政协担当、贡献政协力量。

“我们立足政协专门协商机构性质定位，顺应新形势新任务要求，积极主动构建协同联动、上下贯通的立体履职体系，借助广州市政协的资源和力量，推动解决事权在区、需要市级层面统筹的问题。”据海珠区政协主席温志文介绍，2022 年，区政协遴选“建设广州塔—琶洲地标商圈”议题，与市政协开展联合调研、联合视察、联动协商，共同撰写调研报告，经市政协主席会议协商，形成《广州塔—琶洲地标商圈建成国际消费中心城市新亮点的政治协商建议案》。建议案提出，以定位提升地位，打造中国式现代化样板区，增强游客吸引力、打造世界级旅游目的地，增强商客吸引力、打造世界一流经济示范区，提升商圈人才吸引力、打造最有获得感的人才家园等 4 个类别 11 个方面的意见建议。建议被市区有关部门采纳和重点推进，打造文商旅体互促共进的融合型城市级商圈，营造更好的国际化消费氛围和场景，为广州市乃至粤港澳大湾区高质量发展注入新动能。

海珠区政协突出以提案为抓手，广泛收集意见，汇总梳理群众“金点子”，把有价值的建议及时形成提案、社情民意信息、情况快报等，推动党政部门加快群众智慧吸纳速度和群众反映问题的解决速度，先后培育市“百姓提案”7件、区“百姓提案”22件，协助推动办理市政协“百姓提案”3件，围绕市民群众关心关切的电动自行车安全管理、琶洲人才安居房等民生热点问题，征集“百姓提案”线索82条，有力推动沙园街港海社区“三线”入地、老旧楼房自来水管改造、电动自行车专项整治、海珠湿地新增200个专用停车位、“桐斋”旧址修缮利用等一批民生工程落地，创新了政协工作提质增效的载体和渠道。

此外，海珠区政协在赤岗、琶洲、南石头等街道建立协商民主基层示范点，推动四级政协委员到基层履职，发挥政协委员资源、界别、专业优势，构建“党建引领＋民主共商”工作机制。

区政协围绕基层关心事、群众关切事，开展专题协商26场，形成协商意见200余条，为社区微改造、小区物业管理、旧楼加装电梯、垃圾定点投放、智慧养老、邻里关系和谐履职出力，受到街道、社区和群众好评。着眼于群众急难愁盼问题，发动委员捐款赠物助力解决金穗社区民生微项目和部分困难群众、学生的诉求。

温志文表示，“我们要把基层所需与政协所能相结合，从小切口入手助推解决大问题，既宣传好党和政府的方针政策、引导群众正确对待眼前利益和长远利益，又聚焦群众操心事揪心事烦心事，为群众答疑释惑、解难纾困。”

（本文原载于《人民政协报》2023年12月19日第4版）

## ◎ 天河区政协

# 建立联动机制　打造履职大舞台

文／林　仪　李舒平

10月15日，在位于珠江新城东塔60楼的“政协委员工作室”里，天河区政协正在组织召开律师委员座谈会，征求关于加强界别委员工作室建设，助力天河经济社会高质量发展的建议。“希望大家在全市最高的政协委员工作室建言资政，说出高见。”区政协副主席曹利元说道。

像这样设立在重点商务楼宇、产业园区里的政协委员工作室目前已设立14个。作为广州经济强区，助力天河经济高质量发展始终是区政协委员的履职靶心。两年来，委员们聚焦优化调整产业结构、构建高质量创新体系等内容提交提案87件，其中关注“专精特新”“数字贸易”“都市工业”“商圈经济”等内容的17件提案被确定为区委书记、区长和区政协主席会议督办重点提案。“元宇宙产业发展”“做大做强天河夜间经济”等8个专题被列为重点调研课题，形成调研报告。区政协开展的“我为天河高质量发展献一计”征集活动，已收到近百条建议。从“委员·区长面对面协商座谈会”“顾问委员高质量发展座谈会”“暖企座谈会”收集到的350余条诉求和建议，正被转化成一个个推动天河经济高质量发展的具体举措和行动，纳入区委、区政府出台的政策和意见中。在落实区委“大抓项目、抓大项目”对口联系服务重大项目工作中，区政协领导班子成员围绕联系的35个重大项目积极出谋划策。

“刚才，我们到龙口东路段看了几个点。下面，请大家谈谈解决相关路段下水道‘返臭问题’的建议。”区政协副主席张海玉开门见山抛出会议主题。

这是发生在 4 月 13 日助推办理“百姓提案”过程中的一幕。

自广州市政协部署开展“百姓提案”工作以来，天河区政协迅速结合实际制订具体方案，建立联动机制，已经针对群众反映强烈的问题，就改善交通堵塞、消除消防隐患、整治下水道返臭等问题组织专题协商议事活动 8 场。围绕助推绿美天河建设，区政协向职能部门交办环保生态类提案 14 件，选派 10 名政协委员担任园林绿化义务监督员、老旧小区改造项目公众咨询委员会委员，连续两年组织委员开展“植下一片绿、共护天河美”义务植树活动，在天河公园打造的“政协委员林”已郁郁葱葱。

目前，天河区政协已构建起“区政协委员之家—街道委员工作室—园区（楼宇）委员工作室”履职平台体系，36 个履职平台成为政协委员助力天河经济高质量发展的“大舞台”。97 名市政协委员、324 名区政协委员在基层一线服务群众和企业。设在 TIT 智慧园的区政协委员之家，自去年 8 月建成以来，已累计开展协商议事、文化交流等活动 50 余场，服务园区企业和委员企业 160 余家，收集企业诉求建议 200 余条，均现场落实解决措施或交有关部门办理落实。

7 月初，广东省政协副主席许瑞生带队，省、市、区三级政协联动调研督办华南国家植物园相关重点提案，这是第二年省市区政协联动调研督办相关提案。今年以来，天河区政协整合各方资源，加强各方联动协调，配合相关省市政协、区县政协调研组开展联动调研 50 余次。与福建省龙岩市永定区政协签订对口合作协议书，与贵州省毕节市大方县开展跨区域协商交流，政协团结协作平台作用发挥得越来越明显。

（本文原载于《人民政协报》2023 年 12 月 19 日第 4 版）

◎ 白云区政协

# 增强“联”的优势　做好“促”的文章

文／林　仪　何伯焕

“聚焦高质量发展主线，我们把推进委员工作室建设作为今年的工作重点，将其打造成为突出界别特色、加强工作联动、精准服务发展的重要履职平台，更经常、更有效地开展委员联系界别群众工作，助力重点行业、园区和领域高质量发展。”今年以来，白云区政协按照五有（有组织架构、有委员队伍、有统一标识、有固定场所、有履职安排）标准，各专门委员会指导建成委员工作室16家。目前，有26个界别、24个镇街地方组共180名政协委员进室履职，在高质量发展凝心聚力上发挥了独特的积极作用。

白云区政协依托委员工作室，推进市区政协的纵向联动，工作室之间以及工作室与专门委员会、委员小组、镇街地方组之间的横向联合，工作室与政府职能部门的对口联系，不断增强政协“联”的优势，做好政协“促”的文章。

区政协制定了助推高质量发展项目清单、调研清单，明确一个调研、一件提案、一项实事“三个一”履职重点，使得委员工作室在协商中“抓落实、促发展”有统筹、有重点。

白云区拥有广州白云国际机场、广州国际港、广州白云站、广州火车站四大国际交通枢纽，是广州市生产要素流动最频繁、经济发展最活跃的区域之一。围绕更好地发挥交通枢纽作用，建设、皮具、服装服饰、数字物流及供应链行业委员工作室，开展“广州火车站北广场规划建设”“航空物流产业发展”联合调研，协商物流产业高质量发展。市区政协联动履职，邀请部门通报情况、对口协商，培育“白云火车站配套发展”的“百姓提案”。跨境电商供应链行业委员工作室与经济科技委员会、三元里街地方组及相关行业协会共同开展“全球跨境电商‘三中心’建设”调研，助推枢纽流量转化为经济增量。

围绕贯彻落实党中央、国务院关于促进民营经济发展壮大的决策部署，广州民营科技园委员工作室组织开展“筑牢党建之基 协同企业共创新机”交流活动，搭建政企联系桥梁；联合钟落潭镇地方组举办加快美丽健康产业园建设协商座谈会，协商促进重点园区发展新举措；组织工作室成员主动加强与园区企业、商协会建立常态化联系，引导界别群众，全面了解经济政策。互联网医疗行业委员工作室围绕区内出台的相关政策召开解读研讨会，并印制互联网医疗行业白皮书，助推行业规范发展。各行业委员工作室围绕化妆品产业、科技创新发展、会展经济新平台等主题调研协商，助力白云加快构建“6+6”现代产业集群。

白云区政协主席袁东华表示，区政协着力拓展“三个作用”，即突出委员在工作室建设和实际运作中的主体作用，围绕高质量发展共同目标，融合发挥在本职工作中的带头作用和在界别群众中的代表作用，以此强化委员履职“内驱力”。

值得一提的是，区政协各委员工作室重视成员共同发展，通过举办学科会议、行业赛事、展会论坛等群众喜闻乐见的活动有效联系界别群众，为相关界别、行业、领域从业者搭建沟通交流平台。今年以来，举办了悦鲜活杯全国咖啡师职业技能竞赛、“羊城工匠杯”职业技能大赛暨第六届美匠人大赛、第二届白云美湾化妆品博览会等，凝聚合力共促区域经济社会高质量发展。

（本文原载于《人民政协报》2023年12月19日第4版）

## ◎ 花都区政协

# 感悟思想伟力　凝聚奋进力量

文/林　仪　郑　军　刘雪燕

花都区政协严格落实“第一议题”制度，通过政协党组理论学习中心组学习、常委会会议专题学习、政协委员培训等多种形式，深入学习习近平新时代中国特色社会主义思想、党的二十大精神和习近平总书记关于加强和改进人民政协工作的重要思想。全面贯彻区委对政协工作的要求，落实重大事项向区委报告制度，自觉通过协商民主的程序，及时把区委决策转化为政协具体行动。

一直以来，花都区政协坚持围绕中心服务大局，紧跟区委决策部署谋划推进政协工作。针对疫情后推动花都经济高质量发展主课题，在坚定企业投资信心、留住人才、招商引资、优化营商环境等方面组织委员开展专题协商，积极参与重大项目建设、打造广州北部增长极等工作，组织机关领导干部主动靠前深入一线，进村居、进企业 130 余次，现场推动解决问题 40 余个。强化政协协商与专题协商有效衔接，以协商主体衔接为基础，引导委员参与区委、区政府重大决策部署，先后围绕打造广州北部增长极、加快构建空铁一体化综合交通体系等重点工作，开展协商议政。着眼未来、盯住前沿，积极推进纵横协同联动机制，主动谋划对接省市政协，围绕实体经济为本、制造业当家、教育科技人才基础性战略性支撑等重要决策部署，深钻细研，为高水平规划建设广州北部增长极积极建言献策。

近年来，花都区政协始终把人民利益放在最高位置，推动解决群众急难愁盼问题，为满足人民对美好生活的向往建有用之言、谋善治之策。

去年，花都区政协把委员工作室建设作为当年的重点工作任务抓紧抓实抓好，选择有界别代表性、有为民服务情怀、有组织协调能力、参政议政热情高、在本区域有影响力的委员成立委员工作室，更好地发挥政协委员作用，汇聚正能量，找到最大公约数，画出最大同心圆。目前，全区已建成6个“委员工作室”，不断延伸履职触角、拓展履职渠道，围绕百姓急难愁盼问题提供“面对面”“零距离”服务。

此外，区政协与花都融媒体中心创办“政协之窗”广播节目和“委员风采”等栏目，积极向群众发出政协工作“好声音”，引导群众积极参与社会治理。依托“10号工作室·党群连心桥”平台，引导政协委员走进村（居）参与履职活动，至今累计接待群众6100余人次，走访慰问群众3200余人，收集问题建议4000余条，打通联系群众“最后一公里”。

花都区政协主席陈家飞表示，区政协要充分发挥专门协商机构作用，深入推进政协工作制度化、规范化、程序化建设，破解“两个薄弱”问题，认真扛起政协统战工作政治责任，为全区经济社会高质量发展凝心聚力。

（本文原载于《人民政协报》2023年12月19日第4版）

◎ 番禺区政协

# “‘禺’快协商”助解群众急难愁盼

文/林 仪 钟 丽 冯 慧

“今年台风暴雨季，村民不用担心道路泥泞和水浸了！”近日，番禺区思贤村村民将印有“助民修路解困险，为民请命显担当”的锦旗赠送政协委员。这是源于区政协通过“云工作室”推动原本地势低洼、易积水的人行道治理，妥善解决了村民出行问题。

番禺区政协根据广州市政协关于“百姓提案”的工作部署，聚力打造融合政协“云工作室”、镇街工作室、委员个人工作室于一体的“‘禺’快协商”工作平台，进一步丰富政协协商民主建设的地方实践。

“‘禺’快协商，请你来议。”随着一声亲切的招呼，番禺区政协委员冯银彩通过“云工作室”与群众视频连线。“这种听取意见的方式很新颖，预约也很方便，群众有了新的渠道反映基层声音。”简先生对“云工作室”的模式称赞有加。

今年，番禺区政协把协商平台搬上“云端”，设立“云工作室”，委员每周轮流坐值，群众通过公众号和小程序预约，并到身边的“政务晓屋”与委员视频连线。通过番禺政协微信公众号、区政协“百姓提案”征集二维码，群众随时随地提交“百姓提案”。

区政协定期对“百姓提案”线索进行分析、研判、转化，为协商活动厚植坚实基础。针对“云工作室”收集到的南大干线谷围新郭段南侧人行道建设、镇村产业园周边配套设施等问题，番禺区政协主席会议组织专题视察协商，促进道路交通综合治理。针对“加快解除番禺广场地铁上盖区域围蔽的建议”，区政协以社情民意信息形式报送有关部门，区政府召开会议专题研究。区政协还将收到的《关于加快推进番禺国家级沿海渔港经济区建议》的“百姓提案”积极向广州市政协反映。市政协高度重视，开展市、区联动调研，现场协调解决渔港经济区建设长远发展问题。

番禺区政协以16个镇街工作室、24个委员个人工作室为抓手，联合区内的市政协委员工作室，开展“委员在身边”“委员谈短板”“委员在行动”活动，激励委员到基层履职、在一线协商。今年以来，各镇街工作室开展进社区514人次、接待来访群众398人、收集问题271个、协商解决民生实事159件、提交建言成果50件，充分彰显社情民意“传声筒”、界别群众“连心桥”、委员履职“充电站”的责任担当。

钟村街工作室聚焦辖内祈福新邨港澳同胞较多的情况，提出《建设番禺粤港澳优质生活圈示范区的提案》，其中关于促进大湾区医疗互通的建议得到认可，广东祈福医院被列入粤港澳大湾区“港澳药械通”指定医疗机构名单。

“如何提高深度协商互动、意见充分表达、广泛凝聚共识水平，一直都是番禺区政协关注和思考的重要课题。”区政协主席覃海深表示，区政协将通过数字赋能推进政协履职能力现代化，建好委员履职工作平台，擦亮“‘禺’快协商”品牌，向中心聚焦、为大局出力，更好发挥专门协商机构作用。

（本文原载于《人民政协报》2023年12月19日第4版）

# | 厦门市政协 |

# 同心奋进为中国式现代化探索试验探路先行

文 / 厦门市政协研究室

勇立潮头、勇毅前行，全面深化改革开放，推动高质量发展，促进两岸融合发展……习近平总书记致厦门经济特区建设40周年贺信擘画了厦门以努力率先实现社会主义现代化，为中国式现代化探索试验、探路先行的宏伟蓝图。

“坚定始终沿着习近平总书记指引的方向，扛牢政协之责，倾尽政协之力。”厦门市政协主席魏克良表示，要牢记嘱托，感恩奋进，坚持党的领导、统一战线、协商民主有机结合，自觉把工作放在全国全省全市大局中谋划和推进，在履职尽责中写好时代答卷。

乘时应势，踔厉奋发。在中共厦门市委的领导下，厦门市政协把党的二十大战略部署与习近平总书记重要讲话重要指示精神紧密结合，一体学习领会、整体贯彻落实，锚定“努力率先实现社会主义现代化”的总目标，深入实施中共福建省委、厦门市委“深学争优、敢为争先、实干争效”行动，持之以恒强党建、塑品牌、转作风、促履职，擂响大团结、共奋进的激越鼓点，为中国式现代化厦门实践广泛凝心聚力。

## 深学争优，举旗定向强根铸魂

厦门是习近平新时代中国特色社会主义思想的重要孕育地和实践地。厦门市政协增强责任感、使命感，扎实开展主题教育，团结各族各界传承弘扬习近平总书记在福建、厦门工作期间的重要理念和重大实践，争当理论武装的“优等生”，把深学争优的成效转化为履职尽责的真知笃行。

高位推动，学思想强引领。“学深悟透中国式现代化，融会贯通强化统一战线组织功能，在中国式现代化新征程上更好发挥统一战线的法宝作用。”“以讲领学促学”，魏克良主讲的“强化统一战线组织功能，凝心聚力为中国式现代化团结奋斗”专题党课，深入浅出地宣传阐释，引起委员们的共鸣，现场不时传来阵阵掌声。学思想、强引领，党组同志带头学、带头讲，面向委员、界别群众和基层党组织讲授专题党课20余场。举办暑期研习班、委员培训班，办好“求是学堂”“社区讲堂”，推动28个界别活动小组开展理论学习活动百余场。持续扩大正向外溢效应，依托委员联系点、委员工作站、好商量工作室等195个政协委员联系点，发起“与政协委员一起学思想”活动，引领带动广大界别群众共读理论之书、团结之书，在学原文、悟真理的氤氲书香中，感悟思想伟力，升华觉悟境界，凝聚共识力量，筑牢信仰之基。

高效实施，大兴调查研究。秉承弘扬习近平总书记在福建、厦门工作期间大力倡导并身体力行形成的“四下基层”优良传统，紧扣厦门一二三战略规划实施和专门协商机构作用发挥，精心选题、精准切题。14个方面81项调研课题，直指区域创新中心建设、数字经济发展、消费提质升级、乡村振兴、优化营商环境等高质量发展难点堵点。班子成员带头深入界别群众、企业和社区百余次，用好习近平总书记提出的“深、实、细、准、效”调研五字诀，察实情、办实事、谋实招、求实效。坚持边调研、边深化、边落实，把推动工作、解决实际问题贯穿调研始终，建立成果转化运用清单，一批发展所需、改革所急、基层所盼、民心所向的难题迎刃而解。

高标落实，细对照求实效。年初，年度任务分解清单送达专委会、界别和常委，各部门、责任人、完成时限一一标明。厦门市政协坚持把深入学习贯彻习近平总书记重要讲话重要指示批示精神和党中央决策部署作为首要政治任务。严格全面对标对表党的二十大精神和中央政协工作会议关于加强和改进人民政协工作的重要部署，逐条逐项细化实化，建立八大类

86 项工作台账，制定督办清单，专门盯办推进，月督办、季通报、年考评，实现谋划、部署、推进、落实和评价的全闭环，有力有效地把习近平总书记重要讲话重要指示精神和党中央决策部署落深落细落实到位。

### 敢为争先，集智聚力服务大局

惟改革者进，惟开放者赢，惟创新者强。6 月繁花似锦的厦门，再次迎来重大历史机遇，党中央、国务院选择厦门开展综合改革试点。厦门市政协坚持在大局下思考、在大局下行动，聚焦“改革”“开放”“创新”三大高质量发展关键词，建言资政和凝聚共识双向发力，助推厦门在中国式现代化探索中占得先机、勇立潮头。

“这些调研聚焦战略，找出很多具体问题，提出很多建设性意见，有高度、准度、深度。市委市政府一定会充分采纳，充分吸收。”2023 年 5 月 28 日，在市政协“巩固提升‘双循环’优势，打造新发展格局节点城市”协商议政现场，省委常委、市委书记崔永辉听完委员意见建议后，给予高度评价。紧盯改革这一关键一招，履职建言向中心聚焦、为全局聚力，这是市政协紧抓的主攻方向。围绕打造新发展格局节点城市，上百名政协委员、专家学者、企业代表与党委政府和有关部门负责人面对面深入协商，就如何营造软环境、强化硬支撑、畅通枢纽、夯实基点，更好统筹国内国际两个市场、两种资源，打造国内大循环的重要节点、国内国际双循环的重要枢纽等有关重点领域，提交 31 篇发言材料、156 条意见建议。

国资国企改革、要素市场体制机制改革、民生领域改革、制度型开放新机制……重点领域和关键环节的改革任务，成为政协委员和各参加单位的关注焦点。凸显“专”“精”“深”优势，集思广益，思辨求变，努力为厦门全面深化改革塑造更多发展新优势。

厦门是对台交流的最前沿，市政协立足厦门特殊区位，紧盯开放这一必由之路，牢牢把握团结奋斗的时代要求，强化统一战线组织功能，瞄准两岸融合发展先行示范，探索两岸融合发展新路。召开台商、台青座谈会，与有关部门就完善惠台政策深入协商交流。共同承办第六届两岸基层治理论坛，332位两岸嘉宾齐聚一堂交心交流；联合举办“携手两岸台青 共促融合发展—走进国企”台青主题活动；开展“推动共同弘扬中华文化，促进两岸同胞心灵契合”专题协商，持续建真言、搭平台、扩渠道、建机制，在两岸同胞心灵契合上做好“通、惠、情”文章，努力打造台胞台企登陆第一家园的“第一站”。

从海峡两岸到放眼世界，发挥“多区叠加”优势，就金砖创新基地、自贸试验区扩区提档、“一带一路”倡议支点城市等等，建睿智之言、献务实之策。扩大“朋友圈”，画大同心圆，深化港澳交流合作，在香港、澳门设立委员联系点，鼓励港澳委员发挥“双重积极作用”。弘扬嘉庚精神，加强同海外侨胞联系联谊，以侨引侨、以侨聚侨，庇五洲客，纳万顷涛，助推厦门对外开放之门越开越大。

紧盯创新这一第一动力，前瞻谋划，抢机遇、强优势、挖潜力。市政协各专委会、界别探索灵活履职方式，提高建言质量，以小见大，议深议透，得到市委主要领导批示肯定，认为市政协重要提案关注厦门经济、社会、民生的重要问题和科技前沿，很多以“小切口”“深思考”的方式提出，对新一年市委、市政府改进工作有很好的参谋作用。围绕实施科技创新引领工程、先进制造业倍增计划、新旧动能转换等一系列事关发展新领域新动能新优势的创新议题，市政协集中优势“兵力”，借外力外脑，引他山之石，深度协商互动，报送调研报告、专报件、重要提案摘报86篇，为厦门高质量发展蓄势赋能，助力厦门经济社会发展质量变革、效率变革、动力变革，在先行先试探索试验中彰显政协作为。

## 实干争效，聚势赋能汇聚合力

大道至简，实干为要。厦门市政协牢记“勇立潮头、勇毅前行”的重要要求，拉满弓、加满油、谋新招，以担当作为、实干实绩，助力中心工作、改善民生福祉。

向下扎根，始终同人民群众在一起。践行全过程人民民主，更好地联系服务界别群众是今年市政协的重头戏。开展专题调研，下沉一线，建立市政协“鹭力同心”等委员联系点34个，区政协工作室、议事厅、轮值点161个，探索委员联系群众的新方式、新载体，完善政协基层工作网络，助发展、惠民生、促和谐。

医卫界委员深入社区送医送药；组织“爱心厦门·政协行”走进困难群众扶贫济困；委员联系点微协商推动老旧小区社区改造……群众出题、社区点题、委员答题，市政协精准“百事帮”“服务为民”活动获得群众一致好评。社区征集群众意见，建立“需求清单”，市政协梳理“资源清单”，形成精准对接服务群众的“服务清单”，“一线民意直通车”“民意收集箱”成为群众“连心桥”，让为民服务精准对接、有效落地。主题教育期间，梳理为民办实事项目61个，就加装电梯、物业管理、管网整治、文体设施召开“微协商”30余场，反映社情民意200余条、办理提案20余件，为民办实事项目全部销号清零，让群众感到政协很近、委员很亲。

向新而进，守正创新塑造履职品牌。积极探索加强和改进政协工作，创新履职平台、工作载体和运行机制，形成“一委一品”“一区一特”“一界一优”。界别和专委会联合智库机构，创建“委员社区讲堂”“共话经纬”等“凝心向党”系列聚识平台。委员深入社区、园区、楼宇，就党委政府工作部署、政策实施，宣传宣讲、释疑解惑，成为传播新思想的重要阵地。创建“爱心厦门政协行”“委员牵手关爱青少年”“委员话环保”等“爱心惠民”服务品牌，把群众“问题清单”转化为“惠民清单”，把工作做到群众心坎上。

向心聚合，系统发力增效。在深化合作共事中“齐众心”，推动各民主党派以本党派名义在政协平台上发表意见建议、开展履职。在加强协同联动中“聚众智”，强化全国、省、市、区政协委员“四级联动”，推进党派团体、党政部门、专业机构、智库联盟“多方协同”。探索破解“两个薄弱”的新路径，完善市区政协联动机制，提升协同履职成效，进一步促进履职共推、资源共享、学习共推，提升政协组织互动联动整体效能。

共持彩练当空舞，同心奋楫立潮头。在习近平新时代中国特色社会主义思想指引下，厦门市政协将始终以高度的政治责任感，胸怀“国之大者”，聚力“中心大计”，服务“民之关切”，更好发挥专门协商机构作用，为中国式现代化探索试验、探路先行作出政协贡献。

（本文原载于《人民政协报》2024年1月6日第1版）

◎ 思明区政协

# “好商量”工作室助力基层治理创新

文/照　宁　白丽城

2023年第5号超强台风“杜苏芮”来临之际，厦门市思明区厦港街道政协“好商量”工作室陈丽丽等委员，带领应急抢险队伍到厦港老城区的三个社区排险救灾，并协助居民转移、搬运倒伏树木、修复受损水电等，受到群众一致点赞。沙坡尾社区书记许长忠说，“政协委员们就像自家人一样，经常在家门口协商解决各种难题。”

区政协及委员把实事好事办进千家万户，是近年来成立“好商量”工作室后，引导委员在熟悉的区域、熟悉的居民和熟悉的专业领域发挥主体作用，助力基层治理、搜集社情民意、联系界别群众、服务社区居民的生动写照。

思明区政协深入贯彻落实党的二十大精神和中央政协工作会议精神，聚焦破解基层政协“两个薄弱”问题，在学习借鉴外地经验的基础上，搭建66个政协“好商量”工作室，并使之成为委员履职新平台。政协委员利用工作室平台下基层开展协商民主实践，践行全过程人民民主，传播“好商量”文化，服务人民群众，形成一道亮丽的委员履职风景线。

区政协大胆探索，在10个街道及所辖社区搭建66个政协“好商量”工作室，将295名政协委员按照“基层需求和住地就近”原则安排到相应的“好商量”工作室，实现政协委员参与全覆盖、“好商量”工作室搭建全覆盖。“好商量”工作室在区政协常委会和主席会领导下开展工作，以街道为“好商量”工作的基本单元，由街道党工委副书记作为街道辖内所有政协“好商量”工作室的总负责、总协调人，同时挑选责任心强、工作热情高的若干个委员担任联络组副组长协助开展工作。

区政协领导和政协机关各处室分别挂钩联系各街道“好商量”工作室。为规范“好商量”工作室运作，工作室统一标识，将委员的照片、姓名、专长、联系电话等制成名片放置在室内或张贴在墙上醒目位置；采取委员定期轮值和灵活报到的方式开展活动，方便基层和群众联系委员；将政协委员参与“好商量”工作室活动纳入委员履职考评、政协常委述职和各处室年度总结，从而激发委员参与“好商量”工作室的积极性、主动性、创造性。

“好商量”工作室将“微协商”植入基层治理中。按照基层所需、群众所盼和委员所能的原则确定“好商量”的议题方向，采取街道和社区“点题”、群众“出题”和委员“选题答题”相结合，找准确定具体协商议题。围绕街道经济社会发展、社区环境改善、群众民生保障、生活难点热点问题等方面议题，在群众、基层单位、相关职能部门参与的前提下开展微协商，并跟踪反馈、协调落实微协商形成的意见和建议。

“好商量”工作密切了政协委员与基层群众（界别）的联系。委员们通过深入社区一线，从中了解民情、掌握民意、汇集民智，成为基层政协走群众路线的有效模式，也为委员联系界别群众提供了新的渠道。

据不完全统计，2023 年以来，“好商量”工作推动解决基层治理难题 23 个，链接资源开展送温暖活动 85 场次，受益困难群众 2500 余人；委员参与志愿服务 650 人次，为基层授课 20 场次，义诊服务 15 场次，受益群众 3000 余人次；委员们还在招商引资、抢险救灾等方面发力，为基层群众带来实实在在的实惠。

（本文原载于《人民政协报》2024 年 1 月 6 日第 3 版）

◎ 湖里区政协

# 汇聚两岸同胞"政"能量 弹好融合发展"协"奏曲

文/照　宁　潘春树

厦门是因"台"而设的经济特区。湖里区政协注重发挥政协独特优势，积极服务两岸融合发展，以实际行动支持福建全域建设两岸融合发展示范区。

通过开展"书香政协""委员讲堂"，举办台胞国情研习班等活动，鼓励台籍委员发挥影响力，带动在厦台胞为祖国统一发声出力。台籍委员吕振宏、苏斐君牵头组建"湖里台胞说"理论宣讲团，讲好两岸融合发展故事，广泛凝聚"两岸一家亲、共筑中国梦"的思想共识。还邀请台籍委员、台胞代表参加政协重大活动、重要会议、重点协商，引导台胞积极融入中国特色社会主义协商民主实践；注重发挥台籍委员示范引领作用，鼓励支持台胞参与基层社会治理，担任检察院联络员、法院陪审员和仲裁员等社会职务，积极融入社区治理、志愿服务等活动。新冠肺炎疫情期间，台籍委员还牵头成立台胞志愿服务联盟，组织台胞志愿者116人参与一线疫情防控，服务居民7万余人次。

区政协坚持与台籍委员、台胞代表座谈协商制度，适时围绕两岸融合发展等议题组织协商交流，提出针对性意见建议100余条。围绕涉台石刻、古墓葬、古民居和宗祠宫庙等专题组织考察调研，提出比较详尽的保护建议；省级非遗文化传承人、政协委员李雅华以"在石头上绣花"的影雕技艺为载体，精心打造惠和石文化园，搭建起两岸非遗文化交流平台。该文化园被授予福建省对台交流基地。

区政协班子领导建立挂钩联系台籍委员制度，定期走访辖区台资企业、台青基地，帮助协调解决在厦台胞创业就业等方面困难问题。除建立挂钩联系制度外，1名政协副主席还兼任市金门同胞联谊会会长，广泛联络海内外金门乡亲。

区政协充分发挥专门协商机构作用，紧紧围绕两岸融合发展认真协商议政、积极建言献策。在汇元台青基地精心打造岛内首个台籍委员联系点，由台籍和台盟界别的9名委员驻点轮值，架起密切联系在厦台胞的桥梁。2022年底，曾琛委员在深入调查研究、广泛听取民意的基础上，及时撰写社情民意信息反映台胞心声，受到省政协重视采用，助推因疫情中断的两岸“小三通”顺利复航；区政协积极促成“台湾青年公寓”冠名挂牌，专门为在厦创业就业的台青提供50套廉租公寓。新冠肺炎疫情期间，推动政府出台《给予台湾青年入厦集中医学观察期间隔离费用补贴》措施，获得国台办充分肯定；许文懿、吴维超委员分别提出扶持台青基地10条建议和加大对台引才6条建议，推动政府及时修订完善《湖里区鼓励和支持台湾青年创业就业实施办法》。王雷、林国平等委员牵头完成《关于开设台胞就医便捷通道的建议》等多篇调研报告，为推动厦金率先融合发展、打造“厦金共同生活圈”提供决策参考；台籍委员和一些热心委员主动为在厦创业就业的台湾青年牵线搭桥，为两岸适龄青年创造联谊联姻的机会和便利，让“两岸同胞心相印、海峡难阻好姻缘”的爱情佳话在海峡两岸广为传扬。

湖里区政协充分发挥其独特优势，汇聚两岸同胞“政”能量，为两岸深度融合发展贡献着政协力量。

（本文原载于《人民政协报》2024年1月6日第3版）

## ◎ 集美区政协

# 找准履职小切口<br>打通基层协商民主“最后一公里”

文／照　宁　郑艺辉

如何有效打通协商民主向基层延伸的“最后一公里”，一直是政协履职能否“接地气”的关键。近年来，集美区政协创新在全区6个镇街设立委员活动室，并在部分社区设立政协委员工作室，以此来延伸委员履职触角、拓展履职渠道、畅通联系途径。

区、县政协“开门就是基层、出门就是群众”，推进政协协商与基层协商相融合，集美区政协“聚焦基层治理、群众的事”，以“小切口”做好“大文章”，通过委员活动室、工作室开展微协商，助推民生大课题解决，推动政协协商与基层协商有效衔接。

党建引领，做好组织架构和委员配置。区政协推行政协党组成员包抓委员活动室建设责任制和镇街副书记担任镇街政协工作联络组组长制度，实现党对基层协商工作的全面领导；将全体政协委员分配到6个镇街，并将名单上墙公示，便利委员参与基层协商事务、接受群众监督；推动各镇街配备专职政协工作者，负责委员活动室日常工作，形成“政协党组成员—镇街党委副书记—政协委员—专职政协工作者”的完整组织架构。

区政协办公室牵头制定委员活动室职责、日常值班、定期接待群众、调研走访协商、收集和反映社情民意信息等多项制度，推动各镇街将委员活动室建设经费列入镇街年度预算。镇街政协工作组牵头制定委员活动室年度工作计划、确定工作目标、安排工作任务，推进委员活动室制度化、规范化建设。区政协对委员活动室工作安排、保障措施等提出明确要求和量化指标，并定期通报工作开展情况，做到有部署、有指导、有考评，确保委员活动室不空转。

做优牵线搭桥型协商，通过政协搭台，促进党政部门同基层群众直接对话，做到协商于民。做精智力支持型协商，推动各民主党派与镇街结对共建，借力民主党派的各自优势，帮助基层破难题、寻根源、找办法。

突出实效，精准对接解决群众难题。区政协把委员活动室建在沿街、社区边上，通过委员定期接待日和专职工作者日常值班模式，倾听、收集群众反映的急难愁盼问题。密切与各村居的日常联系，了解各村居遇到的烦心事、揪心事，对症下药开展微协商。由政协主导转变为党派与镇街自主选题、主动协商，采取一事一议，针对具体问题谈对策。

基层协商活动开展后，由政协工作联络组将协商意见报至区政协和同级党委、政府，并抄送相关部门，直接参与协商成果落地。区政协办公室加强对镇街委员活动室微协商活动成效的持续跟踪，定期组织委员开展视察评议，做到事前参与、事中推动和事后监督。

委员活动室作为委员履职向基层延伸的重要平台，是破解基层政协“两个薄弱”问题的重要举措。下一步，集美区政协将充分调动委员联系界别群众的积极性、主动性和创造性，将委员活动室、工作室与微协商、“益企服务”等活动结合起来一体推进，切实打造成建言资政和凝聚共识双向发力的坚实平台，让群众感到离政协很近、政协委员就在身边。

（本文原载于《人民政协报》2024 年 1 月 6 日第 3 版）

◎ 海沧区政协

# 抓实委员工作室建管用　助解群众急难愁盼问题

文／照　宁　刘少博

前不久，在厦门海沧区某台企食品公司，发生了一起工亡纠纷案件。海沧区司法局新阳司法所区政协委员工作室启动“政协 + 调解”工作机制，邀请善于做群众工作的政协委员、金牌调解员吴文飚参与案件调解。经过 5 天的努力，双方最终打开心结达成和解，并当场签订调解协议。

这是与区司法局联合，充分学习发扬新时代“枫桥经验”精神，在司法所建立委员工作室，以政协委员参与人民调解工作为切入点，着力发挥政协组织联系、凝聚、服务界别群众的作用的生动事例。

为深入贯彻落实党的二十大精神和中央政协工作会议精神，海沧区政协按照“不建机构建机制”的原则，聚焦破解“两个薄弱”问题和完善委员联系界别群众工作机制，探索建立委员工作室，推进政协协商民主在基层实践。

怎么建？在参考和学习其他兄弟县区做法的基础上，结合本区实际，区政协制定了《海沧区政协委员工作室建设实施方案》，定位是民情站、连心桥、委员家，于 2022 年初试点工作，首批授牌 3 家，今年新增 4 家。拿最早成立、比较典型的社会法制委员工作室来讲，由召集人吴文飚（企业法务）领衔邀请社会法制委各专业涉法委员组成团队。按程序要求，申请人提供一间独立工作室，填报创建申请表，区政协专门委员会办公室组织实地考察后报区政协党组批准。然后，再通过制度规则上墙、授牌启动，亮身份、明职责、展作为。

一年多来，社法委委员工作室将咨询工作与工作室职责有机结合，共接受企业和个人法律咨询300余件，调解涉台涉企涉疫等各类纠纷100余起，诠释了政协委员小调解、大民生的工作情怀。

其他委员工作室或联合开展调研视察活动，或立足职能特点、行业特色开展纠纷调解、法律援助、基层治理、文化传承等活动，努力达到“一个委员牵头，一群委员进入，一众人聚集，达到辐射一个区域，带动一个产业（行业），造福一方百姓”。

怎么用？各地委员工作室的组织架构大体一致，亮点在发挥作用、挖掘潜力，用丰富的实践，努力破解“两个薄弱”问题。总体上讲，大都采用“主题+”活动，“商量”是最常见的议题。为更好地推进委员工作室，海沧区政协同步启动“政协大家谈”品牌建设，通过“政协大家谈+”，两者有机结合，相得益彰。自项目推出以来，开展了很多活动，初见成效。

怎么管？委员工作室的创建原则是“不建机构建机制”，海沧区政协先后在街道、部门、企业等设立，运行管理总体上是政协主导，工作室牵头，委员为主体，群众参与。通过一年多的运行，遇到了一些困难：比如，高起点、高标准创建要做到“六有”，即有固定场所、人员队伍、制度、标示牌、履职清单、经费。但委员工作室非社会组织，运作经费无法保障。再如，在街道、专委会设立委员工作室，由于没有顶层设计，缺乏属地管理，无专门人员负责保障日常运行。鉴于此，区政协召开了委员工作室经验交流会，探讨更好地推进委员工作室的举措。

总之，委员工作室是破解“两个薄弱”问题的有效手段，但其建设需要各方合力，既要有党委重视、政府支持、政协搭台，更需要政协委员激发内生动力、主动担当作为，这样才能让其成为基层政协履职工作的“法宝”。

（本文原载于《人民政协报》2024年1月6日第3版）

◎ 同安区政协

# 创新委员履职平台　推动履职提质增效

文／照　宁　叶进挺

前不久，同安区政协南安商会委员工作室举办了一场委员进社区宣讲税务的活动。这是同安区政协推动委员力量向基层延伸服务群众的一个鲜活事例。

深入贯彻落实党的二十大精神和中央政协工作会议精神，同安区政协在破解基层政协“两个薄弱”问题方面进行了积极探索。区政协充分发挥政协委员主体作用，创新委员履职平台，成立了 11 个镇（街）政协委员联络组、打造了 3 个委员工作室，以此更有效地推进委员履职向基层延伸、服务向群众贴近。

区政协全区 227 名政协委员按照单位驻地、居住地、工作地等就近原则编入政协委员联络组和委员工作室，委员通过联络组和工作室平台深入基层履职，围绕各镇（街）重要工作和群众最关心的问题，服务群众、协调关系、汇聚力量、建言献策。通过这一打破界别限制的创新举措，打开了“融入基层、融入群众、融入人心”的履职之门，也搭建起了委员参与社会治理和社会服务的新渠道。

区政协突出党建引领，推动党建与委员履职平台建设深度融合，在各镇（街）政协委员联络组成立政协委员功能型党支部，使履职平台的政治定力更加坚定、政治基础更加牢固。成立镇（街）政协工作指导组，由区政协主席、副主席担任挂钩联系领导，区政协机关干部担任指导组组长，落实联系履职平台的包联包抓机制，做到有指导、有联动，确保履职平台规范有序开展。规范委员履职，制定《同安区镇（街）政协委员联络组工作规则》和《来访接待规定》等制度，明确镇（街）政协委员联络组在政策宣传、协商交流、调研视察、反映社情民意信息和提交提案等方面的具体要求，确保委员履职有方向、有目标、有任务。建立完善履职阵地，为每个履职平台配备固定的活动场所、必要的办公设备。

人员、班子组建起来后，镇（街）政协委员联络组积极做好与各界别人民群众和在外地工作的乡贤沟通联络，广泛凝聚各方面智慧和力量，积极服务所在辖区的经济社会发展和基层治理工作。切实发挥社情民意“直通车”作用，把反映社情民意信息作为汇集民情、传递民意的重要渠道。2023年，委员在基层服务工作中积极发现问题，所提出的《警惕“付费内推实习”影响毕业生就业》等多条社情民意信息被有关部门采用。

作为委员履职向基层的延伸，镇（街）政协委员联络组和委员工作室办得接地气、重民生、求实效尤为重要。结合委员自身专业特长，设立固定接待日，采用“请进来”和“走出去”的方式，开门接待、下乡走访群众；并通过“委员信箱”、热线电话、微信等形式，广泛收集群众的意见建议。委员们还开展政策咨询、科普教育、走访慰问、矛盾调解、社会服务等履职活动，帮助群众解决实际困难，推动解决实际问题15个。

“政协委员就在身边，人民政协离我们很近，人民政协为人民”。随着镇（街）政协委员联络组和委员工作室工作的开展，居民群众对政协组织越来越熟知，对委员作用越来越认可。

（本文原载于《人民政协报》2024年1月6日第3版）